Peter Amann

Golf von Neapel, Kampanien, Cilento

Und ich bin ganz und gar anderer Meinung als Gregorovius. Ich liebe Neapel.
Und auf die Frage, ob es schön sei, antworte ich mit Herzen: ja.
Eckart Peterich, 1961

golf_001_2 Foto: pa

Impressum

Peter Amann
Golf von Neapel, Kampanien, Cilento

erschienen im Reise Know-How Verlag Peter Rump GmbH
Osnabrücker Str. 79, 33649 Bielefeld

2., komplett aktualisierte und erweiterte Auflage 2004

Gestaltung
Umschlag: M. Schömann, P. Rump (Layout)
M. Luck (Realisierung)
Inhalt: G. Pawlak (Layout)
M. Luck (Realisierung)
Karten: C. Raisin und der Verlag (Kartenatlas)
Fotos: Peter Amann (pa), ENIT (enit), EPT Avellino (epta), EPT Caserta (eptc), Bernd Schuller (bs), Franz-Marc Frei (fr)
Titelfoto: Peter Amann

Lektorat: M. Luck

Druck: Wilhelm & Adam, Heusenstamm
Bindung: Buchbinderei Keller, Fulda

ISBN 3-8317-1304-9
Printed In Germany

Dieses Buch ist erhältlich in jeder Buchhandlung Deutschlands, Österreichs, der Niederlande, Belgiens und der Schweiz. Bitte informieren Sie Ihren Buchhändler über folgende Bezugsadressen:

Deutschland
Prolit Verlagsauslieferung GmbH, Postfach 9, 35461 D-Fernwald (Annerod)
sowie alle Barsortimente
Schweiz
AVA/Buch 2000
Postfach, CH-8910 Affoltern a.A.
Österreich
Mohr-Morawa Buchvertrieb GmbH
Sulzengasse 2, A-1230 Wien
Niederlande, Belgien
Willems Adventure
Postbus 403, NL-3140 AK Maassluis

Wer im Buchhandel trotzdem kein Glück hat, bekommt unsere Bücher auch direkt über den Verlag oder unseren **Büchershop im Internet: www.reise-know-how.de**

Wir freuen uns über Kritik, Kommentare und Verbesserungsvorschläge.

Alle Informationen in diesem Buch sind vom Autor mit größter Sorgfalt gesammelt und vom Lektorat des Verlages gewissenhaft bearbeitet und überprüft worden.

Da inhaltliche und sachliche Fehler nicht ausgeschlossen werden können, erklärt der Verlag, dass alle Angaben im Sinne der Produkthaftung ohne Garantie erfolgen und dass Verlag wie Autor keinerlei Verantwortung und Haftung für inhaltliche und sachliche Fehler übernehmen.

Die Nennung von Firmen und ihren Produkten und ihre Reihenfolge sind als Beispiel ohne Wertung gegenüber anderen anzusehen. Qualitäts- und Quantitätsangaben sind rein subjektive Einschätzungen des Autors und dienen keinesfalls der Bewerbung von Firmen oder Produkten.

Peter Amann

Golf von Neapel
Kampanien
Cilento

Reise Know-How im Internet

Aktuelle Reisetipps und Neuigkeiten
Ergänzungen nach Redaktionsschluss
Büchershop und Sonderangebote
Weiterführende Links zu über 100 Ländern

www.reise-know-how.de
info@reise-know-how.de

Wir freuen uns über Anregung und Kritik.

Vorwort

Golf von Neapel, Vesuv, Amalfi, Capri, Blaue Grotte ... ein paar Namen genügen, um Klischees und Sehnsuchtsbilder zu beschwören. Treffen sie zu? Wie sieht der Blick hinter die Kulissen dieser klassischen und zugleich quirlig lebendigen Urlaubsregion aus? Dieses Reisehandbuch gibt Antworten, begleitet mit zuverlässig recherchierten praktischen Hinweisen, legt Fährten und macht Lust auf die Entdeckung Kampaniens auch jenseits des bekannten, aber immer noch voller Überraschungen steckenden Golfs von Neapel.

„Il mondo è bello, perchè vario", sagen die Neapolitaner. Die Welt ist schön, weil sie abwechslungsreich ist, überraschend, grau, bunt, hässlich und letztendlich wunderschön. Keine schlechte Einstellung für eine Reise nach Kampanien, das die Römer der Antike „glücklich" nannten. Das milde Klima, bezaubernde Landschaften und kulturelles Flair übten damals schon eine unwiderstehliche Anziehungskraft aus. Die Ruinen der mondänen Bade- und Villenorte der römischen High Society zählen heute zu den zahllosen Sehenswürdigkeiten am Golf. Den Alltag jener Zeit konservierte der katastrophale Vesuvausbruch, der 79 n. Chr. Pompeji, Herkulaneum und Stabiae unter seinen Auswurfmassen begrub. Sehr zum Entzücken *Goethes* (und aller, die ihm folgten), der 1787 feststellte: „Es ist viel Unheil in der Welt geschehen, aber wenig, das den Nachkommen so viel Freude gemacht hätte." Die klassischen Reisen des 18. und 19. Jh. *à la Goethe* prägen nach wie vor den touristischen Blick auf Neapel und den Golf. Die Grand Tour führte vorwiegend junge Adelige monatelang durch Europa und speziell Italien, mit Neapel als Endziel und Höhepunkt einer romantischen Bildungsreise. Die unmittelbare Begegnung mit der Antike und einem irdischen Paradies im „Land, wo die Zitronen blühn", das Erleben vulkanischer Urgewalten und der Sinnlichkeit des Südens wurden wahr. Die ab Mitte des 18. Jh. ausgegrabenen antiken Vesuvstädte und die grandios erhaltenen griechischen Tempel von Paestum entzündeten die Süditalien-Sehnsucht bildungsbegeisterter Nordeuropäer, die „Entdeckung" der Blauen Grotte 1826 lockte die Romantiker in Scharen nach Capri. Thomas Cook & Sons, die Erfinder der Pauschalreise, boten Ende des 19. Jh. ein Reisepaket an, geschnürt aus ein bisschen Neapel, Pompeji, Sorrent, Capris Blauer Grotte, Tarantella-Abenden und einem Ausflug mit der Seilbahn auf den Vesuv. Die Seilbahn fiel dem Ausbruch 1944 zum Opfer, der Krater des Vesuvs wird heute per Bus und auf den letzten Höhenmetern in einer Art Massenprozession zu Fuß erklommen. Ansonsten stricken die meisten Reiseveranstalter ihre Programme immer noch nach altbewährtem Muster. Kampanien bietet dem neugierigen Reisenden allerdings sehr viel mehr!

Natürlich liefert dieses Reisehandbuch Lesestoff auch während einer Studienreise oder eines Badeurlaubes auf Ischia, doch wendet es sich vor allem an jene, die selbst und mit allen Sinnen in das Leben der süditalienischen Metropole Neapel eintauchen, die Inseln Capri, Ischia und Procida, die Sorrentiner Halbinsel, die Amalfitana, den urwüchsigen Cilento und die wenig bekannten Berglandschaften im Landesinneren kennen lernen, voll Neugier einer greifbar gegenwärtigen Antike begegnen, wandernd Küsten und Berge Kampaniens entdecken, kulinarischen Geheimnissen nachspüren und die vibrierende Gegenwart erleben möchten.

... aber es sei genug, denn man muß weder zu viel sehen noch zu viel erzählen.
Ferdinand Gregorovius,
Wanderjahre in Italien

Buon viaggio!
Peter Amann
München, Mai 2004

Dieses Reisehandbuch und andere gute Gründe, nach Kampanien zu reisen

Praktische Tipps A–Z

Hier sind alle praktischen Informationen zusammengestellt, die zur Planung der Reise sinnvoll und notwendig erscheinen.

Land und Leute

Kampanien im Überblick: Landschaft, Klima, Pflanzen- und Tierwelt, Wirtschaft, Umweltschutz, Geschichte, Politik, Kunst- und Kulturgeschichte, Literatur, Musik und Filmkunst sind die Themen. Im Routenteil werden sie im konkreten Bezug wieder aufgegriffen.

Unterwegs in Kampanien

Hier schlägt das Herz des Reisehandbuches. Die **klassischen Reiseziele** Neapel, Phlegräische Felder, Pompeji, Herkulaneum, Vesuv, Sorrent, die Inseln Capri, Ischia und Procida und die Amalfitana werden ausführlich vorgestellt. Das Buch schließt allerdings nicht mit der Beschreibung von Salerno und Paestum, sondern führt mit einem umfangreichen Kapitel weiter nach Süden in den **ursprünglichen Cilento.** Einige kürzere Kapitel zum Schluss locken zur Entdeckung der zu Unrecht **wenig besuchten Provinzen im Landesinneren.**

In den Ortskapiteln werden **klassische und auch weniger bekannte Sehenswürdigkeiten** beschrieben, dabei immer mit **Einblicken in den Alltag** der Vergangenheit, um somit **Brücken in die Gegenwart** zu schlagen. Als roter Faden ziehen sich die Beschreibungen zahlreicher **Wanderungen** durch das Buch. Zu Fuß (und beim Essen und Trinken) lernt man ein Land und seine Menschen häufig am besten kennen!

Zu jeder der beschriebenen Urlaubsregionen finden sich **aktuell recherchierte praktische Reisetipps** zu Infostellen, Verkehrsverbindungen, Festen, Veranstaltungen, Badegelegenheiten, Sport- und Wandermöglichkeiten. Die besprochenen Unterkünfte wurden persönlich ausgewählt und bieten ein möglichst breites Spektrum. Eine Vorliebe des Autors und seiner kampanischen Freunde für die Vielfalt der süditalienischen Küche spiegelt sich in der Auswahl der empfohlenen Restaurants, Trattorien, Osterien, Pizzerien, Caffès, Pasticcerien und Weinkellereien wider.

Exkurse liefern Hintergrundinformationen und bieten einen (hoffentlich) unterhaltsamen Lesestoff.

Neapel: Eintauchen in die chaotischste und lebenslustigste Metropole Italiens, die allen Unkenrufen zum Trotz viel ungefährlicher ist als manch andere Großstadt. Der kulturelle Aufbruch, der Neapel Mitte der 1990er Jahre erfasst hat, wirkt ansteckend, auch auf den Rest der Region. Die UNESCO hat den gesamten Centro Storico zum Weltkulturerbe erklärt, das Archäologische Nationalmuseum und die Gemäldegalerie Capodimonte besitzen Weltniveau. Die Theater- und Musikszene in der Stadt am Fuße des Vulkans brodelt! Mit einem eigenen Fahrzeug nach Neapel zu reisen, ist Wahnsinn, und erholen kann man sich anderswo.

Pozzuoli und die Phlegräischen Felder: Der Mythenlandschaft der Antike und dem Sehnsuchtsziel humanistisch gebildeter Reisenden der Grand Tour hat das 20. Jh. übel mitgespielt. Die faszinierende Vulkanlandschaft am Golf von Pozzuoli ist trotz moderner Bausünden eine Reise wert. In Pozzuoli steht eines der größten römischen Amphitheater, in Cuma erhebt sich die älteste griechische Akropolis auf italischem Boden. Aus einer Grotte verkündete hier die Sibylle ihre Prophezeihungen. In Baia kann man sich mit Fantasie das luxuriöse Leben der antiken Römer vorstellen. Mit der Circumcumana, der Metro oder dem Bus lassen sich die Phlegräischen Felder auch ohne eigenen (Miet-)Wagen erreichen.

Der Vesuv, barocke Villen und versunkene Städte: Der schlafende Feuerberg steht als Nationalpark und UNESCO-Biosphärenreservat unter Naturschutz. Neuerdings kann man ihn auf Wanderwegen erkunden. In Pompeji und Herkulaneum, den 79 n. Chr. vom Vesuv verschütteten Städten, öffnet sich ein einzigartiges Zeitfenster in den römischen Alltag der Antike. Das Lebensgefühl der römischen High Society erlebte im 18. Jh. seine Wiedergeburt. Die barocken Villen des neapolitanischen Adels am Fuße des Vesuvs drohen heute in Zementfluten unterzugehen. Das angesagte Verkehrsmittel ist hier die Nahverkehrsbahn Circumvesuviana.

Sorrentiner Halbinsel: Dem Ursprung der Pasta in Gragnano nachspüren, Höhenflüge auf den Monte Faito, herrliche Wanderungen und zauberhafte Badebuchten im Sirenenland. Der traditionsreiche Urlaubsort Sorrent ist heute eine Hochburg des Pauschaltourismus, aber immer noch „very charming". Die Sorrentiner Halbinsel bewahrt sich ihre bäuerlichen Reize und empfiehlt sich auch für den Familienurlaub. Ein eigener Pkw ist nicht nötig, mit Linienbussen, der Circumvesuviana und Fähren erreicht man fast jeden Ort am Golf, die Amalfitana und die Inseln.

Capri, Ischia und Procida: Das Inseljuwel Capri ist viel zu schade nur für einen Tagesausflug und die Massenabfertigung in der Blauen Grotte. Hier muss man über Nacht bleiben! Ischia tut gut. Heiße Quellen und schöne Strände sorgen für abwechslungsreiche und heilkräftige Badefreuden. Das ursprüngliche Inselinnere lässt sich auf ausgedehnten Wanderungen entdecken. Procida bietet italienischen Inselalltag, die Coricella ist eine filmreife Fischersiedlung.

Amalfitanische Küste: Italiens spektakulärste Steilküste raubt einem den Atem, so schön ist sie und so abenteuerlich sind ihre (Straßen-)Kurven. Auf ein eigenes Fahrzeug zu verzichten schont die Nerven! Man kann sich unbesorgt den Künsten lokaler Linienbusfahrer anvertrauen oder das unvergleichliche Panorama vom Meer aus genießen. Im Sommerhalbjahr verkehren regelmäßig Fähren. Positano, Amalfi und Ravello sind Bilderbuchorte mit orientalischem Flair und einem Maximum an Belvedere. Auf alten Wirtschaftswegen kann man zu Fuß weit ab von Touristenströmen durch die Berge, in denen Milch fließt, streifen. Die UNESCO hat die Amalfitana zum Weltkulturerbe erklärt.

Salerno und Paestum: Das altehrwürdige Salerno ist eine Stadt im Aufbruch, im antiken Paestum stehen die schönsten Griechentempel Unteritaliens. Zurecht ist Paestum UNES-

CO-Weltkulturerbe. In der Sele-Ebene trifft man auf die schwarzen Wasserbüffel, die Milch für echte Mozzarella liefern. Linienbusse und Züge fahren regelmäßig nach Salerno und Sorrent.

Cilento und Vallo di Diano: Der urwüchsige Cilento ist die große Überraschung im Süden der Region: Nationalpark, UNESCO-Biosphärenreservat und Weltkulturerbe in Einem. Traumstrände und ein kristallklares Meer, bäuerliches Hinterland und wilde, unberührte Berglandschaften, in denen sich Wolf und Otter Gute Nacht sagen. Ideal für einen entspannten Familienurlaub oder einen abwechslungsreichen Aktivurlaub. Mit einem eigenen Fahrzeug bleibt man flexibel beim Erkunden der schönsten Strände und der Wanderrouten.

Provinz Caserta und das Matese: Die Provinz hat mehr zu bieten als die Reggia di Caserta mit Park und UNESCO-Prädikat: wunderschöne romanische Kirchen, Kultstatuen aus vorrömischer Zeit im Museum von Capua, in S. Maria Capua Vettere ein Amphitheater, in dem Spartacus zur Gladiatorenschule ging, herrliche Wanderungen auf dem erloschenen Vulkan Roccamonfina und im Matese-Massiv. Die Küste ist von kilometerlangen Sandstränden und hässlichen Bausünden gesäumt. Im Hinterland locken die uralte Kulturlandschaft der Campania felix und wunderschöne Städtchen. Mit eigenem Fahrzeug bewegt man sich viel freier.

Benevent und die Monti del Sannio: Benevent ist eine selbstbewusste und trotz ihrer zahlreichen Kunstschätze nur wenig besuchte Provinzhauptstadt. Hier steht einer der am besten erhaltenen Triumphbögen der römischen Antike. Der kleine mittelalterliche Ort Sant'Agata dei Goti ist ein Juwel, die Massive des Camposauro und Taburno laden zu ausgedehnten Wanderungen ein. Ein eigenes Fahrzeug hilft Zeit sparen.

Avellino und die Irpinia: 1980 erschütterte ein verheerendes Erdbeben die Provinz Avellino. Die Reize der Natur haben sich als unzerstörbar erwiesen, inzwischen sind auch die Wiederaufbauarbeiten weitgehend abgeschlossen. Es gibt also keinen Grund mehr, einen Bogen um das grüne Herz Kampaniens zu machen, zugleich auch kulinarisch eine der interessantesten Provinzen. Kunsthandwerk und Brauchtum sind hier lebendig geblieben, ohne zur touristischen Folklore zu geraten. Mit eigenem Fahrzeug sind auch die entlegensten Winkel erreichbar.

Inhalt

Praktische Tipps A–Z

Exkurse

Karten

Bei den Orten und in den Kopfzeilen erfolgt ein Verweis auf die jeweils entsprechende Karte.

Umschlag vorn: Neapel
Umschlag hinten: Neapel Altstadt
Kartenatlas Süditalien: nach S. 528
Karte II/III: Lazio, Campania, Molise
Karte IV/V: Molise, Campania, Puglia
Karte VI/VII: Campania, Puglia, Basilicata
Karte VIII//IX: Basilicata, Puglia
Karte X/XI: Campania
Karte XII/XIII: Campania, Basilicata
Karte XIV/XV: Basilicata, Calabria, Puglia
Karte XVI/XVII: Puglia
Karte XVIII/IXX: Calabria, Basilicata
Karte XX/XXI: Calabria
Karte XXII/XXIII: Calabria

Die fett hervorgehobenen Karten sind für die Region, die in diesem Buch behandelt wird, maßgeblich.

golf_014 Foto: pa

Praktische Tipps A–Z

golf_015a Foto: pa

golf_015b Foto: pa

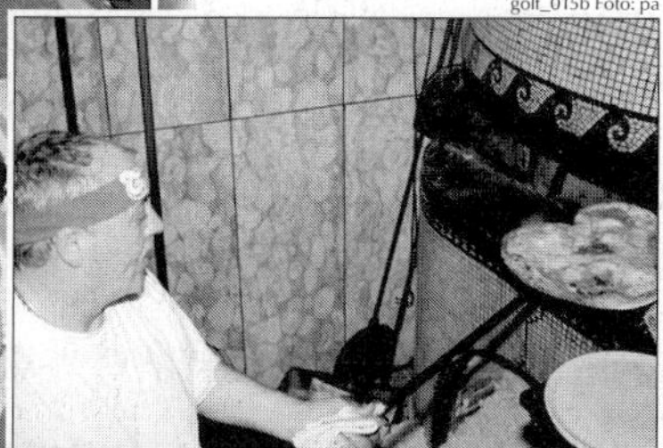

Am Hafen von Capri

Wanderweg S. Iconio (Capo Palinuro)

„La vera pizza" gibt es nur in Neapel (hier in der Pizzeria Trianon)

Anreise

Die grundsätzliche Frage, mit welchem Verkehrsmittel man anreist, verknüpft sich mit der Überlegung, wo und auf welche Art man in Kampanien seinen Urlaub verbringen möchte (siehe auch „Reisebüros und Reiseveranstalter", „Reisen in Kampanien" und „Wandern und Radfahren").

Auto

Die Anreise mit dem eigenen Fahrzeug ist meist nur mit einer **Zwischenübernachtung** zu bewältigen, die einfache Entfernung München – Neapel z.B. beträgt 1115 km. In Bologna laufen die Anfahrtsrouten aus Süddeutschland, der Schweiz und Wien zusammen, und ab hier führt die A1 über Florenz und Rom bis Neapel. Es ist möglich, eine Teilstrecke im **Autoreisezug** (s.u.) zurückzulegen.

Wichtige Verkehrsschilder

accendere i fari = Licht einschalten
attenzione uscita veicoli = Vorsicht Ausfahrt
lavori in corso = Bauarbeiten
zona pedonale = Fußgängerzone
senso unico = Einbahnstraße
strada senza uscita = Sackgasse
divieto di accesso = Zufahrt verboten
rallentare = langsam fahren
senso unico = Einbahnstraße
zona rimorchio = Abschleppzone
traffico limitato = nur eingeschränkter Verkehr zum Be- und Entladen
tutti direzioni = alle Richtungen
parcheggio = Parkplatz
centro = Zentrum
zona disco = Parken mit Parkscheibe

Autobahngebühren

Für österreichische und schweizer Autobahnen ist eine **Vignette** erforderlich, auf der österreichischen Brennerstrecke wird zusätzlich Maut verlangt. Auf italienischen Autobahnen wird eine entfernungsabhängige **Maut** erhoben, die Strecke Brenner – Neapel kostet rund 46 Euro. Die Gebühr wird an den Zahlstellen bar oder bargeldlos mit der VIACARD entrichtet. Vignetten und VIACARD erhält man bei Automobilclubs, am Grenzübergang oder an großen Raststätten. Mitglieder von Automobilclubs können sich kostenlos ein **Tourenpaket** mit Karten und Gebühreninfos zusammenstellen lassen.

Fahrzeugpapiere

Führerschein und Fahrzeugschein sind Pflicht. Zu empfehlen ist die grüne Versicherungskarte. Bei Verkehrskontrollen oder einem Unfall vereinfacht sie die Abwicklung.

Nationalitätenkennzeichen

Wer kein Euronummernschild hat, benötigt ein korrekt angebrachtes Nationalitätenkennzeichen.

Verkehrsregeln

Verkehrssünder werden kräftig zur Kasse gebeten! Es bestehen Gurt- und Helmpflicht, die Promillegrenze beträgt 0,8‰, die zulässige Höchstgeschwindigkeit liegt in Ortschaften bei 50 km/h, auf Landstraßen bei 90 km/h, auf

Autobahnen bei 130 km/h. Es ist verboten, Reservekanister mitzuführen.

Neu seit Juni 2002: Auf Autobahnen und außerhalb geschlossener Ortschaften muss auch tagsüber das Abblendlicht eingeschaltet sein. Wenden, Zurückstoßen und Spurwechsel im Mautstellenbereich, auf Autobahnauffahrten und -abfahrten wird streng geahndet. Alle nach hinten oder seitlich über ein Fahrzeug hinausragenden Dachlasten (Surfbretter, Fahrräder, etc.) müssen mit einer 50 x 50 cm großen, rot-weiß gestreiften Warntafel gekennzeichnet sein.

Pannenhilfe/Notruf

Der **italienische Automobilclub ACI** leistet kostenpflichtig Pannenhilfe rund um die Uhr: Tel. 803116, Mobil 800116800 und Notrufsäulen auf Autobahnen. Ein Auslandsschutzbrief ist zu empfehlen, siehe „Versicherungen“.

Polizeinotruf und Unfallrettung in ganz Italien: Tel./Mobil **112.**

Deutschsprachige ADAC-Notrufnummer in Mailand rund um die Uhr: Tel. **02661519.**

Europäische Bahnverbindungen im Internet:

- www.bahn.de
- www.bahn.de/bahnundbike
- www.db-autozug.de
- www.nachtzugreise.de
- www.oebb.at
- www.trenitalia.com
- www.sbb.ch

Literaturtipp

Der Praxis-Ratgeber **„Bordbuch Südeuropa für Unfall, Panne und Verkehr“** von *Friedrich Köthe* und RA *Michael Nissen* informiert über spezielle Verkehrsregeln und Einreisebestimmungen, Strafen, Notrufe und viele weitere Fragen rund ums Autofahren und hilft, Unfälle und Pannen zu regulieren und seine Rechtsansprüche durchzusetzen. Erschienen im Reise Know-How Verlag, Bielefeld.

Bus

Fernbusse der Deutschen Touring GmbH verbinden etwa 30 deutsche Städte mit zahlreichen Orten in Kampanien.

- **Deutsche Touring**
Am Römerhof 17, Frankfurt a. M., Tel. 069-790350, www.deutsche-touring.com.

Bahn

Ab München fährt täglich ein durchgehender Nachtzug mit Schlaf- und Liegewagen über Innsbruck und den Brenner bis Neapel (nur 2. Klasse). Reisende aus Südwestdeutschland oder der Schweiz können zwischen Nachtzügen nach Mailand bzw. Nachtzügen von Basel nach Rom wählen. Aus Wien fahren Nachtzüge bis Florenz. Rechtzeitig reservieren!

Familien mit Kindern, die am Urlaubsort auf das eigene Fahrzeug nicht verzichten möchten, bietet sich zum entspannten, wenn auch nicht ganz billigen Sprung über die Alpen der Autoreisezug an. Autoreisezüge verkehren zwischen Deutschland und Italien von Mai bis Ende September und verbinden München direkt mit Neapel bzw. Berlin, Düsseldorf, Frankfurt a.M. und Hamburg mit Verona. Von Juni bis Anfang September fahren Autoreisezüge von Wien nach Rimini bzw. Florenz. In einigen Zügen besteht die Möglichkeit des Fahrradtransports.

Nach Fahrplänen, Tarifen und Sparangeboten erkundigt man sich am besten direkt am Bahnhof bzw. in einem Reisebüro mit Bahn-Agentur. Allgemeine Fahrplan- und Tarifauskünfte erteilt in Deutschland der Reiseservice der DB, Tel. 11861, spezielle Informationen zu DB-Nachtzügen erhält man unter Tel. 01805-141514 und zu DB-Autoreisezügen unter Tel. 01805-241224. In Österreich informiert das Mobilitäts-Callcenter der ÖBB, Tel. 05-1717, und in der Schweiz der Railservice der SBB, Tel. 900-300300.

Flug

Der **internationale Flughafen Neapel-Capodichino** (NAP) (Tel. 0817151371, www.gesac.it) wird von der Alitalia und Lufthansa im Liniendienst angeflogen, aber auch von Billigfliegern. Im Sommer zusätzlich Charterverbindungen. Günstige Flüge vermitteln z.B. der Süditalien-Spezialist Italian Step aus München und Jet-Travel aus Bonn (siehe „Reisebüros").

golf_046 Foto: pa

- **GESAC:** Flugpläne und Auskunft 24 Std. am Tag, Tel. 147888777 (zum Ortstarif aus Italien), Tel. 0817515371, Handy 0817515471, www.gesac.it.

Linienflüge

Direktverbindungen nach Neapel bestehen mit Lufthansa (www.lufthansa.com) von München und mit Swiss (www.swiss.com) von Basel. Beim Abflug von anderen Flughäfen muss man unterwegs umsteigen, bei Flügen mit Alitalia (nationale Flüge Tel. 84888-65641, internationale Flüge Tel. 84888-65642, www.alitalia.it) in Mailand oder Rom.

Charterflüge

Von Ostern bis Ende Oktober starten zahlreiche Charterflieger Richtung Neapel. Die Flüge sind, auch ohne eine damit verbundene Pauschalreise, direkt bei den Airlines – auch über Internet – oder über Reiseveranstalter zu buchen. Die Preise für Charterflüge liegen in der Nebensaison in der Regel niedriger als Linienflugpreise.

Billigflüge

Es gibt eine Reihe von Billigflügen nach Neapel, die sich nicht direkt bei der jeweiligen Fluggesellschaft, sondern nur in bestimmten Reisebüros buchen lassen. Dazu gehören die Verbindungen mit KLM von vielen deutschen Flughäfen über Amsterdam nach Neapel und die Flüge mit British Airways von den größeren deutschen Flughäfen über London nach Neapel. Auch Angebote von Ryanair (www.ryanair.com), Hapag Lloyd Express (www.hlx.com), German Express (www.gexx.de) und VolareWeb (www.volareweb.com) checken! Ständig aktuelle Angebote im Internet.

Last-Minute-Flüge

Schnäppchenjäger halten Ausschau nach befristeten Sonderangeboten der Linienfluggesellschaften, wie sie von einigen Airlines und Reiseveranstaltern mit deutlicher Ermäßigung etwa 14 Tage vor Abflug angeboten werden. Last-Minute-Flüge lassen sich zwar auch direkt bei den Fluggesellschaften (www.aerolloyd.de, www.airberlin.de, www.condor.de, www.hlf.de, www.ltu.de) und in vielen Reisebüros buchen, oft werden sie aber über Spezialanbieter vertrieben. Der Branchenführer L'Tur (www.ltur.de) ist mit zahlreichen Büros in Deutschland, Österreich und der Schweiz vetreten. Eine Reihe europäischer Fluggesellschaften hat ihr Angebot unter der Internetadresse www.opodo.de gebündelt. Die Recherche im Internet oder ein Blick in die Reisebeilage einer Tageszeitung fördert weitere Anbieter zu Tage.

Plausch auf der
Piazza del Plebiscito in Neapel

Buchtipps:

- Frank Littek, **Fliegen ohne Angst,** Reise Know-How Praxis
- Erich Witschi, **Clever buchen, besser fliegen,** Reise Know-How Praxis

Bekleidung und Ausrüstung

Sonniger Süden!? Ja, aber im Frühjahr kann es bis April noch recht kalt sein. Im Gebirge und am Meer kühlt es abends auch im Sommer ab. Pullover und Windjacke gehören daher ins Gepäck. Für die heißen Sommertage empfiehlt sich leichte, luftige Baumwollkleidung. Für den Besuch archäologischer Stätten und zum Wandern haben sich eingelaufene Wanderschuhe bewährt. Italiener tragen bekanntlich gerne schicke Kleidung, formelle Kleidung wird jedoch nur in gehobenen Hotels und Restaurants erwartet.

Ein kleines Opernglas leistet bei der Besichtigung einer Kirche oder auf Wanderungen gute Dienste. Besitzer eines Neuwagens sollten evtl. an eine Wegfahrsperre oder Lenkradblockade denken.

Botschaften und Konsulate

Bei Verlust von Dokumenten oder Geld hilft das Konsulat des Heimatlandes.

Deutsche Botschaft

- Via San Martino della Battaglia 4, 00185 **Roma,** Tel. 064-92131, Fax 064-452672, www.ambgermania.it.

Deutsches Generalkonsulat

- Via Crispi 69, 80121 **Napoli,** Tel. 081-2488511, Fax 081-7614687, www.deutschesgeneralkonsulat-neapel. it.

Österreichische Botschaft

- Via Pergolesi 3, 00198 **Roma,** Tel. 068-440141, Fax 068-543286.

Österreichisches Generalkonsulat

- Viale Liegi 32, 00198 **Roma,** Tel. 068-552880, Fax 068-5352991.

Botschaft der Schweiz

- Via Oriani 61, 00197 **Roma,** Tel. 068-09571, Fax 068-088510.

Generalkonsulat der Schweiz

- Via Pergolesi 1, 80122 **Napoli,** Tel. 0817-614390, Fax 0817-611750.

Einkaufen

Selbstversorger kommen in Kampanien voll auf ihre Kosten. In städtischen Markthallen, **Alimentari,** auf **Fisch-, Obst- und Gemüsemärkten** ist das frische Angebot überwältigend. Und am Ende des Urlaubs findet sich, zumindest im Auto, sicher noch Platz für einen 5-l-Kanister *Olio d'Oliva extra vergine* frisch vom Erzeuger. Auch eine Kiste Wein verlängert den Urlaub zu Hause.

In Neapel und den Provinzhauptstädten lohnt ein Schaufensterblick auf die **Alta moda.** Wenn im Februar und August/September *saldi* (Schlussverkauf) anstehen, purzeln die Preise.

Ein Kapitel für sich sind die **mercati di Napoli** (siehe Exkurse „Neapels Märkte" und „Bethlehem in Neapel").

Traditionelle **Keramik** gibt es z.B. auf Ischia, in Vietri an der Amalfitana und in Camerota im Cilento.

Einkaufstipps am Ende der Ortsbeschreibungen.

Elektrizität

220 V Wechselstrom. Flache Eurostecker passen fast immer, ansonsten braucht man eine *spina di addatamento* (Adapter).

Essen und Trinken

Zu den „Hintergründen" der kampanischen Esskultur siehe den Abschnitt „Küche und Wein" im Kapitel „Land und Leute".

Für den Neapolitaner besteht die **colazione (Frühstück)** in der Regel aus *'na tazzulella 'e caffè* (einer kleinen Tasse Kaffee) am Tresen einer Bar. In Hotels versucht man natürlich den Frühstücksgewohnheiten der Gäste aus dem Norden entgegenzukommen.

Im Tagesablauf der Süditaliener nehmen **pranzo (Mittagessen)** und **cena (Abendessen)** einen wichtigen Platz ein, die vollständige Speisenfolge besteht aus *antipasto, primo piatto* und *secondo piatto,* zum dem der *contorno* extra dazu bestellt wird. Keine Angst, man muss nicht die komplette Liste bestellen. Nur wer sich im Restaurant mit einem Salat oder einem einzigen Teller Pasta bescheiden möchte, wird verständlicherweise nicht gerne gesehen, da die Wirte ihren Umsatz mit den Speisen und nicht mit den oft erstaunlich preisgünstigen Weinen machen. Zum Nachtisch gibt es *dolce* oder *frutta,* danach noch einen Digestif. Den *caffè* trinkt man heiß in der nächsten Bar. Hotels sind nur in Ausnahmefällen die besten Adressen, um die Landesküche kennen zu lernen. Den kleinen Hunger kann man in einer *tavola calda* oder *rosticceria* stillen. Hier gibt es Nudelaufläufe, Grillhähnchen und Backkartoffeln, oft auch zum Mitnehmen. Bei der Wahl einer *osteria, trattoria, pizzeria* oder einem *ristorante* sollte man

Kleiner kulinarischer Sprachführer

il menù – Speisekarte

antipasti – Vorspeisen
bevande – Getränke
carne – Fleisch
contorni – Beilagen
dolce – Nachtisch
formaggi – Käse
frutta – Obst
menu del giorno – Tagesgericht
minestre – Suppen
pane e coperto – Brot und Gedeck
pesce – Fisch
piatti vegetariani – vegetarische Gerichte
piatto del giorno – Tagesgericht
primo piatto – erster Gang
secondo piatto – zweiter Gang
servizio – Bedienungsgeld

ordinare – bestellen

Vorrei prenotare un tavolo per due persone. – Ich möchte einen Tisch für zwei Personen bestellen.
Avete ancora un tavolo libero? – Haben Sie noch einen Tisch frei?
Ci porta il menù/la lista dei vini per favore? – Bringen Sie uns bitte die Speisekarte/die Weinliste?
Voremmo ordinare. – Wir würden gerne bestellen.
Che cosa ci puo consigliare? – Was können Sie uns empfehlen?
Da bere/da mangiare prendiamo/voremmo ... – Zum Trinken/Essen nehmen wir/möchten wir ...
Avete anche ...? – Haben Sie auch ...?
Si puo avere anche una mezza porzione? – Kann man auch eine halbe Portion haben?

pagare – bezahlen

Voremmo pagare. Ci porta il conto, per piacere? – Wir würden gerne zahlen. Bringen Sie uns bitte die Rechnung?
Accettate carte di credito? – Nehmen Sie Kreditkarten?

coperto – Gedeck

aceto e olio – Essig und Öl
bicchiere – Glas
coltello – Messer
cucchiaino – Teelöffel
cucchiaio – Löffel
forchetta – Gabel
pane – Brot
piatto – Teller, Gericht
sale e pepe – Salz und Pfeffer
stuzzicadenti – Zahnstocher

bevande – Getränke

aqua minerale frizzante (con gas)/naturale (senza gas) – Mineralwasser mit/ohne Kohlensäure
amaro – Kräuterlikör
birra alla spina – gezapftes Bier
caffè – kleiner Kaffee, Espresso
limoncello – Zitronenlikör
nocino – Nusslikör
spremuta – frisch gepresster Saft
succo – Saft
vino bianco/rosato/rosso – Weiß-, Rosè-, Rotwein
vino sfuso – offener Wein

antipasti – Vorspeisen

alici marinate – marinierte Sardinen
antipasto di mare – Vorspeise mit Meeresfrüchten
antipasto rustico – Vorspeise mit Wurst- und Käse
bruschetta – geröstetes Weißbrot mit Tomaten und Knoblauch
frisedde – doppelt gebackenes Brot, wird eingeweicht z.B. mit Tomaten, Olivenöl und Oregano gegessen
insalata caprese – Mozarella-Tomaten-Salat
lampascioni – Wildwiebeln der Träubelhyzinthen
parmigiana di melanzane – mit Tomaten, Mozzarella, Basilikum und Parmesan überbackene Auberginen

puccia – Brot mit Oliven
soppressata – zum besseren Trocknen gepresste Salami
sott'aceti – in Essig eingelegtes Gemüse
sott'olii – in Olivenöl eingelegtes Gemüse oder Pilze
taralli – hart gebackene Teigkringel

primi – erster Gang

ciceri e ttria – Bandnudeln mit Kichererbsen
cozze gratinate – überbackene Miesmuscheln
fave e cicorie – Saubohnen und Zichorien
maccheroni al ragù – Röhrennudeln mit Fleischsoße
minestra maritata – kräftige Fleisch- und Gemüsesuppe mit Pasta
orechiette con cime di rapa – Öhrchennudeln mit bitterem Stängelkohl
pan cotto – Brotsuppe
pasta e ceci/faggioli – Nudeln mit Kichererbsen/Bohnen
purea di fave – Bohnenpüree, meist zusammen mit Gemüse
risotto alla pescatora – Risotto mit Fisch und Meeresfrüchten
scialiatielli – hausgemachte Spaghetti
spaghetti ai frutti di mare – Spaghetti mit Meeresfrüchten
tiella di riso, cozze e patate – Reis-Miesmuschel-Kartoffelauflauf
zuppa di cozze – Miesmuscheln in Tomatensugo
zuppa di grano – Weizensuppe

secondi di pesce e carne – Fisch- und Fleischgerichte

agnello – Lamm
arista di maiale – Schweinebraten
bracciole di cavallo – Pferdefleischrouladen, meist in Tomatensugo
castrato – Hammel
dentice – Zahnbrasse
orata – Goldbrasse
salsiccia – Wurst
triglie – Rotbarben
zuppa di pesce – Fischeintopf

contorni – Beilagen

cicorie – Zichorie
fungo cardoncello – exzellenter Speisepilz der Murgia (*Pleurotus eryngii*)
insalata – Salat
giambotta – Gemüseeintopf
verdure – Gemüse

cotture – Zubereitungsarten

all'acqua pazza – Fisch wird im leichten Gemüsesud gedünstet
al bianco – ohne Tomaten
al cartoccio – in Backpapier oder Alufolie gegart
al forno – im Ofen
alla boscaiola – mit Pilzen
alla griglia – gegrillt
alla pizzaiola – mit Tomaten-Oregano-Sauce
alla scapece – frittiert und sauer eingelegt
fritto – frittiert, ausgebacken

formaggi – Käse

burrino – Brühkäse mit einem Stück Butter in der Mitte
caciocavallo – pikant gereifter Kuhmilchkäse
cacioricotta – gereifte Ricotta, oft aus Ziegenmilch
fior di latte – Kuhmilchmozzarella
pecorino – Schafskäse
provolone – pikanter Käse aus Kuhmilch
ricotta – Frischkäse aus Molke, der Name bedeutet „noch einmal gekocht"
ricotta affumicata – die geräucherte Ricotta wird gerieben zur Pasta gegessen

frutta e dolci – Obst und Nachspeisen

agrumi – Zitrusfrüchte
ficchi – Feigen
ficchi d'India – Kaktusfeigen
granita di limone – Zitronensorbet
struffuli – in Honig getauchtes Gebäck

sich vom Ambiente und einer guten Empfehlung leiten lassen. Auf dem *menù* muss der Betrag für **coperto** und evtl. **servizio** (10–15%) ausgewiesen sein. Aus Höflichkeit lässt man die Gäste nach dem Essen sitzen, bis sie selbst nach der Rechnung verlangen, die nach Verlassen des Lokals eingesteckt werden muss (siehe dazu „Geld"). Sympathischerweise werden Rechnungsbeträge in Italien nicht aufgerundet, der Gast erhält das vollständige Wechselgeld zurück und lässt dann nach eigenem Ermessen sein **Trinkgeld** auf einem Teller liegen. War man zufrieden, sind **5–10%** angebracht. Für manche sind die späten Essenszeiten, besonders am Abend, gewöhnungsbedürftig; die *cena* wird selten vor 20 Uhr serviert.

Die in den Ortskapiteln angegebenen Preise beziehen sich auf eine komplette Mahlzeit mit zwei bis drei Gängen ohne Getränke.

Buchtipp: Wer tiefer eintauchen will in die (sprachlichen) Geheimnisse der italienischen Küche, dem sei folgender Kauderwelsch-Sprachführer als Beilage empfohlen:
- **Italienisch kulinarisch –**
Wort für Wort, Kauderwelsch Bd. 144

Fernsehen

In einem Land, wo ein Medienmogul in das Amt des Ministerpräsidenten aufsteigen kann, ist Fernsehen allgegenwärtig. In privaten Haushalten läuft der Fernseher im statistischen Durchschnitt drei Stunden und achtzehn Minuten pro Tag, und auch in etlichen Lokalen flimmert die Kiste vor sich hin, wird aber meist ignoriert, wenn nicht gerade *calcio* (Fußball) läuft. Die Programme der **Staatssender RAI** heben sich von der Flut der **Privatkanäle** qualitativ kaum noch ab. Das Markenzeichen fast jeder Sendung: eine Schar hübscher, dünn bekleideter Soubretten, die den Moderator stumm lächelnd umgeben. Rund um die Uhr preisen auf Verkaufskanälen Fernsehmagiere Hilfe in allen Lebenslagen an. Deutschsprachige Programme sind in Hotels der höheren Kategorie zu empfangen.

Feste und Feiertage

Feste

Jeder Ort feiert seinen Patron oder die Schutzheilige mit großem Pomp. Die Straßen schmücken *luminarie,* filigrane Holzlattengebilde, von abertausenden

Käsestand am Passo di Miralago (Provinz Caserta)

golf_030 Foto: pa

elektrischen Lampen illuminiert. In der Prozession schreitet stets die *banda* (Blaskapelle) voran, und eine *festa* endet immer mit einem grandiosen Feuerwerk. Besonders stimmungsvoll sind die Osterprozessionen. Hinweise in den Ortskapiteln.

Feiertage

An den gesetzlichen Feiertagen sind alle öffentlichen Einrichtungen, z.T. auch Museen und archäologische Zonen, geschlossen. Achtung: Fallen die Feiertage auf Wochentage, ist an den Brückentagen zwischen den Wochenenden (ital. *ponte)* mit Verkehrsstaus zu rechnen.

- **1. Januar:** *Capodanno*/Neujahr
- **6. Januar:** *Epifania*/Hl. drei Könige
- **Ostermontag:** *Pasquetta*
- **25. April:** *La Resistenza*/Tag der Befreiung
- **1. Mai:** *Festa del Lavoro*/Tag der Arbeit
- **2. Juni:** *Festa della Repubblica*/ Nationalfeiertag
- **15. August:** *Ferragosto*/Mariä Himmelfahrt
- **1. November:** *Ognisanti*/Allerheiligen
- **8. Dezember:** *L'Immacolata*/Unbefleckte Empfängnis
- **25. Dezember:** *Natale*/Weihnachten
- **26. Dezember:** *Santo Stefano*/Fest des Hl. Stefan

Feste, Events, Musik

Januar/Februar

- **Madonna dell'Arco,** vom dritten Januarsonntag finden bis Ostern jeden Sonntag in den Altstadtvierteln von Neapel Prozessionen statt. Am Ostermontag grandiose Abschlussprozession ins Heiligtum nach Sant'Anastasia (Circumvesuviana Linie Napoli – Sarno bis Madonna dell'Arco).
- **Carnevale Irpinio,** in der Provinz Avellino wird der Karneval mit allegorischen Karrenumzügen, heidnisch anmutenden Tänzen und viel Musik gefeiert.
- **La Candelora,** am 2. Februar pilgern Transvestiten, Lesben und Schwule zur Mamma Schiavona nach Montevergine bei Avellino.

März/April

- **Pasqua (Ostern),** eindrucksvolle Karfreitagsprozessionen in Sessa Aurunca, Sorrent, Ponte (Ischia), Positano und Amalfi. Besonders schön ist die Processione dei Mistreri auf der Insel Procida. Am Karfreitag ziehen im Cilento zahlreiche Prozessionen um den Monte Stella.
- **Festa della Madonna del Popolo,** an *pasquetta* (Montag nach Ostern) schreitet die Prozession der Stadtpatronin von Sessa Aurunca über blütenbestreute Gassen.
- **Comicon,** Anfang März lockt das Trickfilmfestival Comicfans ins Castel Sant'Elmo nach Neapel (www.comicon.com).
- **San Marco,** das Hafenstädtchen San Marco di Castellabate feiert seinen Patron am 25. April mit einer Bootsprozession.

Mai

- **Maggio dei Monumenti,** ganz Neapel und Heerscharen von Touristen sind auf den Beinen, wenn im Mai Museen, Kirchen und Kastelle, v.a. aber zahllose der Öffentlichkeit sonst verschlossene Orte ihre Pforten öffnen. Achtung: Hotels sind meist langfristig ausgebucht! In Salerno heißt die erfolgreiche Aktion Salerno porte aperte (www.comune.salerno.it).
- **Festa di San Gennaro,** am ersten Maiwochenende hält ganz Napoli den Atem an und hofft, dass sich das Blut des Stadtpatrons verflüssigt. Am 19. Sept. wird San Gennaro noch einmal groß gefeiert.
- **San Michele Arcangelo,** am 8. Mai (und 19. Sept.) feiern Sant'Angelo (Ischia) und die ganze Insel Procida den Erzengel als ihren Schutzpatron.
- **Festa di San Costanzo,** am 14. Mai feiert Capri seinen Patron mit Prozession und Feuerwerk.

Juni

- **Festival di Musica da Camera,** von Anfang Juni bis September werden in der Provinz Avellino an zahlreichen stimmungsvollen Orten Kammerkonzerte veranstaltet (www.eptavellino.it).
- **San Cono,** Teggiano feiert seinen Stadtpatron dreimal im Jahr: am 3. Juni, 27. Sept. und 17. Dez. Das schönste Fest findet im Juni statt.
- **Festa delle quattro Repubbliche Marine,** in der Regel treten die vier ehemaligen italienischen Seerepubliken Amalfi, Pisa, Genua und Venedig jeweils am ersten Junisonntag im sportlichen Ruderwettkampf gegeneinander an. 2005 und 2009 werden die Galeeren in Amalfi zu Wasser gelassen.

●**'Ndrezzata,** das beliebte Touristenspektakel in Buonopane auf Ischia am Vorabend des 24. Juni, ein wilder Stocktanz, hat antike Ursprünge.
●**Festa di Sant'Andrea,** vom 25. bis 27. Juli lässt Amalfi seinen Patron zu Wasser und zu Lande hoch leben.
●**Disfida dei Trombonieri,** Historienspektakel Ende Juni in Cava dei Tirreni.

Juli
●**Festival Musicale di Ravello,** gesellschaftliches Musikevent zu immer noch volksnahen Preisen. Das ursprüngliche reine Wagner-Festival zieht sich mittlerweile von April bis Oktober und bietet neben symphonischen Konzerten auch Kammermusik und Jazz (www.rcs.amalficoast.it, www.ravelloarts.org).
●**Festa d'Estate a Villa Guariglia,** klassische Konzerte und Kammermusik bei freiem Eintritt in schöner Villa in Raito oberhalb Vietri sul Mare.
●**Leuciana Festival,** hochkarätiges Theater- und Musikfestival auf dem Real Belvedere von San Leucio bei Caserta.
●**Teano Jazz,** Jazz-Festival in der Provinz Caserta (www.teanojazz.org).
●**Lo Sguardo di Ulisse,** der Grenzüberschreiter *Odysseus* ist Pate des Avantgarde-Festivals in der Arena Flegrea am westlichen Stadtrand von Neapel (www.sigbloom.it).
●**Neapolis Rock-Festival,** Mitte Juli heizen internationale Rockgrößen drei Tage lang auf dem Arenile di Bagnoli ein, der Abrissfläche des gigantischen Eisenhüttenwerks westlich Neapel (www.neapolis.it).
●**Festa di Sant'Anna,** am 26. Juli nächtliche Bootsprozession und fulminantes Feuerwerk in Ischia Ponte.
●**Teatri di Pietra,** von Ende Juli bis Mitte Ausgust werden in den antiken Theatern und Amphitheatern der Provinz Caserta (S. Maria Capua Vettere, Sessa Aurunca) griechische Dramen, römische Komödien, aber auch zeitgenössische Stücke aufgeführt.

August
●**Strit Festival Napoli,** Aufsehen erregendes Fest der Straßenkünstler Anfang August in Neapel (www.napolistritfestival.com).
●**Teggiano Jazz,** Jazz-Festival Anfang August in Teggiano.
●**Velia Teatro,** von Anfang August bis Anfang September finden in der archäologischen Zone von Velia Aufführungen antiker griechischer Dramen und römischer Komödien in italienischer Sprache statt (Infos c/o Pro Loco di Ascea, Tel. 0974972230).
●**Festa dell'Assunta,** am 15. Aug. lässt man die Madonna allerorts hoch leben. In Pozzuoli dauert das Fest drei Tage, Mutige können ihr Geschick bei dem Wettkampf Palo a Mare unter Beweis stellen.
●**Giornate Gesualdiane,** im Gesualdo, dem Geburtsort des Komponisten *Carlo Gesualdo da Venosa,* Mitte Aug. Madrigalkonzerte.
●**Lotta dell'angelo e del diavolo,** am vierten Ausgustsonntag geht Gesualdo beim „Kampf zwischen Engel und Teufel" in die Luft.

September
●**Premio Leonide Massime,** Ballettfestival in Positano.
●**Festival di Musica d'Insieme,** Sessa Aurunca bietet Anfang September den stimmungsvollen Rahmen für ein hochkarätiges Mozart-Festival.
●**Città Spectacolo,** Benevent lädt in der ersten Septemberhälfte zum renommierten Kulturfestival (www.cittaspectacolo.com).

●**San Giovan Giuseppe della Croce,** am ersten Septembersonntag feiern Ischia Porto und Ischia Ponte ihren Patron mit Schiffsprozessionen und Feuerwerk.

●**'A juta a Montevergine,** am 11. Sept., dem Vorabend des Festes der Madonna di Montevergine, treffen tausende Pilger in Ospedaletto ein und feiern gemeinsam vor dem Aufstieg zum Bergheiligtum durch die Nacht – ein fernes Echo auf die bachantischen Riten des Kybele-Kults.

●**San Michele Arcangelo,** zu Ehren des Erzengels Michael findet am 19. Sept. in Sant'Angelo auf Ischia eine Bootsprozession statt. Procida feiert seinen Patron am gleichen Tag.

●**San Matteo,** Salerno feiert am 21. Sept. seinen Patron, den Apostel Matthäus.

November

●**Via San Gregorio Armeno,** auch wenn in der Via San Gregorio Armeno in Neapel eigentlich das ganze Jahr Weihnachten ist, beginnt die Saison der Krippenmacher traditionell am ersten Novembersonntag und dauert bis zum 6. Jan.

Dezember

●**Capodanno,** der Silvester-Rave auf der Piazza del Plebiscito in Neapel ist ein Mega-Event, dass man einfach erlebt haben muss!

golf_027 Foto: pa

Fotografieren

Menschen ohne ihre Einwilligung abzulichten verbietet die Höflichkeit, fragt man vorher um Erlaubnis, ergeben sich meist nette Kontakte. Möchte jemand nicht fotografiert werden, ist das unbedingt zu respektieren, nicht zuletzt um sich eventuell Ärger zu ersparen.

Fotoverbote oder -einschränkungen vor militärischen Einrichtungen, Brücken und in Museen sollten beachtet werden.

Da Filme zu Hause fast immer günstiger sind, sollte man sich einen entsprechenden Vorrat mitnehmen. So kann man sicher sein, dass die Filme nicht überaltert oder falsch gelagert sind. Auf dem Flug gehören Filme ins Handgepäck, unterwegs nicht in der prallen Sone liegen lassen.

Buchtipps:
- Helmut Hermann, **Reisefotografie,** Reise Know-How Praxis
- Volker Heinrich, **Reisefotografie digital,** Reise Know-How Praxis

Sessa Auranca: Prozession der Stadtpatronin an Pasquetta

Geld

Der Euro hat 2002 die Lira abgelöst, auch wenn im Sommer 2003 in Italien bereits wieder Stimmen laut wurden, sie wieder einzuführen. Zur Erinnerung: 1 Euro = 1936,27 Lire, 1000 Lire = 0,516459 Euro. Schweizer wechseln am besten bereits vor der Reise zu Hause. Euro-Reiseschecks statt Bargeld werden von vielen Hotels akzeptiert, in Restaurants sind sie weniger gerne gesehen.

Geldautomaten

In Italien kann man fast überall mit Maestro-Karte und Geheimnummer am entsprechend gekennzeichneten *bancomat* Bargeld abheben. Pro Vorgang fällt eine Gebühr von 2 bis 4 Euro an. Bei Verlust der Karte wendet man sich an den Maestro-Karten-Notfallservice in Frankfurt a.M., von Italien aus unter Tel. 0049-69-740987 rund um die Uhr zu erreichen.

Banken

In der Regel Mo.–Fr. 8.30–13.15 und 15–16 Uhr geöffnet. Personalausweis nicht vergessen!

Kreditkarten

Von den meisten Hotels, Restaurants und größeren Geschäften akzeptiert. Seit dem 1. Juli 2002 kann man in allen EU-Ländern mit EC-Karte und Kreditkarte ohne Zusatzgebühr bezahlen. Auch Geldautomaten mit entsprechendem Hinweis können mit Kreditkarten bedient werden. Bei Verlust Karte sofort sperren lassen!

Kassenbeleg

Rechnungen und Quittungen *(ricevuta* bzw. *scontrino fiscale)* müssen eine Weile aufbewahrt und auf Verlangen der *Guardia della Finanza* (Steuerpolizei) vorgezeigt werden.

Gesundheit

Notruf

In ganz Italien Tel. 112. Standort nennen und um *pronto soccorso* (Unfallhilfe) bitten.

Erste Hilfe

Kostenlose, meist freundliche Erstversorgung im *pronto soccorso* (Unfallstation) jeden Krankenhauses und bei der *Guardia Medica Turistica* in Urlaubsgebieten.

Ärztliche Behandlung

Für deutsche und österreichische Kassenpatienten ist bei Vorlage des Auslandskrankenscheins, der im Krankheitsfall in Italien bei der **Azienda Sanitaria Locale** (örtlicher Gesundheitsdienst) umgetauscht werden muss, die medizinische Behandlung innerhalb des staatlichen Gesundheitssystems kostenlos. Für Schweizer Staatsbürger gilt diese Regelung nicht. Sollte man die Arztrechnung bar bezahlen müssen, benötigt man für die Erstattung durch die Krankenkasse eine *ricevuta fiscale* (quittierte Rechnung). Der Abschluss einer privaten Krankenversicherung, die im Notfall für den Rücktransport aufkommt, ist zu empfehlen.

Apotheken (farmacia)

Apotheker sind meist gut ausgebildet und geben zahlreiche Medikamente rezeptfrei ab. Öffnungszeiten sind in der Regel Mo.–Fr. 8.30–12.30 und 16–20 Uhr. Not- und Wochenenddienste *(Farmacia di turno)* sind angeschlagen und stehen in Tageszeitungen.

Haustiere

Bei Einreise mit Hunden und Katzen müssen ein **amtstierärztliches Gesundheitszeugnis** (30 Tage gültig ab Ausstellung) und eine **Tollwutimpfung** (mind. 20 Tage, max. 11 Monate alt) vorgewiesen werden. Viele Agriturismi und einige Hotels akzeptieren die kleinen (!) Haustiere ihrer Gäste. In den offiziellen Unterkunftsverzeichnissen auf das Hundesymbol achten!

Informationen

Außerhalb Italiens erteilt das **Staatliche Italienische Fremdenverkehrsamt Ente Nazionale Italiano per il Turismo (ENIT)** touristische Auskünfte, in Kampanien sind es die regionalen, Provinz- und lokalen Tourismusbehörden. Die Erfahrung mit einzelnen Fremdenverkehrsämtern ist unterschiedlich. Vom

Bauer im Cilento

Abspeisen mit veralteten Dutzendbroschüren bis zur Bereitstellung exzellenten Informationsmaterials und engagiertem persönlichem Einsatz der Mitarbeiter ist die Spannbreite groß.

ENIT in Deutschland, Österreich und der Schweiz

- **Gebührenfreie Servicenummer zur Prospektbestellung** in den drei Ländern: **0080000482542;** www.enit.it (ital./dt.)
- Friedrichstr. 187, 10117 **Berlin,** Tel. 030-2478397, Fax 030-2478399, enit-berlin@t-online.de
- Kaiserstr. 65, 60329 **Frankfurt,** Tel. 069-237434, Fax 069-232894, enit.ffm@t-onlie.de
- Goethestr. 20, 80336 **München,** Tel. 089-531317, Fax 089-534527, enit-muenchen@t-online.de
- Kärntnerring 4, 1010 **Wien,** Tel. (01) 5051630, Fax (01) 5050248, delegation.wien@enit.at
- Uraniastr. 32, 8001 **Zürich,** Tel. (01) 2113031, Fax (01) 2113885, enit@bluewin.ch.

Tourismusämter in Kampanien

- **Regione Campania Assessorato al Turismo**
Die regionale Tourismusbehörde schickt auf Anfrage Prospekte. Via Santa Lucia 81, 80132 Napoli, Tel. 0817961111, Fax 0817962028, www.regione.campania.it.
- **Enti Provinciali per il Turismo (EPT)**
Die Provinz-Tourismusbehörden mit Sitz in den jeweiligen Provinzhauptstädten bemühen sich, jährlich ein Unterkunftsverzeichnis (auf die Preise ist nicht immer Verlass!) herauszugeben, z.T. erhält man auch Karten und Prospekte. Die folgenden Adressen sen-

golf_033 Foto: pa

den auf Anfrage Info-Material zu. Davon abweichende Adressen der EPT, zuständig für den Publikumsverkehr, finden sich in den Ortskapiteln.
- EPT Avellino, Via Due Pricipati 5, I-83100 Avellino, Tel. 082574695, Fax 082574757, info@eptavellino.it, www.eptavellino.it;
- EPT Benevento, Via Nicola Sala 31, I-82100 Benevento, Tel. 0824319911, Fax 0824312309, ept.bn@tin.it, www.eptbenevento.it;
- EPT Caserta, Viale Douhet 2, I-81100 Caserta, Tel. 0823322233, Fax 0823326300, ept@casertaturismo.com, www.casertaturismo.com, www.presidituristici.campania.it;
- EPT Napoli, Piazza dei Martiri 58, I-80121 Napoli, Tel. 081405311, Fax 081401961, www.ept.napoli.it;
- EPT Salerno, Via Velia 15, I-84125 Salerno, Tel. 089230407, Fax 089251844, www.crmpa.it/ept.

- **Aziende Autonome di Soggiorno e Turismo (AAST)**
Städtische Fremdenverkehrsämter. Oft nützliches Informationsmaterial, Stadtpläne, Unterkunftsverzeichnis und Prospekte. Meist hilfsbereites Personal mit Fremdsprachenkenntnissen. Die örtliche Touristeninformation soll in Zukunft in die Hände der Kommunen gelegt werden. Adressen in den Ortskapiteln.
- **Pro Loco**
Unterfinanzierte lokale Touristenbüros, deren Mitglieder manchmal großes privates Engagement an den Tag legen. Adressen in den Ortskapiteln.

Buchtipps:
- Volker Heinrich, **Kommunikation von unterwegs,** Reise Know-How Praxis
- Günter Schramm, **Internet für die Reise,** Reise Know-How Praxis

Informationen im Internet

Das Internet bietet gute Möglichkeiten, sich vorab über Kampanien zu informieren, daher finden sich auch im Reisehandbuch zahlreiche Webtipps und Hinweise auf Internet-Cafés. Die meisten Hotels und B&Bs bieten ihren Gästen inzwischen den Webzugang als Service an. Im Folgenden einige Adressen, die im regionalen Reiseteil nicht erwähnt sind:

- **www.reise-know-how.de**
Verlagsseite mit nützlichen Links.
- **www.walksicily.de**
Website des Autors *Peter Amann* mit Links und Infos zu diesem Führer. Lesertipps willkommen!
- **www.google.de, www.google.it**
Gute Suchmaschinen!
- **www.paginegialle.it**
Die italienischen Gelben Seiten im Netz.
- **www.comuni.it**
Das Portal listet die italienischen Kommunen mit eigener Website.
- **www.italiafestival.it**
Festivaltermine in Italien.
- **www.esperia.de, www.esperia.it**
Reiseportale Süditalien.
- **www.cafe.ecs.net**
Internet-Cafés in Italien nach Regionen geordnet.
- **www.museionline.it**
(Fast) alle Museen und archäologische Stätten Italiens mit weiterführenden Links.
- **www.parks.it**
Die italienischen Nationalparks im Netz.
- **www.wikipedia.org**
Freie Enzyklopädie im World Wide Web.
- **www.portanapoli.de**
Touristisches Portal des Golfs von Neapel und der Amalfitana.
- **www.kirke.hu-berlin.de/kirke/napoli.html**
Jede Menge guter Links zu Antike & Co.

Kriminalität und Sicherheit

Neapel eilt ein schlechter Ruf voraus. Aber keine Angst, Stadt und Provinz Neapel belegen zwar in der Kriminalstatistik Italiens einen der vorderen Plätze, und die Wirtschaftsverbrechen und Bluttaten, die auf das Konto der Camorra – der neapolitanischen Spielart der Mafia – gehen, sind ein ernsthaftes gesellschaftliches Problem, jedoch eine Realität, mit der ein Tourist kaum unmittelbar in Berührung kommt. Die **Kleinkriminalität** ist in den 1990er Jahren deutlich zurückgegangen. Trotzdem empfehlen sich ein paar **Verhaltensregeln:** Kein Gepäck und keine Wertgegenstände sichtbar im Auto liegen lassen; in Großstädten und an touristischen Brennpunkten keine Umhängetasche und in der Gesäßtasche kein Portemonnaie tragen und vor allem sicher auftreten. Wenn man eine Reisegepäckversicherung abgeschlossen hat und bestohlen wurde, muss man bei der Polizei oder den Carabinieri ein Protokoll zur Vorlage bei der Versicherung aufnehmen lassen. Bei Verlust der Reisedokumente wende man sich an die Botschaft des Heimatlandes.

Insgesamt ist die Wahrscheinlichkeit, von wildfremden Menschen beschenkt zu werden, in Süditalien noch ungleich größer als die Gefahr, Opfer eines Diebstahls zu werden!

Landkarten und Stadtpläne

Auf Stadtpläne und Spezialkarten, die z.T. gratis in den Fremdenverkehrsämtern verteilt werden, wird in den Ortskapiteln verwiesen.

- **Kümmerly & Frey:** Kampanien, Basilikata 1:200.000. Lizenzausgabe des Touring Club Italiano (TCI). Straßenkarte mit guter Geländedarstellung, Ortsregister.
- **Mairs Geographischer Verlag:** Generalkarte Kampanien 1:200.000. Lizenzausgabe des Istituto Geografico De Agostini. Klares Straßenbild, Sehenswürdigkeiten mit Sternchen hervorgehoben.
- **Freytag & Berndt:** Golf von Neapel, Ischia, Capri, Amalfitana 1:50.000. Aktuelle Kartografie, auch als Wanderkarte zu verwenden.
- **Kompass:** Capri „681" 1:7500. Gute Geländedarstellung, eingezeichnete Wanderwege und Stadtpläne. (Eine preisgünstige Alternative ist die Capri-Karte der AAST, die man direkt auf der Insel erhält.)
- **Kompass:** Isole d'Ischia e Procida „680" 1:15.000. Gute Geländedarstellung, eingezeichnete Wanderwege und Stadtpläne.
- **Kompass:** Penisola Sorrentina „682" 1:50.000. Die Karte deckt außer der Sorrentiner Halbinsel den Vesuv und die Amalfitana ab. Gute Geländedarstellung, eingezeichnete Wanderwege und Stadtpläne.

- **Buchtipp:** Matthias Faermann, **Schutz vor Gewalt und Kriminalität unterwegs,** Reise Know-How Praxis

- **Buchtipp:** Wolfram Schwieder, **Richtig Kartenlesen,** Reise Know-How Praxis

Mit Kindern unterwegs

In Süditalien genießen **bambini** (Kinder) eine **beinahe grenzenlose Narrenfreiheit.** In den meisten Hotels und Restaurants wird man mit Kindern auf hilfsbereites Verständnis stoßen. Auch wenn sie einmal nicht auf der Speisekarte stehen sollten, einfache Nudelgerichte werden auf Wunsch fast immer unkompliziert zubereitet, und das Lieblingsessen nicht nur der Kleinen, die Pizza, gibt es fast überall. Als ausgesprochen kinderfreundliche Unterkünfte erweisen sich oft Agriturismi. Manchmal gibt es einen Pool oder Spielplatz, fast immer aber ist der direkte Kontakt mit der Natur und den Haustieren viel interessanter als mancher Erlebnispark. Auch italienische Familien machen gerne Urlaub auf dem Bauernhof, und schnell überwinden gerade Kinder die Sprachbarriere und gewinnen neue Freunde. Der Besuch von Pompeji und Herkulaneum kann für Kinder sehr spannend sein, und das Wissenschaftsmuseum Città della Scienza in Neapel ist ein Spaß für Groß und Klein. Die familienfreundlichsten Strände liegen im Cilento.

Notrufe

Über **gebührenfreie Notrufnummern** sind in Italien Polizei **(Tel. 112),** Unfallrettung **(Tel. 112)** und Feuerwehr **(Tel. 115)** zu erreichen.

Kostenpflichtige Pannenhilfe des italienischen Automobilclubs ACI unter der Telefonnummer **800116800** und über die Notrufsäulen an den Autobahnen.

Den **ADAC** erreicht man **in Italien** rund um die Uhr unter der Telefonnummer **02661591.**

Öffnungszeiten und Eintrittsgelder

Sehenswürdigkeiten

Die Öffnungszeiten sind **nicht einheitlich geregelt,** ein Blick in die Tageszeitungen kann hier helfen. Museen sind montags meist geschlossen, nur das Archäologische Museum Neapel schließt dienstags. Archäologische Ausgrabungen sind in der Regel von 9 Uhr bis 1 Stunde vor Sonnenuntergang geöffnet, Kirchen meist von 8.30–12 und von 16–19.30 Uhr. Sind sie geschlossen, kann man nach einem Kustoden fragen. EU-Bürger unter 18 und ab dem 65. Lebensjahr genießen in allen staatlichen – nicht jedoch kirchlichen und privaten – Einrichtungen bei Vorlage eines Lichtbildausweises freien Eintritt.

Fremdenverkehrsämter

Die AAST (siehe „Informationen") sind in der Regel Mo.–Fr. vormittags geöffnet, Mo. und Mi. auch nachmittags. Die Öffnungszeiten anderer Informationsbüros sind saisonabhängig.

Banken

Als Richtwert gilt Mo.–Fr. 8.30–13.30 und 15–16 Uhr.

Postämter

Mo.–Fr. 8.30–13.30 Uhr und Sa. 8.30–12 Uhr, Hauptpostämter sind auch nachmittags geöffnet.

golf_037 Foto: pa

Vespa-Corso

Campania Artecard – Kunst à la carte

Eine lohnende Investition: Das Mehrtagesticket Campania Artecard sorgt für deutlich verbilligte Museumseintritte und ermöglicht die Nutzung der öffentlichen Verkehrsmittel gratis (siehe „Reisen in Kampanien")! Es gibt Dreitageskarten für Neapel und die Campi Flegrei bzw. Wochenkarten, die in der gesamten Region gelten. 18- bis 25-Jährige erhalten die Karten mit Ermäßigung. Die praktischen Kunsttickets (8–28 Euro) gibt es an Flughäfen und Bahnhöfen, an Häfen sowie in allen staatlichen Museen und häufig auch am Kiosk. Infos: kostenfreie Tel. 800-6006001 und Mobil 0639967650, www.artecard.it.

Läden/Geschäfte

Flexible Zeiten, abends meist bis 20 Uhr geöffnet. Lange Mittagspause, im Extremfall von 12–17 Uhr.

Tankstellen

An der Autobahn 24. Std., sonst Mo.–Fr. 7–12.30 und 15–19 Uhr. An den Wochenenden und an Feiertagen öffnen Tankstellen im Turnus vormittags.

Post

Francobolli (Briefmarken) erhält man auf Postämtern und in den *tabacchi* (siehe dort). Das Porto für eine Postkarte oder einen Standardbrief innerhalb der EU beträgt 0,41 Euro, in die Schweiz 0,52 Euro. Die etwas teurere *Posta prioritaria* (blaue Briefkästen) hat schnellere Laufzeiten.

Reisebüros und Reiseveranstalter

Trotz Internet und gut recherchierten Reisehandbüchern: In vielen Fällen bringt einen erst ein zuverlässiges Reisebüro auf den rechten Weg.

- **Studiosus** (www.studiosus.com)
Studien- und Wanderreisen in Kampanien.
- **Wikinger** (www.wikinger-reisen.de)
Studien- und Wanderreisen in Kampanien.
- **Allgemeiner Deutscher Fahrrad Club** (www.adfc.de)
Informationen zu Fahrradreisen.
- **Italian Step** (www.italianstep.de)
Die Süditalienspezialisten *Mario* und *Toni Legrottaglie* locken mit guten Angeboten. Hermann-Ling-Str. 7, D-80336 München, Tel. 089-5309500, Fax 089-5309523, office@italianstep.de.
- **Jet-Travel** (www.jet-travel.de)
Udo Schwark bietet günstige Flüge und gute Beratung. Buchholzstr. 35, D-53127 Bonn, Tel. 0228-284315, Fax 0228-284086, info@jet-travel.de.
- **Genius Loci Turismo**
Der holländische Landschaftsökologe *Peter Hoogstaden* organisiert Wander- und Fahrradreisen in Süditalien mit Schwerpunkt im Cilento. Die Gäste erhalten alle notwendigen Routeninfos, um selbstständig vor Ort zu reisen (auf Wunsch auch in Begleitung von Führern). Übernachtung und Gepäcktransport werden organisiert. Casella Postale 223, I-84100 Salerno, Tel. und Fax 089791896, www.genius-loci.it.

Reisedokumente

EU-Bürgern und Schweizern genügt ein gültiger **Personalausweis.** Sofern Kinder unter 16 Jahren keinen eigenen Kinderpass besitzen, müssen sie im Elternausweis eingetragen sein. Autofahrer sollten neben dem vorgeschriebenen nationalen Führerschein und Kfz-Schein auch die Grüne Versicherungskarte mitführen. Im Verlustfall macht es sich bezahlt, Fotokopien der Ausweise dabeizuhaben.

Reisende mit Handicap

- **Passepartout 2000**
Die Initiative der Kommune Neapel informiert über behindertengerechtes Reisen in Neapel und Umgebung. Tägl. 9–17 Uhr, Galleria Principe di Napoli, Tel. 0815645156, www.pp2000.it (auch auf Deutsch).
- **Nationale Koordinationsstelle Tourismus für Alle e.V.**
Kötherhofstr. 4, D-55116 Mainz,
Tel. 06131-250410, Fax 06131-214848,
www.natko.de.
- **Mobility International Schweiz**
Frohburgstr. 4, CH-4600 Olten,
Tel. 062-2068835, Fax 062-62068839,
www.mis-ch.ch.

Reisen in Kampanien

Die Wahl des geeigneten Fortbewegungsmittels hängt von der Wahl des Urlaubsgebietes in Kampanien ab. Bei einem ausschließlichen Aufenthalt in Neapel, am Golf, auf den Inseln und an der Amalfitana kann und sollte man auf ein eigenes Fahrzeug verzichten. Die öffentlichen Verkehrsmittel zu Wasser und zu Lande funktionieren zuverlässig, bei Bedarf kann man vor Ort ein Fahrzeug mieten. Bei einer Reise in den Cilento oder die im Landesinneren gelegenen Provinzen bleibt man mit einem eigenen Fahrzeug weitaus flexibler. Detaillierte Hinweise erfolgen in den Ortskapiteln.

Allgemeine Informationen

- **www.campaniatrasporti.it:** Webportal mit Fahrplänen von Bussen, Nahverkehrsbahnen, Seilbahnen und Fähren in Kampanien (ital.).
- Aktuelle Fahrpläne auch in den Tageszeitungen **Il Mattino** und **La Repubblica!**

Auto

Straßennetz

Die italienischen Straßen werden mit Buchstabenkombinationen bezeichnet. **A** steht für **Autostrada** (Autobahn), **SS** für **Strada Statale** (Staatsstraße), **SP** für **Strada Provinciale** (Provinzstraße) und **SC** für **Strada Comunale** (Kommunalstraße). Die A1 führt von Nord nach Süd vorbei an Neapel durch ganz Kampanien, zwischen Neapel und Salerno von der parallel verlaufenden, weniger befahrenen A30 begleitet. Die A16 führt von Neapel über Avellino und in der Nähe von Benevent vorbei nach Apulien. Südlich von Salerno ist die Autobahn gebührenfrei. Einige der SS sind als mehrspurige *Superstrade* ausgebaut, z.B. die SS18 im Cilento. Die Ausschilderung ist manchmal mangelhaft, eine gute Straßenkarte daher unerlässlich. Der Straßenverkehr am Golf und an der Amalfitana kann infernalisch sein!

Fahrweise

Auf den Straßen scheint das Prinzip Chaos vorherrschend zu sein, doch nach Abklingen des ersten Schocks

Tipp: Öffentlich reisen – alles auf eine Karte

- Der öffentliche Verkehr am Golfo di Napoli ist bestens organisiert. In Neapel selbst kann man mit dem **Ticket GiraNapoli** (90 Min. für 1 Euro bzw. 1 Tag für 2,30 Euro) beliebig umsteigen. Unbedingt die Funicolare, die Kult-Drahtseilbahn auf den Vomero-Hügel, ausprobieren! Die Stationen der neuen U-Bahnlinie M2 haben international renommierte Künstler gestaltet!
- Über die Stadtgrenzen Neapels hinaus gilt für Busse, Circumvesuviana (s.u.) und die Schiffslinien der Metro del Mare (s.u.) das nach Zeit- und Tarifzonen gestaffelte **Ticket Unico** (www.unicocampania.it).
- Nicht nur deutlich vergünstigte Museumseintritte, sondern auch Gratistransport auf öffentlichen Verkehrsmitteln bietet die **Campania Artecard** (siehe Exkurs „Campania Artecard – Kunst à la carte").

wird man schnell die sich dahinter verbergende Ordnung erkennen. Lästig ist allenfalls auf Autobahnen und Schnellstraßen das dichte Auffahren. Ruhe bewahren und überholen lassen! Vor allem im Stadtverkehr drängen sich die Fahrzeuge dicht an dicht und jede kleinste Lücke im Verkehr wird flink ausgenutzt. Manchmal wird auch rechts überholt, doch spielt sich alles mit größter Gelassenheit ab. Kaum einer der Fahrer wirkt nervös oder ungehalten, das laute Hupen hat mit Aggression nichts zu tun, sondern dient der Verständigung. Fußgängern gegenüber ist man aufmerksam, solange diese beim Überqueren der Straße unaufmerksam erscheinen. Für einen offensichtlich aufmerksamen Fußgänger wird niemand bremsen, kann dieser doch selbst auf sich aufpassen. Logisch! Mit anderen Worten, Kommunikation ist in Süditalien in jeder Lebenslage wichtig, häufig bedient sie sich der Blicke, Zeichen und Gesten. Mit Geduld – *pazienza* heißt das Zauberwort – und Freundlichkeit wird man am Ende jede Verkehrssituation meistern und vielleicht sogar seinen Spaß haben. Spätestens vor den verwinkelten Altstadtzentren sollten Sie jedoch Halt machen, das Auto parken und den Weg zu Fuß fortsetzen.

Tankstellen

Da das Tankstellennetz nicht flächendeckend ausgebaut und das Mitführen eines Reservekanisters verboten ist, rechtzeitig tanken (siehe „Öffnungszei-

golf_040 Foto: pa

ten")! Zum Tanken am Automaten unzerknitterte 5-, 10- und 20-Euro-Scheine bereithalten.

Parken

Gelbe und schwarz-gelb markierte Bordsteine sowie die Schilder *passo carabile* (Zufahrt freihalten), *sosta vietata* (Parkverbot) und *zona rimozione* (Abschleppzone) bezeichnen absolutes Parkverbot. Blaue Bordsteinkanten bezeichnen gebührenpflichtige Parkplätze. Parktickets gibt es entweder am Automaten oder im *tabacchi*. Bei den *parcheggi gratta e sosta* (Kratze und parke) kauft man Parkscheine, die in der Regel je eine Stunde gelten, und rubbelt die Ankunftszeit frei. Hat man vor, mehrere Stunden zu parken, legt man mehrere dieser Scheine sichtbar ins Auto, die freigerubbelte Ankunftszeit um jeweils eine Stunde verschoben.

Verkehrsregeln

Siehe im Kapitel „Anreise".

Mietfahrzeuge

Am Flughafen Napoli-Capodichino, in Neapel, in allen größeren Städten und Touristenorten sind die internationalen Agenturen gut vertreten. Da Mietpreise in Italien im Allgemeinen hoch sind, lohnt sich eine Vorausbuchung von zu Hause fast immer. Oft ist es sogar günstiger Flug und Mietwagen getrennt zu buchen. Vollkasko- und Diebstahlversicherung ohne Selbstbeteiligung sollten im Mietpreis enthalten sein. Bei Buchungen erst nach Ankunft in Italien, wird man oft an den Haftungsrisiken beteiligt, und auf den Mietpreis werden auch noch 19% IVA (Mehrwertsteuer) gerechnet.

Voraussetzungen: Mindestalter 21 Jahre, ein Jahr gültiger Führerschein und Kreditkarte. Auch auf kleinen Motorrollern besteht Helmpflicht. Die Adressen lokaler Verleiher stehen in den Ortskapiteln.

Badeanstalt in Sorrent

Bus

Das Netz der halbstaatlichen und privaten Buslinien ist in Kampanien dicht geknüpft. Besonders auf der Sorrentiner Halbinsel, an der Amalfitana und auf den Inseln erweisen sich die blauen Überland-Busse als perfektes und preisgünstiges Fortbewegungsmittel.

Busgesellschaften in Kampanien

- **www.sepsa.it**
SEPSA unterhält neben den Vorortbahnen Cumana und Circumflegrea Buslinien in den Campi Flegrei und auf Ischia und Procida.
- **www.sita-online.it**
SITA von Neapel nach Avellino und Salerno, v.a. aber auf der Sorrentiner Halbinsel und an der Amalfitana.
- **www.cstp.it**
CSTP von Salerno in die Provinz, v.a. im Cilento.
- **www.ctpn.it**
CTP von Neapel in die Provinz und nach Caserta.
- **www.amtu.bn.it**
Azienda Mobilità Trasporti Sannio in der Provinz Benevent.
- **www.alifana.it**
Busse und Bahnen der Alifana in der Provinz Benevent.
- **www.air-spa.it**
Autoservizi Irpini in der Provinz Avellino.

Bahn

Bahnfahren in Italien ist immer noch relativ preiswert. Die Kategorien der italienischen Züge heißen: **locale** (Lokalzug), **diretto** (der Name täuscht, es handelt sich um Bummelzüge), **interregionale** (Schnellzug) und **espresso** (Eilzug). Zuschlags- und reservierungspflichtig sind die schnellen **IC** und der **Eurostar.** Das staatliche Schienennetz wird von der *Ferrovie dello Stato (FS)* unterhalten, die Züge firmieren seit 2000 unter dem Namen *Trenitalia.*

Neapel lässt sich zwar ideal mit der Bahn erreichen, um aber im Hinterland zu reisen, empfiehlt sich die italienische Staatsbahn nur eingeschränkt. Mit Ausnahme von Salerno liegen auch die Bahnhöfe großer Städte meist außerhalb der Zentren.

Bahnkarten erhält man direkt an den Bahnhofsschaltern oder in jedem Reisebüro mit dem Trenitalia-Zeichen. Achtung: Tickets vor der Abfahrt an den gelben Automaten am Bahnsteig entwerten!

Fahrplanauskunft: 7–21 Uhr, Tel. 892021 (aus Italien ohne Vorwahl), www.trenitalia.com. Einen *orario ufficiale treni* (Kursbuch) gibt es für wenige Euro am Kiosk, Fahrplanauszüge gratis auch am Bahnschalter.

Neapels Nahverkehrszüge sind das ideale Verkehrsmittel am Golf! Die **FS Cumana** und die **FS Circumflegrea** (Tel. 0800-001616, www.sepsa.it) verbinden Neapel mit der westlich gelegenen Bucht von Pozzuoli und den Phlegräischen Feldern. An der Strecke Napoli – Sorrento der **Ferrovia Circumvesuviana** liegen die Ausgrabungsstätten von Herkulaneum und Pompeji (Tel. 0817722444, www.vesuviana.it).

Schiff

Die Städte am Golf von Neapel und die Inseln sind ganzjährig durch ein **dichtes Netz an Fährverbindungen** verbunden. Von Frühjahr bis Herbst verkehren Fähren zwischen Salerno und der Amalfitana. Wenn es die Zeit erlaubt, sollte man den langsameren **traghetti** (Fähren) den Vorzug vor den schnelleren, aber lauten und engen **aliscafi** (Tragflügelbooten) geben. Eine Fährfahrt über den Golf und entlang der Amalfitana ist immer auch ein landschaftliches Vergnügen. Detaillierte Hinweise finden sich in den Ortskapiteln.

Eine neue Initiative ist die Metro del Mare (Tel. 199-446644, www.metrodelmare.com, www.unicocampania.com): Sechs Schifffahrtslinien verkehren im Juli und August tägl. und im Juni und Septemeber nur an Wochenenden zwischen Bacoli im Norden und Sapri im Süden. Wichtige Umsteigehäfen sind Napoli Beverello, Sorrento und Salerno.

Informationen

- **www.traghetti.com, www.traghettiamo.it, www.aliscafi.it**
Portale italienischer Fährgesellschaften.

Reisewetter und Reisezeit

Von *Goethe* stammt die Reiseempfehlung **„im Frühjahr zum Staunen, im Herbst zum Genießen".** Dem ist heute nur der Rat hinzuzufügen, wenn möglich die Zeit von Ende Juli bis Anfang September zu meiden. Vor allem im **August** ist an der Küste alles restlos überfüllt, Temperaturen und Preise erreichen die Schmerzgrenze. **März bis Mai,** wenn das Frühjahr in einer wahren Blütenpracht explodiert, empfehlen sich für Besichtigungstouren und zum Wandern, allerdings ist im März noch gelegentlich mit heftigen Schauern zu rechnen. Während die Temperaturen tagsüber recht angenehm sind, kühlt es abends ab, und man ist für ein Hotel mit funktionierender Heizung dankbar. In höheren Gebirgslagen liegt im Landesinneren bis in den April Schnee. Zu **Ostern** erlebt der Ansturm der Gruppenreisenden einen Höhepunkt, reizvoll zu dieser Zeit sind die zahlreichen Osterprozessionen. Der Mai lockt in Neapel und Salerno mit abwechslungsreichem Kulturprogramm. Von **Juni bis Mitte Juli** herrschen überall ideale Reisebedingungen. Die Blüte hält in Küstennähe an und erreicht auch die Gebirgslagen. Die Temperaturen sind sommerlich, ohne unerträglich heiß zu sein, die Preise liegen auf dem Niveau der Nebensaison. Das Meer erreicht ab Ende Mai Badetemperaturen, und noch bis Anfang Juli sind die Strände völlig leer. Kenner ziehen die Zeit von **Ende September bis Ende Oktober** vor. Die Preise sinken, das Meer ist herrlich warm, das Wetter stabil und sonnig – eine ideale Reisezeit nicht nur zum Baden und Besichtigen, sondern auch für Wanderungen, wenn die Früchte reifen und sich im Oktober das Laub der Wälder langsam färbt. Achtung: Um diese Zeit schließen viele Hotels und Restaurants an der Küste. Die Wintermonate von **November bis Februar** sind in Küstennähe mild, und nach Regen genießt man herrliche Fernsicht. November und Dezember sind schöne Monate, um die Landschaft, archäologische Ausgrabungen, Museen und Städte entspannt zu genießen (siehe auch „Klima" im Kapitel „Land und Leute").

Informationen

- **www.meteo.it**
24-Std.-Wettervorhersage für Italien, interaktive Karten einzelner Regionen.
- **www.tempoitalia.it**
Professionelle, ausführliche und detaillierte Wettervorhersage für Italien. Es kann ein Newsletter abonniert werden.
- **www.wetteronline.de**
Umfangreicher Wetterservice.
- **www.wettter.net**
Reisewetter und Seewetter.

Buchtipps:
- Friederike Vogel, **Sonne, Wind und Reisewetter,** Reise Know-How Praxis
- Hans Hörauf, **Wann wohin reisen?,** Reise Know-How Praxis

Sport und Strände

Für viele Italiener beschränkt sich Sport auf Fußball, und den August verbringt man mit der Familie am Strand. Dabei bietet Kampanien alle Voraussetzungen für einen abwechslungsreichen Aktivurlaub. Die Gebirgszüge im Landesinneren, der Vesuv, die Berge und Küsten des Cilento, die Monti Lattari, die Sorrentiner Halbinsel und die Inseln im Golf von Neapel sind hervorragende Wandergebiete. In einigen der Agriturismi kann man reiten, verkehrsarme Provinzstraßen bieten sich zum Radfahren an. Bei Paestum und Positano treffen sich Gleitschirmflieger. Die Wassersportmöglichkeiten sind ideal. Kenner schätzen die kampanische Küste als Segelrevier, Surfer finden an der Amalfitana beste Bedingungen. Die schönsten Tauchgründe liegen an der Sorrentiner Halbinsel, an der Amalfitana und im südlichen Cilento. Ischia, die Sorrentiner Halbinsel und der Cilento bieten die schönsten Strände. Die Wasserqualität ist gut bis sehr gut. Detaillierte Hinweise in den Ortskapiteln, siehe auch „Wandern und Radfahren".

Sprache

In Kampanien wird neben lokalen Dialekten **italienisch** gesprochen. In Sorrent, an der Amalfitana, auf Capri und Ischia, wo der Tourismus seit dem 19. Jh. Fuß gefasst hat, wird in den Hotels **deutsch** und **englisch** gesprochen. Immer wieder trifft man auf ehemalige Gastarbeiter, die in Deutschland oder der Schweiz gearbeitet haben und sich oft als hilfsbereit erweisen. Jüngere Leute sprechen englisch. Der eigene Versuch, sich in der Landessprache verständlich zu machen, wird von den Einheimischen freudig begrüßt. Eine Binsenweisheit, aber wahr: Sprache ist der beste Schlüssel zum Verständnis eines Volkes. Ein kleiner Sprachführer sollte mit ins Gepäck (siehe auch Anhang).

Empfehlenswerte Sprachführer

- **Italienisch** – Wort für Wort
Kauderwelsch Bd. 22
- **Italienisch Slang** – das andere Italienisch
Kauderwelsch Bd. 97
- **Italienisch kulinarisch** – Wort für Wort
Kauderwelsch Bd. 144
- **Italienisch für Opernfans**
Kauderwelsch Bd. 107

Sprachschulen

Italienisch lernen macht Spaß und ist eine der besten Arten seinen Urlaub zu verbringen, um dabei Land und Leute kennen zu lernen!

Aussicht vom Hotel San Pietro in Positano

golf_043 Foto: pa

Italienische Kulturinstitute, die Dante-Alighieri-Gesellschaft und die ENIT helfen bei der Suche nach italienischen Sprach- und Hochschulen weiter. Anzeigen auch im empfehlenswerten Sprach-Magazin adesso (www.adesso-online.de).

Accademia Italiana

Top organisierte Sprachschule im Zentrum der aufblühenden Stadt Salerno. Zahlreiche Spezialkurse, anerkannte Zertifikate. Unterkunft kann organisiert werden, großes Begleitprogramm. Ganzjährig.
● Via Roma 39, I-84121 **Salerno,**
Tel. 089256965, Fax 089250399,
www.accademia-italiana.it.

Centro Italiano

Sprachschule im Altstadtzentrum von Neapel. Kurse auch auf Ischia, Capri und in Sorrent. Umfangreiches Begleitprogramm, eine Unterkunft kann organisiert werden. Ganzjährig Mo.–Fr. 9–17 Uhr.
● Vico Santa Maria dell'Aiuto 17,
I-80134 **Napoli,** Tel. 0815524331,
Fax 0815523023, www.centroitaliano.it.

Pisciotta Lingua

Sommerkurse von Ende Juni bis Anfang Sept. in einem der nettesten Cilento-Städtchen am Meer. Unterkünfte in der Altstadt werden organisiert, abwechslungsreiches Ausflugsprogramm.
● Piazza Raffaele Pinto 6, I-84066 **Pisciotta,**
Tel. 0974973864, Fax 0974970814,
Mobil 3393997256, www.pisciottalingua.it.

Sorrento Lingue

Sprachschule in einem Altstadtpalazzo mitten in Sorrent. Neben Italienisch- auch Deutsch- und Englischkurse, d.h. man trifft auch auf italienische Kursteilnehmer. Umfangreiches Begleitprogramm, eine Unterkunft kann organisiert werden. Ganzjährig.
● Via S. Francesco 8, I-80067 **Sorrento,**
Tel. 0818075599, Fax 0815324140,
www.sorrentolingue.it.

Tabacchi

Eine italienische Institution: Die **Tabakläden** sind an dem weißen T auf dunklem Schild zu erkennen. Hier kann man außer Zigaretten Briefmarken, Telefonkarten, Fahrscheine und Parkscheine kaufen.

Telefon

Vorwahlen

Von Deutschland und der Schweiz nach Italien: 0039; von Österreich nach Italien: 0040; von Italien nach Deutschland: 0049; von Italien nach Österreich: 0043; von Italien in die Schweiz: 0041.

In Italien, auch bei einem Ortsgespräch oder Anrufen aus dem Ausland, immer die Vorwahl mit der Null mitwählen!

Telefonzellen/Telefonkarten

Magnetische Telefonkarten *(scheda telefonica)* gibt es am Zeitungskiosk oder im *tabacchi*. Vor Gebrauch perforierte Ecke abtrennen!

Bargeldloses Telefonieren

Viele Telekom-Gesellschaften bieten Telefonkarten mit vorausbezahltem Guthaben an, mit denen man auch von Hotels kostengünstig telefonieren kann.

golf_044 Foto: pa

Gebühren

Um im Hotel keine bösen Überraschungen zu erleben, sollte man sich vorab nach den Tarifen erkundigen. Generell ist es billiger, sich von zu Hause aus anrufen zu lassen. Am billigsten telefoniert man am Wochenende und werktags zwischen 22 und 8 Uhr.

Auskunft

- **International: Tel. 176.**
- **National: Tel. 12.**

Handy

Das italienische Mobilfunknetz ist nach dem internationalen **GSM-Standard** aufgebaut. Das eigene Handy, ein entsprechender Vertrag vorausgesetzt, wählt sich meist problemlos ein. Achtung: Für jeden eingehenden Anruf im Ausland werden Zuschläge fällig, und die Urlaubsgespräche werden als Auslandsgespräche abgerechnet. Man kann natürlich auch einen italienischen Chip kaufen und ins eigene Handy einlegen.

Toiletten

In süditalienischen Städten gibt es **selten öffentliche Toiletten,** und Kampanien macht hiervon keine Ausnahme. Im Fall des Falles hilft der Besuch einer Bar. Wenn man allerdings nichts konsumiert, heißt es oft, das *bagno* (Toilette) sei kaputt. Der erfahrene Reisende hat immer Klopapier einstecken! Brauchbare Toiletten finden sich oft in Museen.

Trinkgeld

Die **mancia** (Trinkgeld) gehört in Kampanien zum guten Ton. Menschen, die in Dienstleistungsberufen arbeiten, sind häufig darauf angewiesen (siehe auch „Essen und Trinken"). Auch in der Bar machen Sie mit einem Trinkgeld bella figura! Legen Sie eine kleine Münze auf Ihren *scontrino* (Kassenzettel) und erleben Sie wie flott der Barista Sie bedient.

Unterkunft

(Fast) jedes Frühjahr veröffentlichen die EPT **Unterkunftsverzeichnisse** mit aktuellen Preisen (siehe „Informationen"). Neapels gesellschaftlich-politischer Aufbruch Mitte der 1990er Jahre hat die gesamte Region erfasst und trägt inzwischen touristisch Früchte. In Neapel z.B. wurde das Übernachtungsangebot um einige sehr gute Mittelklassehotels und B&Bs ergänzt.

Einige der **in diesem Führer empfohlenen Unterkünfte** haben erst kürzlich aufgemacht, andere wurden unlängst renoviert. Ein guter persönlicher Eindruck, Sauberkeit, gute Betten, Charme und das freundliche Engagement des

Agriturismo-Unterkunft „Isca delle Donne" in der Nähe des Capo Palinuro

Personals bzw. der Besitzer waren die wichtigsten Kriterien bei der Auswahl. Auf Negativbeispiele wurde verzichtet, und natürlich ist nicht jede Unterkunft schon deshalb „weniger empfehlenswert“, nur weil sie hier im Buch nicht erwähnt wird. Die in den Ortskapiteln genannten Übernachtungspreise (Stand 2004) gelten für zwei Personen im Doppelzimmer inkl. Frühstück (DZ/F). Wenn nicht anders vermerkt, kosten Einzelzimmer etwa 60–70% des Doppelzimmerpreises. Die angegebenen Halbpensionspreise (HP) gelten für eine Person im Doppelzimmer. Sind zwei Preise angegeben, so bezieht sich der höhere Preis auf die Hochsaison zu Ostern, in der Zeit von Mitte Juli bis Ende August und an Weihnachten. Rechtzeitige Reservierungen sind in diesen Zeiträumen notwendig. An der Küste schließen viele Hotels zwischen November und Ostern. Auf Capri und an der Amalfitana ist das Preisniveau am höchsten, aber auch hier finden sich charmante und preisgünstige Alternativen. Außerhalb der Monate Juli und August bieten sich die Sorrentiner Halbinsel, Ischia und vor allem der Cilento für einen günstigen Familienurlaub am Meer an. In den Ortskapiteln werden Hotels und anderen Unterkünfte kurz beschrieben und bewertet.

Hotels

Die bürokratische Einteilung der Hotels in fünf Kategorien von **1 bis 5 Sternen** (die in diesem Buch auch angegeben ist) sagt nichts aus über Flair, Zustand, Service, Charme oder Atmosphäre. Hier helfen die Beschreibungen im Buch weiter. Es lohnt sich auch, die Pauschalangebote der Veranstalter zu studieren.

Bed & Breakfast

Ein neues Gesetz regelt seit 2000 die B&Bs in Italien und trägt erste positive Früchte. Im besten Fall genießt der Gast den Komfort eines Hotels zum fairen Preis, gepaart mit persönlicher Atmosphäre und Einblicken in den Alltag der Gastfamilien. In Neapel gibt es einige besonders empfehlenswerte B&Bs.

- **www.bb-napoli.com**
B&Bs in Neapel, am Golf und auf den Inseln. Preisangaben, direkte Kontaktaufnahme und Links.
- **www.rentabed.com**
Vermittlung von Privatzimmern und B&Bs in Neapel und Umgebung. Buchung auch direkt über das Büro im Vico Sergente Maggiore 16 (Nähe Via Toledo), I-80132 Napoli, Tel./Fax 081417721, möglich.
- **www.anbba.it**
B&Bs in ganz Italien, man kann direkt Kontakt aufnehmen!
- **www.bbitalia.it, www.bedandbreakfast.it**
Kommerzielle Dachverbände italienischer B&Bs, Buchung nur über die Zentralen.

Agriturismo

Die **italienische Variante von „Ferien auf dem Bauernhof“** bietet häufig ein sehr gutes Preis-Leistungs-Verhältnis. Diese sanfte Form des Tourismus hilft die Abwanderung aus ländlichen Gebieten zu bremsen. Landwirtschaftliche Betriebe schaffen sich ein zweites Standbein, indem sie einige Gästezimmer ausbauen. Es handelt sich um Bauernhöfe, alte Gutshäuser oder Sommervillen des Adels. Meist liegen sie etwas außerhalb der Orte und sind am besten mit eigenem Fahrzeug zu erreichen. Die Atmosphäre ist familiär, Kinder sind willkommen. Häufig gibt es Tiere auf dem Hof, den Gästen stehen manchmal Reitpferde zur Verfügung. Es wird meist ausgezeichnete landestypische Küche geboten. Die einzelnen Agriturismi sind in **Dachverbänden** zusammengeschlossen, einige betreiben biologische Landwirtschaft. Auch Italiener schätzen diese Urlaubsform, daher sollte an Wochenenden und in der Hochsaison rechtzeitig reserviert werden.

- **Agriturist**
Der Landschriften-Verlag präsentiert eine Auswahl von Agriturist-Höfen in ganz Italien (siehe „Literatur"). Corso Arnaldo Lucci 137, I-80142 Napoli, Tel. 081285243, 081284077, Fax 081281397, www.agriturist.it, www.vacanzeverdi.com.
- **Terranostra**
Via Pica 62, 80142 Napoli,
Tel. 081201451, www.terranostra.it.
- **Turismo Verde**
Via Caio Mario 27, I-00192 Roma,
Tel. 063611051, Fax 0636000294,
turismoverde@cia.it, www.turismoverde.it.
- **www.agriturismo.provincia.salerno.it**
Agriturismi der Provinz Salerno und des Cilento.

Ferienwohnungen

Italienische Familien verbringen Juli und August traditionell am Meer, meist in Ferienwohnungen, die in nicht immer architektonisch ansprechender Weise die Küste säumen. In der Nebensaison kann die Miete einer stilvollen (!) Ferienwohnung eine **günstige Alternative zum Hotelaufenthalt** sein, nicht zuletzt wegen der eigenen Küche. Tipps, v.a. für Ischia, Procida und den Cilento, finden sich in den Ortskapiteln. Das Web, Kleinanzeigen im Reiseteil überregionaler Tageszeitungen oder spezialisierte Reisebüros helfen bei der Suche nach einer Wohnung weiter.

- **Cilento Ferien**
Die Deutsche Agentur bietet im Cilento und an der Costa di Maratea (Kalabrien) sehr schöne und sorgfältig ausgewählte Ferienwohnungen, Agriturismo-Apartments und familiäre Hotels an. Gäste erhalten bei der Buchung nützliche Wandertipps! Kreuzgasse 11, D-93047 Regensburg, Tel. 0941-5676460, Fax 0941-567461, info@cilento-ferien.de, www.cilento-ferien.de.

Jugendherbergen und Ostelli

Der **italienische Jugendherbergsverband AIG** betreibt in Kampanien sieben offizielle **Ostelli per la gioventù:** Agerola, Agropoli, Cava dei Tirreni, Ischia, Neapel, Pompeji und Salerno. Einige wurden erst kürzlich eröffnet. Alle sind in den Ortskapiteln beschrieben. In italienischen Jugendherbergen gibt es neben Schlafsälen immer auch Doppelzimmer. Keine Altersbeschränkung, in jeder Jugendherberge kann man einen Ausweis erwerben.

In Sorrent und an der Amalfitana finden sich privat geführte *ostelli*, durchaus empfehlenswerte Alternativen für den schmalen Geldbeutel.

- **Associazione Italiana Alberghi per la Gioventù**
Via Cavour 44, I-00184 Roma,
Tel. 064871152, Fax 064880492,
www.ostelli.org.

Camping

Kampaniens schönste Campingplätze liegen auf der Sorrentiner Halbinsel, an den lang gezogenen Sandstränden zwischen Salerno und Paestum und an den Traumküsten des südlichen Cilento. Auch auf Ischia und Procida gibt es einige schöne Plätze, der empfehlenswerte Campingplatz in der Solfatara bei Pozzuoli liegt Neapel am nächsten. Die meisten Plätze haben leider nur eine kurze **Saison,** die **von Mai bis September** dauert, im Juli und August sind sie hoffnungslos überfüllt.

Informationen

- Der italienische **Campingverband FAITA** listet auf seiner Website einzelne Plätze nach Regionen auf (Piazza S. M. La Nova, I-80134 Napoli, Tel. und Fax 0815510894, www.camping.it).

Versicherungen

Inwieweit Versicherungen im Einzelfall tatsächlich sinnvoll sind, muss jeder selbst entscheiden. Unfall und Haftpflicht können beispielsweise bereits durch bestehende Versicherungen abgedeckt sein; die Deckungssummen sind jedoch zu überprüfen. Als Schadensnachweis ist der Versicherung ggf. ein Polizeiprotokoll vorzulegen.

Auslandsschutzbrief

Da der Pannenschutz des Automobile Club d'Italia (ACI) in Italien nicht mehr kostenlos ist, empfiehlt sich Auto- und Motorradfahrern ein Auslandsschutzbrief, zu erhalten bei Automobilclubs oder Versicherungen.

Gepäckversicherung

Der Abschluss einer Gepäckversicherung lohnt sich nicht immer. Es gibt viele Einschränkungen, z.B. bzgl. Sonderausstattung (Laptop, Kamera, Sportgeräte etc.).

Krankenversicherung

Unverzichtbar ist der Abschluss einer Auslandsreise-Krankenversicherung. Im Reisebüro können Krankenversicherungen kurzfristig vor Reiseantritt unkompliziert für unterschiedliche Zeitdauer abgeschlossen werden, meist günstiger sind jedoch die Angebote von Privatversicherern.

Bei Versicherungsabschluss sollte auf Vollschutz ohne Summenbegrenzung geachtet werden. Außerdem ist zu überprüfen, ob ein Rücktransport im Falle eines Unfalls oder einer schweren Krankheit übernommen wird, bzw. an welche Bedingungen (z.B. Krankenhausaufenthalt) dieser geknüpft ist. Automatische Verlängerung der Versicherung im Krankheitsfall ist ein weiterer wichtiger Punkt. Die Leistungspflicht sollte bei verhinderter Rückreise weiter gelten, andernfalls gehen die enormen Behandlungskosten sofort nach Ablauf zu Lasten des Patienten.

Wanderung in den Monti Cervati

Bei Eintreten eines Notfalles sollte die Versicherungsgesellschaft telefonisch verständigt werden. Ausführliche Quittungen (mit Datum, Namen, Bericht über Art und Umfang der Behandlung, Betrag) sind Voraussetzung, damit die Auslagen von der Versicherungsgesellschaft erstattet werden.

Wandern und Radfahren

Wandern

Johann Gottfried Seume, der im Jahr 1802 zu Fuß von Sachsen bis Syrakus ging und dabei auch Kampanien besuchte, schrieb: „Wer geht, sieht anthropologisch und kosmisch mehr als wer fährt (...), und ich bin der Meinung, daß alles besser gehen würde, wenn man nur mehr ginge."

Dieses Reisehandbuch ist zugleich auch ein verkappter Wanderführer, es finden sich mehr als **65 Wandertipps und Wanderbeschreibungen** verteilt über ganz Kampanien jeweils unter dem Stichwort „Wandern" am Ende der Ortsbeschreibungen. Eine Auswahl der schönsten Touren ist im Inhaltsverzeichnis aufgeführt. Ausführlichere und allgemeine Hinweise zum Wandern finden sich auch im Exkurs „Wandern im Sirenenland" sowie unter dem Stichwort „Wandern" in den Einführungen der Kapitel Ischia, Amalfitanische Küste, Cilento und Vallo di Diano. Sofern die be-

golf_049_2 Foto: pa

Wanderungen – Highlights

schriebenen Wanderungen nicht von einer Kartenskizze begleitet werden, stehen im Text meist Hinweise, wo gute Wanderkarten zu erhalten sind (in Süditalien allerdings oft ein Problem).

Grundsätzlich sollte man auch auf einfacheren Wanderungen **knöchelhohe Schuhe mit guter Profilsohle** tragen, die übrigens auch beim Besuch archäologischer Ausgrabungsstätten gute Dienste leisten. Vor allem im Frühjahr und Herbst gehört immer auch ein **Wind- und Regenschutz** in den Rucksack. Ausreichend **Getränke** und ein **Sonnenschutz** dürfen auf keiner Wanderung fehlen.

Wenn möglich, sollte man **nie alleine wandern.** Kommt unterwegs schlechtes Wetter auf, sollte die Wanderung abgebrochen werden. Etliche der empfohlenen Touren eignen sich auch für Kinder.

Karten

- **Istituto Geografico Militare**
Das Staatliche Italienische Vermessungsamt gibt topographische Karten u.a. in den Maßstäben 1:25.000 und 1:50.000 heraus. Via C. Battisti 10, I-Firenze, Tel. 05527321, Fax 055282172, www.igmi.org (in Deutschland z.B. über Geobuch, Rosental 6, 80331 München, Tel. 089-265030, Fax 089-263713, geobuch@t-online.de).

Radfahren

Verkehrsarme Land- und Bergstraßen im Hinterland der Provinzen Caserta, Benevent, Avellino und Salerno eignen sich ideal für kürzere und längere Radtouren. Ein Mekka für Fahrradfahrer ist der Cilento (siehe dort)! In Italien können Fahrräder in vielen Regionalzügen im Gepäckwagen befördert werden. Dazu muss ein zusätzlicher *supplemento bici* gelöst werden.

Informationen

- **www.adfc.de**
Der Allgemeine Deutsche Fahrrad Club bietet jede Menge guter Tipps.
- **Radfahrer-Hotline der DB:**
Tel. 01805-151415.

Zeit

In Italien gelten wie in Deutschland, Österreich und der Schweiz die **MEZ** (Mitteleuropäische Zeit) und die **Sommerzeit.** Ende März werden die Uhren eine Stunde zurück- **(ora legale)** und Ende Oktober wieder eine Stunde vorgestellt **(ora solare).**

Zeitungen

Ausländische Zeitungen erhält man meist problemlos in Neapel, Sorrent, an der Amalfitana, auf Capri und Ischia.

Auch ohne Italienischkenntnisse erweisen sich die Tageszeitungen **Il Mattino** und **La Repubblica** als nützlich. Neben einem umfassenden Regionalteil finden sich hier Veranstaltungskalender, Öffnungszeiten, Nachtdienste der Apotheken und Fahrpläne von Zügen, Bussen und Fähren.

Italienische Tageszeitungen online

- **www.corriere.it**
- **www.gazzettadelsud.it**
- **www.gdmland.it**
- **www.ilmattino.it**
- **www.larepubblica.it**

Zoll

Innerhalb der EU-Länder ist die Ein- und Ausfuhr von Waren und Gegenständen des persönlichen Gebrauchs zollfrei. Um gegenüber gewerblicher Nutzung eine Abgrenzung zu schaffen, wurden folgende Richtwerte festgelegt: 800 Zigaretten oder 200 Zigarren oder 1 kg Tabak; 10 Liter Spirituosen oder 90 Liter Wein oder 110 Liter Bier. Für Bürger aus Nicht-EU-Ländern wie der Schweiz gelten die bisherigen Obergrenzen: 200 Zigaretten und 1 Liter Spirituosen.

Informationen

- **www.zoll-infocenter.de**

golf_048 Foto: pa

Land und Leute

golf_049a Foto: pa

golf_049b Foto: pa

Sant'Agata dei Goti

Weinlese bei Dragoni (Provinz Caserta)

Der barocke Treppensaal in der Reggia di Caserta

Geographie und Geologie

Die Region Kampanien schließt sich südlich an Latium und Molise an und grenzt im Osten und Süden an Apulien und die Basilikata. **Kampanien** zieht sich mit 360 Kilometern Küstenlinie vom Golf von Gaeta bis zum Golf von Policastro am Tyrhenischen Meer entlang. Kilometerlange Sandstrände an der Nordküste und südlich von Salerno wechseln sich mit atemberaubend schönen Felsküsten ab. Im **Golf von Neapel** liegen die drei Inselperlen Capri, Ischia und Procida, einen landschaftlichen Akzent setzt hier der majestätische Kegel des Vesuv. Die Sorrentiner Halbinsel, die den Golf von Neapel im Süden abschließt, bildet mit der Costiera Amalfitana zugleich das Rückgrat des weit geschwungenen Golfes von Salerno, der im Süden von den Bergen des Cilento eingefasst wird. Die Buchten und Strände des Cilento zählen zu den schönsten des Mittelmeers.

Kampanien hat einen großen Anteil am südlichen Apennin. 35% der Fläche nehmen Gebirge ein, mehr als 50% Hügellandschaften und nur 15% Ebenen. Die **Gebirge des kampanischen und lukanischen Apennins** sind vorwiegend aus tertiären Kalken aufgebaut. Im Nordosten der Region erhebt sich über 2000 m hoch das **Matesemassiv.** Weniger hoch, aber nicht minder imposant, prägen die **Monti del Sannio, Monti Picentini** und **Monti Alburni** das Landesinnere im Süden.

Drei große **Flüsse,** die ganzjährig Wasser führen, münden ins Tyrrhenische Meer: Der **Garigliano** bildet im Norden den Grenzfluss zu Latium, der gewundene Lauf des **Volturno** führt durch die Provinz Caserta, und der **Sele** formt südlich von Salerno eine große Schwemmlandebene.

Ausgedehnten Wäldern im Landesinneren verdankt Kampanien seinen **Wasserreichtum.** Flüsse, die in den küstennahen Bergen entspringen, führen häufig nur das Winterhalbjahr über Wasser.

Mit dem **Sarno** verbindet sich die Erinnerung an die verheerenden Schlammfluten im Mai 1998. Etliche Ortschaften wurden verwüstet, 137 Menschen kamen um. Die Katastrophe war hausgemacht. Rücksichtslose Entwaldung und Bebauung erosionsgefährdeter Hänge waren die Ursache, heftige Regenfälle der Auslöser.

Vulkane

Die Gebirgsbildung des Apennin ist von vulkanischer Tätigkeit begleitet. In einer **Bruchzone auf der tyrrhenischen Seite des Apennin** zieht sich vom Ätna in Sizilien über die Äolischen Inseln, den Golf von Neapel, Latium, Umbrien bis in die Toskana eine Reihe vulkanischer und erdbebengefährdeter Gebiete. Während die Vulkane Latiums und der Roccamonfina im Norden Kampaniens seit langem erloschen sind, entstand 1538 in Folge eines heftigen Vulkanausbruchs in den Phlegräischen Feldern der Monte Nuovo. Der Vesuv, der 79 n. Chr. Pompeji und Her-

Einige Zahlen zu Kampanien

Die Region Kampanien gliedert sich in fünf Provinzen, benannt nach den fünf Provinzhauptstädten. Neapel ist zugleich Hauptstadt der Region und einer Provinz.

Kampanien weist die höchste durchschnittliche Bevölkerungsdichte aller italienischen Regionen auf. Während der Großraum Neapel absolute Höchstwerte erreicht, sind die abgelegenen Provinzen relativ dünn besiedelt.

	Fläche	Einwohner (Provinz)	Einwohner (Provinzhauptstadt)	Bevölkerungsdichte pro km²
Region Kampanien	**13.595 km²**	**5.804.574**		**427**
Provinz Avellino (AV)	2792 km²	441.784	56.232	158
Provinz Benevento (BN)	2071 km²	295.316	63.367	143
Provinz Caserta (CE)	2639 km²	851.269	74.294	323
Provinz Napoli (NA)	1171 km²	3.125.532	1.020.120	2669
Provinz Salerno (SA)	4922 km²	1.090673	142.458	222

Die **Arbeitslosenquote** in Europa ist in Spanien, Portugal und Süditalien am höchsten. In Kalabrien beträgt sie 28,7%, auf Sizilien 24,8% und in Kampanien immer noch 23,7%. Der EU-Durchschnitt liegt bei 9,4%. Besonders hoch ist in Kampanien der Anteil der Jugendarbeitslosigkeit mit 60%. Von der Statistik nur unzulänglich erfasst ist der hohe Anteil der Schattenwirtschaft.

golf_088 Foto: pa

Durchschnittliche tägliche Temperaturen in °C

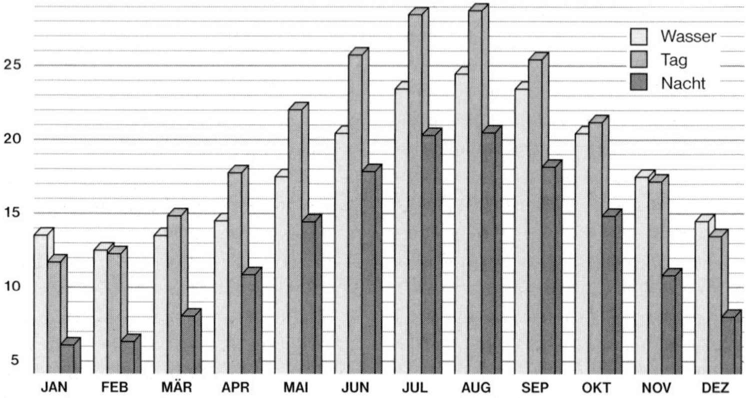

Sonnenstunden pro Tag *Regentage im Monat*

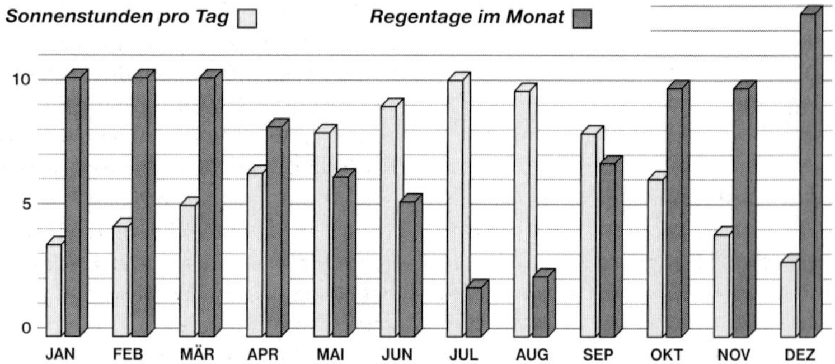

Mittlere Niederschlagsmenge pro Monat in mm

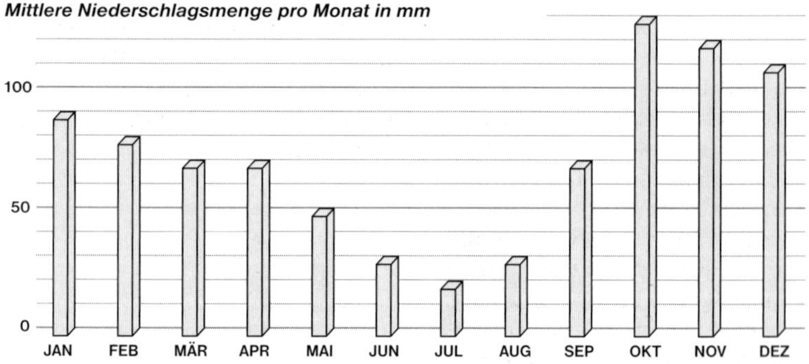

kulaneum verschüttet hat, ist 1944 zum vorläufig letzten Mal ausgebrochen.

Auf den jungen Vulkangebieten Kampaniens liegen Fluch und Segen zugleich. Die **Böden zählen zu den fruchtbarsten der Welt** und waren bereits in der Antike dicht besiedelt. Eine angenehme Begleiterscheinung des Vulkanismus sind auch **Thermalquellen,** die in der römischen Antike Baiae und heute Ischia zu beliebten Kurbädern verhalfen.

Eine ausführliche Beschreibung der kampanischen Vulkanlandschaften, zu denen auch die Inseln Procida und Ischia gehören, findet sich in den Ortskapiteln.

Klima

Auf den Inseln und an den Küsten Kampaniens herrscht ganzjährig ein **mildes mediterranes Klima** mit trockenen Sommern und feuchten Wintern. Die Niederschläge nehmen im Landesinneren mit zunehmender Höhe zu und erreichen im Matese Jahreswerte über 2000 mm, während etwa auf Capri 620 und in Neapel 870 mm pro Jahr fallen. Der Niederschlag fällt in den Hochlagen des Landesinneren im Winter als Schnee. Hier ist das Klima subkontinental, d. h. die Sommer sind wärmer und die Winter kälter als an der Küste.

Aus der Klimatabelle wird ersichtlich, dass Mai, Juni und Juli sowie September und Oktober zu den klimatisch begünstigten Reisezeiten zählen (siehe auch „Reisewetter und Reisezeit").

Flora

Die landschaftliche Vielfalt Kampaniens spiegelt sich im **Artenreichtum** seiner Pflanzenwelt wieder. Mehr als 5600 Spezies wurden gezählt, das entspricht der Hälfte der europäischen Flora. **Aleppokiefern** und **Schirmpinien** formen Reste mediterraner Küstenwälder im Cilento. In küstennahen Bereichen, sofern sie nicht zersiedelt wurden, dominieren immergrüne **Macchia** und niedrige **Steineichenwälder** bis in Höhen von 500–600 m über dem Meer. An trockeneren Hängen und als Folge wiederholter Abholzung und Weidewirtschaft breiten sich immergrüne **Buschlandschaften** aus, die im Frühjahr in einem Blütenmeer explodieren. In der Höhe schließen sich **Eichenmischwälder** an. Auf nährstoffreichen und insbesondere auf vulkanischen Böden stehen **Kastanienhaine,** die häufig als Nutzwälder Brenn-, Stangen-, Bau-, Möbelholz und Früchte liefern. Ausgedehnte **Buchenwälder** überziehen die höheren Berglagen. Bevor sich das Laub im April und Mai entfaltet, überziehen Frühjahrsblüher den Waldboden. Im Sommer halten Pilzesammler reiche Ernte. Insgesamt bedecken Wälder und Forste ein Fünftel der Fläche Kampaniens.

Fauna

Großsäuger wird man in freier Wildbahn nur selten zu Gesicht bekommen, obwohl **Wolfsrudel** durch die Gebirge streifen. In den klaren Bergflüssen des Cilento leben die selten gewordenen **Fischotter.** Wildschweine begegnen einem meist nur in Form deftiger Braten. Auf Wanderungen findet man manchmal abgeworfene Stacheln der nachtaktiven **Stachelschweine.** Über Felsen und Steinmauern huschen flinke **Echsen.** Den giftigen **Aspisvipern** *(Vipera aspis)* wird man kaum nahe genug kommen, um ihren dreieckigen Kopf oder gar ihre senkrecht geschlitzten Pupillen zu erkennen. Vipern flüchten meist, bevor man sie sieht, und beißen nur, wenn man auf sie tritt. Eher werden ungiftige **Zornnattern** *(Coluber viridiflavius),* die in Süditalien in einer dunklen Unterart verbreitet sind und bis zu zwei Meter lang werden können, den Weg queren. Sie sind viel ungefährlicher, als ihr Aussehen vermuten lässt, wehren sich aber durch aggressive Bisse, sollten sie in die Enge getrieben werden. Küsten und Berge bieten dem Vogelfreund ideale Beobachtungsmöglichkeiten. In den letzten Jahren wächst die Sensibilität für den **Vogelschutz,** und es wurden zahlreiche Reservate angelegt. Überraschend artenreich ist das **Meer,** wovon man sich beim Besuch der Fischmärkte oder beim Schnorcheln und Tauchen überzeugen kann. Konkrete Hinweise zu den besten Tauchgründen auf der Sorrentiner Halbinsel, an der Amalfitana und im Cilento in den Ortskapiteln.

Natur- und Umweltschutz

Naturschutzgebiete

Neue Gesetze und ein wachsendes Umweltbewusstsein haben zur Schaffung der **Nationalparks „Cilento" und „Vesuv"** geführt, zugleich auch UNESCO-Biosphärenreservate. Die Kulturlandschaft der Costiera Amalfitana wurde zum Weltkulturerbe erklärt. Die Phlegräischen Felder, der Roccamonfina, die Bergmassive des Matese, Camposauro, Taburno, Partenio und der Picentini existieren als **Regionalparks** zumindest auf dem Papier. Auf jeden Fall sind es Schritte in die richtige Richtung. Durch privates Engagement, häufig unter der Schirmherrschaft des italienischen World Wildlife Fund, sind zahlreiche weitere Natur- und Vogelschutzgebiete entstanden. Viele der in diesem Buch beschrieben Wanderungen führen durch Naturschutzgebiete.

Umweltschutz

Während dank neuer Kläranlagen das Baden an Neapels Stränden inzwischen wieder erlaubt ist, tickt im Hinterland der Riesenmetropole eine **ökologische Zeitbombe.** Jahrelang hat die Camorra die **Müllentsorgung** als einträgliches Geschäft betrieben. Nicht nur Haus-

Ein alter Stich zeigt eine touristische Vesuv-Besteigung im 19. Jh.

müll, sondern ganze Schiffsladungen giftiger Sondermüll verschwanden in illegalen Deponien. Als Ende 2000 die Justiz Deponien, die nicht den EU-Normen entsprachen, schließen ließ – also fast alle –, erstickten die Städte am Golf von Neapel über viele Wochen in ihrem Müll. Vom Militär bewachte Sonderzüge transportierten den Abfall über die Alpen, wo er in deutschen Müllverbrennungsanlagen entsorgt wurde. Hatte sich in Kampanien aus nahe liegenden Gründen kaum jemand gegen die illegalen Deponien der Camorra gewehrt, fällt es jetzt um so schwerer, auf demokratischem Wege Standorte für die benötigten modernen Müllverbrennungsanlagen zu finden. Mülltrennung wird bislang von den wenigsten Bürgern ernst genommen.

Geschichte und Politik

Die Geschichte hat in Kampanien viele Schauplätze, in den Ortskapiteln wird sie im Kontext erzählt. Auf Stadtspaziergängen entfaltet sich die Geschichte Neapels. Der nachfolgende chronologische Überblick liefert die wichtigsten Eckdaten. Ein gesellschaftlich-politisch-kultureller Aufbruch, wie ihn Neapel seit Mitte der 1990er Jahre erlebt, hat inzwischen die gesamte Region erfasst; der Golf von Neapel erfährt sein touristisches Comeback. Lebenslustige Städte wie Neapel und Salerno oder ursprüngliche Landschaften wie der Cilento werden neu entdeckt.

golf_055 Foto: pa

Vorgeschichte

Alt- und Jungsteinzeit, Menschen siedeln in Karsthöhlen auf Capri, an der Amalfitana und im Cilento. Jungsteinzeitliche dörfliche Ansiedlungen bei Salerno und auf den Inseln.

1500–900 v. Chr., bronzezeitliche Keramikfunde auf Ischia und Vivara belegen Handelskontakte zwischen der lokalen Apennin-Kultur und dem mykenischen Griechenland. Die „Odyssee" hält Erinnerungen an die Frühzeit der griechischen Seefahrt wach.

Um 1000 v. Chr., italische Osker siedeln in Kampanien.

Antike

8. Jh. v. Chr., Beginn der griechischen Kolonisation am Golf von Neapel. Euböer gründen um 770 v. Chr. die Handelsniederlassung Phitekoussai auf der Insel Ischia und um 750 v. Chr. Kyme (Cuma).

7. Jh. v. Chr., seit 700 v. Chr. starke Präsenz der Etrusker nahe des heutigen Salerno. Griechen aus Kyme gründen am Fuße des Pizzofalcone Parthenope, den Vorläufer Neapels. Griechen aus Sybaris gründen um 670 v. Chr. Poseidonia (Paestum). Ausgrabungsfunde belegen, dass sich Urbevölkerung und Eroberer früh vermischt haben. Dies gilt sowohl für etruskische als auch für griechische Siedlungen.

6. Jh. v. Chr., Etrusker bauen um 600 v. Chr. Volturnum (Capua) als Hauptstadt aus. Um 540 v. Chr. gründen Griechen aus Phokäa Elea (Velia), Griechen aus Samos gründen 528 v. Chr. Dikaiarcheia (Pozzuoli), und um 500 v. Chr. entsteht die neue griechische Stadt Neapolis (Neapel).

474 v. Chr., mit dem Seesieg der Griechen über die Etrusker verschiebt sich das Kräftegleichgewicht am Golf. Sieger wie Besiegte gehen geschwächt aus dem Konflikt hervor. Das Machtvakuum füllen italische Samniten aus, ein kriegerisches Bergvolk, das aus den Abruzzen stammt.

5. Jh. v. Chr., Samniten erobern 424 v. Chr. Capua und 421 v. Chr. Cuma. Sie besetzen nach und nach weite Teile Kampaniens.

343–290 v. Chr., in drei verlustreichen Kriegszügen unterwirft Rom die Samniten und nimmt 334 v. Chr. Capua ein. 312 v. Chr. führt die Via Appia als erste große Heerstraße von Rom bis Capua.

326 v. Chr., Neapolis verbündet sich mit Rom und erhält den Status einer Schwesterstadt.

3. Jh. v. Chr., nach Siegen über Phyrrhus und Hannibal konsolidiert Rom seine Herrschaft über die Campania, die zum wichtigen Getreidelieferanten des Römischen Reiches wird. Die Griechenstädte werden unterworfen. Angelockt von der idyllischen Landschaft, dem milden Klima und Thermalquellen bauen sich Römer erste Luxusvillen bei Baiae.

194 v. Chr., Gründung der römischen Kolonie Puteoli (Pozzuoli) an der Stelle des griechischen Diakaiarcheia. Puteoli entwickelt sich zum wichtigsten Handelshafen des Imperiums.

91–89 v. Chr., nach dem Bundesgenossenkrieg erhalten die kampanischen

Städte römisches Bürgerrecht, müssen aber Kriegsveteranen aufnehmen.

88–82 v. Chr., im römischen Bürgerkrieg plündern die Truppen des Diktators *Sulla* Neapolis.

73–71 v. Chr., der von Spartakus angeführte Sklavenaufstand hält Rom in Atem.

27–37 n. Chr., Kaiser *Tiberius,* Nachfolger von *Augustus,* regiert das römische Imperium von Capri aus.

62, ein schweres Erdbeben verwüstet Kampanien.

24. August 79, der Vesuv bricht aus und verschüttet Pompeji, Herculaneum und Stabiae.

3–4. Jh., um das Jahr 250 beginnen systematische Christenverfolgungen, deren berühmtes Opfer um 305 *San Gennaro* wird, der nachmalige Stadtpatron Neapels.

395, nach der Teilung des Römischen Reiches in West (Rom) und Ost (Byzanz) fällt Kampanien an Rom.

Völkerwanderungszeit und Mittelalter

5. Jh., die Westgoten *Alarichs* und die Vandalen *Geiserichs* fallen am Golf von Neapel ein.

476, Untergang des weströmischen Reiches. Roms letzter Kaiser, *Romulus Augustulus,* stirbt in Neapel als Gefangener des Gotenkönigs Odoaker.

6. Jh., Kaiser *Justinian* gliedert Süditalien seinem oströmischen Reich ein. 553 besiegt der byzantinische General *Belisar* den letzten Gotenkönig am Vesuv. Neapel wird zum Herzogtum unter byzantinischer Kontrolle. 568 überqueren die germanischen Langobarden die Alpen, übernehmen Norditalien beinahe kampflos und lassen sich in Kampanien nieder. 581, 592 und 599 belagern sie Neapel ohne Erfolg, erobern aber Capua, Benevent und Salerno.

7.–11. Jh., das kampanische Binnenland und Salerno stehen unter langobardischer Herrschaft, während an der Küste die byzantinischen Herzogtümer Gaeta, Neapel und Amalfi mit immer neuen Allianzen um ihre Unabhängigkeit ringen. Amalfi wird 920 als Seerepublik selbstständig, ein märchenhafter wirtschaftlicher Aufschwung beginnt.

Normannen und Staufer

11.–12 Jh., Normannen gelangen Anfang des 11. Jh. zunächst als Söldner ins Land. Innerhalb zweier Generationen unterwerfen sie Süditalien und Sizilien, von *Roger II.* 1131 zu einem Königreich mit der Hauptstadt Palermo vereint. 1139 verleibt *Roger II.* Amalfi, Capua und Neapel seinem Reich ein. Süditalien erlebt eine Blüteperiode.

1194–1266, der deutsche Kaiser und Staufer *Heinrich VI.,* mit *Konstanze,* einer Tochter *Rogers II.* vermählt, erbt das Normannenreich. Deren Sohn Kaiser *Friedrich II.* (1194–1250) gestaltet sein Südreich als zentralistischen Beamtenstaat und gründet 1224 in Neapel die erste weltliche Universität Europas. Konflikte mit dem Papsttum nehmen zu. *Innozenz IV.* unterstützt *Karl von Anjou* im Kampf gegen Friedrichs Erben. 1266 wird König *Manfred* bei Benevent besiegt, das Ende der Stauferherrschaft ist besiegelt.

golf_058a Foto: pa

golf_058b Foto: pa

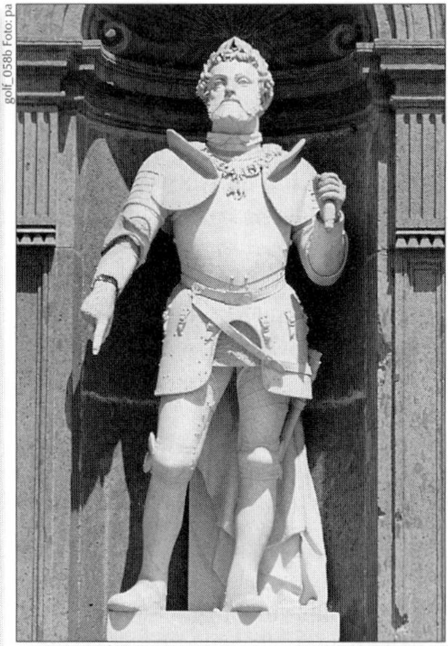

Königreich Anjou

1266–1442, *Karl von Anjou* verlegt seine Hauptstadt von Palermo nach Neapel. Nach der „Sizilianischen Vesper" fällt Sizilien 1282 an das spanische Haus Aragon. Neapel wird zur Hauptstadt des Anjou-Königreiches Neapel und auf Kosten der Provinz prunkvoll ausgebaut. Die Gotik hält ihren Einzug in Form prachtvoller Kirchen, Klöster und Paläste. Im Jahr 1301 erschüttert ein schwerer Vulkanausbruch Ischia.

Links eine Statue von Karl v. Anjou, rechts von Karl V., beide am Palazzo Reale in Neapel

Haus Aragon und die Zeit der spanischen Vizekönige

1442–1503, *Alfons I. von Aragon* verdrängt den letzten Anjou-Herrscher vom Thron und vereinigt die Königreiche Neapel und Sizilien. Unter den Aragonesen entwickelt sich Neapel zu einer prachtvollen Renaissancemetropole.

1503–1707, General *Consalvo de Cordoba* ergreift im Namen *Ferdinand des Katholischen* die Macht in Neapel. Es beginnt die lange Herrschaft spanischer Vizekönige. Süditalien und Sizilien werden zu Provinzen des spanisch-habsburgischen Weltreichs. *Pedro de Toledo,* von 1532–53 Vizekönig Kaiser *Karls V.,* lässt Neapel erweitern und die

Küsten zum Schutz vor Türkenüberfällen befestigen. Anfang des 17. Jh. entwickelt sich Neapel mit 300.000 Einwohnern zu Europas größter Stadt. Das 17. Jh. ist eine Krisenzeit: Neapel muss zur Finanzierung der spanischen Kriege eine hohe Steuerlast tragen, 1631 bricht der Vesuv mit verheerenden Folgen aus, 1647 entzündet sich ein Volksaufstand unter Anführung von *Masaniello.* 1656 rafft eine Pestepidemie mehr als die Hälfte der Bevölkerung dahin.

Haus Habsburg, Bourbonenherrschaft und Revolution

1707–1734, nach dem spanischen Erbfolgekrieg fällt Neapel an die österreichischen Habsburger. 1709 stößt man bei Ausschachtungsarbeiten für die Villa des Generals *d'Elboeuf* auf das antike Herkulaneum.

1734–1860, mit der Herrschaft König *Karls III. von Bourbon* (1734–59) beginnt am Golf das Zeitalter der absolutistischen Aufklärung. Neapel ist wieder Hauptstadt eines Königreichs. Monumentale spätbarocke Palastanlagen werden errichtet, in Herkulaneum und Pompeji beginnen die archäologischen Ausgrabungen. 1759 folgt *Ferdinand IV.* seinem Vater auf den Thron. Neapel zählt wieder über 300.000 Einwohner und wird zum bevorzugten Ziel auf der Grand Tour. 1787 besucht *Goethe* den Golf von Neapel. Am 21. Januar 1799 rufen aufgeklärte Aristokraten, inspiriert von den Idealen der Französischen Revolution, in Neapel die Parthenopäische Republik aus. *Ferdinand IV.* flieht an Bord von Admiral *Nelsons* Flaggschiff nach Palermo. Ein halbes Jahr später beenden die Banditentruppen des Kardinals *Ruffo,* unterstützt vom neapolitanischen Volk, das politische Experiment in einem Blutbad. 1806 besetzen napoleonische Truppen Neapel. *Ferdinand IV.* flieht wieder nach Palermo, um nach der Absetzung von *Joachim Murat* 1815 als *Ferdinand I.,* König beider Sizilien, an die Macht zurückzukehren. Drei weitere Bourbonenherrscher folgen ihm auf den Thron. Freiheitliche Ideen werden unterdrückt.

Garibaldi und das Königreich Italien

1860, *Garibaldi* zieht siegreich in Neapel ein, und am 21. Oktober stimmt die überwiegende Mehrzahl der Bevölkerung für den Anschluss an das Königreich Italien.

Ende 19. Jh./Anfang 20. Jh., Neapel und Süditalien profitieren keineswegs vom Anschluss an Italien, sondern werden wirtschaftlich benachteiligt. 1884 ist Neapel Opfer einer schweren Choleraepidemie. Die riesige Auswanderungswelle Anfang des 20. Jh. erfasst auch Neapel und Kampanien.

1922–1943, im Faschismus werden zahlreiche neue Ausgrabungen begonnen. *Mussolini* stilisiert sich als „neuer Augustus".

1940–1943, Neapel und Salerno erleiden Bombenschäden.

Die Republik

1943, am 8. September landen alliierte Truppen bei Salerno. Ende September vertreibt die neapolitanische Bevölkerung aus eigener Kraft die deutsche Besatzungsmacht aus ihrer Stadt. Einen Tag später marschieren die Alliierten ein. Der Schwarzmarkt blüht auf und das organisierte Verbrechen feiert Urstände.

1944, der Vesuv bricht aus.

1946, bei der Volksabstimmung über die zukünftige Verfassung stimmen 80% der Neapolitaner für die Monarchie. Erster Präsident der Italienischen Republik wird der Neapolitaner *Enrico de Nicola.*

1950–70er Jahre, hemmungslose, kriminelle Bauspekulationen unter Neapels christdemokratischem Bürgermeister *Achille Lauro.* Entwicklungsgelder der Cassa per il Mezzogiorno verschwinden in den Kanälen der Camorra. Einsetzender Massentourismus. In einer zweiten Auswanderungswelle emigrieren bis in die 1970er Jahre mehr als 800.000 Menschen. Im Jahr 1973 wird Neapel von einer Choleraepidemie heimgesucht.

1980er Jahre, am 23. November 1980 erschüttert ein schweres Erdbeben Kampanien. Bereitgestellte Gelder versickern wieder in dunklen Kanälen, der Wiederaufbau ist von Korruption geprägt, die Region Kampanien gerät an den wirtschaftlichen Abgrund.

Die zweite Republik

1990er Jahre, 1992 verändern die Mailänder Antikorruptionsprozesse „Mani pulite" (Saubere Hände) das politische Klima in Italien. In Neapel setzt sich 1993 der Ex-Kommunist *Antonio Bassolino* in der Bürgermeisterwahl gegen die Duce-Enkelin *Alessandra Mussolini* durch. Im Vorfeld des G-7-Gipfels, der 1994 in Neapel stattfindet, beginnen groß angelegte Restaurierungsarbeiten und ein konsequenter Kampf gegen die Camorra. 1995 erlebt Neapel seine „touristische Wiedergeburt", der Centro storico wird von der UNESCO zum Weltkulturerbe erklärt, und es findet zum ersten Mal, von großem privatem Engagement getragen, der Maggio dei Monumenti statt, inzwischen ein fixes Datum im Kulturkalender. 1997 wird *Bassolino* mit 73% der Stimmen im Amt bestätigt, Pompeji, Herkulaneum, die Reggia von Caserta und die Amalfitana werden in die UNESCO-Liste des Weltkulturerbes aufgenommen. Nach heftigen Regenfällen im April 1998 kommen im Sarnotal bei Erdrutschen 137 Menschen ums Leben.

2000, *Bassolino* wird Präsident der Region Kampanien.

2001, Neapel wählt erstmalig eine Bürgermeisterin. *Rosa Russo Iervolino* führt das Mitte-Links-Bündnis im Stadtrat fort, während Italien den Medientycoon *Berlusconi* zum zweiten Mal ins zweithöchste Staatsamt wählt.

2003, Neapel ist einer der Favoriten als Austragungsort für den American Cup 2007, doch Valencia macht das Rennen.

2004, das Problem der geordneten Müllentsorgung bleibt in Kampanien ungelöst. Die *Pizza napoletana* wird fälschungssicher: Zutatenliste und vorgeschriebene Zubereitungsweise werden im Staatsorgan „Gazzetta ufficiale" publiziert.

Wirtschaft

Die *Campania felix* war der **Gemüsegarten** des antiken Rom. Heute ist Kampanien Italiens wichtigster Produzent von Tomaten, einiger Gemüsesorten und Tabak. Fruchtbare Böden, ausreichend Wasser und ein mildes Klima ermöglichen in den Küstenebenen ganzjährig einen intensiven Gartenbau. Bilder einer bäuerlichen Kulturlandschaft und Goethes „Land, wo die Zitronen blühn" sind noch auf den Inseln im Golf, auf der Sorrentiner Halbinsel, an der Amalfitana, im Cilento und in den Hügeln des Landesinneren anzutreffen. Nach und nach wachsen das Bewusstsein und der Markt für ökologisch erzeugte landwirtschaftliche Produkte; erste viel versprechende Ansätze gibt es im Cilento. In den letzten Jahren hat der kampanische **Wein** Qualitätssprünge erlebt, die seine Absatzchancen auch außerhalb der Region deutlich verbessern.

Der wichtigste Bereich der **Industrie** ist wahrscheinlich die weit verzweigte Schattenwirtschaft, offiziell ist es die Lebensmittelverarbeitung. Pasta und Dosentomaten werden weltweit exportiert. In und um Neapel gibt es zahlreiche kleine Textil- und Schuhfabriken. Hier lassen auch viele italienische Edelmarken fertigen, sofern sie noch nicht nach Osteuropa abgewandert sind. Schwerindustrie und neuerdings Hightech konzentrieren sich um Neapel und Salerno. Werftindustrie ist in Castellamare di Stabia angesiedelt. Mit dem Abbau der Raffinerien und Stahlwerke in Bagnoli hat Neapel seine postindustrielle Ära bereits eingeleitet. Die Hoffnung heißt Tourismus.

Der **Fremdenverkehr** hat am Golf von Neapel eine lange Tradition. Auf Capri und Ischia, in Sorrent und an der Amalfitana ist der Tourismus längst die Haupterwerbsquelle. Bewegen sich auch die modernen Touristen immer noch zahlreich auf den Spuren der Reisenden des 18. Jh. und 19. Jh., so wächst doch das Bedürfnis, sich stärker auf Land und Leute einzulassen, weniger Besichtigungspunkte abzuhaken und dafür intensiver zu (er)leben.

Kunst und Kultur

Architektur, Skulptur, Malerei und Mosaikkunst

Antike

Kampanien ist reich an archäologischen Schätzen. Bei Salerno wurden interessante Funde aus **etruskischer Zeit** gemacht. Die Akropolen von Cuma und Velia, vor allem aber die außergewöhnlich gut erhaltenen dorischen Tempel in Paestum zeugen von der Bedeutung der **Griechenstädte.** Das Archäologische Museum in Paestum birgt eine der umfangreichsten Sammlungen der Magna Grecia. Archaische Reliefmetopen und Grabfresken aus griechischer und **lukanischer Zeit** bilden den Schwerpunkt der Sammlung. Das „Grab des Tauchers" ist das bislang einzige bekannte Beispiel griechischer Freskomalerei aus der Klassik. Die lukanischen Kammergräber, ein weiterer Höhepunkt antiker Malerei, verraten viel über das Leben und den Totenkult dieses kriegerischen Volkes.

Archäologische Funde der **Samniten** sind in den archäologischen Museen von Avellino, Benevent und Capua zu sehen. Im Museum von Capua sind die einzigartigen Mutterstatuen eines alten kampanischen Fruchtbarkeitskultes ausgestellt.

Aus **römischer Zeit** beeindrucken am Golf von Pozzuoli Amphitheater, Kuppelkonstruktionen und riesige Zisternen. In Benevent steht ein hervorragend erhaltener römischer Triumphbogen, und auf Capri kann man durch die Ruinen kaiserlicher Villen spazieren. Einzigartige Einblicke in römisches Alltagsleben bieten die 79 n. Chr. vom Vesuv verschütteten und ab dem 18. Jh. wieder ausgegrabenen Städte **Pompeji** und **Herkulaneum.** Straßenzüge, öffentliche wie private Gebäude, Werkstätten und Vergnügungseinrichtungen haben sich in eindrucksvoller Weise erhalten. Die reichen Wanddekorationen mit Fresken und Mosaikböden sind teilweise noch an Ort und Stelle zu bewundern, vieles ist auch im Archäologischen Nationalmuseum von Neapel ausgestellt, darunter herausragende Skulpturen.

Die Fresken und Mosaiken in den Katakomben und frühchristlichen Kirchen Neapels stehen am Übergang von spätantiker zur christlichen Kunst.

Mittelalter

In Benevent steht eine der schönsten frühmittelalterlichen Kirchen Süditaliens, die im 8. Jh. erbaute Santa Sofia aus **langobardischer Zeit.**

Die **Romanik** fällt in Süditalien mit der **Normannenherrschaft** zusammen. Vorbild kampanischer Kathedralbauten des 11. und 12. Jh. ist die unter Abt *Desiderius* errichtete (im 2. Weltkrieg zerstörte) Basilika des Benediktinerklosters Montecassino. Kennzeichnend sind die Verwendung antiker Säulen, der byzantinische Einfluss in Malerei und Mosaikkunst sowie durch Amalfi und Sizilien vermittelte islamische Kunstformen. Der arabisch-orientalische Einfluss spiegelt sich in der Verwendung spitzer Bögen und farbenprächtiger Steineinlegearbeiten wider. Eindrucksvolle Beispiele sind die Basilika von Sant'Angelo in Formis sowie die Dome von Amalfi, Capua, Casertavecchia, Ravello, Salerno, Sant'Agata dei Goti, Sessa Aurunca und Teggiano.

Das berühmte Brückentor von *Friedrich II.* in Capua nahm die Renaissance voraus. Es ist zerstört, doch sind im Museum von Capua monumentale Figurenköpfe zu sehen, die das Tor schmückten. Ein herausragendes Beispiel **staufischer Architektur** ist die dem *Hl. Lukas* geweihte Kapelle in der Abbazia di San Guglielmo a Goleto in der Provinz Avellino. Die Handschrift der Kunsthandwerker erinnert an das berühmte Castel del Monte.

Mit den *Anjous* hielt Mitte des 13. Jh. die **Gotik** Einzug in Neapel. Zahlreiche Kirchen und Klöster wurden im neuen französischen Stil errichtet. Während der Regierungszeit *Robert d. Weisen* (1309–43) zog der Hof von Neapel die bedeutendsten Künstler jener Zeit an.

Die prunkvollen Fürsten- und Königsgräber aus der Werkstatt des *Tino da Camaino* wurden in Süditalien vielfach nachgeahmt. Von 1317–1320 arbeitete *Simone Martini* in Neapel, *Giotto* war von 1328–34 als Hofmaler beschäftigt; seine Fresken sind verloren gegangen, doch sein Stil prägte nachfolgende Künstlergenerationen.

Renaissance und Barock

Ihren triumphalen Einzug erlebte die **Renaissance** in Neapel Mitte des 15. Jh. durch *Alfons von Aragon*. Das 1471 vollendete Triumphtor am Castel Nuovo feiert den Sieg des neuen Herrschers und ist ein Höhepunkt des neuen Kunststils. Viele der Renaissance-Paläste Neapels wurden im nachfolgenden Barock verändert.

Neben Rom entwickelt sich das vizekönigliche Neapel ab dem 16. Jh. zu einem Zentrum der Gegenreformation und damit des **Barock.** Die wichtigsten Ordensbaumeister wurden in Neapel mit Neubauten beauftragt, und kaum eine der älteren Kirchen entging ihrem barocken Umbau. Ungeachtet zahlreicher Naturkatastrophen bricht für Neapel im 17. Jh. ein neues goldenes Zeitalter der Kunst an. Der Palazzo Reale wurde Anfang des 17. Jh. als erste fürstliche Residenz des Absolutismus errichtet. *Cosimo Fanzango,* seit 1623 leitender Baumeister der Certosa di San Martino, und *Ferdinando Sanfelice,* dessen prachtvolle Treppenhäuser zahlreiche barocke Stadtpalazzi adeln, zählen zu den führenden Architekten dieser Epoche. *Michelangelo Merisi da Caravaggio,* der sich 1606 in Neapel aufhielt, hatte einen entscheidenden Einfluss auf die Herausbildung der neapolitanischen Malschule, die über 100 Jahre in Europa tonangebend blieb. Der Neapolitaner *Luca Giordano* (1634–1705), „Luca fa presto" (Luca macht's schnell) genannt, hinterlies unzählige Werke. Barockgemälde u.a. von *Caravaggio, Jusepe Ribera, Artemisia Gentileschi, Mattia Preti, Luca Giordano, Francesco Solimena* sind in Neapels Kirchen und im Museo di Capodimonte zu sehen.

golf_063 Foto: pa

Die Mariensäule auf der Piazza Gesù Nuovo in Neapel, erbaut 1741–50 von Giuseppe Genuino

Land und Leute

Klassizismus und Romantik

Mit der Thronbesteigung *Karl III. von Bourbon* 1734 beginnt eine neue intensive Bautätigkeit am Golf von Neapel. Herausragende Beispiele sind das Opernhaus San Carlo und der Palazzo Capodimonte in Neapel, die Reggia in Portici sowie der imposante Königspalast in Caserta. *Ferdinando Fuga, Giovanni Antonio Madrano* und *Luigi Vanvitelli* sind die einflussreichsten Architekten dieser Zeit. Die sensationelle Wiederentdeckung von Herkulaneum, Pompeji und Paestum übte einen immensen Einfluss auf die Geistes- und Kunstentwicklung des 18. und 19. Jh. aus. Zahlreiche Adelsvillen in Neapel und am Golf werden im Stil des **Klassizismus** errichtet, der Schmuck pompejianischer Häuser lieferte die Vorbilder. Die nach präziser Landschaftsbeobachtung gemalten **Veduten** des Königlichen Kammermalers *Jacob Philipp Hackert* (1737–1807) werden am Hof zum offiziellen Bildgenre erhoben. Ansichten vom Golf, Vesuv und von Ruinenlandschaften verbreiten sich in Form von Stichen in ganz Europa und erhöhen die Popularität des ohnehin schon beliebten Reiseziels.

Von eher lokaler Bedeutung sind die romantisch verklärten Landschaftsansichten der **„Schule vom Posilippo"**, als deren Hauptvertreter *Giacinto Gigante* (1806–76) gilt.

19., 20. und 21. Jahrhundert

Nach der Choleraepidemie 1884 wurde in Neapel im Zuge der Stadtsanierung der von **gründerzeitlichen Häuserfronten** gesäumte Corso Umberto I. als Schneise durch die Altstadt gelegt. Einer Mode der Zeit folgend, errichtete man 1887–1890 die **Galleria Umberto I.**, eine mondäne, glasüberkuppelte Ladenpassage.

Die **faschistische Architektur** der Ära *Mussolini* hat auch in den großen Städten Kampaniens Akzente gesetzt. Moderne, klare Linien zeichnen die Stazione Marittima und den Palazzo delle Poste in Neapel aus. Die Mostra d'Oltremare am westlichen Stadtrand, die imperialistische Ansprüche in Afrika zur Schau stellte, wurde anlässlich der Fußballweltmeisterschaft 1990 komplett renoviert. Eine der provokantesten Bauten des 20. Jh. ist die von *Adalberto Libera* in den 1930er Jahren entworfene Villa Malaparte auf Capri.

In Kampanien gibt es nur wenige wirklich beeindruckende Beispiele moderner **Nachkriegsarchitektur.** Die in den 1960er Jahren im Arbeiterviertel Fratte in Salerno vom italienischen Stararchitekten *Paolo Portoghesi* entworfene Chiesa della Sacra Familia ist Beton gewordene Musik. Aus Platzmangel entstand in Neapel zu Beginn der 1990er Jahre der futuristische Hochhauskomplex des Centro Direzionale unter der Planung des Japaners *Kenzo Tange* und bereichert seither die unverwechselbare Skyline der Stadt.

Neapel und Salerno sind bereit, ins 21. Jh. aufzubrechen. Neapels neue Metrostationen zeigen sich als lebendige Museen zeitgenössischer Kunst. Ambitionierte Pläne sehen die Umgestaltung der Hafenfront und des aufgelassenen Industriegeländes in Bagnoli vor. Salerno verpasst sich eine Verjüngungskur und hat sich dem katalanischen Urbanisten *Oriol Bohigas* anvertraut, der Barcelona für die Olympischen Spiele 1992 fit gemacht hat.

Der 1994 verstorbene neapolitanische Galerist *Lucio Amelio* holte von 1965 an **internationale Gegenwartskunst** in seine Heimatstadt. Nach dem Erdbeben von 1980 rief *Amelio* Künstlerfreunde aus aller Welt nach Neapel, und aus deren Reaktionen auf die Katastrophe entstand die faszinierende **Ausstellung Terrae Motus,** die heute ihren festen Platz in den historischen Räumen der Reggia di Caserta hat (www.reggiadicaserta.org). *Christian Boltanski, Keith Harring, Anselm Kiefer, Jannis Kounnelis, Richard Long, Robert Maplethorpe, A. R. Penck, Cy Twombly* und *Andy Warhol* sind nur einige der beteiligten Künstler. *Joseph Beuys,* den eine langjährige Freundschaft mit *Amelio* verband, schuf für das Terrae-Motus-Projekt seine letzte große Installation.

Die Piazza del Plebiscito in Neapel wird seit einigen Jahren für temporäre Installationen benutzt. *Mimmo Paladino* und *Mario Merz* zählen zu den Künstlern, die hier ausgestellt haben.

Literatur

Der Bogen des geschriebenen Wortes spannt sich weit über Kampanien. Die „Literaturhinweise" am Ende dieses Buches sind zwar nicht erschöpfend, aber eine Einladung zum Weiterlesen. Daher an dieser Stelle nur einige ergänzende kurze Skizzen.

Homers „Odyssee" ist auch auf einer Kampanienreise ein exzellenter Begleiter. Herzerfrischende und frivole Einblicke in den antiken römischen Alltag bieten in Pompeji gefundene **Graffiti.** Als so genannte „mindere Literatur" wurden sie von den Ausgräbern gesammelt und der Nachwelt aufbewahrt. Ein Glück, denn an den Wänden sind die meisten Sprüche heute verblasst. Der Roman „Satyricon" des *Petronius Arbiter* (?–66 n. Chr.), eines der amüsantesten Werke des klassischen Altertums, spielt zum Teil am Golf von Pozzuoli.

Als junger Mann verbrachte der Florentiner **Giovanni Boccaccio** (1313–75) zwölf Jahre in Neapel, erst als Lehrling einer Bank, dann als Student des Kirchenrechts. Seine Neigung gehörte allerdings der Poesie. In Neapel verliebte er sich in *Fiammetta,* die er in seinem ersten Werk besingt. Einer romantischen Vermutung nach war es die Tochter des Königs *Robert von Anjou.* Nach dem Bankrott der Bank seines Vaters kehrte *Boccaccio* nach Florenz zurück, wo er verschiedene kleine Ämter annahm und in seiner freien Zeit schrieb. Einige der Novellen seines „Decamerone" spielen am Golf von Neapel. Pralle Sinnlichkeit spricht auch aus der Märchensammlung **Giambattista Basiles** (1575–1632). Der in deftigem neapolitanischem Dialekt verfasste „Cunto de li cunti o Pentamerone" inspirierte *Charles Perault* und die Brüder *Grimm, Benedetto Croce* übersetzte ihn ins Italienische.

Vittoria Colonna (1492–1547) verbrachte die Zeit von 1509–37 im Castello Aragonese auf Ischia, in jenen Jahren eines der lebendigsten Zentren humanistischer Kultur. Selbst eine hoch

golf_066 Foto: enit

geschätzte Dichterin, versammelte sie an ihrem Hof einen illustren Kreis von Künstlern, Literaten und Wissenschaftlern. Mit *Michelangelo* verband sie eine tief empfundene platonische Liebe.

Der in Sorrent geborene Dichterfürst **Torquato Tasso** (1544–1595), Sohn des Hofdichters *Bernardo Tasso,* verdankt seinen Ruhm dem christlichen Kreuzfahrerepos „La Gerusalemme liberata" (Das befreite Jerusalem). Inspiriert von Leben und Werk des Dichters verfasste *Johann Wolfgang Goethe* sein Schauspiel „Torquato Tasso".

Die zahlreichen **Reisebeschreibungen** des 18. und 19. Jh. sind die Vorläufer heutiger Reiseführer. Auch Goethe z.B. reiste mit seinem „guten und so brauchbaren Volkmann" und dem „trefflichen Riedesel" an den Golf von Neapel und nach Sizilien. Alle Autoren aufzuzählen, die fleißig zum „Mythos Neapel" beigetragen haben, würde Bände füllen. *Giacomo Casanova* und der *Marquis de Sade* sind lediglich die Paradiesvögel unter den schriftstellernden Neapeltouristen aus der Zeit der Grand Tour. Seit der „Entdeckung" der Blauen Grotte 1826 zog Capri unzählige Dichter in seinen Bann. Einige der im 19. und 20. Jh. entstandenen literarischen Ergüsse sind heute schwer verdaulich. Dazu gehört auch *Axel Munthes* Long- und Bestseller „Das Buch von San Michele". Als belebendes Gegenmittel sei *Bruce Chatwins* Essay „Zwischen den Ruinen" empfohlen, er-

Neapel: Teatro San Carlo

schienen in der Sammlung „Der Traum des Ruhelosen". Um dem Ernst einer Reise an den Golf von Neapel vorzubeugen, kann man auch heute noch zu *Otto Julius Bierbaums* „Empfindsame Reise mit einem Automobil" aus dem Jahre 1903 oder zu *Mark Twains* „Die Arglosen im Ausland" greifen. Empfehlungen zu zeitgenössischer Literatur aus Neapel und Kampanien finden sich in den Literaturhinweisen im Anhang.

Musik und Theater

Ein Klischee trifft zu: Musik liegt Neapolitanern im Blut. Vielleicht ist es ein Erbe der Sirene *Parthenope,* an deren Grab die Stadt erbaut wurde. Aus Kummer, Odysseus mit ihrem Gesang nicht betört zu haben, hatte sich *Parthenope* in den Tod gestürzt.

Antike Fresken, Mosaiken und Vasenbilder erzählen von der Bedeutung der Musik in Theater und Kult. Ein „Kunstgenuss" war sicher der Auftritt Kaiser *Neros* im Theater von Neapolis. Wer hat da nicht *Peter Ustinov* vor Augen (und Ohren)?

Mitte des 15. Jh. zog *Alfons von Aragon* zahlreiche Musiker an seinen Hof. Musik, Theater und Tanz wurden unter seinen Nachfolgern weiterhin gefördert. **Vilanelle alla napoletana,** volkstümliche Lieder in neapolitanischem Dialekt, erfreuten sich ab dem 16. Jh. in ganz Italien größter Beliebtheit. Auch Adelige betätigten sich musikalisch, beispielsweise *Gesualdo da Venosa* (1560–1613), der sich als Lautenvirtuose, Komponist von Madrigalen und Doppelmörder einen Namen machte. Es ist die große Zeit der Commedia dell'Arte. Ende des 16. Jh. entsteht die Figur des *Pulcinella.* Die schwarz maskierte, weiß gewandete Figur verkörpert wie keine zweite den anarchischen Witz der Neapolitaner.

Im Barock bricht Neapels goldenes Zeitalter der Musik an. An vier Konservatorien gleichzeitig werden Musiker und Sänger ausgebildet. Die bedeutendsten Komponisten leiten Chöre und Orchester kirchlicher Kapellen und wetteifern am Hof. 1651 wurde *Monteverdis* „L'Incoronazione di Poppea" als erste **Oper** in Neapel aufgeführt. Von *Poppeae Sabina,* der zweiten Gemahlin des singenden *Nero,* wird man bei einem Besuch von Torre Annunziata mehr erfahren. Die Oper wird in Neapel zur festen Einrichtung. *Alessandro Scarlatti* (1660–1725) ist der Hauptvertreter der „neapolitanischen" Oper, die Anfang des 18. Jh. die „venezianische" ablöst. Die Arie rückt in den Vordergrund und virtuose Kastraten wie *Farinelli,* die männliche wie weibliche Rollen singen, werden vom Publikum vergöttert. Die neapolitanische **opera buffa** inspiriert sich mit ihren volkstümlichen Handlungen an der Gegenwart und wird meist im Dialekt gesungen. *Giovanni Battista Pergolesis* (1710–1736) „La serva padrona" gilt als Hauptwerk dieser Gattung. Unter *Karl III. von Bourbon* wird 1737 in Neapel das Real Teatro di San Carlo als damals größtes Musiktheater der Welt eingeweiht.

Ende des 19. Jh. schlägt die Stunde der **canzone napoletana.** Die Dialektlieder, deren eingängige Melodien zwischen Melancholie und Lebensfreude schwanken, sind heute noch die beste Fremdenverkehrswerbung! Der Neapolitaner *Enrico Caruso* (1873–1921) verhalf der Canzone „O sole mio" zu Weltruhm. Schlager der 1950er Jahre, allen voran die „Caprifischer", heizten die Süditalien-Sehnsucht an.

Roberto Murolo (1912–2003), dem Altmeister des „canzone", folgen Liedermacher wie *Pino Daniele* oder *Eduardo Bennato,* die das neapolitanische Lied mit Elementen des Rock und Blues verschmelzen. *James Senese, Daniele Sepe, Lello Panico* oder *Salvatore Tranchini* jazzen à la napoletana. Die Kultband *Spaccanapoli* hat sich aus dem *Gruppo Operaio E Zezi,* einer Arbeiterinitiative der 1970er Jahre, heraus entwickelt. Immer schon hat es in Neapel Crossover gegeben. *Roberto de Simone,* musikalischer Leiter der *Nuova Compagnia del Canto Popolare,* ist die Wiederentdeckung der Vilanellen zu verdanken. Hört man genau hin, klingt manches arabisch.

Neapel und neuerdings Salerno besitzen eine ausgesprochen lebendige Musik- und Theaterszene. Wer **Barockmusik** vom Allerfeinsten hören möchte, kommt an *Antonio Florios* „Capella de' Turchini" nicht vorbei. Das San Carlo in Neapel und das Giuseppe Verdi in Salerno machen mit Opern- und Ballettinszenierungen auf hohem Niveau von sich reden.

In Neapel, Salerno und Aversa gibt es ausgezeichnete **Musikclubs,** das **Neapolis Festival** im Juli wird blumig als „Mediterranean Woodstock" angekündigt. Konkrete Musik- und Szenetipps in den Ortskapiteln, CD-Tipps im Anhang.

Film

Für Neapolitaner keine Frage: **Totò** ist der größte. Der „italienische Charlie Chaplin" kam als *Antonio De Curtis* (1898–1967) in Neapel im Viertel Sanità zur Welt. Auf der Bühne des Varietés wurde der Vollblutkomiker 1937 für die Leinwand entdeckt und spielte in insgesamt über 120 Kinofilmen mit. Unvergessen bleibt sein Auftritt in *Vittorio de Sicas* Verfilmung von „L'oro di Napoli" (Gold von Neapel), nach Vorlage des großen neapolitanischen Bühnenautors *Eduardo de Filippo* (1900–84). *Sofia Loren,* 1934 als *Sofia Scicolone* in Pozzuoli geboren, ist in der Rolle einer Pizzabäckerin zu sehen.

Unvergessen bleibt der Neapolitaner **Massimo Troisi** (1953–94), der kurz nach Abschluss der Dreharbeiten zu „Il Postino" (Der Postmann) mit 41 Jahren an gebrochenem Herzen starb. Voller Menschlichkeit, Humor und Traurigkeit spielt er in seinem letzten Film die Rolle des schüchternen Postboten *Mario,* der *Pablo Neruda,* dem großen chilenischen Dichter im Exil auf einer italienischen Insel, täglich die Post bringt. Mario gewinnt die Freundschaft des Poeten, lernt durch ihn die Magie der Worte kennen und erobert damit das Herz der Dorfschönen. Einige Szenen des „Postino" wurden auf Procida gedreht.

Und hätten sie gewusst, dass *Bud Spencer* 1929 als *Carlo Pedersoli* in Neapel das Licht der Welt erblickte?

Der Neapolitaner **Francesco Rosi** widmete seine engagierten Filme dem Thema Mafia. In „Mani sulla Città" (Hände auf der Stadt) von 1963 klagt er schonungslos die korrupte Baupolitik in seiner Heimatstadt an. *Lina Wertmüller* setzte sich 1985 in „Camorra" mit der Geißel der neapolitanischen Gesellschaft auseinander. Mit beißendem Spott porträtieren die derzeit bekanntesten neapolitanischen Filmemacher, *Mario Martone* und *Pappi Corsicato,* Neapels Antwort auf *Pedro Almodóvar,* die Stadt und ihre Einwohner.

Anthony Minghella drehte 1999 „Der talentierte Mr. Ripley", in Bild und Ton eine mitreißende Hommage an die Dolce Vita der 1950er Jahre. Drehorte waren u. a. Neapel, Ischia und Procida.

Paestums Lokalcicerone *Nunzio Daniele* kassierte nur sein übliches Führerhonorar und gab dafür sich selbst in der Anfangsszene des zauberhaft komischen Kultfims „Brot und Tulpen" (Pane e tulipani, 1999).

golf_068 Foto: pa

Die Menschen

Goethe widersprach in seiner „Italienische(n) Reise" dem tief verwurzelten Vorurteil (nicht nur) seiner Zeit, die Neapolitaner seien faul. Am 18. Mai 1787 notierte er seine Beobachtungen zu den vermeintlichen „Müßiggängern". *Goethe* wurde zum aufmerksamen Zeugen des süditalienischen **arrangiarsi.** Die **praktische Lebensphilosophie** des Sich-Arrangierens mit den bestehenden Verhältnissen haben die Neapolitanern zur wahren Kunstform entwickelt. Vielleicht sollte man es *Goethe* gleichtun und selbst mit wachen Sinnen auf das Land und seine Menschen zugehen, anstatt nach der Bestätigung alter Klischees zu suchen. **Kommunikation** spielt eine große Rolle, gestenreich, mit Mimik und vielen Worten. Dem Gast aus dem Ausland gegenüber zeigt man sich häufig aufgeschlossen, Respekt und Höflichkeit werden honoriert. *Luciano De Crescenzo* hat sich mit seinem populären Erstlingswerk „Also sprach Bellavista" auch im deutschsprachigen Raum nicht zuletzt einen Namen als Interpret neapolitani-

Johann Wolfgang von Goethe, einer der berühmtesten Italien-Reisenden aller Zeiten (Stich nach J. Stielers Gemälde von 1828)

scher Mentalität gemacht. Dieses und andere Bücher seien zur Lektüre vor, während und nach der Reise empfohlen, sie werden aber nie den eigenen Kontakt mit den Menschen Neapels und Kampaniens ersetzen. In diesem Buch ist zwischen den Zeilen von vielen Menschen die Rede, die mir auf meinen Reisen begegnet sind, manche wurden zu Freunden. Nach den uralten Gesetzen der Gastfreundschaft gibt es die **amici degli amici,** die Freunde der Freunde. Das hat nichts mit Mafia zu tun, aber sehr viel mit respektvollen und freundschaftlichen Begegnungen auf Reisen. Schon *Odysseus* wusste davon ein Lied zu singen.

golf_074_2 Foto: pa

Zubereitung von Zitronengranita

Küche und Wein

Wer Kampanien, seine Landschaften, Geschichte und Bewohner wirklich kennen lernen möchte, folgt am besten einigen der über **300 kulinarischen Empfehlungen in diesem Reiseführer.** All die Restaurants und Kneipen zu erkunden, war ein genussvoller Weg, auf dem mich viele Freunde begleitet haben und neue Freundschaften entstanden sind. Kochen, gutes Essen und Gespräche über die Kochkunst gehören in Italien zu den elementaren Daseinsfreuden.

Die traditionelle kampanische Küche, die vielfältige lokale Ausprägungen kennt, ist eine **cucina povera** (arme Küche), deren **schlichte Zutaten frisch und von ausgezeichneter Qualität** sind. Seit der Antike wird die *Campania felix* als fruchtbarer Obst- und Gemüsegarten beschrieben. Jenseits des dicht besiedelten Küstenstreifens öffnen sich liebevoll gepflegte Kulturlandschaften. Zu allen Jahreszeiten quellen die Märkte von frischem Obst und Gemüse über, der Genussmensch lässt nach einem Bummel der Augenweide die Gaumenfreude folgen.

Gemeinsames Merkmal vieler Gerichte ist die **großzügige Verwendung von frischem Gemüse.** Seit Ende des 18. Jh. ist die Tomate unangefochtener Protagonist der Küche. Hätte *Kolumbus*

Die Weine Kampaniens

von *Vincenzo D'Orta* und *Stephan Reinhardt*

Lokale Rebsorten sind Kampaniens größter Trumpf, starrer Eigensinn der ärgste Feind

Kampanien, diese teilweise hässliche, oftmals bezaubernd schöne Region zwischen Latium, Apulien, der Basilikata und Kalabrien, gilt als Wiege des italienischen Weins. Bereits *Horaz* und *Plinius* haben Loblieder auf die Weine dieser im Altertum größten Weinbauregion gesungen. Es war der aus der Massico-Region stammende Falerner, der in die durstigen Kehlen der alten Römer floss. Heute sorgt insbesondere das Weingut Villa Matilde in Cellole in der Provinz Caserta für eine Renaissance des Falerno del Massico. Sowohl die ursprünglich weiße Version als auch der rote Falerner der Villa genießen heute nicht nur national ein hohes Renommee.

Dass in Kampanien die Rebsorten der Antike bis heute kultiviert werden, ist der größte Trumpf der Region. Denn während in der ganzen Welt die immer gleichen Traubensorten wie Cabernet, Merlot, Chardonnay oder Sauvignon Blanc für kaum noch unterscheidbare Weine sorgen, sind es in Kampanien die Weine aus Rebsorten wie der weißen Fallanghina, dem Fiano oder Greco sowie dem roten Aglianico oder Piedirosso, die für hochklassige Abwechslung im weltweiten Einheitsbrei sorgen. Dass man in Kampanien erst vor einigen Jahren damit begonnen hat, sich seiner Schätze bewusst zu werden, gibt für die Zukunft zu den schönsten Hoffnungen Anlass. Der Entwicklungsprozess ist im vollen Gang, und der Taurasi – ein mächtiger, konzentrierter Rotwein aus der Aglianico-Traube, der vorbildlich vom größten und erfolgreichsten Weingut der Region, Feudi di San Gregorio in Sorbo Serpico in der Provinz Avellino, vermarktet wird – gilt neben berühmten Weinen wie dem Barolo oder dem Amarone schon heute als einer der bedeutendsten Rotweine Italiens.

Doch zwischen der glorreichen Geschichte und einer möglicherweise ebenso glorreichen Zukunft liegt die Gegenwart, die zunächst einmal noch damit beschäftigt ist, sich der Sünden der vergangenen Jahrzehnte zu entledigen. Kampanien war lange Zeit in erster Linie eine Region, die billige Massenweine erzeugte, um sie als Fassware nach Norditalien, Frankreich oder Deutschland zu verkaufen. Dort benötigten die dünnen und farblosen Weinchen das, was der kampanische Wein in erster Linie zu bieten hatte: Farbe und Alkohol. Was nicht in den Norden ging, wurde in Ballonflaschen auf dem heimischen Markt verkauft und – mit Eiswürfeln und Fruchtstückchen in dickwandigen Bechern serviert – in Kampanien selbst getrunken. Noch heute bekommt man gelegentlich in Bars oder Osterien den Wein derart ungewöhnlich serviert. Das mag man als Individualität und Originalität romantisieren, doch gehobeneren Ansprüchen können diese bowlenartigen Gesöffe kaum genügen. Man trinkt sie trotzdem, um den stolzen Hausherren – oftmals Winzer im Nebenerwerb – nicht zu beleidigen. Der unangebrachte Stolz, der starre Eigensinn, die Trägheit und penetrante Mittelmäßigkeit vieler Winzer sind es denn auch, die einer auf breiter Front angelegten Innovation und Qualitätsoffensive entgegen stehen. So spielt beispielsweise der Qualitätswein im Verhältnis zum Gesamtausstoß des kampanischen Weins noch immer eine gänzlich unbedeutende Rolle, denn die DOC-Weinerzeugung liegt bei nicht wesentlich mehr als zwei Prozent der Gesamtweinerzeugung und ist damit die kleinste ganz Italiens.

Vielfalt des Landes, Vielfalt der Weine

Dass die Region Kampanien dennoch zu den innovativsten und spannendsten ganz Italiens gehört, liegt an der Aufbruchstimmung, die eine immer größer werdende Zahl von Winzern in den letzten Jahren erfasst hat. Sie versuchen mit hochwertigem Traubenmaterial sowie modernen Techniken in Weinberg und Keller den Anschluss an die internationale Weinszene zu schaffen.

Es liegt an den vielfältigen geografischen, geologischen und klimatologischen Bedingungen Kampaniens, dass es hier keine identitätsstiftenden und führenden Weinbauzonen gibt, wie beispielsweise Barolo im Piemont oder Chianti Classico in der Toskana. Die Trendsetter der Region liegen quer über die ganze Region verstreut. Man muss schon einige hundert Kilometer im Auto zurücklegen, um die Heimstatt der besten Weine zu entdecken. Nimmt man diese weiß Gott nicht unangenehmen Mühen auf sich, wird man sehr schnell feststellen, dass sich die Vielfalt der kampanischen Landschaft auch in ihren Weinen wiederfindet, und das selbst dann, wenn diese Weine aus ein und derselben Rebsorte gekeltert worden sind.

Die Weine, die in Küstennähe wachsen, haben eine andere Charakteristik als jene aus dem Landesinneren. Während beispielsweise an der Amalfiküste ein Klima wie auf Sizilien herrscht, fühlt man sich in der hügeligen und bergigen Apenninenlandschaft des Landesinneren eher ans Piemont erinnert. Da auch die für den Weinbau mitentscheidenden Bodenformationen Kampaniens höchst variabel sind, nimmt es nicht wunder, das kaum eine andere Region Italiens derart unterschiedliche Weine auf den Markt bringt.

Leichte Weißweine und mittelschwere Rotweine kommen aus den Bergen im Norden Kampaniens, wo zumeist fruchtbare Schwemmlandböden vorherrschen. Die Taburno-Zone ist sicherlich eine der spannendsten und trägt seit einiger Zeit eine eigene DOC-Bezeichnung. Von hier kommen immer besser werdende Aglianico-Weine.

Nördlich und östlich von Avellino muss man die auf vulkanischem Gestein befindlichen Weinberge in waldigen Höhen suchen. Die kühle Witterung in den 400 bis 700 Meter hohen Irpinia-Bergen ermöglicht den Trauben eine lange Reifeperiode, die extremen Unterschiede zwischen Tag- und Nachttemperaturen sorgen für die umwerfende Aromatik der Weißweine und das komplexe Bukett des roten Taurasi.

Schwarze Vulkanerde prägt die DOC-Regionen des Vesuvs und Ischias. Faszinierend anzusehen sind die terrassierten Weinberge aus hartem Kalkgestein auf der Halbinsel Sorrent. Hier kann man leichte Weißweine und dunkle Rotweine finden.

Der Cilento im Süden ist die momentan wohl dynamischste Weinzone Kampaniens. Felsige Berghänge machen den Weinbau zwar mühsam, aber von den kalkreichen Bodenformationen können einzigartige Weine kommen. Vor allem der robuste rote Aglianico hat hier zu neuem Ruhm gefunden.

Weinempfehlungen

Kampanien ist heute vor allem wegen seiner mächtigen Rotweine interessant. Doch wer hier Urlaub macht, wird unter der heißen Sonne nicht mittags schon in einen alle weiteren Unternehmungen hemmenden Dämmerzustand versinken wollen. Daher beginne man den Tag am besten mit den angenehm fruchtigen, wenngleich niemals wirklich leichten Weißweinen.

Weißweine: Die faszinierendsten Weißweine der Region Kampanien werden aus der Fiano-Traube gewonnen. Die vulkanischen Böden bei Avellino bringen fruchtige und säurearme Weine hervor, während der Wein beispielsweise im Cilento von einer exotischen Fruchtfülle und barocken Opulenz geprägt sein kann. Insbesondere der Perella und der günstigere Donnaluna von Bruno de Concilis in Prignano bei Agropoli (Provinz Salerno) oder auch der Kràtos von Luigi Maffini in San Marco di Castellabate (Provinz Salerno) sind ein großes Trinkvergnügen, während der Fiano di Avellino von Feudi di San Gregorio teuer, aber nicht wirklich aufregend ist. Wenn Feudi, dann schon der Campanaro, ein wahres Weinmonument aus Fiano und Greco. Einziger Wermutstropfen: Die Flasche kostet ein kleines Vermögen.

Dabei muss ein Greco nicht unbedingt teuer sein, um zu erfrischen. Ein Heidenspaß zu Vorspeisen bietet der Greco di Tufo von Marsella, jener von Colli di Lapio oder von Di Meo (alle aus der Provinz Avellino).

Bekannt und gut ist ebenfalls die Falanghina. An der Küste bringt diese alte Sorte zumeist säuremilde Weine hervor, während die besten Weine im Landesinneren zartfruchtig und säurefrisch ausfallen. Von betörender Finesse ist der Falerno del Massico bianco der Villa Matilde (Provinz Caserta), herrlich aromatisch der Palombaia von Costa Normanna in Guardia Sanframondi (Provinz Benevento). Weitere empfehlenswerte Fallanghine kommen von der Erzeugern Lavoro & Salute, Colli Irpini und Terredora.

Rotweine: Die berühmtesten Rotweine Kampaniens haben – und das ist ein Jammer – recht wenig mit der alten kampanischen Weintradition zu tun. Ein Musterbeispiel dafür ist der Montevetrano von Silvia Imparato, ein wunderbar ausgewogener, aber auch teurer Rotwein von internationaler Klasse. Doch allenfalls zehn Prozent Aglianico-Trauben werden dem ansonsten aus Cabernet Sauvignon und Merlot gekelterten Wein zugegeben. Dem Ruf Kampaniens als aufstrebende Weinregion hat der seit 1991 erzeugte Montevetrano trotzdem unschätzbare Dienste erwiesen. Seine Feinheit und Eleganz dient vielen anderen Erzeugern als Vorbild.

Neben dem Montevetrano gilt die gigantische und mit einigen Millionen Euro gerade neu erbaute Designer-Kellerei Feudi di San Gregorio als das önologische Aushängeschild der Region Kampanien. Gerade erst hat das Weingut mit dem Patrimo einen neuen Rotwein auf den Markt gebracht, der auf Anhieb zum Topwein Kampaniens avanciert ist und darüber hinaus als einer der fünf besten Merlots Italiens gilt. Merlot also auch hier! Doch Feudi weiß mit dem Taurasi Piano di Montevergine und vor allem mit dem Serpico auch dem heimischen Aglianico echte Denkmäler zu setzen. Diese Weine haben tatsächlich Weltklasseformat, aber auch ihren Preis.

Wirklich interessant und spannend sind die Erzeuger, die nicht mit Millionen, sondern mit ihrer Seele Wein machen. Eine der in dieser Hinsicht großen Persönlichkeiten ist Bruno de Concilis, der neben seinem wunderbar fruchtigen und samtweichen Donnaluna Aglianico in jüngster Zeit mit zwei weiteren rebsortenreinen Aglianici Aufsehen erregt hat. Der Naima ist eine Wein gewordene Hommage an das gleichnamige Stück des Improvisations-Saxofonisten *John Coltrane,* der Zero eine wilde, nach Pflaumen, Brombeeren, Kaffee und Schokolade duftende Liebeserklärung an den Aglianico aus dem Cilento. Weitere Erzeuger, die man unbedingt im Auge behalten sollte, sind Luigi Maffini mit seinem Cenito, Libero Rillo und sein Orazio, Vestini Campagnanos Casavecchia und Corte Normannas Tre Pietre.

golf_021 Foto: pa

Amerika nicht entdeckt, wären Pasta und Pizza, die beiden kulinarischen Grundpfeiler am Golf, um die wichtigste Zutat ärmer geblieben. In der Sarnoebene südlich von Neapel reifen die besten **pomodori** (Goldäpfel) heran. Weder **Pasta** noch **Pizza** wurden am Golf erfunden, aber hier erhielten sie ihre höchsten Weihen. Dass *Marco Polo* die Nudeln aus China nach Italien importiert hat, kann getrost ins Reich der Fabel verwiesen werden. Amalfi hatte bereits im Mittelalter das Geheimnis der Herstellung von *pasta asciutta,* luftgetrockneten Hartweizennudeln, von den Arabern übernommen. Mit der Bevölkerungsexplosion in Neapel und der Erfindung von Knetmaschinen und Nudelpressen begann im 18. Jh. die Karriere der Pasta als Volksnahrungsmittel. Um die echte Pizza kennen zu lernen, führt auch heute kein Weg an Neapel vorbei (siehe Exkurs „La vera Pizza").

Kennzeichen der cucina povera ist die schier unerschöpfliche Vielfalt satt machender *primi.* **Fleisch und frischer Fisch** waren nie billig, und auch heute muss man für einen guten *secondo* tiefer in die Tasche greifen. An der Küste werden viel frischer Fisch und *frutti di mare* serviert. Das Geheimnis der Zubereitung besteht auch hier darin, das feine Eigenaroma perfekt zur Geltung kommen zu lassen. Auf Capri, Ischia und Procida landen Kaninchen im Schmortopf, im Landesinneren regiert das Schwein die deftige Bergküche. Seit einigen Jahren hat man entdeckt, wie delikat Büffelfleisch schmeckt – bislang waren die sanften Riesenrinder nur als Lieferanten der **Mozzarella** bekannt. Neben der berühmten *mozzarella di bufala* gibt es in Kampanien den wohlschmeckenden *fior di latte,* eine Mozzarella aus Kuhmilch. Die beste Mozzarella kommt, nomen est omen, aus den Monti Lattari, den Milchbergen oberhalb der Amalfitana.

Exzellente **Käsesorten und Würste** werden in den Bergen des Matese, Sannio, Irpinia und Cilento produziert.

Gute **pasticcerie** (Konditoreien) überwältigen mit ihrem Angebot an Torten, Törtchen, süßen Stücken und Gebäck. Die sfogliatella ist ein Muss!

Als Weinbauregion kann Kampanien auf eine 2800-jährige Tradition zurückblicken. Die besten **Weine** der römischen Antike wurde hier produziert, und immer noch werden einige dieser alten Rebsorten kultiviert. Die besten Produzenten und einige gut sortierte Önotheken werden in den Ortskapiteln beschrieben (siehe Exkurs „Die Weine Kampaniens").

Die traditionellen **Digestifs** Kampaniens sind der Zitronenlikör *limoncello,* um dessen „Erfindung" Capri und Amalfi streiten, und der dunkle Walnusslikör *nocino.*

Tomaten mit Mozzarella und Basilikum

Keine Frage, den besten Kaffee Italiens gibt es in Neapel! Caffè ist hier mehr als ein schneller Wachmacher, er repräsentiert ein Stück Lebensqualität. Der neapolitanische *caffè* ist ein Espresso so heiß wie die Hölle, schwarz wie der Teufel und süß wie die Liebe. Eine gute Tasse *caffè* erkennt man an der *crema,* in die der Zucker ganz langsam einsinkt. Stark geröstet ist er besonders magenfreundlich und wird zu jeder Tageszeit getrunken.

- **Buchtipp:** Barbara und Hans Otzen, **Wein-Reiseführer Italien,** Reise Know-How Praxis

golf_070 Foto: pa

Unterwegs in Kampanien

golf_071a Foto: pa

golf_071b Foto: pa

Neapel: Markt an der Porta Nolana

Pompeji und der Vesuv

Sant'Agata dei Goti: Leckereien im Ristorante „Zi Paoluccio“

Neapel

↗ X, B1

Ich habe die drei schönsten Seestädte Italiens, Genua, Neapel und Palermo gesehen, welche um den Vorzug ihrer Lage streiten, und kann sie also miteinander vergleichen. Unbezweifelt wird hier Neapel den Sieg davon tragen, denn welche Stadt rühmt sich eines so klassischen Amphitheaters der Natur, eines solchen Golfes, des Vesuv, der Küsten von Castellamare und Sorrent, und solcher schöner Inseln?

Ferdinand Gregorovius,
Wanderjahre in Italien, 1853

Neapel ist die geheimnisvollste Stadt Europas, es ist die einzige Stadt der antiken Welt, die nicht untergegangen ist wie Ilios, wie Ninive, wie Babylon. Es ist die einzige Stadt der Welt, die nicht in dem ungeheuren Schiffbruch der antiken Kultur versunken ist. Neapel ist ein Pompeji, das niemals verschüttet wurde. Es ist keine Stadt, es ist eine Welt.

Curzio Malaparte, Die Haut

Die Geschichte Kampaniens, deren Protagonistin Neapel seit vielen Jahrhunderten ist, lässt sich nachlesen. In Neapel selbst erschließt sie sich immer auch als lebenspralle Gegenwart. Es gibt viel zu entdecken, 1995 hat die UNESCO den gesamten Centro Storico zum Kulturerbe der Menschheit erklärt. Der größte Reichtum Neapels sind jedoch seine Bewohner. In einem undurchdringlichen Geflecht menschlicher Beziehungen halten sie die Stadt, die sich jeder einfachen Einordnung erfolgreich entzieht, zusammen. Neapel und den Neapolitanern wird mit vielen Vorurteilen begegnet, auch von Italienern. Jeder nährt seine eigenen Klischees, sie hier aufzuzählen wäre mü-

Blick vom Castel Sant'Elmo auf Neapel

ßig. Für einige wird man vor Ort Bestätigung finden. Für die eigene Neugierde aber, auf die Stadt und ihre Bewohner respektvoll zuzugehen, wird man oft überraschend belohnt.

Mit **Antonio Bassolino,** der in den 1990er Jahren Neapel zweimal in Folge als Bürgermeister regierte, begann der neue Aufschwung. Jeder, der die Stadt seit Jahren kennt, weiß, wovon die Rede ist. Und wer zum ersten Mal nach Neapel kommt, wird eine der abwechslungsreichsten Kulturstädte, eine der lebendigsten Szenestädte und sicher die aufregendste Metropole Italiens entdecken. Angst muss man keine haben, aber wie in jeder Großstadt gilt: Mit leichtem Gepäck läuft es sich viel unbeschwerter.

Neapolitanische Spaziergänge

Centro Storico

Verirrten sich Anfang der 1990er Jahre nur wenige Kunstbegeisterte in die dunklen Straßenschluchten des Centro Storico und mussten dabei ständig damit rechnen, Opfer eines *scippo* (Straßenraub) zu werden, kann man heute ohne Angst durch die **vielleicht faszinierendste Altstadt Europas** schlendern. Sanierungsmaßnahmen im Vorfeld des G7-Gipfels von 1994, vor allem aber die konsequente Kommunalpolitik der darauf folgenden Jahre haben dem Viertel viel von seinem alten Glanz zurückgegeben, ohne es seiner volkstümlichen Vitalität zu berauben. Das

Neapel

golf_075 Foto: pa

Neapels Märkte

Neapel und die Neapolitaner lernt man am besten auf den Märkten kennen, von denen einige nur an Wochenenden, **die meisten** aber **täglich** stattfinden. In der Via San Gregorio Armeno ist sogar das ganze Jahr über Weihnachten (siehe Exkurs „Bethlehem in Neapel"). Unbeschwert von Handtasche und Geldbörse (ein paar Scheine in die Hosentasche gesteckt) kann man sich neugierig unter das Volk mischen.

In den Quartieri Spagnoli: Täglich bauen **Obst-, Gemüse- und Fischhändler** ihre malerischen Stände in den engen Gassen auf, die sich von der Piazza Carità über die Piazza Pignasecca bis zur Funicolare Montesanto ziehen. Im Herzen der Quartieri Spagnoli brodelt das neapolitanische Leben. Den ganzen Tag über lässt sich das Schauspiel beobachten, wie aus den Fenstern der Palazzi Körbe hinabgelassen werden, um dann mit Waren gefüllt wieder in die Lüfte zu entschweben. In kleinen Lebensmittelgeschäften kann man sich ein Panino zurechtmachen lassen für ein Picknick mit Aussicht auf dem Vomero.

Porta Nolana und der Forcella-Markt: Morgens sind an der Porta Nolana die Schreie der **Fischhändler** zu hören. Dieser Inbegriff des neapolitanischen **mercato popolare** zieht sich an der alten Stadtmauer in der Nähe des Hauptbahnhofs entlang. Täglich werden vormittags Meeresfrüchte, **Obst und Gemüse** feilgeboten.

Der Markt für **Haushaltswaren** liegt im Forcella-Viertel in Richtung Porta Capuana. Kleider, Schuhe, Videokassetten und CDs – alles Raubkopien – sind auf den bancarelli ausgebreitet. Vom Kauf eines Handys oder einer Kamera, die dem Touristen hier unter der Hand angeboten werden, sei gewarnt. Schnell wird man Opfer des **scartiloffio (Verpackungsbetrug).** Nachdem Geld und Ware den Besitzer gewechselt haben, sucht der Käufer schuldbewusst das Weite, da er meint, günstig Hehlerware erworben zu haben, und schaut erst an der nächsten Ecke in die Tüte. Anstelle des Handys, der Kamera etc. liegt dann oft ein Stück Holz oder ein Ziegel in der Originalverpackung. *Affari di matone,* Ziegelgeschäfte, nennt man einen so unvorteilhaften Handel.

Textilien und Schuhe: Auf der Suche nach billigen Textilien und Schuhen wird man auf dem Forcella-Markt oder dem Mercato Caramanico fündig. Im Schatten der gläsernen Hochhäuser des Centro Direzionale sind auf einem großen Parkplatz an der Via Caramanico markisenüberdachte Stände aufgebaut. Ein Großteil der Markenschuhe für den italienischen Markt wird in Neapel gefertigt, der Produktionsüberschuss, Ware mit kleinen Fehlern oder weniger gängige Größen kann man mit etwas Glück hier für billiges Geld erstehen. Neapel ist auch eine Hochburg der **Markenfälscher,** so findet man auf den bancarelli fast echte Levis, Dolce & Gabbana-T-Shirts und Unterwäsche von Armani. Touristen verirren sich nur selten hierher. Jeden Freitag bis Montag von 7.30–14 Uhr. Tram 1 ab Piazza Garibaldi.

Trödel- und Fischmarkt: Ein Spaziergang am Lungomare lässt sich mit dem Besuch der Fiera Antiquaria Napolitana verbinden. Zu Füßen des faschistischen Reiterdenkmals von Marschall *Armando Diaz* werden Stilmöbel, Antiquitäten, Schrott, Stiche und Porzellanfigurinen angeboten. Der Trödelmarkt wird jeden dritten und vierten Samstag und Sonntag des Monats von 8–14 Uhr abgehalten. Wenn die Möwen sich zu großen Schwärmen am Ufer zusammenfinden, beginnt der kleine Fischmarkt an der Rotonda Diaz direkt nebenan. Die Fischer verkaufen ihren Tagesfang frisch aus den Netzen.

Flohmarkt: Zweimal im Jahr findet die gigantische Fiera del Barato e del Usato auf dem Gelände der Mostra D'Oltremare statt. Ferrovia Cumana „Mostra". Via G. Summonte 17, www.bidonville.org.

Blumenmarkt: Jeden Morgen wird von 6–8 Uhr im Burggraben des Maschio Angioino (Castel Nuovo) der Mercato dei fiori abgehalten.

Schachbrett der sich rechtwinklig kreuzenden Straßen ist seit der Antike Schauplatz neapolitanischen Lebens, der heutige Verlauf der Via Anticaglia, Via Tribunali, Via Benedetto Croce oder Via San Biagio dei Librai folgt exakt den vom Schutt der Geschichte begrabenen *decumani* (Hauptstraßen) des antiken Neapolis. Statt seine Mauern zu überwinden, wuchs das mittelalterliche Neapel in die Höhe. Dicht an dicht drängen sich vielgeschossige Palazzi neben einer Vielzahl Kirchen. Als die *Anjous* im 13. Jh. die Hauptstadt ihres Reiches von Palermo nach Neapel verlegten, setzte hier ein ungeheurer Bauboom ein, der bis ins Barock anhielt.

Auf der **Piazza del Gesù** erhält man im Touristenbüro einen detaillierten Stadtplan. Den Platz beherrscht die **Guglia dell'Immacolata** (1747–50), ein 34 m hoher Obelisk. Die wehrhafte Diamantquaderfassade der **Jesuitenkirche Gesù Nuovo** (1584–1601) ist der Rest des an dieser Stelle 1470 errichteten Palast der *Sanseverino*. Das Kircheninnere empfängt mit barockem Kontrastprogramm.

Als Via Pasquale Scura führt die zentrale Altstadtachse, der „Neapelspalter", aus den spanischen Vierteln auf die Piazza del Gesù und setzt sich schnurgerade unter den Namen Benedetto Croce, San Biaggio dei Librai und Forcella bis ins gleichnamige Viertel fort, dabei die Altstadt förmlich in zwei Hälften spaltend. Soweit die Namen auf dem Stadtplan, Neapolitaner nennen den alten decumanus inferiore und das Viertel **Spaccanapoli.** Östlich an die Piazza del Gesù schließt sich der Kirchen- und Klosterkomplex von **Santa Chiara** an. *Robert I. von Anjou* legte 1310 den Grundstein für die Kirche, deren Fassade sich, bis auf die große Rosette, in strenger Schmucklosigkeit erhebt. Nach Restaurierungsarbeiten erhielt der Bau auch im Inneren seine ursprüngliche gotisch-angiovinische Klarheit zurück. Vor der Chorwand erheben sich die großartigen Königsgräber der Anjou. Die Baldachingräber von *Tino da Camaino* und seinen Schülern waren für den Süden Italiens stilbildend. Hinter dem glatten Abschluss des Kirchensaals befand sich der Nonnenchor der in strenger Klausur lebenden Klarissinen.

Seitlich der Kirche gelangt man in den **Chiostro delle Maioliche,** den vielleicht schönsten Kreuzgang Kampaniens. In seiner Anlage geht er ebenfalls auf die Anjou-Zeit zurück. Mitte des 18. Jh. wurde er auf Wunsch *Amalie von Sachsens,* Gemahlin des Bourbonenkönigs *Karl III.,* in einen paradiesischen Garten verwandelt. Der Clou sind die majolikaverzierten Sitzbänke und Säulen, über die sich eine schattige Pergola spannt. Die handbemalten Kacheln greifen die Farben der Zitronen und Weinranken auf, und man wird nicht müde, die fröhlichen Genreszenen zu betrachten. Sitzen darf man allerdings nur auf den kühlen Steinbänken am Rand. Egal, der Majolika-Kreuzgang ist einer der friedlichsten Orte im Zentrum Neapels!

Aus dem Kreuzgang gelangt man in das **Museo dell'Opera di S. Chiara** mit den Ausgrabungen einer römischen Thermenanlage aus dem 1. Jh. n. Chr.

La vera Pizza – ein neapolitanischer Lokalaugenschein

von *Peter Peter*

In **Neapel,** der **Heimat der Pizza,** brennt nicht nur wie seit eh und je das ewige Feuer der bunt gekachelten, glockenförmigen Pizzaöfen – ein guter *forno* sollte nie ganz ausgehen – es kocht auch der Volkszorn der *pizzaioli,* der Pizzabäcker. „Früher waren wir Hauptstadt mit einem König, der regelmäßig Pizza gegessen hat. Das haben sie uns genommen. Jetzt wollen Sie uns auch noch unsere Pizza nehmen ..."

La vera pizza, die einzig wahre Pizza, gibt es nur in der parthenopäischen Metropole unter dem Vesuv, da ist man sich ganz sicher. Denn hier ist sie schließlich entstanden. Über ihre Geschichte haben Lokalpatrioten mittlerweile Ströme von Tinte vergossen. Das Wort Piz(z)a, belehren uns die Philologen, soll 997 zum ersten Mal in einem süditalienischen Codex erwähnt sein. Und die erste, die Ur-Pizza, soll die heute praktisch verschwundene mastunicola gewesen sein, eine pizza bianca, mit Schweineschmalz getränkt, mit geriebenem Käse und Basilikum bedeckt. So steht es in alten Rezeptbüchern. Alles Unsinn, behauptet *Giovanni Serritelli,* Inspirator des kulinarischen Zirkels „Simposium" und vielleicht der profundeste Kenner der einst in Europa führenden neapolitanischen Hofküche der Anjou und Aragon. Schweineschmalz war viel zu kostbar, praktisch ein Privileg des Adels. Das, was die Pizza heute ist, ein Volksgericht, war die mastunicola niemals, sondern ein Festtagsgebäck, das man sich ausnahmsweise zu Ostern leistete.

Nein, *la vera pizza napoletana* entsteht erst Mitte des 18. Jh. Denn erst damals beginnt man darauf zu kommen, dass die im 16. Jh. von den Spaniern aus Amerika eingeführten Tomaten nicht nur scharf und vermutlich giftig und daher nur in medizinischen Dosen genießbar sind. Gerade im kampanischen Hinterland von Neapel, in der Sarnoebene, werden neue, süße Sorten entwickelt und in großem Stil angebaut: Der Siegeszug der Tomate in der süditalienischen Küche setzt ein. „I pomi d'oro sono di piacere", rühmt 1733 der neapolitanische Kochbuchklassiker *Vincenzo Corrado* in seinem „Cuoco galante". „Tomaten schmecken" vor allem dem einfachen Volk von Neapel, das sie als willkommene Abwechslung zu den ärmlichen Gemüsesuppen der cucina popolare empfindet und sich die teuren *maccheroni* nur selten leisten kann. Die mit *pomodori pelati,* mit geschälten gekochten Tomaten bedeckte Pizza, wird Alltagsnahrung der Volksmassen in der da-

golf_076 Foto: pa

mals neben London und Paris größten Stadt Europas. Viele essen sie dreimal am Tag, früh, mittags und abends, wie ein Taschentuch *a quadretto* zusammengeschlagen. Und dass die Fischer sie regelmäßig als Bordproviant mitnahmen, hat der **Urvariante** den Nahmen verliehen: **Marinara,** mit Tomaten, Knoblauch, etwas Oregano und ein paar Tropfen Olivenöl.

Bald verbreitete sich ihr Ruf derartig, dass die neapolitanischen Bourbonenkönige, die kulinarisch ein untrügliches und publikumswirksames Gespür für bodenständige Volksküche besaßen, neugierig wurden. 1772 betritt der gleiche König *Ferdinand,* der seine Makkaroni in der Oper nach lazzaroni-Manier mit bloßen Händen aß, trotz verzweifelter Vorhaltungen seiner habsburgischen Gattin die populäre Pizzabäckerei von *Antonio n`Tuono* an der Salita Santa Teresa. *Re Nasone* („König Nase") ist begeistert, konvertiert die Granden seines Reichs zur Pizza und will schließlich seinen eigenen Pizzabackofen haben. Passender Ort dafür: das Königsschloss Capodimonte, wo neben den Öfen für die königliche Porzellanmanufaktur auch einer für Pizza entsteht.

1860 wurden die Bourbonen von dem Pizza-Esser *Garibaldi* aus ihrem Königreich beider Sizilien vertrieben, Neapel ist keine Hauptstadt mehr und verarmt zusehends. Schlechte Karten für die neue italienische Dynastie aus Savoyen. Bis Königin *Margherita* bei einem Neapelbesuch auf einen genialen Publicity-Einfall kommt. Demonstrativ lässt sie sich von dem pizzaiolo *Raffaele Esposito* Pizza im Palast backen. *Don Rafé,* der im Eselskarren anfuhr, hatte die Idee, die politische Königspizza mit weißer Mozzarella, grünem Basilikum und roten Tomaten in den Farben der italienischen Trikolore zu belegen und diese Komposition der Königin zu widmen. **Neapels Pizzaklassiker,** die **Margherita,** war entstanden. Und die Neapolitaner liefen mit fliegenden Fahnen zur neuen Dynastie über und stimmten noch 1946 zu 80 % gegen die Republik. Letztlich kam der Wechsel der Staatsform doch, der Pizza aber konnte er nichts anhaben: An die 450 Pizzaöfen brennen in Neapel, und es werden eher mehr als weniger. Denn auch die schicken Szenekneipen auf dem Vomero haben „The first fast food in the world" wiederentdeckt. Und *Antonio Bassolino,* der als ex-kommunistischer Erfolgsbürgermeister Neapel Mitte der 1990er Jahre wieder salonfähig gemacht und Handel und Tourismus fette Zuwachsraten beschert hat, hat auch das Image der vera pizza zur Chefsache erklärt.

Antonio Pace, Pizzaiolo-Spross und Besitzer des ambitionierten Restaurants „S. Ciro in Brigida", hat 1984 mit 18 anderen pizzaioli die **Vereinigung „La vera Pizza",** deren Symbol ein Pizza backender Pulcinell ist, gegründet. Seither versucht er, das täglich Brot der Neapolitaner zu verfeinern und einem EU-festen Regelwerk zu unterwerfen.

Da bliebe noch eine Streitfrage zu klären. **Was trinkt man zur Pizza?** In den Pizzerien, die nur Pizza backen, keine Frage: natürlich Bier, am besten Peroni oder eine andere birra nazionale. Wieso? Deutschland-Mode oder neapolitanische Lokaltradition? Immerhin wurde 1840 in Capodimonte das erste Bier gebraut, und das legendäre „Grand Caffè Gambrinus" gegenüber der Oper San Carlo verdankte ursprünglich seinen Ruhm nicht dem besten Café Neapels, sondern der birra. Die Antwort ist nüchterner, fiskalisch. Für Weinausschank brauchte man eine Lizenz, für Bier in Flaschen nicht. Sie wollen dennoch „alla tedesca" lieber Wein zur Pizza? Dann gehen Sie in eine der Nobelpizzerien. Dort wird man Ihnen passende Tropfen anbieten. Etwa die leicht moussierenden Rotweine von Gragnano oder Lettere oder den spritzigen Asprinio, der aus Champagner-Reben gekeltert wird, die einst Napoleons Schwager *Murat* nach Kampanien brachte. Alles ist möglich, und natürlich hat man früher Wein zur Pizza getrunken. In Neapel soll jeder nach seiner Fasson selig werden. Denn die Pizza ist allumfassend, klassenlos, oder wie es ein **neapolitanisches Sprichwort** auf den Punkt bringt: **„Mahl der Armen, Schleckerei der Reichen", pranzo dei poveri, sfizio dei ricchi.**

- **Santa Chiara,** Via Benedetto Croce, Tel. 0817971235, www.santachiara.org. Tägl. 7–12.30 und 16–19 Uhr.
- **Chiostro delle Maioliche,** Via Santa Chiara 49/C, Tel. 0817971256, www.oltreilchiostro.org. Mo.–Sa. 9.30–13, 14.30–17.30 Uhr, So. und Feiertage 9.30–13 Uhr. Eintritt 4 Euro.

Die Via Benedetto Croce wird von der Via S. Maria di Costantinopoli gequert, die sich in Richtung Museo Archeologico fortsetzt. Unterwegs öffnet sich die hübsche **Piazza Bellini** mit zahlreichen Cafés. Folgt man der Spaccanapoli, gelangt man auf die **Piazza S. Domenico Maggiore.** Die gleichnamige Hauptkirche des Dominikanerordens entstand durch die Verschmelzung zweier separater Vorgängerkirchen. Im Laufe der Jahrhunderte reicherte sich S. Domenico Maggiore mit zahlreichen Kunstwerken an. Einige, wie *Tizians* „Verkündigung" oder *Caravaggios* „Geißelung Christi", sind heute im Museo di Capodimonte zu bewundern. Ende des 13. Jh. lehrte hier *Thomas von Aquin.* Den Mittelpunkt der Piazza bildet ein weiterer barocker Obelisk, die **Guglia di S. Domenico,** nach der Pestepidemie 1656 gelobt und 1737 vollendet. Ein Muss ist der Besuch im **Café Scaturchio** auf einen *caffè e'na sfugliatella.*

Von der Piazza S. Domenico ist es ein kurzer Abstecher zur **Cappella Sansevero,** dem überraschendsten Kleinod des neapolitanischen Barock. Die Familienkapelle des Palazzo Sangro wurde 1749–66 im Auftrag von *Raimondo di Sangro,* Prinz von Sansevero, umgestaltet. Der geniale, exzentrische und vielseitig begabte Prinz betätigte sich als Erfinder wasserdichter Regenmäntel, von Amphibienfahrzeugen, Kunstseide und Leichtmetallkanonen, als Alchemist und Großmeister der neapolitanischen Freimaurerloge. Großes Aufsehen erregte er mit der Ausgestaltung seiner Familienkapelle. Der ins Extrem gesteigerte Realismus einiger Marmorskulpturen erscheint heute noch genauso spektakulär und rätselhaft wie damals. *Corradinis* „Pudicizia" (Schamhaftigkeit), das Grabmahl von *Raimondos* Mutter, ist ungeheuer sinnlich. *Queirolos* „Disinganno" (Ent-Täuschung) schmückt das Grab des Vaters. Auf seine alten Tage soll er zum Glauben zurückgefunden haben. Das allegorisch zu verstehende Netz der Täuschung, aus dem die Figur sich befreit, ist ebenfalls aus Marmor gehauen. Der „Christo Velato" (Verhüllter Christus) ist das Meisterwerk *Giuseppe Sammartinos.* Ein dünnes Tuch bedeckt den Leichnam des Gemarterten und lässt die Wunden umso deutlicher hervortreten. Beim Verlassen der Kapelle kommt man an zwei makabren medizinischen Schaustücken vorbei. Der Prinz soll zwei Dienern bei lebendigem Leib eine Flüssigkeit eingespritzt haben, welche die Blutbahnen versteinern ließ.

- **Capella Sansevero,** Via Francesco de Sactis 19–21, Tel. 0815518470, www.museosansevero.it. Mo., Mi.–Sa. 10–18.40 Uhr, So. 10–13 Uhr. Eintritt 6 Euro, ermäßigt 3 Euro.

An der nahen Piazzetta Nilo steht die **Stiftskirche Sant'Angelo a Nilo.** Das Grabmal des Kardinals *Rinaldo Brancaccio* wurde 1427 in der Pisaner Werkstatt von *Michelozzo* und *Donatello,* den bedeutendsten Bildhauern der

golf_079 Foto: pa

Frührenaissance, in Auftrag gegeben. Der kleine Platz ist nach der antiken Statue des Flussgottes *Nil* benannt, in römischer Zeit ein Kultbild der in diesem Viertel ansässigen Ägypter. Seit dem 17. Jh. heißt die Figur **Corpo di Napoli.** Gegenüber ein (ironisch gemeinter?) Votivaltar für den Fußballgott *Diego Maradona.*

- **Sant'Angelo a Nilo,** Piazzetta Nilo, Tel. 0815516227. Mo.–Sa. 8.30–12 und 17–19 Uhr, So. 8.30–12 Uhr.

Links zweigt von der Via San Biaggio dei Librai die **Krippengasse Via San Gregorio Armeno** ab. Die namensgebende Kirche aus dem 16. Jh. wurde an Stelle eines der römischen Tempel errichtet. Ihre volkstümliche Popularität verdankt sie dem **Blutwunder der Santa Patricia,** das sich hier pünktlich jeden Dienstag ereignet. Das Innere der Kirche ist reich ausgeschmückt, u. a. mit Fresken von *Luca Giordano.* Falls möglich, sollte man einen Blick in den wunderschönen Kreuzgang werfen (Eingang Via Maffei).

- **San Gregorio Armeno,** Via San Gregorio Armeno 1, Tel. 0815520186. Mo. und Mi.–Fr. 9–12 Uhr, Di. 9–13 Uhr, Sa. und So. 9–12.30 Uhr.

Die Via San Gregorio Armeno stößt auf die **Piazza San Gaetano,** das Forum

Kassettendecke in der Kirche San Domenico Maggiore

der Antike. Um 1270, nach dem endgültigen Sieg *Karl v. Anjous* über die Staufer, wurde mit dem Bau der **Kirche San Lorenzo Maggiore** begonnen. Der Umgangschor der Franziskanerkirche zeigt den Einfluss der französischen Frühgotik, während das breite Langhaus und das geräumige Querschiff auf süditalienische Bauformen verweisen. In dieser Kirche traf und verliebte sich *Boccaccio* in seine *Fiammetta*. Rechts vom Kirchenportal liegt der Eingang zur archäologischen Zone (siehe Exkurs „Neapels Unterwelt").

- **San Lorenzo Maggiore,** Via dei Tribunali 316, Tel. 081454948. Tägl. 8–12 Uhr und 15–19 Uhr.
- **Complesso Archeologico di San Lorenzo Maggiore,** Piazza San Gaetano 316, Tel. 0812110860. Mo.–Sa. 9–17 Uhr, So. 10–13.30 Uhr. Eintritt 4 Euro.

Auf der **Via Tribunali,** dem *decumanus maximus* der Antike, erreicht man die Via Duomo mit dem **Duomo San Gennaro,** neben dem Stadio San Paolo das Allerheiligste der Neapolitaner, werden doch hier die Reliquien ihres Schutzpatrons *San Gennaro* aufbewahrt. Hinter der neugotischen Fassade verbirgt sich ein Baukomplex, der beinahe die gesamte Bebauungsgeschichte der Stadt umfasst. Als älteste Kirche Neapels wurde die **Santa Restituta-Basilika** um 320 im Auftrag Kaiser *Konstantins* errichtet. Ende des 13. Jh., beim Bau des angiovinischen Doms, bezog man die frühchristliche Kirche als nördliche Seitenkapelle mit ein. Aus der Santa Restituta-Basilika gelangt man in das **Battistero San Giovanni in Fonte,** einen Rundbau des 5. Jh. mit gut erhaltenen Kuppelmosaiken, die antiken Einfluss zeigen. Die Wiederauffindung der beiden Ampullen mit dem Blut des Heiligen im Jahre 1389 und die Rückkehr der Januarius-Reliquien 1479 aus Benevent sorgten für eine rege Bautätigkeit am Dom. Erst wurde die Krypta, dann Anfang des 17. Jh. die **Cappella di San Gennaro** zum Zentrum des Januarius-Kultes ausgebaut, ein opulentes Schmuckkästlein des neapolitanischen Frühbarock. Der Altar birgt die Blutampullen, und jedes Jahr im Mai und September strömen die Gläubigen zusammen, um dem Wunder der Blutverflüssigung beizuwohnen, ein Omen für das Wohl und Wehe der Stadt.

- **Duomo San Gennaro,** Via Duomo 147, Tel. 081449097. Mo.–Fr. 8–12.30 und 16.30–19 Uhr, Sa. 8–12.30 und 16.30–19.30 Uhr, So. 8–13.30 und 17–19.30 Uhr.
- **Archäologische Zone & Baptisterium,** Mo.–Sa. 9–12 und 16.30–18.30 Uhr, So. 9–13 Uhr. Eintritt 2,50 Euro.

An der Via Tribunali öffnet sich auf Höhe des Duomo eine kleine Piazza mit der **Guglia di San Gennaro.** Die Votiv-Säule wurde 1660 errichtet, nachdem Neapels Schutzpatron die Stadt vor den Folgen eines Vesuvausbruches hatte bewahren können. Gegenüber liegt die Kapelle des **Pio Monte della Misericordia,** eine der ältesten Wohlfahrtseinrichtungen der Stadt. Über dem Hauptaltar hängt eines der einflussreichen Meisterwerke *Caravaggios*. Thema seines monumentalen Gemäldes „Le sette opere di misericordia" (1606–07) sind biblische Werke der Barmherzigkeit,

golf_081 Foto: pa

Bethlehem in Neapel

Die erste Weihnachtskrippe gestaltete der Tierfreund *Franz von Assisi,* als er 1223 die Weihnachtsmesse mit einem lebendigen Ochsen und Esel feierte. Frauenklöster nahmen den Gedanken der Weihnachtskrippen auf, und im Barock wurden sie auch zum Bezugspunkt häuslicher Andacht. Eine entscheidende Wende nahm die Krippenkunst im Neapel des 18. Jh. Billigere Materialien und Herstellungstechniken, bei denen die Figuren aus Holz, Gips oder Ton gefertigt wurden, sorgten für die Verbreitung der Krippen auch im Volk. Damit hielt die Lebensrealität des neapolitanischen Alltags Einzug in die Weihnachtsgeschichte. Die Darstellung der Krippe im Stall wurde um Straßenhändler, Pizzabäcker, Spaghettiesser, Musikanten, Tänzer und Kartenspieler bereichert. Dank ihrer volkstümlichen Realitätsnähe sind die neapolitanischen Krippen einzigartige soziologische Dokumente jener Epoche. Von der einst blühenden Krippenindustrie des 19. Jh. sind in Neapel nur noch die Werkstätten entlang der Via S. Gregorio Armeno geblieben.

Die **pastori** – alle Krippenfiguren heißen Hirten – werden das ganze Jahr über gefertigt. In den Wochen vor Weihnachten tauchen Tausende von Käufern auf, und in der Gasse ist kein Durchkommen mehr. Die kunsthandwerkliche Qualität der Figuren ist sehr unterschiedlich, die unten angegebenen Namen sind Garanten für traditionelle Arbeit, die Preise erwartungsgemäß hoch. Zu den pastori haben sich in neuerer Zeit Figuren des Ex-Bürgermeisters *Bassolino* oder des „Fußballgottes" *Diego Maradona* als „Heilige" gesellt. In den Werkstätten werden auch Papier- und Seidenblumen sowie Amulette gegen den bösen Blick gefertigt. Gegen Unheil hilft der rote *corno,* abgeleitet von Phallus-Darstellungen der Antike. Helfen soll auch ein *gobbo,* die Figur eines Buckligen. Besonders wirksam ist die sirenenartige Gestalt eines *gobbo,* dessen Unterleib ein *corno* bildet. Besonders prunkvolle Krippen sind in Neapel im Kreuzgang von Santa Chiara und in der Certosa di San Martino zu sehen. Die schönste Sammlung neapolitanischer Krippen nördlich der Alpen besitzt das Münchner Nationalmuseum.

- **Ugo Esposito,** Via San Gregorio Armeno 46
- **Giuseppe e Marco Ferrigno,** Via San Gregorio Armeno 10
- **Fulvio Forte,** Via San Gregorio Armeno 26

dargestellt in einem revolutionären Realismus: Hungrige bekommen zu Essen, Dürstende zu Trinken, Nackte erhalten Kleidung, Pilger eine Herberge, Kranke und Gefangene werden besucht und die Toten bestattet. Menschen von den Straßen Neapels standen *Caravaggio* Modell. Auf Wunsch seiner Auftraggeber musste er die Madonna noch nachträglich einfügen.

● **Pio Monte della Misericordia,** Via dei Tribunali 253, Tel. 081446944. Mo.–Sa. 9.30–12.30 Uhr. Eintritt frei.

Erst seit wenigen Jahren ist eines der Kleinode unter Neapels Kirchen wieder zugänglich. Die frisch restaurierte **San Giovanni a Carbonara,** nordwestlich der Porta Capuana, ist Grablege der letzten Anjou-Herrscher. Im Altarraum erhebt sich 18 m hoch das Grabmal des 1414 verstorbenen Königs *Ladislaus.* Vorbild für die **Cappella Caracciolo di Vico** in der Form eines Rundtempels ist *Bramantes* Renaissance-Tempietto in Rom. Hinter dem Altar liegt eine weitere Grabkapelle mit dem ältesten noch erhaltenen Majolikafußboden Neapels (1440–45), beeindruckenden Fresken aus der Mitte des 15. Jh. und dem Grabmahl von *Sergianni Caracciolo,* dem 1432 erdolchten Liebhaber der Königin *Johanna II.*

golf_082 Foto: pa

● **San Giovanni a Carbonara,** Via Carbonara 5, Tel. 081295873. Tägl. 9.30–13 Uhr.

Piazza del Plebiscito – Neapels Salon

Nirgendwo wird der Aufbruch, den Neapel seit Mitte der 1990er Jahre erlebt, augenfälliger als auf der Piazza del Plebiscito. Vor dem G7-Gipfel ein schäbiger Großparkplatz, ist die Piazza inzwischen wieder – frei von Autoverkehr – repräsentativer Mittelpunkt des städtischen Lebens. An Wochenenden flanieren neben den Touristen auch die Neapolitaner zu Hunderten über das frisch verlegte Pflaster, und die Fotografen benehmen sich wie große Filmregisseure, wenn sie die Brautpaare in Posen ablichten, die an Soap-Operas erinnern. Im Mai und zu Weihnachten verwandeln zeitgenössische Künstler wie *Mimmo Paladino, Jannis Kounnelis* oder *Amish Kapoor* die Piazza in eine riesige Freiluftgalerie, hier finden Konzerte, politische Kundgebungen und der große Silvester-Rave statt. Unter den Kolonnaden informiert das Kulturbüro der Stadt (s.u.). Die monumentale Piazza wird auf der einen Seite von der imposanten Fassade des Palazzo Reale beherrscht, gegenüber stehen im weiten Halbkreis Kolonnaden und die **Kirche San Francesco di Paola.** Die Vorbilder sind in Rom zu suchen. Der Napoleon-Schwager und König von Neapel *Joachim Murat* gab 1809 den Auftrag zur neoklassischen Gestaltung des Platzes. Sein Projekt wurde 1836 zu Ende geführt, allerdings erst unter dem Bourbonen *Ferdinand I.,* der damit seine Restauration feiern ließ. Auch bereits vor seiner „Versteinerung" diente der Largo di Palazzo der Inszenierung großer Staatsakte, bedeutende Künstler entwarfen fantastische Einweg-Architekturen als Festkulissen. Bei den immer hungrigen Volksmassen waren die **cuccagne,** eine neapolitanische Variante von „Brot und Spiele", besonders beliebt. Anlass konnten eine königliche Hochzeit, ein hohes Kirchenfest oder eine drohende Hungerrevolte sein. Auf der Piazza wurde eine künstliche Landschaft mit Hügeln aus Käse- und Brotlaiben, Bergen von Obst und Gemüse, Schinken und Würsten, Fässern mit Wein und angepflockten Ochsen und Schafen aufgebaut. Auf ein Startzeichen hin stürmte das Volk das Schlaraffenland, die ausgehungerten Menschen stürzten sich auf die im Überfluss angebotene Nahrung, während von den Balkonen des Palazzo Reale der Adel dem Treiben amüsiert zusah.

Gemüseladen in der Via Tribunali

Der **Palazzo Reale,** der erste Palastbau des Absolutismus, wurde Anfang des 17. Jh. von *Domenico Fontana* errichtet. Anlass war der angekündigte Besuch des spanischen Königs *Philipp III.,* der jedoch nie stattfand. Mit der Übersiedlung des Hofes in die neu erbaute Reggia von Caserta verlor der Palazzo Reale 1774 seine Funktion. In der heutigen Form geht die Anlage auf eine umfassende Restaurierung nach einem Brand im Jahr 1837 zurück. Damals wurden auch die acht überlebensgroßen Herrscherfiguren an der Haupt-

Neapels Unterwelt

Nicht von Camorra & Co. ist hier die Rede, sondern von dem ältesten Neapel, das heute viele Meter tief unter dem Pflaster der Stadt liegt. Läuft man durch die engen Straßen und Gassen des Centro Storico, bewegt man sich mitten durchs neapolitanische Leben. Paläste erheben sich neben zahllosen Kirchen, Garküchen verbreiten verführerische Düfte, frisches Obst und Gemüse ergießt sich in Kaskaden auf die Straße, aus kleinen, lichtlosen Werkstätten dringt das Hämmern der Werkzeuge ans Ohr, obszöne Graffiti überziehen die Mauern, an Straßenecken sind kleine Altäre aufgebaut, die zum Gedenken an die armen Seelen im Fegefeuer aufrufen. Den Neapel-Besucher *Walter Benjamin* hat in den 1920er Jahren die „Porosität" der Stadt fasziniert, ein Neben- und Durcheinander, eine vollständige Durchdringung von allen Lebensäußerungen, Kulturen und Kunststilen. In Neapels Centro Storico gerät der Spaziergang schnell zur Zeitreise. Die sich rechtwinklig schneidenden Straßen entsprechen in ihrem Verlauf den cardi und decumani der antiken Stadt, die Bestätigung dafür findet sich im Untergrund.

Den faszinierendsten Einblick in Neapels vergangenen Alltag erlebt man in der **Ausgrabung neben der Kirche San Lorenzo Maggiore.** Aus dem Kreuzgang mit den Resten des römischen *macellum* (Markt) steigt man über eine Treppe hinab und findet sich unversehens auf 2000 Jahre altem Pflaster wieder. Hier lag das Zentrum der Stadt, die griechische Agorà, später das römische Forum. An einer Bäckerei, Wollfärberei und dem *aerarium* vorbei, wo der Schatz der Stadt sicher hinter Gittern verwahrt wurde, gelangt man zu einem Kryptoportikus. Das ursprünglich Schatten spendende Gewölbe säumt eine Reihe weiterer Ladengeschäfte. Ganz ähnlich sieht heute noch ein Marktabschnitt in der darüber liegenden Via Tribunali aus.

• **Complesso Archeologico di San Lorenzo Maggiore,** Piazza San Gaetano 316, Tel. 0812110860. Mo.–Sa. 9–17 Uhr, So. 9.30–13.30 Uhr. Eintritt 4 Euro, ermäßigt 2 Euro.

Wieder am Tageslicht, muss man nur die Piazza San Gaetano queren, vorbei an der Kirche San Paolo Maggiore – die barocke Basilika erhebt sich auf Fundamenten des römischen Dioskuren-Tempels, von dem auch die beiden mächtigen Säulen an der Front stammen –, um zu einem weiteren Einstieg in Neapels Unterwelt zu gelangen. Die **Kulturinitiative Napoli Sotterranea** bietet Führungen in eine Welt riesiger Kavernen und enger Gänge an, die bis zu 40 m in die Tiefe reichen. Griechen bauten im 4. Jh. v. Chr. den weichen, gelblichen Tuffstein unterirdisch ab, um mit dem Material ihre Stadtmauern und Tempel zu errichten. Der Steinabbau setzte sich bis ins 19. Jh. fort, und in dem gleichen Maße, in dem oberirdisch Paläste und Kirchen in die Höhe wuchsen, dehnten sich unterirdisch die Hohlräume aus – eine Stadt im „Negativ" entstand. Griechen legten auch den ersten Aquädukt an. Im Laufe der Jahrhunderte wuchs das labyrinthische System aus Kanälen, Zisternen und Brunnen bis auf eine Gesamtlänge von 450 km an. Im 2. Weltkrieg fand die Bevölkerung hier Zuflucht vor den Bombenangriffen, und es ist nicht auszuschließen, dass Neapels Unterwelt auch heute noch für Verstecke unter Tage Verwendung findet.

Mit Napoli Sotterranea lässt sich neuerdings auch das nahe gelegene Hypogäum der Kirche S. Maria del Purgatorio ad Arco besuchen. Die **Chiesa de' cape e mort** war noch bis vor kurzer Zeit Zentrum eines in Neapel verbreiteten, vom Vatikan kaum geduldeten Totenkultes. Die Bevölkerung adoptierte einzelne Schädel. Mit Blumen und Geschenken überhäuft, sollten sie als Fürsprecher im Fegefeuer auftreten, auch erwartete man sich das Ergebnis der nächsten Lotterie. Ein anderer Ausflug mit Napoli Sotterranea führt auf die Bretter, die die Welt bedeuteten, zumindest für Kaiser *Nero,* der auch in Neapel gastierte. Durch einen neapolitanischen *basso,* eine jener lichtlosen, ebenerdigen Armeleutewohnungen, betritt man Reste des antiken römischen Theaters, das im 15. Jh. in den Gebäuden der Via Anticaglia, Via S. Paolo und des Vico Cinquesanti verschwand.

●**Napoli Sotterranea,** Piazza S. Gaetano 66–68, Tel. 081296944, www.napolisotterranea.org. Führungen (auch deutsch) Mo.–Fr. 12, 14 und 16 Uhr, Do. auch um 21 Uhr, Sa., So. 10–18 Uhr alle zwei Stunden. Führung 9,30 Euro.

Auch bei einer Führung durch den **Aquedotto del Carmignano** erfährt man, wie das Schicksal der Stadt immer eng mit seinem Untergrund verknüpft war. Im 17. Jh. war die Bevölkerung Neapels auf über 400.000 Menschen angewachsen, die Versorgung mit ausreichend sauberem Trinkwasser war eine der drängendsten Aufgaben der Verwaltung. Nachdem der Versuch, den augustäischen Aquädukt von Serino wieder in Betrieb zu nehmen, gescheitert war, ließ *Cesare Carmignano* 1629 das Wasser des Flusses Faenza aus der Gegend von Sant'Agata dei Goti nach Neapel leiten. Die Wartung und Pflege von Neapels Aquädukten und Brunnenschächten oblag den *pozzari,* einem Berufsstand, um den sich viele Legenden und Geschichten ranken.

Neapel

●**Acquedotto del Carmignano,** Vico Sant'Anna di Palazzo 52 (Treffpunkt am Grand Caffè Gambrinus), Tel. 081400256. Führungen Sa. und So. 10, 12 und 18 Uhr sowie Do. 21 Uhr bzw. tägl. nach Voranmeldung. Führung 7 Euro.

An den südlichen Abhängen des Capodimonte-Hügels befindet sich außerhalb der antiken Stadtmauern *(extra moenia)* das **Viertel der Sanità.** Hier wurden ab dem 2. Jh. n. Chr. Katakomben in den Tuff gegraben, in denen sich auch Christen beisetzen ließen. Durch den Chor der monumentalen Barockbasilika Santa Maria della Sanità, ihrerseits über einer frühchristlichen Kirche des 5. Jh. errichtet, gelangt man in die **Catacombe di San Gaudioso.** Die Katakombe entwickelte sich als Kultstätte um das Grab des nordafrikanischen Bischofs *San Gaudioso,* der um 452 im neapolitanischen Exil gestorben war. Fresken und Mosaiken aus dem 5. und 6. Jh. haben sich in Resten erhalten.

●**Catacombe di San Gaudioso,** Santa Maria della Sanità 124, Tel. 0815534565, Mobil 3296115217. Führungen Sa., So. ab 9.45 Uhr ca. jede Stunde am Vormittag. Führung 7 Euro.

Historisch und kunstgeschichtlich besonders interessant sind die **Catacombe di San Gennaro.** Vorbei an der Kirche Madre del Buonconsiglio, einer neuzeitlichen Miniaturausgabe des römischen Petersdoms, führt ein Weg zur **Basilika San Gennaro extra moenia** hinab. Die Kirche wurde im 5. Jh. über den Katakomben errichtet und zählt zu den ältesten christlichen Bauten Neapels. Die Katakomben erstrecken sich über zwei Geschosse. Faszinierend zu sehen, wie Motive der antiken heidnischen Freskenkunst hier christlich umgedeutet wurden. Nachdem im 5. Jh. in dieser Katakombe die Gebeine des bei Pozzuoli enthaupteten Märtyrerbischofs *San Gennaro* beigesetzt wurden, entwickelte sich der Ort zu einer bedeutenden Pilgerstätte, *San Gennaro* wurde zum Schutzpatron der Stadt erhoben.

●**Catacombe di San Gennaro,** Via Capodimonte 16, Tel. 0817411071. Führungen tägl. 9.30, 10.15, 11 und 11.45 Uhr, auf tel. Vorbestellung auch nachmittags. Führung 5 Euro.

fassade aufgestellt. Der neapolitanische Volkswitz reagierte auf diese Machtdemonstration und legte den Statuen folgende Worte in den Mund. *Karl V.* zeigt mit dem Finger zu Boden: „Wer hat hier auf den Boden gepisst?" „Ich weiß von nichts", antwortet *Karl v. Bourbon.* „Das war ich", entgegnet *Joachim Murat,* darauf *Vittorio Emanuele,* das erhobene Schwert in der Hand: „Schneiden wir ihm den Schwanz ab!" Besonders eindrucksvoll ist das große, lichtdurchflutete Treppenhaus. In den Räumen des Palastes finden Wechselausstellungen statt. Die früheren königlichen Gemächer sind überwiegend im Stil des 19. Jh. eingerichtet. In der Cappella Reale steht eine besonders eindrucksvolle Weihnachtskrippe (siehe Exkurs „Bethlehem in Neapel").

●**Palazzo Reale,** Piazza del Plebiscito, Tel. 0815808111. Oktober bis März Mo.–Di. und Do.–So. 8–14 Uhr; April bis September Mo.–Di. und Do.–So. 9–19 Uhr. Eintritt 4 Euro.

Das **Real Teatro di San Carlo** entstand in nur achtmonatiger Bauzeit im Auftrag von *Karl III.* als Anbau des Palazzo Reale. Eingeweiht wurde das damals größte Musiktheater der Welt am 4. November 1737, dem Namenstag des Königs. Ein Brand zerstörte 1816 das Bühnenhaus und den Zuschauerraum, 1841 wurde die Oper wiedereröffnet. Das San Carlo gehört immer noch zu den großen Musikbühnen der Welt, die Akustik ist ausgezeichnet, und alle bedeutenden Tenöre haben hier ihre Stimme erschallen lassen. Wenn irgend möglich, muss man hier unbedingt eine Aufführung erleben!

●**Teatro San Carlo,** Via San Carlo 98F, Tel. 0817972412, www.teatrosancarlo.it. Juli, August geschlossen. Führungen Sa., So. 14–15.30 Uhr, Eintritt 2,50 Euro.

An die Piazza del Plebiscito schließt sich die **Piazza Trieste e Triento** mit dem berühmten Caffè Gambrinus an. Westlich verläuft die Edel-Einkaufsmeile Via Chiaia, in Richtung Norden die Via Toledo. Von der Toledo aus betritt man die **Galleria Umberto I.** Die großzügig angelegte, heute etwas verwaiste Einkaufspassage wird von einer Stahl- und Glaskonstruktion überspannt, die, 1890 fertig gestellt, das Mailänder Vorbild zu übertrumpfen suchte. Die Galleria ist, vor allem an Samstagen, eine beliebte Kulisse für Brautfotos.

Im 13. Jh. unter der Herrschaft von *Karl v. Anjou* errichtet, war das **Castel Nuovo** Residenz und Festung zugleich. 1328 beauftragte *Robert d. Weise* den bedeutendsten Maler seiner Zeit, *Giotto di Bordenone,* mit der Ausgestaltung der Palastkapelle (1456 durch ein Erdbeben zerstört). *Giovanni Boccaccio* und *Francesco Petrarca* zählten zu den Gästen am angiovinischen Musenhof. Die Herrschaft der *Anjous* ging in einem Erbfolgekrieg zu Ende. Das in den Kriegswirren stark beschädigte Kastell wurde nach der Eroberung Neapels von *Alfons v. Aragon* Mitte des 15. Jh. wieder aufgebaut. Das effektvoll zwischen die dunklen Rundtürme gesetzte doppelstöckige **Triumphtor** aus wei-

golf_087 Foto: pa

ßem Marmor schildert den Einzug von *Alfons* am 26. Februar 1443 in Neapel und ist ein Meisterwerk der Frührenaissance. Als Vorbild mag das Brückentor Kaiser *Friedrich II.* in Capua gedient haben. Durch das Triumphtor und ein weiteres Portal betritt man den Hof mit der wieder aufgebauten gotischen Palastkapelle. Eine große Freitreppe führt hoch zur **Sala dei Baroni.** Unter dem Vorwand, einen Disput regeln zu wollen, lud König *Ferrante von Aragon* aufständische Barone zum Bankett und ließ sie hinterrücks ermorden. In dem großen, von einem gotischen Sterngewölbe überspannten Saal tagt heute das Stadtparlament. Im Kastell ist auch das **Museo Civico** untergebracht. Von den Dachterrassen genießt man herrliche Blicke auf den Golf.

● **Castel Nuovo-Museo Civico,** Piazza Municipio, Tel. 0817952003. Mo.–Sa. 9–19.30 Uhr. Eintritt 5,20 Euro.

Bei Ausschachtungsarbeiten für die neue **Metro-Station „Piazza Municipio"** sind Archäologen im Frühjahr 2004 in 13 m Tiefe auf die Molen des antiken römischen Handelshafens gestoßen. Im ehemaligen Uferbereich konnten die Reste eines 9 m langen Schiffes geborgen werden. Im Hafenschlick fand man u.a. auch ein Paar römische Sandalen, Münzen, Terrakottagefäße und noch mit Korken verschlossene Amphoren. Ein Teil der spekta-

Hauptstadt des Todes – neapolitanische Friedhöfe

von *Dieter Richter*

Neapel ist die Hauptstadt des Todes. In keiner anderen europäischen Metropole ist er so präsent wie hier, und nirgendwo sonst verträgt er sich besser mit dem Leben: jenem lauten, bunten und oft bizarren Leben, das für die Stadt am Golf so typisch ist.

Früher konnte einem auch im Zentrum der Stadt passieren, was man heute nur noch in den Randgebieten, vor allem aber in den kleineren Orten in Kampanien erleben kann: dass der Autoverkehr plötzlich stockt, die Straße blockiert ist, auch die öffentlichen Verkehrsmittel nicht mehr vorankommen. Ein Leichenzug ist unterwegs, vom Haus des Verstorbenen zur Kirche oder zum Friedhof, mit einem Auto an der Spitze, dahinter marschieren der Priester, ein Ministrant mit dem Tragekreuz, die Angehörigen und, in Alltagskleidung, die Bewohner des Viertels.

Zeichen des Todes sind in Neapel auch sonst gegenwärtig. Die neapolitanische Barockmalerei und -architektur feiert in üppigen Bildern immer wieder den Gedanken der „Vanità", der Vergänglichkeit aller Dinge. Auf den Straßen erinnern die Kirchen der „Confraternità", der Begräbnisbruderschaften, an die Zeiten, in denen die Beisetzungen noch in den Kirchen stattfanden. Ein bekanntes Beispiel ist die S. Maria delle Anime del Purgatorio in der Via Tribunali. Exvoto-Darstellungen, wie sie sich in vielen Kirchen finden, erzählen von tödlichen Gefahren und glücklicher Errettung. Ein Beispiel aus neuester Zeit ist die Verehrung des wundertätigen Arztes *Giuseppe Moscati* in der Kirche Gesù Nuovo. Und in der Via S. Gregorio Armeno, der Straße der Krippenbauer (siehe Exkurs „Bethlehem in Neapel"), werden neben den „pastori", den Krippenfiguren, auch kleine Terracotta-Statuetten der „Armen Seelen im Fegefeuer" verkauft, notwendiges Accessoire für den in Neapel populären, von der Kirche allerdings unterdrückten Kult.

Die eindrucksvollsten Orte des Todes sind freilich die neapolitanischen Friedhöfe.

Kirchliche Ossuarien (Beinhäuser)

In Neapel wie in anderen Orten Kampaniens waren die bevorzugten Orte der Totenbestattung lange Zeit die Kirchen. Erst 1817 wurden die Kommunen durch ein königliches Dekret veranlasst, öffentliche Friedhöfe außerhalb der Stadt anzulegen. Die Krypten zahlreicher Kirchen hatten sich auf diese Weise im Laufe der Zeit in riesige Beinhäuser, so genannte Ossuarien, verwandelt, in denen Zehntausende von Schädeln und Knochen

golf_089 Foto: pa

verwahrt wurden. Um diese Gebeine entwickelten sich in verschiedenen Kirchen Totenkulte, die an die Idee von den „Armen Seelen im Fegefeuer" anknüpften: Durch liebevolle Zuwendung zu den sterblichen Überresten einer „Armen Seele" sollte dieser der Weg aus dem Fegefeuer erleichtert und sie zugleich zur Fürbitte für den Wohltäter bei Gott veranlasst werden. Die unterirdischen Friedhöfe in den Kirchen wurden auf diese Weise viel besuchte Orte der Begegnung mit den Verstorbenen. 1969 wurde die Zurschaustellung menschlicher Gebeine in den Kirchengewölben durch den Erzbischof von Neapel verboten. In einigen Krypten haben sich die Totenkulte dennoch erhalten, zum Beispiel in den Kirchen S. Pietro ad Aram, S. Maria del Purgatorio ad Arco oder im unterirdischen Cimitero delle Fontanelle.

•**Cimitero delle Fontanelle,** Via delle Fontanelle 154, Tel. 081296944. Bus zur Via Santa Teresa degli Scalzi oder Via Fontanelle. Gegenwärtig für die Öffentlichkeit geschlossen. Auf Anfrage kann „Napoli Sotterranea" (siehe Exkurs „Neapels Untergrund") Führungen anbieten.

Der Friedhof von Poggioreale

Der **1837** eingeweihte **Cimitero Monumentale di Poggioreale** war früher baedekerwürdig. Wegen seiner Panoramalage mit Blick auf den Golf und seiner spektakulären Grabmonumente galt er neben dem Camposanto von Genua als schönster Friedhof Italiens. Er ist der Hauptbegräbnisplatz der Stadt: eine Megalopolis der Toten und wie so viele Totenstädte im Mittelmeerraum ein getreuer Spiegel der Stadt der Lebenden. Ähnlich wie auf den Straßen Neapels herrscht hier zwischen den Gräbern reger Autoverkehr. Auch sonst spiegelt die Totenstadt die soziale Struktur der Stadt der Lebenden. Die aufwendigen neoklassizistischen Kapellen der reichen Familien säumen wie kleine Palazzi die gepflasterten Hauptstraßen. Nicht weit davon entfernt trifft man auf die populären Viertel mit den großen Totenhäusern. Auch die für Neapel typischen „bassi" gibt es hier, düstere „Souterrain-Wohnungen", in die man auf Treppen hinuntersteigt. Unten kann es einem mulmig werden vor zersplitterten Totenlichtern und aufgebrochenen Gräbern. Und natürlich hat auch diese Stadt ihre öffentlichen Gebäude und Räume: die Kirchen, das Elektrizitätswerk, die Grünflächen und die Ecken, in denen Unrat und Gerümpel herumliegen. Und für die Ordnung sorgt eine eigene Totenpolizei, die *polizia mortuaria*.

•**Cimitero di Poggioreale,** unterer Eingang in der Via Nuova Poggioreale, oberer Eingang an der Via S. Maria del Pianto auf der Straße zum Flughafen Capodichino.

Der Friedhof der 366 Gräber

Einer der merkwürdigsten neapolitanischen Friedhöfe ist der **Cimitero delle 366 fosse.** Er wurde **1762–63** von dem Architekten *Ferdinando Fuga* errichtet, dem Baumeister des Albergo dei Poveri. Die Idee des Armenfriedhofs ist Ergebnis eines makabren Rationalismus: Der Friedhof besteht aus einem quadratischen Areal mit 366 in den Boden eingelassenen Gemeinschaftsgräbern. Die Toten jeweils eines Tages aus dem Albergo dei Poveri wurden hier fortlaufend beigesetzt, und auch an das Schaltjahr – 366 Gräber! – hatte Fuga gedacht. Nach Ablauf eines Jahres wurde dann das jeweilige Tages-Grab geöffnet und neu belegt. Der Friedhof ist inzwischen verfallen, nur noch einzelne der Grabplatten mit den Tagesnummern sind zu erkennen.

•**Cimitero delle 366 fosse,** in der Nähe des Friedhofs von Poggioreale. Eingang von der 2a Traversa Rione Trivio.

kulären Funde wird in der fertig gestellten Metro-Station ausgestellt.

Via Toledo und die Quartieri spagnoli

Die **Via Toledo** wurde 1536 als Hauptachse der von Vizekönig *Pedro de Toledo* veranlassten Stadterweiterung angelegt. Neapolitaner nennen den von prachtvollen Adelspalästen gesäumten Straßenzug schlicht „Toledo". Die patriotische Umbenennung 1870 in Via Roma hat bei der Bevölkerung nie Rückhalt gefunden und hält sich nur noch auf einem kleinen Straßenabschnitt auf Höhe der Piazza Dante. Seit 1994 ist der Toledo von der Piazza Trieste e Trento bis zur Via Armando Diaz **Fußgängerzone.** Folgt man der Via Diaz, erreicht man mit wenigen Schritten den **Palazzo delle Poste e Telegrafo** (1935), ein sehenswertes Beispiel moderner faschistischer Architektur. Klotzig und kaum beeindruckend sind die benachbarten Verwaltungsbauten derselben Epoche. Ein urbanistisches Schandmal ist das 33-stöckige Jolly-Hotel, dessen Bau die korrupte Kommunalverwaltung der 1950er Jahre ermöglicht hat.

Oberhalb des Toledo, am Fuße des Vomero, schließen sich die **Quartieri spagnoli** an. Das Viertel mit seinem engen, schachbrettartigen Grundriss war im 16. Jh. als Quartier der spanischen Garnisonen angelegt worden, seit dem 17. Jh. beherbergt es die ärmsten der Armen von Neapel. Außer dem Forcella- und Sanità-Viertel eilt auch den Quartieri spagnoli ihr schlechter Ruf voraus. Großfamilien drängen sich in engen, dunklen Wohnungen, die Arbeitslosigkeit im Viertel erreicht europäische Spitzenwerte. Andererseits hält ein eng geknüpftes soziales Netz die Bewohner zusammen, die sich trotz der starken Erdbebenschäden von 1980 allen Evakuierungsplänen widersetzt haben. Auch wenn sich nur wenige Touristen in die engen Gassen verirren, muss man keine Angst haben, solange man sich nicht schwer mit Schmuck und Fotoapparaten behängt. Pittoresk ist das tägliche Treiben auf dem Straßenmarkt in der Via Pignasecca.

Museo Nazionale Archeologico

von *Hans-Jörg Thaler* und *Peter Amann*

Neapel kann sich des **bedeutendsten archäologischen Museums in Europa** rühmen. Teile der reichen Kunstsammlung der *Farnese* sowie die spektakulären Ausgrabungsfunde aus Herkulaneum und Pompeji wurden im 18. Jh. im ehemaligen Palazzo dei Studi zusammengeführt.

Die Besichtigung des Museums ergänzt auf ideale Weise den Besuch der Ausgrabungen in Herkulaneum und Pompeji. Im Bookshop erhält man ausgezeichnete Spezialführer und einen Museumsplan gratis. Für den Besuch des Gabinetto segreto muss man sich vorher anmelden, ein zusätzlicher Eintritt wird nicht erhoben.

Untergeschoss: Die epigrafische und ägyptische Sammlung sind v.a. für Spezialisten interessant.

Erdgeschoss: Im Atrium stehen römische Ehrenstatuen, wie z.B. die „Reiterstatue des M. Nonius Balbus" aus Herkulaneum oder die „Statue der Eumachia" aus Pompeji. Das Ehrenmal von „Harmodios und Aristogeiton", die 514 v. Chr. ein Attentat auf den attischen Tyrannen *Hipparchos* verübten, ist das erste Denkmal, das realen Personen und nicht Göttern gewidmet war. Hier handelt es sich um die römische Marmorkopie eines griechischen Originals aus dem 5. Jh. v. Chr. In der samnitischen Palästra von Pompeji wurde 1779 eine der besten Kopien des klassischen „Doryphoros" (Speerträger) gefunden. Das um 440 v. Chr. entstandene Bronzeoriginal des griechischen Bildhauers *Polyklet* wurde „Kanon" (Maßstab) genannt. Die Statue gibt einen ideal proportionierten Jüngling im harmonischen Kontrapost mustergültig wieder. Sie diente vielen klassischen Bildwerken als Vorlage, auch *Augustus* ließ seine offiziellen Statuen nach diesem Vorbild anfertigen. Römische Marmorkopien erkennt man übrigens an den Stützen, sie besitzen nicht die gleiche Standfestigkeit griechischer Bronzeoriginale. Einen interessanten Einblick in die Arbeit einer Kopistenwerkstatt bietet das Museum von Baia. Ergreifend ist das Marmorrelief mit dem Abschied von „Orpheus und Eurydike". Die originalgetreue Kopie der Kultstatue der „Artemis von Ephesos" stammt aus der Zeit *Hadrians*. Ihren Oberkörper bedecken zahlreiche Brüste oder, nach einer anderen Interpretation, Stierhoden. Besonders anmutig sind die Venusstatuen der Farnesischen Sammlung, z.B. die „Venus Kallipygos". Die „Venus mit dem schönen Hintern" stand in der Domus aurea des Kaisers *Nero*. Sie ist im Begriff, sich zu entkleiden, blickt über ihre Schultern und betrachtet mit Wohlgefallen ihr Spiegelbild im Wasser. Die monumentale Skulpturengruppe des „Farnesischen Stiers" und der „Herkules Farnese" stammen aus den Caraccala-Thermen in Rom, letzterer eine Kopie der kolossalen Bronzestatue von *Lysipp*. Von seinen Taten erschöpft, stützt sich der müde Heros auf seine Keule, die rechte Hand hinter dem Rücken verborgen. Mit diesem Trick lockt *Lysipp* den neugierigen Betrachter um die Statue. Einzigartig ist die Gemmensammlung im gleichen Geschoss.

Zwischengeschoss: Die schönsten der hier ausgestellten Mosaike stammen aus der Casa del Fauno in Pompeji, darunter auch das weltberühmte Alexandermosaik. Kunsthandwerker aus Alexandrien haben das 5,82 x 3,13 m große Bodenmosaik als Kopie eines hellenistischen Gemäldes des 4. Jh. v. Chr. aus über 1,5 Millionen Steinchen in den vier Grundtönen Weiß, Schwarz, Rot und Gelb zusammengesetzt. Die grandiose Komposition zeigt die Schlacht zwischen *Alexander d. Großen* und dem Perserkönig *Dareios III.* 333 v. Chr. bei Issos. Selten wurden Sieg und Niederlage eindringlicher dargestellt. Die Münzsammlung in den Räumen 51–56 ist die vollständigste Italiens. Im Saal 65 befindet sich der Gabinetto segreto.

1. Stock: Das Stockwerk präsentiert sich mit farbenfrohen Fresken der Vesuvstädte als großartigste Pinakothek des römischen Altertums. Besonders Bilder des 3. Stils wurden von den bourbonischen Ausgräbern häufig aus ihrem

Pornografie im Gabinetto segreto?

Als Pompeji im 18. Jh. ausgegraben wurde, kamen schockierende Dinge ans Tageslicht. Einige Zeitgenossen fühlten sich zwischen Entzücken und Entsetzen hin und her gerissen, andere gelangten gar zur Überzeugung, der Vesuvausbruch von 79 sei ein göttliches Strafgericht gewesen, der das römische Sodom und Gomorrha vom Erdboden getilgt hätte. Fresken und Mosaiken, deren erotischer Inhalt an Deutlichkeit nichts zu wünschen übrig ließ, waren der Stein des Anstoßes, von unzähligen Phallusdarstellungen ganz zu schweigen. Die verruchten Objekte kamen im Gabinetto segreto unter Verschluss. Neugierige Besucher der berühmt-berüchtigten Sammlung mussten ein „reifes Alter und verbürgte Moral" nachweisen, um eine Sondergenehmigung zu erwirken. Der Umgang mit den pompejianischen Erotika ist auch ein Spiegel unserer Zeit und war von vielen Missverständnissen geprägt.

Römer hatten ein von christlicher Moral ungetrübtes Verhältnis zur Sexualität, einige der hier ausgestellten Fresken zierten Lust steigernd so manches Schlafzimmer. Gemalte Liebespositionen informierten in Bordellen über Angebot und Preise. Die zahlreichen Phallusdarstellungen sind nur im Licht römischer Religionen zu verstehen. Der altrömische Fruchtbarkeitsgott *Liber,* später der griechischen Importgottheit *Dionysos* (lat. *Bacchus)* angeglichen, wurde durch phallische Kulte verehrt. *Priapos,* ein ebenfalls populärer Fruchtbarkeitsgott, stellte man mit einem immensen Phallus dar. Der Phallus, von den Römern auch *fascinum* genannt, wurde als Glück bringendes Symbol verwendet, er diente der Abwehr des Bösen. In Gestalt des feuerroten *corno* (Horn) sind phallische Amulette heute noch in der Tasche eines jeden Neapolitaners.

Seit dem Frühjahr 2000 steht die hübsch präsentierte Sammlung allen Besuchern offen, sofern sie älter als elf Jahre sind.

golf_092 Foto: pa

Kontext entfernt. Nach Sujets angeordnet, zeigen sie mythische Landschaften, Stilleben, Ansichten von Villen oder historische Szenen wie die berühmte Schlägerei 59 n. Chr. im Amphitheater von Pompeji. In den Sälen 79–84 sind die Wandfresken des pompejianischen Isis-Tempels zu sehen. Der ägyptische Kult übte im 18. Jh. einen großen Einfluss auf das entstehende Freimaurertum aus und inspirierte *Mozart* zu seiner „Zauberflöte". Herausragend sind die Bronzestauen aus der Villa dei Papiri in Herkulaneum. Einige sehr schöne Kopien kann man übrigens in Ravello im Park der Villa Cimbrone sehen. In den Sälen 85–89 sind Silbergeschirr, Gläser, Chirurgenbesteck und Paradewaffen von Gladiatoren ausgestellt. Von hohem dokumentarischen Wert ist das **Korkmodell Pompejis** im Saal 96. In allen Details kann man die Ausgrabungssituation im Jahr 1879 erkennen. Die Säle 118–140 präsentieren griechische, etruskische und italische Funde aus der Golfregion.

2. Stock: Prähistorische Funde und eine Sammlung griechischer Vasen.

● **Museo Nazionale Archeologico,** Piazza Museo 19, Tel. 081440166, www.marketplace.it/museo.nazionale. Metro 1/2 „Museo-Cavour", Bus 110 ab Piazza Garibaldi. Tägl. bis auf Di. 9–20 Uhr. Eintritt 6,50 Euro.

Das Sanità-Viertel und der Capodimonte

An der Sanità scheiden sich die Geister. Die einen halten es als Hochburg der Camorra für ein zu heißes Pflaster, andere hingegen lieben diesen volkstümlichen *quartiere,* in dem Neapels heiß geliebter **Komiker Totò** in der Via Antesecula 107 am 15. Februar 1898 als unehelicher Sohn des Dienstmädchens *Anna Clemente* das Licht der Welt erblickte. Die Mutter heiratete 1921 dessen Vater, den veramten Grafen *De Curtis. Totò,* bürgerlich *Antonio De Curtis,* machte Karriere beim Film und wurde 1933 vom Marchese *Francesco Gagliardi Focas* adoptiert. Den ererbten ellenlangen Adelstitel ließ sich der „Prinz des Lächelns" 1946 vom Gericht bestätigen. Als *Totò,* „der traurig war wie *Buster Keaton,* ungeschickt wie *Stan Laurel,* hintergründig wie *Charlie Chaplin,* der wasserfallartige Dialekttiraden hervorsprudelte wie *Hans Moser" (Peter Peter)* 1967 starb, trauerte die ganze Stadt. Die Raubkopien seiner Filme werden heute noch auf jedem Straßenmarkt Neapels als Videokassette oder DVD gehandelt. In *Totòs* Geburtswohnung lebt seit 1943 Signor *Giulio Barbella,* selbst ernannter Verwalter seines Andenkens. Halten Sie eine dicke *mancia* (Trinkgeld) bereit, klingeln Sie und erleben Sie bei einer Privatführung ein urneapolitanisches Abenteuer! Das offizielle Museo di Totò soll in den Palazzo dello Spagnolo (s.u.) einziehen.

Die Sanità erstreckt sich zu Füßen des Capodimonte-Hügels mit schönen Blicken auf die darunter liegende Stadt und den Golf. Mit der üblichen Umsicht – keine Fotoapparate, kein auffälliger Schmuck – sollte man sich aufmachen, dieses Viertel nördlich der **Via Foria** zu entdecken. Direkt an der stark befahrenen Via Foria liegt der **Botanische Garten,** eine gelehrsame Oase der Stille. Der Orto Botanico wurde 1807 von *Jo-*

seph Bonaparte begründet und gehört zur Universität Neapel.

●**Orto Botanico,** Via Foria 223, Tel. 081449759. Auf Anfrage Mo.–Fr. 9–14 Uhr. Eintritt frei.

Etwas südlich des Orto Botanico erhebt sich der **Albergo dei Poveri** (1751–1829). Sein Bestimmungszweck war es, die Armen des gesamten Königreiches Neapel zu beherbergen und unter Aufsicht zur Arbeit anzuhalten. Auf Befehl von *Karl III.*, „des guten König Karls", durch den Hofbaumeister *Ferdinando Fuga* errichtet, besitzt das Armenhaus, obwohl es nur ein Fünftel der geplanten Ausmaße erreicht hat, mit einer Fassadenlänge von über 350 m gigantische Dimensionen, Dimensionen, die Bände über die soziale Lage im Königreich Neapel sprechen.

Nördlich der Piazza Cavour stehen zwei der bedeutendsten barocken Stadtpaläste des Architekten *Ferdinando Sanfelice* (1675–1748). Der **Palazzo Sanfelice** in der Via Sanità 2–6 war das Wohnhaus des Baumeisters. Herzstück des jüngst restaurierten **Palazzo dello Spagnolo** in der Via dei Vergini 19 ist das Treppenhaus, das dem Palazzo Flügel zu verleihen scheint.

Der vulkanische Tuffsteinuntergrund unter der Sanità gleicht einer riesenhaften Bienenwabe. Antike Wasserleitungen, frühchristliche Katakomben und Kavernen, über deren Verwendungszweck nur die Camorra Auskunft erteilen könnte, bilden eine verwobene Unterstadt. Einer der Zugänge befindet sich in der Krypta der **Kirche Santa Maria della Sanità,** ein Meisterwerk des neapolitanischen Frühbarock. Ihrem Baumeister *Fra Nuvolo* wird die Erfindung der bunten Majolikakuppeln zugeschrieben. Unbedingt lohnend ist auch der Besuch der nahen Catacombe di San Gennaro (siehe Exkurs „Neapels Unterwelt").

Der Jagdleidenschaft des Bourbonen *Karl III.* verdankt Neapel seinen schönsten, mehr als sieben Quadratkilometer großen Park. Der **Capodimonte-Hügel** erhebt sich mit herrlichen Ausblicken hoch über der Stadt und lädt ein, den erholsamen Ausflug ins Grüne mit dem

golf_094 Foto: pa

Palazzo (Museo) di Capodimonte: sonntags im Park

Besuch eines der großartigsten Museen Italiens zu verbinden. Was als kleines Jagdschloss geplant war, geriet zum **Museumspalazzo,** als *Karl III.* die 1732 von seiner Mutter *Elisabetta* ererbte Kunstsammlung der *Farnese* würdig präsentieren wollte. Ganze Wagenladungen antiker Bildwerke und herausragender Gemälde des 15., 16. und 17. Jh. erreichten Neapel aus Parma und Rom. Zunächst fanden die Kunstschätze provisorische Unterbringung in den Palästen von Neapel und Portici. Nach dem endgültigen Umzug der Sammlung in den **Real Palazzo di Capodimonte** verblieben die Antiken im Palazzo dei Studi, dem heutigen Museo Archeologico.

Nach den jüngsten Restaurierungen und einer neuen Systematisierung kann der Besucher des **Museo Nazionale di Capodimonte,** laut *Marcello D'Orta* „eine Art Louvre am Vesuv", neben den historischen Wohnräumen eine der umfangreichsten europäischen Gemäldesammlungen mit herausragenden Werken von *Brueghel d. Ä., Masaccio, Boticelli, Mantegna, Giovanni Bellini, Raffael, El Greco, Tizian, Caravaggio* u.v.m. bewundern. Ohne Anspruch auf Vollständigkeit werden im Folgenden einige der ausgestellten Werke erwähnt.

1. Stock: Im Piano Nobile ist die Sammlung *Farnese* mit italienischen und europäischen Meistern des 15.–17. Jh. untergebracht. Hier befinden sich auch die königlichen Gemächer, darunter der vollständig mit Capodimonte-Keramik im Rokkokostil ausgekleidete Salottino di Porcelana der *Maria Amalie von Sachsen.* Saal 2: Die bahnbrechenden Portäts *Raffaels* und *Tizians* von Kardinal *Alessandro Farnese,* dem späteren Papst *Paul III.,* sind psychologische Studien der Macht. Saal 7: *Andrea Mantegnas* „Bildnis von Francesco Gonzaga". Saal 11: *Tizians* zauberhafte „Danae", *Jupiter* verführt die Tochter des Königs *Argos* mit einem Goldregen. Saal 43: *Jacob Phillip Hackerst* schönes Landschaftsbild „Ferdinand IV. auf der Jagd am Lago Fusaro".

2. Stock: Kunst in Neapel vom 13.–18. Jh. Saal 65: *Simone Martinis* „Hl. Ludwig v. Touluse" war ursprünglich für die Kirche San Lorenzo gedacht. Saal

golf_095 Foto: pa

Palazzo (Museo) di Capodimonte: Andy Warhols „Vesuv"

Neapel

78: *Caravaggios* „Geißelung Christi", das Gemälde, das Generationen neapolitanischer Maler beeinflusst hat.

3. Stock: Zeitgenössische Kunst mit Werken von *Mimmo Paladino, Jannis Kounellis, Mario Merz* und *Rene Burri.* Ein Blickfang ist *Andy Warhols* poppiger „Vesuvausbruch".

● **Museo Nazionale di Capodimonte,** Via Capodimonte (Porta Grande) bzw. Via Miano 2 (Porta Piccola), Tel. 0817499111. Bus 110 ab Piazza Garibaldi, Bus 24 ab Piazza Dante. Di.–Sa. 10–19 Uhr, So. 9–14 Uhr. Eintritt 7,50 Euro, ab 14 Uhr 6,50 Euro.

In dem ausgedehnten Park, angelegt nach einem Entwurf des Architekten *Ferdinando Sanfelice,* befindet sich auch die ehemalige **Reale Fabbrica delle Porcelane.** *Karl III.* erfüllte 1739 mit der Porzellanmanufaktur seiner Frau *Maria Amalie von Sachsen,* die Meissner Porzellanstatuetten über alles liebte, einen Herzenswunsch. Bald wurde auch in Capodimonte Porzellan von ähnlich hoher kunsthandwerklicher Qualität produziert. Heute befindet sich in dem Gebäude eine Kunstgewerbeschule.

● **Parco di Capodimonte,** tägl. von 8 Uhr bis 1 Std. vor Sonnenuntergang. Eintritt frei.

Santa Lucia, Chiaia und der Lungomare

Das viel besungene Fischerviertel Santa Lucia gibt es nicht mehr. Ende des 19. Jh. wurde es eingeebnet, die Uferlinie vorgeschoben und mit der Via Partenope ein breiter Boulevard am Meer angelegt, an dem sich heute Neapels Luxusherbergen reihen. Der **Borgo Marinari** am Fuße des Castel dell'Ovo ist ein kleiner Hafen, doch liegen hier keine Fischerboote, sondern die Yachten der High Society. Einige der besten, aber auch teuersten Fischrestaurants Neapels haben sich vor dieser romantischen Kulisse eingerichtet. Luxus mit Tradition, denn bereits der römische Feldherr *Lucullus,* als sprichwörtlicher Feinschmecker bekannt, hatte im 1. Jh. v. Chr. hier eine seiner Villen. Auch die kleine Felseninsel Megaris, auf der sich heute das **Castel dell'Ovo** erhebt, ist historischer Boden, hier liegen die Anfänge der Stadt. Eine griechische Siedlung entwicklete sich ab dem 7. Jh. v. Chr. am Grab der Sirene *Parthenope.* In christlicher Zeit siedelten Mönche auf dem Eiland, ab dem 12. Jh. wurde der Fels militärisch befestigt. Die Burg des Normannen *Wilhelm I.* wurde von Kaiser *Friedrich II.* ausgebaut – er konnte nicht ahnen, dass seine Enkel als Gefangene der *Anjous* hier bis zu ihrem Tod eingekerkert werden sollten. Der Name des Kastells geht auf eine mittelalterliche Legende zurück, der zufolge der Dichter, für das Mittelalter ein Magier, *Vergil* ein Ei in eine Flasche gezaubert haben soll, diese in einen Eisenkäfig schloss und den Eisenkäfig in einem tiefen Gewölbe barg. Von der Unversehrtheit des Zauber-Eis soll das Schicksal der Festung und der Stadt abhängen. Das Kastell dient heute als Tagungsort, es finden hier Ausstellungen statt, der italienische Alpenverein CAI unterhält das Museo di Etnopreistoria. Bei einem

Castel dell'Ovo
auf der Felseninsel Megaris

Streifzug durch die Burg kann man einen Saal entdecken, dessen Gewölbe von antiken Säulen der Lucullus-Villa getragen wird.

•**Castel dell'Ovo,** Via Partenope, Tel. 0812464111. Mo.–Fr. 9–19 Uhr, Sa. und So. 9–13 Uhr. Eintritt frei.

Über dem Castel dell'Ovo erhebt sich der **Monte Echia** oder **Pizzofalcone,** Rest eines erloschenen Vulkankraters. Pizzofalcone heißt auch das Viertel, das sich in steilen Straßen den Berg hochzieht, eine beeindruckende Mischung aristokratischer und volkstümlicher Elemente. Die neapolitanischen Palazzi waren selten ausschließlich privates Refugium des adeligen Erbauers, sondern zugleich auch Mietshaus und damit Renditeobjekt. Eine natürliche Folge dieser Baupolitik war das Zusammenleben der unterschiedlichsten sozialen Schichten unter einem Dach. Der **Palazzo Serra di Cassano,** heute Sitz des „Istituto Italiano per gli Studi Filosofici", ist ein solches Beispiel. Errichtet wurde er 1725–26 von dem bedeutenden Architekten *Ferdinando Sanfelice,* dessen Spezialität großartig angelegte Treppenhäuser waren. Das Hauptportal in der Via Egiziaca war seit 1799 verschlossen. Aus Trauer um seinen toten Sohn, der als einer der führenden Köpfe der Parthenopäischen Republik von den Bourbonen auf der Piazza Plebiscito enthauptet worden war, hatte der Herzog von Cassano das Portal, das einen freien Blick auf den Palazzo Reale

golf_097 Foto: pa

gewährte, zumauern lassen. Anlässlich der 200-Jahrfeier 1999 wurde das Portal als Zeichen eines neuen Aufbruchs geöffnet.

●**Palazzo Serra di Cassano,** Via Monte di Dio 14, Tel. 0812452150. Nur auf Anfrage geöffnet.

Vom Pizzofalcone kann man über eine Brücke zu dem benachbarten Vomero-Hügel gelangen oder per Fahrstuhl oder über Treppen zur **Via Chiaia** absteigen. Das Chiaia-Viertel im Rücken der Piazza Plebiscito erfreut sich der höchsten Konzentration an Mode-Boutiquen und Kunstgalerien. Alle Edelmarken findet man in der kurzen Via Calabritto versammelt, die von der Piazza dei Martiri abzweigt. Die Piazza umstehen vornehme Palazzi aus dem 18. und 19. Jh., auf der Platzmitte erhebt sich ein Obelisk, der an die Märtyrer der antibourbonischen Aufstände von 1799, 1820, 1848 und 1860 erinnert. Zurück zum Meer und der **Villa Comunale** sind es nur ein paar Schritte. Für die Neapolitaner ist die nach dem Capodimonte-Park größte Grünanlage der Stadt an Wochenenden beliebtes Ziel für Familienausflüge. Doch nicht immer hatte das gemeine Volk hier Zutritt. Die Pforten des ehemaligen Giardino Reale öffneten sich den Bürgern von Neapel nur an einem einzigen Tag des Jahres. Bis 1825 hatte der „Farnesische Stier", heute ein Prunkstück des Archäologischen Museums, im Park Aufstellung gefunden, abgelöst von einer antiken Brunnenschale aus Paestum. Jedes Wochenende kann man sich hier auf die Suche nach Antiquitäten begeben, wenn die Trödler ihre Stände an der Rotonda Diaz aufbauen (siehe Exkurs „Neapels Märkte"). Sonntagvormittag ist die ansonsten stark befahrene Via Caracciolo für den Verkehr gesperrt.

In der Villa Comunale steht das älteste Aquarium Europas. Die **Stazione Zoologica** wurde 1870 von dem deutschen Naturwissenschaftler *Anton Dohrn* gegründet und zählt heute noch weltweit zu den führenden Meeresbiologischen Forschungsinstituten. Im **Acquario** kann man die im Golf von Neapel heimische Meeresfauna kennen lernen. *Hans von Marées* gestaltete die Institutsbibliothek, seine Fresken aus dem Jahr 1873 mit ländlichen und maritimen Szenen sind Ausdruck deutscher Italien-Sehnsucht.

●**Stazione Zoologica (Acquario),** Villa Comunale, Tel. 0815833111. Di.–Sa. 9–18 Uhr, So. 9.30–19 Uhr. Eintritt 1,50 Euro.

Oberhalb des Acquario zieht sich die prächtige neoklassische **Villa Pignatelli** mit einem ausgedehnten Park den Hang hinauf. Die Villa wurde 1826 für *Ferdinand Acton* angelegt, Sohn des Premier- und Kriegsministers von *Ferdinand IV.* Die Villa und ihre stilvoll dekorierten Räume stehen als **Museo Diego Aragona Pignatelli Cortes** den Besuchern offen und gewähren einzigartige Einblicke in das Leben des neapolitanischen Adels im 19. Jh. In einem Pavillon ist das **Museo delle Carozze,** ein Kutschenmuseum, untergebracht.

●**Villa Pignatelli,** Riviera di Chiaia 200, Tel. 081669675. Di.–So. 9–17 Uhr. Eintritt 2 Euro.

Weiter oben am Berg liegt die **Piazza Amadeo,** gesäumt von stattlichen Art Deco-Palazzi. Von der Piazza Amadeo führt auch der Funicolare di Chiaia auf den Vomero bis in die Nähe der Villa Floridiana.

Der Vomero

Vomero, das heißt **Funicolare und Belvedere.** Der Hügel war bis in die Nachkriegszeit ein bukolisches Paradies, doch der **korrupten Baupolitik der 1950er Jahre** fielen viele der schönen Jugendstilvillen mit ihren Parkanlagen zum Opfer. Glücklicherweise haben sich Oasen wie die Villa Floridiana oder die Certosa di San Martino erhalten, von denen aus man nach wie vor unvergleichliche Ausblicke auf Neapel und den Golf genießt.

Die **Schienenseilbahnen** Neapels sind ein großartiges Verkehrsmittel. Drei der Funicolare führen auf den Vomero, der **Funicolare Montesanto** aus den Quartieri Spagnoli, der **Funicolare Centrale** vom Toledo und der **Funicolare di Chiaia** von der Piazza Amadeo. Bevor die Funicolare Ende des 19. und Anfang des 20. Jh. gebaut wurden, waren **Treppenwege** die einzige Möglichkeit, auf den Vomero zu gelangen. Die Treppenwege gibt es immer noch, man kann zu Fuß in die Stadt hinabsteigen. Unterhalb der Villa Floridiana zweigt di **Calata di San Francesco** von der Via Falcone ab und erreicht das Chiaia-Ufer. Westlich des Castel Sant'Elmo beginnen in der Via Caccavello die **Gradini di Petraio** und führen vorbei an der Kirche San Carlo alle Mortelle in die Quartieri spagnoli. Vor der Certosa di San Martino führt der als **Via Pedamentina a San Martino** bekannte Treppenweg hinab ins Centro Storico.

Als *Ferdinand IV.* im Jahr 1815 aus seinem sizilianischen Exil nach Neapel zurückkehrte, begleitete ihn seine langjährige Geliebte und zweite Frau *Lucia Migliacco,* Herzogin von Floridia. Für sie ließ er die **Villa Floridiana** errichten. Ein ausgedehnter **englischer Landschaftspark** umgibt das neoklassizistische Gebäude, von den Balustraden genießt man romantische Blicke auf den Golf von Neapel. Im zeitigen Frühjahr blühen die Kamelien. Die Villa beherbergt das **Museo della Ceramica Duca di Martina** mit einer sehenswerten Sammlung europäischen und orientalischen Porzellans.

- **Villa Floridiana,** Via Cimarosa 77, Tel. 0815781776. Funicolare di Chiaia. Park tägl. 9 Uhr bis 1 Stunde vor Sonnenuntergang. Eintritt frei.
- **Museo Nazionale della Ceramica Duca di Martina,** Villa Floridiana, Tel. 0815788418. Di.–So. jeweils 9.30, 11 und 12.30 Uhr. Eintritt 2,50 Euro.

Den höchste Punkt des Vomero nimmt das **Castel Sant'Elmo** ein. Ursprünglich stand hier ein dem *Hl. Erasmus* geweihtes Kirchlein. *Robert v. Anjou* baute einen normannischen Wachturm zum Kastell aus, die heutige Anlage in Form eines sechsstrahligen Sterns geht auf Vizekönig *Pedro de Toledo* zurück. Das Kastell diente weniger der Verteidigung als der Kontrolle der Stadt. Heute befinden sich im sorgfältig restaurierten Bau kulturelle und wissenschaftliche Einrichtungen, andere Räume werden für Sonderausstellungen genutzt. Den besten Blick auf die Spaccanapoli genießt man von der Dachterrasse.

• **Castel Sant'Elmo,** Via Tito Angelini 22, Tel. 0815784030. Funicolare Centrale, Funicolare di Montesanto. Di.–So. 9–19 Uhr. Eintritt 1 Euro, Sammelticket mit Certosa di San Martino (s.u.) 6 Euro.

Am Fuße des Castel Sant'Elmo erhebt sich nicht weniger monumental die **Certosa di San Martino.** Ihre einzigartige Lage mit unvergleichlichen Blicken auf Neapel und den Golf, eine beeindruckende Architektur und die Fülle an Kunstschätzen machen die im 14. Jh. erbaute und inzwischen vollständig restaurierte Kartause zu einer der Hauptattraktionen Neapels. Ab dem 16. Jh. begann die vollständige Umgestaltung, deren verschwenderische Prachtentfaltung ihresgleichen sucht. Die Certosa di San Martino ist ein **Gesamtkunstwerk des neapolitanischen Barock.** Die von dem Orden in Auftrag gegebenen Kunstwerke sind immer noch an dem Ort zu bewundern, für den sie ursprünglich geschaffen wurden. Der Archäologe *Giuseppe Fiorelli* hatte nach Aufhebung der Klöster die Kartause 1866 als **Museo Nazionale di San Martino** unter Schutz stellen lassen. Ein Museum dokumentiert die Stadtgeschichte Neapels mit einer großen Anzahl von Veduten, von denen die „Tavola Strozzi" (Saal 32), eine bis ins feinste Detail ausgemalte Ansicht von Neapel im 15. Jh., die berühmteste ist. Sehenswert ist auch die Ausstellung neapolitanischer Weihnachtskrippen (siehe Exkurs „Bethlehem in Neapel").

• **Certosa/Museo di San Martino,** Largo San Martino 5, Tel. 0815781769. Di.–Sa. 8.30–19.30 Uhr, So. 9–19.30 Uhr; im Sommer länger. Sammelticket mit Castel Sant'Elmo (s.o.) 6 Euro.

Mergellina, Posillipo und die westlichen Vororte

Folgt man dem Lungomare nach Westen, erreicht man das Viertel **Mergellina** am Fuße des Posillipo. Von der Mole legen die Tragflügelboote zu den Inseln ab, nebenan liegt ein lebhafter Fischerei- und Yachthafen. An lauen Abenden bevölkern sich die Kais, Chalets, Kioske und Pavillons bleiben bis spät in die Nacht geöffnet. Das Eis schmeckt ausgezeichnet, in den Fischlokalen isst man gut, wenn auch etwas teuer. Für viel weniger Geld bekommt man auf der nahen **Piazza Sannazzaro** eine ausgezeichnete Pizza. Von hier ist es nicht weit zum **Parco Virgiliano,** obligate Etappe der Grand Tour und Abiturfahrten unserer Tage. Dabei ist umstritten, ob der römische Dichterfürst *Vergil* wirklich hier begraben liegt. Hinter dem Bahnhof Mergellina führt ein Serpentinenweg hoch in den schön bepflanzten Park, vorbei am wuchtigen Grabmal des Dichters *Giacomo Leopardi,* bis zu einem Kolumbarium aus der Zeit des *Augustus* – dem Grab *Vergils.*

• **Parco Virgiliano,** Salita della Grotta 20, Tel. 081669390. 9 Uhr bis 1 Std. vor Sonnenuntergang. Eintritt frei.

Von Mergellina führt der Funicolare auf den **Posillipo,** Rest eines riesigen Vulkankraters, der die Bucht von Neapel von jener Pozzuolis trennt. Vor der Kirche Sant'Antonio di Posillipo liegt ein beliebter **Belvedere,** an dem Reisebusse für die Dauer eines „very nice picture" halten. Die berühmte Pinie, in unzähligen Veduten festgehalten, ist Ende der 1970er Jahre den Abgasen zum Opfer gefallen. Inzwischen wurde eine neue gepflanzt. Der Ausblick auf Neapel und den Vesuv ist mit oder ohne Pinie spektakulär. Der Name des edlen Hügels geht auf die antike römische Villa Pausílypon, die „Villa Sorgenfrei" des *Vedius Pollio,* zurück. Heute noch zählt der Posillipo zu den bevorzugtesten und teuersten Wohngegenden Neapels. Schönen Panoramen kann man auch mit dem Bus 140 nachjagen, der von Mergellina zum Capo Posillipo fährt. Nach jeder Kurve möchte man Halt schreien, dank Giranapoli-Ticket kann man dem Drang unterwegs auszusteigen beliebig oft nachgeben. Von der Endhaltestelle fährt ein Minibus hinab zum romatischen Fischerhafen **Marechiaro.** Im Sommer findet sich leicht ein Boot für einen Ausflug entlang der spektakulären Küste. Der **Parco Posillipo** lädt zu langen Spaziergängen mit Blick auf die Halbinsel Nisida und den Golf von Pozzuoli ein. Auch die sagenumwobene **Villa Pausilypon** lässt sich seit Ende 2000 wieder besuchen, das antike Theater dient gelegentlich Freiluft-Aufführungen.

• **Villa Pausilypon,** Discesa Coroglio 36, Tel. 0812301030. Busse zum Capo Posillipo, Richtung Grotta di Seiano umsteigen. Di., Do. und Sa. 9.30–13 Uhr. Eintritt frei.

Auf den ersten Blick haben **Bagnoli** und **Fuorigrotta,** die Viertel nördlich des Posillipo, dem Touristen nur wenig zu bieten. In Bagnoli erstreckt sich das aufgelassene Industriegelände der ILVA am Meer, bis in die 1990er Jahre wurde hier Stahl gekocht. Übrig geblieben sind gespenstisch anmutende Ruinen und hochfliegende Pläne. Tourismus heißt das Zauberwort. An den ehemaligen Verladestegen soll eine Marina entstehen, im Sommer finden Open-Air-Konzerte statt. Sehr gelungen ist das von der Universität betreute Museum **Città della Scienza,** Wissenschaft zum Anfassen. Den *tifoso,* den Fußballfan, zieht es am Sonntag nach Fuorigrotta ins **Stadio San Paolo.**

• **Città della Scienza,** Via Coroglio 104, Tel. 0817352202, www.cittadellascienza.it. Metro „Campi Flegrei", Busse C9 oder C10. Mo.–Sa. 9–17 Uhr, So. 10–18 Uhr. Eintritt 6 Euro, ermäßigt 5 Euro.

Touristeninformation

• **AAST**
Das städtische Touristenamt gibt monatlich die nützliche Informationsbroschüre „Qui Napoli" heraus, auch als Internet-Download (ital./engl.). Piazza del Plebiscito 1 (Palazzo Reale), I-80132 Napoli, Tel. 0812525711, Fax 081418619, www.inaples.it.

Info-Büros: Piazza del Gesù 7–8 (Centro Storico), Tel. 0815523328; Via San Carlo 9 (Galleria Umberto I), Tel. 081402394, und Via Marino Turchi 16 (Ecke Via S. Lucia), Tel. 0812400911. Jeweils Mo.–Fr. 8.30–19 sowie Sa. und So. 9–14 Uhr.

• **EPT**
Informationsbüros am Hauptbahnhof (Piazza Garibaldi), Tel. 081268779, und am Bahnhof Mergellina, Tel. 0817612102. Jeweils Mo.–Sa. 8.30–20 Uhr.

• **Osservatorio Turistico Culturale**
Städtisches Kulturbüro mit aktuellen Tipps und Terminen. Piazza del Plebiscito (Porticato Chiesa di Paolo), Tel. 0812471123, www.

golf_102 Foto: pa

comune.napoli.it. Mo.–Fr. 9–19 Uhr und Sa. 9–13 Uhr.

- **Pagine dell'Ozio**

Alles, was man über Neapel und Umgebung wisssen muss. Jeden Freitag für 0,80 Euro am Kiosk (ital./engl.).

- **Il Mattino**

Aktuelle Fahrpläne, Öffnungszeiten und eine ganze Seite mit Veranstaltungshinweisen in Neapels Tageszeitung (www.ilmattino.it).

- **La Repubblica**

Alle wichtigen Adressen und Termine auf einer Seite in der Lokalausgabe der liberalen Tageszeitung (www.Larepubblica.it).

- **www.napolinapoli.com**

Gute touristische Infos zu Neapel und Veranstaltungskalender, der auch als Newsletter abonniert werden kann (ital./engl.).

- **www.portanapoli.com**
- **www.comune.napoli.it**

Unterkunft

- Die EPT gibt jährlich ein **Unterkunftsverzeichnis** für die Stadt und Provinz Neapel heraus. Die Unterkünfte in der Stadt sind ganzjährig geöffnet.

- **Prom Hotels**

Kostenlose Hotelreservierungen. Je ein Stand auf dem Flughafen (tägl. 9–24 Uhr), Hauptbahnhof (tägl. 9–19.30 Uhr) und Molo Beverello (Mai bis September 9–19 Uhr). Tel. 0817896716, Fax 081789671, info@girandonapoli.it, www.girandonapoli.it.

- **Associazione Bed & Breakfast**

Zimmervermittlung für Neapel und Umgebung. Info nur persönlich oder per E-Mail. Cupa Camaldoli 18, Vomero Alto, napolibbnaples@tightrope.it, www.tightrope.it/bbnaples.

- **B&B Napoli**

B&Bs in Neapel (eine ungewöhnliche Unterkunft ist z.B. der im Hafen Mergellina vertäut liegende Schlepper Vittorino, www.vittorino.it), auf den Inseln, auf der Sorrentiner Halbinsel und an der Amalfitana. Buchung online, z.T. auch direkter Kontakt möglich. www.bb-napoli.com.

- **Rent a Bed**

Zimmervermittlung für Neapel und Kampanien. Freundlicher Service. Auf klar gegliederter Website finden sich zahlreiche B&Bs und kleine Hotels mit Preisangabe, direkter Kontakt möglich. Vico Sergente Maggiore (Ecke Via Toledo), Tel. 081417721, Mobil 3478134972, www.rentabed.com. Mo.–Fr. 10–18 Uhr.

Die **Hotels in Bahnhofsnähe** liegen verkehrsgünstig für Ausflüge nach Herkulaneum und Pompeji. Das Viertel ist laut und etwas zwielichtig. An die Piazza Garibaldi grenzen volkstümliche und verrufene Märkte. Es gibt hier eine Reihe solider Drei- und Vier-Sterne-Hotels, die v. a. von Geschäftsreisenden aufgesucht werden. Andere Etablissements vermieten ihre Zimmer nur stundenweise.

Konnte man früher **im Centro Storico** nur die Pension „Bellini" empfehlen, haben sich inzwischen eine Reihe guter Hotels und ein paar B&Bs dazugesellt.

Den **Lungomare** säumen Luxusherbergen. Bei knapper Kasse kann man das atemberaubende Panorama auch aus bescheideneren Häusern und einem luxuriösen, aber bezahlbaren B&B genießen.

Den Luxus traumhafter Ausblicke bieten auch Hotels auf dem **Vomero** und **Posillipo.**

- **Nähe Bahnhof/Piazza Garibaldi:** Terminus (****), Cavour (***), Grand Hotel Europa (***), Suite Esedra (***), Pensione Mancini
- **Centro Storico:** Caravaggio (****L), Il Convento (***), Toledo (***), Bellini (*), College Europa (*), Europeo (*), B&B Donna Regina, B&B Sansevero, Hostel Six Small Rooms
- **Nähe Piazza Municipio/Stazione Marittima:** Pensione Bella Capri, Hostel of the Sun
- **Auf dem Vomero:** Grand Hotel Parkers (*****), Britannique (****)
- **Auf dem Posillipo:** Paradiso (****)
- **Santa Lucia, Chiaia und Mergellina:** Canada (***), Chiaja Hotel de Charme (***), Pinto Storey (***), Le Fontane al Mare (**), B&B Partenope, B&B Riviera di Chiaia, Ostello per la Gioventù (JH)

Hotels und Pensionen

- **Grand Hotel Parkers** (****L)

Komplett renovierte Luxusherberge, seit 1865 beliebte Adresse betuchter Reisender aus aller Welt. 1889 gelangte das ehemalige „Tramonto Beaurivage" in den Besitz des britischen Meereszoologen *Georg Parker,* der sich das pleite gegangene Haus schlicht auf die Zimmerrechnung setzen ließ, als er vom Vollstreckungsbeamten bei seiner Siesta gestört wurde. Geschmackvoll eingerichtete, äußerst komfortable Zimmer. Traumhafte Blicke auf die Stadt und den Golf. Sehr gutes Restaurant im 6. Stock. 74 Zimmer, 9 Suiten. DZ/F 215–260 Euro (Meerblick ohne Aufpreis, muss aber angefragt werden). Corso Vittorio Emanuele 135, Tel. 0817612474, Fax 081663527, www.grandhotel.it.

- **Brittanique** (****)

Elegantes, etwas patiniertes Fin-de-Siécle-Hotel neben dem „Grand Hotel Parkers" (s.u.). Letzte Renovierung in den 1980er Jahren, kleine Schönheitsreparaturen werden ständig durchgeführt. *Henrik Ibsen* zählte zu den Gästen. 86 Zi., DZ/F 170-190 Euro. Metro Piazza Amadeo/Bus zum Corso Vittorio Emanuele; Funicolare Chiaia – Corso Vittorio Emanuele. Corso Vittorio Emanuele 133, Tel. 0817614145, Fax 081660457, www.britannique.webstarhotels.com.

- **Caravaggio** (****)

Stilvoll restaurierter Palazzo aus dem 17. Jh. an der kleinen Piazza, auf der sich seitlich des Duomo die Guglia di S. Gennaro erhebt (Suiten mit Piazza-Blick). Trotz der absolut zentralen Lage im brodelnden Herzen des alten Napoli sind die Zimmer sehr ruhig, einige sind allerdings eng geschnitten. Aufmerksamer Service, gutes Frühstück. (Tipp von *Hella* und *Wolf-Eckart Bühler.)* 16 Zi., EZ/F 80–120 Euro, DZ/F 120–165 Euro. Elektrobus E1. Piazza Cardinale Sisto Riaro Sforza 157, Tel. 0812110066, Fax 0814421578, www.caravaggiohotel.it.

- **Paradiso** (****)

Wunderbare Lage auf dem Posillipo. Klassischer Blick auf Golf und Vesuv aus einigen Zimmern und von der üppig bepflanzten Terrasse. Angenehmes Ambiente. 72 Zi., DZ/F 150–180 Euro. Funicolare Mergellina. Via Catullo 11, Tel. 0817614161, Fax 0817613449, www.hotelparadiso.it

- **Terminus** (****)

Verkehrsgünstiger geht es nicht, das gepflegte Haus liegt dem Bahnhof gegenüber. Geschäfts- und Gruppenreisende. Komfortable Zimmer mit Schallschutzfenstern. Reichhaltiges Frühstücksbuffet auf der Dachterrasse. 168 Zi., DZ/F 170–230 Euro. Piazza Garibaldi 91, Tel. 0817793111, Fax 081206689, www.starhotels.it.

● **Canada** (***)
Verkehrsgünstige Lage am Aliscafo-Hafen, die Funicolare direkt vor der Haustür, der Bahnhof Mergellina nur wenige Busstationen entfernt. Mobiliar im 1970er-Jahre-Stil, aber alles gut in Schuss. 12 Zi., DZ/F 95–130 Euro (Aufschlag für Meerblick). Via Mergellina 43, Tel./Fax 081680952, www.sea-hotels.it.

● **Cavour** (***)
Älteres Traditionshotel am westlichen Ende der Bahnhofspiazza. Die Zimmer fallen unterschiedlich aus, einige wurden kürzlich frisch und geschmackvoll renoviert. 93 Zi., DZ/F 110–130 Euro. Piazza Garibaldi 32, Tel. 081283122, Fax 081287488, www.hotelcavournapoli.it.

● **Chiaja Hotel de Charme** (***)
Pietro Fusella hat 2001 im Barock-Palazzo seiner Vorfahren ein edles Hotel eröffnet. Die Zimmer im Piano Nobile sind mit Stilmöbeln eingerichtet und allem Komfort ausgestattet. Den Gästen steht ein Salon mit Kamin zur Verfügung. 27 Zi., EZ/F 88–95 Euro, DZ/F 140–175 Euro. Wenige Schritte von der Piazza Plebiscito. Via Chiaia 216, Tel. 081415555, Fax 081422344, info@hotelchiaia.it, www.hotelchiaia.it.

● **Il Convento** (***)
2001 eröffnetes Hotel in sorgsam restaurierten Räumen eines barocken Palazzo wenige Schritte von der Via Toledo. Geschmackvolle Zimmer mit allem Komfort. Kleiner Dachgarten. 12 Zi, 2 Suiten. DZ/F 90–160 Euro. Via Speranzella 137A, Tel./Fax 081403977, www.sea-hotels.com.

● **Grand Hotel Europa** (***)
2000 komplett renoviertes Hotel in einem 19.-Jh.-Palazzo zwischen Bahnhof und Centro Direzionale. Geschäfts- und Gruppenreisende. Große, komfortable Zimmer mit Schallschutzfenstern. 80 Zi., DZ/F 80–160 Euro. Corso Meridionale 14, Tel. 081267511, Fax 0815634643, info@grandhoteleuropa.com, www.grandhoteleuropa.com.

● **Pinto Storey** (***)
Charmantes Art Deco-Haus oberhalb der Villa Pignatelli. Kürzlich renoviert, einige Zimmer mit Balkon und Blick aufs Meer. Rechtzeitig reservieren! 18 Zi., EZ/F 75–96 Euro, DZ/F 100–155 Euro. Metro bzw. Bus zur Piazza Amadeo. Via G. Martucci 72, Tel. 081681260, Fax 081667536, www.pintostorey.it.

● **Suite Esedra** (***)
Schlanker 19.-Jh.-Bau, 1998 komplett renoviert und als Hotel eröffnet. Stilvolles, modernes Ambiente. Zimmer mit jedem Komfort, die Venus-Suite mit kleinem Privatpool auf dem Dach. Reichhaltiges Frühstück an gemeinsamer Tafel. Kleiner Fitnessraum. 17 Zi., DZ/F 95–160 Euro. Leicht zurückversetzt vom Corso Umberto I., in Gehdistanz zu Porta Nolana und Spaccanapoli. Via Cantani 12, Tel./Fax 0815537087, www.sea-hotels.it.

● **Toledo** (***)
Kleines, feines Hotel in den oberen Stockwerken eines 2000 vollständig renovierten Altstadtpalazzo im Herzen des Spanischen Viertels, wenige Schritte vom Toledo. Geschmackvoll eingerichtete, komfortable Zimmer. Angenehmer Aufenthaltsraum mit Bar und Internet-Zugang. Frühstück auf der Dachterrasse mit tollem Ausblick. 18 Zi., EZ/F 90–110, DZ/F 110–140 Euro. Bus R2 ab Piazza Garibaldi. Via Montecalvario 15, Tel./Fax 081406800, info@hoteltoledo.com, www.hoteltoledo.com.

● **Le Fontane al Mare** (**)
Freundliche Pension am Lungomare. Man genießt einen ähnlich schönen Blick auf Meer und Castel dell'Ovo wie aus den benachbarten Luxusherbergen. Die Zimmer mit Aussicht haben das Bad auf dem Gang (ausgleichende Gerechtigkeit?). 19 Zi., DZ/F 60–70 Euro. Via N. Tomasseo 14, Tel. 0817643811, Fax 0817643470.

● **Bellini** (*)
Seit 1968 ein viel zitierter Übernachtungstipp im Centro Storico. Gut ausgestattete Zimmer und herzliche Ratschläge von *Antonio Riccardi* machen den Aufenthalt angenehm und sicher. 10 Zimmer, 1 Suite, 2 Apartments. DZ/F 70 Euro. Garage gegen Aufpreis, ca. 18 Euro pro Tag. Querstraße der Via Tribunali. Via S. Paolo 44 (Ecke Via Tribunali), Tel.

081456996, Fax 081292256, www.hotelbellini.com

●College Europa/Europeo Flowers(*)
Zwei Hotels vereint unter einem Dach, wenige Schritte von der Piazza San Domenico im Uni-Viertel. Einfacher ist das „College Europa" mit 10 Zimmern im 3. Stock, DZ DZ 55–95 Euro. Das „Europeo" im 4. Stock wurde 1995 komplett renoviert. 17 ruhige, geschmackvolle Zimmer. DZ 65–110 Euro. 10-Eurocent-Münzen für den Aufzug bereithalten. Via Mezzacannone 109/c, Tel./Fax 0815517254, www.sea-hotels.com.

●Bella Capri
Verkehrsgünstig gelegene Pension im 6. Stock eines gesichtslosen Bürohauses wenige Schritte von der Stazione Marittima. Einfache, geräumige Zimmer, einige mit Blick auf den Golf. Taugliche Betten. Hilfsbereiter Empfang, Internet-Anschluss. 9 Zi., EZ/F 55–66 Euro, DZ/F 70–82 Euro. 5-Eurocent-Münzen für den Aufzug bereithalten. Querstraße der Via Cristoforo Colombo. Via Melisurgo 4, Scala B, Tel. 0815529494, Fax 0815529265, info@bellacapri.it, www.bellacapri.it.

Bed & Breakfast

●Sansevero
B&Bs in historischen Palazzi an den schönsten Plätzen des Centro Storico. Die meist geräumigen Zimmer, fast alle ruhig und mit Rattanmöbeln eingerichtet, werden nach Verfügbarkeit zentral im „Albergo Sansevero" an der Piazza Bellini vergeben. An der Rezeption freundliche Studenten mit Fremdsprachen – und ausgezeichneten Ortskenntnissen. DZ/F 88–130 Euro, das Frühstück wird im nächsten Caffé serviert. Zentrale Reservierungsnummer: Tel. 0817901000, www.albergosansevero.it.

- Albergo Sansevero: Das kleine Etagenhotel dient als zentrale Anlaufstelle. 11 Zi. (8 mit eigenem Bad). Via S. Maria di Costantinopoli 101 (Piazza Bellini), Tel. 081210907, Fax 081211698.
- Albergo Sansevero: (Degas). 9 Zi. Calata Trinità Maggiore 53 (Piazza del Gesù Nuovo), Tel. 0815511276.
- Soggiorno Sansevero: Piazza 6 Zi. S. Domenico Maggiore 9, Tel. 0815515742.
- Palazzo Doria D'Angri: Eleganter Palazzo mit freskierten Räumen und Spiegelsaal. 9 Zi. Piazza VII. Settembre 28, Tel. 0817901000.

●Donna Regina
Mimmo Mazzella, Spross einer neapolitanischen Künstlerfamilie, führt das mit viel Gusto gestaltete B&B in den historischen Räumen eines ehemaligen Klosters. Geschmackvoll eingerichtete, komfortable und ruhige Zimmer. Reichhaltiges Frühstück. *Mimmo* und seine Freunde – Architekten, Kunsthistoriker und Musiker – bieten interessante Stadtführungen an. Das Centro Culturale Mazzella unterhält eine Reihe weiterer B&Bs im Zentrum von Neapel, auf Procida, Capri und im Cilento. Auf der Website weitere B&B-Tipps. 4 Zi., DZ/F 90–100 Euro. Via Settembrini 70 (Ecke Via Foria), Tel./Fax 081446799, www.discovernaples.net.

●Partenope
B&B in einem Uferpalazzo, traumhafter Blick auf den Golf aus einigen der Zimmer. Sehr geschmackvoll und komfortabel, freundliche und familiäre Atmosphäre. Frühstück in kleinem Salon mit Blick auf das Castel dell'Ovo. Internet. Gäste können gratis ein Fitness-Center in der Nähe besuchen. *Alessandro Ponzi* spricht ausgezeichnet englisch. 6 Zi., DZ/F 120–165 Euro. Bus 152, Tram 1. Lungomare Partenope 1, Tel./Fax 0812452095, bnb@parteno.it, www.partenope.it.

●Posillipo Dream
Von jungen, engagierten Leuten geführtes B&B in einer modernen, sehr ruhigen Wohnanlage im Grünen am Posillipo. Aus den geschmackvoll möblierten Zimmern und von der Terrasse Blick auf die Inseln Nisida, Procida und Ischia. Opulentes Frühstück. Auf der Website weitere B&B-Tipps. 2 Zi., DZ/F 75–100 Euro (mind. 2 Nächte). Funicolare di Posilipo, Bus 140 ab Stazione Mergellina. Via Manzoni 214/O – Parco Flory, Palazzo 4/B, Tel./Fax 0815756000, Mobil 3403704191, www.posillipodream.it.

●Riviera di Chiaia
Die Familie *Rambaldi,* die in Forio auf Ischia den Agriturismo Il Vitigno betreibt (siehe dort), hat in einem 17.-Jh.-Palazzo des Architekten *Fanzago* ein B&B con gusto eingerichtet. Hübsche Frühstücksterrasse. Netter Straßenmarkt, Bahnhof und Hafen von Mergelli-

na in Gehdistanz. 3 Zi., DZ/F 100 Euro. Riviera di Chiaia 66, Tel./Fax 081669748, www.bedandbreakfastrivieradichiaia.com.

Jugendherberge und Hostels

●Hostel of the Sun
Unkompliziertes, freundliches Backpacker-Hostel in Hafennähe (Molo Beverello). 3 Schlafräume, 4 Doppelzimmer mit und ohne Bad. Schlafplatz/F 18 Euro, DZ/F 50–60 Euro. Via G. Melisurgo 15 (Ecke Via Cristoforo Colombo), Tel./Fax 0814206393, www.hostelnapoli.com

●Ostello Mergellina
Neapels offizielle Jugendherberge, ein nüchterner Zweckbau der 1970er Jahre, liegt oberhalb des Mergellina-Bahnhofs. Über die Gleise und Dächer hinweg sieht man auf Golf und Vesuv. Der kleine Park mit dem Grab *Vergils* liegt nur wenige Schritte entfernt. Holzstockbetten mit Lattenrost, simple funktionale Bäder. 28 Sechs-Bett-Zimmer, 36 DZ. Übernachtung 14–16 Euro. Ganzjährig geöffnet. Schließt um 0.30 Uhr. Salita della Grotta a Piedigrotta 23, Tel. 0817612346, Fax 0817612391, ostellonapoli@virgilio.it.

●Pensione Mancini
Einfachstpension am westlichen Ende der Piazza Garibaldi. Volksnähe garantiert, der Forcella-Markt spielt sich vor dem Haus ab. Rucksackreisende (ital. *saccopelisti*) aus aller Welt. Freundlicher Empfang, Internet-Zugang. 4 Zi., 2 kleine Gruppenschlafräume. Schlafplatz 18 Euro, EZ/F 35–45 Euro, DZ/F mit Bad 55 Euro. Via Mancini 33, Tel. 0815536731, Fax 0815546675, www.hostelpensionemancini.com.

●Six Small Rooms
„Cosy, comfy & clean" wirbt die Australierin *Jenny* für ihr Hostel, das sie 1999 wenige Schritte vom Toledo und der Piazza Dante in einem Altstadtpalazzo aufgemacht hat. Es stimmt! Fröhliches, internationales Publikum. Saubere Zimmer mit oder ohne Bad, Gemeinschaftsküche. Mit eigenem Schlüssel kann man abends beliebig lange wegbleiben. 4 Zi., DZ/F 55–65 Euro, Vierbettzimmer 80–95 Euro. Metro 2 „Montesanto". Via Diodato Lioy 18, Tel. 0817901378, www.at6smallrooms.com.

Campingplatz

●Camping Internazionale Vulcano Solfatara
Empfehlenswerter Platz in Pozzuoli (siehe dort) mit guten Zug- und Busverbindungen nach Neapel.

Essen und Trinken

Pizzerien, Trattorien, Osterien und Restaurants

Nähe Bahnhof/Piazza Garibaldi:

●Da Michele
Die traditionellste neapolitanische Pizzeria, wenige Schritte vom „Trianon" (s.u.). Solange der Teig reicht, werden an den schlichten Marmortischen die Pizza-Klassiker Marinara und Margherita serviert. Abends bilden sich lange Schlangen, die delikaten Pizze gibt es auch zum Mitnehmen. Menu 6 Euro. So. Ruhetag. 8–24 Uhr! Via Sersale 1/2, Tel. 0815539204.

●Mimì alla Ferrovia
Alteingessenes, gutes Fischrestaurant am westlichen Ende der Piazza Garibaldi. Kulinarisch und preislich liegt das Niveau deutlich über dem Durchschnitt. Menu 25–30 Euro. So. Ruhetag. Mittags und abends. Via Alfonso d'Aragona 19/21, Tel. 0815538525.

●Trianon da Ciro
Seit 1923 eine der besten Pizzerie Neapels. An Wochenenden lange Schlangen vor dem Eingang. Hat man es endlich geschafft, schlägt einem fröhlicher Lärm entgegen. Das Lokal erstreckt sich über drei Stockwerke, auf den schlichten Marmortischen liegen die Speisekarten aus. Zur Auswahl stehen Pizze, Coca-Cola, Bier, Wasser und neuerdings sogar ein Hauswein! Menu ca. 10 Euro. Tägl. mittags und abends. Nach dem Essen wechselt man auf die andere Straßenseite in die Gelateria Al Polo Nord. Forcella-Viertel, zwischen Piazza Garibaldi und Centro Storico. Via Pietro Coletta 42/46, Tel. 0815539426.

Frisch gepresste Zitronenlimonade seit 1836: Acquafrescalo

Centro Storico:

•Antica Osteria Pisano

Volkstümliche Osteria zwei Schritte vom Dom am Eingang zum Forcella-Viertel. Bei gutem Wetter stehen ein paar Tische auf der verkehrsumtosten Piazza. Solide *cucina napolitana.* 15–20 Euro. So. Ruhetag. Mittags und abends. Piazza Crocelle ai Mannesi 1–4, Tel. 0815548325.

•Bellini

Traditionslokal, wenige Schritte von der Piazza Bellini. Fischgerichte und Pizze (die bessere Wahl!). Im Straßenverkauf *Pizza a portafoglio,* d.h. zweimal gefaltet, ein beliebter Studentensnack. Menu 20–25 Euro. Mittags und abends. So. nur mittags geöffnet. Via Santa Maria di Costantinopoli 79/80, Tel. 081459774.

•La Campagnola

Giovanni Bufalinos kleines Lokal hat Tradition. Seit über 50 Jahren gibt es die Trattoria mit Wein- und Ölhandlung. Schlicht gedeckte Tische, cucina napoletana mit viel Gemüse zu günstigen Preisen. An Wein herrscht kein Mangel. 7–15 Euro. So. Ruhetag. Nur mittags. Via Tribunali 47, Tel. 081459034.

•La Cantina del Sole (ex Corpo di Napoli)

Gennaro und *Daniela* führen ihr winziges, freundliches Lokal zwei Schritte von der Pizzeta Nilo unter neuem Namen weiter. Ihrer ausgezeichneten *cucina campana* sind sie treu geblieben. Köstliche, hausgemachte *Dolci.* Menu ca. 20 Euro. Die exzellente Auswahl an Weinen ist *Gennaro* seinem Familiennamen *Del Vino* schuldig. Di. Ruhetag. Mo.–Sa. nur abends, So. auch mittags. Via G. Paladino 3, Tel. 0815527312.

•La Cantina di Via Sapienza

Im Souterrain Essen wie bei Mamma. Täglich wechselnde Menus, guter Hauswein. Junges, studentisches Publikum. Menu 12 Euro. So. Ruhetag. Nur mittags. Via della Sapienza 40 (Ecke Via S. Maria di Costantinopoli), Tel. 081459078.

•Lombardi a Santa Chiara

Ausgezeichnete Pizze (calzone!), gute Weine und oft lange Schlangen. 18–25 Euro. Mo. Ruhetag. Mittags und abends. Via Benedetto Croce 59, Tel. 0815520780.

•Di Matteo

Winzige, ausgezeichnete Pizzeria im Herzen der Altstadt. Straßenverkauf und ein paar

golf_107 Foto: pa

Marmortische. Hier kann man auch die in Fett ausgebackenen *Pizza fritta* empfehlen. 5 Euro. So. Ruhetag. Von morgens bis Mitternacht. Via Tribunali 94, Tel. 081455262.

•Nenella
Blitzsaubere Familientrattoria im Herzen der Quartieri Spagnoli. Klassische *cucina napoletana* für wenig Geld. 10–15 Euro. So. Ruhetag. Mittags und abends. Via Lungo Teatro Nuovo 103/105, Tel. 081414338.

•Port'Alba
Eine der ältesten Pizzerien der Stadt, auch bei Studenten beliebt. *Frittura all'italiana* probieren! 10–20 Euro. Mi. Ruhetag. Mittags und abends. Via Porta Alba 18, Tel. 081459713.

•Simposium
Giovanni Serritelli hat sich mit Begeisterung der Pflege historisch neapolitanischer Hofküche verschrieben. Im Innenhof des Palazzo Foglia, einem der stattlichen barocken Paläste an der Spaccanapoli, nimmt das Lokal einen der ehemaligen Wirtschaftsräume ein. Die Gäste tafeln gemeinsam an einem reich gedeckten Tisch und werden dabei nicht nur kulinarisch, sondern gelegentlich auch musikalisch unterhalten. Für die abendlichen Festgelage muss man vorbestellen. (45–50 Euro). Sa. und So. mittags hingegen gilt first come, first served. Menu 20 Euro. Sa. und So. mittags und Fr. und Sa. abends. Via Benedetto Croce 38, Tel. 0815518510.

•un SorRiso integrale
Vegetarisches Ethno-Restaurant wenige Schritte von der Piazza Bellini. Studenten mit Ausweis essen hier besonders günstig. Themenabende mit Live-Musik. Sehr sympathisch! 10–15 Euro. Mo.–Sa. mittags, von Mai bis Aug. auch So. mittag; Do. und Sa. abends bis spät. Vico San Pietro a Majella 6 (Ecke Via San Pietro a Majella), Tel. 081455026.

Auf dem Vomero:

•Rossopomodoro
Flottes Lokal direkt am Cumana-Bahnhof „Corso Vittorio Emanuele". Schnelle Küche und günstige Mittagsmenus. Riesenauswahl guter Pizze, leckere Pastagerichte. Die Wände schmücken Tomatendosen-Etiketten. 15–20 Euro. Mittags und abends. Corso Vittorio Emanuele 84, Tel. 0817618861.

Chiaia, Santa Lucia und Mergellina:

•Brandi
„Dove la pizza è un pezzo di Storia". Die Pizzeria Brandi gibt es seit 1780, 1889 kreierte *Raffaele Esposito* hier zu Ehren der Königin *Margherita* die Pizza gleichen Namens in den Nationalfarben rot, weiß und grün. Die Pizza ist ausgezeichnet. Abends stehen ein paar Tische bei romatischem Kerzenschein auf der Gasse. Menu 25 Euro. Mo. Ruhetag. Mittags und abends. Salita S. Anna di Palazzo 1/2, Tel. 081416928.

•Gastronomia L.U.I.S.E.
Wer vor oder nach dem Shoppen eine Stärkung braucht, legt am besten in dieser ausgezeichnete *Tavola calda* (Schnellimbiss) einen Stopp ein. Das Akronym L.U.I.S.E. besagt, dass es hier lecornie italiane, italienische Delikatessen, gibt. 10 Euro. Mo.–Sa. 8–20.30, So. 9.30–14.30 Uhr. Via S. Caterina a Chiaia 68 (Piazza dei Martiri), Tel. 081417735.

•Osteria Castello
Klassische *cucina napoletana* in einfachem, herzlichem Ambiente. So. Ruhetag. Mittags und abends. 20 Euro. Via Santa Teresa a Chiaia 38, Tel. 081400486.

•Da Dora
Die ehemals schlichte Fischerkneipe ist längst kein Geheimtipp mehr, aber immer noch ein Garant für beste Fischküche, auch wenn die Mehrzahl der betuchten Gäste inzwischen aus dem Ausland kommt. Eine köstliche *zuppa di pesce* ersetzt ein ganzes Mahl, trotzdem sollte man auch die rohen *frutti di mare* zumindest kosten! 30–45 Euro. So. Ruhetag. Mittags und abends. Via F. Palasciano 30 (Ecke Riviera di Chiaia), Tel. 081680519.

•Da Tonino
Die kleine Osteria, eine der ältesten der Stadt, ist ständig gut besucht. An den großen Tischen rückt man zusammen und wird von *Tonino* unterhalten, derweil seine Frau *Nina* in der Küche köstliche *seppie in umido, pasta e faggioli* oder *pasta e ceci* zubereitet. Die Wände zieren praktischerweise gut gefüllte Weinregale. 15 Euro. Tägl. mittags, Do., Fr. und Sa. auch abends. Via Santa Teresa a Chiaia 47, Tel. 081421533.

•La Cantina di Triunfo
In dritter Generation bereits werden in dieser Enothek beste kampanische Weine ausge-

schenkt. Dazu wird schmackhafte neapolitanische Küche gereicht. Die Auswahl der Speisen ist klein, dafür kommt hier alles frisch auf den Tisch, das Menu wechselt täglich. 25 Euro. So. Ruhetag. Nur abends. Riviera di Chiaia 64, Tel. 081668101.

•Ciro
Angenehmes Ambiente, gute Fischgerichte und Holzofenpizze. Etwas teuer, allerdings ist die Lage am Castel dell'Ovo, mit Blick über den Yachthafen auf die Stadt und den Vesuv, kaum zu überbieten. Menu 30–35 Euro. Mi. Ruhetag. Mittags und abends. Borgo Marinari, Tel. 0817646006.

•La Mattonella
Kleine traditionelle Trattoria, deren Wände gefließt sind (daher der Name). Köstliche Antipasti und Pasta-Gerichte. Offener Wein. 20 Euro. Mittags und abends, nur So. abends geschl. Via Nicotera 13, Tel. 081416541.

•Da Pasqualino
Unter den zahlreichen Pizzerien an der Piazza Sannazzaro vielleicht die beste. Auch Fisch und Meeresfrüchte. Menu 12–15 Euro. Di. Ruhetag. Mittags und abends. Piazza Sannazzaro 77/79, Tel. 081681524.

•La Stanza del Gusto
Winziges Feinschmeckerlokal am Ende einer hübschen Sackgasse. Von der Via Chiaia führen gegenüber des Teatro Sannazzaro einige Stufen hoch. *Mario Avallone* lässt sich vom Marktangebot täglich aufs Neue zu seinen Kreationen inspirieren. Eine der besten Küchen der Stadt! 25–50 Euro. So., Mo. Ruhetag. Nur abends. Vorbestellen! Vicoletto Sant'Arpino 21 (Gradini di Chiaia), Tel. 081401578.

•Zi Teresa
Was 1916 als kleine Osteria im Fischerhafen von Santa Lucia begann, ist heute ein teures Fischrestaurant am neuen Yachthafen. Man isst mit Blick auf das Castel dell'Ovo. Neapolitaner feiern hier gerne Familienfeste. So. abend geschlossen. Mittags und abends. Borgo Marinari, Tel. 0817642565.

Posillipo und Marechiaro:

•Giuseppone al Mare
Der Ausblick auf den Golf, die aufmerksame Bedienung und die ausgezeichneten Fischgerichte sind exquisit. 45 Euro. Mo. Ruhetag, So. abend geschl. Mittags und abends. Bus 140 von Mergellina Richtung Capo Posillipo. An der Piazza Salvatore di Giacomo zu Fuß zum Meer absteigen. Via F. Russo 13, Tel. 0817691384.

•La Vela
Romantisches Terrassenrestaurant am winzigen Fischerhafen von Marechiaro. Die Frau des *padrone* kommt aus Nürnberg. 25–30 Euro. Mittags und abends. Bus 140 von Mergellina zum Capo Posillipo, ab hier Minibus nach Marechiaro. Porticciolo di Marechiaro, Tel. 0817692313.

Snacks, Cafés, Bars und Eisdielen

•Acquafrescaio
Noch bis in die 1950er Jahre standen Kioske, die frisch gepresste Zitronenlimonade anboten, an allen Straßen und Plätzen Neapels. Den Kiosk neben der Kirche S. Ferdinando gibt es seit 1836. *Clorinda Barbaro* und ihre Tochter *Carolina Guerra* erfrischen die durstigen Passanten wie eh und je mit köstlicher *spremuta fresca di limone,* bestellt man sie mit Seltz, muss man sich mit dem Trinken beeilen. Warum? Ausprobieren! Piazza Trieste e Trento.

•Caffeteria del Professore
Exzellenter Espresso. Insgesamt gibt es mehr als 50 Kaffee-Spezialitäten. Piazza Trieste e Trento 46, Tel. 081403041.

•Chalet Ciro
Der beste Eis-Kiosk in Mergellina. Via Caracciolo, Tel. 081669928.

•Gelateria della Scimmia
Seit 1933 lockt der Schimpanse Kinder und Erwachsene in eine der besten Eisdielen der Stadt. Das Stammhaus steht an der Piazza Carità 4 (Via Toledo), eine Filiale hat an der Piazza Trieste e Trento 54 eröffnet.

•Chiquitos
Wenn die Schlangen vor dem Chalet Ciro wieder einmal zu lange sind, auch an diesem Kiosk gibt es leckeres *gelato!* Via Mergellina (am Funicolare).

•La Sfogliatella Mary
Am Ausgang zur Via Toledo von morgens bis abends frische *sfogliatelle.* So. Ruhetag. Galleria Umberto I 66, Tel. 081402218.

golf_110 Foto: pa

• Otranto

Die verwöhnten Schleckermäuler auf dem Vomero schwören auf *Ciro Otrantos* Eis-Kreationen. Mi. Ruhetag. Via Scarlatti 78, Tel. 0815587498.

• Gran Caffè Gambrinus

Das elegante Belle Époque-Kaffeehaus, ein touristisches Muss, hat eine lange Tradition als Treffpunkt liberaler Künstler und Intellektueller. Die Kreationen der hauseigenen Konditorei lassen einem das Wasser im Munde zusammenlaufen, und wahlweise kann man unter Murano-Lüstern am langen Tresen stehen oder für ein paar Euro mehr genussvoll in roten Plüschsesseln versinken und der Klaviermusik lauschen. Via Chiaia 1/2 (Piazza Trieste e Trento), Tel. 081417582.

• Intra Moenia

Seit 1989 Treffpunkt von Studenten, Intellektuellen, Künstlern und natürlich auch Touristen. Zum Essen gibt es leckere Kleinigkeiten und üppige Salate, am Abend wird das Lokal zur belebten Cocktailbar. „Intra Moenia" ist auch ein Verlag, der mittlerweile über 60 Titel zu Neapel im Programm hat. Schmökern lohnt sich! Nützliche Gratis-Stadtpläne laden zur Erforschung der Altstadt ein. Internetpoint. Tägl. 10–3 Uhr nachts. Piazza Bellini 70, Tel. 081290720, www.intramoenia.it.

• Pintauro

Kleine, ausgezeichnete Pasticceria. Die *Dolci* gibt es auf die Hand. „1785 qui nacque la sfogliatella" (Geburtsort der *sfogliatella).* Mo.–Sa. 8.30–20.30 Uhr. Via Toledo 275.

• Scaturchio

Alteingessene Pasticceria, berühmt für *gelato, sfogliatelle, babà* und Sachertorte. Auch Tische auf der Piazza. Piazza San Domenico Maggiore, Tel. 0815519815.

Internet-Cafés

• Internetbar

11 Terminals mit schnellem ADSL-Zugang, 3 Euro pro Std. Caffé und Bier. Mo.–Sa. 9–2

Uhr nachts, So. 19–2 Uhr nachts. Piazza Bellini, Tel. 081295237, www.internetnapoli.it.

● **Internet café**
Nüchterner Raum mit 20 ADSL-Anschlüssen (1 Std./1 Euro) im 1. Stock über der Bar Mexiko an der nordöstlichen Ecke der Bahnhofspiazza. Metro 2 „Garibaldi". Mo.–Fr. 9.30–21 Uhr, Sa. 10–17 Uhr. Piazza Garibaldi 73.

● **Intra Moenia**
In dem sympathischen Literatur-Café an der Piazza Bellini (s.o.) kann man auch auf einem I-Mac mit ADSL-Zugang surfen (30 Min./2 Euro). Tägl. 10–3 Uhr nachts. Piazza Bellini 70, Tel. 081290720, www.intramoenia.it.

● **My Beautiful Laundrette**
Wachsaloon cum Internet! Während die Wäsche wäscht, kann man für 2,50 Euro pro Std. online gehen. Metro 2 „Cumana". Via Montesanto 2, Tel. 0815422162, mybeautifullaundrette@yahoo.it.

Nachtleben, Clubs und Discos

Neapels Nachtleben ist immer *in movimento,* die **Adressen ändern sich schnell,** ständig schießen neue Lokale für kurze Zeit aus dem Boden. In Bars, Buchhandlungen und Schallplattenläden, v.a. im Univiertel im Centro Storico, liegen Flyer aus, aktuelle Termine auch im Info-Magazin Pagine dell'Ozio, das es alle 14 Tage am Kiosk gibt. Im Sommer sind die Plätze im Centro Storico und der Lungomare gut frequentierte Treffs.

Bestens organisiert und sehr hilfsbereit ist die **Schwulen- und Lesbenszene** mit dem Circolo culturale ArciGay/ArciLesbica im Univiertel, Vico San Geronimo 17–20 (Ecke Via Mezzocannone), Tel. 0815528815, Fax 081268808, www.arcigayit/napoli/.

● **Around Midnight**
Jazz und Folk, aber auch Theater und Lesungen. Auf das erste Getränk wird als Eintritt ein Aufschlag erhoben. Funicolare Montesanto. Via Bonito 32A, Tel. 0815582834.

● **Freezer**
Cooler Discoclub im postmodernen Centro Direzionale. Tagsüber Caffé, von Okt. bis Mai. Freitagnacht Disco. Isola G 6 – Via Lauria 6, Tel. 0817502457, Mobil 3392104142.

● **Kinky Bar**
Chill out bei Reggae-Sound. Tägl. ab 22 Uhr. Juli und Aug. geschlossen. Via Cisterna dell'Olio 21, Tel. 0815521571.

● **Notting Hill Gallery**
Alternative Studentenbar mit Tanzfläche und gelegentlichen Live-Acts. Okt. bis Mai Di.–Sa. Piazza Dante 88A, www.nottinghill.net.

● **Otto Jazz Club**
Neapels ältester Jazzclub bringt auch neapolitanischen Folk auf die Bühne. Am Wochenende Live-Konzerte. Eintritt frei, erstes Getränk ca. 8 Euro. Ferien Mitte Juni bis Mitte Sept. Salita Cariati 23/A (Corso Vittorio Emanuele), Tel. 0815524373, www.napoli.com/ottojazz/.

● **Velvet**
Underground-Disco in den Quartieri Spagnoli. So. Live-Konzerte neapolitanischer Bands. Okt. bis Mai Di.–So. Via Cisterna dell' Olio 11, Mobil 3478661289, www.clicnet.it/velvet. In der gleichen Straße gibt es weitere Clubs und Szene-Plattenläden.

● **Virgilio Club**
In heißen Sommernächten beliebte Open-Air-Disco im vornehmen Posillipo. Juni bis September, nur Sa. Bus 140 Via Pascoli. Via Tito Lucrezio Caro 6, Tel. 0815755261.

An- und Weiterreise

● Siehe auch „Reisen in Kampanien".

● **Auto:** Autobahn A1 Richtung Rom. Autobahn A3 über Salerno Richtung Reggio Calabria. Autobahn A16 über Avellino Richtung Benevent und Bari. Da die A3 in Richtung Süden stark befahren ist, bietet sich alternativ die A30 über Nola und Salerno an.

● **Bus:** Die meisten blauen Überlandbusse starten von der Piazza Garibaldi (Hauptbahnhof) bzw. in der Nähe der Stazione Marittima (Fährhafen) am Molo Beverello. CTP (Tel. 0817001111, www.ctnp.it) von der Piazza Garibaldi (gegenüber Hotel Cavour) nach Caserta. SITA (Tel. 0815522176, www.sita-online.it) von der Piazza Immacolatella Vecchia (200 m nördl. Stazione Marittima) nach Pompeji, Salerno und über Sorrento an die Costiera Amalfitana.

● **Bahn:** Neapels Hauptbahnhof, die **Stazione Centrale FS,** liegt an der Piazza Garibaldi (Gepäckaufbewahrung!). Günstige Direktverbindung mit dem Nachtzug von und nach München. Regionalzüge aus Rom halten manchmal auch an der **Stazione Mergellina FS.** Von Neapel gute Zugverbindungen nach Avellino, Benevent, Caserta und Salerno. Fahrplanauskunft 7–21 Uhr, Tel. 892021, www.trenitalia.com. Bahnkarten direkt an den Schaltern oder in jedem Reisebüro mit dem FS- bzw. Trenitalia-Zeichen. Achtung: Tickets vor der Abfahrt an dem gelben Automaten am Bahnsteig entwerten.

● **Nahverkehrszüge: Circumvesuviana** (Tel. 0800-053939, www.vesuviana.it.), an der Strecke Napoli – Sorrento liegen die Ausgrabungszonen von Herkulaneum und Pompeji. Ab der Endhaltestelle Via Garibaldi bzw. von der Piazza Garibaldi ca. alle 30 Min, Tel. 0817722444.

FS Cumana/FS Circumflegrea (Tel. 0800-001616, www.sepsa.it), von Neapel (Stazione Montesanto) in die westlichen Vororte, nach Pozzuoli, Baia und zu den Phlegräischen Feldern, Tel. 0815513328.

● **Flugzeug: Aeroporto Internazionale di Napoli (Capodichino),** Neapels internationaler Flughafen liegt ca. 8 km von der Piazza Garibaldi/Stazione Centrale (Hauptbahnhof) entfernt. www.gesac.it

Vom Flughafen in die Stadt: Der blaue **Alibus** fährt von 6–23.30 Uhr ca. alle 30 Min. vom Flughafen über Piazza Garibaldi (Hauptbahnhof) zur Piazza Municipio (Nähe Molo Beverello/Stazione Marittima). Tickets zu 1,60 Euro direkt im Bus. Gelbe **ANM-Busse** ins Stadtzentrum. Linie 3 S über die Piazza Garibaldi und Piazza Municipio zum Molo Beverello (Stazione Marittima). Fahrtzeit ca. 30 Min., von 6–23 Uhr alle 20 Min. Giranapoli-Ticket zu 0,75 Euro am Kiosk. **Taxis** direkt vor dem Ankunftsbereich. Flughafen-Bahnhof ca. 20 Euro, Flughafen-Stazione Marittima ca. 25 Euro.

Vom Flughafen nach Sorrent: Autolinee Curreri (Tel. 0818015420) um 9, 11.30, 13, 14.30, 16.30 und 19 Uhr über Vico Ecquense nach Sorrento; Tickets zu 6 Euro direkt im Bus.

Mietwagen

Die internationalen Autoagenturen sind am Flughafen, Hauptbahnhof und entlang des Lungomare (Via Partenope) gut vertreten.

● **Avis,** Aeroporto, Tel. 0817805790, Fax 0817517544. Corso Lucci 203 (Piazza Garibaldi, c/o Hotel Terminus), Tel. 0815537171.

● **Europcar,** Aeroporto, Tel. 0817805643, 800014410, www.europcar.it.

● **Hertz,** Aeroporto, Tel. 0817802971. Stazione Centrale (Piazza Garibaldi), Tel. 081206228, 800868016.

● **Maggiore-Budget,** Aeroporto, Tel. 0817803011, 147-867067, www.maggiore.it. Stazione Centrale (Piazza Garibaldi), Tel. 081287858.

● **Thrifty,** Aeroporto, Tel. 0817805702.

Schiffe/Fähren

● **Schiff:** Aktuelle Fahrpläne stehen im „Qui Napoli" oder in der Tageszeitung Il Mattino, Prospekte gibt es bei den Touristenämtern. Es verkehren **traghetti (Fähren)** und **aliscafi (Tragflügelboote).**

● **Fährgesellschaften: Alilauro** (Tel. 0817611004, www.lauro.it), **CAREMAR** (Tel. 0815513882, www.caremar.it), **NLG Navigazione Libera del Golfo** (Tel. 0815527209, www.navlib.it), **SNAV** (Tel. 0818969975, www.snav.it). Eine neue Initiative ist die **Metro del Mare** (Tel. 199-446644, www.metrodelmare.com): Im Juli und Aug. tägl. und im Juni und Sept. nur an Wochenenden verkehren von Neapel aus Fähren in der gesamten Golfregion und nach Süden über Salerno bis in den Cilento.

● Am **Molo Beverello** (Stazione Marittima), in der Nähe der Piazza Municipio, legen Fähren und Tragflügelboote Richtung Capri, Ischia, Procida sowie nach Sorrent ab. Hier fahren auch die Sizilien- und Tunis-Fähren los. Von Mergellina fahren Tragflügelboote zu den Inseln und nach Sorrent.

Unterwegs in Neapel

Bewachte Parkplätze

● **Interscambio-Autosilo Brin,** Via B. Brin (Tel. 0817632827 und 0817632855, www.posteggingaapoli.it). Rund um die Uhr geöffneter Großparkplatz zwischen Piazza Garibaldi und dem Meer, von der Tangenziale (Ringautobahn) Ausfahrt „Porto". Busse zur Piazza Garibaldi; 7,20 Euro pro 24 Std., Langzeitparker erhalten Ermäßigung.

● **Sannazzaro,** Piazza Sannazzaro 142 (Nähe Hafen Mergellina), Tel. 081681437; ca. 15 Euro pro Tag.

Öffentliche Verkehrsmittel

Siehe auch Tipp im Kapitel „Reisen in Kampanien": „Alles auf eine Karte".

Viele Sehenswürdigkeiten in Neapel lassen sich zu Fuß erreichen. Sollte es notwendig sein, kann man auf den gut organisierten öffentlichen Nahverkehr der **Azienda Napoletana Mobilità (ANM,** www.anm.it) umsteigen. Informationsblätter mit Netzplänen in allen Touristenbüros. Giranapoli-Fahrscheine gelten für Busse, Trams, Metro und die Funicolare. Man kann beliebig umsteigen, die Tickets sind 90 Min. (1 Euro) bzw. einen Tag (2,30 Euro) gültig und in Bars, am Kiosk und in Tabacchi-Läden erhältlich. Die Metro fährt bis 23 Uhr, Busse bis 24 Uhr, danach auf den wichtigsten Strecken stündl. Nachtbusse.

● **Busse:** Zum Busfahren muss man in Neapel etwas Geduld aufbringen, häufig sind die Busse überfüllt und bewegen sich nur langsam durch den Stadtverkehr. Die wichtigsten Linien im Zentrum sind **R 1, R 2** (Piazza Garibaldi - Piazza Trieste e Trento), **R 3** und **R 4**. Durch das Centro Storico fährt der Mini-Elektrobus **E 1** ab der Piazza del Gesù. **Bus 110:** Piazza Garibaldi - Museo Archeologico/Museo Capodimonte. **Bus 140:** Piazza Garibaldi - Mergellina - Posillipo - Pozzuoli.

● **Metro:** Touristisch interessant ist die **Metropolitana FS** von der Piazza Garibaldi in Richtung Pozzuoli/Campi Flegrei. In der Stadt hält sie an der Piazza Cavour (Museo Archeologico), Montesanto (Funicolare Montesanto, Quartieri Spagnoli), Piazza Amadeo (Chiaia-Viertel) und Mergellina (Jugendherberge, Stazione FS, Hafen Mergellina). Schnell und effizient ist die neue M 1, die den Centro Storico umfährt. Die Stationen wurden von international renommierten Künstlern gestaltet!

● **Tram:** Die Tram lädt zu einem gemütlichen Sightseeing am Lungomare ein.

● **Funicolare:** Neapels großartige Drahtseilbahnen! Die Funicolare Montesanto (Quartieri Spagnoli), Funicolare Centrale (Via Toledo, Nähe Piazza Trieste e Trento) und Funicolare di Chiaia (Piazza Amadeo) führen auf den Vomero-Hügel. Die Funicolare Mergellina (Via Mergellina) erklimmt den Posillipo.

Taxi

Neapels autorisierte Taxis sind weiß und tragen als Emblem das Stadtwappen. Am Flughafen und in den Fremdenverkehrsämtern liegen **Tariftabellen** aus. Grundpreis 2,60 Euro, für jede gefahrenen 75 m 0,05 Euro, Zuschläge für Sonn- und Feiertage, Gepäckstücke, Taxiruf und Flughafenfahrten.

Preisbeispiele: Flughafen – Piazza Garibaldi 20 Euro; Piazza Garibaldi – Hafen Mergellina 8–10 Euro, Piazza Garibaldi – Molo Beverello 8–10 Euro.

Neapels Taxifahrer sind in **Kooperativen** organisiert: **Consortaxi,** Tel. 0815525252. **Free Taxi,** Tel. 0815515151. **Napoli,** Tel. 0815564444. **Partenope,** Tel. 0815560202.

Banken

Banken am Flughafen und Hauptbahnhof. Zahlreiche Banken und Bankomaten im Stadtzentrum.

Post

● **Palazzo Centrale della Posta** an der Piazza Mateotti.

Einkaufen

In Neapel einzukaufen ist ein Erlebnis. Auf den **Märkten** kann man sich unter das Volk mischen, im Chiaia-Viertel begegnet man dem in edles Tuch gehüllten Bürgertum. In der Altstadt gibt es Straßen, an denen sich ein einziger Berufsstand angesiedelt hat, wie z.B. die Blechschmiede entlang der Rua Catalana nördlich der Piazza Municipio. Berühmt sind die **Weihnachtskrippenmacher** in der Via San Gregorio Armeno. An der Port'Alba konzentrieren sich die besten **Buchläden** der Stadt. Die **Libreria Guida** in der Via Port'Alba 20–23 ist ein kulturelles Nationaldenkmal. An der nahen Piazza Bellini gibt es die einzige Frauenbuchhandlung Süditaliens. Entlang der Via S. Maria di Costantinopoli kann man in **Antiquariaten** stöbern und besonders schöne, wenn auch nicht ganz billige Stiche und Gouachen entdecken. **Modebewusste** zieht es auf den Toledo und ins Chiaia-Viertel. Die höchste Konzentration an Edelmarken ist in der Via Calabritto südlich der Piazza dei Martiri versammelt, dicht gefolgt von der Via Filangieri nördlich der Piazza. Wer kein Geld für Armani, Cacharel, Ferragamo, Gucci & Co. hat, sollte sich von dem Schaufensterbummel nicht abhalten lassen. Fast echte Louis Vuitton-Taschen werden illegal auf dem Forcella-Markt verkauft (siehe Exkurs „Neapels Märkte").

- **Fonoteca**

Szene-Plattenladen im Centro Storico. Immer aktuelle Musik-Tipps! Mo.–Sa. 9.30–20.30 Uhr, So. 10–14 Uhr. Tel. 0815512842.

- **Fratelli Russo**

Fröhlicher, pittoresker Obst- und Gemüseladen gegenüber der Chiesa del Purgatorio. Tod und Leben ganz nah. Via Tribunali 353.

- **Gay Odin**

Neapels Top-Schokoladen-Konfisserie. Via Toledo 214, Tel. 081400063.

- **Marinella**

Neapels edelster Krawattenschneider fertigt individuelle Binder an. Mo.–Sa. 7–13.30 Uhr, 16–20 Uhr. Riviera di Chiaia 287, Tel. 0817644214.

- **Ospedale delle Bambole**

In der bekanntesten Werkstatt an der Spaccanapoli repariert und verkauft Luigi Grasso Puppen. Via San Biagio dei Librai 81.

- **Tattoo Records**

Szene-Plattenladen im Centro Storico. Auch Filme auf DVD. Mo. 9–21 Uhr, Di.–Sa. 9–1 Uhr, So. 10–14 und 20.30–1 Uhr nachts. Piazzetta del Nilo 15, Tel. 0815520973.

Feste/Veranstaltungen

Veranstaltungshinweise stehen jeden Monat im Gratis-Magazin des Fremdenverkehrsamtes **„Qui Napoli"** bzw. aktueller und ausführlicher jeden Freitag für 0,80 Euro am Kiosk in den **Pagine dell'Ozio** (ital./engl.) und täglich in den Zeitungen **Il Mattino** und **La Repubblica.** Tipps finden sich auch auf den beiden Websites **www.napolibynight.com** und **www.napolinapoli.com.** Im Uni-Viertel liegen in Copy-Shops, Bars und Plattenläden Flyer aus.

- **Maggio dei Monumenti**

Ganz Neapel (und Heerscharen von Touristen) ist auf den Beinen, wenn im Mai Museen, Kirchen, Kastelle und viele sonst der Öffentlichkeit verschlossene Orte ihre Pforten öffnen. Umfangreiches Begleitprogramm. Rechtzeitig Unterkunft besorgen!

- **Festa di San Gennaro**

Am ersten Maiwochenende und 19. September ereignet sich im Dom das **Wunder der Blutverflüssigung.** Der Erzbischof hält den Gläubigen zwei Ampullen mit dem eingetrockneten Blut des Schutzpatrons entgegen und, wenn alles gut geht, verflüssigt es sich nach dem Schütteln. Gellende „Viva San Gennaro"-Schreie erfüllen die Kirche. Wenn sich das Blut nicht verflüssigt, steht der Stadt Ungemach ins Haus. So. geschehen im September 1980, als Wochen später ein verheerendes Erdbeben Kampanien verwüstete, oder im Mai 1988, worauf der SSC Napoli die begehrte Meisterschaft verfehlte. Wer beim Wunder dabei sein möchte, muss früh aufstehen. Die Messe beginnt um 9 Uhr, aber schon Stunden vorher bilden sich lange Schlangen vor dem Dom.

- **Estate a Napoli**

Umfangreiches Open-Air-Programm von Juni bis August.

- **Strit Festival Napoli**

Internationales und Aufsehen erregendes Straßenfestival Anfang August. Altstadtgassen, Kirchen und Paläste, Höfe und Plätze werden zur Bühne für lebendige Musik- und Theaterdarbietungen. Ass. Napoli Strit Festival, Tel. 0813031162, www.napolistritfestival.it.

• Weihnachten
Einkaufsrummel in der Via San Gregorio Armeno.

Theater und Oper

In Neapel gibt es eine Fülle guter Theater- und Musikdarbietungen, häufig auch in wunderschönen Kirchen. Aktuelle Hinweise in der Tagespresse.

Kartenvorverkauf: Box Office Ass. Culturale. Mo.–Fr. 9.30–13.30 Uhr und 15.30–19 Uhr, Sa. 9.30–13 Uhr. Galleria Umberto I. 17, Tel. 0815519188, Fax 0815510297, www.boxofficeclub.it.

• Associazione Scarlatti
Die besten neapolitanischen Kammermusiker finden sich im Teatro delle Palme (Via Vetriera 12, Chiaia-Viertel) zu gemeinsamen Konzerten zusammen. September bis Mai Di. und Do. Karten ca. 15 Euro. Vorverkauf Di.–So. 10–13 und 15.30–18 Uhr. Piazza dei Martiri 58, Tel. 081406011, www.napoli.com/assocscarlatti.

• Mercadante
Die wunderschöne Bühne wurde 1779 eröffnet, nur hat leider die Akustik bei der Renovierung stark gelitten. Haustheater von *Roberto de Simone,* dem musikalischen Leiter der Nuova Compania del Canto Popolare. September bis Juni Mi.–Sa. 21 Uhr, So. 18 Uhr. Piazza Municipio 1, Tel. 0815513396, www.caspi.it/mercadante.

• Pietà dei Turchini
Das Ensemble „Pietà dei Turchini" bringt unter seinem Dirigenten *Antonio Florio* Kompositionen des 17. und 18. Jh. in allerhöchster Vollendung zu Gehör. November bis Juni meist Sa., So. 21 Uhr. Kartenverkauf 1 Std. vor Konzertbeginn. Karten zu 10 Euro. Via Santa Caterina da Siena 38, Tel. 081402395, www.turchini.it.

• Sannazaro
Klassiker der neapolitanischen Komödie. Oktober bis Mai. So. geschlossen. Karten zu 15–20 Euro. Via Chiaia 157, Tel. 081411723.

• Teatro di San Carlo
Mit Ausnahme von Juli und August dauert die neapolitanische Opernsaison das ganze Jahr. Opernkarten zu 20–180 Euro, Balletkarten zu 15–70 Euro. Via San Carlo 98F, Tel. 0817972412, Fax 0817972306, www.teatrosancarlo.it.

• Teatro Nuovo
1724 als Bühne für die Opera buffa eröffnet, beherbergt es inzwischen experimentelles Theater mit Niveau. September bis Mai Di.–Sa. 21 Uhr, So. 19 Uhr. Karten zu 10–15 Euro. Via Montecalvario 16, Tel. 081425958, www.nuovoteatronuovo.it.

Fußball

„Forza Napule! Jammo Ja'!" Die heiligsten Stätten des Neapolitaners sind der Duomo und das **Stadio San Paolo.** Unvergessen die Jahre, in denen **Diego Maradona,** „Divo Diego", den **SSC Napoli** zur Meisterschaft führte. Nachdem Maradona 1991 von Drogenprozessen und Vaterschaftsklagen verfolgt nach Argentinien zurückkehrte, begann der Abstieg des neapolitanischen Fußballvereins. Doch der wahre Fan bleibt seinem Verein treu, und die tifosi Neapels sind die heißblütigsten ganz Italiens, dabei aber glücklicherweise wenig gewalttätig! Spiele finden von September bis Juni jeden Sonntagnachmittag statt. Für wichtige Heimspiele ist es fast unmöglich, Karten zu bekommen, die Preise rangieren zwischen 20–55 Euro.

Kartenvorverkauf: Azzuro Service, Mo.–Sa. 9–12.30 Uhr und 16–18.30 Uhr, am Spieltag 9 Uhr bis 1 Std. vor Anstoß. FS Cumana „Mostra" bzw. Metro 2 „Campi Flegrei". Via F. Galeota 17, Fuorigrotta, Tel. 0815939445, Fax 0815933851.

• Stadio San Paolo, FS Cumana „Mostra" bzw. Metro Richtung Campi Flegrei. Piazzale Tecchio, Tel. 0812395623, 0815933223.

Pozzuoli und die Phlegräischen Felder (Campi Flegrei)

Eine Wasserfahrt bis Pozzuoli, leichte Landfahrten, heitere Spaziergänge durch die wundersamste Gegend von der Welt. Unterm reinsten Himmel der unsicherste Boden. Trümmer undenkbarer Wohlhäbigkeit, zerlästert und unerfreulich. Siedende Wasser, Schwefel aushauchende Grüfte, dem Pflanzenleben widerstrebende Schlackenberge, kahle, widerliche Räume und dann doch zuletzt eine immer üppige Vegetation, eingreifend, wo sie nur irgend vermag, sich über alles Ertötete erhebend, um Landseen und Bäche umher, ja, den herrlichsten Eichwald an den Wänden eines alten Kraters behauptend. Und so wird man zwischen Natur- und Völkerereignissen hin und wider getrieben.

Goethe, Italienische Reise, 1. März 1878

*Goethe*s Beschreibung der Phlegräischen Felder trifft im Kern zu, bereitet den heutigen Besucher jedoch nicht auf die zersiedelte Landschaft der Gegenwart vor. Erst auf den zweiten Blick und mit Fantasie erschließt sich die faszinierende Vulkanlandschaft, von Geschichte durchdrungen. Etruskische, griechische, römische und orientalische Kultur berührten sich hier am intensivsten. Im 17. und 18. Jh. zählte diese mit antiken Ruinen übersäte Gegend zu den bevorzugten Etappen der **Grand Tour.** Der Besuch des gut erhaltenen Amphitheaters von **Pozzuoli,** der dampfenden **Solfatara,** der bewaldeten **Astroni-Krater,** der Ruinen römischer Thermen und des hervorragenden archäologischen Museums in **Baia** sowie der rätselhaften Sibyllengrotte in **Cuma** sind auch heute noch lohnend.

Westlich vom Vesuv erstrecken sich auf über 150 km² die **„brennenden Felder“,** ein riesiges Vulkangebiet, das Neapel mit einschließt. Mykenische Seefahrer der Bronzezeit verliehen der

Landschaft ihren Namen (griech. *phlegraios,* brennend) und verlegten den mythischen Wohnort der Titanen und den **Eingang zur Unterwelt** hierher. Das erscheint heute noch plausibel, etwa bei einem Besuch der Solfatara bei Pozzuoli, wo der Boden bei jedem Tritt hohl unter den Füßen klingt und aus Spalten schwefelige Dämpfe dringen. **Unzählige Vulkankegel, Krater und Kraterseen,** insgesamt mehr als 50 Eruptionszentren, umgeben den halbkreisförmigen Golf von Pozzuoli. In ihm lässt sich der Rand einer riesigen Caldera (Einbruchskrater) erkennen, Rest des vor etwa 12.000 Jahren ausgebrochenen mächtigen Schichtvulkans Ur-Phlegräus. Auch die Entstehung der Inseln Procida und Ischia ist eng mit dem phlegräischen Vulkanismus verbunden.

Auf der Bühne dieser Landschaft wurde Weltgeschichte geschrieben. Im 8. Jh. v. Chr. ließen sich **Griechen** aus Euböa zunächst als Händler auf der Insel Ischia nieder, kurz darauf gründeten sie mit **Kyme** (Cuma) die erste griechische Stadt auf italischem Boden. Lange Zeit blieb Kyme die bestimmende Macht im Golf von Neapel, damals Golf von Kyme, *kumaios colpos.* Von Kyme aus wurden Parthenope und später Neapolis, Vorläufer des heutigen Neapels, gegründet. Unter Kymes Kontrolle stand auch Dikaiarcheia, das spätere Puteoli der Römer und heutige **Pozzuoli.**

Den zweiten großen Machtfaktor in der Region stellten die **Etrusker** dar. Ein Konflikt der beiden Völker wurde unvermeidlich. Zwei Schlachten, 524 und 474 v. Chr., beide von den Griechen gewonnen, wurden zum Wendepunkt nicht nur in der Geschichte des Golfes, sondern ganz Italiens. Die **Samniten,** ein kriegerischer italischer Stamm, nutzten die Schwäche der Besiegten wie der Sieger und eroberten 424 v. Chr. erst das etruskische Capua, dann 421 v. Chr. das griechische Kyme. In der Folge trug jedoch ein anderer italischer Stamm den endgültigen Siegeslorbeer davon. Im Verlauf dreier blutiger „Samniterkriege“ gelang es **Rom** im 3. Jh. v. Chr., seine Vorherrschaft in Campania zu sichern.

Als **Roms „Tor zur Welt“** entwickelte sich Puteoli zum größten Handelshafen des Imperiums. Vor Misenum und im Averner See ankerte die römische Kriegsflotte. In der Kaiserzeit verband die Via Domitiana, ein Abzweig der Via Appia, Puteoli auf schnellstem Weg mit Rom. **Baiae** wurde als Kurbad der oberen Zehntausend zum Inbegriff luxuriösen Lebens. Einige wussten das *Baianum otium,* die Muße in Baiae, mit *negotium,* einer Portion Geschäftsinn, zu verknüpfen. Der ehemalige General *Lucius Licinius Lucullus* machte sich mit seinen Fischzuchtbecken einen Namen in Feinschmeckerkreisen. Bei Banketten standen Austern und Muscheln hoch im Kurs, Muränen galten als besonders delikat.

Die römische Architektur wurde am Golf durch die Technik des **opus caementitium** revolutioniert. Pozzolanerde, ein vulkanischer Bimssteinsand aus der Gegend von Puteoli, ergab, mit Wasser und gelöschtem Kalk vermischt, einen Zement, der sogar unter Wasser aushärtete. Wie moderner Beton ließ er sich in beliebige Formen gießen und war ähnlich belastbar. Dieser Baustoff ermöglichte es, in relativ kurzer Zeit und bei verhältnismäßig geringen Kosten die imposanten Bauten zu errichten, die heute noch Zeugnis geben von der Größe des römischen Reiches. Eindrucksvolle Beispiele am Golf sind die unterirdischen Gewölbe des Flavischen Amphitheaters in Pozzuoli, die Riesenkuppeln der Thermen von Baia und die gigantischen Zisternen in Bacoli.

Die vulkanische Natur der Phlegräischen Felder brachte nicht nur Segen. Nirgendwo anders ist das Phänomen des **Bradyseismus** so ausgeprägt wie hier. Man könnte es als eine Art Erdbeben in Zeitlupentempo beschreiben. Zähflüssige Magma reicht bis nahe an die Erdoberfläche, und mit jeder Bewegung der Magma hebt oder senkt sich der Boden darüber. Berühmtester Gradmesser dieser teilweise beachtlichen Auf- und Abwärtsbewegungen sind die Säulen des Serapis-Tempels in Pozzuoli, die zeitweise unter dem Meeresspiegel lagen. Bohrmuschellöcher sind der Beweis. Im Mittelalter senkte sich die Küste bis zu 12 m unter das antike Niveau, hob sich bis zum 16. Jh. erneut um bis zu 10 m und sinkt seither wieder ab. 1538 entstand in Folge eines heftigen Vulkanausbruchs der **Monte Nuovo.** 1970 und 1983 kam es in Pozzuoli zu sprunghaften Geländehebungen, die Altstadt musste evakuiert werden und steht bis heute leer.

Bei einem Besuch der Phlegräischen Felder empfiehlt es sich, erst einen Überblick zu gewinnen, sei es von einer Anhöhe aus oder vom Meer. Schöne Ansichten bieten der Akropolishügel von Cuma oder eine Wanderung auf den Monte Nuovo. Eine Fährfahrt von Pozzuoli zu den Inseln Procida und Ischia ist ein landschaftlicher Genuss. Von Baia starten Ausflugsschiffe zu Rundfahrten über den Golf, durch Glasscheiben im Schiffsboden kann man zugleich nach den versunkenen Resten des antiken Baiae Ausschau halten.

Information

- **AAST**

Das städtische Touristenbüro gibt monatlich die umfangreiche Info-Boschüre „Benvenuti nei Campi Flegrei/Welcome to the Phlegrean Fields" heraus, auch online. Via Campi Flegrei 3, I-80078 Pozzuoli, Tel. 0815262419, Fax 0815261481, aziendaturismopozzuoli@libero.it, www.campnet.it/aziendaturismo/pozzuoli.

- **www.comune.pozzuoli.na.it**

Informative Website der Kommune Pozzuoli, u.a. alle wichtigen Fahrpläne (ital.).

- **www.icampiflegerei.it**

Online-Zeitung und umfangreiche Informationen auch zur Insel Procida. Nützliche Links (ital.).

- **www.ulixes.it**

Tourismus-Portal der Campi Flegrei, Infos zu Tauchtörns (ital./engl.).

An- und Weiterreise

Mit dem Auto

- **Autobahn A1 aus Neapel.** Von der Tangenziale Napoli (Ringautobahn) Ausfahrt „Agnano" zum Astroni-Krater, der Solfatara und Pozzuoli; Ausfahrt „Pozzuoli" nach Pozzuoli; Ausfahrt „Arco Felice" nach Baia und Cuma. Von Norden, aus Baia Domizia kommend, mündet die SS7 quater in die Tangenziale Napoli.

Mit dem Bus

- **ANM** (Tel. 0817632177, www.anm.it): Bus 152 Neapel (Piazza Garibaldi) – Pozzuoli

Seume geht den Phlegräischen Feldern auf den Grund

Johann Gottfried Seume stattete nach seiner Rückkehr aus Sizilien von Neapel aus den Phlegräischen Feldern einen Besuch ab. In seinem „Spaziergang nach Syrakus im Jahre 1802" hält er den Leser, den er vertrauensvoll duzt, nicht mit langen Beschreibungen der Antike auf, sondern schildert frisch weg seine Eindrücke.

„Ich machte mich ganz allein mit der Morgenröte auf nach Puzzuoli. Dort fehlte es nicht an Wegweisern, und ich wurde gleich beim Eingange in Beschlag genommen. Ich ließ mir gern gefallen, mich in dem Meerbusen von Bajä herumzurudern und da die alten Herrlichkeiten zu sehen. Du kennst sie aus andern Büchern; ich will Dich also mit ihrer Beschreibung verschonen. Wenn ich Dir auch alle Säulen des Serapistempels anatomierte, wir würden deswegen in unsern Konjekturen nicht weiter kommen. (...) Ich stieg bei dem Lukriner See aus, der durch die Erdrevolutionen sehr viel eingeengt worden ist. Jetzt ist er nichts besser als ein großer Teich. Wir gingen, vermutlich durch den Einschnitt des Berges, hinein, durch welchen man ehemals die beiden Seen, den Lukriner und den Averner, zusammen verbunden hatte, um den Julischen Hafen zu bilden. Häufige Erdbeben und vulkanische Ausbrüche haben alles geändert. Der Zugang zum Avernus ist noch jetzt romantisch genug, und der Eintritt in die so genannte Grotte der Sibylle wirklich schön und schauerlich. Ich setzte mich am Eingange hin und sah rechts gegenüber den alten Tempel, der für den Tempel des Apollo gilt. Es ist ein Wunder, wie dieser Tempel bei der Erhebung des neuen Berges stehen blieb, die doch ohne große Erschütterung der Nachbarschaft unmöglich geschehen konnte. Man kann nichts romaneskeres haben, als den kleinen Gang von dem Averner See bis zum Eintritt in die Grotte, zumal wenn man den Kopf voll Fabel hat. Hier zündeten wir die Fackel an und gingen nun in dem Gewölbe hinter, bis man rechts tief hinunter in das Sakrarium steigt. (...) So ganz allein mit einem Wildfremden in dieser Höhle herumzuschleichen, mein Freund, macht doch etwas unheimisch. (...), als mein Leiter mich aus meiner Andacht mit der Bemerkung drollig genug weckte: *Era questa Sibylla una grande putana; e era questo qui un gabinetto segreto, dove fece* ... Hier brauchte er einige Töne, die in allen Sprachen ziemlich verständlich sind. Nun war meine Prophetin sogleich eine gemeine Zigeunerin. Was doch die Phantasie nicht alles macht, nachdem man nur die Sache ein wenig höher oder tiefer nimmt! Die Leute fabeln hier, daß aus der Höhle ein Gang nach Bajä und ein anderer nach Kumä gegangen sei, wo die Hexe ein zweites Heiligtum hatte."

golf_117 Foto: pa

Alter Stich der Solfatara

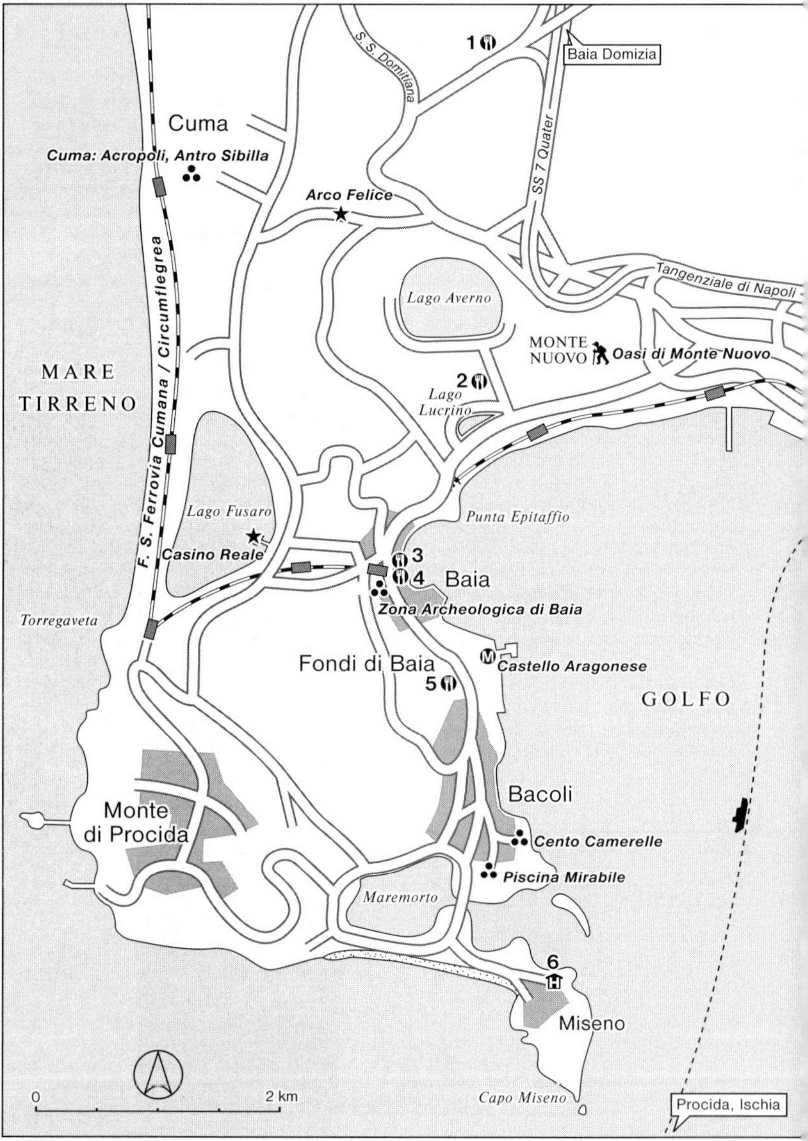

1
Baia Domizia
S. S. Domitiana
Cuma
Cuma: Acropoli, Antro Sibilla
SS 7 Quater
Arco Felice
Tangenziale di Napoli
Lago Averno
MONTE NUOVO
Oasi di Monte Nuovo
F. S. Ferrovia Cumana / Circumflegrea
MARE TIRRENO
2
Lago Lucrino
Lago Fusaro
Punta Epitaffio
Casino Reale
3
4
Baia
Zona Archeologica di Baia
Torregaveta
Fondi di Baia
Castello Aragonese
5
GOLFO
Bacoli
Monte di Procida
Cento Camerelle
Piscina Mirabile
Maremorto
6
Miseno
0
2 km
Capo Miseno
Procida, Ischia

Campi Flegrei
ASTRONI
WWF Riserva degli Astroni
Tangenziale di Napoli
Ippodrome di Agnano
A1 Napoli
Bahnhof — Stazione F. S. Metropolitana
7
Amphitheater
Solfatara
Agnano Terme
Fußballstadium S. Paolo
Fuorigrotta
Pozzuoli
Bagnoli
DI POZZUOLI
Città della Scienza
Posillipo
Napoli, Mergellina
Ísola di Nisida
1 La Cucina flegrea
2 Abraxas
3 Il Tucano
4 El Sub
5 Il Casolare
6 Cala Moresca
7 Camping Solfatara

(Solfatara) - Pozzuoli (Via Roma, Hafen, Serapis Tempel).

● **SEPSA** (Tel. 0817354965 und 800-001616, www.sepsa.it): Neapel (Piazza Garibaldi) - Pozzuoli (Solfatara) - Arco Felice - Lucrino Bacoli - Torregaveta - Monte di Procida. Linienbusse der SEPSA auch in Pozzuoli bzw. vom Bahnhof Lucrino über Baia, Bacoli, Miseno, Torregaveta zum Ausgrabungsgelände von Cuma. Fr., Sa. und So. von 9–19 Uhr verkehrt der **Archeobus Flegreo** stündlich zwischen allen archäologischen Stätten der Phlegräischen Felder (gratis mit der Artecard, siehe „Campania Artecard - Kunst à la carte").

Mit der Bahn

● **Ferrovia Circumflegrea** und **Ferrovia Cumana** (Tel. 0815513328, www.sepsa.it) ab Napoli (Montesanto) über Pozzuoli nach Baia, Fusaro und Torregaveta bzw. über Cuma nach Fusaro und Torregaveta. Der Bahnhof in Pozzuoli liegt oberhalb des Hafens in der Nähe des Tempio di Serapide.

Mit der Metro

● **Metropolitana FS** ab Neapel (Piazza Garibaldi bzw. Mergellina) über Bagnoli nach Pozzuoli. Der Bahnhof in Pozzuoli liegt oberhalb des Amphitheaters. Vor dem Bahnhof halten die Busse der SEPSA.

Mit der Fähre

● Von Pozzuoli starten stündlich zwischen 5 und 20 Uhr **Auto-, Personenfähren und Tragflügelboote** nach Procida und Ischia (Porto und Casamicciola). Stündlich zwischen 5 und 20 Uhr. Tickets und Auskunft direkt am Hafen. Aktuelle Fahrpläne auch in Tageszeitungen.

● **Fährgesellschaften: CAREMAR** (Tel. 0815262711, 0815261335, www.caremar.it), **Procida Lines** 2000 (Tel. 0818960328), **Traghetti Pozzuoli** (Tel. 0815267736, www.traghettipozzuoli.it).

Pozzuoli

↗X, A1

Die **Hafen- und Industriestadt** Pozzuoli hat unter den Folgen des Bradyseismus besonders stark zu leiden. 1970 und noch einmal 1983 wurde die Stadt von heftigen Bodenbewegungen erschüttert. Der Rione Terra, Pozzuolis Altstadt und ein weiteres Viertel am Meer wurden evakuiert, die Bewohner in gesichtslosen Neubauvierteln untergebracht.

Dem Amphitheater und der Solfatara verdankt Pozzuoli seinen festen Platz im Besichtigungskarussell des Golf-Tourismus. Besucher der Stadt werden stolz darauf verwiesen, dass *Sofia Scicolone,* bekannt als **Sofia Loren,** hier aufgewachsen ist.

Geschichte

Griechen aus Samos, die ihre vom Tyrannen *Polykrates* beherrschte Heimat verlassen hatten, gründeten nahe Kyme um 528 v. Chr. **Dikaiarcheia.** Der Name war Programm, übersetzt lautet er „Stadt der gerechten Regierung". Den großen Aufschwung brachten die Römer, die seit dem 4. Jh. v. Chr. über Dikaiarcheia herrschten und die Stadt 194 v. Chr. unter dem Namen **Puteoli** (kleiner Brunnen) zur Kolonie erhoben. Puteoli entwickelte sich zum wichtigsten **Handelshafen** der frühen Kaiserzeit, über die Via Domitiana direkt mit der Hauptstadt verbunden.

In Puteoli wurden die **Getreidelieferungen** aus Ägypten gelöscht; sie sicherten die Brotversorgung der römi-

golf_121 Foto: pa

schen Bürger. Der Hafen war zugleich der größte **Sklavenumschlagsplatz** im westlichen Mittelmeerraum, was Puteoli den Beinamen *Delus minor* eintrug (die Insel Delos war der größte Sklavenmarkt). Im Angebot waren vor allem gebildete Sklaven, die Verwendung als Hauslehrer oder Verwalter finden konnten, und teure Kampfsklaven für die Arena. Die berühmteste Kampfschule lag im nahen Capua. Außer Sklaven und Getreide erreichten orientalische **Luxuswaren** aller Art und mit den Waren auch Menschen und ihre Ideen die **weltoffene Stadt.** *Puteolis litora mundi hospita,* hieß es, Puteoli beherbergt die ganze Welt. Orientalische Religionen, wie der Serapis-Kult, berührten hier zum ersten Mal italischen Boden. 61 soll der Hl. Paulus in Puteoli an Land gegangen sein und die erste Christengemeinde der Stadt gegründet haben.

Nach dem Bau des Hafens Ostia begann Puteoli an Bedeutung zu verlieren, bradyseismische Bewegungen ließen den Hafen versanden. Mit dem Verfall des weströmischen Reiches war die einst prächtige Stadt den Plünderungen durch die Goten schutzlos ausgesetzt. Die dezimierte Bevölkerung zog sich im Mittelalter in die geschützte Lage des **Rione Terra** zurück, der Akropolis des antiken Dikaiarcheia.

Die Säulen des sog. Serapis-Tempels

Besichtigung

Am lebendigsten zeigt sich der Hafen. Jeden Morgen findet ein großer **Fischmarkt** statt. Frisch zubereitet kann man den Fang in zahlreichen Lokalen am Lungomare genießen. Nur wenige Schritte oberhalb der Mole stehen in einem archäologischen Park die berühmten Säulen des so genannten **Serapis-Tempels,** Pegelmesser der bradyseismischen Bewegungen. Hier wurde die Statue des ägyptischen Gottes Serapis gefunden, doch handelt es sich bei der Anlage um ein **macellum,** den römischen Fleisch- und Fischmarkt in der Nähe des antiken Hafens. Vergangenheit und Gegenwart ganz nah.

Der malerische **Rione Terra** auf dem Tuffhügel östlich des Hafens kann inzwischen zumindest an Wochenenden wieder betreten werden. Durch die Beben 1970 und 1983 kamen auf der ehemaligen Akropolis antike Ruinen ans Tageslicht. Ein Brand 1964, der die barocke Fassade des mittelalterlichen Doms San Procolo zerstörte, legte sogar Reste des römischen Kapitolstempels frei. Während die Sanierungs- und Ausgrabungsarbeiten andauern, ist die Einrichtung eines riesigen Freiluftmuseums im Gange. Auf teils unterirdischen Rundgängen läuft man über das antike Straßenpflaster an Werkstätten, Ladenräumen und ehemaligen Sklavenunterkünften vorbei.

- **Rione Terra,** Sa. und So. 9–18 Uhr. Eintritt 3 Euro, ermäßigt 2 Euro.

In der Oberstadt liegt das **Flavische Amphitheater,** im 1. Jh. n. Chr. unter Kaiser *Nero* errichtet und unter *Vespasian* eingeweiht. Der Bau ist in Italien der drittgrößte seiner Art und fasste über 45.000 Zuschauer (siehe Exkurs „Brot und Spiele"). Von dem prachtvollen Fassadenschmuck früherer Tage ist kaum noch etwas zu sehen, aber nirgendwo anders haben sich die unterirdischen Gewölbe eines Amphitheaters so perfekt erhalten. Große Aussparungen in der Decke erinnern an die hölzernen Aufzugskabinen und beweglichen Plattformen, auf denen Kulissen mit künstlichen Wäldern und ganze Löwenrudel in die Arena gehievt werden konnten. Sklaven drehten im Schein von Fackeln die schweren Holzwinden. Im Kellergeschoss muss eine drangvolle Enge geherrscht haben, fast glaubt man den Schweiß der Gladiatoren und die Ausdünstungen der Raubkatzen riechen zu können. Unter Kaiser *Diokletian* wurde *Gennaro,* Bischof von Benevent und nachmaliger Stadtpatron von Neapel, im Jahr 305 in der Arena *ad bestias* verurteilt, das heißt, Löwen hätten ihn fressen sollen. Doch krümmten sie dem Heiligen in spe kein Haar. *Gennaro* wurde daraufhin in der Solfatara enthauptet.

- **Anfiteatro Flavio,** Via Terracina 75, Tel. 0815266007. Tägl. 9 Uhr bis 1 Stunde vor Sonnenuntergang. Das **Biglietto cumulativo Campi Flegrei** ermöglicht den Besuch des Amphitheaters und des Serapions in Pozzuoli, des Archäologischen Parks und des Archäologischen Museums von Baia sowie der Ausgrabungen von Cuma; 4 Euro, ermäßigt 2 Euro.

Vom Amphitheater führt die Via Solfatara zur **Solfatara,** dem bekanntesten

Krater der Campi Flegrei. Der fast vegetationslose Kessel sieht aus wie eine Mondlandschaft, und für einen seit viertausend Jahren erloschenen Vulkan ist er noch erstaunlich aktiv. Aus Spalten dringen **Schwefeldämpfe,** und nach Regenfällen bilden sich in der Kratermitte kleine Schlammvulkane. Der Boden klingt bei jedem Tritt hohl unter den Füßen. Dabei handelt es sich um eine akustische Täuschung. Nicht ein großer Hohlraum unter dem Kraterboden, sondern mikroskopisch kleine Hohlräume in den einzelnen Tuffpartikeln wirken als Klangverstärker und sorgen für den unheimlichen Lauteffekt. Einheimische Führer kann man bei der Vorführung des klassischen **„Solfatara-Tricks"** beobachten. Sie halten ein brennendes Stück Zeitung an eine der Fumarolen, und wie von Geisterhand steigt eine Dampfwolke auf. Die Rußpartikel liefern dem bis zu 160°C heißen Dampf Kondensationskerne. Mit morbider Faszination bezeichneten die Römer die Solfatara als *Forum vulcani*, Vorhof zur Hölle würden wir sagen. Das hielt sie aber nicht davon ab, auch hier die **Thermalquellen** und natürlichen Dampfsaunen zu nutzen. Bis ins 19. Jh. bestanden in der Solfatara Kureinrichtungen, dann versiegten die Quellen.

Der Besucher erhält am Eingang eine kleine Karte, die Erklärungen enthält. Im Kratergelände gibt es eine Bar, in der man auch eine Kleinigkeit essen kann, sowie den Campingplatz Internazionale Vulcano Solfatara (s.u.).

- **Vulcano Solfatara,** Via Solfatara 161, Tel. 0815262341, www.solfatara.it. SEPSA-Bus vom Hafen Pozzuoli. Tägl. 9 Uhr bis 1 Stunde vor Sonnenuntergang. Eintritt 5 Euro, ermäßigt 3,50 Euro.

In der Nähe der Solfatara steht die **Barockkirche San Gennaro** an dem angeblichen Hinrichtungsort des Heiligen. In einer Seitenkapelle wird ein Stein verehrt, auf dem mit Fantasie ein eingetrockneter Blutfleck zu erkennen ist. Wenn sich im Dom von Neapel Gennaros Blut verflüssigt, nimmt auch dieser Fleck die Farbe frischen Blutes an.

- **Santuario di San Gennaro,** Via San Gennaro ad Agnano 10, Tel. 0815261114. Tägl. 7–12.30 und 16–22 Uhr.

Im Westen von Pozzuoli erhebt sich der **Monte Nuovo.** Die Entstehung des Berges ist gut dokumentiert, da es sich um den einzigen Vulkankegel der Campi Flegrei handelt, der in historischer Zeit entstanden ist. Der Ausbruch erfolgte im Zusammenhang eines aufsteigenden Bradyseismus, der sich ab dem 14. Jh. manifestierte. Anfang des 16. Jh. bildeten sich in Pozzuoli neue Strandabschnitte. Nach einigen starken Beben im September 1538 flüchteten die Einwohner von Pozzuoli nach Neapel. Am 28. September zog sich das Meer von der Ortschaft Tripergole zurück, die Lava war auf dem Weg zur Oberfläche. Nach einem besonders heftigen Erdstoß begann am 29. September der explosive Ausbruch, der mit Unterbrechungen bis zum 6. Oktober anhielt. Nachdem sich die Staubwolken verzogen hatten, wurde der Blick frei auf den neuen Vulkankegel, unter dessen Auswurfmassen die Tripergole mit den antiken Resten einer Cicero-Villa und Teile des Lago Averno und Lago Lucrino verschüttet lagen.

Information

- **Ufficio Informazione Turistiche**
Auskunftsbüro der AAST (s.o.). Nützlich ist die monatlich erscheinende Info-Boschüre „Benvenuti nei Campi Flegrei/Welcome to the Phlegrean Fields“. Piazza Matteotti 1A, Tel. 0815266639, Fax 0815265068, www.campnet.it/aziendaturismo/pozzuoli/. Mo.–Fr. 9–14, 14.30–15.30 Uhr, im Sommer auch Sa. und So. sowie längere Öffnungszeiten.
- **www.comune.pozzuoli.na.it**
Website mit touristischen Informationen und Fahrplänen.

Pension

- **Il Capitano**
Komplett renovierte Pension am Hafen. Gute Betten und empfehlenswertes Restaurant (s.u.). 5 Zi., DZ/F 60 Euro. Ganzjährig geöffnet. Lungomare Cristoforo Colombo 13, Tel./Fax 0815262283.

Campingplatz

- **Camping Internazionale Vulcano Solfatara**
Angenehmer, schattiger und sauberer Platz im Krater der Solfatara (man riecht es, gewöhnt sich aber daran). Gäste des Campingplatzes können den Höllenschlund jederzeit besuchen (gratis). Pool und Schwefelbäder. Gute Zug- und Busverbindungen nach Neapel. März bis November. A1 Tangenziale Napoli, Ausfahrt 11 „Agnano“. Via Solfatara 161, Tel. 0815267413, Fax 0815263482, vulcano.solfatara@iol.it, www.solfatara.it.

Restaurants, Trattorien und Osterien

- In Nähe des Serapis-Tempels und am Hafen in der Altstadt gibt es zahlreiche Lokale. Am Markt kann man für ein Picknick einkaufen.
- **Il Capitano**
Das bei Einheimischen beliebte familiäre Fischrestaurant in Hafennähe besteht seit 1890. Spezialität ist *zuppa di pesce*, die eine ganze Mahlzeit ersetzt (28 Euro). Gute Pasta-Gerichte ab 6 Euro. Über dem Lokal befindet sich eine kleine Pension (s.o.). Do. Ruhetag. Mittags und abends. Lungomare Cristoforo Colombo 13, Tel. 0815262283.
- **O' Valjone**
Edles Restaurant am Fuße des Rione Terra mit Blick auf den alten Fischerhafen. Fangfrischer Fisch und Meeresfrüchte. Bei gutem Wetter Tische im Freien. So. Ruhetag. Mittags und abends. Menu ca. 35 Euro. Via S. Paolo 2–4, Tel. 0815265605.

An- und Weiterreise

- **Auto:** siehe eingangs des Kapitels.
- **Bus:** siehe eingangs des Kapitels. Überlandbusse der SEPSA fahren in Pozzuoli an der Solfatara, am Amphitheater und in der Nähe des Monte Nuovo vorbei.
- **Bahn,** Ferrovia Cumana: siehe eingangs des Kapitels.
- **Metro,** Metropolitana FS: siehe eingangs des Kapitels.
- **Fähren:** siehe eingangs des Kapitels.

Unterwegs in Pozzuoli

- **Parken:** Gebührenpflichtige Parkplätze im Hafenbereich.
- **Öffentliche Verkehrsmittel:** CTP-Bus 9 zwischen Via Roma (Hafen, Serapis-Tempel), Stazione FS Metro und Solfatara.
- **Taxi:** Piazza della Repubblica (Altstadt, Hafennähe), Tel. 0815265800.

Markt

Am Vormittag direkt am Hafen Di.–So. großer **Fisch- und Lebensmittelmarkt.**

Fest

- **Festa dell'Assunta**
Am 15. August beginnt das dreitägige Fest der *Madonna Assunta,* Schutzpatronin der Fi-

scher von Pozzuoli. Ein beliebtes Spektakel ist der **Wettkampf Palo al Mare.** Von der Hafenmole ragt ein eingeseifter Mastbaum über das Meer, an dessen Spitze eine Fahne angebracht ist. Barfuß versuchen junge Männer die Fahne zu erreichen, fallen dabei aber meist ins Wasser.

Wandern

Gli Astroni

Der Astroni-Krater nördlich der Solfatara ist eine der letzten grünen Oasen der Phlegräischen Felder. Stare (lat. *sturnis)* oder Hexer (ital. *strioni, stregoni)* standen beim Namen Pate. Der **248 m hohe Aschekegel** entstand vor 3700 Jahren. Bis ins Mittelalter waren die heißen Astroni-Quellen für ihre Heilwirkung bekannt, auch Kaiser *Friedrich II.* kurierte sich hier. Die einzig nennenswerte vulkanische Tätigkeit heute beschränkt sich auf Fumarolen am Kratergrund. Vom 15. bis 19. Jh. königliches Jagdreservat, steht der waldreiche Krater seit Anfang der 1990er Jahre unter Naturschutz. In dem 250 ha großen Gebiet kann man stundenlang über den Kratergrund streifen, der ausgedehnte See ist Rastplatz zahlreicher Wasservögel, im Wald nisten Uhus und Falken. Besucher der Oasi erhalten am Eingang eine Karte mit eingezeichneten Wanderwegen.

Riserva degli Astroni – Oasi WWF

Tangenziale Napoli Ausfahrt „Agnano", rechts abbiegen und ca. 1,5 km der Ausschilderung folgen. Die Anfahrt mit öffentlichen Verkehrsmitteln ist umständlich. Tägl. 9–16.30 Uhr, Einlass bis 14 Uhr. So. um 10, 11 und 12 Uhr Führungen. Via Agnano agli Astroni 468, Tel. 0815883720, www.astroni.it. Eintritt 5 Euro, für WWF-Mitglieder frei.

Monte Nuovo

Östlich vom Lago Averno erhebt sich seit 1538 der 134 m hohe Monte Nuovo. Bis in die 1990er Jahre hinein eine wilde Mülldeponie, ist es der Initiative einer Schule zu verdanken, dass dieser perfekte Vulkankegel im Stadtgebiet von Pozzuoli heute unter Naturschutz steht und besucht werden kann. Die etwa einstündige Wanderung um den Kraterrand des Monte Nuovo ist eine ideale Möglichkeit, sich über das Häuser- und Straßengewirr von Pozzuoli zu erheben und eine herrliche Aussicht zu genießen. Der Rundgang am Kraterrand führt oberhalb des Lago Averno vorbei, in Richtung Cuma erkennt man den Arco Felice. Der Weg ist eindeutig und bedarf kaum einer weiteren Erklärung. Am Eingang erhalten Besucher ein kleines Faltblatt mit allen wichtigen Informationen. Der Weg ist zugleich als **naturkundlicher Lehrpfad** angelegt, und im Schatten von Kiefern kann man sich zu einem Picknick niederlassen. Jeden So. Gratis-Führungen durch die Ass. Culturale Le Ali di Dedalo, Tel. 0815266259.

Oasi Naturalistica di Monte Nuovo

Tangenziale Napoli Ausfahrt „Arco Felice", der Ausschilderung folgen. Ferrovia Cumana-Station „Arco Felice" oder SEPSA-Bus Richtung Baia und in der Nähe der Via Virgilio im Ortsteil Arco Felice aussteigen. Mo.–Fr. 9 Uhr bis 1 Stunde vor Sonnenuntergang, Sa. und So. 9–13 Uhr. Via Virgilio, Tel./Fax 0818041462. Eintritt frei.

Lago d'Averno und Lago Lucrino

Nördlich von Baia liegt der mythenschwangere **Lago d'Averno.** *Homer, Vergil* und später *Dante* beschrieben den Kratersee als Eingang in die Unterwelt. Aus dem See aufsteigende giftige Gase hatten in der Vergangenheit jedes Vogelleben zum Ersterben gebracht. *Marcus Vispanius Agrippa,* General und Schwiegersohn von *Augustus,* dachte praktisch und ließ 37 v. Chr. den Lucriner und Averner See über einen Kanal mit dem Meer verbinden und zu einem geschützten Militärhafen ausbauen. Ein kilometerlanger Tunnel durch das Tuffgestein, die **Grotta di Coeccio,** verband den Averner See mit dem nordwestlich gelegenen Hafen von Cumae. Als der Portus Iulius zu versanden begann, wurde die römische Kriegsflotte nach Misenum verlegt. Am Seeufer stehen Überreste römischer Thermen und Villen.

Der **Lago Lucrino** wurde durch den Ausbruch des Monte Nuovo auf einen Bruchteil seiner ursprünglichen Fläche reduziert. In dem brackigen Wasser des *Lacus lucrinus* (lat. *lucrum,* Profit) betrieb im 1. Jh. v. Chr. ein gewisser *Sergius Orata* seine weithin gerühmte Austern- und Fischzucht.

Essen und Trinken

● Abraxas

Fernfahrer und Feinschmecker treffen sich in der Enoteca-Osteria von *Nino Salemme,* die mit einem Traumblick (große Terrasse!) zwischen Lago Averno und Lago Lucrino auf einer Anhöhe liegt. Köstliche Kleinigkeiten (viel Gemüse!), oder auch *tagliatelle con ragu di coniglio,* Risotti oder Rindersteaks vom Grill. Die Wein- und Käseauswahl ist beachtlich! Kein Fisch. 5–25 Euro. Di. Ruhetag. Abends bis spät, So. auch mittags. August geschlossen. Via Scalandrone 15, Tel. 0818041070, Mobil 3392236700.

golf_126 Foto: pa

Baia

↗ X, A1

Das wuchtige **Kastell** beherrscht von einer Anhöhe den gesamten Golf. Nähert man sich dem bescheidenen Küstenstädtchen Baia zu seinen Füßen, scheint zunächst nichts darauf hinzudeuten, das sich hier einst das weltberühmte Baiae befunden haben soll. Im flachen Meer rosten Schiffsrümpfe vor sich hin, und erst auf den zweiten Blick entdeckt man die imposanten Kuppelreste, die sich über die schäbige Uferbebauung erheben. **Baiae** war eine Ansammlung luxuriöser Villen und Thermenanlagen, das **mondänste Kurbad des römischen Reiches,** gesellschaftlicher Treffpunkt der Hautevolee und ein berüchtigter Sündenpfuhl. Am Ende der Republikzeit flüchteten sich zunächst politisch kaltgestellte Aristokraten hier in ihr freiwilliges Exil. *Cäsar* und später die Mitglieder des Kaiserhauses folgten. Neben der lieblichen Landschaft, dem kulturellen Flair der nahen Griechenstädte und dem aus Puteolis dringenden verruchten Hauch des Orients waren es vor allem die reichlich sprudelnden Thermalquellen, die den Aufenthalt in Baiae so angenehm machten. *Plinius d. Ä.* notierte in seiner Naturgeschichte: „Nirgends sprudeln Quellen in solcher Fülle und mit so vielen Heilkräften ausgestattet hervor wie hier.“ *Ovid* empfiehlt Baiae in seiner „Liebeskunst“ ausdrücklich als idealen Ort, um lockere Beziehungen zu knüpfen, und in *Petronius'* „Gastmahl des Trimalchio“ wird auf ironisch-satirische Weise der verschwenderische Lebenswandel stinkreicher Parvenüs beschrieben.

Castello di Baia

Bis ins Mittelalter genoss Baia seinen guten Ruf als Kurbad, dann begann es im Meer zu versinken. Der Besuch der archäologischen Zone vermittelt nur eine wage Ahnung früherer Pracht. Über die Gleise der Circumcumana führt ein Treppenweg den Hang hinauf. Im **archäologischen Park** überlagern sich mehrere Baukomplexe, errichtet vom 2. Jh. v. Chr. bis zum 4. Jh. n. Chr. Auffällig ist ihre terrassenförmige Anlage am Hang, die sich mit Molen bis ins Meer zog. Eine Villa im *morus baianum,* im Stil von Baiae, zu besitzen, war der Traum jeden Römers. Nur wenige konnten ihn sich leisten. Besonders eindrucksvoll ist der so genannte **Tempio di Mercurio,** ein vollständig erhaltener Kuppelbau mit faszinierender Akustik, bautechnischer Vorläufer der Pantheon-Kuppel in Rom (Vorbild aller Renaissance- und Barock-Kuppeln), dessen Konstruktion erst die Technik des *opus caementitium* möglich machte. Wahrscheinlich handelte es sich um das überdachte Kaltwasserbecken einer Therme. Tafeln im Gelände erklären die Funktion einzelner Bauten.

● **Parco Archeologico e Monumentale di Baia:** Via Fusaro 75, Baia, Tel. 0818687592. Tägl. 9 Uhr bis 1 Stunde vor Sonnenuntergang. Das **Biglietto cumulativo Campi Flegrei** ermöglicht den Besuch des Amphitheaters und des Serapions in Pozzuoli, des Archäologischen Parks und des Archäologischen Museums von Baia sowie der Ausgrabungen von Cuma; 4 Euro, ermäßigt 2 Euro.

Das **Castello di Baia,** in seiner heutigen Gestalt im 16. Jh. unter Vizekönig *Pedro de Toledo* errichtet, beherbergt seit 1993 eines der besten archäologischen Museen der Region. 1969 ging Fischern aus Baia ein Aufsehen erregender Fang ins Netz, eine kopflose Marmorskulptur, die einen mit Weinlaub umkränzten Becher in den Händen hält. Bei Ausgrabungen sieben Meter unter dem Meeresspiegel wurden das versunkene Nymphäum eines Kaiserpalastes entdeckt und zahlreiche weitere Marmorskulpturen geborgen. Das Nymphäum, das ursprünglich von Meer aus mit dem Boot zu erreichen war und zugleich als Speisesaal diente, ist im **Museum** rekonstruiert. In der Apsis stehen Odysseus mit dem Weinbecher, einer seiner Gefährten hält einen Weinschlauch über dem Knie. Die Köpfe der Götterstatuen in den Seitennischen tragen die Gesichtszüge des iulisch-claudischen Kaiserhauses. Interessant sind auch die antiken Gipsabgüsse griechischer Skulpturen, die einen Einblick in die Arbeit römischer Kopistenwerkstätten gewähren. Sofern sich ein reicher Römer nicht das Bronzeoriginal einer griechischen Plastik leisten konnte, wollte er zumindest ihre wertvolle Kopie in Marmor besitzen. Viele berühmte Bildnisse der griechischen Antike wurden auf diese Art und Weise überliefert. Als Kitsch kann man solche Statuen heute noch am Straßenrand erwerben. Von der Terrasse genießt man einen unvergleichlichen Blick über den Golf. Eine Bar reicht Erfrischungen.

- **Museo Archeologico dei Campi Flegrei:** Via Castello 39, Bacoli, Tel. 0815233797. Di.–Sa. 9 Uhr bis 1 Stunde vor Sonnenuntergang, So. 9–14 Uhr. Das **Biglietto cumulativo Campi Flegrei** ermöglicht den Besuch des Amphitheaters und des Serapions in Pozzuoli, des Archäologischen Parks und des Archäologischen Museums von Baia sowie der Ausgrabungen von Cuma; 4 Euro, ermäßigt 2 Euro.

In Baia startet von der Hafenmole ein **Glasbodenboot** zu Rundfahrten über die versunkenen Reste des antiken Baiae. Allzu viel sollte man sich von dem Ausflug nicht versprechen, das „Unterwasser-Pompeji" ist nur bei absolut ruhiger See zu sehen und auch dann sind höchstens ein paar Mauerreste und bruchstückhafte Mosaikböden zu erkennen. Die Fahrt lohnt wegen des Blicks aufs Land.

- **Associazione Aliseo „Cymba":** Piazza Repubblica 42, Tel. 0818545784, www.associazionealiseo.it. Ende März bis Mitte Nov. Sa. 12 und 16 Uhr; So. 10.30, 12 und 16 Uhr. Erklärungen auch auf Deutsch. Ticket 8 Euro an Bord, Kinder bis 6 Jahren frei.

Information

- **AAST Pozzuoli,** siehe dort.
- **Pro Loco Baia**
Via Lucullo 50, Tel. 0818688987.
- **www.baiaflegrea.it**

Essen und Trinken

- **An der Hafenmole** gibt es einige Restaurants, Pizza auf die Hand und Cafés. Auf dem Weg zum archäologischen Park findet sich eine gute Eisdiele. An den Wochenenden herrscht in den Fischlokalen viel Betrieb.

• **El Sub**
Fischrestaurant an der Hafenmole. Bei gutem Wetter Tische im Freien. Ordentliche Nudel-Primi und guter Fisch. Menu ca. 30 Euro. Mo. Ruhetag. Mittags und abends. Via Molo di Baia 40, Tel. 0818040129.

• **Il Tucano**
Gute Holzofenpizza auch mittags und große Salate in fröhlichem Ambiente. 10–15 Euro. Mo. Ruhetag. Mittags und abends. Via Molo di Baia 40, Tel. 0818545046.

• **Il Casolare**
Urige *Azienda enogastronomica* der Familie *Costagliola* am Grund eines erloschenen Vulkankraters, an dessen Wänden Wein gedeiht. Delikate Bauernküche. Jeden Tag wird ein fixes Menu angeboten, das mit dem Marktangebot und den Jahreszeiten wechselt. (Auch 4 App., DZ/F 55 Euro). 20–30 Euro. So. abends und Mo. Ruhetag. Mittags, an Wochenenden und im Sommer auch abends. Via Selvatico 12 – Fondi di Baia (vom Castello di Baia 200 m auf der Küstenstraße Richtung Bacoli, dann auf Feldweg nach rechts), Tel. 0815235193.

An- und Weiterreise

• **Auto:** siehe eingangs des Kapitels.
• **Bus:** Ab Neapel (Piazza Garibaldi) bzw. vom Cumana-Bahnhof „Lucrino" Linienbusse der SEPSA (Tel. 0817354965, www.sepsa.it) über Baia, Bacoli, Miseno, Torre Gaveta zum Ausgrabungsgelände von Cuma. Archeobus Flegreo (siehe eingangs des Kapitels).
• **Bahn:** Ideal ist die Verbindung mit der Ferrovia Cumana (Tel. 0815513328) ab Napoli (Montesanto) über Pozzuoli nach Baia (solange der Bahnhof in Baia geschlossen ist, in Lucrino in den Bus umsteigen).

Unterwegs in Baia

• **Parken:** Parkplätze am Hafen.

Tauchen

• **Associazione Aliseo**
Ausflugsfahrten mit dem Glasbodenboot „Cymba" (s.o.) und geführte Tauchgänge für Anfänger und Fortgeschrittene. Ausrüstung kann gestellt werden.

• **Circolo Sub Baia**
Michelangelo Emanato, Besitzer des Lokals El Sub (s.o.), bietet geführte Tauchgänge zu den versunkenen Ruinen des antiken Baiae an. Via Molo di Baia 30, Tel. 0818549253.

• **Sea Point Diving Center**
Tauchexkursionen zu den versunkenen Villen des antiken Baiae. Via Molo di Baia, Tel./Fax 0818688868, info@seapointitaly.it.

Bacoli, Capo Miseno und Lago di Fusaro

↗ X, A1

Die Küstenorte Bacoli und Miseno gehen heute ineinander über. Am Ortseingang von **Bacoli** steht die sog. **Tomba di Agrippina;** es handelt sich nicht um das Grab der 55 n. Chr. auf Veranlassung ihres Sohnes *Nero* ermordeten Kaisermutter, sondern um Reste eines kleinen Odeons. Im Zentrum des Ortes kann man sich in der Nähe der Pfarrkirche Sant'Anna von einem Kustoden die **Cento Camerelle,** eine antike Wasserzisterne, aufschließen lassen.

• **Cento Camerelle,** c/o *Signora Antonietta Divetta-Scotto* (Via Cento Camerelle 117, Bacoli, Tel. 0815233690). Eintritt frei, Trinkgeld!

Beindrucken die Cento Camerelle, so sind die **Piscina Mirabilis** schlichtweg spektakulär. Das immense Reservoir mit einem Fassungsvermögen von 12.600 m³ diente in augustäischer Zeit als Trinkwasserspeicher der in Misenum stationierten römischen Kriegsflotte. Das Wasser wurde über den Serino-Aquädukt aus den Irpinia-Bergen bis

golf_142_2 Foto: pa

hierher geleitet. Das 15 m hohe, vollständig aus dem Tuff geschlagene Gewölbe mit einer Grundfläche von 70 mal 25 m wird von 48 Pilastern gestützt und ist vollständig mit einer wasserdichten Zementschicht ausgekleidet. Wenn die gebündelten Sonnenstrahlen durch die Lichtöffnungen filtern, verbreitet sich eine beinahe sakrale Atmosphäre.

● **Piscina Mirabilis,** c/o *Filomena Illiano* (Via Piscina Mirabilis, Bacoli). Eintritt frei (2004 geschlossen), Trinkgeld!

Der Ort **Miseno** hat sich aus einer römischen Militärbasis entwickelt. Nachdem der Portus Iulius anfing zu versanden, ließ Augustus Misenum als Hauptquartier der römischen Militärmarine ausbauen. Auch hier half die Natur bei der Anlage des Hafens. Ein Krater öffnet sich zum Meer, und ein Kanal führte in den sich anschließenden **Lago di Miseno.** Die *Classis praetoria missenensis* unterstand dem direkten Befehl des Kaisers, der berühmte Naturhistoriker *Plinius d. Ä.* war einer ihrer Kommandanten. Am **Capo Miseno** stehen noch die Reste der Präfektenvilla, von der aus *Plinius d. Ä.* und sein Neffe den berühmten Vesuvausbruch 79 n. Chr. beobachten konnten (siehe Exkurs „Die Plinius-Briefe"). Die Straße endet am Kap auf Höhe des Leuchtturms. Ein Pfad führt über den Grat auf den 167 m hohen **Monte di Miseno.** Der Blick ist phänomenal! Im Schutze des Kaps liegt die **Spiaggia Miliscola** mit einem schönen Blick auf Procida.

Auf dem Weg nach Cuma führt die Straße am **Lago di Fusaro** vorbei. Die Küstenlagune ist durch einen schmalen Dünengürtel vom offenen Meer getrennt. Seit der Antike werden hier Muscheln gezüchtet. 1782 ließ sich *Ferdinand IV.* von seinem Hofarchitekten *Vanvitelli* das hübsche Jagdschloss auf einer künstlichen Insel im See errichten. Seit kurzem sind das frisch restaurierte **Casino Reale** und die gepflegte Parkanlage zu besichtigen.

● **Casina Vanvitelliana,** Via Fusaro 102, Tel. 0818687080. Park tägl. 8–20 Uhr; **Casino Reale** z.Z. Do., Sa. und So. 9–12 und 16–19 Uhr. Eintritt im Park frei.

Information

● **AAST Pozzuoli,** siehe dort.

Hotel

● **Cala Moresca** (***)
Charmantes, gepflegtes Hotel in weitläufigem Garten am Capo Miseno. Geschmackvoll eingerichtete Zimmer mit Balkon und tollem Blick. Gutes Restaurant. Pool und Zugang zum privaten Felsstrand. 26 Zi., EZ/F 72–80 Euro, DZ/F 110–130 Euro. Via del Faro 44, Tel. 0815235595, Fax 0815235557, hcmoresca@tin.it, www.calamoresca.it.

Lago Fusare: Casina di Caccia

Verkehrsverbindungen

● **Auto:** siehe eingangs des Kapitels.
● **Bus:** Ab Neapel (Piazza Garibaldi) bzw. vom Bahnhof „Baia" Linienbusse der SEPSA (Tel. 0817354965, www.sepsa.it) über Bacoli, Miseno, Torregaveta zum Ausgrabungsgelände von Cuma. Archeobus Flegreo (siehe eingangs des Kapitels).
● **Bahn:** Ideal ist die Verbindung mit der Ferrovia Cumana (Tel. 0815513328) ab Napoli (Montesanto) über Pozzuoli nach Baia (solange der Bahnhof in Baia geschlossen ist, in Lucrino in den Bus umsteigen).

Cuma

↗ X, A1

Der **Monte di Cuma** erhebt sich mit der griechischen Akropolis der Stadt Kyme (Cuma) nördlich des Lago di Fusaro. Das Meer reichte in der Antike bis an den Fuß des Berges. Kommt man mit dem Auto von der Tangenziale, führt die Straße durch die römische **Porta Felice** und über altes Basaltpflaster. Nördlich der Zufahrt zur archäologischen Zone liegen die noch nicht zugänglichen Ausgrabungen des römischen Forums von Cumae, darunter verbirgt sich aller Wahrscheinlichkeit nach die griechische Agorà.

Geschichte

Mitte des 8. Jh. v. Chr. erfolgte von Pithekoussai (Ischia) aus die Gründung von **Kyme**, der ersten griechischen Polis auf italischem Boden. Die reiche Handels- und Ackerbaukolonie dehnte ihren Einfluss über das gesamte Gebiet der phlegräischen Felder aus und gründete ihrerseits eine Reihe weiterer Städte, wie Parthenope, Neapolis (Neapel) und Dikaiarcheia (Pozzuoli) und Zankle (Messina) an der Meerenge von Messina. Kyme war der erste und wichtigste Ausstrahlungsort griechischer Kultur in Italien, z. B. fand das Alphabet von hier aus seine Verbreitung im Westen. In der Seeschlacht von 474 v. Chr. erlangte Kyme die Vorherrschaft über die Etrusker, konnte sich aber über den Sieg nicht allzu lange freuen. 421 v. Chr. wurde die Stadt von Samniten erobert, ab 334 v. Chr. geriet sie unter römisches Joch und verlor allen politischen und wirtschaftlichen Einfluss an Capua. Erst in der Regierungszeit von *Augustus* erlebte Cumae einen Wiederaufschwung als zentraler Kultort des Staatsmythos, dem die „Aeneis" des Hofdichters *Vergil* zu Grunde lag. Der trojanische Held *Äneas* galt als der Gründungsvater Roms, sein Schicksal war ihm von der Sibylle von Cuma vorausgesagt worden. Im frühen Mittelalter war der Burgberg während der byzantinisch-gotischen Kriege heftig umkämpft. Ab dem 10. Jh. lag hier ein sarazenisches Piratennest, das 1207 von den Einwohnern Neapels ausgeräuchert wurde.

Besichtigung

Das zu besichtigende Ausgrabungsgelände umfasst gegenwärtig nur den **Akropolishügel.** Tafeln im Gelände erläutern mustergültig die Geschichte des Ortes und der einzelnen Monumente. Am schönsten ist Cuma am späten Nachmittag, wenn die Touristengruppen längst wieder auf dem Weg in ihre Hotels sind.

Ein breiter, in den gelben Tuff geschlagener Tunnel führt unter dem Akropolishügel auf die meerzugewandte Seite. Hier öffnet sich ein kleiner Platz. Links zweigt ein weiterer in den Tuff gehauener Gang ab, der so genannte **Antro della Sibilla** (Grotte der Sibylle). Als *Amadeo Maiuri* 1930 die archäologischen Ausgrabungen von Cuma leitete, wusste er vorher schon, was er finden wollte. Wie *Schliemann* seinen *Homer,* hatte er seinen *Vergil* in der Tasche. Jede Höhle und jede Grotte, die vielversprechend aussah, wurde kurzerhand zur Sibyllengrotte deklariert. Die endgültige Wahl fiel schließlich auf diesen 131 m langen, schnurgeraden und trapezförmig aus dem Tuff geschlagenen Gang. Belege dafür, dass dies der Ort war, an dem die berühmte Wahrsagerin ihre Orakelsprüche verkündet hatte, gibt es keine. Das spielt aber keine Rolle. Der Ort ist ungemein stimmungsvoll, besonders wenn die späte Nachmittagssonne durch die Durchbrüche auf der westlichen Seite fällt und das geheimnisvolle Halbdunkel aufhellt. Eine profane Deutung sieht den Gang als Teil der Verteidigungsanlagen oberhalb des Hafens (Geschützstellung für Katapulte?). In der Spätantike diente die Grotte als christliche Nekropole.

Seitlich an der Sibyllengrotte führt der Treppenweg zur Akropolis hoch. Unterwegs bietet sich von einer Terrasse ein wunderschöner Blick über die Küstenebene auf Ischia. Seitlich der antiken Prozessionsstraße stehen Lorbeerbäume, dem Apollon heilig. Vom **Apollon-**

Die Sibylle von Cuma – guter Rat ist teuer

Seit Mitte des 7. Jh. v. Chr. soll es in Kyme ein Sibyllen-Orakel gegeben haben. Sibyllen waren wahrsagende Frauen, die ein biblisches Alter von 1000 Jahren erreichen konnten. Im ekstatischen Rausch verkündeten sie häufig düstere Visionen, die von Tempeldienern in Büchern schriftlich festgehalten wurden. Diese Sibyllinischen Schriften konnten befragt werden, gegen einen Obolus sorgten die Priester für ihre Auslegung. Mit der griechischen Kolonisation verbreiteten sich der Sibyllen- und Apollon-Kult aus Kleinasien bis in den westlichen Mittelmeerraum. Zeitweise soll es bis zu zehn Sibyllen an verschiedenen Orten gegeben haben.

Ein besonders hohes Ansehen genoss die Sibylle von Kyme. Der Legende nach gelangten ihre Bücher zur Regierungszeit von *Tarquinius Superbus,* dem letzten Etruskerkönig, nach Rom. Er soll die Bücher der Sibylle persönlich abgekauft haben. Sie verlangte einen hohen Preis, und als Tarquinius sich aufs Handeln verlegte, warf sie drei Bücher ins Feuer. Der Preis blieb derselbe. Tarquinius haderte, und drei weitere Bücher folgten den ersten. Schließlich erwarb er die drei verbliebenen Bücher zu dem ursprünglich geforderten Preis. Sie wurden in Rom im Tempel des Jupiter Capitolinus verwahrt und bei wichtigen Staatsangelegenheiten konsultiert. 83 v. Chr. gingen die Bücher beim Brand des Tempels verloren, worauf sich der Senat bemühte, eine neue Sammlung zu erstellen.

Augustus ließ die Sibyllinischen Bücher neu redigieren und beauftragte *Vergil* mit der Abfassung eines offiziellen Staatsepos. Die „Aeneis", eine Art römische Odyssee, schildert die Reisen und Abenteuer des Helden *Äneas,* der aus den Trümmern des niedergebrannten Troja geflohen war. Die Sibylle von Kyme weissagte ihm das Ende seiner Irrfahrten. Äneas galt als sagenhafter Ahnherr Roms und des iulischen Geschlechts, dessen Name auf Äneas Sohn *Iulus* zurückgeführt wurde. *Iulius Cäsar* und sein Adoptivsohn und Nachfolger *Augustus* spielten auf dieser Klaviatur, um ihren Herrschaftsanspruch zu legitimieren. Da stellt sich natürlich die Frage, ob nicht einige Orakelsprüche der Sibylle erst im Nachhinein gedichtet wurden.

Ein vorausgesagtes goldenes Zeitalter bezog *Augustus* auf seine eigene Regierungszeit, die frühen Christen sahen darin die Ankündigung der Wiederkehr Christi. Im Mittelalter waren Sibyllengesänge Bestandteil der weihnachtlichen Liturgie. Auch die christliche Bildkunst nahm sich der Sibyllen an, eine mittelalterliche Darstellung ist in der Kirche Sant'Angelo in Formis zu entdecken. Berühmt sind Michelangelos Sibyllen in der Sixtinischen Kapelle.

Cuma: Für Lateinkundige – eine Tafel mit Vergil-Zitat

golf_131 Foto: pa

Tempel aus dem 6. Jh. v. Chr., der in augustäischer Zeit neu errichtet wurde, sind nur die Basis und ein schöner Blick über das Forum in Richtung Porta Felice geblieben. Die steingepflasterte **Via Sacra** setzt sich bis auf die höchste Spitze des Berges fort. Von alten Eichen umgeben, stehen hier die Reste des alten Zeus- und späteren Jupitertempels, in byzantinischer Zeit zu einer christlichen Basilika umgebaut. Auch vom **Zeus-Tempel** hat sich kaum etwas erhalten, doch ist der Ort sehr friedlich und bietet einen herrlichen Blick aufs Meer und die kilometerlangen Sandstrände.

golf_050_2 Foto: pa

- **Acropoli di Cuma,** Via Montecuma, Tel. 0818543060. Tägl. 9 Uhr bis 1 Stunde vor Sonnenuntergang. Das Biglietto cumulativo Campi Flegrei ermöglicht den Besuch des Amphitheaters und des Serapions in Pozzuoli, des Archäologischen Parks und des Archäologischen Museums von Baia sowie der Ausgrabungen von Cuma: 4 Euro, ermäßigt 2 Euro.

Information

- **AAST Pozzuoli,** siehe dort.

Restaurant

- Am Eingang der archäologischen Zone gibt es eine kleine Bar und einen privaten Picknickplatz mit Holztischen im Schatten.
- **La Cucina Flegrea**
Giuseppe Aiello backt meisterliche Pizza, sogar mittags! Ansonsten gibt es hervorragende Gemüse- und Fischantipasti, köstliche Pasta, frischen Fisch oder *salsicce con friarielli* (Bratwürste mit wildem Brokkoli). 15–25 Euro. So. abends und Mo. geschlossen. Mittags und abends. Ausfahrt „Monterusciello" der SS7 quater. Via Monterusciello 20, Tel. 0815248088.

Verkehrsverbindungen

- **Auto:** siehe eingangs des Kapitels.
- **Bus:** Ab Neapel (Piazza Garibaldi) bzw. vom Bahnhof „Baia" Linienbusse der SEPSA (Tel. 0817354965, www.sepsa.it) über Bacoli, Miseno, Torregaveta zum Ausgrabungsgelände von Cuma. Archeobus Flegreo (siehe eingangs des Kapitels).
- **Bahn:** Ferrovia Cumana (Tel. 0815513328) ab Napoli (Montesanto) über Pozzuoli nach Baia (solange der Bahnhof in Baia geschlossen ist, in Lucrino in den Bus umsteigen).

Der Vesuv, versunkene Städte und barocke Villen

Die Silhouette des **Vesuvs** verleiht dem Golf von Neapel ein unverwechselbares Gesicht. Dem **Ausbruch vom 24. August 79 n. Chr.** verdankt Kampanien seine bedeutendste Sehenswürdigkeit. Die damals verschüttete und im 18. Jh. wieder entdeckte Stadt **Pompeji** zieht als **größtes Freiluftmuseum der römischen Antike** jedes Jahr Millionen von Besuchern an. Der berühmteste Vulkan der Welt ist nach wie vor aktiv, bei einem neuerlichen Ausbruch wären mehr als eine halbe Million Menschen unmittelbar gefährdet. Dass er wieder ausbricht, ist gewiss, unklar ist nur, wann.

Trotz seiner bescheidenen Höhe von 1281 m ist der Vesuv ein majestätischer Berg, dessen Doppelkegel unmittelbar aus der Küstenebene aufsteigt. An der Westflanke führt eine **Panoramastraße** bis auf 1000 Meter. Die letzten Höhenmeter bis zum Kraterrand legt man zu Fuß zurück und wird an klaren Tagen mit einem großartigen Blick belohnt, der vom Golf von Gaeta bis zur Sorrentiner Halbinsel reicht. Seit der Grand Tour gehört die Besteigung des Vesuvs zum touristischen Pflichtprogramm, genauso wie der Besuch von Pompeji oder Herkulaneum.

Information

- **Ente per le Ville Vesuviane**
Büro Mo.–Fr. 9–14 Uhr. Informationsbroschüre, Veranstaltungsprogramm „Festival delle Ville vesuviane". Villa Campolieto, Corso Resina 283, Ercolano, Tel. 0817322134, enteville@libero.it, www.villevesuviane.net.
- **www.pompeiisites.org**
Ausgezeichnete Website der Sopraintendenza Archeologica di Pompei (Altertümerverwaltung). Ausführliche Beschreibung von

Vesuv-Villen am Miglio d'Oro

Wie bereits in der Antike, war der Küstenstrich am Fuße des Vesuvs im 18. Jh. erneut eine bevorzugte Gegend der villegiatura. Bei Ausschachtungsarbeiten für die Sommerresidenz des Prinzen *d'Elboeuf* wurde **1709 Herkulaneum entdeckt.** König *Karl III.* ließ auf Wunsch seiner Frau *Amalie von Sachsen* 1738 im nahen **Portici** einen **Palazzo Reale** errichten und die Grabungen in Herkulaneum wieder aufnehmen. Die Funde wurden im Schloss von Portici präsentiert. *Winckelmann* und *Goethe* gehörten zu den begeisterten Besuchern. Die Antikensammlung bildete den Grundstock des später in Neapel errichteten Archäologischen Museums. Von seinen Beratern auf die drohende Gefahr durch den Vulkan angesprochen, antwortete der Souverän mit Gottvertrauen: „Ci penseranno Iddio, Maria Immacolata e S. Gennaro" (Gott, die Unbefleckte Maria und San Gennaro werden sich kümmern). Sicherheitshalber richtete er aber doch eine Wissenschaftskommission zur Beobachtung des Vesuvs ein.

Das Beispiel des Königs machte Schule und wenige Jahrzehnte später säumten über hundert Adelsvillen die Via Reggia delle Calabrie zwischen Neapel und Torre del Greco. Als **Miglio d'Oro** wurde die Prachtmeile berühmt. Am Entwurf der Villen beteiligten sich einige der bedeutendsten italienischen Architekten des Spätbarock. Die in Herculaneum und Pompeji wieder entdeckte Antike übte einen großen Einfluss auf die Anlage und Ausgestaltung der Villen und Gärten aus.

1839 erreichte die **Ville Vesuviane** der Fortschritt in Form der ersten Eisenbahnlinie Italiens, die Portici mit Neapel verband. Eisenbahnfans sei der Besuch des **Museo Ferroviario** in Pietrarsa bei Portici empfohlen! Ein Fortschritt mit Folgen, denn die Eisenbahn schnitt die Villen vom Meer ab. 1860, nach Vertreibung der Bourbonen, wurden die meisten Villen aufgegeben. Fast alle Parkanlagen fielen der Bauspekulation der Nachkriegszeit zum Opfer. Seit 1971 kümmert sich die Ente per le Ville Vesuviane um den Erhalt der verbliebenen Villen. Einige sind inzwischen restauriert und können besichtigt werden. Am berühmtesten ist die **Villa Campolieto** in **Ercolano,** dem früheren Resina. Kolonnaden umgeben die herrliche Aussichtsterrasse, der Entwurf des Treppenhauses stammt von *Luigi Vanvitelli,* Erbauer der Reggia di Caserta. In Gehdistanz liegen die **Villa Favorita** und **Villa Petti Ruggiero**.

Der **Palazzo Reale** in **Portici** wird seit 1873 von der Landwirtschaftlichen Fakultät der Universität Neapel genutzt und kann an Wochentagen besucht werden. Der Park dient als Botanischer Garten.

- **Museo Ferroviario di Pietrarsa:** Bahnstation „Pietrarsa-San Giorgio a Cremona". Via Pietrarsa, Portici, Tel. 081472003, www.ferroviedellostato.it. Ende 2004 soll das Museum wiedereröffnet werden.
- **Villa Campolieto:** Circumvesuviana-Station „Ercolano-Miglio d'Oro". Corso Resina 283, Ercolano, Tel. 0817322134, www.villevesuviane.net. Di.–So. 10–13 Uhr. Eintritt frei.
- **Villa Favorita:** Circumvesuviana-Station „Ercolano-Miglio d'Oro". Via Gabriele D'Annunzio, Ercolano. Di.–So. 10–13 Uhr. Eintritt frei.
- **Villa Petti Ruggiero:** Circumvesuviana-Station „Ercolano-Miglio d'Oro". Via A. Rossi 40, Ercolano. Di.–So. 10–13 Uhr. Eintritt frei.

Boscoreale, Herculaneum, Oplontis, Pompeji und Stabia. Touristische Infos, Grabungsgeschichte und Rundgänge (ital./engl.).

Unterkunft

Der Vesuv, Herkulaneum oder Pompeji sind von Neapel bzw. Sorrent aus in einem Tagesausflug zu erreichen. In Neapel und Sorrent findet sich ein breites Übernachtungsangebot. In Pompeji gibt es u.a. eine internationale Jugendherberge und Campingplätze.

An- und Weiterreise

Mit dem Auto

- Autobahn A3. Die Küstenstraße SS18 führt durch extrem dicht besiedeltes Gebiet. Von Ercolano führt eine Panoramastraße an der Westflanke des Vesuvs bis auf die quota mille, einen Parkplatz in 1000 m Höhe.

Mit dem Bus

- **SITA** (Tel. 0815522176, www.sita-online.it): Regelmäßige Verbindungen von und nach Neapel und Salerno.
- **Vesuviana Mobilità** (Tel. 0819634427) nahe der Piazza Anfiteatro in Pompeji über Ercolano auf den Vesuv.

Mit der Bahn

- **Ferrovia Circumvesuviana** (www.vesuviana.it, Tel. 0817722244), das ideale Verkehrsmittel am Golf! Die Nahverkehrsbahnen verkehren von 5 Uhr früh bis 22.30 Uhr im 30-Min.-Takt. Portici, Ercolano, Pompeji und Torre Annunziata liegen auf der Hauptstrecke Napoli - Sorrento. Eine zweite Strecke führt im Norden um den Vesuv. Fahrpläne z.B. in Tageszeitungen. Siehe Tipp „Öffentlich reisen - alles auf eine Karte" im Abschnitt „Reisen in Kampanien".

Eintrittsgelder

Es gibt **Sammeltickets** für den Besuch der archäologischen Ausgrabungen am Golf. Die Drei-Tageskarte zu 18 Euro (ermäßigt 9 Euro) schließt den Besuch von Pompeji, Herkulaneum, Boscoreale, Oplontis und Stabiae ein. Tageskarten für den Besuch nur von Boscoreale, Oplontis und Stabiae kosten 5 Euro (ermäßigt 2,50 Euro). Einzeltickets für Pompeji bzw. Herkulaneum kosten 10 Euro (ermäßigt 5 Euro).

Vesuv

↗X, B1

'A muntagna, der Berg, wie der Vesuv schlicht genannt wird, ist ein ebenso schöner wie gefährlicher Nachbar. Der Großraum Neapel ist von knapp zwei Millionen Menschen besiedelt, mehr als eine halbe Million wären bei einem Ausbruch in der Größenordnung der Eruptionen von 79 n. Chr. (Untergang Pompejis) oder 1631 (4000 Tote in Torre Annunziata und Torre del Greco) unmittelbar bedroht. Die letzte Ausbruchsperiode des Vulkans ging 1944 zu Ende, und je länger die **trügerische Ruhe** anhält, desto heftiger könnte der nächste Ausbruch sein. Der Berg unterliegt der ständigen Überwachung des Osservatorio Vesuviano, Folgen möglicher Ausbrüche werden am Computer simuliert. Der einzige Schutz der Bevölkerung vor einem Ausbruch besteht in rechtzeitiger **Evakuierung.** Nur, auf welche Anzeichen hin muss eine Vorwarnung ausgesprochen werden? Ein falscher Alarm hätte in dem dicht besiedelten Gebiet Massenpanik und Verkehrschaos zur Folge, eine zu spät ausgesprochene Warnung wäre katastrophal - eine verzwickte Lage! Als praktizierende Epikuräer sind die Neapolitaner mit der fröhlichen Bewältigung ihres tagtäglichen Überlebenskampfes jedoch mehr als ausgelastet, für Sorgen bleibt wenig Zeit, und im Notfall wendet man sich eben an *San Gennaro*.

Der Vesuv ist ein zusammengesetzter **Schichtvulkan.** Aus der Caldera des älteren Monte Somma ragt der Gran Cono des Vesuv empor, daher spricht man auch vom **Somma-Vesuv Doppelvulkan.** In den 25.000 Jahren seiner Existenz erlebte der Feuerberg zahlreiche explosive Ausbruchszyklen. Mit dem spektakulären **Ausbruch 79 n. Chr.** hat sich der Vesuv in die Weltgeschichte eingeschrieben. Die **Verschüttung der Städte Herkulaneum und Pompeji** spricht Bände über sein Zerstörungspotenzial. Von *Goethe* stammt der Satz: „Es ist viel Unheil in der Welt geschehen, aber wenig, das den Nachkommen so viel Freude gemacht hätte."

Dem Ausbruch des August 79 ging eine jahrhundertelange Ruheperiode voraus. Die Menschen, die vor beinahe 2000 Jahren am Fuße des Berges lebten, ahnten nichts von der drohenden Gefahr. Zu den wenigen antiken Gelehrten, die den vulkanischen Charakter des Vesuvs erkannten, zählt *Strabon*. Anfang des 1. Jh. n. Chr. schrieb er in seiner „Geographika": „Über den campanischen Städten erhebt sich der Vesuvios, rund um welchen sich herrliche Felder ziehen, mit Ausnahme des Gipfels. Dieser ist zwar größtenteils eben, doch ganz öde und aschgrau und weist zahlreiche höhlenartige Vertiefungen auf. Dieselben sind voll rötlich-schwar-

golf_136 Foto: pa

zer Steine, die aussehen, als ob sie vom Feuer zerfressen wären. Dies deutet darauf hin, daß die Gegend einst gebrannt und viele Feuer speienden Öffnungen besessen hat, welche später aus Mangel an Brennstoff erloschen sind. Vielleicht ist aber auch eben dies die Ursache von der Fruchtbarkeit der Umgegend." Explosive Schichtvulkane wie der Vesuv besitzen häufig eine **Gipfelcaldera** und haben das Profil eines Stumpfkegels. In dieser Gestalt beschreibt Strabon den Vesuv. Der Gran Cono, der aus der Caldera des Monte Somma emporragt, hat sich infolge zahlreicher Ausbrüche, die nach 79 stattfanden, gebildet.

Nach der Analyse abgelagerter vulkanischer Schichten, der so genannten Tephra-Chronologie, lässt sich der **Ablauf des Ausbruchs von 79** rekonstruieren und mit den Beobachtungen der berühmten **Briefe von Plinius d. J.,** dem ersten überlieferten Augenzeugenbericht eines Vulkanausbruchs, in Übereinstimmung bringen. Die Katastrophe kündigte sich Tage zuvor durch eine Serie von Erdbeben an, am Golf von Neapel zunächst nichts ungewöhnliches. Am **Morgen des 24. August** begann der Ausbruch mit einer Reihe kleinerer Explosionen. Gegen Mittag erfolgte dann jene gewaltige Explosion, deren **30 km hohe Eruptionssäule** in Form einer Pinie Plinius aus dem 30 km entfernten Misenum beobachten konnte.

Blick auf den Vesuv

Hochexplosive Eruptionen, bei denen große Mengen an Lockermaterial in die Atmosphäre geschleudert werden, bezeichnen Vulkanologen heute als **plinianisch.** Stundenlang schossen Bimssteine und heiße Aschen in den Himmel und fielen auf die Landschaft südöstlich des Vesuvs herab. In Pompeji war der **Asche- und Bimssteinregen** besonders heftig, der Tag wurde zur Nacht. Das mag ein Grund gewesen sein, warum nicht alle Bewohner flüchteten, sondern in den Häusern Zuflucht suchten. Nach einigen Stunden begannen die Dächer der Häuser unter dem Gewicht des Lockermaterials einzustürzen. Nach zwölf Stunden ununterbrochener plinianischer Aktivität bedeckte bereits eine zweieinhalb Meter dicke Schicht die Trümmer von Pompeji. Dann änderte sich das Ausbruchsverhalten. Die Bewohner von Herculaneum hatten sich bislang in trügerischer Sicherheit wiegen können, da der Aschefall der Hauptwindrichtung folgte, also weg von der Stadt. Am frühen **Morgen des 25. August** brach die Eruptionssäule in sich zusammen und 800°C heiße **Glutwolken** rasten, von Schlammströmen gefolgt, die Vesuvhänge hinab und erreichten Herkulaneum innerhalb weniger Minuten. Hunderte Menschen hatten sich am Strand versammelt, an eine Flucht mit Schiffen war jedoch nicht zu denken, da der starken Thermik wegen Wind und Wellen gegen das Land drängten. Als die Menschen die Glutwolke auf ihre Stadt zurasen sahen, flüchteten sie in die nahen Bootshäuser. Hier erreichte und tötete sie die Glutwolke. Die Stadt wurde kurz darauf von einem mächtigen Schlammstrom verschluckt. Gegen 7.30 Uhr des gleichen Tages erreichte auch Pompeji eine Glutwolke, der etwa 2000 Menschen zum Opfer fielen. Die vom plötzlichen Tod überraschten Menschen und Tiere deckte die Asche zu. Achtzehn Jahrhunderte später entwickelte der Archäologe *Fiorelli* die geniale Methode, die von den Leichen hinterlassenen Hohlräume mit Gips auszugießen. In aller Deutlichkeit traten die Körper im Augenblick ihres Todes wieder zu Tage. Ausläufer der letzten und größten Glutwolke erreichten gegen 8 Uhr früh Stabiae, wo sich *Plinius d. Ä.* aufhielt. Sein Erstickungstod wurde vermutlich von der feinen Asche, den Gasen und der Hitze verursacht. Drei Tage nach der ersten Eruption ließ der Aschefall nach, und das Tageslicht kehrte schüchtern zurück. Über 300 Quadratkilometer fruchtbares Land waren in eine Wüste verwandelt worden, ehemals blühende Städte lagen unter Metern von Asche und Bimsstein begraben.

Im 18. Jh. begann die **wissenschaftliche Erforschung des Vesuvs.** Zu seinen eifrigsten Beobachtern zählte **Sir William Hamilton,** von 1764–1800 britischer Botschafter am neapolitanischen Königshof. Die Schriftstellerin *Susan Sonntag* hat dem „Liebhaber des Vulkans“ einen ebenso klugen wie amüsanten Roman gewidmet. Trotz seiner herausragenden Leistungen als Diplomat, wissenschaftlicher Beobachter, Kunstsammler und Mäzen verdankt *Hamilton* seine Bekanntheit vor allem der leidenschaftlichen Affäre seiner jungen Frau *Emma* mit Admiral *Nelson.* Während seiner Amtszeit in Neapel hatte der englische Botschafter den Vesuv insgesamt 58 Mal bestiegen, sein Briefwechsel mit der Royal Society in London bildet die Grundlage der modernen Vulkanologie.

Neapel war zu jener Zeit der beliebteste Anlaufspunkt auf der **Grand Tour.** Die faszinierenden archäologischen Ausgrabungen, das milde Klima, die liebliche Szenerie am Golf und im Kontrast dazu der bedrohliche Vulkan schlugen Generationen von Reisenden in den Bann. Die Besteigung des „Naturwunders“ Vesuv gehörte bald zum festen Ausflugsprogramm, die Nähe von Paradies und Hölle am Golf von Neapel wurde zum geflügelten Wort. Auch **Goethe** ließ sich während seines Neapelaufenthaltes 1778 in den Bann des Feuer speienden Berges schlagen.

Mitte des 19. Jh. wurde die Vulkanforschung institutionalisiert. *Ferdinand II.* ließ 1841 in 600 m Höhe auf dem Westhang des Vesuv das **Osservatorio Vesuviano** errichten, somit das älteste vulkanologische Observatorium der Welt (die wissenschaftlichen Abteilungen sind allerdings seit Jahren nach Neapel verlegt). Einer der Direktoren des Instituts war *Giuseppe Mercalli,* die von ihm entwickelte Skala bestimmt Erdbebenstärken. Im Observatorium sehenswert ist die Ausstellung „Vesuvio: 2000 anni di osservazioni“ (Vesuv: 2000 Jahre der Beobachtung).

- **Osservatorio Vesuviano,** Via Osservatorio (Straße, die von Ercolano auf die quota mille führt), Tel. 0816108483, www.ov.ingv.it. Museum Sa. und So. 10–14 Uhr. Eintritt frei.

Die Plinius-Briefe

Gaius Plinius Caecilius Secundus (61–114 n. Chr.), genannt der Jüngere, war ein Neffe des berühmten Naturhistorikers *Gaius Plinius Secundus* (23–79 n. Chr.) der Ältere, im Jahr 79 Kommandant der römischen Kriegsflotte in Misenum. Beide werden Zeuge des Vesuvausbruchs, dessen berühmtestes Opfer *Plinius d. Ä.* ist. In einem an den Historiker *Tacitus* gerichteten Brief schrieb *Plinius d. J.* vom Tod seines Onkels, in einem zweiten Brief schilderte er seine persönlichen Erlebnisse während des Ausbruchs.

Die faszinierende Beschreibung der riesigen Eruptionswolke findet sich im ersten Brief. „Er (Plinius d. Ä.) war in Misenum und führte persönlich das Kommando über die Flotte. Am 24. August, etwa um die siebente Stunde (13 Uhr), ließ meine Mutter ihm sagen, daß am Himmel sich eine Wolke von ungewöhnlicher Größe und Gestalt zeige. (...) Er verlangte nach seinen Sandalen und bestieg eine Anhöhe, von der aus jene wunderbare Erscheinung besonders gut zu beobachten war. Eine Wolke erhob sich, wer sie von ferne sah, wußte nicht von welchem Berg – daß es der Vesuv war, wurde erst später erkannt –, deren Gestalt am ehesten einer Pinie glich. Denn sie stieg wie ein Riesenstamm empor, und teilte sich in einige Zweige, ich glaube, weil sie durch einen frischen Luftzug hoch getragen wurde und dann bei dessen Abflauen kraftlos geworden oder aber vom eigenen Gewicht beschwert sich ausbreitete, zuweilen weiß, zuweilen schmutzig und fleckig, je nachdem, ob sie Erde oder Asche mit sich emporgerissen hatte. Als einem gebildeten Mann mit wissenschaftlicher Neugier erschien ihm die Sache bedeutsam genug, aus größerer Nähe betrachtet zu werden. Er befahl den Schnellsegler bereit zu machen. Mir stellte er es frei, mit ihm zu kommen, wenn ich wolle; ich antwortete, ich würde weiter arbeiten." Als *Plinius d. Ä.* das Haus verlassen wollte, erreichte ihn der Hilferuf eines Freundes aus Stabiae, daraufhin änderte er seinen Plan und ließ Vierruderer zu Wasser bringen, um seinem Freund *Pomponius* und den anderen Menschen an der dicht besiedelten Küste zu Hilfe zu eilen. *Plinius d. J.* schildert die stoische Haltung seines Onkels angesichts der Gefahr und seinen Tod in Stabiae.

In einem zweiten Brief beschreibt *Plinius d. J.*, wie er selbst jene schicksalshaften Tage in Misenum verbrachte. In der Nacht des 24. August erschütterte ein starkes Erdbeben das Haus, am Morgen des 25. August entschloss sich die Familie zur Flucht. „Es war bereits um die erste Stunde, und der Tag kam zögernd herauf. Die umliegenden Gebäude waren schon stark erschüttert, und obwohl wir uns auf offenem, allerdings beengtem Raum befanden, empfanden wir starke und begründete Furcht, daß sie einstürzen könnten. Jetzt erst erschien es uns ratsam, die Stadt zu verlassen. Eine bestürzte Menschenmenge schließt sich uns an, läßt sich – was bei einer Panik beinahe wie Klugheit aussieht – lieber von fremder statt der eigenen Einsicht leiten und stößt und drängt in endlosem Zug mit sich fort. Nachdem wir die Häuser hinter uns gelassen hatten, blieben wir stehen. Da sahen wir allerlei Sonderbares und Beklemmendes. (*Plinius d. J.* beschreibt, wie sich die Wagen selbst auf ebenem Boden selbstständig in Bewegung setzen, wie der Boden bebt, das Meer sich zurückzieht, eine schwarze Wolke, durchzuckt von Blitzen, sich annähert, es Asche regnet und sich der Tag verfinstert. P. A.) Man hörte Weiber heulen, Kinder jammern, Männer schreien. Die einen riefen nach ihren Eltern, die anderen nach ihren Kindern, wieder andere nach ihren Männern oder Frauen und suchten sie an ihrer Stimme zu erkennen; die einen beklagten ihr Unglück, andere das der Ihren, manche flehten aus Angst vor dem Tode um Tod, andere wieder erklärten, es gäbe nirgends Götter, die letzte, ewige Nacht sei über die Welt hereingebrochen." Ein Weitergehen scheint zu gefährlich, *Plinius* und die Seinen kehren nach Misenum zurück, wo sie eine unruhige Nacht verbringen und auf Nachricht von *Plinius'* Onkel warten.

golf_140 Foto: pa

Spaziergang am Kraterrand des Vesuvs

Spätestens vom Ende des 19. Jh. an stand die Besteigung des Vesuv im Zeichen des organisierten **Massentourismus.** Seit 1880 gab es eine **Standseilbahn,** die bis auf 1180 m führte (durch einen Ausbruch wurde sie zerstört und danach nicht wieder in Betrieb genommen). Die Canzone „Funiculì, funicolà" war ihre beste Werbung. Der humoristische Schriftsteller *Otto Julius Bierbaum* schrieb im Jahr 1903 in „Empfindsame Reise mit einem Automobil": „Der Weg nach dem Vesuv wird gewöhnlich in Wagen des Herrn Thomas Cook gemacht, unter dessen Aegide bekanntlich Old England reist, billig und herdenweise. Auch davon durften wir uns, dank unserm Laufwagen, emanzipieren, und wir hatten dabei den Vorteil, nur ein Drittel der Zeit bis zu dem Punkte zu brauchen, wo man sich doch Herrn Cook überantworten muß, denn von dort aus kann man nur mit der Cookschen Zahnradbahn zum Gipfel gelangen, da selbst das Hinaufsteigen zu Fuß verboten ist, nicht, weil es etwa gefährlich wäre, sondern weil die Strecke Herrn Cook gehört."

Das 20. Jh. brachte **neue Ausbrüche** mit sich, am verheerendsten jener von 1906. Mit den Eruptionen von 1944, als dessen Chronik sich der Roman „Die Haut" von *Curzio Malaparte* lesen lässt, ging der achtzehnte, 1631 eröffnete Ausbruchszyklus zu Ende. Wie schon vor dem katastrophalen Ausbruch von 79 verstopft auch jetzt wieder ein Pfropfen verfestigter Magma die Schlotöffnung. Wann er sich in einer plinianischen Explosion löst, wissen nur *San Gennaro* und hoffentlich rechtzeitig die Experten vom Osservatorio Vesuviano.

Das **Leben auf dem Vesuv** ist nicht unterzukriegen. Die Flechte *Stereocaulon vesuvianum* leitet rasche Bodenbildungsprozesse auf der frischen Lava ein. Die Fruchtbarkeit der Böden ist sprichwörtlich, und jeder Quadratmeter, der nicht bebaut ist, wird gartenbaulich intensiv genutzt. Schnittblumen und Frühgemüse gehören heute zu den Hauptkulturen. Eine lange Tradition hat der **Weinbau.** Ein Fresko, das heute im Museo Archeologico in Neapel hängt, zeigt Bacchus neben dem von Weinreben bedeckten Vesuv. *Vinum vesuvianum* wurde im römischen Reich hoch geschätzt, als **Lacryma Christi** erlebt er seine Renaissance. Eine hübsche Legende erzählt, dass Luzifer – aus dem Paradies verjagt –, ein Stück eben dieses Paradieses raubte und daraus auf Erden den Golf von Neapel schuf. Die Tränen, die Christi über den Verlust vergoss, gaben dem Wein den Namen. Interessante Einblicke in die antike Landwirtschaft bietet das Antiquarium di Boscoreale (siehe bei Boscoreale).

1991 wurde der **Parco Nazionale del Vesuvio** eingerichtet, und inzwischen wurde auch ein Wanderwegenetz angelegt. Der klassische Vesuv-Ausflug führt mit dem Auto oder Bus von Ercolano durch abwechslungsreiche Lavalandschaft bis auf die quota mille. Im Valle del Gigante sind die grauen Laven von 1944 zu sehen, aus der Caldera erhebt sich der Gran Cono del Vesuvio, mit 1281 m zurzeit die höchste Erhebung. Ein **gebührenpflichtiger Fußweg** führt **zum Krater.** An klaren Tagen entschädigt der Blick in den Schlund und auf den Golf für das bisschen Schweiß und die 5 Euro Eintritt. Das Vergnügen, hier oben alleine zu stehen, wird man allerdings selten haben, zu populär ist der Ausflug. Im Mai und Juni blühen die Hänge, die beste Fernsicht genießt man in den trockenen Wintermonaten.

Information

- **Parco Nazionale del Vesuvio**
Verwaltung und Auskunftsbüro. Mo.–Fr. 9–13 und 14–16 Uhr. A3 Autobahnausfahrt „Ercolano" bzw. „Torre del Greco". Piazza Municipio 8, I-80040 San Sebastiano al Vesuvio, Tel. 0817710911, Fax 0817718215, www.parks.it.

- **Info-Point dell'Parco Nazionale del Vesuvio**
Info-Kiosk an der Straße, die von Ercolano bzw. Torre del Greco auf den Vesuv führt. Wanderkarte „Sentieri del Parco del Vesuvio" zu 2,50 Euro. Via Osservatorio, Località San Vito. Tägl. 8–16 Uhr, Tel. 0817778069 (Coop. Vesuvio Natura e Lavoro).

- **www.stromboli.net/boris**
Informativ gestaltete Website des Vulkanologen *Boris Behncke*. Sie enthält ausführliche Beschreibungen aller italienischen Vulkangebiete (engl.).

- **www.vesuvioinrete.it**
- **www.vesuviopark.it**

Restaurants und Pizzerien

- **Casa Rossa 1888 al Vesuvio**
Das Restaurant von *Ernesto Pinto* und seiner Familie ist die löbliche Ausnahme unter den zahlreichen Ausflugslokalen an der Vesuv-Höhenstraße. Ausgezeichnete Holzofenpizza und köstliche *bruschette*. Köstliche Nudel-Primi, solide Fischküche und Blick auf den Golf von Neapel. 20–25 Euro. Di. Ruhetag. Mittags und abends. Ca. 3 km von der A3-Autobahnausfahrt „Torre del Greco". Via Vesuvio 42 (3,2 km ab A3-Ausfahrt „Torre del Greco" auf der Straße, die zum Vesuv hoch führt), Tel. 0817779763.

- **Kona**
Ebenfalls sehr nett ist das Aussichtslokal von *Raffaele Oliviero*, ein Stück oberhalb der Casa Rossa gelegen. Traditionelle Pastagerichte, lokaler Käse, gemüseorientierte Jahreszeiten- und Fischküche. 20 Euro. Mo. Ruhetag. Mittags und abends. Dez. und Jan. geschlossen. Via Osservatorio 14, Tel. 0817773968, Mobil 3475879381.

An- und Weiterreise

- **Auto:** A3-Autobahnausfahrt „Ercolano-Portici", der Ausschilderung „Monte Vesuvio" folgen. Die Straße endet auf einem gebührenpflichtigen Parkplatz in 1000 m Höhe. Von hier führt ein einfacher Wanderweg auf den Kraterrand des Gran Cono, s. u.

● **Bus:** Vesuviana Mobilità (Tel. 0819634427) nahe der Piazza Anfiteatro in Pompeji via Ercolano auf den Vesuv (ab Ercolano um 9.30, 10.30, 11.50, 12.50 und 13.50 Uhr; letzte Fahrt vom Vesuv um 16.10 Uhr; Tickets zu 3,10 Euro im Bus).
● **Bahn:** Circumvesuviana Napoli - Sorrento, Station „Ercolano", ab hier mit Bussen der Trasporti Vesuviani Richtung Gipfel.

Wandern

Im Dezember 2001 hat die Nationalparkverwaltung die Wanderkarte „Sentieri del Parco Nazionale del Vesuvio" veröffentlicht (siehe „Information").

Gran Cono

Von der quota mille führt in ca. 25 Min. ein staubiger Serpentinenweg hoch zum Krater. In einem Halbbogen kann man anschließend um den Krater zu gehen (komplette Umrundung nur mit Führern gegen Aufpreis). Der Schichtaufbau des Stratovulkans lässt sich deutlich erkennen. Leichte Fumarolentätigkeit ist zur Zeit das einzige Anzeichen vulkanischer Aktivität. An klaren Tagen ist der Ausblick phänomenal! Collegio Regionale Guide Alpine Vulcanologiche della Campania, Tel. 0817775720. Tägl. 9 Uhr bis 2 Stunden vor Sonnenuntergang. Eintritt 6,50 Euro.

Monte Somma

Einige Kurven oberhalb des Osservatorio führt der Naturlehrpfad No 3 durch schattige Wälder auf den gezackten Rand des Monte Somme (tolles Panorama!).

Valle dell'Inferno

Vom Castello Mediceo in Ottaviano führt eine Stichstraße auf die bewaldete Ostflanke des Vulkans. Auf Forstpisten kann man den Aufstieg zu Fuß bis in das Valle dell'Inferno mit Laven von 1944 fortsetzen.

Ercolano und Herkulaneum

↗ X, B1

Nun durften wir nicht länger säumen, Herkulanum und die ausgegrabene Sammlung in Portici zu sehen. Jene alte Stadt, am Fuße des Vesuvs liegend, war vollkommen mit Lava bedeckt, die sich durch nachfolgende Ausbrüche erhöhte, so daß die Gebäude jetzt sechzig Fuß unter der Erde liegen. Man entdeckte sie, indem man einen Brunnen grub und auf getäfelte Marmorfußböden traf. Jammerschade, daß die Ausgrabung nicht durch deutsche Bergleute recht planmäßig geschehen; denn gewiß ist bei einem zufällig räuberischen Nachwühlen manches edle Altertum vergeudet worden.

Goethe, Italienische Reise, 18. März 1787

Unter der ausufernden Bebauung des modernen **Ercolano** schlummern immer noch zwei Drittel des antiken **Herkulaneum.** Anders als Pompeji wurde die Stadt beim **Vesuvausbruch im Jahr 79** nicht vom Ascheregen verschüttet, sondern von einer Glutwolke erfasst und anschließend unter einer mächtigen Schlammflut begraben. Diesem Umstand ist der außergewöhnlich gute Erhaltungszustand der Holzbauteile, Holzmöbel, Schriftstücke und Nahrungsmittel zu verdanken. Manches ist im Detail viel besser erhalten als in Pompeji, und der Besuch von Herculaneum lässt sich meist als entspannte Zeitreise in den **Alltag der römischen Antike** genießen, während die Besuchermassen das berühmtere Pompeji

Unterwegs in den Ausgrabungen von Ercolano (Scavi di Ercolano)

golf_143/2 Foto: pa

golf_143 Foto: pa

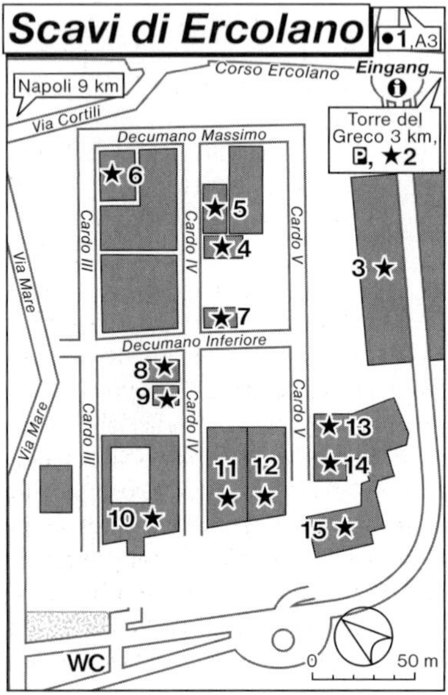

- • 1 Bahnhof Circumvesuviana
- ★ 2 Villa Campolieto, Villa Favorita, Villa Ruggiero
- ★ 3 Palästra
- ★ 4 Casa di Nettuno ed Amfitrite
- ★ 5 Casa del bel Cortile
- ★ 6 Collegio degli Augustali
- ★ 7 Casa Sannitica
- ★ 8 Casa del Tramezzo di Legno
- ★ 9 Casa a Graticcio
- ★ 10 Casa dell'Albergo
- ★ 11 Casa dell'Atrio a Mosaico
- ★ 12 Casa dei Cervi
- ★ 13 Casa del Rilievo di Telefo
- ★ 14 Casa della Gemma
- ★ 15 Terme suburbane

heimsuchen. Für eine ausführliche Besichtigung sollte man mindestens zwei Stunden einplanen und im Anschluss einen Blick auf die nahe Villa Campolieto werfen.

Geschichte

Das römische Herculaneum war eine beschauliche **Hafenstadt** mit 5000 Einwohnern. Ein Großteil der Bevölkerung ging, wie archäologische Funde beweisen, dem **Fischfang** nach. Der überwiegende Teil der Häuser nimmt sich bescheiden aus, während prachtvolle **Patriziervillen** sich in bevorzugter Lage über dem Meer erheben. Gerade als die *villegiatura* an der Golfküste im 18. Jh. eine Renaissance durch den neapolitanischen Adel erfuhr, wurde Herkulaneum wieder entdeckt (siehe Exkurs „Vesuv-Villen am Miglio d'Oro"). Bei Ausschachtungen eines Brunnens stieß man 1709 zufällig auf das antike Theater. Fürst *d'Elbouef* ließ Stollen treiben, um die Skulpturen zu bergen, die heute im Museo Archeologico von Neapel zu bewundern sind. Unter *Karl III.* setzten sich die Grabungen unter Tage fort. 1750 entdeckte man außerhalb der Stadtmauern die **Villa dei Papiri** mit einer großen Bibliothek. Eine beeindruckende Rekonstruktion der Villa

Casa di Nettuno ed Anfitrite

steht im kalifornischen Malibu, in den 1970er Jahren im Auftrag des Erdölmilliardärs *J. P. Getty* errichtet.

Besichtigung

Der Zugang ins Ausgrabungsgelände erfolgt über eine Rampe. Von oben sieht man auf den freigelegten Teil der Stadt hinab und kann die regelmäßige Anlage der sich rechtwinklig schneidenden Straßen, der *decumani* und *cardines*, erkennen. Ein Tunnel führt zum ehemaligen Strand hinab. Die Küstenlinie hat sich durch den Ausbruch 79 um einen Kilometer vorgeschoben. Lange Zeit wurde angenommen, sämtliche Einwohner Herkulaneums hätten sich 79 retten können. Doch 1981 fand man in den Bootshäusern über 250 Skelette von Menschen, die bei dem Versuch, mit Schiffen zu fliehen, am Morgen des 25. August 79 von einer Glutwolke erstickt worden waren.

Vom Strand steigen mächtige Stützmauern empor, über denen sich herrschaftliche Villen und die luxuriös ausgestatteten **Terme suburbane** erheben (z.Z. nur vormittags geöffnet; siehe auch Exkurs „Ein Thermenbesuch"). Durch die Porta Marina betritt man die Stadt. Die **Casa della Gemma** und die **Casa del Rilievo del Telefo** nehmen eine komplette *insula* (Baublock) ein. Beide gehörten *M. Nonius Balbus*, einem angesehenen Bürger der Stadt. Sein Grabmal liegt direkt an den Vorstadt-Thermen auf einer Terrasse über dem Meer, das Reiterstandbild befindet sich im Museo Archeologico in Neapel. Auf

golf_146 Foto: pa

golf_145 Foto: pa

der benachbarten insula teilen sich zwei weitere luxuriös ausgestattete Villen die Vorzugslage mit Blick aufs Meer, die Balkone waren ursprünglich glasverkleidet. Die **Casa dell'Atrio a Mosaico** und die **Casa dei Cervi** zählen zu den schönsten Häusern der Stadt.

Folgt man dem Cardo V, kommt man an einem kleinen **Bordell** vorbei (siehe Exkurs „Wolfsgeheul im Freudenhaus"). Daneben liegt an der Ecke ein **Thermopolium,** eine der zahlreichen Garküchen der Stadt. In den Tresen eingemauerte Keramikgefäße hielten die Speisen warm. Auf der rechten Seite des Decumano Inferiore markieren zwei Säulen den Eingang zur **Palästra.** Die monumentale Sportanlage aus augustäischer Zeit steckt größtenteils noch im Tuff. In den zahlreichen Bäckereien, Tavernen und Weinschenken in Nähe der Palästra stillten die Athleten ihren Hunger und Durst.

Die **Casa Sannitica** am Decumano Inferiore stammt aus dem 2. Jh. v. Chr. und ist das besterhaltene Beispiel eines zweigeschossigen altitalischen Atriumhauses (siehe Exkurs „Das pompejianische Haus und seine Wanddekorationen"). Schräg gegenüber sind am Cardo IV zwei weitere interessante Häuser zu sehen. Im **Casa del Tramezzo di Legno,** neben dem samnitischen Haus das älteste der Stadt, hat sich die hölzerne Trennwand zwischen Atrium und Tablinum komplett mit Bronzebeschlägen erhalten. Die **Casa a Graticcio** ist ein einzigartiges Beispiel eines in billiger Leichtbauweise errichteten Fachwerkhauses. Meist wurden einfache Mietshäuser in der Technik des opus craticium errichtet. Sie waren besonders brandgefährdet.

Folgt man dem Cardo IV in Richtung Vesuv, kommt man an der **Casa di Nettuno ed Anfitrite** vorbei. Der Weinausschank an der Straße sieht aus, als ob sich der Besitzer nur für einen Augenblick entfernt hätte. Das Sommertriclinium schmückt ein wunderschönes Mosaik mit Neptun und Amphitrite. Das Nachbarhaus verdankt dem mosaikgeschmückten Innenhof, aus dem eine Treppe in das Obergeschoss führt, den Namen **Casa del Bel Cortile.**

Der **Decumanus maximus,** die Hauptstraße von Herkulaneum, ist 12 m breit. Jenseits des Decumanus liegt das Forum noch unter dem Tuff. Zahlreiche Läden öffnen sich auf die für den Durchgangsverkehr gesperrte Geschäftsstraße, darunter die Werkstatt eines Bleiarbeiters, der Laden eines Geschirrhändlers, ein Thermopolium und eine Schenke.

An der Ecke Decumanus Maximus und Cardo III. befindet sich das **Collegio degli Augustali,** dessen Priester den Kaiserkult pflegten. Kurz vor dem Ausbruch 79 wurden die Räume im so genannten 4. Stil bemalt (siehe Exkurs „Das pompejianische Haus und seine Wanddekorationen"). Inmitten der Stadt nehmen die **Terme del Foro** eine halbe Insula ein. Der Zugang ins Männerbad erfolgt vom Cardo III, jener zum Frauenbad vom Cardo IV. Die Männerabteilung ist weitläufiger und verfügt zusätzlich über eine Palästra und ein fri-

Herkulaneum: in den Thermen

gidarium. Das Frauenbad schmücken wunderschöne Mosaikböden.

Folgt man dem Cardo III zurück in Richtung Meer, gelangt man zur **Casa dell'Albergo.** Das ehemals herrschaftliche Haus nimmt die gesamte Breite einer Insula ein. Nach dem Erdbeben von 62 wurde es in ein Mehrfamilien- bzw. Mietshaus umgewandelt. Als der Vesuv ausbrach, waren die Arbeiten noch nicht abgeschlossen.

- **Villa dei Papri,** Gruppen bis zu maximal 25 Personen können nach Anmeldung (www.arethusa.it) seit März 2003 die Villa dei Papri besichtigen. Nur an Wochenenden von 9–12 Uhr zu jeder vollen Stunde.
- **Scavi di Ercolano,** Corso Resina 6, Tel. 0817390963. April bis Okt. tägl. 8.30–19.30 Uhr (Einlass bis 18 Uhr), Nov. bis März tägl. 8.30–17 Uhr (Einlass bis 15.30 Uhr). Eintritt 10 Euro (ermäßigt 5 Euro) bzw. mit einem Sammelticket 18 Euro (ermäßigt 9 Euro), siehe dazu das Stichwort „Eintrittsgelder" eingangs des Kapitels.

Information

- **Info-Point** am Eingang der Scavi, Tel. 0818575347, www.pompeiisites.org.
- **Ufficio Turistico**
Touristen-Büro auf dem Weg von der Circumvesuviana-Station zu den Ausgrabungen. Corso Resina 39, Tel. 0817881243 (Comune di Ercolano). Mo.–Sa. 8.30–12.30 Uhr.

An- und Weiterreise

- **Auto:** A3-Autobahnausfahrt „Ercolano-Portici", dann Richtung Meer der Ausschilderung „Ercolano Scavi" folgen.
- **Bus:** SITA (www.sita-online.it) von und nach Neapel bzw. Salerno. Angesichts häufiger Verkehrsstaus ist die Circumvesuviana die bessere Alternative. Von Ercolano (Nähe Circumvesuviana-Station) fahren Busse der Vesuviana Mobilità (Tel. 0819634427) auf den Vesuv (ab Ercolano um 9.30, 10.30, 11.50, 12.50 und 13.50 Uhr; Tickets zu 3,10 Euro im Bus).
- **Bahn:** Circumvesuviana-Linie Napoli - Sorrento, Station„Ercolano-Scavi".

Unterwegs in Ercolano

- **Parken:** In der Nähe der Ausgrabungen gibt es einen bewachten, gebührenpflichtigen Parkplatz.

Veranstaltungen

- **Festival delle Ville Vesuviane**
Von Frühjahr bis Herbst **Konzerte und Theateraufführungen** in den Vesuv-Villen. Info: Ente per le Ville Vesuviane, Villa Campolieto. Mo.–Fr. 9–14 Uhr. Corso Resina 283, Ercolano, Tel. 0817322134, www.villevesuviane.it. Kartenvorverkauf in Neapel: Box Office, Galleria Umberto I., Tel. 0815519188, www.boxofficeclub.it

Torre Annunziata und die Villa Oplontis

↗ X, B1

Der einzige, dafür aber gute Grund, Torre Annunziata einen Besuch abzustatten, ist die Villa Oplontis. Auf der *Tabula Peutingeriana*, der mittelalterlichen Kopie eines römischen Straßenatlas, ist östlich von Herculaneum der Name Oplontis verzeichnet, während das nahe Pompeji erstaunlicherweise keine Erwähnung findet. 1964 stieß man bei systematischen Grabungen auf eine verschwenderisch reich ausgestattete Villa, die den bourbonischen Schatzgräbern glücklicherweise entgangen war. Es wurde nur der **ausgedehnte Wohntrakt** freigelegt.

Wie auch die Patriziervillen Herkulaneums, öffnete sich die Villa Oplontis mit Balustraden zum Meer. Die perfekt erhaltenen Wandmalereien erweitern die ohnehin großzügigen Räume perspektivisch. Auf kleinen Stilleben finden sich lebensnah abgebildete Früchte, Vögel und sogar Insekten. Die Thermenanlage und das Schwimmbecken mit olympischen Ausmaßen künden vom Reichtum der Villenbewohner. Als Besitzerin des Anwesens wird *Poppaea Sabina,* die Mätresse und zweite Ehefrau Kaiser *Neros,* vermutet. Laut *Tacitus* starb die schwangere *Poppaea* 65 n. Chr. an den Folgen eines Fußtrittes, den *Nero* ihr verpasst hatte. Zur Zeit des Vesuvausbruchs im Jahr 79 war die Villa unbewohnt und wurde restauriert.

- **Villa Oplontis,** Via Sepolcri, Tel. 0818575347. April bis Okt. tägl. 8.30–19.30 Uhr (Einlass bis 18 Uhr), Nov. bis März tägl. 8.30–17 Uhr (Einlass bis 15.30 Uhr). Sammeltickets zu 5 Euro (ermäßigt 2,50 Euro) bzw. Sammeltickets zu 18 Euro (ermäßigt 9 Euro), siehe dazu das Stichwort „Eintrittsgelder" eingangs des Kapitels.

Information

- **AAST Pompeji,** siehe unten.
- **www.pompeiisites.org**

An- und Weiterreise

- **Auto:** A3-Autobahnausfahrt „Torre Annunziata Sud". Den Ausschilderungen folgen. Es existiert kein bewachter Parkplatz vor der Villa Oplontis.
- **Bahn:** Circumvesuviana-Linie Napoli – Sorrento, Station „Torre Annunziata Oplontis". Die Villa liegt etwa 10 Gehminuten vom Bahnhof entfernt (Achtung, gelegentlich Taschendiebstähle!).

Pompei und Pompeji

↗ X, B1

Sonntag waren wir in Pompeji. – Es ist viel Unheil in der Welt geschehen, aber wenig, das den Nachkommen so viel Freude gemacht hätte. Ich weiß nicht leicht etwas Interessanteres. Die Häuser sind klein und eng, aber alle inwendig aufs zierlichste gemalt. Das Stadttor merkwürdig, mit den Gräbern gleich daran. Das Grab einer Priesterin als Bank im Halbzirkel mit steinerner Lehne, daran die Inschrift mit großen Buchstaben eingegraben. Über die Lehne hinaus sieht man das Meer und die untergehende Sonne. Ein herrlicher Platz, des schönen Gedankens wert.

Goethe, Italienische Reise, 13. März 1787

Das moderne Pompei entstand nach dem Bau der 1891 geweihten **Wallfahrtskirche Madonna del Rosario.** Die Kirche ist alljährlich Ziel von Millionen italienischer Pilger und hat damit wesentlich mehr Besucher als das benachbarte **antike Pompeji.** Vom 80 m hohen Campanile genießt man einen herrlichen Blick auf die Landschaft und die Ruinen von Pompeji.

- **Santuario della Madonna del Rosario,** Belvedere des Campanile, tägl. 9–13 und 15–17 Uhr. Tel. 0818507000.

Geschichte der Stadt Pompeji

Im August 79 wurde Pompeji vollständig unter den Auswurfmassen des Vesuvs begraben und blieb so der staunenden Nachwelt erhalten. Die Wiederentdeckung der römischen Provinzstadt im 18. Jh. eröffnete ein einzigartiges **Zeitfenster in römische Geschichte und Alltag.**

Als Pompeji verschüttet wurde, ging eine **700-jährige Stadtgeschichte** abrupt zu Ende. Italische Osker hatten im 7. Jh. v. Chr. ein Lavaplateau an der Mündung des damals schiffbaren Sarno befestigt. Schnell entwickelte sich der Marktflecken in der fruchtbaren Campania zu einem blühenden Handelsplatz. Im Laufe der Zeit geriet Pompeji unter griechischen, etruskischen und Ende des 5. Jh. v. Chr. unter samnitischen Einfluss. In Folge starker Zuwanderung wurde das Stadtgebiet bis auf 66 ha erweitert und von einer kilometerlangen Mauer umgeben. Die regelmäßige Anlage der Straßen und rechteckigen Grundstücksparzellen folgte griechischen Vorbildern. Im 3. Jh. v. Chr. erlangte Rom nach mehreren Militärkampagnen die endgültige Vorherrschaft in der Campania. Pompeji ging mit Rom eine politische Allianz ein, behielt aber weitgehend seine Autonomie. Im Bundesgenossenkrieg 90–89 v. Chr. kämpften Pompeji und die italischen Städte um die politische Gleichstellung mit Rom und erlangten trotz militärischer Niederlage das **römische Bürgerrecht.** 80 v. Chr. erhielt Pompeji den Status einer **Colonia,** tausende Veteranen wurden angesiedelt. Die Verwaltung gelangte in die Hände der neuen römischen Oberschicht, öffentliche Bauwerke wurden neu errichtet. Die sozialen Spannungen zwischen Römern und alteingesessenen Pompejianern bauten sich allmählich ab, das Wirtschaftsleben entwickelte sich mit neuer Dynamik.

Zahlreiche **villae rusticae,** Landgüter, wie sie bei Boscoreale ausgegraben wurden, umgaben die Stadt. Auf den fruchtbaren Vulkanböden gediehen **Oliven und Reben.** In Pompeji selbst gab es auffällig viele Weinschenken, Wein wurde aber auch exportiert. Pompeji war darüber hinaus für die Erzeugung exzellenten Garums bekannt, einer Würzsoße aus vergorenem Fisch, deren Produktion mit einer erheblichen Geruchsbelästigung verbunden war (siehe Exkurs „Garum, das Maggi der Antike"). Darüber hinaus waren zahlreiche leder- und wollverarbeitende Betriebe in der Stadt angesiedelt. Die Bedeutung des Handels für die Wirtschaft Pompejis lässt sich an den über 600 Ladenlokalen ablesen, weitaus mehr als für die Versorgung der 10.000 Einwohner nötig gewesen wären.

Die **privaten Häuser** Pompejis spiegeln die unterschiedlichen sozialen Klassen seiner Einwohner wider. Bankiers, Steuerpächter, reiche Händler und Großgrundbesitzer leisteten sich Luxusvillen mit Innenhöfen und Gärten, die sich über eine Grundfläche von bis zu 3000 m^2 erstreckten. Die Mittelschicht, Handwerksmeister, Kaufleute und Freigelassene, bewohnte kleinere Häuser, die immer noch eine Nutzfläche von bis zu 450 m^2 aufwiesen. In engen Behausungen, meist ein Laden mit eingezogenem Zwischenboden *(pergula)* als Schlaflager, lebten ärmere Händler und Handwerker.

In augustäischer Zeit wurde ein **Aquädukt** nach Pompeji gelegt, der öffentliche Brunnen, Thermen, reiche Pri-

Pompeji (Forum): Blick auf den Vesuv

vathäuser und Gärten mit Wasser versorgte. Das Freizeitangebot umfasste **Theater, Odeon** und **Amphitheater.** Im Jahr **59 n. Chr.** bekam das bürgerlich-beschauliche Leben in Pompeji erste Risse, als im Amphitheater Zuschauer aus Pompeji und Nuceria (Nocera) blutig aneinandergerieten. Ein Fresko im Museo Archeologico in Neapel schildert den Vorfall in aller Deutlichkeit. Auf Senatsbeschluss wurde die Arena auf zehn Jahre für Spiele gesperrt. Der nächste Schicksalsschlag ereilte Pompeji am **5. Februar 62,** als ein **schweres Erdbeben** große Schäden anrichtete. Es war ein schwacher Trost, als Kaiser *Nero,* der im gleichen Jahr die Pompejanerin *Poppaea Sabina* geheiratet hatte, das Spieleverbot wieder aufhob, denn für die Beseitigung der Erdbebenschäden erhielt die Stadt keine einzige Sesterze aus Rom. Als Pompeji 17 Jahre später, am **24. August 79,** dem verheerenden **Vulkanausbruch** endgültig zum Opfer fiel, war bezeichnenderweise der Wiederaufbau der privaten Häuser und Vergnügungseinrichtungen weiter fortgeschritten als die Restaurierung öffentlicher Verwaltungsbauten.

Nach dem Ausbruch kam eine von Kaiser *Titus* beauftragte Untersuchungskommission zu dem Ergebnis, Pompeji ließe sich nicht wieder aufbauen. Vereinzelt hatten Plünderer nach Schätzen gegraben, und im staatlichen Auftrag wurde von öffentlichen Bauwerken, soweit diese über die Vulkanasche hinausragten, der Marmor syste-

golf_151 Foto: pa

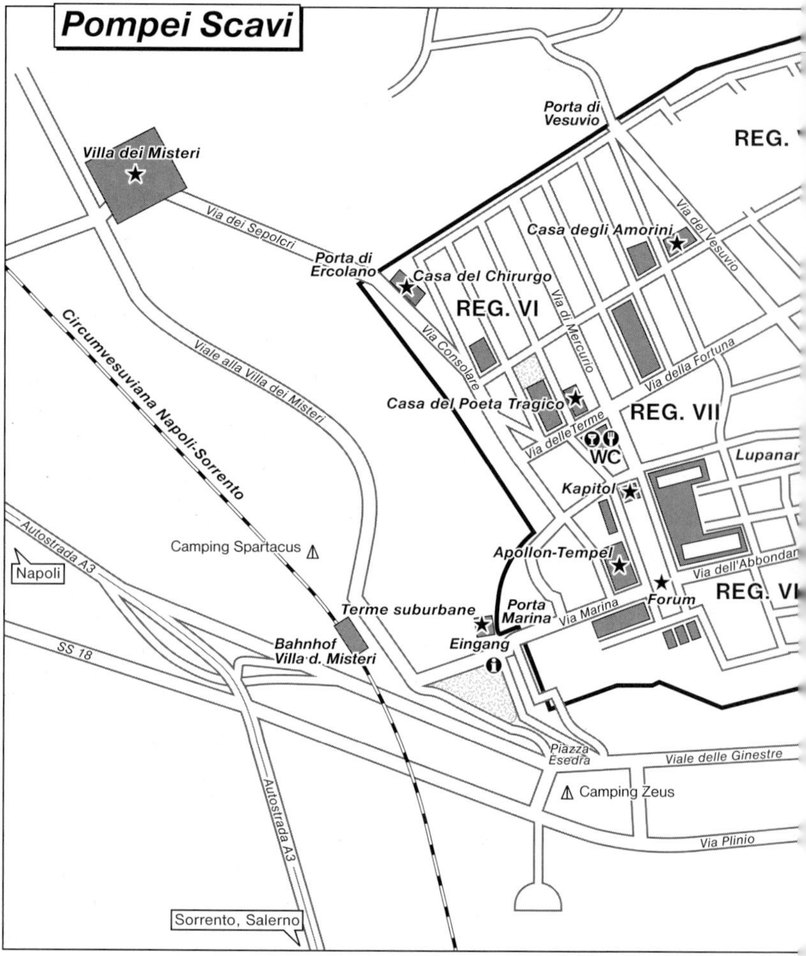
Pompei Scavi
Porta di Vesuvio
REG. V
Villa dei Misteri
Via dei Sepolcri
Casa degli Amorini
Via del Vesuvio
Porta di Ercolano
Casa del Chirurgo
REG. VI
Via di Mercurio
Via Consolare
Circumvesuviana Napoli-Sorrento
Viale alla Villa dei Misteri
Via della Fortuna
Casa del Poeta Tragico
REG. VII
Via delle Terme
WC
Lupanar
Kapitol
Apollon-Tempel
Via dell'Abbondanza
Autostrada A3
Camping Spartacus
Napoli
Forum
REG. VIII
Porta Marina
Via Marina
Terme suburbane
Eingang
Bahnhof Villa d. Misteri
SS 18
Piazza Esedra
Viale delle Ginestre
Camping Zeus
Autostrada A3
Via Plinio
Sorrento, Salerno

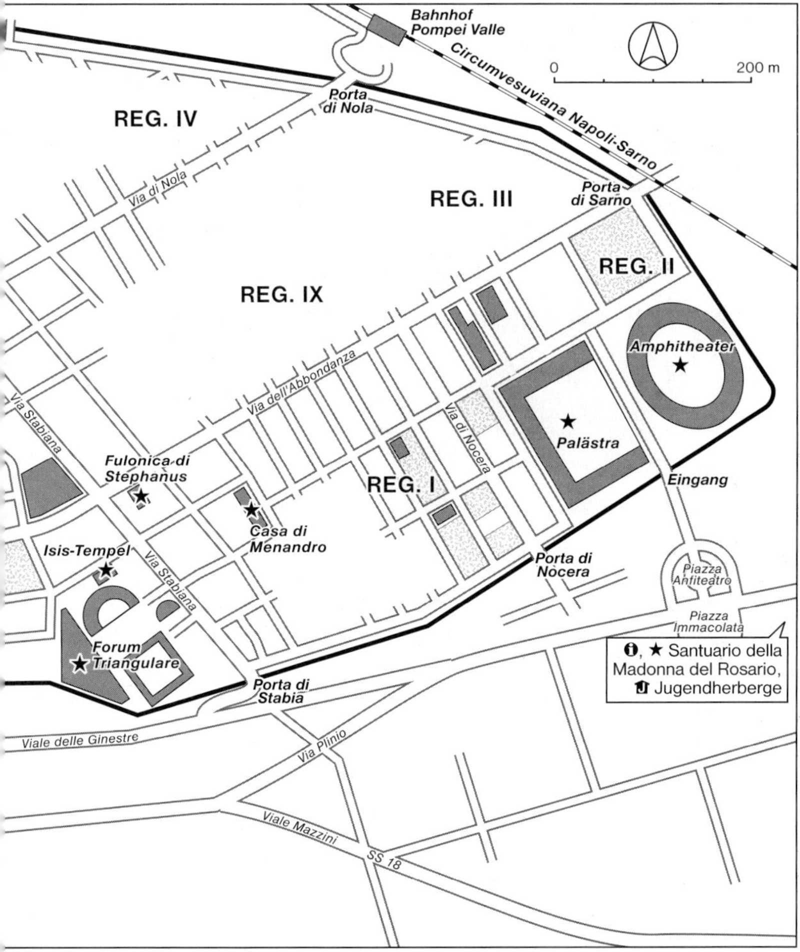
Bahnhof Pompei Valle
Circumvesuviana Napoli-Sarno
0
200 m
Porta di Nola
REG. IV
Via di Nola
REG. III
Porta di Sarno
REG. II
REG. IX
Amphitheater
Via dell'Abbondanza
Via Stabiana
Via di Nocera
Palästra
Fulonica di Stephanus
REG. I
Eingang
Casa di Menandro
Isis-Tempel
Via Stabiana
Porta di Nocera
Piazza Anfiteatro
Piazza Immacolata
Forum Triangulare
Santuario della Madonna del Rosario,
Jugendherberge
Porta di Stabia
Viale delle Ginestre
Via Plinio
Viale Mazzini
SS 18

golf_154 Foto: pa

matisch entfernt. Dann wuchs Gras über die verschütteten Ruinen, und der Name Pompeji geriet in Vergessenheit.

Grabungsgeschichte von Pompeji

Der ersten, zufälligen **Wiederentdeckung der Ruinen von Pompeji 1592** beim Bau einer Wasserleitung wurde keine Bedeutung beigemessen. Erst als Anfang des 18. Jh. Herkulaneum entdeckt und Europa von einem Begeisterungssturm für die Antike erfasst wurde, begann man 1748 auch in Pompeji zu graben, zunächst ohne zu wissen, um welche Stadt es sich handelte. Während in Herkulaneum die Grabungen sich in den versteinerten Tuffschichten nur langsam unter Tage vorantreiben ließen, konnte man in Pompeji den lockeren Boden großflächig abtragen. Auch in Pompeji wurde anfänglich völlig unsystematisch nach Schätzen zur Bereicherung der königlichen Sammlung gegraben und vieles dabei unwiederbringlich zerstört. Immerhin hatte *Karl III.* die Ausgrabung unter staatliche Aufsicht gestellt und 1755 die Accademia Ercolanese eingerichtet. Mit dem Fund der Inschrift „res publica Pompeianorum" erhielt die Stadt 1763 ihren Namen zurück. Ab Mitte des 18. Jh. avancierte Pompeji zur großen Publikumsattraktion, für illustre Besucher wurden Schaugrabungen inszeniert. Erst in der

Besucherandrang in Pompeji

zweiten Hälfte des 19. Jh. setzte man die Grabungen wissenschaftlich fort. Der **Archäologe Giuseppe Fiorelli** entwickelte 1863 jenes berühmte Verfahren, das es erlaubte, **Abgüsse von den Katastrophenopfern** anzufertigen. Verweste Leichen von Mensch und Tier hatten in den erhärteten Ascheschichten Hohlräume hinterlassen, die mit Gips ausgegossen wurden. Einige dieser in Pompeji ausgestellten Körper konfrontieren auf dramatische Weise mit der Katastrophe von 79. Die Technik wurde später auch verwendet, um Wurzellöcher auszugießen, und erlaubte die Rekonstruktion von Gärten. Die Einteilung der Stadt in **Regiones** und **Insulae,** die eine einfache Orientierung erlaubt, geht ebenfalls auf *Fiorelli* zurück. So liegt z. B. die Casa del Fauno in der Regio VI, Insula 12. **Amadeo Maiuri** weitete von 1924–1961 den Anteil der Ausgrabung auf 60 Prozent der antiken Stadtfläche aus, mit schwer wiegenden Folgen für den Erhalt der Gebäude. Noch ist die Gefahr eines zweiten und diesmal unwiderruflichen Untergangs des Weltkulturerbes Pompeji nicht gebannt, und auch die enormen Besuchermassen haben ihren Anteil daran. Gegenwärtig gelten alle Anstrengungen dem **Erhalt von Pompeji,** neue Ausgrabungen sind die Ausnahme, wenn es sich nicht um Notgrabungen wie im Jahr 2000 handelt, als man bei der Verbreiterung der Autobahn auf eine Luxusherberge außerhalb der Stadtmauern stieß. An der Via dell'Abondanza wird seit den 1980er Jahren die Casa dei Casti Amanti mit Hilfe modernster naturwissenschaftlicher Methoden erforscht, das Hauptinteresse gilt der Rekonstruktion des antiken Alltags und der Umwelt.

Über Pompeji sind viele ausgezeichnete **Bücher** verfasst worden, und seit wenigen Jahren gibt es glücklicherweise am Haupteingang an der Porta Marina einen gut sortierten Bookshop. Sehr zu empfehlen sind die von der Altertümerverwaltung in Zusammenarbeit mit dem Verlag Electa auch in deutscher Sprache herausgegebenen Bände, die auf anschauliche Weise unterschiedliche Aspekte des römischen Alltags in Pompeji beschreiben.

Besichtigung Pompejis

Feste Schuhe und ein Tag Zeit sind die Voraussetzungen für eine absolut einzigartige **Zeitreise in die römische Antike.** Pompeji ist Tag für Tag Ziel abertausender Touristen, doch konzentrieren sich die meisten Besuchergruppen auf die forumsnahen Stadtviertel. In Richtung Amphitheater und jenseits der Casa dei Vettii und Casa del Fauno dünnen die Besucherströme aus. In stillen Seitengassen bewegt man sich oft ganz alleine. Ein erholsamer Spaziergang führt außerhalb der Stadtmauer. Der schönste Abschnitt liegt zwischen der Porta Ercolano und Porta di Nola. Im Bereich der Forumsthermen (VII, 5) gibt es ein Schnellrestaurant und Toiletten. Der Haupteingang liegt an der Porta Marina, ein zweiter Eingang findet sich auf Höhe des Amphitheaters. An der Villa dei Misteri, die im Nordwesten außerhalb der Stadtmauer liegt, gibt es nur einen Ausgang.

Ein Thermenbesuch

Als Ende des 5. Jh. v. Chr. in Athen die Pest wütete, ließ *Perikles* einen hoch angesehenen Arzt zu sich kommen und bat ihn um Rat. Dessen Antwort lautete kurz und bündig: „Wascht euch!" Hohe Bevölkerungsdichte und mangelnde Hygiene in den Städten wurden als Nährboden von Seuchen erkannt.

Die Römer, auch in dieser Hinsicht gelehrige Schüler der Griechen, entwickelten ihre Thermen zu einer gesellschaftlichen Institution. Sie wurden nicht nur zum täglichen Bad aufgesucht, sondern auch, um sich über Geschäfte, Politik oder den neuesten Klatsch auszutauschen. Palästren dienten der körperlichen Ertüchtigung, große Thermen boten getreu der Devise Mens sana in corpore sano sogar Leseräume. Öffentliche Thermen unterstanden der Stadtverwaltung oder wurden von Privatunternehmern geführt. Einige besaßen getrennte Frauen- und Männerabteilungen, in anderen, die nur über eine einzige Abteilung verfügten, wurden für Frauen und Männer unterschiedliche Besuchszeiten eingeführt. Ob sie jemals eingehalten wurden, ist fraglich. In der römischen Literatur finden sich zahlreiche Beschreibungen frivoler Begegnungen. Kein Wunder, dass mit Einführung des leibfeindlichen Christentums als Staatsreligion im 4. Jh. das Ende der antiken Badekultur in Europa eingeleitet wurde. In der islamischen Welt lebt die antike Tradition der öffentlichen Dampfbäder bis heute fort.

Die Anlage aller Thermen ähnelt sich im Wesentlichen. In Pompeji gab es drei öffentliche Thermen, eine vierte (IX, 4) befand sich zur Zeit des Vesuvausbruchs noch im Bau. Die Beheizung der Räume erfolgte ursprünglich mit bronzenen Kohlebecken. Im 1. Jh. v. Chr. benutzte der kampanische Großunternehmer *Sergio Orata* zur Erwärmung seiner Fischzuchtbecken Hohlziegel, durch die erhitzte Luft geleitet wurde. Die Hypokaustenheizung wurde mit großem Erfolg im Thermenbau übernommen.

Am **vestibulum** (Eingang) zahlte man einen geringen Eintritt. Für Massagen und andere Dienste wurde ein zusätzlicher Obolus entrichtet. Im **apodyterium** (Umkleideraum) entledigte man sich seiner Kleider, die, in Wandnischen abgelegt, gegen Gebühr von Sklaven bewacht wurden. Die Anzahl der Wandnischen verrät die maximale Besucherzahl. Vor dem eigentlichen Bad suchten Männer die **palaestra** (Übungsplatz für Ringkampf) auf. Nach einem reinigenden Bad begab man sich ins lauwarme **tepidarium,** ebenfalls mit Wandnischen versehen. Hier konnten Kosmetika deponiert werden. Der Badegast ließ sich mit Öl und Sand einreiben und die Schmutzschicht anschließend mit einem **strigilis** (Schabeisen) von der Haut schaben. Dann erst ging man ins **caldarium,** das heiße Bad. Im gleichen Raum standen ein **alveus** (heiße Badewanne) und zur Erfrischung ein **labrum** (Kaltwasserbecken). Anschließend kehrte man ins tepidarium zurück, an das sich ein **laconium** anschließen konnte, ein warmer und trockener Raum, vergleichbar einer Sauna. Der erfrischende Sprung ins Kaltwasserbecken im **frigidarium** blieb Männern vorbehalten, man dachte, Frauen würden davon Schaden nehmen.

golf_156 Foto: pa

Die Besichtigung von Pompeji wäre unvollständig ohne einen Besuch im Museo Archeologico in Neapel. Auf einem Streifzug durch Neapels Centro Storico und die Straßenmärkte begegnet einem pralles Leben, das sich wohl kaum von jenem im antiken Pompeji unterscheidet.

Von der Porta Marina zum Forum

Vor dem Haupttor der Stadt liegen die **Terme suburbane,** ein ursprünglich dreistöckiges Gebäude, das über einen eigenen Anlegesteg verfügte. Noch bevor Reisende durch die Porta Marina das eigentliche Stadtgebiet betraten, hatten sie Gelegenheit die Thermen aufzusuchen. Die Wände überziehen raffinierte Stuckdekorationen. Hier war auch ein Bordell untergebracht, ein Hinweis, dass diese Badeanstalt vorwiegend von Händlern und Matrosen auf der Durchreise besucht wurde (siehe Exkurs „Wolfsgeheul im Freudenhaus").

Von der **Porta Marina** führten getrennte Durchgänge für Fußgänger und Fuhrwerke auf die steingepflasterte Straße, die sich in gerader Linie bis zum Forum fortsetzt. Auswärtige Händler waren gezwungen, ihre Waren gegen Gebühr auf Fuhrwerke umzuladen, die der genormten Fahrspurbreite der Stadt entsprachen. Dafür zu sorgen, dass nur in Pompeji zugelassene Fahrzeuge passierten, ist die zweite Funktion der erhöhten „Zebrastreifen". Helle Marmorsteine im dunklen Basaltpflaster dienten als „Katzenaugen". Oberhalb der Porta Marina liegen die unscheinbaren Reste des **Venus-Tempels,** errichtet nach Gründung der römischen Colonia Cornelia Veneria Pompeianorum. *Venus,* die angebliche Ahnmutter des römischen Generals *Cornelius Sulla,* wurde zur Schutzgottheit der Stadt erklärt. Der Tempel wurde 62 beim Erdbeben zerstört, die reiche Marmorausstattung wahrscheinlich nach 79 zur Wiederverwertung entfernt.

Forum

Das Forum Pompejis war wie in jeder römischen Stadt **Zentrum des politischen, religiösen, wirtschaftlichen und sozialen Lebens** und wurde mit Gründung der Kolonie 80 v. Chr. völlig neu gestaltet. Ein zweistöckiger Säulengang und zahlreiche öffentliche Bauten umgaben den gepflasterten, für den Durchgangsverkehr gesperrten Platz. Auf Postamenten standen ursprünglich Ehrenstatuen. Am nördlichen Ende des Forums erhebt sich auf einem Podium das **Capitolinum,** offizieller Tempel des römischen Staatskultes, der Göttertrias *Jupiter, Juno* und *Minerva* geweiht. Zwei Ehrenbögen, ihres Marmorschmucks entkleidet, flankieren das Kapitol.

Östlich des Kapitols liegt der Eingang zum **Macellum,** dem zentralen Fisch- und Fleischmarkt. Im Hof der Markthalle stand ein Brunnen, an dem Fische geputzt und verkauft wurden. Zwei Gipsabgüsse menschlicher Körper ziehen neugierige Blicke auf sich. Die eine Gestalt ist an dem breiten Gürtel als Sklave zu erkennen.

Auf der östlichen Forumsseite schließen sich zwei Tempel an. Im **Laren-Heiligtum** wurden die Schutzgötter der Stadt verehrt. Im Hof des so genannten **Vespasian-Tempels,** bereits in augustäischer Zeit für den Kaiserkult errichtet, steht ein schöner Altar. Die Marmorfront zeigt eine Opferszene.

Besonderes Augenmerk verdient der benachbarte **Bau der Eumachia,** eine private Stiftung der reichen Witwe *Eumachia.* Die *Eumachii* waren unter *Sulla* 80 v. Chr. nach Pompeji eingewandert. Der Familie gehörten ausgedehnte Weingüter, sie besaßen ein Quasi-Monopol auf Erzeugung und Handel von Weinamphoren, Bauziegeln, Woll- und Lederwaren. *Eumachia* kandidierte für das Amt der Venuspriesterin, die höchste ehrenamtliche Stellung, die eine Frau in Pompeji einnehmen konnte. Um den Wahlausgang günstig zu beeinflussen, hatte sie 22 n. Chr. dieses Bauwerk errichten lassen. Das Eingangsportal rahmt ein prachtvoller Marmorfries, der stilistische Ähnlichkeiten mit der berühmten Ara pacis, dem Friedensaltar von Kaiser *Augustus* in Rom, aufweist. In den Akanthusranken tummeln sich kleine Säugetiere, Vögel und Insekten. Nicht nur Kinder werden daran ihre Freude haben! Das Gebäude diente der Innung der *fullones* (Wollwalker) als Versammlungsort, hier fanden Wollauktionen statt, und wahrscheinlich wurden teure Stoffe zum Verkauf angeboten. Das Gebäudeinnere schmückten Statuen von Mitgliedern des Kaiserhauses und eine Statue der *Eumachia,* ge-

golf_158 Foto: pa

golf_159 Foto: pa

stiftet von den fullones, deren Patronin sie war.

Die westliche Forumsseite nehmen das Schatzamt, Latrinen, das Forum Holitorium und der Apollon-Tempel ein. In einer Wandnische ist die *Mensa ponderaria*, eine Kalksteinplatte mit vorgeschriebenen Hohlmaßen und Gewichten, eingelassen. Im **Forum Holitorium,** dem ehemaligen Gemüsemarkt, werden archäologische Fundstücke und Gipsabgüsse aufbewahrt.

Seit dem 6. Jh. v. Chr. stand an gleicher Stelle ein **Apollo-Tempel,** bis zur Gründung der römischen Kolonie das Hauptheiligtum Pompejis. Der römische Podiumstempel entstand nach 80 v. Chr. Die Bronzestatuen von *Apollo* und *Diana* sind Kopien der Originale aus dem späten 1. Jh. v. Chr. Westlich der Podiumstreppe steht auf einer ionischen Säule eine dem Lichtgott *Apollo* geweihte Sonnenuhr.

Auf der Südseite des Forums lagen die **Amtsgebäude der städtischen Verwaltung.** In einem der Gebäude kamen die *duoviri,* die ranghöchsten Beamten, zusammen. Sie besaßen Finanz- und Justizbefugnis und übten Kontrolle über die *decuriones,* die Mitglieder des Gemeinderates, aus. Diese hatten ihren

Links: Apollo-Tempel;
oben: Gipsabguss eines Hundes
(Archäologisches Museum Neapel)

Wolfsgeheul im Freudenhaus

Römische Prostituierte bezeichnete man auch als **lupae,** Wölfinnen, da sie mit entsprechenden Lauten ihre Kunden anlockten. Das wirft – ganz nebenbei – ein anderes Licht auf die Sage von *Romulus* und *Remus,* die von einer Wölfin aufgezogen worden sein sollen. Die Anzahl der *lupanare* (Bordelle) in Pompeji ist sehr hoch, ein Hinweis auf zahlreiche auswärtige Besucher. Größere Lupanare hatten mehrere kleine Räume mit gemauerten Betten, auf denen Matratzen lagen. Über alle Sprachbarrieren hinweg illustrieren erotische Szenen *(figurae Veneris)* an den Wänden die angebotenen Dienstleistungen. Die Preise für einen Bordellbesuch reichten von 2 As, dem Gegenwert eines Bechers Wein, bis zu 16 As. Manche Prostituierte gingen ihrem Beruf auf offener Straße und an Kreuzungen *(trivia)* nach, daher auch die Bezeichnung trivial.

Amtssitz in der Curia. Im Tabularium lag das Staatsarchiv. Der Basilika gegenüber befand sich das Comitium, das Wahllokal. An den Hausfassaden der Via dell'Abbondanza sind etliche Beispiele von Wahlpropaganda zu entdecken.

Die **Basilika** aus dem 2. Jh. v. Chr. an der südwestlichen Forumsecke ist eines der ältesten Beispiele dieses Bautyps, der in christlicher Zeit das architektonische Vorbild für Kirchen lieferte. Der Name leitet sich aus dem Griechischen ab und bedeutet königliche Halle. Die Basilika war der Ort ziviler Rechtsprechung und zugleich ein wichtiger Versammlungsplatz der Bürger. Auf den Innenwänden der Basilika wurden zahlreiche Graffiti gefunden, darunter dieses: „Es wundert mich, oh Wand, dass du unter der Last der Dummheiten so vieler Schreiberlinge noch nicht eingestürzt bist." Den Innenraum gliedern aus Ziegeln gemauerte Säulen in drei Schiffe. Sieht man genauer hin, erkennt man, dass alle Säulenstümpfe in etwa die gleiche Höhe haben. Der Wiederaufbau nach dem Erdbeben von 62 war offensichtlich noch nicht sehr weit fortgeschritten, als die Stadt 17 Jahre später verschüttet wurde. Die Wanddekoration ist im 1. Stil gehalten. Auf der westlichen Stirnseite erhebt sich das tribunal, das Podium, von dem aus die Richter die Gerichtsverhandlungen leiteten.

Forum Triangulare und Theater-Viertel

Südöstlich vom Forum und in Nähe der Porta di Stabia liegt das älteste Zentrum Pompejis, seiner dreieckigen Form wegen **Forum Triangulare** genannt. In der Platzmitte sind Reste eines italischen Tempels im dorischen Stil aus dem 6. Jh. v. Chr. zu sehen. Im 2. Jh. v. Chr. wurden der Platz grundlegend umgestaltet, der Tempel von einem dreiseitigen Portikus umgeben, die samnitische Palästra und ein **Theater** im griechischen Stil gebaut, dessen *cavea* (halbrunde Zuschauertribüne) in den Hang gesetzt ist und 5000 Zuschauern Platz bot. Typisch römisch ist der Bühnenaufbau aus augustäischer Zeit mit *proscenium,* der eigentlichen Bühne, und der *scenae frons* als monumentaler Bühnenrückwand. Dahinter liegt der **Quadriportikus,** in dem sich ursprünglich die Theaterbesucher in den langen Pausen zerstreuen konnten. Nach dem Erdbeben 62 war hier der *ludus*, die Gladiatorenkaserne, provisorisch untergebracht. Es wurden Prunkwaffen und zahlreiche Opfer gefunden. In einer Zelle fand man vier Skelette angekettet. In einem anderen Raum zählte man 18 Opfer, darunter eine Frau mit kostbarem Geschmeide (siehe Exkurs „Brot und Spiele").

Seitlich des großen Theaters, in dem Tragödien und Komödien aufgeführt wurden, liegt das kleinere, ursprünglich überdachte **Odeion** aus sullanischer Zeit, das für musikalische Darbietungen und Lesungen genutzt wurde.

Im Rücken der Theater liegt die bereits erwähnte **samnitische Palästra.** Hier fand man die berühmte Marmorkopie des *Doryphoros*. Das Bronzeoriginal des „Speerträgers" aus dem 5. Jh. v. Chr., geschaffen von dem Bildhauer *Polyklet*, gilt als verschollen.

Der **Isis-Tempel** grenzt an die Palästra und das große Theater. Als einziges öffentliches Gebäude war der Tempel nach dem Erdbeben 62 weitgehend erneuert, als sich die Katastrophe von 79 ereignete. Der ägyptische Kult erfreute sich seit dem 1. Jh. v. Chr. größter Beliebtheit im römischen Reich, und auch in Pompeji war der Tempel sehr populär. Die reiche und exotische Tempelausstattung kann man im Museo Archeologico in Neapel bewundern.

Via dell'Abbondanza und Amphitheater

Die Via dell'Abbondanza, von zahlreichen Werkstätten, Lokalen und Verkaufsräumen gesäumt, war **Pompejis Hauptgeschäftsstraße.** Auch andere Dienstleistungen wurden angeboten. In der Nähe der Stabianer Thermen befindet sich das größte Bordell Pompejis. Besucher, die des Lateinischen nicht mächtig waren, fanden im Pflaster des decumanus maximus als Verkehrszeichen einen Phallus eingelassen. Am *pistrinum* (Großbäckerei) des *N. Popidius Priscus* (VII, 2) vorbei, führt der Vico del Lupanare zum Freudenhaus (VII, 12). Das zweigeschossige Etablissement wurde von den Zuhältern *Africanus* und *Victor* geführt.

Die **Stabianer Thermen** in Forums- und Theaternähe sind die älteste öffentliche Badeanstalt Pompejis. Sie wurde regelmäßig auf den neuesten technischen Stand gebracht. Aus dem Hof der Palästra betritt man die Männerabteilung. Besonders raffiniert ist die bunte Stuckdekoration an der Decke des apodyteriums (siehe Exkurs „Ein Thermenbesuch").

An der Via dell'Abbondanza liegen sich in Nähe der Via Stabiana zwei Tuchwalkereien gegenüber, die **Officina di Verecundus** (IX, 7) und die **Fullonica di Stephanus** (I, 6). Für das Färben und das Reinigen von Stoffen wurden große Mengen Wasser benötigt, zahlreiche fullonicae befanden sich daher in Nähe des castellum acquae, des Wasserverteilers, an der Porta Vesuvio. Zum Bleichen der Togen verwendete man Urin. Kaiser *Vespasian* hatte mit dem Argument „Pecunia non olet!" (Geld stinkt nicht!) eine Steuer auf die industrielle Verwendung menschlichen Urins erhoben.

Brot und Spiele

Lukanische Grabmalereien aus dem 4. Jh. v. Chr. deuten darauf hin, dass Gladiatorenspiele, ursprünglich zu Ehren Verstorbener abgehalten, ihren Ursprung in Kampanien hatten. In römischer Kaiserzeit gehörten **panem et circenses,** die Grundversorgung der Bürger mit Getreide und die Organisation von Massenvergnügungen, zu den Grundpfeilern der Innenpolitik. Es gab die unterschiedlichsten Arten von *ludi* (Spielen): Theaterspektakel, Wagenrennen im Circus und *munera,* Gladiatorenkämpfe im Amphitheater. Anlass für die Veranstaltung von ludi konnten die Wahlkundgebung eines Politikers sein, der militärische Triumph eines Feldherren oder die Einweihung eines öffentlichen Gebäudes. Hoch in der Gunst des Publikums standen munera und *venationes,* inszenierte Jagden auf exotische Tiere, die ebenfalls im Amphitheater abgehalten wurden. Gladiatoren waren meist kriegsgefangene Sklaven, es konnten sich aber auch frei Geborene zum Kampf verdingen, der häufig den Tod, manchmal aber auch Ruhm und Reichtum brachte. Römische Matronen der besten Gesellschaftskreise entwickelten eine Schwäche für die rauen Gladiatoren. Einer Dame wurde bei ihrem Rendezvous in der Gladiatorenkaserne von Pompeji der Vesuvausbruch zum Verhängnis.

Brot und Wein

Ab dem 2. Jh. v. Chr. wurde in Pompeji in mehr als 30 Großbetrieben für den allgemeinen Bedarf Brot gebacken. Esel und Sklaven drehten die Mühlen aus Lavastein, der Teig wurde mit fußpedalbetriebenen Knetmaschinen angerührt und die Brote in Öfen gebacken, wie sie heute noch in jeder neapolitanischen Pizzeria in Betrieb sind. Brot war in der Antike ein Grundnahrungsmittel, aber so hart, dass es meist in Öl, Wein oder dicke Suppen getunkt gegessen wurde.

In Pompeji gab es etwa 200 **thermopolia** und **cauponae** (Garküchen und Weinschenken). Im Tresen sind *dolia,* große Keramikgefäße, eingelassen, in denen die Speisen warm gehalten wurden. Auf einer Herdstelle konnte Wasser erwärmt werden, womit speziell im Winter der Wein verdünnt wurde. Edlere Lokale verfügten über mehrere Speisesäle, in einfacheren Kaschemmen gab es das Essen auf die Hand. Die meisten Schenken liegen an den Einfallstraßen und in der Nähe des Amphitheaters. In manchen Tavernen konnte man auch dem Glücksspiel frönen und im Hinterzimmer eine *lupa* (Prostituierte) aufsuchen.

golf_162 Foto: pa

golf_163 Foto: pa

Amphitheater

Etwas zurückversetzt liegt südlich der Via dell'Abbondanza die **Casa di Menandro** (I, 10). Die luxuriöse Stadtvilla mit einem Privatbad erstreckt sich über eine Grundfläche von 1800 m². Das ursprünglich um 200 v. Chr. erbaute Haus wurde mehrfach erweitert und nach dem Erdbeben von 62 mit hervorragenden Fresken im 4. Stil ausgemalt. Ein Bild des griechischen Komödiendichters *Menander* gab dem Haus seinen Namen. Der Name des Besitzers ist bekannt, er wurde auf einem Bronzesiegel entdeckt. *Quintus Poppaeus* war ein Verwandter der *Poppaea Sabina*. In einem kleinen Atrium entdeckten die Ausgräber einen großen Gold- und Silberschatz. Gefunden wurden auch die Überreste von Plünderern, die während des Ausbruchs im Jahr 79 ihr Leben riskiert hatten.

Zurück auf der Via dell'Abbondanza kommt man am **Termopolio di L. Vetuzio Placido** (I, 8) vorbei (siehe Exkurs „Brot und Wein").

Auf Höhe der Palästra liegen an der Via dell'Abbondanza mindestens zwei weitere sehenswerte Häuser. Die so genannte **Casa di Loreio Tiburtino** (II, 2), als deren früherer Besitzer inzwischen *D. Octavius Quartius* feststeht, bedeckt eine komplette insula und zeichnet sich durch einen aufwendig gestalteten Garten aus. Der lange Kanal symbolisierte den Nil. *Octavius Quartius,* ein hoher

Staatsbeamter, war zugleich Priester des Isis-Kultes. Die **Casa della Venere in Conchiglia** (II, 3) schmückt ein Fresko, das ein Bild von *Boticelli* vorwegnimmt.

Das **Amphitheater** liegt am südöstlichen Stadtrand. Es wurde in den ersten Jahren der römischen Kolonie errichtet und ist das älteste erhaltene Bauwerk seiner Art. Die *cavea,* die Zuschauertribüne, ruht zum Teil auf dem Erdaushub, der bei der Eintiefung der ovalen Arena entstanden war. Im Gegensatz zu den jüngeren Amphitheatern von Pozzuoli oder Capua gibt es hier keine unterirdischen Räume unter dem Arenaboden. Von außen führen Treppenaufgänge zur *summa cavea,* den oberen Zuschauerreihen, die in augustäischer Zeit Frauen vorbehalten waren. Durch Gänge sind die *media* und *ima cavea* zu erreichen. Magistraten und die Veranstalter der Spiele saßen in Logen. Über der Cavea konnte an Holzmasten ein Sonnensegel aufgezogen werden. Das Amphitheater von Pompeji fasste 20.000 Zuschauer, etwa doppelt so viel Menschen, wie Pompeji Einwohner hatte, d.h. es wurde mit Zuschauern aus der Umgebung gerechnet. 59 n. Chr. kam es zu blutigen Auseinandersetzungen zwischen Pompejanern und Besuchern aus Nucera (s.o.).

Die große **Palästra** am Amphitheater wurde in augustäischer Zeit errichtet, nachdem die samnitische Palästra sich als zu klein erwiesen hatte. Ein großzügiger Portikus umgibt den zentralen Sportplatz der Stadt, in der Mitte des Hofes befindet sich ein großes Schwimmbecken.

In dem wenig besiedelten Viertel westlich der Palästra stehen Häuser mit großen Nutzgärten. Ein ausgedehnter Obst- und Weingarten findet sich im **Orto dei Fuggiaschi** (I, 20). Von hier genießt man einen besonders schönen Blick auf den Vesuv. Einen kleinen Garten hat auch die Garumfabrik (I, 12). Die **Casa del Giardino di Ercole** (II, 8), deren mit Oliven, Rosen und Myrten bepflanzter Garten rekonstruiert wurde, gehörte einem Parfumfabrikanten.

Wohnviertel nördlich des Forums

Das Viertel, dass seit *Fiorelli* als Regio VI bezeichnet wird, war schon zu samnitischer Zeit die bevorzugte Wohngegend einiger der bedeutendsten Familien Pompejis. Der große Publikumsrenner ist die **Casa dei Vettii** (VI, 15), und das liegt nicht nur an dem Fresko im Eingangsbereich: Ein Priapos wiegt seinen gewaltigen Phallus mit einem Geldsack auf. Pornographische Deutungen sind hier fehl am Platz. Das Bild sollte den Bösen Blick abwenden und den Bewohnern Glück und Geld bescheren. Das Haus wurde 1894 ausgegraben und sofort mit einem rekonstruierten Dach geschützt, so dass die reiche Innenausstattung und Freskendekoration im 4. Stil sich hervorragend erhalten hat. Besitzer des nach dem Erdbeben 62 vollständig renovierten Hauses waren die Brüder *Aulus Vettius Conviva* und *Aulus Vettius Restitutus,* äußerst vermögende Freigelassene. Im Atrium sind gut sichtbar zwei eisenbeschlagene Geldtruhen aufgestellt. Rechts vom Atrium liegt der Bereich der Haussklaven, in dem kleinen Innenhof steht

Das pompejianische Haus und seine Wanddekorationen

Private Wohnhäuser nehmen den Großteil der bebauten Fläche Pompejis ein. Am Beispiel einzelner Gebäude lässt sich die Entwicklung vom italischen Atriumhaus zum komplexeren römischen *domus* (Wohnhaus) studieren. Ein übereinstimmendes Merkmal aller Häuser ist ihre Abschottung nach außen und Öffnung nach innen auf Atrien (Lichthöfe) und Peristylien (säulenumstandene Gartenhöfe). Die Casa del Chirurgo (VI, 1) aus dem 4. Jh. v. Chr., eines der ältesten Häuser Pompejis aus samnitischer Zeit, zeigt den klassisch italischen Aufbau. Der Eingang führt in ein Atrium, das wiederum von einer Anzahl kleiner *cubiculae* (Schlafräume) umgeben ist. Ein kleiner *hortus* (Garten) schloss das Haus nach hinten ab. Durch eine Dachöffnung, den *compluvium*, fielen Licht und Regen in den Hof. Das Wasser wurde im *impluvium* (Becken) gesammelt und in eine Zisterne abgeleitet. War das Atrium ursprünglich Mittelpunkt des häuslichen Lebens, der Raum, in dem Mahlzeiten zubereitet und eingenommen wurden, entwickelte es sich später zum Repräsentationsraum des Hausherren, der gegenüber vom Eingang im *tablinum* Klienten und Gäste empfing.

Ab dem 2. Jh. v. Chr. bereichern griechische Elemente den italischen Haustypus und erweitern ihn im Wesentlichen um das Peristyl. Griechischer Einfluss zeigt sich auch in der Wanddekoration, die in bunt bemaltem Stuck die Marmorverkleidungen hellenistischer Paläste imitiert. Diesen Inkrustationsstil bezeichnet die Kunstgeschichte als **1. Stil** der pompejianischen Wandmalerei. In reichen Häusern war der Peristylhof mit einer Gartenanlage und Wasserspielen versehen, die den umgebenden Räumen, darunter auch *triclinien* (Speisezimmer), im Sommer Kühlung verschafften. Das großartigste Beispiel eines Hauses dieser Epoche ist die Casa del Fauno (VI, 12).

Die Verbreitung des so genannten **2. Stils** in Pompeji fällt mit der Gründung der römischen Kolonie 80 v. Chr. zusammen. In Fortentwicklung des 1. Stils schmücken gemalte Scheinarchitekturen die Wände. Dieser Illusionsstil ermöglichte nicht zuletzt auch Besitzern kleinerer Häuser, diese perspektivisch zu erweitern. Überladene Beispiele dieses Malstils sind in der Villa Oplontis in Torre Annunziata zu sehen. Der großartige Fries mit der Wiedergabe von lebensgroßen Figuren in der Villa dei Misteri wird ebenfalls dem 2. Stil zugerechnet.

Ein neuer Lebensstil, stark beeinflusst durch die Eroberung Ägyptens, prägt die frühe Kaiserzeit. Der **3. Malstil** entwickelt sich in Nachahmung eines höfischen Stils. Die massiven Architekturelemente des 2. Stils verwandeln sich in grazile, dekorative Kandelaber und pflanzliche Ornamente. Große, monochrom in Rot oder Schwarz bemalte Wandflächen herrschen vor. Ein Novum sind direkt auf die Wandflächen gemalte epische Bilder, ägyptisierende Landschaften, Ansichten von Villen und Heiligtümern oder erotische Szenen. Viele dieser Bilder wurden von den Ausgräbern des 18. Jh. aus der Wand geschnitten und befinden sich heute im Museo Archeologico in Neapel. Die Casa degli Amorini Dorati (VI, 16) ist z. B. im 3. Stil dekoriert.

Der **4. Stil** entfaltet sich zur Regierungszeit *Neros,* dessen Domus aurea in Rom den Trend setzte. Nachdem die meisten privaten Häuser Pompejis nach dem Erdbeben 62 renoviert worden waren, ist es der hier vorherrschende Stil. Elemente des 2. und 3. Stils werden kombiniert, Einflüsse der Theatermalerei sind erkennbar, Weiß und Gelb die dominierenden Farben. Schöne Beispiele bietet die Casa dei Vetii (VI, 15). Die Wiederentdeckung von *Neros* „Goldenem Haus" im 15. Jh. beeinflusste sehr stark die Dekorationskunst in der Renaissance.

golf_164 Foto: pa

das *lalarium* (Hausaltar). Von hier gelangt man in die Küche, wo auf dem Herd immer noch bronzenes Kochgeschirr steht. Das Peristyl besitzt seine vollständige Ausstattung an Skulpturen und Marmortischen. Der Garten wurde originalgetreu bepflanzt, die Bleiwasserrohre, die der Bewässerung dienten, liegen mit Absperrhähnen und Ventilen nach wie vor an Ort und Stelle. Der rot ausgemalte *oecus* (Empfangszimmer) öffnet sich auf das Peristyl. Auf dem berühmten Fries sind Eroten und Psychen bei der Ausübung unterschiedlichster Berufe zu sehen. Die Miniaturszenen beschreiben in anmutiger Weise die Weinlese, die Herstellung von Parfum, die Arbeit in einer Tuchfabrik oder Goldschmiede, alles Tätigkeiten, die im wirtschaftlichen Leben von Pompeji eine große Rolle spielten.

Die benachbarte, prunkvoll ausgestattete **Casa degli Amorini Dorati** (VI, 16) gehörte der Familie *Poppaeas*.

Die **Casa del Fauno** (VI, 12), das größte und eines der aufwendigsten Privathäuser Pompejis, erstreckt sich mit zwei Atrien und zwei Peristylhöfen über eine knapp 3000 m² große insula. Der Haupteingang liegt an der Via della Fortuna, zur Straße hin öffnen sich mehrere Ladenlokale. Auf dem Pflaster vor dem Eingang heißt die Inschrift „HAVE" den Gast willkommen. Die bronzene Statuette eines tanzenden Fauns im Impluvium des ersten Atriums gab dem Haus den Namen. Die Wände waren einheitlich im 1. Stil dekoriert, die Böden mit prachtvollen Mosaiken ausgelegt, die sich heute größtenteils im Museo Archeologico in Neapel befinden. Die weltberühmte „Alexanderschlacht" zierte ein *triclinium* (Speiseraum) zwischen den beiden Peristylien. In Größe und Ausstattung lässt sich das luxuriöse Anwesen nur mit hellenistischen Palästen vergleichen, die Mosaiken zeigen die Handschrift der besten alexandrinischen Kunsthandwerker. Viele Mutmaßungen wurden über den Erbauer und ersten Besitzer der Casa del Fauno angestellt. Auffällig ist, dass an dem Haus aus der Mitte des 2. Jh. v. Chr. bis zum Jahr 79 keine wesentlichen Modernisierungen durchgeführt wurden. Vielleicht war die Quelle des Reichtums versiegt, oder die Besitzer waren schlicht wertkonservativ.

Casa del Fauno: Replik eines Fauns

Nördlich des Forums liegen die **Forumsthermen** (VII, 5). Unmittelbar nach Gründung der römischen Colonia 80 v. Chr. errichtet, wurden sie in der Kaiserzeit renoviert. Im Bereich der ehemaligen Frauenabteilung befindet sich heute ein Schnellrestaurant mit Toiletten! Von der Via del Foro betritt man die Männerabteilung und gelangt vorbei an der Palästra in das tonnengewölbte apodyterium (siehe Exkurs „Ein Thermenbesuch"). Aus dem Umkleideraum erfolgte der Zugang ins frigidarium und tepidarium, in dem sich Teile der wunderschön dekorierten Stuckdecke erhalten haben. Der Raum wurde durch ein bronzenes Kohlebecken beheizt. In den Wandnischen konnten die Badegäste ihre Kosmetika abstellen. Boden und Wände des caldarium wurden durch Hypokausten beheizt, an der Nordseite findet sich das große Warmwasserbecken. Eine Inschrift auf dem labrum erinnert daran, dass 34 n. Chr. die duumviri *C. M. Aper* und *M. S. Rufus* das Kaltwasserbecken für die Summe von 5250 Sesterzen aus öffentlichen Geldern bezahlt hatten.

Tritt man auf die Via delle Terme, liegt auf der gegenüberliegenden Seite die **Casa del Poeta Tragico** (VI, 8) mit dem berühmten Mosaik eines Kettenhundes und der Inschrift „CAVE CANEM", ein gefundenes Fressen für die Souvenirindustrie. Die **Casa di Pansa** (VI, 6) nebenan erstreckt sich wie die Casa del Fauno über eine ganze insula. Zurzeit des Vesuvausbruchs wurden hier Mietwohnungen angeboten. An einem der Läden stand folgende Anzeige: „Zu vermieten ab 1. Juli (...) Läden mit bewohnbarem Obergeschoss, Luxuswohnungen und Wohnungen. Nachfragen bei *Primus,* dem Diener von *Gnaeus Alleius Nigidus Maius."*

Auf dem Weg zur Porta Ercolana kommt man auf der Via Consolare an einer Bäckerei, Schenken und einigen in samnitischer Zeit errichteten Häusern vorbei. In der **Casa del Chirurgo** (VI, 1) wurden über 40 chirurgische Instrumente gefunden, die vom hohen Stand der Medizin in römischer Kaiserzeit künden.

Gräberstraße an der Porta Ercolano und Villa dei Misteri

Ein schöner Spaziergang führt von der Porta Ercolano auf der von römischen Gräbern gesäumten Ausfallstraße Richtung Herculaneum zur **Villa dei Misteri.** Die herrschaftliche Villa aus dem 2. Jh. v. Chr. diente ab dem 1. Jh. n. Chr. zugleich auch als landwirtschaftliches Anwesen. In einem Raum nördlich des Peristyls wurde die Weinkelter rekonstruiert. Ihren Namen und ihre Berühmtheit verdankt die Villa dem wohl bedeutendsten römischen Freskenzyklus. Im triclinium ziehen sich in einem Fries auf leuchtend rotem Grund 29 lebensgroße Figuren um den Raum. Die Malereien im 2. Stil kopieren vermutlich ein hellenistisches Original. Das zentrale Motiv zeigt den trunkenen Gott *Dionysos.* Von rechts nach links entwickeln sich die Szenen, die möglicherweise die Initiation einer Frau in die Geheimnisse des Dionysoskultes beschreiben.

Durch den Haupteingang der Villa kann man das archäologische Gelände verlassen und auf der Straße in wenigen Minuten zur Circumvesuviana-Station oder zum Parkplatz zurückkehren. Auch hier gibt es Toiletten.

- **Scavi di Pompeii,** Haupteingang Porta Marina, Nebeneingang Piazza Anfiteatro, Tel. 0817390963. April bis Okt. tägl. 8.30–19.30 Uhr (Einlass bis 18 Uhr), Nov. bis März tägl. 8.30–17 Uhr (Einlass bis 15.30 Uhr). Eintritt 10 Euro (ermäßigt 5 Euro) bzw. mit einem Sammelticket 18 Euro (ermäßigt 9 Euro); siehe dazu das Stichwort „Eintrittsgelder" eingangs des Kapitels.

Information

- **AAST**

Städtische Touristeninfo im Zentrum, gegenüber der Wallfahrtskirche. Mo.–Sa. 8–15.30 Uhr. Via Sacra 1, Tel. 0818507255, Fax 0818632401,
www.uniplan.it/pompei/azienda.

• Sopraintendenza Archeologica di Pompei (Altertümerverwaltung)
Info-Point am Haupteingang der Scavi. Gratis-Plan der Ausgrabung. Porta Marina 12, Tel. 0818575347, www.pompeiisites.org.

• Fremdenführer
Gaetano Manfredi (Tel./Fax 0818639816, Mobil 3387255620) spricht ausgezeichnet deutsch und führt mit Witz und Wissen durch das antike Pompeji. Bis zu 10 Personen ca. 130 Euro für 2½ Std.

Jugendherberge

• Casa del Pellegrino
Offizielle Jugendherberge im Zentrum der Stadt (gegenüber Santuario). 72 Betten, z.T. auch Vier-Bett-Zimmer. Internet-Point. Übernachtung 13–16 Euro. Ganzjährig geöffnet. Via Duca D'Aosta, Tel./Fax 0818508644, ostello.pompei@libero.it.

Campingplätze

Die Campingplätze **Spartacus** (Via Plinio 127, Tel. 0815369519) und **Zeus** (Via Villa dei Misteri 1, Tel. 0818615320) liegen in unmittelbarer Nähe der Ausgrabungen (leider auch in der Nähe der Circumvesuviana und der Autobahn).

Essen und Trinken

Restaurants, Trattorien und Osterien

• Hostaria del Gallo
Gute Pizzeria zwischen Porta Marina und Piazza Anfiteatro. Mi. Ruhetag. Mittags und abends. Viale Mazzini 116, Tel. 0818630034.

• Il Principe
Stilvolles Spezialitätenrestaurant im Zentrum des modernen Pompei. Von der römischen Antike inspirierte Küche. So. abends und Mo. geschlossen. Mittags und abends. 40–50 Euro. Piazza B. Longo 8, Tel. 0818505566.

Snacks, Cafés und Bars

Am Haupteingang Porta Marina und vor der Villa dei Misteri gibt es zahlreiche Bars und Touristenlokale. Vor dem Hungertod rettet einen das Schnellrestaurant in der archäologischen Zone an den Forumsthermen. Zwischen Porta Vesuvio und Porta Nola sind außerhalb der antiken Stadtmauer Picknicktische aufgestellt.

An- und Weiterreise

• Auto: Autobahnausfahrt auf der A3, „Pompei Scavi".

• Bus: SITA von und nach Neapel. Angesichts der häufigen Verkehrsstaus ist die Circumvesuviana die bessere Alternative.

golf_183_2 Foto: pa

Casa dei Vettii: Peristyl

● **Bahn:** Circumvesuviana-Linie Napoli – Sorrento, Station „Pompei Scavi-Villa Misteri" (Haupteingang der Ausgrabungen) bzw. Circumvesuviana der Linie Napoli – Poggiomarina, Station „Pompei-Santuario".

Unterwegs in Pompeji

● **Parken:** Gebührenpflichtige Parkplätze am Haupteingang der Scavi.

Banken

Banken mit Bankomaten an der Porta Marina und im Stadtzentrum.

Boscoreale

⇗ X, B1

Ende des 19. Jh. stießen in Boscoreale Schatzsucher auf die **Überreste zahlreicher villae rusticae.** Die Hangfüße des Vesuvs und die Sarno-Ebene waren genauso wie heute schon im 1. Jh. n. Chr. landwirtschaftlich intensiv genutzt. In großem Maßstab wurde Wein für den Export angebaut, Oliven in erster Linie für den lokalen Bedarf. Die Gutshöfe waren kleine, familiengeführte Anwesen oder stattliche, von Sklaven bewirtschaftete Landvillen. In der **Villa della Pisanella** entdeckte man 1895 am Grunde einer Zisterne ein 109-teiliges luxuriöses Silbergeschirr, das offensichtlich während des Ausbruchs hier in Sicherheit gebracht worden war. Die edlen Stücke befinden sich heute im Louvre von Paris. Ende der 1970er Jahre wurde die **Villa Regina** ausgegraben, ein bescheidenes Landgut, das heute zu besichtigen ist. Die Ausstellung „Uomo e Ambiente nel territorio vesuviano" (Mensch und Umwelt am Vesuv) im **Antiquarium di Boscoreale** bietet interessante Einblicke in das bäuerliche Leben der antiken Römer.

● **Antiquarium di Boscoreale,** Via Settetermini 15, Località Regina, Tel. 0818575347. April bis Okt. tägl. 8.30–19.30 Uhr (Einlass bis 18 Uhr), Nov. bis März tägl. 8.30–17 Uhr (Einlass bis 15.30 Uhr). Sammeltickets zu 5 Euro (ermäßigt 2,50 Euro) bzw. Sammeltickets zu 18 Euro (ermäßigt 9 Euro), siehe dazu das Stichwort „Eintrittsgelder" eingangs des Kapitels.

Information

● **AAST** Pompeji, siehe dort.
● **www.popeiisites.org**

An- und Weiterreise

● **Auto:** A3-Autobahnausfahrt „Pompei Scavi". Ausschilderung nach Boscoreale folgen.
● **Bus:** Trasporti Vesuviani (Tel. 0817392833) aus Pompeji (Piazza Anfiteatro).
● **Bahn:** Circumvesuviana Napoli – Poggiomarino, Station „Boscotrecase". Mit Bussen der Trasporti Vesuviani weiter nach Boscoreale.

Die Sorrentiner Halbinsel

Die Sorrentiner Halbinsel schließt den Golf von Neapel im Süden mit Grandezza ab. Das Kalkgebirge der Monti Lattari, zugleich auch das Rückgrat der Costiera Amalfitana, läuft an der **Punta Campanella** noch einmal zu landschaftlicher Hochform auf, mit der Insel Capri als i-Tüpfelchen im Meer. Mächtige vulkanische Tuffablagerungen machen die Landschaft außerordentlich fruchtbar. In der Antike siedelten hier Griechen und Etrusker. Reiche Römer errichteten an der Steilküste, die sich von **Castellammare di Stabia** über **Vico Equense** bis **Sorrent** zieht, luxuriöse Villen. Der zauberhaft schöne Küstenstreifen etablierte sich im 18. Jh. als beliebte Etappe auf der Grand Tour.

Die **Penisola Sorrentina** ist voller Kontraste. In **Sorrent,** dem viel besungenen Mittelpunkt der Halbinsel, folgten auf die Reisenden der Grand Tour die Touristenmassen der Moderne. Der Charme des Städtchens erweist sich glücklicherweise als ziemlich resistent. Oberhalb **Vico Equense** und bei **Massa Lubrense** verläuft das Leben in viel ruhigeren Bahnen. Hier zeigt die Halbinsel noch ihr bäuerliches Gesicht. Auf alten Maultierpfaden kann man tagelang durch Olivenhaine und Zitronengärten streifen, immer mit herrlichen Ausblicken auf das Meer (siehe Exkurs „Wandern im Sirenenland“). In verträumten Küstenorten wie der **Marina della Lobra** oder **Marina del Cantone** fühlt man sich in ein romantisches Italien der 1950er Jahre zurückversetzt.

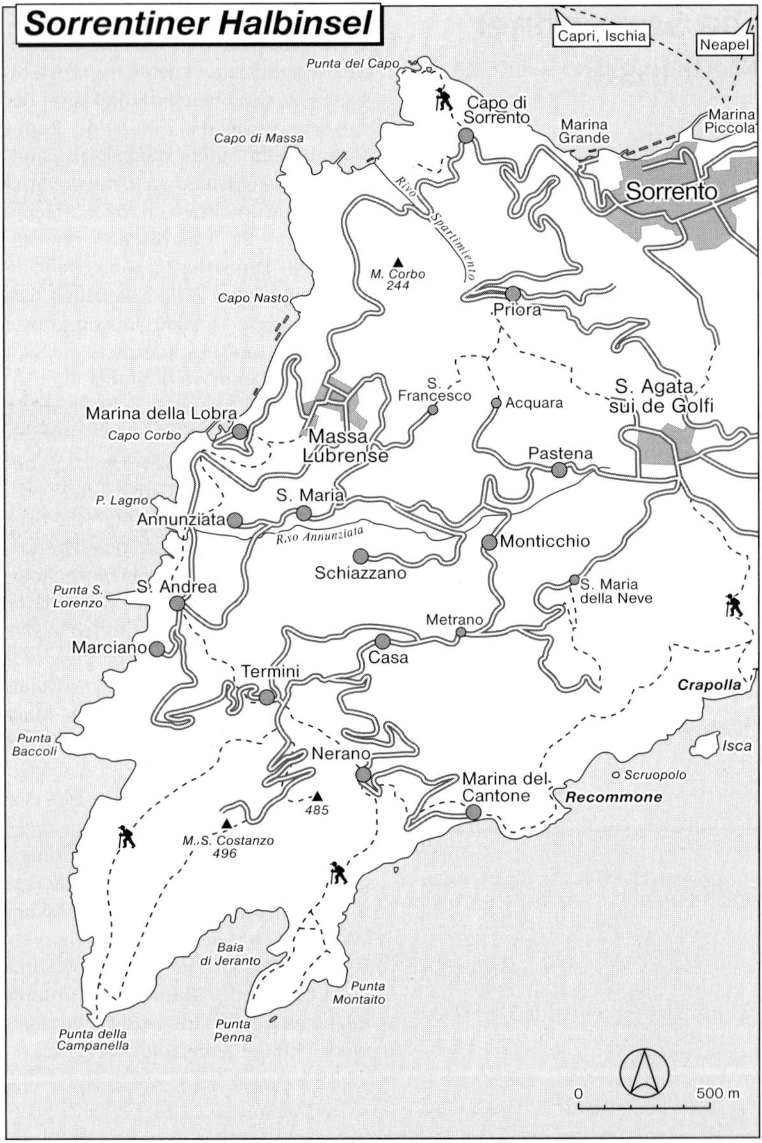
Sorrentiner Halbinsel
Capri, Ischia
Neapel
Punta del Capo
Capo di Sorrento
Marina Grande
Marina Piccola
Sorrento
Capo di Massa
Rivo Spartimiento
M. Corbo 244
Capo Nasto
Priora
S. Francesco
Acquara
S. Agata sui de Golfi
Marina della Lobra
Capo Corbo
Massa Lubrense
Pastena
P. Lagno
S. Maria
Annunziata
Rivo Annunziata
Monticchio
Schiazzano
Punta S. Lorenzo
S. Andrea
S. Maria della Neve
Metrano
Marciano
Casa
Termini
Crapolla
Punta Baccoli
Nerano
Isca
Scruopolo
Marina del Cantone
Recommone
485
M. S. Costanzo 496
Baia di Jeranto
Punta Montaito
Punta Penna
Punta della Campanella
0
500 m

Castellammare di Stabia und Stabiae

⇗ X, B2

Castellammare di Stabia am südöstlichen Ende des Golfes ist das **Tor zur Sorrentiner Halbinsel.** Das römische Stabiae wurde bei dem Vesuvausbruch 79 verschüttet, *Plinius d. Ä.* fand hier den Tod. Anders als Pompeji wurde der Ort wieder aufgebaut, nicht zuletzt wegen seiner zahlreichen **Thermalquellen.** Mitte des 18. Jh. wurden auf dem Varano-Hügel **römische Villen** entdeckt. Seit wenigen Jahren können die restaurierten antiken Luxusresidenzen wieder besichtigt werden. Die **Villa Arianna** stammt aus dem 1. Jh. v. Chr. und wurde im 1. Jh. n. Chr. kurz vor dem Vesuvausbruch 79 renoviert und erweitert. Etwas bescheidener zeigt sich die **Villa San Marco,** auch wenn die 30 m lange *natatio* (Swimmingpool), einst von mehreren Reihen schattiger Platanen flankiert, auch heute noch jeden neureichen Villenbesitzer am Golf vor Neid erblassen lässt. Den herrlichen Blick über die Stadt auf den Golf teilt man mit nur wenigen Besuchern.

- **Scavi di Stabiae,** Via Passeggiata Archeologica, Tel. 0818575347. April bis Okt. tägl. 8.30–19.30 Uhr (Einlass bis 18 Uhr), Nov. bis März tägl. 8.30–17 Uhr (Einlass bis 15.30 Uhr). Sammeltickets zu 5 Euro (ermäßigt 2,50 Euro) bzw. 18 Euro (ermäßigt 9 Euro); siehe dazu das Stichwort „Eintrittsgelder" eingangs des Kapitels „Der Vesuv, versunkene Städte und barocke Villen").

Aus der Ortsmitte führt eine Seilbahn auf den **Monte Faito.** Der 1131 m hohe Berg, ein beliebtes Sommerausflugs- und Wanderziel, lässt sich von Vico Equense auch mit dem Auto oder Bus erreichen. Das Panorama an klaren Tagen ist atemberaubend!

Information

- **AAST**
Städtische Touristeninfo. Mo.–Fr. 8–15.30 Uhr, im Sommer auch Sa. 9–13 Uhr. Piazza Matteotti 34, Tel./Fax 0818711334, aast@gotostabiae.it, www.go.to/stabiae.
- **www.pompeiisites.org**

Hotel

- **Grand Hotel La Medusa** (****)
Renovierte Jugendstilvilla in der Nähe der Ausgrabungen. Ruhige Lage, wunderschönes Golfpanorama. Die Zimmer halten mit dem grandiosen Entrèe leider nicht ganz mit. Schön sind der Pool und der große Zitrusgarten. 53 Zi., EZ/F 90–115 Euro, DZ/F 150–206 Euro. Via Passegiata Archeologica 5, Tel. 0818723383, Fax 0818717009, www.lamedusahotel.com.

An- und Weiterreise

- **Auto:** A3-Autobahnausfahrt „Castellammare di Stabia". Im Ort der Ausschilderung „Scavi di Varano" folgen.
- **Bus:** SITA (www.sita-online.it), Linie Napoli - Amalfi.
- **Bahn:** Circumvesuviana-Linie Napoli – Sorrento. Zu den Ausgrabungen geht es ab der Station „Via Nocera".
- **Seilbahn:** Funivia Monte Faito. Anfang April bis Mitte Juni und Sept., Okt. alle 20–30 Min. von 9.25–16.25 Uhr; Mitte Juni bis Ende August alle 20–30 Min. von 7.25–19.15 Uhr. Direkt an der Circumvesuviana-Station „Castellamare di Stabia", Tel. 0818793097, www.vesuviana.it. Hin und Rückfahrt 7 Euro.
- **Schiff:** Im Sommer Fährverbindungen nach Sorrent, Capri und Ischia.

Wandern

Wandertipps und Karten für den Monte Faito bei den AAST von Castellamare und Vico Equense (siehe dort).

Gragnano

X, B2

Pasta und Gragnano sind ein Synonym. Der Ort an den nördlichen Abhängen der Monti Lattari ist in Feinschmeckerkreisen weltweit bekannt. Vom 17. Jh. an entwickelte sich Gragnano zu einem **Zentrum der Pastaproduktion.** Das Wasser der Monti Lattari sorgte für den Antrieb der Getreidemühlen und diente zum Anrühren des Nudelteigs. 1885 wurde Gragnano an das Schienennetz angeschlossen, die Pasta bis Amerika exportiert. Nach wie vor arbeiten in Gragnano ausgezeichnete, der Tradition verpflichtete *pastifici*.

An- und Weiterreise

- **Auto:** A3, Ausfahrt „Castellammare di Stabia" und auf der SS 366 Richtung Amalfi.
- **Bus:** SITA (www.sita-online.it), Linie Amalfi - Napoli.
- **Bahn:** Züge aus Neapel über Castellammare nach Gragnano.

Essen und Trinken

- **A' Barzanella**
Beste Pasta zu servieren, ist für *Gianfranco* Ehrensache. Wie wäre es mit *pelusielli e barzanella?* Als Wein wird der moussierende rote Gragnano ausgeschenkt. Menu 20–25 Euro. So. abends und Mo. geschl. Mittags und abends. Das Lokal liegt in Castello, dem ältesten Ortsteil von Gragnano (vom Zentrum in 30 Min. auch zu Fuß zu erreichen). Auf dem Weg dorthin passiert man Ruinen alter Wassermühlen. Via Castello 13, Tel. 0815392242.

Einkaufen

- **Cooperativa Pastai Gragnanesi**
Beste Gragnano-Nudeln, ein kleines Museum erzählt die Geschichte der Pasta. Mo.–Fr. 9–13 und 15–18.30 Uhr. Via Della Rocca 20, Tel. 0818012975, www.pastaigragnanesi.com.

Vico Equense und der Monte Faito

X, B2

Seitdem die stark befahrene SS145 in einem Tunnel um den Ort führt, herrscht wieder Ruhe (zumindest in ihrer süditalienischen Variante) in dem freundlichen Städtchen, das sich in ähnlich spektakulärer Lage wie Sorrent auf einem Tuffsteinplateau hoch über dem Meer ausbreitet. Das römische **Aequa** wurde 533 von Goten zerstört. *Karl II. v. Anjou* ließ die Stadt im 14. Jh. als Vico Equense neu gründen. Aus dieser Epoche stammt die Ex-Kathedrale **SS. Annunziata,** deren rote Barockfassade sich über dem Steilabfall erhebt. Der Vorplatz der Kirche ist zugleich ein herrlicher Aussichtsbalkon auf den Golf. Von dem malerischen Fischerhafen **Marina di Equa** erreicht man die langen Sandstrände am Fuße des Steilabfalls.

Weg vom Verkehrschaos der Küste führt eine landschaftlich reizvolle Strecke in die Hügel oberhalb der Stadt. Die 20 km lange Ringstraße Via Raffaele Bosco verbindet Vicos **casali** untereinander, Dörfer, die entstanden, als die

Bevölkerung im 9. Jh. vor Sarazenenüberfällen von der Küste in die sicheren Berge floh. Hier taucht man in eine bäuerliche Landschaft mit gepflegten Olivenhainen, Zitronen- und Gemüsegärten ein und jeder der casali birgt neue Überraschungen, in **Massaquano** z.B. die gotische Kapelle S. Lucia mit wunderschönen Fresken aus dem 14. Jh. Oberhalb von **Moiano** nimmt die Landschaft alpine Züge an, über den Almen steigen die weißen Kalkfelswände der Monti Lattari senkrecht auf. **S. Maria di Castello** liegt auf 585 m Höhe. Bis Mitte des 19. Jh. führte hier die einzige Landverbindung nach Positano, heute ein beliebter Wanderweg. Durch Kastanien- und Buchenwälder führt eine Stichstraße auf den **Monte Faito,** der von Castellammare di Stabia aus auch mit der Seilbahn zu erreichen ist. Die Straße endet mit einer fantastischen Aussicht am 1278 m hoch gelegenen **Santuario S. Michele.** Das Panorama umfasst an klaren Tagen den Golf und Vesuv, die Piana del Sarno, die Monti del Matese und die Monti Picentini. Wanderwege führen durch Buchenwälder und über Almen bis auf die höchsten Gipfel der Monti Lattari.

Information

•AAST
Städtische Touristen-Info mit gutem Material und einer Wanderkarte des Monte Faito. Der Prospekt „Vico Equense. Colori, profumi, sapori“ erweist sich als kulinarische Schatzkarte! Juli bis Sept. Mo.–Sa. 8–20 Uhr, Okt. bis Juni Mo.–Sa. 8–17 Uhr. Via San Ciro 16, Tel. 0818015752, Fax 0818799351, www.vicoturismo.it.

Agriturismo

•La Ginestra
Schönes altes Gutshaus mit herrlichen Ausblicken, einsame Lage über einem kleinen Bergdorf. Geräumige, gemütliche, bestens ausgestattete Zimmer (EZ und DZ). Ausgezeichnete Küche, deren biologisch erzeugte Zutaten aus eigener Produktion stammen, auch der Frühstücks-Honig. Direkt vor dem Haus beginnt ein herrliches Wandergebiet (s.u.). Hier kann man wunderbar, weit weg von der restlichen Welt, ausspannen. 8 Zi., HP 40–60 Euro. Via Tessa 2, Santa Maria del Castello (8 km Anfahrt von Vico Equense über Moiano auf der Via Bosco SS 269), Tel./Fax 0818023211, www. laginestra.org.

Restaurants, Trattorien und Osterien

•Antica Osteria Nonna Rosa
Exzellente lokale Spezialitäten in einer alten Villa auf einem Hügel oberhalb von Vico. Menu 25 Euro. Mi. Ruhetag. Auf dem Weg nach Moiano gelegen, aus Vico auch mit dem Bus der Linea CS zu erreichen. Via Privata Bonea 4, Tel. 0818799055.

•La Ginestra
Kenner nehmen die kurvenreiche Anfahrt in den hochgelegenen Agriturismo (s.o.) gerne in Kauf, denn dafür erwartet sie eine herzhafte Küche mit besten Zutaten aus biologischem Anbau. Der dicke, freundliche Küchenchef *Maggiorino Guida* serviert ausschließlich frisch zubereitete Pasta, zum secondo landet Fleisch aus lokaler Produktion auf dem Grill, Gemüse gibt es reichlich. Offener Hauswein, eigene Liköre. 18–20 Euro, Kinder werden mit 13 Euro satt.

•Torre del Saraceno
Gennaro Esposito betreibt zu Füßen des alten Küstenwachturms an der Marina di Equa eines der besten Fischlokale der Gegend. Verarbeitet werden nur die allerbesten lokalen Zutaten, ob aus dem Meer oder von den Hügeln von Vico. Für köstliche dolci sorgt *Gennaros* Frau, *Vittoria Aiello.* 35–65 Euro. So. abends und Mo. geschlossen. Via Toretta 9, Tel. 0818028555.

An- und Weiterreise

- **Auto:** SS145. Zu- und Abfahrten am Ost- bzw. Westende des Tunnels. Aus Vico führt die Via R. Bosco SS269 zu den casali hinauf und setzt sich bis zum Monte Faito fort.
- **Bus:** SITA (www.sita-online.it), Linie Napoli - Sorrento.
- **Bahn:** Circumvesuviana-Linie Napoli - Sorrento, Station „Vico Equense“.
- **Schiff:** Im Sommer Fährverbindungen von der Marina di Equa nach Sorrent, Capri und Ischia.

Unterwegs in Vico Equense/Monte Faito

- **Öffentliche Verkehrsmittel:** Busse der Linea CS (Circolare sinistra) ab Piazzale Ferrovia (Circumvesuviana-Bahnhof) nach Moiano und auf den Monte Faito.
- **Seilbahn:** siehe Castellammare di Stabia.

Baden

Von Marina di Equa sind eine Reihe schöner Sandbuchten zu Fuß zu erreichen. Über den Stränden weht als Gütesiegel hoher Wasserqualität die blaue Fahne.

Wandern

Bei der Orientierung hilft die Wanderkarte der AAST (s.o.); vgl. Hinweise zum Wandern an der Amalfitana im dortigen Kapitel.

S. Maria di Castello

Von dem 595 m hoch gelegenen casale führt der CAI-Weg „33“ in ca. 2 Std. nach **Positano** hinab. S. Maria del Castello liegt auch am CAI-Fernwanderweg „00“ Alta Via dei Lattari, der zur Caserma Forestale oberhalb von Montepertuso führt. Der Aufstieg zum **Monte S. Angelo a Tre Pizzi,** dem mit 1444 m höchsten Gipfel der Monti Lattari, ist von Positano aus beschrieben (siehe dort).

golf_174 Foto: pa

Monte Faito/Santuario S. Michele

Vom Santuario führt ein einfacher, kurzer Pfad durch den Buchenwald zu den **Fosse della Neve.** In diesen Gruben wurde noch bis zu Beginn des 20. Jh. der Schnee gesammelt, zu Eis gepresst und auf Maultierrücken oder mit der Seilbahn ins Tal gebracht.

Monte S. Angelo a Tre Pizzi

Etwas anspruchsvoller ist die Besteigung des 1444 m hohen Monte S. Angelo a Tre Pizzi. Vom Santuario aus führt der CAI-Weg „50" auf den molare, des wegen seiner Form „Backenzahn" genannten Gipfels. Das Panorama ist überwältigend! An- und Abstieg 2½–3 Std. Das Santuario S. Michele lässt sich von der Bergstation der Seilbahn auf einem schattigen Gratweg parallel zur Straße auch zu Fuß erreichen.

Meta und Piano di Sorrento

↗X, B2

Meta und Piano di Sorrento bieten italienischen Alltag, auch die Badegäste sind in erster Linie Italiener. Unterhalb von Meta erstreckt sich der passable Sandstrand Spiaggia La Conca.

Aus Piano di Sorrento führt eine Serpentinenstraße zur malerischen **Marina di Cassano** hinab, einem der letzten aktiven Fischereihäfen der Penisola Sorrentina. Immer noch fertigen hier *maestri d'ascia* (Axtmeister) die traditionellen schlanken *gozzi* (Holzboote) von Hand. Ein unvergessliches Erlebnis besteht darin, mit den Fischern einen Tag auf See zu verbringen (siehe Exkurs „Pescaturismo – Bootsausflug anders).

Piano di Sorrento (Marina di Cassano)

Auf der Geländekante erhebt sich die **Villa Fondi,** ein klassizistischer Bau aus dem 19. Jh., in beneidenswerter Position oberhalb der Marina di Cassano. Frisch restauriert, vermitteln Villa und Park eine Vorstellung von dem luxuriösen Leben des bourbonischen Adels, gewissermaßen ein Wiederaufleben antiker römischer Traditionen. In der Villa befindet sich seit 1999 das **Archäologische Museum** der Sorrentiner Halbinsel. Eine kolossale römische Marmorstatue, 1971 bei Erdarbeiten in Sorrent gefunden, weist auf die reiche Ausschmückung römischer Villen hin. Im ersten Stock sind Funde der Nekropole von Sant'Agata sui due Golfi ausgestellt, darunter auch die berühmte Sirenenvase. Tonfiguren und Münzen bezeugen den Kult der Athena an der Punta Campanella. Interessant ist das rekonstruierte Modell der römischen Villa des *Pollius Felix* an der Punta del Capo. Im wunderschönen Park finden sich ein nettes Café, saubere Toiletten und ein römisches Nymphäum. Der Ausblick auf den Golf ist, wie nicht anders zu erwarten, fantastisch.

- **Museo Archeologico „Georges Vallet" - Villa Fondi,** Di.–So. 9–13 und 16–19 Uhr. Via Ripa di Cassano 14, Tel. 0815341050, www.palazzofondi.com. Eintritt Museum 4 Euro, Park frei.

Von Piano di Sorrento über **Sant'Agnello** gehen die Orte in Richtung Sorrent beinahe nahtlos ineinander über. Zitronengärten und schöne alte Villen am Steilufer, heute fast ausnahmslos Hotels, konnten der modernen Bauflut entgehen. Wenn die Einheimischen gut und billig essen möchten, fahren sie in die **Colli di S. Pietro** oder nach Fontanelle in Richtung Positano.

Information

- **AAST Sorrent,** siehe dort.

Unterkunft

Hotels und Campingplätze siehe Sorrent.

Essen und Trinken

Trattoria

- **Da Luisona**

Ursympathische Trattoria/Bar an der Kreuzung von SS163 und SS145, Busse halten direkt vor dem Haus. Innen gibt es nur drei Tische, mehrere Tische stehen im Freien unter einer Pergola. Das herzliche Wirtspaar tischt köstliche Nudelgerichte und *salsicce* auf. 10–15 Euro. Nur mittags. Via Meta Amalfi 82, Colli di S. Pietro, Tel. 0818083352.

Snacks, Cafés und Bars

- **Bar Villa Fondi**

Charmantes Gartencafé im Park der Villa Fondi. Di.–So. 9–13 und 16–19 Uhr. Via Ripa di Cassano 14, Tel. 0818784606.

- **Sapori e Tradizione**

Gute Rosticceria mit *pizze*, *calzoni* und *arancine* zum Mitnehmen. Nahe der Rampe, die zur Marina di Cassano hinabführt. Mi. Ruhetag. 9–15 und 18–24 Uhr. Via Ripa di Cassano 8/10, Tel. 0818087881.

An- und Weiterreise

- **Auto:** Meta und Piano di Sorrento liegen an der stark befahrenen SS145. Von Meta führt die SS163 Richtung Positano.
- **Bus:** SITA (Tel. 0818714020, www.sita-online.it), täglich mehrere Verbindungen zwischen Sorrento, Piano di Sorrento, Meta, Colli di S. Pietro und Positano.
- **Bahn:** Circumvesuviana-Linie Napoli – Sorrento.

Sorrent

⇗ X, B2

Wie Vico Equense liegt auch Sorrent auf einem steil zum Meer hin abfallenden Tuffplateau. Die Lage wirkt besonders eindrucksvoll, wenn man sich mit dem Schiff nähert. Sorrent selbst ist ein riesiger Aussichtsbalkon, der 50 m über dem Golf zu schweben scheint. Direkt über der Steilkante erheben sich luxuriöse Grandhotels aus dem 18. und 19. Jh., in gleicher Position wie 2000 Jahre vorher die Villen reicher Römer. Treppenwege und eine kurvenreiche Straße verbinden die Stadt mit ihrem Fährhafen an der **Marina Piccola.** Der Hafen ist allmorgendlich Exerzierplatz von Touristengruppen, bereit zur Invasion von Capri.

Geschichte

Die fruchtbare Ebene in sicherer Distanz zum Meer übte früh eine starke Anziehungskraft auf Menschen aus, die ältesten Funde reichen in die Jungsteinzeit. Osker, Samniten, Etrusker und Griechen ließen sich hier nieder. Das römische **Surrentum** lässt sich heute noch an der regelmäßigen Anlage der Altstadtgassen erkennen. In früher Kaiserzeit entwickelte sich die ehemalige Militärkolonie zu einem beliebten Villen- und Erholungsort. Damit hatten bereits die Römer die eigentliche Bestim-

Grand Hotel Excelsior Vittoria

golf_177 Foto: pa

mung des Ortes erkannt, an die im 18. und 19. Jh. die Reisenden der Grand Tour anknüpften. An allen Ecken der Stadt trifft man auf die in Stein gemeißelten Namen illustrer Gäste. Nach *Goethe* sucht man allerdings vergebens, obwohl er Sorrents berühmtestem Sohn sein Drama „Torquato Tasso" gewidmet hat.

Nach der Zäsur des 2. Weltkrieges sind die Reisenden in Scharen zurückgekehrt, vor allem Briten und US-Amerikaner, gefolgt von Deutschen. Für viele ist Sorrent die ideale Basis, um den Golf von Neapel zu erkunden. Trotz aller Begleiterscheinungen des Massentourismus bleibt die Stadt charmant. Wem allerdings Sorrent zu „touristy" ist, kann sein Quartier in einem der ruhigeren Winkel der Halbinsel aufschlagen und trotzdem von den guten Verkehrsverbindungen profitieren.

Besichtigung

Die **Piazza Tasso** ist das Herz der Stadt. Zwei Statuen schmücken sie: *S. Antonino*, der Schutzpatron, und hinter Baumkronen versteckt *Torquato Tasso* (1544–95), Dichterfürst und berühmtester Sohn Sorrents.

Östlich der Piazza Tasso und zu Fuß in wenigen Minuten zu erreichen, liegt auf Höhe der **Piazza Lauro** in der Nähe des Steilufers das **Museo Correale.** *Alfredo* und *Pompeo Correale,* die letzten Erben des Grafengeschlechts, vermachten ihren barocken Familienpalazzo samt einer umfangreichen Kunstsammlung Anfang des 20. Jh. der Stadt. Im

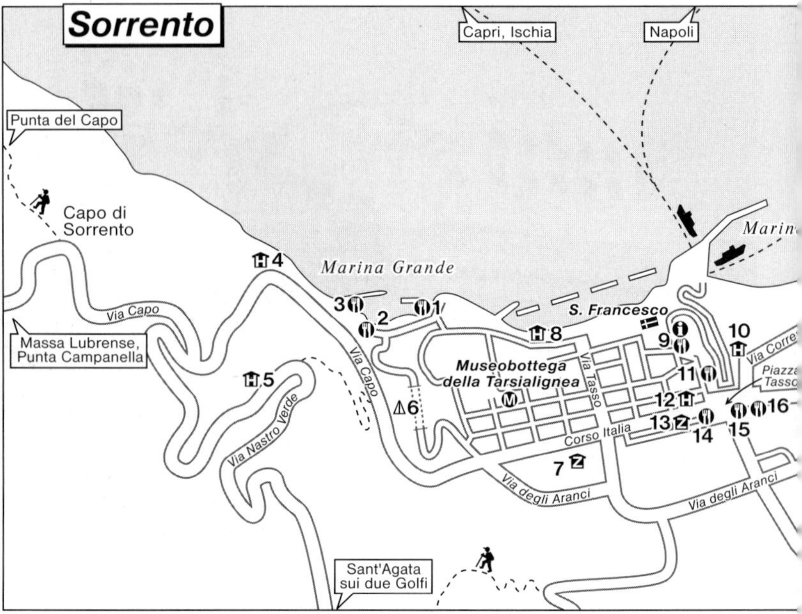

Erdgeschoss sind antike Architekturfragmente ausgestellt. Im ersten und zweiten Stock hängen Veduten des 18.–20. Jh., auch schöne Intarsienarbeiten sind zu sehen. Der dritte Stock zeigt Majoliken und Porzellan aus den bedeutendsten Manufakturen Europas. In dem wunderschön angelegten Zitronengarten führt ein Weg zum Belvedere mit einem herrlichem Golfblick.

● **Museo Correale di Terranova,** Via Correale 50, Tel. 0818781846. Tägl. außer Di. 9–14 Uhr. Eintritt 5 Euro.

An der schmalen **Via della Pietà,** die von der Piazza Tasso parallel zum Corso nach Westen führt, stehen zwei schöne Beispiele mittelalterlicher Stadtpaläste: auf der Nr. 14 der **Palazzo Veniero** und auf der Nr. 24 der **Palazzo Correale.** Der Dom **Santi Filippo e Giacomo** erhebt sich an Stelle des ehemaligen römischen Forums. Portal und Chorgestühl des Doms sind reich mit Holzintarsien geschmückt, eine kunsthandwerkliche Spezialität Sorrents. Der abseits stehende Campanile ruht auf antiken Säulen.

Parallel zum Corso verläuft nördlich die **Via Cesareo** mit ihrer Fortsetzung **Via Fuoro.** In diesem Teil der Altstadt hat sich die regelmäßige Anlage der rö-

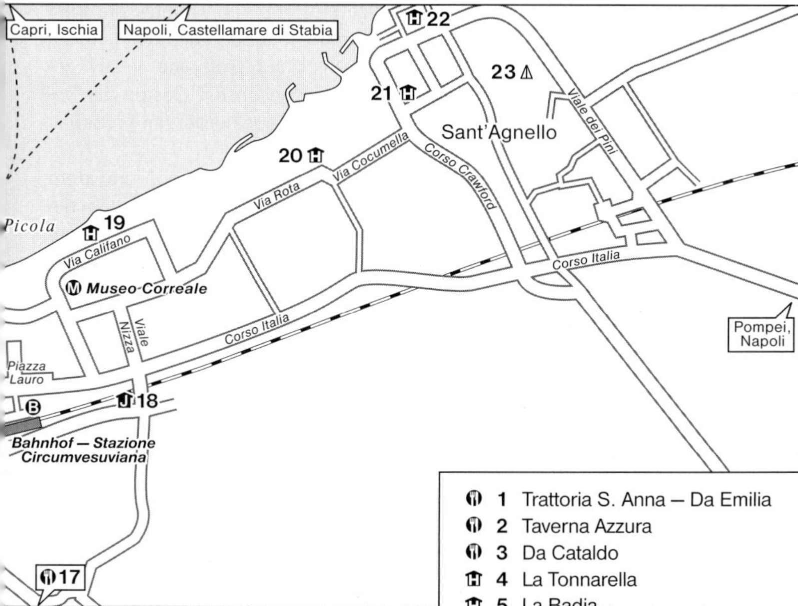

1 Trattoria S. Anna – Da Emilia
2 Taverna Azzura
3 Da Cataldo
4 La Tonnarella
5 La Badia
6 Nube d'Argento
7 B&B Casa Astarita
8 Bellevue Syrene
9 Il Buco
10 Zi'Ntonio
11 Grand Hotel Excelsior Vittoria
12 Hotel del Corso
13 B&B Palazzo Starace
14 Pasteria di Corso
15 Pizzeria Aurora
16 O Canonico
17 Lo Sperone
18 Ostello le Sirene
19 Loreley et Londres
20 Parco dei Principi
21 Margerita
22 Villa Garden
23 Giardino delle Esperide

mischen Straßen perfekt erhalten. Erhalten hat sich in einigen der Werkstätten auch das alte Kunsthandwerk. In den restaurierten Räumen des barocken **Palazzo Pomarici Santomasi** präsentiert *Alessandro Fiorentino* seine umfangreiche Sammlung Sorrentiner Intarsien. Neben wertvollen historischen Stücken können auch zeitgenössische Entwürfe besichtigt (und gekauft) werden.

• **Museobottega della Tarsialignea,** April bis Oktober Di.–So. 9.30–12, 17–19 Uhr, Nov. bis März Di.–So. 9.30–12 und 15.30–17 Uhr. Via S. Nicola 28, Tel. 0818771942. Eintritt mit Führung 7,50 Euro.

An der **Piazzetta Giuliani** öffnet sich der **Sedile Dominova,** eine im 15. Jh. erbaute Loggia mit illusionistischen Architekturmalereien des 18. Jh. Wo sich früher der Adel zu politischen Versammlungen traf, spielen heute Mitglieder eines Arbeitervereins in aller Seelenruhe Karten.

An der **Piazza Sant'Antonino** erhebt sich über einem frühchristlichen Vorgängerbau die Kirche des Stadtpatrons. Das Innere glänzt in barocker Pracht, in der Krypta sind Ex-Voto der Fischer und Seeleute zu sehen.

Neben der Kirche **San Francesco** liegt ein zauberhafter Kreuzgang mit maurisch anmutenden Bögen. Im Sommer finden hier Konzerte statt. Der ehemalige Klostergarten ist heute die **Villa Comunale.** Jeder darf hier den fantastischen Blick auf Golf und Vesuv genießen, der ansonsten Gästen der benachbarten Nobelherbergen vorbehalten bleibt.

Vorbei am „Tramontano" und dem „Bellevue Syrene" führt der Weg an die **Marina Grande.** Auf breiten Treppenstufen geht es durch ein antikes griechisches Stadttor zum malerischen Fischerhafen hinab. Der kleine Borgo führt ein sympathisches Eigenleben. Nach wie vor fahren die Boote zum Fang aus, und es gibt hier eine Anzahl guter Fischlokale. Ein romantisches Plätzchen, um den Abend ausklingen zu lassen.

golf_180 Foto: pa

Information

● AAST
Städtische Touristeninfo. Ausführliche Infos und jeden Monat das Gratis-Heft „Surrentum" mit Stadtplan, Tipps und Fahrplänen. Mo.–Sa. 8.45–14.30 und 15.30–18.30 Uhr. Via Luigi De Maio 35, Tel. 0818074033, Fax 0818773397, www.sorrentoturismo.com.

Unterkunft

Hotels und Pensionen

Das offizielle Unterkunftsverzeichnis der AAST, das pünktlich jedes Frühjahr erscheint, listet knapp 100 Hotels und Pensionen für Sorrent und Sant'Agnello! Auch in Sorrent gibt es inzwischen zahlreiche B&Bs.

● Grand Hotel Excelsior Vittoria (****)
Das Grandioseste der Sorrentiner Grandhotels dominiert das Steilufer über der Marina Piccola. Seit 1830 im Besitz der Familie *Fiorentino,* liest sich das Gästebuch wie ein Who's who europäischer Kulturgeschichte. 109 Zi., DZ/F 280–500 Euro. Piazza Tasso 34, Tel. 0818071044, Fax 0818771206, www.exvitt.it.

● Bellevue Syrene (****)
An Stelle einer antiken römischen Villa errichtet, empfängt das Bellevue Syrene seit 1820 Schriftsteller, Künstler, gekrönte Häupter und dollarstarke Amerikaner. Traumblicke, Aufzug zum Privatstrand. Ausgezeichnetes Restaurant im Stil einer reich dekorierten pompejanischen Villa. 73 Zi., DZ/F 220–350 Euro. Via Marina Grande 1, Tel. 0818781024, Fax 0818783963, www.sorrentopalace.it.

● Parco dei Principi (****)
Bis hin zu Nierentischen komplett durchgestyltes Hotel der 1960er Jahre. Am Steilufer, inmitten der 27 ha großen Parkanlage einer Bourbonenvilla gelegen. Pool, Lift zum Privatstrand. 173 Zi., DZ/F 170–200 Euro. Ende März bis Ende Oktober. Via Rota 1, Tel. 0818784644, Fax 0818783786, www.hotelparcoprincipi.com

● La Badia (***)
Ehemaliges Kloster des 16. Jh., seit über 20 Jahren von Signora *Maria Picco* und ihren Töchtern mit großer Sorgfalt als Hotel geführt. Geräumige, schön möblierte und ruhige Zimmer, einige mit Balkon oder Terrasse. Gute Küche. Kleiner Pool. 40 Zimmer. DZ/F 90 Euro, im August nur HP. Mitte März bis Ende Oktober. Die „Badia" liegt von Olivenhainen umgeben oberhalb von Sorrent und ist mit dem Auto bzw. SITA-Bussen auf der Straße Richtung Sant'Agata zu erreichen. Ein Fußweg führt in ca. 15 Min. in die Stadt. Gutes Restaurant. 43 Zi., DZ/F 100–120 Euro, im August nur HP. Mitte März bis Ende Okt. Via Nastro Verde 8, Tel. 0818781154, Fax 0818074159, www.hotellabadia.it.

● Hotel del Corso (***)
Familiär geführtes Altstadthotel. Fast alle Zimmer gehen auf die ruhige Parallelstraße des Corso. Neue Betten und Badezimmer. Frühstücks- und Sonnenterrasse. 20 Zi. DZ/F 110–120 Euro. März bis Nov. Corso d'Italia 134, Tel. 0818071016, Fax 0818073157, www.hoteldelcorso.com.

● La Tonnarella (***)
Charmantes Hotel westlich der Stadt, oberhalb der Marina Grande und direkt an der Straße in Richtung Massa Lubrense. Tolle Blicke auf Sorrent und den Golf. Gutes Restaurant. Ruhige Zimmer mit Meerblick verlangen! 21 Zimmer. 145–160 Euro. Via Capo 33, Tel. 0818781153, Fax 0818782169, www.latonarella.com.

● Loreley et Londres (**)
Die verblichene Schrift auf der romantisch verwitterten Fassade des kleinen Hotels am Steilufer versetzt einen zurück in die good old times. Ein englischer Autor formulierte treffend: „The rooms are slightly tatterdemalion, but who cares!" In der Tat, die Zimmer sind schlicht, dafür bietet die Terrasse einen Traumblick auf Sorrent und den Golf. Zimmer mit Meerblick verlangen! Nettes Restaurant. 28 Zi., DZ/F 82–85 Euro, HP 82-85 Euro. Ende März bis Mitte Nov. Via Califano 2, Tel. 0818073187, Fax 0815329001.

Herrlicher Blick auf den Golf von Neapel

Hotels in Sant'Agnello

•Villa Garden (****)
Ruhig gelegene 19.-Jh.-Villa am Steilufer. Gepflegte Zimmer mit Parkettböden und schönen, schlichten Möbeln. Ein Großteil der Zimmer ist über Agenturen gebucht, also rechtzeitig vorbestellen! Kleiner Pool. 14 Zi., 5 Suiten. DZ/F 160–250 Euro. Rione Cappuccini 7, Tel. 0818781387, Fax 0818784192, www.hotelvillagarden.com.

•Margherita (***)
Hübsches, kleines Hotel ohne Meerblick, dafür aber mit einem netten Gartenlokal (am Abend Musik). Vor wenigen Jahren renoviert, geräumige Zimmer. 25 Zimmer. DZ/F 110 Euro, HP 90 Euro. März bis Okt. Via Crawford 77, Tel. 0818781381, 0818784759, www.hotelvillamargherita.it.

Bed & Breakfast

•Casa Astarita
Die Schwestern *Annamaria* und *Rita Astarita* haben ihren Familienpalazzo aus dem 18. Jh. auf dem Hauptcorso von Sorrent zahlenden Gästen geöffnet. Die hübsch eingerichteten Zimmer liegen im Piano nobile, einige mit Balkon. Gemeinschaftsraum mit Kamin. Auf Wusch gibt es eine Garage zu 10 Euro pro Tag. 6 Zi., DZ/F 80–95 Euro. Corso Italia 67, Tel. 0818774906, Fax 0818071146, Mobil 3482627325, www.casastarita.com

•Palazzo Starace
Ende 1999 eröffnete, empfehlenswerte Privatunterkunft im Zentrum von Sorrent. *Giovanna Starace* empfängt ihre Gäste in den geräumigen, freundlich eingerichteten Zimmern (Schallschutzfenster!) ihres Altstadtpalazzo. 7 Zimmer. DZ/F 60–85 Euro. Ganzjährig geöffnet. Via S. M. della Pietà 9, Tel. 0818784031, Fax 0815329344, www.palazzostarace.com.

Jugendherberge

•Ostello Le Sirene
Privat geführte Jugendherberge in Bahnhofsnähe. Zweibett- bis Fünfbettzimmer. Einfach, Betten etwas weich, Zimmer laut. Internet-Anschluss. Bis 3 Uhr nachts geöffnet. Ü/F 18–40 Euro. Via degli Aranci 160, Tel. 0818072925, 0818771371, www.hostel.it.

Campingplätze

•Camping Nube d'Argento
Gute Lage westlich der Altstadt, oberhalb der Marina Grande. Zeltplätze und Bungalows im Schatten von Zitronen- und Olivenbäumen. Ganzjährig geöffnet. Via Capo 21, Tel. 0818781344, Fax 0818073450.

•Giardino delle Esperide
Gepflegter Platz im schattigen Zitrushain. Neue Bungalows und Zeltplätze. Pool, Bar und Restaurant. Linea C zur Marina Piccola, Circumetnea in Gehdistanz. Zweibett-Bungalows 50–75 Euro. April bis Oktober. Viale dei Pini 38, Sant'Agnello, Tel. 0818783255, Fax 0818785022, www.esperidiresort.com.

Essen und Trinken

Restaurants, Trattorien und Osterien in der Altstadt

•Il Buco
Ausgezeichnetes, teures Lokal in einer ruhigen Seitenstraße der Piazza S. Antonino. Tische in altem Tuffsteingewölbe bzw. auf der ruhigen Gasse. Große Weinkarte. 30–45 Euro. Mi. Ruhetag. Mittags und abends. II. Rampa Marina Piccola 5, Tel. 0818782354.

•O Canonico
Solides Restaurant mit über hundertjähriger Tradition, Tische auch auf der Piazza. Riesige Antipasti-Auswahl. 40–50 Euro. Mo. Ruhetag. Mittags und abends. Piazza Tasso 7, Tel. 0818783277.

•Pasteria di Corso
Thema der Inneneinrichtung und Küche ist die Zeit der Parthenopäischen Republik Neapels im Jahre 1799. Die Nudelgerichte auf der liebevoll entworfenen Karte spiegeln den Einfluss der französischen auf die neapolitanische Küche wider. 20–25 Euro. Di. Ruhetag. Abends, Sa. und So. auch mittags. Febr. geschl. Via della Pietà 3/5 bzw. Corso Italia 115, Tel. 0818773442, www.pasteria.it.

•Pizzeria Aurora
Diese Pizzeria lockt mit mehr als 50 Pizzasorten. An den Wänden des fröhlich eingerichteten Gewölbes hängen Abzüge alter SW-Fotos. Spezialität des Hauses sind die selbst gemachten Liköre des Signore *Guglielmo.* 10–

20 Euro. Mo. Ruhetag. Mittags und abends. Piazza Tasso 10/11, Tel. 0818781248.

- **Zi'Ntonio**

Neo-rustikales Lokal, das solide kampanische Küche serviert, die von Einheimischen und Touristen gleichermaßen geschätzt wird. Am Abend auch Pizza aus dem Holzofen. 25–35 Euro. Di. Ruhetag. Mittags und abends. Via Luigi de Maio 11, Tel. 0818781623.

Restaurants, Trattorien und Osterien an der Marina Grande

- **Da Cataldo**

Edles Terrassenrestaurant mit Blick auf Fischerboote, Golf und Vesuv. Exzellente Fischküche, hausgemachte Pasta und Dolci. Gute Auswahl kampanischer Weine. Menu 20–25 Euro. Zum Lokal gehört das Strandbad „Tony's Beach". März bis Ende Okt. Mo. Ruhetag. Mittags und abends. Via Marina Grande, Tel. 0818782170.

- **Taverna Azzura**

Fischlokal, in dem auch Einheimische gerne verkehren. Gute Auswahl kampanischer Weine. Tische auch im Freien. 25–35 Euro. Di. Ruhetag. Mittags und abends. Via Marina Grande 166, Tel. 0818772510.

- **Trattoria S. Anna – da „Emilia" dal 1947**

Urige, einfache Hafentrattoria. Holzterrasse über dem Meer. Signora *Emilia* und ihre Töchter, fröhliche Frauen mit großem Leibesumfang, arbeiten mit ihren Männern einträchtig unter einem Dach. Das Essen ist köstlich, die Preise sind hochanständig. 20–25 Euro. Di. Ruhetag. Mittags und abends. Via Marina Grande 62, Tel. 0818072720.

Restaurant im Grünen

- **Lo Sperone**

Rustikales Lokal im Zitronenhain außerhalb der Stadt. Hausgemachte Pasta und Fleisch vom Grill, abends Holzofenpizza. Zivile Preise. Mo. Ruhetag. Abends. Sa., So. und Feiertage auch mittags. Vom Zentrum aus in 10 Min. zu Fuß zu erreichen: Von der Piazza Tasso auf der Via Fuorimura stadtauswärts, rechts in die Via S. Lucia einbiegen und an der Kirche rechts vorbei die Via Talagnano ein Stück bergauf. 20 Euro. Mo. Ruhetag. Nur abends, Sa. und So. auch mittags. Via Talagnano 5, Tel. 0818071929.

Snacks, Cafés und Bars

- **Bar Ercolano**

Guter Eiskiosk an der belebten Piazza Tasso.

- **Bar Villa Comunale**

Die herrlichen Blicke auf den Golf machen den Reiz dieser stillen Bar im Stadtpark aus. Di. Ruhetag. März bis Oktober.

- **Fauno Bar**

Treff an der Piazza Tasso. Snacks und Nudelgerichte. Mo. Ruhetag.

- **Gelateria Davide**

Eislegende in der Via P. R. Guiliani 41.

- **La Pergola – Villa Pompeiana**

Genießen wie im alten Rom! Zur Mittagszeit steht die Snack-Bar des Bellevue Syrene (s.o.) auch Gästen, die nicht im Hotel residieren, offen. Der traumhafte Ausblick und die wunderschöne Villa in pompejanischem Stil, die der amerikanische Multimillionär *William Waldorf Astor* sich zu Beginn des 20. Jh. hat errichten lassen, trösten über die höheren Preise leicht hinweg. Juni bis September. Via Marina Grande 1, Tel. 0818781024.

- **Pasticceria Primavera**

Ein Muss für Freunde süßen Gebäcks. Corso Italia 142.

An- und Weiterreise

Siehe Tipp „Öffentlich reisen — alles auf eine Karte" im Abschnitt „Reisen in Kampanien"!

- **Auto:** A3-Autobahnausfahrt „Castellammare di Stabia". Die chronisch überlastete SS145 umfährt Castellammare und Vico Equense durch lange Tunnel und führt ansonsten mit herrlichen Blicken an der Küste entlang. Am Morgen, Abend und an Wochenenden ist mit Staus zu rechnen! Auf den landschaftlich schönen Straßen südlich von Sorrent herrscht kaum Verkehr. Eine Fahrt an die Amalfitana mit dem eigenen Fahrzeug will allerdings gut überlegt sein.
- **Bus:** Busbahnhof an der Circumvesuviana-Station „Sorrento". Effizient organisierter Linienverkehr mit blauen **SITA-Bussen** (Tel. 0818714020, www.sita-online.it). Bedient

werden alle Gemeinden der Sorrentiner Halbinsel und Costiera Amalfitana. Fahrpläne und Tickets an Kiosken, Bars und Tabacchi-Läden. Fahrpläne auch in Tageszeitungen und auf der Internetseite www.campaniatrasporti.it.

Autolinee Curreri (Tel. 0818015420) sechsmal täglich von Sorrent über Vico Equense zum Flughafen Neapel. Tickets zu 6 Euro direkt im Bus.

- **Nahverkehrsbahn:** Sorrent ist Endhaltestelle der Circumvesuviana-Strecke, die über Pompeji und Herkulaneum bis Neapel führt. Ein ideales Verkehrsmittel für Tagesausflüge! Von früh bis spät alle 20–40 Min., Fahrtzeit nach Neapel ca. 1 Std., Ticket ca. 3 Euro. Tel. 0817722444, www.vesuviana.it.
- **Fahrzeugverleih:** Agenturen im Zentrum.
- **Schiff:** Sorrents Fährhafen Marina Piccola ist über Treppen und eine stark befahrene Straße zu Fuß oder mit orangen Stadtbussen der Linien B und C zu erreichen. Ganzjährig gute Verbindungen mit *aliscafi* (Tragflügelbooten) und *traghetti* (Fähren) nach Capri, Ischia und Neapel. Im Sommer zusätzliche Verbindungen nach Castellammare und an die Amalfitana. In der Hauptsaison herrscht auf den Capri-Schiffen großer Andrang, Tickets können vorab gekauft werden! Aktuelle Fahrpläne im „Qui Napoli", in den Tageszeitungen, bei der AAST oder direkt am Hafen.

Fährgesellschaften: CAREMAR (Tel. 0818073077, www.caremar.it), **Linee Marittime Partenopee** (Tel. 0818781430, www.consorziolmp.it). Kaum Preisunterschiede. Eine neue Initiative ist die **Metro del Mare** (Tel. 199-446644, www.metrodelmare.com): Im Juli und Aug. tägl., im Juni und Sept. nur an den Wochenenden verkehren Fähren in der gesamten Golfregion und über Salerno bis in den Cilento.

Unterwegs in Sorrent

- **Parken:** Gebührenpflichtige Parkplätze im Zentrum. Langzeitparkplätze ab 15 Euro pro Tag, z.B. Garage Esso, Via Luigi De Maio 62, Tel. 0818781306.
- **Öffentliche Verkehrsmittel:** Im Stadtgebiet von Sorrent verkehren orange Busse: Linea A von Meta nach Capo di Sorrento, Linea B von der Marina Piccola ins Zentrum, Linea C von der Marina Piccola nach Sant' Agnello, Linea D von der Marina Grande ins Zentrum. Tickets am Kiosk oder in Tabacchi-Läden.
- **Taxi:** Piazza Tasso.

Banken

Banken mit Bankomaten im Zentrum.

Post

- **Corso Italia 210,** Tel. 0818781495.

Einkaufen

Der verkehrsberuhigte **Corso Italia** ist die Haupteinkaufsmeile von Sorrent, das schickere Ende liegt westlich der Piazza Tasso. Parallel dazu verlaufen in der Altstadt die **Via Cesareo** mit ihrer Fortsetzung **Via Fuoro.** Wein- und Lebensmittelgeschäfte reihen sich an Bäckereien, Limoncello-Fabriken, Antiquitäten- und Souvenirläden.

Ein altes Handwerk in Sorrent ist die **Intarsienkunst.** Um das Auge für den Unterschied zwischen Kitsch, Kunst und platter Fälschung zu schulen, sollte man die Museobottega della Tarsialignea (s.o.) oder einen anerkannten Kunsttischler aufsuchen: *Lello Gargiulo* (Via Santa Maria della Pietà 26), *Peppe Rocco* (Via San Nicola 12), *Giuseppe Gargiulo* (Via Furo 33).

Sprachkurse

- **Sorrento Lingue**

Siehe Stichwort „Sprache" in „Praktische Tipps A–Z".

Baden

Unterhalb der Stadt zieht sich ein schmaler Sandstreifen am Fuße der Steilwand entlang. Den engen Platzverhältnissen begegnen im Sommer die gebührenpflichtigen bagni mit

Geschick, wenn sie auf langen Stegkonstruktionen ins Meer expandieren. Das sieht oben von den Balustraden recht hübsch aus, zum Baden gibt es bessere Alternativen auf der Halbinsel.

Eine wunderschöne Badestelle an der **Punta del Capo** nordwestlich der Stadt ist mit der SITA oder Stadtbussen der Linea A in wenigen Minuten zu erreichen. Die Busse halten in **Capo di Sorrento.** Ein kurzer Weg führt durch Olivenhaine bis an das Felskap mit den Ruinen der **Villa des Pollius Felix.** Eine Rekonstruktion der römischen Luxusvilla ist im Museum von Piano di Sorrento zu sehen. Das kreisrunde, von Menschenhand erweiterte Felsbecken wird im Volksmund als *Bagno della Regina Giovanna* bezeichnet. *Johanna I. von Anjou,* Gattenmörderin (?), soll sich hier mit ihren Liebhabern königlich vergnügt haben. Auch heute noch lädt der smaragdgrüne Naturpool zu wildromantischem Badevergnügen ein, zu erreichen ist er über einen schmalen Pfad oder vom Meer aus. Am Felsufer bauen im Sommer *bagni* (Badeanstalten) ihre Badestege auf.

Feste, Veranstaltungen und Nachtleben

Sorrent bietet seinen Gästen das ganze Jahr über ein abwechslungsreiches Veranstaltungsprogramm (Termine bei der AAST). Tanzabende im Circolo dei Forestieri direkt neben dem Touristenbüro und überall angepriesene Tarantella-Shows sind nicht jedermanns Geschmack. Es gibt **unzählige Pubs,** die nicht nur von jungen Briten aufgesucht werden.

- **S. Antonino**

Fest des Stadtpatrons am 14. Februar.

- **Ostern**

Eindrucksvolle Karfreitagsprozession, die in aller Herrgottsfrühe beginnt. In weißen Kapuzengewändern ziehen die Bruderschaften singend durch die nächtlich erleuchteten Straßen.

- **S. Anna**

Am ersten Julisonntag Bootsprozession in der Marina Grande.

- **Estate Musicale**

Der Kreuzgang von S. Francesco ist im Juli und August romatischer Aufführungsort klassischer Konzerte.

Wandern

Sant'Agata sui due Golfi

Zwei Treppenwege verbinden Sorrent mit Sant'Agata sui due Golfi. Auf- und Abstieg dauern ca. je 1 Stunde und sind weniger schweißtreibend, als man vermuten würde. Der Blick auf Sorrent und den Golf ist die Mühe wert (siehe Exkurs „Wandern im Sirenenland").

Massa Lubrense ⇗X, B2

Nur wenige Kilometer der schönen Küstenstraße, die durch Oliven- und Zitronenhaine führt, trennen Massa Lubrense von Sorrent, und doch ist man hier in einer anderen Welt. Das Territorium von Massa umfasst die Südspitze und damit den heute noch vorwiegend bäuerlich geprägten und **landschaftlich schönsten Teil der Sorrentiner Halbinsel.** Das mittelalterliche Massa Lubrense ist ein Gemeindesitz ohne Anzeichen hektischer Betriebsamkeit. In der Ortsmitte breitet sich einer der schönsten Agrumengärten der Halbinsel aus, früher im Besitz des Jesuitenklosters. Die Kultur der **Zitronen** geht hier auf das Mittelalter zurück. Aus Kastanienstangen werden die großen Pergolen gebaut, die im Winter mit den *pagliarelle* (Strohmatten) abgedeckt werden, um die empfindlichen Früchte und Blüten vor dem kalten Wind zu schützen. Die aromatischen Zitronenschalen

Pescaturismo – Bootsausflug anders

Nahe Sorrent und doch weit weg vom Touristentrubel folgt das Leben der Fischer der Sorrentiner Halbinsel immer noch seinen uralten Rhythmen.

Der Pescaturismo ist eine **Initiative junger engagierter Leute und Fischer aus Massa Lubrense.**

Treffpunkt ist 9 Uhr morgens an der Marina della Lobra oder am malerischen Fischerhafen Marina di Cassano unterhalb von Piano di Sorrento. Die Fischer haben die ersten Netze bereits vor Sonnenaufgang gehoben. Jetzt fahren sie mit ihren Gästen ein zweites Mal aufs Meer, und wer möchte, kann mit Hand anlegen. 1–2 Stunden, dann sind die letzten Netze geborgen und die Boote steuern eine ruhige Ankerbucht in der Riserva Marina Punta Campanella zu einem verdienten Bad im kristallklaren Meer an. Der frische Fang wandert in die Töpfe der Bordküche, die anderen Zutaten, kräftiger Wein und würziges Olivenöl, stammen aus den Bauerngärten der Fischer. Ein Mahl, das man so schnell nicht vergisst! Vorbei an Ruinen römischer Luxusvillen und den Sirenenfelsen geht es am Nachmittag zurück. Im Juli und August werden *totani* (große Tintenfische) geangelt, und die Fischer fahren auch abends aus. Wenn bei Capri die Sonne rot im Meer versinkt, werden Lampen, so genannte *siluri*, ins Meer gesenkt, um die totani anzulocken. Jeder kann mit einer speziellen Angel sein Glück versuchen. Die gefangenen totani werden noch auf dem Schiff frisch zubereitet. Gegen 1 Uhr nachts geht es zurück an Land.

Von Mai bis September täglich bei gutem Wetter, ca. 55 Euro pro Person, max. 10 Personen pro Boot.

- **Cooperativa Ulixes,** Via Roma 29, 80061 Massa Lubrense, Mobil 333221813 *(Maria-Grazia Gargiullo),* ulixes@pescaturismo.org, www.pescaturismo.org.

golf_187 Foto: pa

werden heute fast ausschließlich zu *Limoncello,* einem verdauungsfördernden Likör, verarbeitet.

Die zentrale **Piazza Vescovado** ist zugleich ein Belvedere mit Golfblick. Auf der anderen Seite des Platzes erhebt sich die barocke Kirche **Santa Maria delle Grazie** mit einem eindrucksvollen Majolikafußboden.

Mehrere Fußwege und eine Serpentinenstraße führen an den kleinen Hafen hinab. Auf halber Höhe liegt die Kirche **Santa Maria della Lobra,** daneben der anheimelnde Kreuzgang des Franziskanerklosters. An dieser Stelle stand bereits in der Antike ein Tempel (lat. *delumbrum),* der vermutlich der Minerva geweiht war. **Marina della Lobra** ist ein freundlicher kleiner Fischerhafen, der sich jeden Sommer mit Yachten und Sportbooten füllt.

Informationen

- **Pro Loco di Massa Lubrense**
Freundliche Tourist-Info. Hier gibt es gratis die Wanderkarte der Sorrentiner Halbinsel (siehe Exkurs „Wandern im Sirenenland"). In der Regel Mo.–Sa. 10–13 und 16.30–19.30 Uhr, im Sommer auch an Wochenenden. Viale Filangieri 11, Tel. 0815339021, prolocolubrense@libero.it.
- **Parco Marino Punta Campanella**
Mo.–Fr. 8–14 und 16–20 Uhr. Viale Filangieri 40, Tel. 0818089877, Fax 0818789663, www.puntacampanella.org.
- **www.massalubrense.it**

Ansicht von Massa Lubrense

Unterkunft

Hotels und Pensionen

- **Piccolo Paradiso** (***)
Mittelklasse-Hotel im Ortsteil Marina della Lobra, oberhalb vom Fischerhafen. Swimmingpool. 54 Zimmer. DZ/F 80–100 Euro. Mitte März bis Mitte Nov. Das Hotel vermittelt im Kloster Maria SS. della Lobra auch einfache Zellen mit Meerblick und Bad, DZ/F 45 Euro. Piazza Madonna della Lobra 5, Tel. 0818789240, Fax 0818089056, www.piccolo-paradiso.com.
- **La Primavera** (***)
Einfache, freundliche Familien-Pension, wenige hundert Meter vom Zentrum in Richtung Termini. 4 Zimmer mit Inselblick. Signora *Anna* kocht sehr gut! 16 Zi., DZ/F 75–90 Euro. Via IV. Novembre 3/G, Tel. 0818789125, 0818789556.

Agriturismi

- **La Lobra**
Die moderne Fassade verrät nicht, welches Paradies, v.a. auch für Kinder, sich hinter diesen Mauern verbirgt. *Maria-Theresa* und ihr Bruder *Tullio Pollio* haben das Gutshaus ihrer Eltern im Jahr 2000 als Agriturismo eröffnet. Zitronen-, Olivenhaine und Gemüsegärten umgeben das gastliche Anwesen. Hier werden Schweine, Kälber und Geflügel gehalten. Die Zutaten der ausgezeichneten Küche stammen fast ausschließlich aus eigener Produktion. Geschmackvoll eingerichtete Zimmer mit Bädern, guten Betten, Heizung und Terrasse. Für die Gäste werden Bootsausflüge organisiert. 4 Zi., Ü/F 35 Euro, Menü 17 Euro. Via Fontanella 17 (direkt an der Straße, die aus Massa zur Marina della Lobra hinabführt, kurz nach der Kirche), Tel. und Fax 0818789073, agrilalobra@ libero.it.
- **Agrimar**
Charmantes, friedliches Anwesen im schattigen Olivenhain über der Marina della Lobra mit Capri-Blick und nur wenige Schritte vom Meer. *Marie* (aus Irland) und *Gino Castellano* empfangen ihre Gäste in blitzsauberen hübschen Holzchalets. Gute lokale Küche im Terrassenrestaurant. Eigener Parkplatz. April bis Ende Okt. 6 App., EZ/F 36 Euro, DZ/F 72 Eu-

ro, Menu 20 Euro. Via Vincenzo Maggio 40, Tel./Fax 0818089682, www.massalubrense.it/agrimar.htm.

- **Il Giardino di Vigliano**
Schöne Zimmer in alten Steinhäusern, Zitronenhain mit herrlichem Panorama. Man kann *Peppino Nunziata* zusehen, wie er neapolitanische Krippen baut. Seine Frau *Ida* kümmert sich um das leibliche Wohl der Gäste. 4 Zi., DZ/F 52–60 Euro, Menu 16 Euro. Via Vigliano, Località Villazzano (auf halbem Weg von Sorrent nach Massa Lubrense, kurz nach dem Restaurant Antico Francischiello auf der Bergseite), Tel. 0815339823, Fax 0815339837, www.vigliano.org.

Essen und Trinken

Trattoria

- **Nastro d'Oro**
Nette Familientrattoria mit ausgezeichneter lokaler Küche (frischer Fisch und Gemüse) und Capriblick. 20–30 Euro. Mo. Ruhetag. Mittags und abends. März bis Dez. An der Straße von Massa Richtung Termini. Via Nastro d'Oro, Marciano, Tel. 0818089187.

Snacks, Cafés und Bars

- **Angelo's Bar**
Nette Bar in Hafennähe. Via C. Colombo 90, Marina della Lobra, Tel. 0818789040.
- **Caffè Osvaldo**
Freundliche Bar im Zentrum von Massa – Eigenwerbung: „toilet overlooking Capri". Piazza Vescovado 7, Tel. 0818789005.

An- und Weiterreise

- **Auto:** Die schöne Küstenstraße, die von Sorrent über Massa Lubrense und Termini nach Sant'Agata sui due Golfi führt, heißt zurecht *Nastro Azzuro* (Blaues Band).
- **Bus:** SITA, siehe Sorrent.

Feste/Veranstaltungen

- **Ostern**
Abends Karfreitagsprozession der schwarz vermummten Bruderschaften.
- **S. Cataldo**
Fest des Stadtpatrons am 10. Mai. Prozession aller Bruderschaften.
- **Festa dell'Assunta**
Am 15. August Bootsprozession mit Feuerwerk an der Marina della Lobra.

Baden

Die Strände nördlich der Marina della Lobra werden zwar von den Einheimischen aufgesucht, sind deswegen aber nicht unbedingt empfehlenswert.

Bootsausflüge

Von der Marina della Lobra bieten mehrere Fischer Bootsausflüge an, siehe auch Exkurs „Pescaturismo – Bootsausflug anders".

- **Cooperativa Marina della Lobra**
Ausflugsfahrten nach Capri, April bis Okt. Tel. 0818089380 *(Michele Giustiniani)*.

Tauchen

- **Diving Center Cala di Puolo**
Professionelle Tauchschule in der Marina di Puolo, einer Bucht zwischen Sorrent und Massa. Unterricht nach PADI-Richtlinien, Kurse in Unterwasserfotografie. Ausrüstung kann gestellt werden. Kontakt über Divingtour in Massa Lubrense, Via Capo 2, Tel. 0818072410, Fax 0818773107, info@divingtour.it, www.divingtour.it.

Wandern

Massa Lubrense sitzt wie die Spinne im Netz der sich hier kreuzenden alten Wirtschaftswege. Ein kurzer, aber lohnender Spaziergang führt in das nahe **Annunziata,** eine winzige Ansammlung von Häusern, Kirchen und Festungstürmen auf einem 226 m hohen Hügel. Herrliche Ausblicke! Die schöne Wanderung lässt sich an der Küste über Marciano bis **Termini** fortsetzen (siehe Exkurs „Wandern im Sirenenland").

Sant'Agata sui due Golfi

↗X, B2

Dem **Blick vom Dach des Klosters Il Deserto** verdankt Sant'Agata seinen **Beinamen „sui due Golfi"**. Ein kurzer Spazierweg führt auf die 457 m hohe Anhöhe, auf der vermutlich in der Antike ein **Sirenen-Heiligtum** gestanden hat. Am Fuße des Mons Sirenianus wurden in einer Nekropole griechische Vasen gefunden, auf denen die mythischen Flügelwesen abgebildet sind. Heute sind sie im Archäologischen Museum in Piano di Sorrento zu bewundern. Geblieben ist der herrliche Blick auf den Golf von Neapel, und besorgt man sich im Kloster den Schlüssel für die Dachterrasse, kann man auf der anderen Seite auch den Golf von Salerno sehen. Im 18. und 19. Jh. entstanden hier zahlreiche Veduten. Sant'Agata liegt auf luftigen 395 m Höhe und zeichnet sich im Sommer durch ein angenehmes Klima aus, im Winter liegt der Ort hingegen häufig im Nebel.

Niemand würde hinter der schlichten Fassade der **Pfarrkirche** einen prächtigen Altar vermuten. Es handelt sich um eine florentinische Arbeit aus dem 16. Jh., ursprünglich für eine Kirche in Neapel bestimmt. Damit erschöpfen sich auch schon die Sehenswürdigkeiten, und es bleibt viel Zeit, die erholsame Atmosphäre zu genießen, zu schö-

Wandern im Sirenenland

Zum Gemeindegebiet von Massa gehören 17 **casali,** Orte und Weiler, in denen die bäuerliche Landwirtschaft und teilweise auch der Fischfang immer noch eine wichtige Rolle spielen. Längst erreichen moderne Straßen die einzelnen Ortschaften, doch besteht immer noch das dichte Netz alter **Wirtschaftswege** und **Maultierpfade,** eine ideale Möglichkeit, zu Fuß und mit allen Sinnen eine der schönsten Ecken Kampaniens zu entdecken. Einige der Wege führen zu versteckten Buchten, die ansonsten nur vom Meer mit Booten zu erreichen sind.

Glücklicherweise gibt es für diesen südlichen Abschnitt der Sorrentiner Halbinsel die hervorragende **Wanderkarte** von **Giovanni Visetti.** Die Wanderungen folgen einem Farbcode, und alle in der Karte beschriebenen **Wege** sind auch **im Gelände markiert.** Die Karte im Maßstab 1:15:000 ist klar lesbar, Detailpläne der wichtigsten Orte helfen bei der Orientierung. Seitlich sind Lokale aufgeführt. Das ist gut, denn viele Wege führen Appetit anregend an Bauerngärten vorbei. Mehr als diese Karte und einen Busfahrplan braucht man eigentlich nicht, um hier ein paar wunderbare Tage zu verbringen.

Die **Karte „Sea of Ulysses. Land of the Sirens. Country Walks"** gibt es gratis im Fremdenverkehrsamt von Massa Lubrense (siehe dort), mit etwas Glück auch in den meisten Hotels. In diesem Kapitel konnte daher auf eine längere Beschreibung der Wanderungen verzichtet werden. Die vorgeschlagenen Wege (und viele andere) lassen sich mit der Karte problemlos finden. Auf seiner Website beschreibt *Giovanni Visetti* auch einige schöne Wanderungen auf Capri und an der Amalfitana, www.giovis.com.

nen Wanderungen aufzubrechen und einem der besten Restaurants Süditaliens einen Besuch abzustatten.

Information

• Pro Loco „Due Golfi"
Corso Sant'Agata 23, Tel. 0815330135 (Comune di Sant'Agata).

• www.santagatasuiduegolfi.it
Zahlreiche Informationen über Sant'Agata und Umgebung, Unterkunftsverzeichnis.

• www.massalubrense.it

Unterkunft

Hotels und Pensionen

• Oasi Olimpia (****)
Im Sommer 2001 neu eröffnetes kleines Luxushotel in einfühlsam restaurierter Villa des 19. Jh. Stilmöbel und zeitgemäßer Komfort. Ausblick auf beide Golfe. Ein Park und Garten, der auch Obst und Gemüse für die Küche liefert, umgeben das still gelegene Haus. Kochkurse, großer Pool und Tennisplatz. 7 Zi., 5 Suiten, DZ/F 210–300 Euro. Via Deserto 26, Tel. 0818080560, Fax 0818085214, www.oasiolimpiarelais.it.

• Delle Palme (***)
Einfacheres, familiär geführtes Hotel mit liebenswertem Personal in der Ortsmitte. Auch Gruppenreisende. Zimmer nach hinten verlangen! Der ursympathische Besitzer *Luigi Poi* ist ein Kenner und Liebhaber der Sorrentiner Halbinsel. Pool im Garten. 48 Zimmer. März bis November. DZ/F 50–90 Euro. Corso Sant'Agata 32–36, Tel. 0818780025, Fax 0818780177.

Agriturismo

• Fattoria Terranova
Der Agriturismo oberhalb Sant'Agata sui due Golfi mit Blick auf die Isole Galli vor Positano ist v.a. als Ausflugslokal beliebt. Die Zutaten der bodenständigen Küche sind größtenteils selbst produziert und werden auch im schicken Hofladen in Sorrent verkauft (Piazza Tasso 16). Einfache Gästezimmer in modernen Gebäuden. Möglichkeit zum Reiten, vom Agriturismo aus kann man direkt zu schönen Wanderungen aufbrechen. 10 Zi., DZ/F 60–90 Euro, Menu 18 Euro. Mitte März bis Anfang Dez. Via Pontone, Tel./Fax 0815330234, www.fattoriaterranova.it.

• Le Tore
Das Gutshaus von *Vittoria Brancaccio* liegt oberhalb des Ortes inmitten 50 ha biologisch bewirtschafteter Olivenhaine, Weinberge und Apfelgärten. Große Zimmer, ausgezeichnete Küche, opulentes Frühstück mit köstlichen Marmeladen. Vom Agriturismo aus kann man direkt zu schönen Wanderungen aufbrechen. Mitte Jan. bis Mitte Febr. geschlossen. 8 Zi., DZ/F 82 Euro, HP 60 Euro. Via Pontone 43, Tel./Fax 0818080637, www.letore.com.

Essen und Trinken

Restaurants, Trattorien und Osterien

• Da Cardillo
Freundliches Gartenrestaurant mit bester lokaler Fisch- und Gemüseküche, abends auch knusprige Holzofenpizza. 12–25 Euro. Mo. Ruhetag. Mittags und abends. Via Dei Campi 3 (Ecke Corso Sant'Agata), Tel. 0815330417.

• Da Mimì
Einfaches, gutes Lokal. Hausgemachte Pasta, anständige Preise. Abends auch Holzofenpizza. 10–15 Euro. Mo. Ruhetag. Mittags und abends. Via Termine 3, Tel. 0815331585.

• Lo Stuzzichino
Nettes Familienristorante in Nähe der Chiesa Madre. *Mimmo De Gregorio* empfielt seinen Gästen frisch zubereitete Pastaspezialitäten wie *scaliatelli ai frutti di mare* (Tagliatelle mit Meersfrüchten) oder *canneloni alla sorrentina* (fleischgefüllte Canneloni mit Mozarella und Tomaten). Die Gemüseantipasti und die *minestre* (Gemüsesuppen) werden mit frischen Zutaten aus dem eigenen Garten zubereitet, danach gibt es frischen Fisch oder Fleisch, abends auch *focaccia,* eine Art Pizza aus dem Ofen. Gute Auswahl preiswerter Weine. Im Sommer wird im Freien gedeckt. 20–25 Euro. Mi. Ruhetag. Mittags und abends. Via Deserto 1/A, Tel. 0815330010.

● **Don Alfonso 1890**
Von *Alfonso* und *Livia Iaccarino* mit Liebe geführter und mit drei Sternen hoch dekorierter Gaumentempel. Die Zutaten der innovativen kampanischen Küche stammen vom biologisch bewirtschafteten Gut Le Peracciole an der Punta Campanella. Der Weinkeller lässt keine Wünsche offen. Unnötig zu erwähnen, dass ein Mahl bei Don Alfonso ein seltener Hochgenuss ist, koste es, was es wolle. Degustationsmenus ca. 115 Euro. Vorbestellen! Verkauf eigener Produkte, komfortable Gästezimmer. Mo. Ruhetag, im Winter auch Di. Nur abends. März bis Dezember. Corso S. Agata 13, Tel. 0818780026, Fax 0815330226, www.donalfonso.com.

Cafés und Bars

● **Bar Fiorentino**
Sollte das Hotelfrühstück mager ausgefallen sein, gibt es hier köstliche *sfogliatelle!* Via Nastro Azzurro 7/9, Tel. 0818780064.

● **Bar Orlando**
Diese Bar ist ein Fixpunkt des gesellschaftlichen Lebens von Sant'Agata. Freundliche, lockere Atmosphäre. Lassen Sie sich die Story vom rauchenden Kater erzählen! Corso Sant'Agata 2, Tel. 0818780063.

An- und Weiterreise

● **Auto:** Sant'Agata liegt an der SS145, die von Sorrent in Richtung Positano führt. Die lanschaftliche schöne Strecke trägt den Namen *Nastro Verde* (Grünes Band).

● **Bus:** SITA, siehe Sorrent.

Banken

Banken mit Bankomaten im Zentrum.

Feste/Veranstaltungen

● **Venerdi Santo**
Abends Karfreitagsprozession der schwarz vermummten Bruderschaften von Torca nach Sant'Agata.

● **S. Pietro**
Am 29. Juni Bootsprozession zur Marina del Crapolla.

Wandern

● Zwei Treppenwege führen mit schönen Ausblicken in ca. 1 Std. nach Sorrent hinab.

● Eine anspruchsvolle, aber lohnende Halbtageswanderung führt vorbei an **Torca,** evtl. mit einem Abstecher zur alten Fischersiedlung **Marina di Crapolla,** auf einem Höhenweg mit spektakulären Blicken auf Amalfitana und Punta Campanella bis an die **Baia di Recommone** und weiter an die **Marina del Cantone.** Der Abstieg nach Recommone ist etwas beschwerlich. Ab Marina del Cantone fahren SITA-Busse (siehe Exkurs „Wandern im Sirenenland").

Nerano und Marina del Cantone

⇗ X, B2

Das hübsche Nerano liegt auf halber Höhe zwischen Termini und der Marina del Cantone am Fuße der senkrecht aufsteigenden Felswände des **Monte S. Costanzo.** Hier zweigt der Weg ab, der an die Traumbucht **Baia di Jeranto** führt (s.u.).

An einem wunderschönen, lang gestreckten Kiesstrand mit Blick auf den Golf von Salerno, die Amalfitana und die Isole li Galli (siehe Exkurs „Sirenengesang, sterbensschön!") stehen die wenigen Häuser der Marina del Cantone, meist kleine Hotels oder Restaurants. Im Sommer herrscht an diesem Bilderbuchbadestrand zwar viel Betrieb, ansonsten ist es hier einfach paradiesisch. Einsame Felsbuchten kann man mit Taxibooten erreichen. Unterwegs passiert man geheimnisvolle Grotten, ein Eldorado auch für Taucher.

Information

- **www.massalubrense.it**

Unterkunft

Hotels und Pensionen

- **Pensione Certosa** (***)
Die ehemalige Kartause aus dem 14. Jh. beherbergt seit mehr als 30 Jahren diese freundliche Pension. Einige Zimmer mit Meerblick (aus Denkmalschutzgründen ist die Balkonmauer stark hochgezogen), die anderen mit Terrassen zur stillen, grünen Rückseite. Geräumige Zimmer, am edelsten die Nr. 44. Strand direkt vor dem Haus inkl. Benutzung der Liegestühle. Das empfehlenswerte „Ristorante Pappon" (s.u.) gehört zum selben Familienbetrieb. 16 Zi., DZ/F 75–95 Euro, HP 60–75 Euro. Tel. 0818081209, Fax 0818081245, www.hotelcertosa.com
- **Pensione delle Sirene** (***)
Neben der „Certosa" gelegenes, kleines, sauberes Hotel. Die Hälfte der Zimmer weist mit einem schmiedeeisernen Balkon aufs Meer, etwas größer sind die mit Terrasse versehenen Zimmer nach hinten. Gute Betten. Parkplatz, Strandbenützung inkl. 16 Zimmer. DZ/F 80–90 Euro, HP 60–80 Euro. Ganzjährig geöffnet. Tel./Fax 0818081027, www.lesirenehotel.it
- **Taverna del Capitano** (***)
Edles, kleines Hotel direkt am Meer. Das Restaurant wird zu Recht gerühmt. 10 Zimmer, 2 Suiten. DZ/F 155 Euro, Suiten 260 Euro. Anfang März-Anfang Jan. Piazza delle Sirene 10/11, Tel. 0818081028, Fax 0818081892, www.tavernadelcapitano.it.
- **I Quattro Passi**
Das vorzügliche und einladende Sterne-Restaurant (s.u.) bietet seinen Gästen ebenso charmante wie komfortable Zimmer im Grünen. 5 Zi., 3 Suiten., DZ/F 130–150 Euro.
- **La Conca del Sogno**
Der Name ist Programm: Die von Signora *Anna Tizzani* geführte Edelpension mit Ristorante (s.u.) an einer abgeschiedenen Traumbucht mit Blick auf die Isole li Galli, die Amalfitana und den Golf von Salerno ist flitterwochentauglich! Es gibt auch größere Zimmer für Eltern, die mit ihren Kindern verreisen. Von Marina del Cantone in 15–20 Min. zu Fuß oder mit einem Wassertaxi. 7 Zi., DZ/F 120 Euro, HP 90 Euro. Ostern bis Ende Okt. Via S. Marciano 9 - Baia di Recommone (Autofahrer können die Privatstraße des Campingplatzes „Villaggio Syrenuse" benutzen, die von der Straße Nerano-Marina del Cantone abzweigt), Tel./Fax 0818081036, 0818780029 (casa), www.concadelsogno.it

Ferienwohnungen

- **Torre Turbolo**
Michele Mauro, der an der Marina del Cantone einen Campingplatz und eine Tauchschule betreibt (s.u.), hat in der Torre Turbolo, einem Küstenwachtturm aus dem Jahre 1567, einige sehr schöne Ferienwohnungen eingerichtet. Traumpanorama garantiert! 4 App., App. 120–220 Euro. März bis Okt. Kontakt c/o Camping Villaggio Turistico Nettuno (s.u.), www.torreturbolo.it

Campingplatz

- **Villaggio Turistico Nettuno**
Bungalows und Zeltplätze. Einige der Bungalows haben den Charme von Notunterkünften, sind aber grün eingewachsen. Einige hundert Meter vor der Marina del Cantone, direkt an der von Nerano herabführenden Straße. Privatweg zum Strand. Supermarkt, Bar, Restaurant und professionelle Tauchschule (s.u.). 2 Personen, Zelt und Auto 18–30 Euro; Bungalow 45–140 Euro. März bis Oktober. Via A. Vespucci 39, Tel. 0818081051, 0818087971, Fax 0818081706, www.villaggionettuno.it

Essen und Trinken

Restaurants, Trattorien und Osterien

- **La Conca del Sogno**
Edles Terrassenlokal mit Traumblick aufs Meer. Antipasti, Pasta, Fische, Meeresfrüchte

golf_191 Foto: pa

und Desserts, alles wird frisch zubereitet. Liegestühle auf der Sonnenterrasse laden zur Siesta ein, die kleine Baia di Recomone zu einem erfrischenden Bad, der kurze Fußweg zurück nach Marina del Cantone ist ein Verdauungsspaziergang, wie man ihn sich schöner kaum vorstellen kann. Auch Gästezimmer (s.o.). 40–45 Euro. Ostern bis Ende Okt. Via S. Marciano 9 – Baia di Recommone, Tel. 0818081036, www.concadelsogno.it.

•Da Michele – aspiett nu poc

Man muss ein bisschen warten, verrät der Name des Lokals. Zu warten lohnt sich, vor allem auf die reichlichen Antipasti und die hausgemachte Pasta. *Michele* und seine Frau *Maria* bereiten alles frisch zu. Abends auch Holzofenpizza. 15–25 Euro. Di. Ruhetag. Mittags und abends. Via Capo d'Arco 12, Nerano, Handy 3683060863.

•I Quattro Passi

Neben Don Alfonso das zweite Sternelokal der Sorrentiner Halbinsel. *Antonio* und *Rita Mellino* sind für ihre Leistungen mit einem Michelin-Stern ausgezeichnet worden. Obst und Gemüse liefert der biologisch bewirtschaftete Agriturismo Le Tore in Sant'Agata. Freundliches Ambiente, im Sommer sitzt man unter einer begrünten Pergola. Kochkurse, einladende Gästezimmer (s.o.). Ab 50 Euro. Mi. und Di. abend geschlossen. Jan. bis Ende Dez. Via Marina del Cantone 15 (an der Straße, die von Nerano zur Marina del Cantone hinabführt), Tel. 0818081271, www.ristorantequattropassi.com.

•Lo Scoglio

Peppino De Simone fängt seinen Fisch noch selbst, Gemüse, Oliven und Obst baut er auf dem eigenen Stück Land an. Seine Frau *Santina* ist ausgebildete Sommeliere, während Mamma *Antonietta* unangefochten über die Töpfe herrscht. Die Terrasse schwebt wie eine Fata Morgana auf einem Fels über dem Meer. Ausgezeichnete Küche, das Angebot eines Michelin-Sternes hat *Peppino* lächelnd

Wanderweg von Nerano zur Baia di Jeranto

abgelehnt. Menu 35–45 Euro. Immer geöffnet. Tel. 0815330749.

- **Ristorante da Maria Grazia**

Das romantische Terrassenrestaurant am östlichen Ende der Bucht ist eine Institution. Frugale Antipasti (8 Euro), die ein ganzes Mahl ersetzen können, und exzellente Fischgerichte. Hier wurde die *pasta alla Nerano* (Nudeln mit frittierten Zucchini) erfunden. Menu 25–40 Euro. März bis Oktober. Mai bis September tägl. mittags und abends, sonst nur Sa., So. mittags. Tel. 0818081011.

- **Ristorante Pappone**

Terrassenrestaurant der Pensione Certosa (s.o.). Ausgezeichnete Antipasti. 30 Euro. Di. Ruhetag. Mittags und abends. Tel. 0818081209.

- **Taverna del Capitano**

Ausgezeichnetes Hotelrestaurant (s.o.). Menu um 55 Euro. Anfang März bis Anfang Jan. Piazza delle Sirene 10/11, Tel. 0818081028.

Snacks, Cafés und Bars

- **Bagni Mimì**

Domenico Mellino serviert in seiner fröhlichen Strandbar an der Marina del Cantone von Ostern bis Okt. ausgezeichnete Granita.

- **Bar Mozart**

Kleiner Lebensmittelladen, Bar und Kunstgalerie von *Francesco Cioffi.* Nerano, Piazzetta Nerano 4B.

An- und Weiterreise

- **Auto:** Von Termini führt eine Stichstraße bis an die Marina del Cantone.
- **Bus:** SITA, siehe Sorrent.
- **Wassertaxi/Bootsverleih:**

- Cooperativa Recommone, Bootsverleih in der Baia di Recommone, Tel. und Fax 0818081372.
- Cooperativa Sant'Antonio, von März bis Oktober organisierte Schiffsausflüge an die Amalfitana oder nach Capri. Man kann sich mit Booten in eine der schönen Badebuchten bringen und nach Vereinbarung wieder abholen lassen (4 Personen ca. 30 Euro), bzw. man leiht sich einen Gozzo mit Motor aus (ca. 130 Euro pro Tag). Kiosk am Ristorante Pappone, Tel. und Fax 0818081638.
- Nautica O'Masticiello, Peppe Masticiello verleiht Lancette (kleine Fischerboote mit Außenborder) und Gozzi (größere Holzboote mit Motor) für 15–25 Euro pro Stunde. Mai bis Ende September. Kiosk am Ristorante Lo Scoglio, Tel. und Fax 0818081443, Handy 3393142791.

Fest

- **S. Antonio Abate**

Patronatsfest am 13. Juni in Marina del Cantone. Am Abend Bootsprozession und Feuerwerk.

Baden

Die **Marina del Cantone** ist eine der besten Badestellen der Halbinsel. Romantisch ist die **Baia di Recommone,** eine kleine Bucht mit schneeweißem Kies östlich der Marina del Cantone und mit dem Taxiboot oder auf einem 15-minütigen Spaziergang zu Fuß zu erreichen. Ein besonders Badevergnügen bietet die **Baia di Jeranto,** die entweder zu Fuß (s.u.) oder mit dem Taxiboot zu erreichen ist.

Tauchen

- **Diving Nettuno**

Michele Mauro hat in einem der besten Tauchreviere Kampaniens seine Zelte (s.o.) aufgeschlagen. Unterricht nach internationalen Richtlinien, Ausrüstung kann gestellt werden. Tauchtörns an der Punta Campanella, den Isole li Galli, der Amalfitana und vor Capri. März bis Oktober. Via A. Vespucci 39, Tel. 0818081051 und 0818087971, Fax 0818081706, www.sorrentodiving.com.

Wandern

Von Termini führt ein etwas steiler Weg in kurzer Zeit nach **Nerano** herab und setzt sich fort bis an die **Marina del Cantone.** In Nera-

Punta Campanella: Blick auf Capri

no zweigt der lohnende Stichweg ab, der vorbei an der Villa Rosa zur **Baia di Jeranto** führt. Hin- und Rückweg zur Baia di Jeranto 2–2½ Std. (siehe Exkurs „Wandern im Sirenenland").

Termini, Monte S. Costanzo und die Punta Campanella

↗ **X, B2**

Der bescheidene Ort **Termini** am Fuße des Monte S. Costanzo bietet einen spektakulären **Blick auf Capri.** Und dieser Blick begleitet einen auf einer leichten Wanderung bis an die Spitze der Halbinsel. Im ersten Abschnitt führt die schmale asphaltierte Straße an **Olivenhainen** vorbei – hier sei daran erinnert, dass der Ölbaum in der Antike der Göttin *Athena,* die von den Römern als *Minerva* verehrt wurde, heilig war. Im weiteren Wegverlauf – die Oliven sind inzwischen einer duftenden Mittelmeermacchia gewichen – gibt der Asphalt stellenweise altes Pflaster frei, Reste der römischen Straße, die zum Promontorium Minervae führte. Griechische Seefahrer hatten an der **Punta Campanella** der *Athena* einen Tempel errichtet. Als Schutzgöttin der Schifffahrt wachte sie über das Kap zwischen den beiden Golfen. Der Ort wurde auch von den Römern verehrt. Auf der Tabula Peutingeriana, der mittelalterlichen Kopie eines antiken römischen Straßenatlas, ist am Kap ein Minerva-Tempel eingezeichnet. Heute stehen hier die Reste eines mittelalterlichen Küstenwach-

golf_193 Foto: pa

Die Sorrentiner Halbinsel

turms und ein Leuchtturm. Der Blick auf das nur fünf Kilometer entfernte Capri ist grandios.

Mehr Belvedere bietet sonst nur noch der 485 m hohe **Monte S. Costanzo,** von Termini aus zu Fuß oder in wenigen Minuten mit dem Auto zu erreichen. Auf einer der beiden Bergspitzen erhebt sich das schneeweiße Kirchlein S. Costanzo aus dem 15. Jh. auf der Basis eines antiken Tempels. Von hier oben bietet sich ein Panorama, das nicht nur den Golf von Neapel mit dem Vesuv umfasst, sondern im Süden über den Golf von Salerno hinweg bis in den Cilento reicht.

Information

- **www.massalubrense.it**
- **www.puntacampanella.org**

golf_194 Foto: pa

Wolkenverhangen: auf dem Monte S. Costanzo

An- und Weiterreise

- **Auto:** Der Nastro Azzuro führt von Sant' Agata über Termini nach Massa Lubrense.
- **Bus:** SITA, siehe Sorrent.

Einkaufen

- **Destillerie Nastro d'Oro**

Kleine Fabrik für Liköre und Limoncelli, in Qualität und Preis manchem in Sorrento angebotenen Produkt weit überlegen. Mo.–Fr. 9–13 und 15–18.30 Uhr, Sa. 9–13 Uhr. Piazza S. Croce 5, Tel. 0818081368.

Fest

- **S. Costanzo**

Am 14. Mai Patronatsfest auf dem Monte S. Costanzo. Am vorletzten Julisonntag wird die Statue in einer Prozession nach Termini hinabgetragen.

Wandern

Punta Campanella

Der Weg von Termini an die Spitze der Halbinsel ist ein Klassiker mit Ausblicken, an denen man sich nicht satt sehen kann. Hin- und Rückweg 2½–3 Std.

Monte S. Costanzo

Eine noch größere Augenweide bietet der leichte Aufstieg aus dem Ort auf den Hausberg von Termini. Hin- und Rückweg 1–1½ Std. Anspruchsvoller ist der Aufstieg von der Punta Campanella auf dem verkarsteten Grat, Beginn des CAI-Fernwanderwegs „00" Alta Via dei Lattari. Dieser Weg setzt sich mit einem Abstieg nach Nerano fort (siehe Exkurs „Wandern im Sirenenland").

Capri

↗ X, B2

Es gibt nichts Herrlicheres, als auf dieser schönen Scholle umherzuschlendern; an den Klippen entlang zu klettern oder am Meer zu spazieren, wo die Wellen wohlig rauschen und das ausatmende Seegras diesen scharfen, fast betäubenden Meeresgeruch verbreitet. Die stillste Einsamkeit und die Weite des Golfs mit seinen fernen Inseln und Küsten ist ganz wunderbar ergreifend, und wohl kann man stundenlang auf dem Felsen sitzen und dem Farbenspiel auf den Küsten und dem Meere zuschauen.

Ferdinand Gregorovius,
Wanderjahre in Italien, 1853

Dieses verborgene Capri, das man erst nach langem Wandern betritt, wenn das Etikett des Touristen von einem abgefallen ist ...

Pablo Neruda

Die magisch-schöne Felseninsel ist der **größte Touristenmagnet im Golf von Neapel,** doch mehr als drei Viertel der Capri-Besucher erleben sie nur auf einem Tagesausflug – und verpassen das Beste. Während der Saison, und die dauert hier vom Frühjahr bis zum Herbst, machen Tag für Tag bis zu 100 Fähren, Ausflugs- und Kreuzfahrtschiffe an dem nur 10 km^2 großen Eiland fest und lassen **bis zu 15.000 Tagesausflügler** an Land (offiziell zählt Capri 12.000 Einwohner). Es scheint also angebracht, zunächst eine kleine „Gebrauchsanweisung“ für den Capri-Besuch zu geben, der – und daran soll nicht der geringste Zweifel aufkommen – absolut lohnt.

Die meisten der in Gruppen organisierten Tagestouristen absolvieren dasselbe Programm: **Blaue Grotte,** *Axel Munthes* **Villa San Michele** und die **Piazzetta** in Capri-Stadt. Dieser Kanon der Sehenswürdigkeiten ist ein Glück, denn dadurch bleiben weite Teile der

Insel vom Massenansturm unbehelligt. Wer im Rahmen eines Tagesausflugs nach Capri kommt, sollte eine frühe Fähre nehmen, die Blaue Grotte und Villa San Michele schon am Morgen besuchen oder ganz darauf verzichten und ansonsten dem Rat *Gregorovius'* folgen und zu Fuß über die Insel streifen. Bei solchen Wanderungen, die z. B. den Besuch der römischen **Kaiservilla Jovis** mit einschließen, wird man eine landschaftlich unendlich reizvolle Inselwelt entdecken und auch für ein Bad im Meer Zeit finden. **Wirklich kennen und lieben lernen kann Capri nur, wer hier auch übernachtet.** Von den etwas höheren Hotelpreisen sollte man sich nicht abschrecken lassen. Das Gefühl, am Abend auf der Piazzetta zu sitzen, wenn längst die letzte Fähre in Richtung Festland abgelegt hat, ist unbezahlbar.

Geschichte

Der Name des seit der Steinzeit bewohnten Kalkfelsens war Anlass für gelehrten Streit; die meisten sind sich jedoch einig: *Caprae* bedeutet **Zieheninsel.** Der erste, der aktenkundig den Reizen Capris verfiel, war *Octavian,* der spätere **Kaiser Augustus.** Sein Adoptivsohn und Nachfolger **Tiberius** machte die Insel während seiner letzten zehn Lebens- und Regierungsjahre zum **Machtzentrum des römischen Imperiums.** Über seine vermeintlich ausschweifende und perverse Lebensführung haben sich antike Skandalautoren das Maul zerrissen. Die **Villa Jovis,** deren mächtige Ruine sich auf dem 335 m hohen Monte Tiberio erhebt, ist der Überrest einer der zwölf Kaiservillen, die es auf Capri gegeben haben soll. Nach Tiberius' Tod wurde es lange Zeit still um die Insel.

Die **„Entdeckung" der Blauen Grotte** am 17. August 1826 durch den Breslauer Maler **August Kopisch,** Kindern und Kölnern auch als Erfinder der Heinzelmännchen bekannt, machte Capri über Nacht berühmt (siehe Exkurs „Kopisch erlebt sein blaues Wunder"). Deutsche und englische Romantiker, Künstler und Literaten kamen in Scharen, um das Naturwunder in Augenschein zu nehmen, einige richteten sich auf der Insel häuslich ein, manche auf ewig (siehe Exkurs „Der Friedhof der Nichtkatholiken auf Capri"). In der Künstlerkneipe „Zum Kater Hiddigeigei" floss Münchner Bier aus dem Zapfhahn. Andere fanden Inspiration in Tiberius' Lebenswandel. Der Schriftsteller **Norman Douglas,** frisch von seiner Frau getrennt, kam 1904 nach Capri, um hier seine „griechische" Seite zu entdecken. Auf Capri schrieb er die immer noch lesenswerten Süditalien-Reisebücher „Old Calabria" und „Siren Land". Sein Roman „South Wind" ist ein Hymnus an die Jugend, die südliche Sonne und die freie Liebe. Lebte *Douglas* seine homosexuelle Neigung vor allem literarisch aus, arbeitete Baron **Jacques d'Adelswaerd Fersen** hartnäckig an seinem Ruf als dekadentester Freigeist seiner Zeit. Seine Villa Lysis, Schauplatz opulenter Feste und wüster

Blick auf das Felsentrio der Faraglioni

golf_197 Foto: pa

Orgien, ließ er direkt unterhalb der Tiberius-Villa Jovis errichten. Erst als *Fersen* mit seinem jungen Liebhaber *Nino Cesarini* in der Grotta di Matromania ein vorgetäuschtes Menschenopfer inszenierte, schritten die Behörden ein. Ansonsten verhielten und verhalten die Caprenser sich ausgesprochen tolerant. Hinter dem gemeinen Rufmord an dem inselbegeisterten **Friedrich Alfred Krupp,** den die neapolitanische Sozialisten-Zeitung „La Propaganda" in einer Artikelserie 1902 als Knaben schändenden Lüstling anprangerte, steckten handfeste politische Motive. Der Berliner „Vorwärts", Zentralorgan der SPD, griff die Anklage auf und warf dem „Kanonenkönig" vor, er hätte „sich nicht Capri gewählt, um die Insel mit Straßen zu beglücken, sondern weil das italienische Strafgesetzbuch keinen besonderen Paragraphen 175 kennt". *Krupp* starb eine Woche nach seiner Verunglimpfung im „Vorwärts", ob an Hirnschlag oder durch Selbstmord, wurde nie geklärt. Capri gedachte seines Ehrenbürgers, dem die Insel die „schönste Straße der Welt" verdankt, mit einem öffentlichen Trauertag.

In den 1950er Jahren heizte **Rudi Schuricke** den Capri-Mythos kräftig an. Mit Ford, kurz abgeschnittenen Hosen,

Eis am Stiel und Tütenlimonade wurde der Inselname zur Marke. Wirtschaftswunder, Neckermann & Co. taten ein Übriges und erschlossen die Insel in den 1950er Jahren dem Massentourismus. Masse hin, Masse her, Capris zeitloser Charme ist unverwüstlich.

Eine schroffe Gebirgswand mit dem 589 m hohen **Monte Solaro** teilt Capri in zwei ungleiche Hälften. Auf der östlichen Seite liegt der mondäne Ort **Capri,** mit der Marina Grande als einzigem Inselhafen. Im Westen und von Capri-Stadt aus unsichtbar erstreckt sich das provinziellere **Anacapri** auf einem flach zum Meer hin abfallenden Hochplateau, mit *Axel Munthes* Villa San Michele als Hauptsehenswürdigkeit. Villen

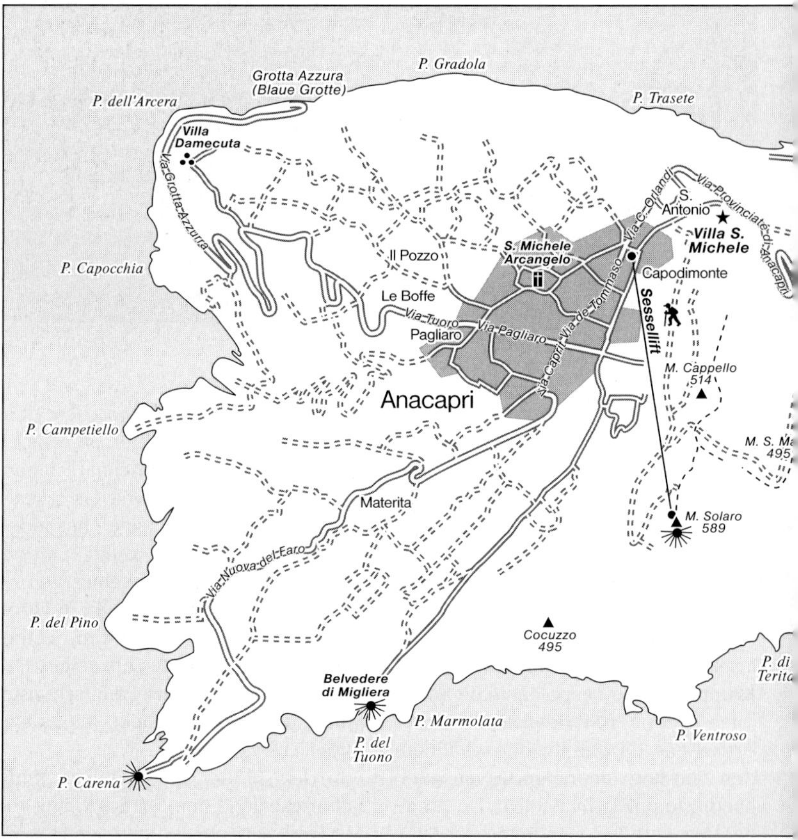

und ihre exzentrischen Erbauer ziehen sich als roter Faden durch die Geschichte Capris und bilden heute neben der spektakulären Landschaft das touristische Hauptkapital der Insel. Den Anfang machten die römischen Kaiser *Augustus* und *Tiberius.* Im 19. und 20. Jh. verewigten sich Literaten und Künstler der ganzen Welt auch architektonisch auf Capri. Einige Beispiele von vielen sind die **Villa Lysis** des französichen Skandal-Barons *Fersen,* die **Villa Narcissus** des amerikanischen Malers *Charles C. Coleman,* die **Casa Rossa** des Südstaaten-Oberst *John C. MacKowen,* die weltberühmte **Villa San Michele** des schwedischen Modearztes *Axel Munthe* und die in den 1930er Jahren erbaute

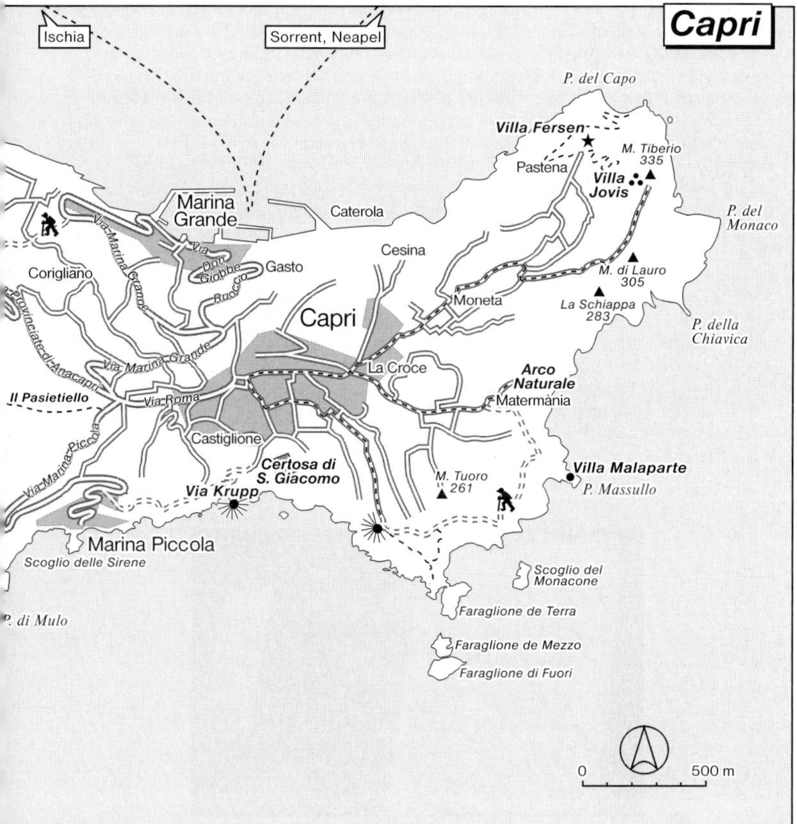

Der Friedhof der Nichtkatholiken auf Capri

von *Dieter Richter*

Einen der reizvollsten nichtkatholischen Friedhöfe Italiens findet man auf der Insel Capri. Er liegt an der Straße, die vom Zentrum des Ortes zur Marina Grande führt, direkt neben dem städtischen Friedhof. Mit seinen zahlreichen Bäumen und Büschen verkörpert er – in auffallendem Gegensatz zum kommunalen Friedhof – die Idee des „Gartens", die für nordeuropäische Friedhöfe typisch ist.

Capris **Cimitero acattolico** hat eine besondere Geschichte: Er verdankt seine Gründung nicht der Intervention einer ausländischen Regierung, sondern einer „Bürgerinitiative" von Angehörigen der englischen und deutschen Fremdenkolonie auf der Insel, die das Terrain 1879 aus eigenen Mitteln erwarben und den Friedhof dann in Selbstorganisation verwalteten. Erst 1991 ging er in kommunalen Besitz über. „Irrespective of race or religion", so eine Tafel am Eingang, möchte dieser Friedhof den fremden Gästen eine Heimat bieten: die Proklamation eines ökumenischen, liberalen Geistes im Zeitalter der konfessionellen Streitigkeiten und des Nationalismus. Mit seinem traumhaft schönen Blick auf Meer und Vesuv ist dieser Friedhof zugleich ein Spiegel der Geschichte Capris und der Faszination der Insel auf Künstler, Intellektuelle und Außenseiter aus ganz Europa. Unter den über 200 Personen, die seit 1881 hier beigesetzt wurden, sind, um nur einige wenige zu nennen, der englische Schriftsteller *Norman Douglas,* der mit seinem Roman „South Wind" Capri literarisch bekannt gemacht hat; der französische Exzentriker *Jacques d'Adelswaerd Fersen,* der 1923 in seiner Villa Lysis seinem Leben mit einer Überdosis Kokain ein Ende setzte; das amerikanische Schwesternpaar *Kate* und *Saidee Wolcott-Perry* aus der Villa Torricella; die Deutsche *Alice Faehndrich,* die 1906/1907 in ihrer Villa Discopoli den Dichter *Rainer Maria Rilke* beherbergte oder, aus allerjüngster Zeit, der 1994 verstorbene italienische Galerist *Lucio Amelio,* der *Joseph Beuys* in Neapel bekannt machte. Daneben gibt es Gräber von verunglückten Touristen, von unglücklichen Selbstmördern oder von jüdischen Emigranten aus Nazi-Deutschland. Dem Geist des Ortes angemessen ist der Cimitero acattolico ein „literarischer" Friedhof. Mit originellen Grabinschriften und -emblemen, darunter sogar musikalischen Zitaten, scheinen die Toten den Besucher in einen imaginären Dialog über Tod und Vergessen zu verwickeln. Am Grab des finnischen Ministers *Harri Holma* liegt sogar ein Gästebuch für die Besucher aus. „There are no dead" steht auf einem Grabstein gegenüber.

golf_218_2 Foto: pa

Casa come me des literarischen enfant terrible *Curzio Malaparte* (siehe Exkurs „Casa come me – Curzio Malapartes Meisterwerk"). *Bruce Chatwins* geschliffener Essay „Zwischen den Ruinen" zeichnet ein hintergründiges Porträt von *Fersen, Munthe* und *Malaparte.*

Capri

↗X, B2

An der Marina Grande legen alle Fähren an und ab, eine Flotte von Ausflugsbooten wartet auf die Besucher der Blauen Grotte, Busse und Taxis stehen bereit, und mit dem **Funicolare,** der **Standseilbahn,** geht es in drei Minuten auf die 140 m höher gelegene Piazzetta.

Inselspaziergänge

Kaiser *Augustus* würde die Insel heute kaum wiedererkennen. Am Strand westlich des Hafens liegen die römischen Ruinen seines **Palazzo a Mare.** Von 1790–91 wurde die Villa durch den Österreicher *Hadrawa* im Auftrag der Bourbonen systematisch geplündert und sämtlicher Fußböden, Kapitelle sowie ihres Marmorschmucks beraubt. In der Nähe steht Capris ältestes christliches Bauwerk, errichtet auf den Resten einer römischen Therme. Als Capri im 10. Jh. zur Diözese erhoben wurde, ersetzte die über einem griechischen Kreuz errichtete byzantinische **Chiesa di San Costanzo** einen älteren Vorgängerbau. Im 14. Jh. wurde Capris Kathedrale dem lateinischen Ritus angepasst. Bis auf vier Säulen, die heute in der Palastkapelle der Reggia di Caserta stehen, stammen die Säulen im Kircheninneren aus der antiken Villa des *Augustus.* Im 16. Jh., als die Gefahr der Piratenüberfälle überhand nahm, suchte die Bevölkerung Schutz in dem höher gelegenen Ortsteil. Seither werden die Reliquien *San Costanzos* in der Kirche Santo Stefano verwahrt. Einmal im Jahr, am 14. Mai, kehrt Capris Schutzpatron in seine altes Domizil zurück.

Von der Chiesa di San Costanzo führen die über 800 steilen, in den Fels gehauenen Stufen der **Scala Fenicia** nach Anacapri hoch, bis 1877 der einzige Verbindungsweg zwischen Ort und Hafen. Griechen waren es, die in der Antike die Treppe angelegt hatten. Nach Öffnung der Fahrstraße verfiel das 2500 Jahre alte Bauwerk und musste schließlich aus Sicherheitsgründen gesperrt werden. Seit Abschluss der Restaurierungsarbeiten Ende der 1990er Jahre kann man die Treppe wieder gefahrlos benutzen.

Die **Piazzetta,** offiziell Piazza Umberto I und für die Einheimischen schlicht *chiazza,* ist Herz und Bühne von Capri. Alle Welt trifft sich auf diesem Jahrmarkt der Eitelkeiten. Der Funicolare speit seine Fahrgäste unterhalb der Piazza aus. Tagsüber herrscht ein ständiges Treiben auf dem von pastellfarbenen Palazzi umstandenen Platz, mit den Korbsesseln der edlen Cafés als Logenplätzen. Mühsam bahnen sich Elektrokarren – in den engen Gassen Capris ersetzen sie Autos, Busse, Last- und Müllwägen – einen Weg durch die Menschenmenge. Wer abends auf der

Insel bleibt, erlebt, wie die Piazzetta sich zum Salon zurückverwandelt.

Eine Freitreppe steigt wirkungsvoll zur barocken **Kirche Santo Stefano** auf. Im Inneren sehenswert sind die Marmorfußböden im Chorraum und der linken Apsiskapelle aus der antiken Villa Jovis. Der schmucklose **Palazzo Cerio** gegenüber wurde im 14. Jh. von den Grafen *Arcucci* errichtet und beherbergt heute das naturkundliche Museum des Centro Caprense Ignazio Cerio.

Die Piazzetta umgibt ein arabisch verwinkeltes **Gassengewirr.** Der Orient stand auch Pate für die **weiß gekalkten Häuser** mit ihren flachen Kuppeldächern, ein perfektes Beispiel für klimagerechtes Bauen: Die helle Farbe reflektiert die Sonne, in den Räumen kann sich die Wärme unter den Kuppeln stauen, die flachen Dächer dienten früher dem Auffangen von Regenwasser. Heute wird Capri über eine untermeerische Leitung mit Trinkwasser versorgt.

Durch die Arkaden des Palazzo Cerio führt die überdachte **Via Madre Serafina,** der alten Stadtmauer folgend, bis auf eine kleine Piazza mit dem aufgelassenen **Kloster S.S. Salvatore.** Gegenüber steht die **Villa Narcisus** in neomaurischem Stil. Auf der Via Castello kann man bis zur **Punta Cannone** mit ihrem schönen Belvedere aufsteigen. Von hier schweifen die Blicke über die **Giardini di Augusto,** die Dachlandschaft der **Certosa di San Giacomo,** die **Marina Piccola, Punta Tragara,** das spektakuläre **Felsentrio der Faraglioni** und das offene Meer.

Von der Piazzetta aus weisen hübsche Keramikschilder in Richtung **Villa Jovis** (siehe Exkurs „Tiberius und die Villa Jovis") und **Arco Naturale.** Auf der Seite des Municipio führt die mittelalterliche Ladengasse **Via Le Botteghe,** von Lokalen, Bäckereien, Metzgereien und Läden aller Art gesäumt, in das Croce-Viertel. Nach einem Abstecher zur Villa des Tiberius setzt sich ein lohnender Spaziergang, vorbei am **Arco Naturale,** der **Grotta di Matromania,** der **Villa Malaparte** und den **Faraglioni-Felsen** fort und führt auf Höhe der **Punta Tragara** wieder in den Ort zurück.

Ein Bummel vorbei an den teuren Auslagen der **Via Vittorio Emanuele** und dem Hotel „La Palma" mündet auf Höhe der Luxusherberge „Quisisana" in die edle Flaniermeile **Via Camerelle.** Auf der abzweigenden Via Serena erreicht man mit wenigen Schritten die imposante Anlage des ehemaligen Kartäuserklosters. Der capresische Graf *Giacomo Arcucci,* einflussreicher Sekretär der Königin *Johanna I.* am neapolitanischen Hof der *Anjous,* ließ die **Certosa di San Giacomo** 1371–74 errichten. Im 16. Jh. erhielt die Kartause ihre heutige Gestalt und beherrschte bis zu ihrer Aufhebung 1807 durch *Joseph Bonaparte* das wirtschaftliche Leben der Insel. Als die Pest 1656 auf Capri wütete, verbarrikadierten sich die Mönche aus Furcht vor Ansteckung hinter ihren Klostermauern. Nachdem ein Drittel der Inselbevölkerung der Krankheit zum Opfer gefallen war, gelang es dem Kloster dank juristischer Winkelzüge, das Land der Verstorbenen billig zu erwerben. Als größter Landbesitzer besaß das Kloster das Jagdmonopol auf der

Insel und belieferte ab dem 17. Jh. den neapolitanischen Königshof mit Wachteln. Im Frühjahr und Herbst wurde alljährlich ein Massaker an den zu Hunderttausenden auf Capri landenden Zugvögeln veranstaltet. Nach der Säkularisation diente das ehemalige Kloster zunächst als Gefängnis, Kaserne und Invalidenhospital. 1924 umfassend restauriert, wurde das Bauwerk als Schule, Bibliothek und Museum der Öffentlichkeit zugänglich gemacht. Im ehemaligen Refektorium hängen die düster-symbolischen Landschaften des deutschen Malers *Karl Wilhelm Diefenbach,* der als radikaler Vegetarier und überzeugter Nudist auf Capri seine esoterische Naturlehre auslebte.

- **Certosa di San Giacomo,** Biblioteca Luigi Bladier, Viale Certosa, Tel. 0818376218. Di.–So. 9–14 Uhr. Eintritt frei.

Den schönsten Blick auf die Dächer der Certosa genießen die betuchten Gäste des „Quisisana". Ebenso beeindruckend und allen zugänglich ist die Ansicht aus den **Giardini di Augusto.** Die terrassierte, üppig bepflanzte Gartenanlage mit herrlichen Ausblicken auf die Faraglioni und das Meer gehörte zum Besitz des Industriellen *Friedrich Alfred Krupp,* der sie noch zu Lebzeiten der Gemeinde Capri übereignete. Eine amüsante Ironie: Im Park steht das Denkmal des russischen Revolutionärs *Lenin,* der sich als Gast *Maxim Gorkis* von 1908–1910 mehrfach auf Capri aufhielt, und blickt auf die **Via Krupp,** ein Denkmal des Kapitalismus. Gegen den Widerstand der Linken im Stadtrat finanzierte der Inselliebhaber *Krupp* diese wunderschöne, aber nutzlose Serpentinenstraße, die aus den Augustus-Gärten an die Marina Piccola hinabführt. Eine Verkehrsverbindung zum Hafen an der Marina Piccola gab es bereits, *Krupps* Straße sollte „den Fremden auf der Insel, die in ihren balsamischen Lüften Heilung ihrer körperlichen Ge-

golf_202 Foto: enit

Capri: Marina Grande

Insel Capri

Tiberius und die Villa Jovis

von *Hans-Jörg Thaler* und *Peter Amann*

Die Ruinen der Villa Jovis, des Kaiserpalastes von Tiberius, erheben sich auf einem 335 m hohen Berg im Nordosten der Insel. Der Palast bedeckt eine Fläche von 7000 m², in der Antike erstreckte er sich mit seinen Parkanlagen und Nympheen über den gesamten Höhenrücken. Im 18. Jh. wurde die Anlage von dilettantischen Ausgräbern auf der Suche nach Schätzen schwer beschädigt und erst während des Faschismus vom Regimearchäologen *Amadeo Maiuri* in den Jahren 1932–35 erforscht. Eine Ahnung vom ursprünglichen Reichtum der Innendekoration vermitteln die aus der Villa Jovis stammenden Marmorböden in der Kirche Santo Stefano an der Piazzetta. Viel antikes Material wurde auch in der Reggia von Caserta verbaut.

Tiberius, Schwiegersohn und Nachfolger des *Augustus,* regierte von 14 n. Chr. bis zu seinem Tod im Jahre 37. Die letzten zehn Jahre seines Lebens verbrachte er auf Capri und beherrschte von der Insel aus das römische Reich. Die verbreitete Meinung, er hätte sich in Isolation und an den Regierungsgeschäften völlig desinteressiert zurückgezogen, ist ein Missverständnis. Die Insel Capri lag keineswegs im Abseits, sondern befand sich in einer strategisch wichtigen Position im Golf von Neapel. Während Rom das politische Zentrum des römischen Reiches war, schlug hier das wirtschaftliche Herz des Imperiums. Pozzuoli war damals Roms wichtigster Handelshafen, hier kamen die Getreidelieferungen aus Ägypten an, und in Misenum war die römische Kriegsflotte stationiert. (Ostia wurde erst im 2. Jh. n. Chr. zum wichtigsten römischen Hafen ausgebaut.) *Tiberius* soll des öfteren die durchfahrenden Getreideschiffe persönlich gezählt haben. Unehrliche Zollbeamte riskierten ihren Kopf. *Suetons* Beschreibungen von *Tiberius'* Zügellosigkeit, Menschenfeindlichkeit und Perversion sollten nicht allzu ernst genommen werden, berücksichtigt man den politischen Kontext, in dem sie entstanden sind. *Tiberius* hatte die Hauptstadt um eine prächtige Hofhaltung beraubt, seine Regierung war von Sparmaßnahmen und Bekämpfung der Korruption geprägt. Es fehlte nicht an Komplotten und Anschlägen auf sein Leben, und die Gerüchte über seinen perversen Lebenswandel machten die Runde. Bei seinem Tod hinterließ er einen finanziell gesunden Staat.

Der kaiserliche Palast steht auf einem Bergsporn, dessen Felswände zum Meer hin über 300 m beinahe senkrecht abfallen. Von unfreiwilliger Komik ist die Formulierung in einem Prospekt: „Der erhebliche Höhenunterschied wurde zur Anlage mehrerer Terrassen genutzt, von denen teilweise ein bequemer senkrechter Fall ins Meer möglich war." Der Satz spielt auf das Gerücht an, *Tiberius* hätte zum Tode Verurteilte vom Salto di Tiberio in die Tiefe werfen lassen.

Den Kern der Villa bildet eine gewaltige Zisterne – wichtig, bedenkt man die topographische Lage der Villa. Alleine für den Betrieb der Thermen muss der Wasserbedarf enorm gewesen sein. Über der Zisterne befand sich ein großer Peristylhof, um eine Exedra nach Osten erweitert. Dieser halbkreisförmige Saal liegt mit einem fantastischen Blick auf Golf und Amalfitana am höchsten Punkt der Villa und diente als Repräsentations- und Empfangsraum. Als kaiserliche Residenz erfüllte die Villa Regierungsfunktionen, Empfänge von Potentaten und römischen Würdenträgern waren an der Tagesordnung. Darüber hinaus war die Villa stark auf die persönlichen Bedürfnisse von *Tiberius* zugeschnitten.

Um den Säulenhof gruppierten sich Gasträume, die heute fast nicht mehr zu erkennen sind. Auf unterschiedlichen Höhen gliedern sich in ihrer Funktion klar voneinander getrennte Flügel um den zentralen Baukörper, von dem nur die Substruktionen stehen. An der Südseite lag der monumentale Eingangsbereich mit vier prächtigen Säulen. Ein Korridor führt an der Thermenanlage (siehe Exkurs „Ein Thermenbesuch") vorbei in das Palastinnere.

Östlich der Zisterne erstreckten sich über mehrere Stockwerke Lagerräume und Wohnzellen des Dienst- und Wachpersonals. Im Westen der Villa befanden sich in sechs überwölbten Räumen weitere Magazine und die Küchen. Einer der Backöfen hat sich erhalten.

Im Norden lagen die persönlichen Räume des Kaisers, drei an der Zahl. Sie sind auffallend klein und öffnen sich mit einem Blick auf das Meer nach Norden und Westen. Bei der Planung dieses Privatbereiches wurden die astronomischen Interessen des Imperators berücksichtigt. Von seiner Wohnung aus konnte er über eine ehemals überwölbte Rampe auf die darunter liegende Terrasse treten, die sich auf einer Länge von über 100 m am Nordabhang des Berges entlangzieht. Der starke Pflanzenwuchs versperrt heute fast vollständig den fantastischen Ausblick auf den Golf von Neapel. Dieses grandiose Panorama, bereichert um einen Schwindel erregenden Blick auf die senkrecht abstürzenden Kalkklippen und das 300 m tiefer liegende Meer, lässt sich immer noch vom östlichen Ende der Terrasse aus genießen, dem berühmt-berüchtigten **Salto di Tiberio,** um den sich grausige Geschichten ranken. Im mittleren Bereich der lang gezogenen Wandelhalle schließen sich einige Räume an, die dem Kaiser und seinem Astronomen als Speise- und Ruheraum dienten.

Vom Palast klar getrennt lag im Nordwesten ein Leuchtturm. Von hier aus war es möglich, mit der Kommandozentrale der Militärflotte in Misenum zu kommunizieren und über eine Kette weiterer Türme Feuersignale bis Rom zu senden.

● **Villa Jovis,** Via Tiberio, www.villajovis.it. Tägl. 9 Uhr bis 1 Stunde vor Sonnenuntergang. Eintritt 2 Euro.

Auf dem Weg zur Villa Jovis zweigt auf Höhe des Ristorante La Savardina der Weg zur neoklassizistischen Villa Lysis ab, die sich der Skandalautor *Jacques d'Adelswaerd Fersen* 1905 bewusst unterhalb der Ruinen der Tiberius-Villa hatte errichten lassen. Unterbrochen von Reisen in exotische Länder, lebte der französische Baron 16 Jahre lang sein ausschweifendes Inselleben in Gesellschaft des römischen Ex-Zeitungsverkäufers *Nino Cesarini,* bis er nach Einnahme einer gewaltigen Prise reinen Kokains freiwillig von der Bühne trat. Inzwischen steht die frisch restaurierte Villa mit ihrem Traumpanorama auf den Golf allen Besuchern offen.

● **Villa Lysis,** Tel. 0818366241, 0818386249. Tägl. 9–12 und 15–18 Uhr. Eintritt frei.

golf_206 Foto: pa

„Casa come me" – Curzio Malapartes Meisterwerk

Curzio Malaparte (1898–1957) war eine der schillerndsten Gestalten seiner Zeit. Als *Kurt Erich Suckert* im toskanischen Prato geboren, entwickelte er früh seine Neigung zur Literatur und ausgeprägten Selbstdarstellung. Politisch war er ein Paradiesvogel. Im September 1922 trat er der Partei *Mussolinis* bei und änderte seinen Namen in *Curzio Malaparte*. Seine Karriere war bewegt. Zwei Jahre lang gab er die angesehene Turiner Tageszeitung „Stampa" heraus, dann entdeckte er seine Sympathie für die Sowjetunion und wurde gefeuert. *Malaparte* war verbittert, seine Kameraden hatten alle dicke Pfründe und er sollte leer ausgehen? Er begann, ätzende Briefe zu schreiben, in denen er unter anderem den Luftfahrtminister angriff. 1933 wurde *Malaparte* wegen antifaschistischer Aktivität angeklagt, aus der Partei ausgeschlossen und zu fünf Jahren Verbannung auf Lipari verurteilt. Dank guter Beziehungen musste er nur ein halbes Jahr auf Lipari verbringen, durfte dann nach Ischia gehen, und ein Jahr später wurde ihm die restliche Strafe erlassen. Während des 2. Weltkrieges arbeitete Malaparte als Kriegsberichterstatter erst auf italienischer, dann amerikanischer Seite.

Bekannt wurde er mit seinen beiden Romane „Kaputt" und „Die Haut", in denen er die Obszönität des Krieges in expressionistischen Bildern darstellte. Sein Meisterwerk aber ist sein Haus auf Capri, darauf war er stolz „wie auf nichts anderes" und hielt es für das Beste, was er zustande gebracht hatte. So nannte er „das mutigste, intelligenteste und modernste Haus von Capri" folgerichtig „Casa come me". Das markanteste Detail ist ein Treppenaufgang, der von außen auf das Dach der Villa führt und nach oben hin immer breiter wird. Das Vorbild steht in Lipari, es ist die Treppe der kleinen Chiesa dell'Annunciazione.

In seinem Roman „Die Haut" erzählt *Malaparte* von einem Besuch des Feldmarschalls Rommel. „In Capri kam eines Tages Maria, meine getreue Haushälterin, um mir zu melden, dass ein deutscher General, von seinem Adjutanten begleitet, in der Halle sei und mein Haus zu besichtigen wünsche. Es war im Frühsommer 1942, nicht lange vor der Schlacht von El Alamein. Mein Urlaub war zu Ende, ich musste am nächsten Tag nach

Finnland abreisen. Axel Munthe, der sich entschlossen hatte, nach Schweden zurückzukehren, hatte mich gebeten, ihn bis Stockholm zu begleiten. „Ich bin alt, Malaparte, ich bin blind“, hatte er mir gesagt, um mich zu erweichen, „bitte begleiten Sie mich, wir werden im gleichen Flugzeug reisen.“ Obwohl ich wusste, dass Axel Munthe, trotz seiner schwarzen Augengläser, nicht blind war – seine Blindheit war eine wohlberechnete Erfindung, um die romantischen Leser des „Buches von San Michele“ empfänglicher zu stimmen; wenn es darauf ankam, konnte er sehr gut sehen – konnte ich mich doch nicht gut weigern, ihn zu begleiten; und ich hatte ihm versprochen, am nächsten Tag mit ihm abzureisen.

Ich ging dem deutschen General entgegen und bat ihn in meine Bibliothek. Es war Feldmarschall Rommel. Mit einem Blick auf meine Alpini-Uniform fragte er mich, an welcher Front ich stünde. „An der finnischen Front“, antwortete ich. „Ich beneide Sie“, sagte er, „ich leide sehr unter Hitze. Und in Afrika ist es zu heiß.“ Er lächelte mit einem Anflug von Schwermut, nahm seine Mütze ab, fuhr sich mit der Hand über die Stirn. Ich sah mit Verwunderung, dass er einen sehr merkwürdig geformten Schädel hatte: übermäßig hoch, oder besser, nach oben verlängert; er glich einer riesigen gelben Birne. Ich führte ihn von Zimmer zu Zimmer, durch das ganze Haus, von der Bibliothek bis in den Keller, und als wir wieder in der mächtigen Vorhalle standen, deren Fenster auf die schönste Landschaft der Welt geöffnet waren, bot ich ihm ein Glas Vesuvwein an, aus den Rebgärten von Pompeji. Er hob sein Glas, sagte „Prosit“ und trank mit einem Zug aus; dann, bevor er ging, fragte er mich, ob ich mein Haus schon so, wie es sei, gekauft hätte, oder ob ich es selbst entworfen und gebaut hätte. Ich erwiderte – was nicht der Wahrheit entsprach –, dass ich es schon so, wie es sei, gekauft hätte. Und mit einer weiten Armbewegung zeigte ich auf die Steilwand der Matromania, auf die drei Riesenklippen der Faraglioni, auf die Sorrentiner Halbinsel, auf die Inseln der Sirenen, auf das verschwimmende Blau der Küste von Amalfi, auf den fernen goldenen Schimmer des Gestades von Paestum, und sagte zu ihm: „Ich habe die Landschaft entworfen.“ „Ach, so!“, sagte General Rommel, und nachdem er mir die Hand gereicht hatte, ging er.“

Auch nach seinem Tod gelang es *Malaparte,* seine Mitmenschen noch einmal gründlich zu schockieren. Bei der Testamentseröffnung stellte man fest, dass er die „Casa come me“ der Volksrepublik China vermacht hatte. Seiner Familie gelang es, das Testament anzufechten, und heute befindet sich die Villa Malaparte im Besitz einer Künstlerstiftung. Besuche sind nur auf Einladung möglich.

brechen suchen, den Aufenthalt dort noch angenehmer machen". Die Via Krupp und der kleine Felsstrand zählen heute zu den beliebteren hangouts der Gays am Golf von Neapel.

Der mondäne Badeort **Marina Piccola** auf der Sonnenseite der Insel lässt sich auf der Via Krupp oder vom Largo Due Golfi aus zu Fuß bzw. aus Capri-Stadt mit dem Bus erreichen. Im Sommer ankern hier die Luxusyachten von Berlusconi & Co. Der vorspringende **Scoglio delle Sirene** halbiert die zauberhafte Bucht. Die wenigen freien Strandabschnitte finden sich an den schneeweißen Kiesstränden links und rechts des Felsens, ansonsten teilen sich Badeanstalten und Strandlokale den kostbaren Uferstreifen. Bläst der Südwind Schirokko über mehrere Tage, kann das Badevergnügen durch angetriebenen Müll getrübt werden, die Wasserqualität ist ansonsten ausgezeichnet. Seit den 1950er Jahren Treffpunkt der VIPs ist der „Canzone del Mare", nach wie vor der exklusivste bagno. Angenehm, aber viel erschwinglicher sitzt und isst man z.B. auf der Terrasse von „Da Gioia".

Via Krupp

Anacapri

X, B2

Wenn auch nicht mehr ganz so beschaulich wie zu *Gregorovius'* Zeiten, bleibt das ausgedehnte, von gepflegten Gärten umgebene Anacapri die **bäuerliche und stille Schwester von Capri-Stadt** – wenn man von dem Rummel um die **Villa San Michele** einmal absieht. Seit 1877 verbindet eine Straße die ungleichen Inselstädtchen. Die wenigsten Besucher erklimmen heute noch die steilen Stufen der wunderschön angelegten **Scala Fenicia.** Das alte Stadttor, direkt unterhalb der Villa San Michele gelegen, heißt bezeichnenderweise Porta della Differenza, ein tief verwurzeltes gegenseitiges Misstrauen trennte lange Zeit die Inselgemeinden Capri und Anacapri.

Besichtigung

Die Piazza Vittoria ist das Zentrum Anacapris. Vom Frühjahr bis zum Herbst steigen hier die Touristen zu Hunderten aus den Bussen und strömen auf der von Kitsch- und Souvenirständen gesäumten Straße der weltbekannten **Villa San Michele** zu. Die besten Chancen, Anacapris Hauptsehenswürdigkeit frei von Besuchergruppen zu erleben, bestehen außer im Winter am frühen Vor- oder späten Nachmittag. Der Schwede **Axel Munthe** (1857–1949) kam als junger Medizinstudent zum ersten Mal nach Capri. Später, als reicher und angesehener Modearzt, kehrte er Paris den Rücken, um auf Capri seinen Lebenstraum zu verwirklichen. Auf einem exponierten Hanggrundstück mit den Ruinen einer Michaels-Kapelle und römischen Villa begann er 1896 mit dem Bau seines Domizils und folgte dem Motto: „Mein Haus muss offen sein für Wind und Sonne und die Stimme des Meeres, wie ein Griechentempel, und Licht, Licht, Licht überall!" In der schneeweißen Villa, einer eklektischen Mischung verschiedenster Baustile, brachte *Munthe* eine bizarre Sammlung archäologischer Fundstücke und zusammengetragener Antiquitäten unter. Die Inneneinrichtung der Villa ist Geschmackssache, die Ausblicke aus den akkurat gepflegten Terrassengärten und den skulpturengeschmückten Loggien sind eines Kaisers würdig. Tausendfach fotografiert und blank von unzähligen Berührungen blickt eine Sphinx auf den Golf von Neapel. Es heißt, dass Wünsche in Erfüllung gehen, wenn man über die Flanke des Fabelwesens streicht. Wegen eines Augenleidens musste *Axel Munthe* sein lichtdurchflutetes Haus gegen eine schattigere Bleibe tauschen. 1910 bezog er die **Torre Materita,** einen Wehrturm auf halbem Weg zur Punta Carena. Hier verfasste er seinen Best- und Longseller „Das Buch von San Michele", der, in über 45 Sprachen übersetzt, Capri und die Villa San Michele weltberühmt machte. *Munthe* vererbte seine Villa dem schwedischen Königshaus. Die Stiftung Munthe veranstaltet hier in den Sommermonaten Konzerte. *Axel Munthe,* ein früher Öko-Aktivist, erwirkte von *Mussolini* ein Verbot der Vogeljagd auf Capri. Auf dem Hügel des über der Villa gelegenen **Castello di Barba-**

rossa arbeitet seit den 1950er Jahren eine ornithologische Forschungsstation. Sechs Hektar Macchia stehen unter Naturschutz, auf den Felsen nisten Wanderfalken. Die früher vom italienischen World Wildlife Fund und jetzt von der Stiftung Munthe betreute **Oasi del Monte Barbarossa** kann besucht werden.

• **Villa San Michele,** Viale Axel Munthe 34, Tel. 0818371401, www.sanmichele.org. März tägl. 9.30-16.30 Uhr, April und Okt. tägl. 9.30–17 Uhr, Mai bis Sept. tägl. 9–18 Uhr, Nov. bis Febr. tägl. 10.30–15.30 Uhr. Eintritt 5 Euro.
• **Oasi del Monte Barbarossa,** Viale Axel Munthe 24, Tel. 0818371325. Nach Voranmeldung Gratis-Führungen jeden Do. 1 Stunde bevor die Villa San Michele schließt, von April bis Okt.

Folgt man der **Via G. Orlandi** in das historische Ortszentrum, fällt rechts die **Casa Rossa** ins Auge. **John Clay MacKowen,** ein amerikanischer Südstaatenoberst, ging 1877 nach Capri ins freiwillige Exil. Der Hobbyarchäologe und Verfasser eines der ersten Capri-Führer baute sich den mittelalterlichen Turm mit vielen seiner Fundstücke zu einem spleenigen Märchenschloss aus. Über die Datierung eines römischen Sarkophags geriet *MacKowen* mit *Axel Munthe* einmal in Streit und forderte ihn zu einem Pistolenduell heraus. In Anspielung auf die Sklavenhaltervergangenheit *MacKowens* antwortete *Munthe,* er würde Pferdepeitschen vorziehen. Das Duell fand nie statt.

• **Cassa Rossa,** Via G. Orlandi, Tel. 0818387213. Tägl. 11–13 und 18–21.30 Uhr, Mo. Vormittag geschl. Eintritt 2 Euro.

Schräg gegenüber der Casa Rossa gibt es eine bei italienischen Touristen beliebte Sehenswürdigkeit. *Sergio Rubino* hat auf einer Fläche von 18 x 9 m in einem flachen Swimmingpool die Insel **Capri en miniature** nachgebildet – für Leute, die sich einen Hubschrauberrundflug nicht leisten können und auf eine Bergtour verzichten möchten, eine ideale Möglichkeit, Capri aus der Möwenperspektive zu bewundern.

• **Capri in Miniatura,** tägl. 9–17 Uhr. Via G. Orlandi 105. Eintritt 4 Euro.

Auf keinen Fall sollte man den Besuch der **Kirche San Michele Arcangelo** versäumen. Der Majolika-Fußboden in der hübschen Rokokokirche schildert in opulenten Szenen die Vertreibung von Adam und Eva aus dem Paradies. Mit Liebe zum Detail sind exotische Tiere dargestellt. Elefanten, Kamele, Affen und Einhörner tummeln sich um den von Schlangen umwundenen Apfelbaum. Der abruzzesische Keramikkünstler *Leonardo Chiaiese* fertigte das Kunstwerk 1761 nach einem Entwurf des neapolitanischen Barockmalers *Francesco Solimena.* Den besten Blick genießt man von der Orgelempore.

• **Chiesa di San Michele Arcangelo,** April bis Oktober tägl. 9–19 Uhr, November bis März tägl. 10–15 Uhr. Piazza San Nicola, Tel. 0818372396. Eintritt 1 Euro.

Hinter San Michele steht die **Casa Orlandi,** die einst prachtvolle Residenz des Parlamentsabgeordneten *Giuseppe Orlandi,* der 1877 den Bau der Fahrstraße zwischen Capri und Anacapri veranlasste. In einem kurzen Bogen gelangt man auf die **Piazza Armando Diaz,** das **Altstadtherz von Anacapri.** Auf dem stilleren Pendant zu Capris Piazzetta geht es familiär zu. Die schön gekachelten Sitzbänke, ein Werk des lokalen Keramikkünstlers *Sergio Rubino,* laden zum Verweilen ein. Vor der barocken Kulisse der **Pfarrkirche Santa Sofia** treffen sich Alt und Jung zur passegiata.

Südöstlich an die Kirchenpiazza schließt sich **Anacapris ältestes Wohnviertel Le Boffe** an. Nur selten verirren sich Besucher in diesen reizenden quartiere. In den stillen Gassen zwischen weiß gekalkten Häusern fühlt man sich fast nach Griechenland versetzt.

Südlich der Piazza Vittoria befindet sich die Talstation der **Seggiovia.** Wie im Flug geht es mit dem **Sessellift** in wenigen Minuten auf den 589 m hohen **Monte Solaro.** Die Fahrt ist ein Vergnügen, vom höchsten Inselgipfel liegt einem dann ganz Capri zu Füßen. Von der Aussichtsterrasse deutet eine Tiberius-Statue mit großer Geste in die Landschaft. An klaren Tagen umfasst der Blick den gesamten Golf und reicht bis in den Cilento. Der Monte Solaro lässt sich von Anacapri aus auch gemütlich zu Fuß erklimmen.

Ein fast eben verlaufender Spaziergang führt von der Talstation der Seggiovia auf der Via Caposcuro durch friedliche Bauernlandschaft zu dem spektakulären **Belvedere di Migliera.** Fast senkrecht stürzen die Felswände von Wind, Wellen und Möwenschwärmen umtost ins Meer.

Von Anacapri fährt ein Linienbus an die südwestlichste Inselspitze. Unterwegs kommt man an der **Torre Materita** vorbei. In dem von Kartäusermönchen im 14. Jh. erbauten Festungsturm hatte sich *Axel Munthe* ein zweites Domizil eingerichtet. Hier hat er auch sein „Buch von San Michele" verfasst. Unterhalb des Leuchtturms (nach jenem von Genua übrigens der lichtstärkste Italiens) an der **Punta Carena** liegt eine wunderschöne, im Sommer stark besuchte Badebucht. Es gibt einen freien Strandabschnitt, ansonsten vermietet die Badeanstalt „Lido del Faro" Liegestühle und Sonnenschirme. Das gleichnamige Restaurant ist ein romantischer Platz, um den Sonnenuntergang zu genießen. Fast ein Geheimtipp ist die etwas weiter nördlich gelegene Felsbucht **Cala del Tombosiello.**

Richtung Blaue Grotte und zu den Ruinen der Villa Damecuta kann man von Anacapri aus mit dem Linienbus fahren, oder man wandert in einer knappen Stunde aus dem Viertel Le Boffe durch den **Ortsteil Il Pozzo** dorthin. Je weiter das Ortszentrum zurückbleibt, umso lockerer wird die Bebauung. Liebevoll gepflegte Gemüse-, Wein- und Zitronengärten begleiten den Weg.

Die **Villa Damecuta,** eine der zwölf Tiberiusvillen, liegt an der nordwestlichen Inselspitze und bietet einen unbegrenzten Ausblick auf den Golf. *Tiberius* benutzte sie vermutlich als Sommerresidenz, während er die Wintermonate in der Villa Jovis verbrachte. Bei dem Vesuvausbruch 79 n. Chr. wurde die Villa zerstört und seither ihrem Schicksal überlassen – mit anderen Worten: Sie diente bis in die 1930er Jahre als Steinbruch. *Amadeo Maiuri* leitete von 1937–1948 die Ausgrabungen. Vor wenigen Jahren wurden die Ruinenreste erneut vom Gebüsch befreit und restauriert. Von den Wohnräumen, in deren Rücken sich ein mittelalterlicher Wachturm erhebt, führt ein langer Wandelgang zu einer imposanten, halbkreisförmigen Aussichtsterrasse.

●**Villa Damecuta,** tägl. 9 Uhr bis 1 Stunde vor Sonnenuntergang. Via Amadeo Maiuri. Eintritt frei.

Unterhalb der Villa Damecuta und direkt über der Blauen Grotte liegt die von *MacKowen* im 19. Jh. ausgegrabene **Villa Gradola,** eine typische römische villa maritima. Einige der bei dieser Gelegenheit gefundenen Kapitelle, Säulen- und Skulpturenfragmente vermauerte *MacKowen* in seiner Casa Rossa. *MacKowen* vermutete als erster, dass die Blaue Grotte bereits in der Antike bekannt gewesen war. Zwei Marmorstatuen, ein Poseidon und Triton, die 1964 am Grund der Grotte gefunden wurden, bestätigten *MacKowens* Annahme und beweisen, dass die **Blaue Grotte** zur Zeit des *Tiberius* ein Nymphäum war. Es ist der bleibende Verdienst von *August Kopisch,* der die von den Einheimischen als Teufelsort gefürchtete Grotte am 17. August 1826 „entdeckte", ihr den zündenden Namen **Grotta azzura** (Blaue Grotte) verliehen und Capri damit dem Fremdenverkehr erschlossen zu haben. Die touristische Vermarktung des Naturwunders war von Anfang an perfekt organisiert. Von der Marina Grande bringen Bootsflottillen die neugierigen Gäste bis an den Grotteneingang. Hier werden sie in kleinere Ruderboote umgeladen (vom Land kann man direkt in die kleinen Ruderboote einsteigen), ein zweites Mal zur Kasse gebeten und – ein drittes Mal für die **Besichtigung der Grotte.** Dann geht alles sehr schnell. Man muss sich im Boot flach niederkauern (der Eingang zur Grotte ist niedrig), und unversehens findet man sich in einer beinahe unwirklichen Welt wieder. Alle Zweifel, ob Aufwand und Kosten sich gelohnt haben, verfliegen. Die Grotte ist in ein unbeschreibliches, eisblaues Licht getaucht, greift man ins Wasser, verwandelt es sich in flüssiges Silber. Doch kaum haben sich die Augen an das Halbdunkel gewöhnt, geht es auch schon wieder hinaus. Andere Gäste warten, der Euro rollt. Das Hineinschwimmen in die Grotte, das *Kopisch* so euphorisch beschrieben hat, ist heute verboten und bei dem Gedränge, das auf dem Wasser herrscht, auch wenig ratsam. Gegen Abend dann, wenn der Ruderbootservice eingestellt wird, kann man einige mutige Schwimmer auf dem Weg zur Grotte beobachten ...

●**Grotta Azzura,** die Blaue Grotte kann von der Marina Grande aus mit Ausflugsbooten (5–7 Euro, siehe „Bootsausflüge") oder zu Fuß aus Anacapri erreicht werden. Bei starkem Seegang kann die Grotte nicht besichtigt werden. Am schönsten fällt das Licht am Vormittag. Wartezeit vor der Grotte einkalkulieren! Tägl. 9 Uhr bis 1 Std. vor Sonnenuntergang. Fahrt mit dem Ruderboot in die Blaue Grotte 4,10 Euro, Eintritt 4 Euro.

Das Altstadtherz von Anacapri:
die Piazza Armando Diaz

Information

•AAST

Das Fremdenverkehrsamt von Capri publiziert gutes Info-Material und jedes Jahr ein detailliertes Unterkunftsverzeichnis. Viele aktuelle Infos auch auf der Website! Piazzetta Cerio 11, I-80073 Capri, Tel. 0818370424, Fax 0818370918, www.capritourism.com.

•Uffici Informazioni

In den Informationsbüros der AAST erhält man neben nützlichen Gratis-Prospekten auch eine Capri-Karte im Maßstab 1:10.000 mit detaillierten Stadtplänen von Capri und Anacapri (1 Euro), ein idealer Begleiter, wenn man die Insel zu Fuß erkunden möchte!

I.d.R. sind die Info-Büros Mo.-Sa. 9-13 und 15.30-18.40 Uhr geöffnet, im Sommer tägl. 8.30-20.30 Uhr. Wegen Personalmangel können die Zeiten auch eingeschränkt sein, mit Sicherheit geöffnet ist das Hauptbüro an der Piazzetta (Piazza Umberto I).

- Porto (Hafenmole), Marina Grande, Tel. 0818370634.
- Piazza Umberto I, Capri, Tel. 0818370686.
- Via G. Orlandi 19A, Anacapri, Tel. 0818371524.

•www.anacapri-life.com

•www.caprionline.com

Informatives Capri-Portal. Fährverbindungen, ausführliches Verzeichnis von Hotels, Restaurants, Geschäften (ital./engl.).

•www.capritourism.com

Vorbildliche Website des Fremdenverkehrsamtes (s.o.)! Alle wichtige Adressen, aktuelles Unterkunftsverzeichnis, Fährverbindungen, Veranstaltungskalender u.v.m. Viele Infos auch als Download (ital./engl./dt.).

golf_211 Foto: pa

Unterkunft

Hotels und Pensionen in Capri

●**Quisisana** (*****L)
Das luxuriöse Grand Hotel eröffnete 1845 zunächst als Sanatorium, daher der Name. Gourmet-Restaurant, Beauty-Center, zwei Pools und alles, was das Leben des vermögenden Reisenden angenehm macht. Im Haus finden viele Kongresse statt. 150 Zi., DZ/F ab 300 Euro. Mitte März bis Anfang Nov. Via Camerelle 2, Tel. 0818370788, Fax 0818376080, www.quisi.com.

●**La Palma** (****)
Das Luxushotel ist aus der berühmten „Locanda di Don Pagano" hervorgegangen, in der alle illustren Inselreisende des 19. Jh. logierten. Gast *Gregorovius* notierte: „Pagano bewahrte ein altes Fremdenbuch wie eine Reliquie, darin hat Kopisch unter dem 17. August 1826 folgende Entdeckungsurkunde hineingeschrieben: Freunde wunderbarer Naturschönheiten (...)." 74 Zi., DZ/F 230–325 Euro. Ganzjährig geöffnet. Via V. Emanuele 39, Tel. 0818370133, Fax 0818376966, www.lapalma-capri.com.

●**Villa Brunella** (****)
Das Hotel zieht sich mit Blick auf Marina Piccola und Monte Solaro terrassenförmig den Hang hinauf. Perfekter Service und ausgezeichnetes Restaurant. Pool. 20 Zi., DZ/F 240–270 Euro. Anfang April bis Anfang Nov. Via Tragara 24, Tel. 0818370122, Fax 0818370430, www.villabrunella.it.

●**La Certosella** (***)
Im sympathischen Albergo, das von *Angela* und *Luigi Iacono* mit Gusto geführt wird, kommen vier Generationen touristische Erfahrung auf Capri zusammen. Die Familie betreibt auch die Strandbäder „Da Luigi" an den Faraglioni und den legendären „Canzone del Mare" an der Marina Piccola. Charmante Zimmer mit Aussicht und Heizung. Pool im zauberhaften mediterranen Garten. 18 Zi., DZ/F 190–255 Euro. Via Tragara 13, Tel. 0818370713, Fax 0818376113, www.certosella.com.

●**La Floridiana** (***)
Oberhalb der Certosa gelegenes Hotel, sicher eines der besten seiner Klasse. Aufmerksame Leitung durch *Lucia Esposito* und Sohn *Valerio*. Zimmerkategorien von Standard bis Suite. Meerblick verlangen! Gutes Hotelrestaurant. 33 Zi., DZ/F 160–250 Euro. Mitte März bis Ende Okt. Via Campo Di Teste 16, Tel. 0818370166, Fax 0818370434, www.lafloridiana-capri.com.

●**Villa Sarah** (***)
In einem weiten Garten ruhig gelegene herrschaftliche Villa auf dem Weg zur Villa Jovis. Mit einfachen Holzmöbeln stilvoll eingerichtete, komfortable Zimmer mit Balkon. Im Sommer Frühstück auf der Terrasse. Internet-Point. 19 Zimmer. DZ/F 150–170 Euro. Ende März bis Ende Oktober. Via Tiberio 3/a, Tel. 0818370689, info@villasarah.it, www.villasarah.it.

●**La Prora** (***)
Hübsche Familienpension im verwinkelten, mittelalterlichen Ortsteil oberhalb der Piazzetta. Aus den Zimmern Blick auf Capri oder den Golf. 8 Zi., EZ/F 55–70 Euro, DZ/F 115–145 Euro. April bis Okt. Via Castello 8, Tel./Fax 0818370281.

●**Belsito** (**)
Das pompejanisch rote Haus auf dem Weg zum Arco Naturale, ein Palazzo des 18. Jh., ist nicht zu übersehen. Charmantes Albergo mit etwas Patina. Die Familie *Tarantino* führt außer dem empfehlenswerten Restaurant im gleichen Haus (s.u.) auch das Ristorante Savardina unterhalb der Villa Jovis (s.u.). Vom Dachgarten des Hauses und aus einigen Zimmern bieten sich herrliche Blicke auf Capri-Stadt, die von oben betrachtet an eine arabische Kasbah erinnert. 13 Zimmer, davon 6 mit Meerblick und Balkon. EZ/F 35–70 Euro, DZ/F 75–160 Euro. Im November geschlossen. Via Matermania 9/11, Tel. 0818370969, Fax 0818376622, www.hotelbelsito.com.

●**Belvedere & Tre Re** (**)
Schön gelegene Villa des 19. Jh. am Kiesstrand der Marina Grande, seit 1900 ein Hotel. 16 Zimmer. EZ/F 50–110 Euro, DZ/F 70–130 Euro. April bis Nov. Via Marina Grande 238, Tel. 0818370345, Fax 0818378862, www.belvedere-tre-re.com.

golf_213 Foto: pa

Alter Stich der Blauen Grotte

Kopisch erlebt sein blaues Wunder

August Kopisch schrieb am 17. August 1826 folgenden Eintrag in das Fremdenbuch seines Wirtes *Giuseppe Pagano:* „Freunde wunderbarer Naturschönheiten mache ich auf eine von mir nach den Angaben unsers Wirts Giuseppe Pagano mit ihm und Herrn Fries entdeckte Grotte aufmerksam, welche furchtbarer Aberglaube jahrhundertelang nicht zu besuchen wagte. Bis jetzt ist sie nur für gute Schwimmer zugänglich; wenn das Meer ganz ruhig ist, gelingt es wohl, mit einem kleinen Nachen einzudringen, doch ist dies gefährlich, weil die geringste sich erhebende Luft das Wiederherauskommen unmöglich machen würde. Wir benannten diese Grotte die blaue, „la grotta azzurra", weil das Licht aus der Tiefe des Meeres ihren weiten Raum blau erleuchtet. Man wird sich sonderbar überrascht finden, das Wasser blauem Feuer ähnlich die Grotte erfüllen zu sehen; jede Welle scheint eine Flamme. Im Hintergrund führt ein alter Weg in den Felsen, vielleicht nach dem darüber gelegenen Damecuta, wo der Sage nach Tiber Mädchen verschlossen haben soll, und es ist möglich, daß diese Höhle sein heimlicher Landungsplatz war. Bis jetzt ist nur ein Marinaro und ein Eseltreiber so herzhaft, diese Unternehmung mit zu wagen, weil allerhand Fabeln von dieser Höhle im Umlauf sind. Ich rate aber jedem, sich vorher mit diesen beiden des Preises wegen zu verständigen. Der Wirt, welchen ich seiner Kenntnis der Insel wegen empfehle, will einen ganz kleinen schmalen Nachen bauen lassen, womit dann bequemer hineingefahren werden könnte. Bis jetzt will ich es nur guten Schwimmern raten. Sie ist des Morgens am schönsten, weil nachmittags das Tageslicht stärker und störender hineinfällt und der wunderbare Zauber dadurch gemindert wird. Der malerische Eindruck wird noch erhöht, wenn man, wie wir, mit flammenden Pechpfannen hineinschwimmt."

●**Villa Krupp** (**)
Alte Villa oberhalb der Augustusgärten. Schöne, helle Zimmer, viele mit Blick auf die Faraglioni und das Meer. Familiäre Atmosphäre. Ein gutes Haus in dieser Klasse, rechtzeitig buchen! 12 Zi., EZ/F 85 Euro, DZ/F 120–150 Euro. Anfang April bis Ende Oktober. Viale Matteotti 12, Tel. 0818370362, Fax 0818376489.

●**La Tosca** (*)
Günstige und einfache Pension oberhalb der Certosa. Freundlicher Empfang. 11 Zi., EZ/F 45-80 Euro, DZ/F 65–125 Euro. Anfang April bis Oktober. Via D. Birago 5, Tel. und Fax 0818370989, www.latoscahotel.com.

Privatzimmer in Capri

●**Vuotto Antonio**
Gut ausgestattete, gepflegte Privatzimmer (alle mit Bad, drei mit Balkon) in einer hübschen klassizistischen Villa oberhalb der Certosa. 4 Zi., DZ 50–85 Euro. Via Campo di Teste 2, Tel./Fax 0818370230.

Hotels und Pensionen in Anacapri

●**Caesar Augustus** (****)
Spektakuläre Lage mit herrlicher Aussicht auf den Golf und die Sorrentiner Halbinsel. Traumblick von der Terrasse, dem Pool und aus den meisten Zimmern. Die Augustus-Statue auf der Terrasse ist ein begehrtes Fotomotiv. 56 Zi., EZ/F ab 145 Euro, DZ/F ab 170 Euro. Via G. Orlandi 4, Tel. 0818373395, Fax 0818371444, www.caesar-augustus.com

●**Alla Bussola di Hermes** (**)
Rita Ferrara hat ihre kleine Pension zu einem sympathischen Mini-Hotel ausgebaut. Was bleibt, ist die ruhige Lage im Grünen 5 Gehminuten westlich vom Ortsteil Le Boffe. Einige Zimmer mit Blick auf den Golf. Internet-Anschluss. 20 Zi., DZ/F 60–120 Euro. Traver-

golf_216 Foto: pa

sa La Vigna 14, Tel./Fax 0818382010, www.bussolahermes.com

• Da Gelsomina

Vielen als Familienrestaurant bekannt (s.u.). Seit einigen Jahren vermietet die Familie *Maresca* hier auch ruhige, komfortable Gästezimmer mit Blick auf Ischia und die untergehende Sonne. Da Gelsomina liegt am Ende der Via Migliera, wenige hundert Meter vor dem gleichnamigen Belvedere und ist aus Anacapri in etwa 30 Min. zu Fuß zu erreichen. Auf Wunsch kann man sich mit dem Gepäck aus Anacapri abholen lassen. Pool. 7 Zi., EZ/F 85–95 Euro, DZ/F 115–130 Euro. Ostern-Anfang Nov. Via Migliera 72, Tel./Fax 0818371499, www.dagelsomina.com.

• Villa Eva

Sympathische Appartementanlage in einem großen Garten auf dem Weg zur Blauen Grotte. 10 Fußminuten von Anacapri entfernt. Staiano-Busse auf dem Weg zur Blauen Grotte halten in der Nähe. 20 Zimmer. DZ/F 60–80 Euro. Großer Pool. 20 Zi., DZ/F 85–100 Euro. März bis Anfang November. Via La Fabbrica 8, Tel./Fax 0818372040, www.villaeva.com.

Essen und Trinken

Fast alle hier empfohlenen Lokale pflegen die traditionelle Inselküche, die sich durch großzügige Verwendung von frischem Gemüse auszeichnet. Eine der wichtigsten Grundzutaten, ob Nudeln, Fisch oder Fleisch, sind die kirschgroßen, aromatischen Tomaten, die man häufig in Bündeln an den Hausmauern hängen sieht. Verwirrenderweise gibt es zwei Capri-Gerichte, die auf den Namen *caprese* lauten: Die *insalata caprese*, Mozzarella mit Tomaten und frischem Basilikum, ist ein Vorspeisen-Klassiker, die *torta caprese* ein köstlicher Mandel-Schokoladenkuchen. Auf Capri wird in kleinen Mengen ein guter Doc-Wein produziert.

Capri: Via Camerelle

Restaurants, Trattorien und Osterien in Capri

• Aurora

Ausgezeichnete Pizza, allerdings nicht ganz billig. VIPs zählen zum Publikum. 35 Euro. März bis Dezember. Kein Ruhetag. Mittags und abends. Via Fuorlovado 18, Tel. 0818370181.

• Belsito

Das Ristorante des gleichnamigen Albergo (s.o.) ist nicht zu übersehen. Die Familie *Tarantino,* die auch das Ristorante Savardina unterhalb der Villa Jovis (s.u.) betreibt, bietet exzellente bäuerliche Küche mit Zutaten aus dem eigenen Garten. Als Primo die mit Provola-Käse gefüllten Ravioli probieren, auch die düster aussehenden *scialatielli col nero di sepia* schmecken teuflisch gut. Auch mittags gute Holzofenpizza! Speisesaal mit Fensterfront auf die kasbahartige Dächerlandschaft von Capri-Stadt, das Meer und den Monte Solaro. Den schönen Blick genießt man im Sommer von der Dachterrasse. 20–30 Euro. Tägl. mittags und abends. Nov. geschl. Via Matermania 9/11, Tel. 0818370969.

• Biberius

Elegantes Restaurant in der Nähe der Piazzetta, kreative Gourmetküche. Tische im säulenumstandenen Innenhof. 35 Euro. März bis Nov. tägl. mittags und abends. Via Sella Orta 10, Tel. 0818370431.

• Buca di Bacco

Beliebte Trattoria in Piazzetta-Nähe. Alles wird frisch zubereitet, die Pizza ist neapolitanisch-gut, der gegrillte Fisch lecker und erschwinglich, der Service freundlich. Sogar die Aussicht ist schön! Was will man mehr? 10–30 Euro. Mi. Ruhetag. Mittags und abends. Nov. bis Mitte Dez. geschl. Via Longano 38, Tel. 0818370723.

• Da Gemma

Trattoria-Pizzeria in den verwinkelten Gassen nahe der Piazzetta, in der schon *G. Green* speiste. Große Antipasto-Auswahl. Im Sommer sitzt man auf einer verglasten Veranda, im Winter heizt der Pizza-Ofen die Gewölbe ein. 30–60 Euro. Mo. Ruhetag. Mittags und abends. Jan. bis Anfang März geschl. Via Madre Serafina 6, Tel. 0818370461.

• Le Grottelle
Romantisches Terrassenlokal, wenige hundert Meter vor dem Arco Naturale. Herrlicher Blick und gute Küche. Bei schlechtem Wetter stehen drei Tische in einer Felsgrotte, daher der Name. In der Saison ist es hier häufig voll. Der Hauswein stammt aus den Campi Flegrei, Capri DOC gibt es aus der Flasche. Der Spazierweg zu den Faraglioni und zur Villa Malaparte führt am Lokal vorbei. 20–30 Euro. April-Ende Oktober tägl. bei schönem Wetter mittags, Mai bis Sept. auch abends. Località Arco Naturale, Tel. 0818370469.

• La Savardina (da Eduardo)
Kurz vor dem letzten Anstieg zur Villa Jovis liegt das kleine, gemütliche Gartenlokal versteckt, aber gut ausgeschildert zwischen Weinreben inmitten von Zitronen. Vom Antipasto bis zum Dolce wird alles frisch zubereitet, die Zutaten stammen größtenteils aus dem eigenen Garten, den Fisch fängt ein Onkel der Familie. Gute Pasta-Gerichte, *pollo alla griglia* oder Kaninchen aus dem Rohr, dazu *vino della casa*. Die Familie *Tarantino* betreibt auch das Ristorante-Albergo Belsito (s.o.). 20 Euro. Di. Ruhetag. Mittags, von Mai bis September auch abends. Via Lo Capo 8, Tel. 0818376300.

• La Scogliera
Das Restaurant der Nobelherberge Palatium wiederlegt überzeugend das (häufig zutreffende) Vorurteil, dass man in Hotelrestaurants schlecht isst. Schöne Blicke auf die Marina Grande und den Golf. 50 Euro. April bis Ende Okt. ohne Ruhetag. Via Marina Grande 225, Tel. 0818376144.

• Da Tonino
Ruhiges und abgelegenes Lokal, dass nicht mit einer spektakulären Aussicht lockt. Kenner kommen hierher zum Essen. *Antonio Aprea* und seinem Sohn *Gennaro* ist es gelungen, das 1991 eröffnete Restaurant zu einer kulinarischen Spitzenadresse zu entwickeln. Eine der vielen Spezialitäten ist die köstliche *millefoglia di alici* (ein Blätterteig-Gemüseauflauf mit Sardellen). Die hausgemachten Dolci und die kompetente Käseauswahl beweisen, dass die hohe Qualität der Speisen bis zum Schluss durchgehalten wird. Beachtlicher Weinkeller! 30–40 Euro. Mitte März bis Dez. tägl. mittags und abends. Via Dentecala 12 (auf dem Weg zum Arco Naturale von der Via Matermania rechts abbiegen), Tel. 0818376718.

• Verginiello
Gute und günstige Pizzeria westlich der Piazzetta, es gibt auch Fisch. 10–40 Euro. Di. Ruhetag. Mittags und abends. Nov. geschl. Via Lo Palazzo 25, Tel. 0818370944.

Restaurants, Trattorien und Osterien in Anacapri

• Add ò Riccio
Die spektakuläre Lage auf einer Klippe oberhalb der Blauen Grotte hält *Gabriele Inserra* nicht davon ab, seinen Gästen wirklich frischen und ausgezeichneten Fisch aufzutischen. Die *spaghetti a vongole* sind zu empfehlen. Während man auf das Essen wartet, kann man das Gedränge der Boote vor der Grotte beobachten. 30–40 Euro. Mitte März bis Okt. tägl. mittags, im Sommer an Wochenenden auch abends. Via Gradola 4, Tel. 0818371380.

• Da Gelsomina
Das sympathische Lokal der Familie *Maresca* liegt, von eigenem Wein umgeben, fast am Ende der Via Migliera und ist aus Anacapri in einer halben Stunde zu Fuß zu erreichen (als Verdauungsspaziergang lässt sich der Weg zum schönen Aussichtspunkt fortsetzen). Delikate Bauern- und Fischküche. Wer nach dem köstlichen Mahl nicht mehr fort will, findet einige Gästezimmer (s.o.). 30–35 Euro. Ostern bis Anfang Nov., von Juni bis Sept. tägl. mittags und abends, sonst nur wochenends. Via Migliera 72, Tel./Fax 0818371499.

• Lido del Faro
Romantisch am südwestlichen Zipfel der Insel gelegenes Restaurant des gleichnamigen stabilimento balneare. Ein erfrischendes Bad, guter frischer Fisch, *totani con patate* (Tintenfisch mit Kartoffen) und grandiose Sonnenuntergänge – was will man mehr. Menu 20–35 Euro. Ostern bis Ende Oktober tägl. mittags, im Sommer auch abends. Punta del Faro, Tel. 0818371798, www.lidofaro.com.

• Mamma Giovanna
Urige Familientrattoria, traditionelle *cucina caprese* und Pizza. Wer einen der wenigen

Tische im Freien erobert, nimmt am Leben auf der hübschen Piazza vor der Kirche Santa Sofia teil. Man isst hier günstiger und sicher besser als in vielen Restaurants in Capri-Stadt. 20–25 Euro. Mi. Ruhetag. Mittags und abends. März bis Nov. Via Boffe 3, Tel. 0818372057.

Snacks, Cafés und Bars

● Vier Cafés buhlen auf der Piazzetta um die Gunst der Gäste. Die **Bar Tiberio** hat die beste *torta caprese,* den delikaten Schokoladen-Mandelkuchen muss man auf Capri probiert haben. Sehr edel gibt sich das **Gran Caffè** (auch hier ist die *torta caprese* nicht zu verachten), von der **Piccolo Bar** kann man dem Treiben auf dem Platz von oben zusehen. Mit Muße an den Tischen Platz zu nehmen, ist ein Vergnügen, für das man tiefer in die Tasche greifen muss. Carpe diem!

● **Buoncore**
Leckeres gelato in frisch gebackenem Hefebrötchen. Via V. Emanuele 35.

● **Scialapopolo**
Eine der besten pasticcerie und gelaterie Capris, auch *tavola calda.* Via Le Botteghe 31, Tel. 0818370246.

Transport

An- und Weiterreise

Schiff

● Täglich zahlreiche **Fährverbindungen** mit *traghetti* (Fähren) und *aliscafi* (Tragflügelbooten) zwischen dem Festland und Capri bzw. zur Nachbarinsel Ischia. In den Sommermonaten zusätzliche Fähren aus Positano, Amalfi, Salerno und Castellamare del Golfo. Aliscafi sind eng, laut und schnell. Von Sorrent aus empfehlen sich die kleinen Fähren mit weitaus besserer Aussicht.

● **Fährgesellschaften: Alilauro** (Tel. 0818376995, www.alilauro.it), **CAREMAR** (Tel. 0818370700, 0818377577, www.caremar.it), **NLG Navigazione Libera del Golfo** (Tel. 0818370819, www.navlib.it), **SNAV** (Tel. 0818377577, www.snav.it). Ab Neapel Molo Beverello (Fähren und Tragflügelboote), Neapel Mergellina (Tragflügelboote) und Sorrent (Fähren und Tragflügelboote). Fahrkarten an den jeweiligen Anlegestellen, kaum Preisunterschiede zwischen den einzelnen Fährgesellschaften. Eine neue Initiative ist die **Metro del Mare** (Tel. 199-446644, www.metrodelmare.com): Im Juli und Aug. tägl. und im Juni und Sept. nur an Wochenenden verkehren Fähren in der gesamten Golfregion und über Salerno bis in den Cilento. Aktuelle Fahrpläne auch in Tageszeitungen und auf der Website www.capritourism.it (mit Preisangaben). In der Saison rechtzeitig Tickets kaufen!

Wassertaxi

● VIPs erreichen die Insel mit dem Wassertaxi (oder Hubschrauer). **Taxi del Mare** verfügt über eine Flotte gelber Schnellboote, die ihre Gäste jederzeit und überall an der Golfküste aufnehmen. Die luxuriöse Anreisevariante hat natürlich ihren Preis. Tel. 0818773600, www.taxidelmare.it.

Hubschrauber

● **SAM Helicopter** (Via Olmo 24, I-84092 Bellizzi, Tel. 0828354155, 800.915012, www.capri-helicopters.com) befördert betuchte Gäste schnell und mit schöner Aussicht auf die Insel. Für das luftige Vergnügen muss man mehr als 1000 Euro locker machen!

Unterwegs auf Capri

Auto

Von Frühjahr bis Herbst dürfen nur Inselbewohner mit ihrem Auto fahren, aber auch im Winter wäre es Unsinn, ein eigenes Auto mitnehmen zu wollen. Es gibt kaum Straßen und noch weniger Parkplätze auf Capri. Alle Distanzen kann man zu Fuß oder mit den Inselbussen bewältigen. Bewachte Langzeitparkplätze gibt es in Neapel und Sorrent.

Funicolare

Die **Standseilbahn der SIPPIC** (Tel. 0818370420) verbindet die Marina Grande mit der Piazzetta. Bilden sich lange Schlangen, kann man in etwa 20 Min. zu Fuß nach Capri-Stadt aufsteigen. Anfang Oktober bis Ende Mai alle 15 Min. von 6.30–21.15 Uhr, Juni bis September 6.30– 0.30 Uhr. SIPPIC (Tel. 0818370420). Einfache Fahrt 1,30 Euro, bleibt man länger auf der Insel, lohnt es sich, einen kleinen Vorrat zu kaufen. Alternativ gibt es auch Tageskarten oder aufladbare Magnetkarten (nicht verbrauchte Fahrten werden allerdings nicht ersetzt). Bilden sich lange Schlangen, kann man in etwa 20 Min. auch zu Fuß nach Capri-Stadt aufsteigen.

Bus

Bestens organisierter Linienbusverkehr. Die wichtigsten Haltestellen: Marina Grande, Piazza d'Ungheria in Capri-Stadt (wenige Schritte westlich der Piazza Umberto I), Marina Piccola und in Anacapri auf der zentralen Piazza Vittoria.

- **SIPPIC** (Tel. 0818370420), Verkehrszeiten wie die Funicolare. Einzelfahrscheine zu 1,30 Euro auch im Bus bzw. Tageskarten oder wiederaufladbare Magnetkarten (s.o.).
- **Staiano Autotrasporti** (Tel. 0818371544) von Anacapri zur Grotta Azzura und zum Faro di Punta Carena. Einzelfahrschein zu 1,30 Euro auch im Bus.

Taxi

Auf Capris Straßen sind noch einige bonbonfarbene Fiat-Cabrios aus den 1950er Jahren unterwegs, die meisten Taxis sind allerdings moderner Bauart. Taxistände an der Marina Grande, in Capri-Stadt auf der Piazza d'Ungheria (Tel. 0818370543, 0818376657) und in Anacapri auf der Piazza Vittoria (Tel. 0818371175). Fahrt von der Marina Grande nach Capri-Stadt ca. 12 Euro, von Capri-Stadt nach Anacapri 12 Euro. Nur die wenigsten Hotels lassen sich mit dem Taxi erreichen, d.h. das Gepäck muss man entweder selbst tragen oder von einem *facchino* (s.u.) befördern lassen.

Seilbahn

Die **seggiovia** (Via Caposcuro 10, Tel. 0818371428) fährt nahe der Piazza Vittoria aus Anacapri (286 m) in 12 Min. auf den Monte Solaro (589 m). Schon während man hochschwebt, sind die Ausblicke herrlich, vom Gipfel sind sie spektakulär. Man kann auch zu Fuß auf- oder absteigen. März bis Okt. tägl. 9.30 Uhr bis Sonnenuntergang, Nov. bis März tägl. von 10.30–15 Uhr. Hin- und Rückfahrt 5,50 Euro, einfach 4 Euro.

Bootsausflüge

Inselrundfahrten und Bootsausflüge in die Grotta Azzura (Blaue Grotte) gehören seit jeher zum touristischen Ausflugsprogramm. **Die Boote starten an der Marina Grande.** Eine Inselrundfahrt dauert ca. 1½ Std. und kostet ca. 10 Euro. In der Regel legen die Boote vor der Blauen Grotte einen Stop ein, um ihren Fahrgästen den Besuch zu ermöglichen (s.o.). Von der Marina Grande fahren die Boote auch direkt zur Blauen Grotte. Der Preis für diesen Ausflug setzt sich wie folgt zusammen: 4 Euro für die Fahrt zur Blauen Grotte, 4 Euro für die Fahrt mit dem Ruderboot in die Blaue Grotte, 4 Euro Eintritt für die Blaue Grotte. Sowohl die Inselrundfahrt als auch der Besuch der Blauen Grotte (am Morgen fällt das Licht am schönsten) sind ein Erlebnis. Während der Hauptsaison ist mit extremem Ansturm zu rechnen.

- **Gruppo Motoscafisti,** Tel. 0818377714, www.motoscafisti.com.
- **Laser Capri,** www.lasercapri.com.

Gepäck

- **Gepäckaufbewahrung:** An der Marina Grande gibt es rechts von der Funicolare-Talstation einen **Deposito Bagagli,** einen zweiten an der Bergstation in Capri-Stadt. Tägl. 8–20 Uhr, ca. 1,50 Euro pro Gepäckstück.
- **Gepäcktransport:** Die Cooperativa Portuali Capresi (Tel. 0818370896) kümmert sich um den Gepäcktransport ab der Marina Grande (Eingang der Funicolare) bis auf die Piazetta von Capri und nach Anacapri. Die *facchini* der CO.FACA (Tel. 0818370179) übernimmt den Gepäcktransport in Capri-Stadt. Tarife sind entfernungsabhängig und betragen einige Euro pro Gepäckstück.

Banken und Post

Banken

Banken befinden sich am Hafen, in Capri-Stadt und in Anacapri.

Post

- Via Marina Grande, Marina Grande.
- Via Roma 50, Capri-Stadt.
- Viale De Tommaso, Anacapri.

Einkaufen

Capris Edelmeilen **Via Vittorio Emanuele** und **Via Camerelle** brauchen den Vergleich mit der Fith Avenue New Yorks nicht zu scheuen, die Preise auch nicht. Außer Capri-Hosen zählen Limoncello, Zitronenparfums und Sandalen zu den klassischen Souvenirs.

- **Carthusia**
Verführerische Düfte mit langer Tradition. Via Matteotti 2, Via Camerelle 10, Via Axel Munthe 28, Anacapri.
- **La Capannina più**
Gut sortierter Feinkostladen in der Via Le Botteghe 39.
- **La Conchiglia – Libri & Arte**
Gut sortierte Buchhandlung und engagierter Kleinverlag. Es gibt zwei Läden in Capri-Stadt, Via Le Botteghe 12 (Tel. 0818376577) und Via Camerelle 18 (Tel. 0818378199), sowie einen Laden in Anacapri, Via G. Orlandi 205 (Tel. 0818372646).
- **La Parisienne**
Maria Callas und *Jaqueline Kennedy* ließen sich hier ihre Capri-Hosen schneidern. Piazza Umberto I., Via Camerelle 8, Via Vittorio Emanuele 26.
- **L'Arte del sandalo caprese**
Antonio Viva ist einer der letzten alten Sandalen-Schuster auf Capri. Via G. Orlandi 75, Anacapri.
- **Limoncello di Capri**
Vincenzo Canale soll hier den Limoncello vor 100 Jahren erfunden haben, in dem kleinen laboratorio kann man zusehen, wie er gemacht wird. Via Capodimonte 27, Anacapri.
- **Aldo Spinella**
Seit 1952 blitzschnell maßgeschneiderte Hosen: eine halbe Stunde für die Dame, eine Stunde für den Herren. Via Fuorlovado 44.

Feste, Veranstaltungen und Nachtleben

- **San Costanzo**
Am Nachmittag des 14. Mai wird die Statue von Capris Schutzpatron durch die Gassen des Ortes und hinab zur Marina Grande in die Chiesa di San Costanzo getragen. Am Abend Feuerwerk über der Marina Grande.
- **San Antonio di Padova**
Anacapri feiert seinen Patron am 13. Juni mit einer Prozession.
- In den Sommermonaten finden zahlreiche Musikveranstaltungen auf Capri statt, z.B. die **Concerti al Tramonto** in der Villa San Michele oder die **Concerti di Capri** in der Certosa di San Giacomo. Info bei der AAST oder der Buchhandlung Conchiglia (s.o.).
- Wenn die letzten Tagestouristen die Insel verlassen haben, trifft man sich auf der stimmungsvollen **Piazzetta.**
- Ab Mitternacht füllen sich die Tanzlokale in Capri-Stadt. Einer der Klassiker der Caprenser Dolce Vita ist das **Number Two** (Tel. 0818377078) in der Via Camerelle. Manchmal treten Live-Bands auf. Anacapris Nacht-Meile mit den Discos **Underground** (Tel. 0818372523) und **Zeus** (Tel. 0818371169) ist die Via G. Orlandi.

Baden

Capris 17 km lange, spektakuläre Felsküste öffnet sich nur an wenigen Stellen zu kleinen Badebuchten. Die meisten sind während der langen Sommersaison in fester Hand von Badeanstalten. Von Zementterrassen führen Leitern ins Meer, teilweise gibt es auch Pools. Bars und Restaurants sorgen für das leibliche Wohl. In den bagni oder stabilimento balneari werden zwischen 5 und 15 Euro Eintritt erhoben. Liegestühle, Sonnenschirme und Umkleidekabinen kosten extra. Das **mondänste Strandbad** ist **La Canzone al Mare** (Tel. 0818370104) in der Marina Piccola. Am Porto di Tragara an den Faraglioni gibt es zwei nette bagni. Eine idyllische, im Sommer jedoch überlaufene Badestelle, der Lido del Faro (www.lidodelfaro.com), liegt an der Punta Carena am südwestlichsten Zipfel der Insel. Der Scoglio delle Sirene und das Ufer vor der Grotta dell'Arsenale in der Marina Piccola sind naturbelassen und frei zugänglich.

Wandern

Capri lässt sich am besten zu Fuß entdecken. Die kleine Insel bietet eine Vielzahl überraschend abwechslungsreicher Wanderungen, fernab von Touristenströmen und Autoverkehr. Eine brauchbare Orientierungshilfe ist die Capri-Karte der AAST (s.o.). Das Fremdenverkehrsamt hat auch das Buch „Capri in Blüte – Botanische Wanderwege" herausgegeben (in den Informations-Büros der AAST, in Buchhandlungen und am Kiosk erhältlich). Capri-Wanderungen beschreibt auch *Giovanni Visetti* auf seiner Website www.giovis.com (siehe Exkurs „Wanderungen im Sirenenland").

Scala Fenicia

Bis zur Fertigstellung der Fahrstraße 1877 verband einzig der antike Treppenweg das hoch gelegene Anacapri mit dem Hafen an der Marina Grande. Seit einigen Jahren ist der schöne Weg restauriert und lädt zu einem Kreislauf stärkenden Spaziergang ein, begleitet von herrlichen Ausblicken. 921 Stufen (etwa 100 Stufen stammen noch original aus griechischer Zeit!) überwinden den Höhenunterschied von 298 m. Für den Aufstieg sollte man mit ca. 1 Stunde rechnen, der Abstieg erfolgt viel schneller.

Von der **Marina Grande** folgt man der Uferstraße, vorbei am Hotel Palatium, das in der Nähe der Ruinen des Kaiserpalastes von Augustus errichtet wurde, bis auf Höhe der hübschen **Chiesa di S. Costanzo.** Hier beginnt der bezeichnete **Treppenweg** anzusteigen, anfänglich noch im Schatten eines Steineichenwäldchens. Die Scala Fenicia endet unterhalb der **Villa San Michele,** wir betreten Anacapri durch das alte Stadttor „Porta della differenza".

Villa Jovis und der Südosten von Capri

Der klassische Rundweg startet in Capri-Stadt und führt nach einem Abstecher zur Villa Jovis mit spektakulären Blicken auf die Villa Malaparte und die Faraglioni an der Südküste entlang. 3–3½ Std. Die einfache Wanderung folgt, teilweise über Treppenstufen, schmalen zementierten Wegen.

Von der **Piazzetta in Capri-Stadt** weisen Keramikschilder in Richtung „Villa Jovis" und „Arco Naturale". Dabei spielt es keine Rolle, ob man der Via Le Botteghe folgt oder durch das kasbahähnliche Gassengewirr bis zur Via Sopramonte aufsteigt. Beide Straßen treffen an der Kreuzung im **Ortsteil La Croce** vor einem Supermarkt aufeinander.

Links beginnt der bezeichnete Abstecher, der auf der Via Tiberio zur Villa Jovis führt. In Richtung Villa Jovis kommt man an der kleinen **Kirche San Michele della Croce** mit einem hübschen Garten und zahlreichen schönen Villen mit herrschaftlichen Laubengängen vorbei. Hohe Pinien umgeben die **Villa Moneta.** Unterwegs knickt die Via Tiberio rechts ab. An dieser Stelle kann man geradeaus, vorbei an der Trattoria La Savardina, der Via Lo Capo durch bäuerliche Landschaft bis zur **Villa Lysis** des Skandal-Barons *Fersen* fol-

Aussicht von der Villa Jovis

gen. Die schmucke Liberty-Villa am Fuße der Villa Jovis befindet sich inzwischen im Gemeindebesitz, ist zu besichtigen und soll als Gästehaus Schriftsteller beherbergen.

Zurück auf der Via Tiberio erkennt man bereits von weitem die imposanten Ruinen des Kaiserpalastes auf dem Gipfel des Monte Tiberio. Kurz vor der Villa Jovis liegt rechter Hand der **Parco Astarita,** ein schöner Picknick- und Aussichtsplatz. An der **Villa Jovis** fasziniert vor allem ihre landschaftlich einzigartige Lage.

Zurück im Ortsteil La Croce folgt man der Via Matermania in Richtung Westen zum „Arco Naturale". Kurz vor dem Restaurant Le Grottelle gabelt sich der Weg. Geradeaus setzt sich der Stichweg bis zum **Arco Naturale** fort. Der natürliche Felsbogen bietet fantastische Durchblicke auf das Meer und ist ein beliebtes Fotomotiv.

Auf der Höhe des Restaurants Le Grottelle führt ein steiler Treppenweg im Schatten eines Steineichenwaldes zur **Grotta di Matermania** hinab. In der großen Höhle wurde in der Antike möglicherweise die Fruchtbarkeitsgöttin *Kybele* als Magna Mater verehrt. Reste römischen Mauerwerks deuten darauf hin, dass die Grotte zur Zeit des *Tiberius* als Nymphäum diente, eine Art Bankettraum in freier Natur.

Die Via Pizzolungo führt an der Südküste durch duftende Macchia. Auf dem Felsvorsprung des Capo Masullo erstreckt sich zeitlos modern die pompeijanisch rote **Villa** des Schriftstellers Curzio **Malaparte,** das provokanteste und faszinierendste Stück Architektur auf Capri (siehe Exkurs „Casa come me – Curzio Malapartes Meisterwerk").

Das spektakuläre Felsentrio der **Faraglioni,** eines der Wahrzeichen der Insel, ist das Ergebnis der Jahrtausende währenden Meereserosion. Vom Uferweg zweigt ein steiler Treppenweg ab, der zum **Porto di Tragara** hinabführt. Die kleine Felsbucht direkt vor

golf_241_2 Foto: pa

den Faraglioni, zu römischer Zeit als Hafen befestigt, ist eine beliebte Badestelle. Zwei bagni, „Da Luigi" und „Fontelina", teilen sich das teilweise betonierte Ufer.

Am **Belvedere di Tragara** empfängt einen nach einem letzten Blick auf die Faraglioni die mondäne Atmosphäre von Capri-Stadt.

Monte Solaro – Abstieg über den Passetiello nach Capri-Stadt

Der 589 m hohe Monte Solaro ist von Anacapri (275 m) in 1 Std. zu Fuß (oder mit der Seilbahn) zu erreichen. Ein anspruchsvoller Abstieg, der Bergerfahrung und Trittsicherheit voraussetzt, führt über den Passetiello in 1½ Std. nach Capri-Stadt (134 m). Keramikschilder und rot-weiße Markierungen bezeichnen die Wege.

In Anacapri folgt man von der **Piazza Vittoria** der Via Capodimonte ein kurzes Stück in Richtung Villa San Michele, um dann auf der rechts abzweigenden Via Monte Solaro bis zur Wegkreuzung **La Crocetta** aufzusteigen. Eine Wegvariante führt östlich der Via Monte Solaro in Serpentinen über den Monte Capello ebenfalls bis La Crocetta.

Von der Kreuzung mit der kleinen Marienkapelle setzt sich der Weg zum Gipfel in einem schattigen Steineichen- und Kastanienwald fort. Die Aussichtsterrasse auf dem **Monte Solaro** diente früher als englische Geschützstellung. Das Panorama entschädigt reichlich für jeden vergossenen Tropfen Schweiß.

Zurück zur La Crocetta absteigen. Ein bezeichneter, ebener Weg setzt sich Richtung Osten in einer Mulde zwischen Monte Solaro und Monte Santa Maria bis zum **Eremo Santa Maria a Cetrella** fort. Das kleine Kloster wurde ursprünglich im 14. Jh. errichtet, die heutige Anlage stammt aus dem 17. Jh.

Am Kloster auf das Keramikschild und die roten Pfeile achten, die den Weg zum Passetiello weisen. Zunächst steigt der Pfad am aussichtsreichen Kamm des Monte Santa Maria an. Nördlich des Gipfels beginnt der Abstieg auf die Hochebene von Capri durch eine schmale Felsschlucht, den **Passetiello.** Nach einer leichten Kletterstelle führt der Pfad im dichten Wald in steilen Serpentinen schnell bergab. Der Passetiello stellte jahrhundertelang den einzigen direkten Verbindungsweg zwischen Capri und Anacapri dar. 1808 benutzten ihn die napoleonischen Truppen, die im Westen der Insel heimlich gelandet waren, um die englische Garnison in Capri zu überraschen.

Vorbei an einem Aussichtspunkt und der neo-maurischen **Villa Quattro Venti** erreicht man über die Via Torrina den **Largo Due Golfi.** Hier kreuzen sich die Straßen nach Capri und Anacapri, mit der Verbindungsstraße zwischen Marina Grande und Marina Piccola. Auf der Via Roma erreicht man in wenigen Minuten die Piazzetta.

capri1 Foto: fr

Kaiser Augustus blickt vom Monte Solaro auf die Faraglioni

Ischia

↗ X, A1/2

Die Urlaubsinsel Ischia, die mit Abstand **größte der drei Golfinseln,** hat viele Gesichter. Dank einem einzigartigen Reichtum heilkräftiger Thermalquellen und dem milden Klima gilt sie als **Kurparadies.** Die starke Präsenz vor allem deutscher Pauschalurlauber ist dabei nicht zu übersehen. Vor diesem Hintergrund ist der nie wirklich ernst gemeinte Vorschlag zu verstehen, den Inselnamen statt Ischia auf Deutsch „Iskia" zu schreiben, was den *tedeschi* immerhin zur richtigen Aussprache verhelfen würde. Die von subtropischer Vegetation umgebenen **Thermalgärten** haben mit öden, verschreibungspflichtigen Kureinrichtungen nur wenig gemein. Als abwechslungsreich gestaltete Wellness-Oasen bieten sie neben heiltherapeutischen Anwendungen jede Menge Badespaß für Erwachsene und Kinder. Zahlreiche schöne **Sandstrände** ziehen sich um die gesamte Insel. An einigen Stellen sprudeln die heißen Mineralquellen im Meer und machen das Schwimmen zu einem Ganzjahresvergnügen. Im Frühjahr und Herbst laden herrliche **Wanderwege** dazu ein, im Inselinneren eine überraschend vielfältige Landschaft zu entdecken. Unterwegs locken urige Familientrattorien, in denen die bäuerliche Tradition der **ischitanischen Küche** mit Stolz gepflegt wird.

Bildet die aus hartem Kalkdolomit aufgebaute Insel Capri die geologische Fortsetzung der Sorrentiner Halbinsel, so sind Ischia, Procida und die weiter nördlich gelegenen Pontinischen Inseln zum **Vulkangebiet** der Phlegräischen Felder zu rechnen. Das Zentralmassiv der Insel, die 789 m hohe Bergpyramide des **Monte Epomeo,** ist kein Vulkan, sondern eine aus dem Meer emporgehobene Scholle vulkanischer Ablagerungsschichten. An Spalten, die den höchsten Inselgipfel umgeben, brachen zahlreiche **Vulkane** aus, einige davon in historischer Zeit. *Plinius d. Ä.* erwähnt einen Ausbruch, der im 4. Jh. v. Chr. eine griechische Stadt im Bereich von Porto d'Ischia zerstörte. Der vorläufig letzte Ausbruch ereignete sich 1301 bei Fiaiano. Ein breiter Lavastrom, die Colata dell'Arso, wälzte sich zwischen Porto d'Ischia und Ischia Ponte ins Meer und begrub eine mittelalterliche Siedlung unter sich. Ischia wurde wiederholt von heftigen **Erdbeben** heimgesucht. Betroffen war vor allem die Nordküste. Bei der Katastrophe vom 28. Juli 1883 wurde Casamicciola vollständig zerstört, über 2000 Menschen kamen um, darunter 600 britische Kurgäste. Wie im Golf von Pozzuoli lässt sich auch auf Ischia das Phänomen des Bradyseismus feststellen. Im Schnitt senkt sich die Insel um 3 mm pro Jahr. Die erfreulichste Begleiterscheinung der vulkanischen Inselnatur, vor allem für die lokale Tourismusindustrie, sind die friedlich sprudelnden **Thermalquellen.**

Geschichte

Die fruchtbare Insel war bereits in der Jungsteinzeit besiedelt. Scherbenfunde belegen, dass in der Bronzezeit Mykener ihre Handelsbeziehungen bis nach Ischia ausgedehnt hatten. Ein Kulturschock, nicht nur für die Inselbewohner, war 770 v. Chr. die **Gründung der ersten griechischen Kolonie** im westlichen Mittelmeerraum. Händler und Handwerker aus Euböa hatten sich auf dem Monte Vico nördlich des heutigen Lacco Ameno niedergelassen. Sie nannten ihre Stadt **Pithekoussai,** ein Name, der später auf die gesamte Insel übertragen wurde. Die etymologische Ableitung des Namens lässt zwei Deutungen zu, von denen die erste kein Kompliment an die damalige Urbevölkerung ist, denen die Griechen sich haushoch überlegen fühlten. Nach Vorstellung der Griechen lebten auf vulkanischen Inseln die Nachkommen der affenähnlichen Kerkopen, also „Insel der Affen" (griech. *pithekoí*). Die Ableitung von Vasen (griech. *pithoí*) ist wahrscheinlicher, sprich „Insel der Vasen". Griechen hatten die Töpferscheibe eingeführt und nutzten die reichen Tonvorkommen der Insel zu einer florierenden Keramikproduktion. Die Euböer verstanden sich auch auf die Verhüttung von Metallen und waren den italischen Völkern im technischen Know-How weit voraus. Sie verarbeiteten Erze von der Insel Elba und verkauften ihre Produkte mit hohem Profit an die Italiker. Pithekoussai entwickelte sich nicht nur zu einem bedeutenden **Warenumschlagplatz,** sondern auch zu einem **Zentrum der Kulturvermittlung.** Den Griechen sind wahrscheinlich die Kenntnisse vom Oliven- und Weinanbau in Italien zu verdanken, und durch die Euböer kamen die Etrusker zum ersten Mal in Berührung mit der griechischen Schrift. Mit der Gründung von Kyme (Cuma) gelang den Euböern der Sprung aufs Festland.

Ende des 1. Jh. v. Chr. wurde die Insel unter den Römern neu besiedelt. In **Aenaria,** einer im 2. Jh. n. Chr. wahrscheinlich durch Bradyseismus versunkenen Stadt an der Cartaromana-Bucht, arbeiteten Metallwerkstätten für die römische Kriegsflotte, die im nahen Misenum stationiert war. Auch dank der heißen Quellen erlangte die Insel eine gewisse Bedeutung, *Strabo* berichtet von ihren heilenden Wirkungen bei Steinleiden. **Im 16. Jh.** sorgte die wissenschaftliche Untersuchung des aus Kalabrien stammenden und in Neapel tätigen Arztes *Giulio Jasolino* für einen neuen **Aufschwung des Bäderwesens** auf Ischia. Seine 1588 veröffentlichte Abhandlung „Dei rimedi naturali che sono nell'isola di Pitecus hoggi detta Ischia" (Über die natürlichen Heilmittel auf der Insel Pithecusa, heute Ischia genannt) blieb über lange Zeit ein Standardwerk der Heilbäderkunde. Im 18. Jh. richtete der Arzt *Francesco Buonocore* oberhalb des Kratersees von Porto d'Ischia ein **Sanatorium für den Adel** ein. Die wohltuende Wirkung der Heilquellen zog immer mehr Reisende an. Casamicciola und Lacco Ameno waren bereits im 19. Jh. international bekannte Kurorte. Seit den 1970er Jahren sind es vor allem die Deutschen, die im Frühjahr und Herbst die Hotels und Kurabteilungen füllen. Wer einmal dem Reiz der Insel verfallen ist, kommt immer wieder. Mit dem **Massentourismus** setzte in den 1950er Jahren ein Bauboom ein. Seit Mitte der 1980er Jahre dämmt glücklicherweise ein Gesetz weiteren baulichen Wildwuchs ein. Gegenwärtig gibt es über **300 Hotels** auf der Insel, und **jährlich** werden etwa **500.000 Besucher** erwartet. Im Hochsommer, wenn die Neapolitaner in Scharen auf die Insel kommen, um hier einen Monat dolce far niente zu genießen, herrscht fröhlicher Massenandrang.

Italiener nennen Ischia auch **Isola Verde,** die **grüne Insel.** Wer die Straßen verlässt und sich aufmacht, die Insel zu Fuß zu erkunden, die sich im Süden und Landesinneren viel von ihrer Ursprünglichkeit bewahrt hat, versteht schnell, warum. Der vulkanische Boden ist ausgesprochen fruchtbar, bereits die Griechen der Antike haben hier Weinanbau betrieben. An diese Tradition wird heute wieder mit Erfolg angeknüpft. Der Wein wird an Kastanienstangen gezogen, die in den Wäldern am Monte Epomeo alle acht Jahre „geerntet" werden. Auch die Weidenbüsche in den Rebgärten erfüllen einen Zweck. Die biegsamen Zweige dienen dazu, die Weinranken festzubinden. Die Ischitanos sind passionierte Gärtner, kein Haus ohne Garten *(orto).* Angepflanzt wird Nützliches: die in der Küche unverzichtbaren kirschgroßen Tomaten, Zucchini, Auberginen, Kräuter. Weite Teile Ischias überzieht nach wie vor duftende Macchia. An den Hängen des Monte Epomeo nimmt die Macchia mit Steineichen, Erdbeerbäumen und Baumerika die Gestalt niedriger Wälder an. Besonders schön ist der Kastanienwald Bosco di Falanga an den Nordhängen des Epomeo.

Von den **56.000 Bewohnern** der 46,5 km² großen Insel leben mehr als

P. Cornacchia
Baia de San Montano
P. di M. Vico
P. Caruso
Negombo
Lacco Ameno
Casamicciola Terme
Montevergine
La Mortella
270
Spiaggia di S. Francesco
Cavallaro
Gran Sentinella
Spiaggia di Chiaia
Fango
La Rita
Spinesante
Maio
P. del Soccorso
Forio
Monterone
Capo dell'Uomo 721
M. Epomeo 787
Falanga
S. Antuono
Pietra dell' Acqua
720
Cara dell' Isola
Pietre rosse
Fontana
Spiaggia di Citara
Cuotto
270
Giardini Poseidon
Ciglio
Buonopane
Amalfitano
P.ta Imperatore
Serrana Fontana
Sorgente Nitrodi
La Nave
Panza
C. Pezzapiana
P. dello Schiavo
Succhivo
Cavascura
Chianare di Spadera
Sorgente Olmitello
Spiaggia dei Maronti
Pilaro
Tropical
Aphrodite
Chiarito
S. Angelo
Capo Negro
La Roia

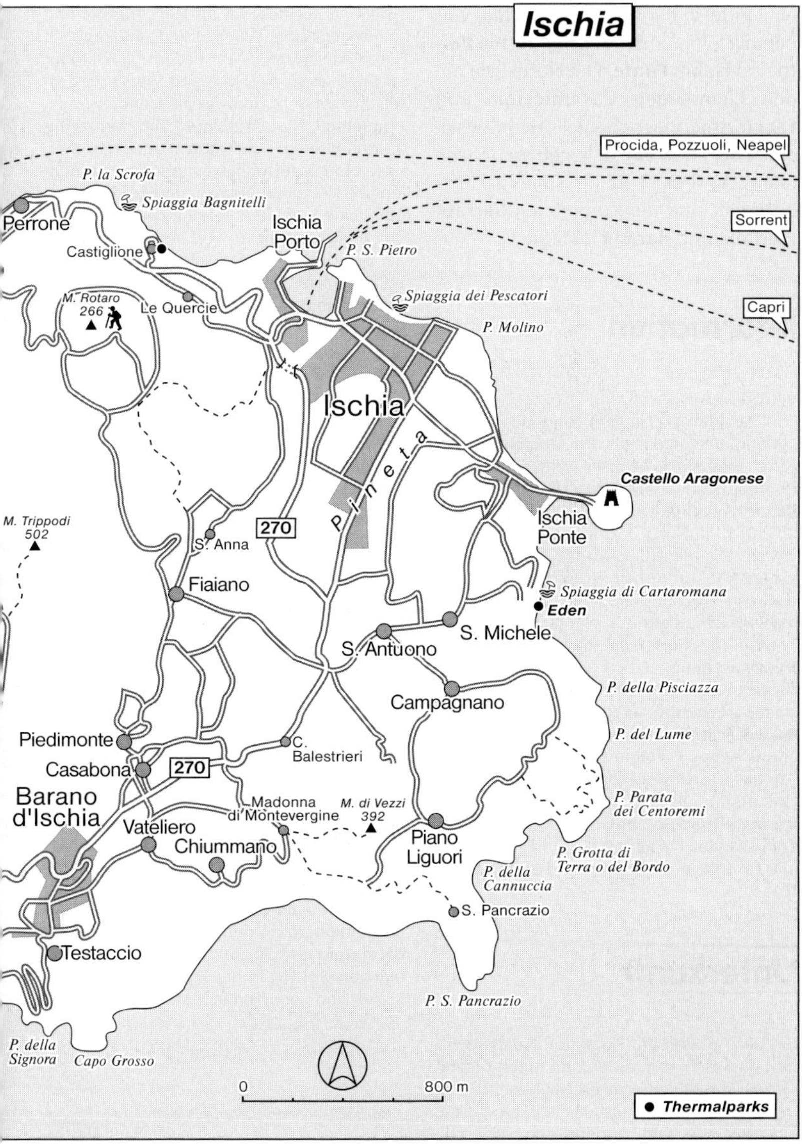
Ischia
Procida, Pozzuoli, Neapel
Sorrent
Capri
P. la Scrofa
Spiaggia Bagnitelli
Perrone
Castiglione
Ischia Porto
P. S. Pietro
M. Rotaro 266
Le Quercie
Spiaggia dei Pescatori
P. Molino
Ischia
Pineta
Castello Aragonese
Ischia Ponte
M. Trippodi 502
S. Anna
270
Fiaiano
Spiaggia di Cartaromana
Eden
S. Michele
S. Antuono
P. della Pisciazza
Campagnano
P. del Lume
Piedimonte
C. Balestrieri
Casabona
270
P. Parata dei Centoremi
Barano d'Ischia
Madonna di Montevergine
M. di Vezzi 392
Vateliero
Chiummano
Piano Liguori
P. Grotta di Terra o del Bordo
P. della Cannuccia
S. Pancrazio
Testaccio
P. S. Pancrazio
P. della Signora
Capo Grosso
0
800 m
Thermalparks

ein Drittel in der Gemeinde **Ischia,** vornehmlich in den **Stadtteilen Ischia Porto** und **Ischia Ponte.** Die Nordküste mit den Gemeinden **Casamicciola** und **Lacco Ameno** ist ebenfalls dicht besiedelt. **Forio** und **Pansa** liegen im bäuerlichen Westen. Verhältnismäßig dünn besiedelt sind die Kommunen **Serrara Fontana** und **Barano** im Süden.

Information

- **AAST**

Das Fremdenverkehrsamt von Ischia gibt ein Unterkunftsverzeichnis, Busfahrpläne, Prospekte, eine nützliche Inselkarte und Stadtpläne heraus. Infos auch zu der Nachbarinsel Procida. Via Sojuzzo 72, I-80077 Ischia, Tel. 0815074211, Fax 0815074230, aacs@metis.it, www.ischiaonline.it/tourism.

Die AAST unterhält ihr Informationsbüro direkt am Aliscafo-Anleger in Ischia Porto.

- **www.ischia.com**

Touristisches Portal (ital./dt.)

- **www.ischia.it**

Touristisches Portal, u.a. mit aktuellem Veranstaltungskalender (ital./engl./frz./dt.).

- **www.ischiaonline.it**

Touristisches Portal mit ausführlichen Infos. Auf das Castello Aragonese gerichtete Webcam (ital./engl./dt.).

- **www.pithecusa.com**

Touristisches Portal mit ausführlichen Infos, u.a. Fahrpläne der Fähren und SEPSA-Busse (ital./dt.).

Unterkunft

Bei der Ankunft am Flughafen Neapel wird klar, dass Ischia ein durch und durch organisiertes Pauschalreiseziel ist. Mit bunten Schildern warten die Veranstalter auf ihre Gäste, eine Busflotte steht vor dem Gate bereit. Die Angebote, bestehend aus Flug, Transfer und mindestens einer Woche Ü/HP, sind preislich kaum zu schlagen. Von Ostern bis Oktober sind vor allem die Drei- und Viersterne-Hotels ausgebucht. Individualreisenden ist zu empfehlen, sich ihre Unterkunft rechtzeitig zu organisieren. Über den Winter schließen viele Hotels auf Ischia. Es gibt drei empfehlenswerte Campingplätze, und bei Forio hat 1999 eine Jugendherberge aufgemacht. Ferienwohnungen bieten vor allem Veranstalter an. Ein Spezialist für Pauschalurlaub auf Capri und Ischia, mit einem breiten Hotel- und Ferienwohnungsangebot, ist Ischia Tourist, Wandsbeker Markstr. 113, 22041 Hamburg, Tel. 040/686252 und 0800-1860737, Fax 040/6523234, info@ischiatourist.de, www.ischiatourist.de. Ischia-Kataloge von Ischia Tourist und anderen Veranstaltern gibt es in jedem Reisebüro.

Insgesamt gibt es über 400 Unterkunftsadressen auf Ischia! Einen Überblick kann man sich auf der Website des Hotelverbandes verschaffen: **www.ischiahotels.it.**

Essen und Trinken

Liebevoll gemalte Schilder mit Aufschriften wie **„Deutscher Filterkaffee"** oder **„Frischer Kuchen"** verheißen zunächst nicht typisch ischitanische Küche. Aber keine Angst, zahlreiche Insellokale bieten beste Fischer- und Bauernküche. An der Küste dominieren natürlich Fischgerichte, wie **zuppa di pesce** – keine Suppe, sondern ein Eintopf aus allen erdenklichen Meerestieren –, oder **frittura di paranza,** ein Teller kleiner frittierter Fische. Die wahre **ischitanische Küche** ist im Landesinneren zu entdecken, mit **coniglio alla cacciatora** als kulinarischer Krönung. Die Kaninchen werden in der Pfanne scharf angebraten und danach mit Tomaten, Peperoncini, Kräutern und Weiswein langsam eingekocht, bis sich eine sämige Soße gebildet hat. Die kleinen aromatischen Tomaten sind aus der Inselküche nicht fortzudenken, frisch schmecken sie am besten auf einer **bruschetta,** einem in Olivenöl gerösteten Weißbrot. Ansonsten wird viel Gemüse gegessen, klassische Gerichte sind die **melanzane alla parmigiana** oder das Nudelgericht **pasta e fagioli.** Der **Weinanbau** hat auf Ischia eine lange Tradition. Nach der Zerstörung der Weinberge durch Reblausbefall im 19. Jh. nehmen die Rebflächen heute wieder einen größeren Raum ein. Angebaut werden die traditionellen weißen Inselgewächse *Biancolella* und *Forastera* sowie die roten Reben *Per' é Palumbo (Piedirosso)* und *Guarnaccia*. Einen guten Namen haben die **Kellerei Pietratorcia** in Forio mit ihrem Ischia Bianco Riserva und Pietratorcia Rosso Riserva sowie das Familienunternehmen **D'Ambra** in Panza, mit dem überzeugenden Biancolella Tenuta Frassitelli.

Transport

An- und Weiterreise

Schiff

- Täglich häufige **Fährverbindungen** mit *traghetti* (Autofähren) und *aliscafi* (Tragflügelbooten) zwischen Neapel bzw. Pozzuoli und Ischia Porto bzw. Casamicciola. Gute Verbindungen auch zu den Nachbarinseln Capri und Procida sowie nach Sorrent. Aktuelle Fahrpläne im „Qui Napoli" oder in Tageszeitungen, Prospekte gibt es bei den Touristenämtern.
- **Fährgesellschaften: Alilauro** (Tel. 081991888, 0815071345, www.alilauro.it), **CAREMAR** (Tel. 081984818, 081991953, www.caremar.it), **SNAV** (Tel. 0818377577, www.snav.it), **Traghetti Pozzuoli** (Tel. 081992803, 081995658, www.traghettipoz-

golf_229 Foto: pa

zuoli.it). Ab Neapel Molo Beverello Schnell-, Autofähren und Tragflügelboote nach Ischia Porto; ab Neapel Mergellina Tragflügelboote nach Ischia Porto und Casamicciola; ab Pozzuoli via Procida Autofähren nach Ischia Porto und Casamicciola. Die preisgünstigste Fährverbindung mit Autotransport erfolgt ab Pozzuoli. Fahrkarten an den jeweiligen Anlegestellen, kaum Preisunterschiede zwischen einzelnen Fährgesellschaften. Die Überfahrt von Neapel wie von Pozzuoli ist eine kleine Kreuzfahrt durch den Golf. Wer nicht in Eile ist, reist schöner auf den Fähren mit offenem Deck.

Unterwegs auf Ischia

Auto

Das Straßennetz ist gut ausgebaut, im Sommer erstickt die Insel jedoch am Urlaubsverkehr. Parkplätze sind grundsätzlich knapp. Dank des effizient organisierten öffentlichen Busverkehrs kann man auf ein eigenes Fahrzeug problemlos verzichten.

Parken

In allen Küstenorten und an einigen Stränden sind gebührenpflichtige Parkplätze ausgeschildert. Parksünder werden empfindlich zur Kasse gebeten und sogar abgeschleppt!

Öffentliche Verkehrsmittel

- Alle Hauptorte der Insel sind durch das vorbildliche Busnetz der SEPSA (Tel. 081991808, www.sepsa.it) untereinander verbunden. Der zentrale Busbahnhof befindet sich in unmittelbarer Hafennähe in Ischia Porto an der Piazza Trieste. Die Busse verkehren in der Regel von 6–24 Uhr in 15- bis 60-minütigem Abstand. Ist ein Bus voll, was in der Hauptreisezeit häufig vorkommt, wartet man einfach auf den nächsten. Fahrpläne am Busbahnhof, ansonsten bei der AAST. Fahrkarten am Kiosk und in Tabacchi-Läden, ausnahmsweise auch in Bussen: 90 Min.-Tickets 1,20 Euro, Tageskarte 4 Euro, 2-Tage 6 Euro, Wochenkarte 15 Euro.
- Die **wichtigsten Buslinien: CD (Circolare destra)** von Ischia Porto im Uhrzeigersinn um die Insel: Ischia Porto – Barano – Fontana – Serrara – Sant'Angelo – Forio – Lacco Ameno – Casamicciola – Ischia Porto. **CS (Circolare sinistra)** von Ischia Porto auf der gleichen Strecke gegen den Uhrzeigersinn um die Insel. **Linea 1:** Ischia Porto über Casamicciola bis Sant'Angelo. **Linea 2:** Ischia Porto über Casamicciola bis Forio/Poseidongärten. **Linea 3:** Ischia Porto nach Casamicciola. **Linea 4:** Ischia Porto nach Lacco Ameno. **Linea 5:** Ischia Porto über Testaccio an den Maronti-Strand. **Linea C12** und **C13:** Ischia Porto über S. Antuono und Campagnano zur Cartaromana-Bucht. Alle Linien auch in Gegenrichtung.

Taxi

Telefonnummern in den Ortskapiteln. Originell sind die dreirädrigen Micro-Taxis, die auf ihrer Ladefläche bis zu sechs Personen befördern können. Preis vor der Fahrt aushandeln. Die *Apecar* sieht man auf Ischias Straßen häufig auch als wendige Kleinlaster.

Taxiboote

Zubringerdienste mit Booten zu einzelnen Stränden. Näheres in den Ortskapiteln.

Bootstouren

Kleine Motorboote mit Platz für sechs bis acht Passagiere starten z.B. in Sant'Angelo und Forio zu Inselrundfahrten. Eine solche sehr lohnenede Tour dauert bis zu sechs Stunden und kostet ab 100 Euro pro Boot. Von Ischia Porto und Casamicciola starten auch größere Ausflugsschiffe. Von Schifffahrtsromatik hier allerdings keine Spur, man wird ständig von Lautsprecherdurchsagen beschallt.

Fahrzeugverleih

Adressen stehen in den Ortskapiteln.

Strände

Die **37 km lange Küste** bietet unterschiedlichste Badestrände. Während der Sommersaison öffnen an den schönsten sandigen Abschnitten die **bagni.** Einen Sonnenschirm und zwei Liegen zu mieten, kostet am Tag 10–15 Euro. Es bleiben immer auch einige frei zugängliche Strandabschnitte. Näheres dazu in den Ortskapiteln.

Wandern

Ischia ist eine Wanderinsel. Zwar sind die alten Wirtschaftswege nicht einheitlich als Wanderwege markiert, doch wird man sich nur selten verlaufen. Unterwegs trifft man immer wieder auf ortskundige Einheimische oder andere Wanderer. Auch lokale Reiseveranstalter wie **Quadrante Viaggi** (Via Morgioni 48, Ischia Porto, Tel. 081991433, www.ilquadrante.com; buchende Gäste erhalten den jährlich aktualisierten Reiseführer „Ischia-Tipp"!) haben den Trend erkannt und bieten geführte Wanderungen an. Auf Ischia erhält man mehr oder weniger verlässliche Inselkarten mit eingezeichneten Wanderwegen, empfehlenswert ist die Kompass-Karte „Isole d'Ischia e Procida". Ein Klassiker ist die Besteigung des Monte Epomeo. Wandertipps stehen in den Ortskapiteln.

Ischia Porto und Ischia Ponte ⇗X, A1

Die Inselhauptstadt bereitet ankommenden Reisenden mit dem kreisrunden **Hafenbecken** einen stilechten Empfang auf der Vulkaninsel. Bis 1853 noch ein stiller **Kratersee,** wurde das Becken auf Betreiben des Bourbonenkönigs *Ferdinand II.* zum Hafen ausgebaut und am 17. September 1854 in der Anwesenheit des gesamten Hofstaates

Thermalgärten – Wellnessoasen

Über 100 Thermalquellen unterschiedlichster Temperatur sprudeln auf der Insel. Regenwasser, das kilometertief im vulkanischen Boden versickert, gelangt unter Druck erhitzt und mit Mineralen, teilweise auch mit dem radioaktiven Edelgas Radon, angereichert wieder an die Oberfläche. Trinkwasser war hingegen immer knapp. Wie auch auf Capri wurde früher Regenwasser auf den flachen Hausdächern gesammelt. Seit 1958 werden Inselbewohner und Touristen über eine Leitung vom Festland mit Trinkwasser versorgt. Zu den wenigen frei zugänglichen und naturbelassenen Thermalorten zählen die Quellen in der Cartaromana- und Sorgeto-Bucht sowie die Fumarolen am Maronti-Strand. Thermalpools gehören zur Grundausstattung vieler Hotels, die Spezialität von Ischia sind allerdings die öffentlichen **Giardini termali.** Die in subtropischen Parks eingebetteten Thermalgärten verbinden mit ihren zahlreichen, unterschiedlich temperierten Pools, Dampfsaunen, Meerwasserschwimmbecken und teilweise eigenen Strandabschnitten grenzenlosen Kur- und Badespaß. Halbtages- bzw. Tageskarten kosten 10–25 Euro. Bei folgenden medizinischen Anzeigen haben sich die Kuren als wirksam erwiesen: Erkrankungen des Bewegungsapparates und der Atemwege, gynäkologische Beschwerden und Hauterkrankungen.

- Näheres unter **www.terme.ischia.it** und in den Ortskapiteln.

in einer prunkvollen Zeremonie eingeweiht. In einjähriger Bauzeit war der flache See acht Meter tief ausgehoben worden und der Krater durch einen Durchstich zum Meer geöffnet. *Ferdinands* Projekt bescherte der Insel nicht nur einen wunderschönen und sicheren Hafen, es half den Ischitanern auch aus ihrer schlimmsten Wirtschaftskrise. 1851 waren die Weinreben auf der Insel der Reblaus zum Opfer gefallen. Die verarmten Landarbeiter konnten das Geld, das es beim Bau des Hafens zu verdienen gab, gut gebrauchen.

Der Ort **Ischia Porto** entwickelte sich mit dem Bau des Hafens und ist heute die große **Drehscheibe des Ischia-Tourismus.** Am Hafen herrscht von früh bis spät zu Wasser und zu Lande süditalienisches Verkehrschaos. Auf der östlichen und ruhigeren Hafenseite zieht sich die pittoreske Via Porto entlang, auch als **Rive Droite** bezeichnet. Abends, wenn die Lichter angehen, die Jachten sanft im Wasser schaukeln, auf den Tischen der Tavernen und Restaurants die Kerzen angezündet werden, Madolinenklänge sich mit dem Duft gebratener Fische mischen, ist der Traum vom Süden perfekt. Im Rücken des Kraterrandes, von der Via Roma über die Via Buonocore zu erreichen, liegt das alte **Fischerviertel San Pietro.**

In der **Via Roma** und am **Corso Vittoria Colonna** wechseln sich schicke Modeboutiquen mit Antiquitäten- und Lebensmittelgeschäften, Cafés, Eisdielen und unzähligen Souvenirläden ab. Alle Querstraßen führen hotelgesäumt ans Meer, die Via Pontano, Fortsetzung der Einkaufs- und Flaniermeile, trifft mit schönem Castello-Blick auf die feinsandige **Spiaggia dei Pescatori.** Zwischen den beiden Ortsteilen Porto und Ponte zieht sich der alte Lavafluss von 1301 bis ans Meer. Mitte des 19. Jh. ließ *Giovanni Gussone,* Hofgärtner der Bourbonen, die schattige Pineta anlegen, heute ein beliebter Volkspark.

Die nahtlos ineinander übergehenden Ortsteile Ischia Porto und **Ischia Ponte** könnten nicht gegensätzlicher sein. Die alte Inselhauptstadt hat viel von ihrem ursprünglichen Charme bewahrt, vor wenigen Jahren dienten die hübschen Palazzi der Neuverfilmung von „Der talentierte Mister Ripley“ als Kulisse. Der Ort gehört noch ganz den Einheimischen. Eine Reihe freundlicher Lokale säumt den Lungomare und die **Via Luigi Mazzella.**

Borgo di Celsa, so der ursprüngliche Name von Ponte, entstand Ende des 16. Jh., als die Gefahr der Piratenüberfälle geringer wurde und die Bevölkerung die schützenden Mauern des Castello Aragonese verließ. Die Fischer bauten ihre pastellfarbenen Häuser gegenüber der Castello-Insel direkt ans Meer, niedriger als die dahinter sich erhebenden Palazzi. So boten sie den Adelshäusern Schutz vor dem Meerwind, ohne ihnen die Aussicht zu versperren. Zwei Kirchen spielen im Leben der Bewohner bis heute eine große Rolle. Die barocke **Kathedrale Santa Maria Assunta** erhebt sich über einer Konventskirche der Augustiner aus dem 14. Jh. Zur Kathedrale wurde die Kirche erhoben, nachdem britische Kriegsschiffe 1809 die alte Kathedrale auf dem Castello-Berg kaputt geschossen hatten. Einige Kunstwerke, wie das Taufbecken aus dem 14. Jh. und das wunderschöne romanische Kruzifix im linken Seitenschiff, stammen noch vom Burgberg. Gegenüber der Kathedrale steht an der Via Luigi Mazzella die bescheidene **Chiesa dello Spirito Santo,** im Volksmund auch *Chiesa dei Marinai* (Kirche der Fischer) genannt. Hier wird der Inselpatron und Schutzheilige der ischitanischen Fischer, *San Giovan Giuseppe della Croce,* verehrt, der als *Carlo Gaetano Calosirto* 1654 im Borgo di Celsa zur Welt kam. *Carlo* trat 16-jährig in einen Mönchsorden ein und trug in großer Demut bis an sein Lebensende – genau 63 Jahre, acht Monate und zehn Tage lang – seine erste und einzige Kutte, was ihm den Beinamen „Il Padre delle cento pezze" (Vater der hundert Fetzen) eintrug. 1839 wurde er heilig gesprochen.

Der **Palazzo dell'Orologio** am Ende der Via Luigi Mazzella beherbergt das sehenswerte **Meeresmuseum.** Auf drei Etagen des historischen Gebäudes erzählen Schiffsmodelle, Galeonsfiguren, Arbeitsgeräte und alte SW-Fotos vom Alltag der Fischer und ischitanischen Seefahrer.

- **Museo del Mare,** Via Giovanni da Procida 2, Tel. 081902319. Tägl. 10.30–12.30, im Sommer auch 18.30–20 Uhr. Eintritt 2 Euro.

Das **Castello Aragonese,** eine Burg wie aus dem Bilderbuch, erhebt sich auf der Ponte vorgelagerten, 76 m hohen Felskuppe im Meer. Der griechische Feldherr *Hieron I. von Syrakus* ließ im 5. Jh. v. Chr. den mächtigen Trachytfelsen im Seekrieg gegen die Etrusker befestigen. Seine heutige Gestalt und den Namen verdankt das Kastell König *Alfons von Aragon,* der die französischen *Anjous* erst von der Insel und später aus Neapel vertrieben hatte. Er ließ die Festung ab 1439 ausbauen und die kleine Felsinsel durch eine Brücke (ital. *ponte)* mit der Hauptinsel verbinden. In Zeiten der Not konnte die gesamte Inselbevölkerung hinter den starken Mauern Zuflucht finden. Das Castello von Ischia war im 16. Jh. einer der berühmtesten Musenhöfe der italienischen Renaissance. Am 27. Dezember 1509 fand in der Kathedrale auf dem Burgberg die prachtvoll inszenierte Hochzeit zwischen *Ferrante d'Avalos,* Feldherr Kaiser *Karl V.,* und *Vittoria Colonna* statt. *Vittoria Colonna,* die einem mächtigen römischen Geschlecht entstammte, galt als eine der gebildetsten Frauen ihrer Zeit. An ihrem Hof empfing sie herausragende Persönlichkeiten wie *Ludovico Ariosto, Pietro Arentino, Bernardo Tasso* oder *Pietro Bembo.* Eine tief empfundene platonische Liebe verband sie mit *Michelangelo.* Als Statthalter der aragonischen Könige und später der spanischen Habsburger herrschten die Herzöge von d'Avalos bis Anfang des 18. Jh. vom Castello Aragonese aus über die Inseln Ischia und Procida. Zeitweise befanden sich der Bischofssitz, ein Priesterseminar, zwei Klöster, 13 Kirchen, die Residenz, eine Militärgarnison und mehr als 1800 Familien auf der Burg. 1799 und 1809 bombardierte die mit den Bourbonen verbündete englische Flotte die Festung, in der sich damals Franzosen verschanzt hielten. 1823 wurden die letzten Bewohner aus

golf_234 Foto: pa

dem Kastell vertrieben, das fortan als Gefängnis diente.

Ein Fahrstuhl führt bis auf den Burgberg hoch, doch ist es viel interessanter (und billiger), durch die labyrinthischen, in den Fels geschlagenen **Treppengänge** aufzusteigen. Unterwegs öffnen sich großartige Blicke auf Ponte, die Cartaromana-Bucht und die darüber sich erhebenden grünen Hügel von Campagnano. Der Burgberg lädt zu ausgedehnten Streifzügen ein, mit weiteren spektakulären Blicken auf die Nachbarinseln Procida, Capri und den Golf von Neapel. Die zu Beginn des 18. Jh. erbaute **Chiesa dell'Immacolata** diente dem **Klarissinnenkonvent** als Klosterkirche. Heute finden unter der hellen Kuppel Kunstausstellungen statt. Die Zellen des ehemaligen Klosters dienen einer freundlichen Pension als Gästezimmer. Zu besichtigen ist in der Krypta der **Friedhof der Nonnen.** Man könnte ihn für eine Latrine halten. Die steinernen Sitze waren die letzte Ruhestätte der verstorbenen Klosterfrauen, deren Körper hier langsam verwesten. Die Klarissinnen, die hier zum täglichen Gebet zusammen kamen, sollten sich die Vergänglichkeit des irdischen Lebens vor Augen halten. Heiter sind dagegen die Ruinen der ehemaligen **Cattedrale dell'Assunta.** Der Beschuss durch *Nelsons* Flotte im Jahr 1809 brachte das barocke Gewölbe zum Einsturz, jetzt blicken die Putten fröhlich in den blauen Himmel. In der Krypta sind Fresken-

Castello Aragonese

reste des 14. Jh. aus der Schule *Giottos* zu sehen. Auf der Ostseite des Burgbergs lädt ein freundliches Café zum Sitzen ein.

• **Castello Aragonese,** Piazzale Aragonese, Tel. 081992834, www.castelloaragonese.it. Tägl. 9 bzw. 9.30 Uhr bis 1 Stunde vor Sonnenuntergang. Jan. geschlossen. Eintritt 8 Euro, ermäßigt 6 Euro.

Südlich von Ponte liegt die wildromantische **Cartaromana-Bucht.** Kurze sandige Strandabschnitte wechseln sich mit bizzaren Felsklippen ab. Der Clou ist das 40–50°C warme Mineralwasser, das auf Höhe der S. Anna-Felsen über natürliche Felsbadewannen ins Meer fließt. Mit Blick auf das Castello Aragonese kann man hier auch an kühlen Tagen schwimmen. Der Strand ist selbst im Sommer selten überlaufen, die kurze Kletterpartie an der Steilküste scheint doch einige abzuschrecken. Aus Ischia Porto fahren Busse bis an das Ende der Via Nuova Cartaromana, hier führt ein Treppenweg zum Strand hinunter. Am schönsten ist die Bucht von Ponte aus mit Taxi-Booten zu erreichen. An den Scogli S. Anna vorbei, fährt man über die versunkenen Reste der Römerstadt Aenaria. Über die Bucht wacht ein Turm aus dem 15. Jh. Hier soll *Michelangelo* gewohnt haben, als er das erste Mal auf *Vittoria Colonna* traf.

Information

• **AAST**
Einziges offizielles Informationsbüro der Insel direkt am Aliscafo-Anleger im Hafen. Hotelverzeichnis, Prospekte, Fahrpläne, eine nützliche Inselkarte und Stadtpläne. Banchina Porto Salvo, Tel. 0815074231. Mo.–Sa. 9–13.30 und 15–20 Uhr, Juli und Aug. auch So.

Unterkunft

Hotels und Pensionen in Porto

• **La Villarosa** (****)
Charmante Anlage inmitten eines subtropischen Gartens mit Thermalpool. Wenige Schritte von Ischias Einkaufsmeile und dem Strand entfernt, trotzdem ruhig. Stilmöbel in den gemütlichen Zimmern (die allerdings unterschiedlich ausfallen, also vorher einen Blick riskieren). Im 4. Stock lockt das Dachrestaurant mit wunderschöner Aussicht. Keine Pensionsverpflichtung! 37 Zimmer., EZ/F 45–85 Euro, DZ/F 65–190 Euro. April bis Okt. Via G. Gigante 5, Tel. 081991316, Fax 081992425, www.lavillarosa.it.

• **Oriente** (***)
Freundlicher Neubau in Hafen- und Strandnähe. Thermalpool. 70 Zi., EZ/F 43–76 Euro, DZ/F 66–132 Euro. Via delle Terme 9–11, Tel./Fax 081991306, www.ischia.it/oriente/.

• **Villa Ciccio** (***)
Kleine, freundliche Anlage oberhalb des Hafens. Pool, Gäste des Hauses erhalten im Strandbad „Ippocampo" am Lido Ermäßigung. Zimmer mit Balkon oder Terrasse. 48 Zi., EZ/F 45–65 Euro, DZ/F 90–120 Euro. März bis Okt. Via Quercia 26, Tel. 081993230, Fax 081991271.

• **Macrì** (**)
Einfache, saubere Pension mit geräumigen Zimmern direkt am Hafen. Einige der Zimmer, z.T. mit Balkon, frisch renoviert und mit neuen Betten. 22 Zi., EZ/F 30–40 Euro, DZ/F 52–70 Euro. Via Jasolino 96, Tel. und Fax 081992603.

Campingplätze in Porto

• **Camping Internazionale**
Gepflegter Platz im Schatten alter Pinien, auf halbem Weg von Ischia Porto nach Ponte. Zeltplätze und Bungalows. Mitte April bis Mitte Okt. Via Foschini 1, Tel. 081991449.

• **Eurocamping dei Pini**
Sauberer, schattiger Platz in der Nähe des Camping Internazionale. Zeltplätze, Bunga-

lows und Sporteinrichtungen. Mitte April bis Mitte Oktober. Via delle Ginestre 28, Tel. 081982069, Fax 081984120.

Hotels und Pensionen in Ponte

●Miramare & Castello (*****)
Direkt am Sandstrand gelegen und, wie der Name verspricht, mit Traumblick auf das Castello. 43 Zimmer. DZ/F 280–380 Euro, HP pro Person ab 150 Euro. Spitzen-Restaurant, Pool, Beauty- und Fitness-Center. 43 Zi., DZ/F ab 170 Euro. Via Pontano 5, Tel. 081991333, Fax 081984572, www.miramareecastello.it

●Mare Blu (****)
Gepflegtes Haus in Meeresnähe am nordwestlichen Ende von Ponte. Hotelstrand, Thermalpool und Sonnenterrasse mit schönem Blick auf das Castello. 40 Zi., EZ/F 90–140 Euro, DZ/F 140–270 Euro. Mitte April bis Mitte Okt. Via Pontano 40, Tel. 081982555, Fax 081982938, www.hotelmareblu.it.

●Il Monastero (**)
Geschmackvoll eingerichtete „Klosterzellen" im ehemaligen Klarissinenkonvent im Castello Aragonese. Aus luftiger Höhe kann man den Traumblick auf Ischia in Ruhe genießen. Auf Wusch kann man im kleinen Hotelrestaurant sehr gut essen. Große Sonnenterrasse. Gäste des Hauses können den Fahrstuhl gratis benutzen und das Kastell bei freiem Eintritt besichtigen. Seit 2001 steht das Haus unter der neuen und freundlichen Leitung des jungen Besitzers *Nicola Mattera*. 21 Zi., EZ/F 65–75 Euro, DZ/F 100–110 Euro. Ostern bis Ende Oktober. Castello Aragonese 3, Tel. und Fax 081992435, ilmonastero@castelloaragonese.it.

●Villa Antonio (**)
Die hübsche rote Villa im Süden Pontes zieht sich von Oliven und Kiefern umgeben den Hang hinauf. Der Garten ist als Skulpturenpark gestaltet. Herrliche Blicke auf das Castello und Capri. Alle Zimmer mit Terrassen und Meerblick. Pool und privater Felsstrand. 20 Zi., DZ/F 75–85 Euro, 25–55 Euro. Ostern bis Ende Okt. Via San Giuseppe della Croce 1, Tel. 081982660, Fax 081983941, www.villantonio.com.

Hotels und Pensionen an der Cartaromana-Bucht

●Giardino delle Ninfe (***)
Schöne Lage oberhalb der Bucht mit Blick auf das Castello. Thermalpool, der aus der eigenen Quelle gespeist wird. Von den Dachterrassen genießt man das beste Panorama. Die Einzelzimmer sind ohne Meerblick, grundsätzlich vorher einen Blick in die Zimmer werfen! 41 Zi., EZ/F 43–90 Euro, DZ/F 130–160 Euro. Via Nuova Cartaromana 125, Tel. 081992161, Fax 081983565, www.giardinodelleninfe-lafenice.it.

●Don Felipe (**)
Herrliche Lage über der Bucht mit Blick auf das Castello. Gartenterrassen, Thermalpool, 10 Min. vom Strand entfernt. Gute Küche, freundlicher padrone. 15 Zimmer. DZ/F 80–90 Euro. April bis Oktober. Via Nuova Cartaromana 113, Tel. 081993899, Fax 081992630, hoteldonfelipe@libero.it.

Pension in San Michele

●La Capannina (**)
Familienpension mit angeschlossener Trattoria. Busse 8, C12 und C13 von Ischia Porto. 10 Zi., EZF 40–50 Euro, DZ/F 70–85 Euro. Via Campagnano 4, Tel. 081903030, Fax 081901017.

●Da Sabine
Preislich ist die sympathische, weltoffene Kleinstpension im Ortsteil San Michele oberhalb von Ponte kaum zu schlagen. Toller Golfblick, gute Küche. Busse 8, C12 und C13 von Ischia Porto. Die sympathische *Sabine* holt ihre Gäste gerne auch vom Hafen ab, und wenn ihr einziges Zimmer belegt ist, bringt sie die Gäste bei netten Nachbarn unter. 1 Zi., Ü/F 20 Euro. Via Campagnano 20, Tel./Fax 081901179.

Essen und Trinken

Restaurants, Trattorien und Osterien in Porto

●Alberto a Mare
Einfallsreiche Meeresküche. Frischer, vor Ischia gefangener Fisch und köstliche *zuppa di pesce*. Terrasse über dem Meer mit Golf-

Blick. Menu ca. 30 Euro. Mitte März bis Oktober. Mittags und abends. Via Cristoforo Colombo 8, Tel. 081981259.

• Antico Girarrosto Ischitano
Peppe Ferradino ist Ischias Meister-Griller. Zu den knusprigen Hähnchen schmecken Rosmarinkartoffeln. Es gibt auch neapolitanische Holzofenpizza. 5–10 Euro. Mo. Ruhetag. Mittags und abends. Via B. Cossa 8 (oberhalb des Hafens, in der Nähe des Busbahnhofs), Tel. 081984296.

• Innominato
Hoch über dem Porto, mit Blick auf das Castello und den Golf gelegen. Kaninchen und frischer Fisch. Spezialität des Hauses ist Pasta mit Miesmuscheln und Steinpilzen. Auch Pizza. Menu 15–25 Euro. Mo. Ruhetag. Meist nur abends. Via Fasolara 29 (10 Gehminuten vom Porto), Tel. 081992690.

• Mezzanotte
Restaurant und Pizzeria an der Rive Droite. Hausgemachte Pasta, Meeresfrüchte und frischer Fisch. 25–30 Euro. Mi. Ruhetag. Mittags und abends. Jan. bis Feb. geschl. Via Porto 78, Tel. 081981653.

Snacks, Cafés und Bars in Porto

• Bar Calise
Dolci-Verführung am Kreisverkehr. April bis Oktober tägl. von früh bis spät. November bis März. Mi., So. Ruhetag. Piazza degli Eroi 69, Tel. 081991270.

• Caffè Calise
Edles Ambiente, bester neapolitanischer Caffè und köstliches Gebäck. Pianobar. Via Sogliuzzo, Tel. 081901270.

• Da Ciccio
Ischias renommiertester Eis-Tempel liegt am Hafen. Mo. Ruhetag. November bis März. Via Porto 1, Tel. 081991314.

• Ecstasy
Cocktails und Live-Musik. Tägl. abends, im Winter nur Sa., So. Piazzetta dei Pini, Tel. 081982569.

• Pane & Vino
Kundig präsentierte Auswahl italienischer und ischitanischer Weine zu günstigen Preisen. Ca. 300 Sorten, die auch glasweise getrunken werden können. Dazu gibt es ausgezeichnetes Brot, Wurst, Käse und einige warme Gerichte. 30 Euro. Mi. Ruhetag. Mittags und abends. Jan. und Feb. geschl. Via Porto 24, Tel. 081991046.

• Enoteca D'Ambra
Edelausschank der ältesten Kellerei Ischias. Via Porto 24, Tel. 081991046.

• Gran Caffé Vittoria
Seit fast 100 Jahren eine Institution in Ischia Porto. Auch gute Aperitifs und Snacks. Di. Ruhetag. Corso Vittoria Colonna 110, Tel. 081991649, www.grancaffevittoria.it.

Restaurants und Trattorien in Ponte

• Cocò
Terrassenlokal an der Brücke zum Castello. Der Fisch wird täglich frisch geliefert, lecker zubereitet und zu einigermaßen akzeptablen Preisen serviert. 25–30 Euro. Mi. Ruhetag. Mittags und abends. Jan. und Feb. geschl. Piazzale Aragonese, Tel. 081981823.

• Gaetano
Vielfach prämierte Pizzeria. 10–15 Euro. Mi. Ruhetag. Mittags und Abends. Via L. Mazzella 74, Tel. 081991807.

• Il Terrazzo
Ein guter Ort zum Verweilen, nicht nur der leckeren Kleinigkeiten wegen. Herrlicher Ausblick über das Meer auf Procida, Capri und den Vesuv. Ostern bis November tägl. von 9.30–20 Uhr Barbetrieb, von 12–15 Uhr Restaurant. Castello Aragonese, Tel. 081981429.

Snacks, Cafés und Bars in Ponte

• Al Pontile
Kleine Bar, die leckere *bruschette, peperonata,* Salate, aber auch *frittura di pesce* serviert. Tische auch im Freien auf der Meerseite. April bis Oktober. Mi. Ruhetag. Via Luigi Mazzella 15 bzw. Lungomare Aragonese, Tel. 081983492.

• Bar Cocò
Bar des gleichnamigen Restaurants (s.o.). Bis in den späten Abend tummeln sich hier die Einheimischen bei Speiseeis, Drinks und Bier vom Fass. Wer keinen Sitzplatz findet, setzt sich einfach auf die Kaimauer.

•Kiwi, Jam Discobar
Italo-Sound, Cocktails, *zingare* (Holzofenbrot, überbacken mit Mozzarella, Tomaten, Schinken). Via L. Mazzella 42, Tel. 081991698.
•Oh! X Bacco
Köstliche Kleinigkeiten zum Wein. Di. Ruhetag. Von früh bis spät. Via L. Mazzella 20, Tel. 081991354.

Lokal in Campagnano

•La Campagnola
Rustikales Lokal in freundlichem Dorf oberhalb von Ischia Ponte. Ischitanische Bauernküche. Schöner Blick auf das Castello Aragonese und den Golf. Menu 20 Euro. April bis Okt. Via Schiappone 26, Tel. 081990259, 081906362.

Nachtleben

•Eine der angesagtesten **Discos** ist das **Castillo di Aragona** im Castello Aragonese (Tel. 081983153), beliebt ist auch die Disco **New Valentino** am Corso Vittoria Colonna, und abtanzen an der frischen Luft kann man im **Jane** am Hafen. Die Rive Droite am Hafen von Porto ist mit ihren zahlreichen Restaurants und **Cocktail-Bars** der ideale Ort, um einen romantischen Abend zu verbringen.

An- und Weiterreise

•**Schiff:** siehe eingangs des Kapitels.
•**Bus:** SEPSA, siehe eingangs des Kapitels.
•**Fahrzeugverleih: Autonoleggio PAAN,** Scooter ab 20 Euro pro Tag, Kleinwagen ab 30 Euro pro Tag. April bis Oktober. Via Iasolino 86, Tel. 081982332. **Balistrieri,** Scooter ab 20 Euro pro Tag, Kleinwagen ab 30 Euro pro Tag. November bis März. So. geschlossen. Via Iasolino 35, Tel. 081985691. **Noleggio da Franco,** Fahrradverleih in der Via Alfredo de Luca 133, Tel. 081991334.

Unterwegs in Ischia Porto/Ischia Ponte

•**Öffentliche Verkehrsmittel: Linea 15** zwischen Ischia Porto und Ischia Ponte. **Linea C12** und **C13** von Ischia Porto über S. Antuono und Campagnano zur Cartaromana-Bucht, **Linea 8** nach Campagnano.
•**Taxi:**
Corso Vittorio Colonna, Tel. 081993720.
Via C. Colombo, Tel. 081997367.
Piazza Antica Reggia, Tel. 081984998.
Piazza degli Eroi, Tel. 081 992550.
•**Taxiboote:** Von Ischia Ponte in die Cartaromana-Bucht. Man kann sich hinbringen und zu einem vereinbarten Zeitpunkt später wieder abholen lassen. Preis ist Verhandlungssache.

Banken

Banken und Bankomaten gibt es in Ischia Porto und Ischia Ponte.

Post

•Via Alfredo de Luca.

Feste/Veranstaltungen

•Karfreitag
In Ponte nächtliche Prozession bei Fackelschein.
•Santa Anna
Am 26. Juli findet eine nächtliche Bootsprozession von Ischia Ponte in die Cartaromana-Bucht statt. Illuminiertes Castello, in der Bucht schwimmende Lichter und spektakuläres Feuerwerk.
•San Giovan Giuseppe della Croce
Am ersten Septembersonntag feiern Ischia Porto und Ponte ihren Patron mit einer Bootsprozession und Feuerwerk.

Strände

In Ischia Porto gibt es eine Reihe passabler, in der Saison allerdings oft überfüllter zentrumsnaher Sandstrände. Am schönsten sind die **Spiaggia degli Inglesi** westlich des Hafens in Richtung Casamicciola und auf halbem Weg zwischen Porto und Ponte die **Spiaggia dei Pescatori** mit einem schönen Blick auf das Castello Aragonese. An der

Cartaromana-Bucht südlich vonPonte fließt eine der wenigen naturbelassenen Thermalquellen ins Meer.

Wandern

• **Campagnano:** Das freundliche Dorf südlich von Ponte und oberhalb der Cartaromana-Bucht, von Weinbergen und Bauerngärten umgeben, ist ein guter Ausgangspunkt für Wanderungen. Ein Rundweg führt mit schönen Blicken auf die Cartaromana-Bucht, das Castello Aragonese und die Südhänge des Monte Epomeo über den Höhenrücken südlich des Dorfes. Auf dem Berg stehen die Ruinen alter Küstenwachtürme. Busse C12, C13 und 8.

Casamicciola Terme

⇗ X, A1

Das älteste Kurbad Ischias trägt seinen Namenszusatz Terme mit Stolz. Schon die Römer nutzten die berühmte **Gurgitello-Quelle.** Im 18. und 19. Jh. vergnügte sich die europäische Aristokratie in **Casamicciola,** dem ersten Ort auf der Insel, der es verstanden hatte, medizinische Kuranwendungen und eine gehobene Hotellerie geschäftstüchtig miteinander zu verbinden. *Giuseppe Garibaldi* kurierte 1864 in den Manzi-Thermen eine Kriegsverletzung aus. Das verheerende Erdbeben vom 28. Juli 1883 schien dem mondänen Leben ein jähes Ende bereitet zu haben. Innerhalb weniger Sekunden lag der gesamte Ort in Schutt, tausende Tote und Verletzte waren zu beklagen. Nach dieser Erfahrung wurde zwei Jahre später auf dem 126 m hohen Hügel Gran Sentinella eine geophysikalische Beobachtungsstation eingerichtet, die - angeblich aus wirtschaftlichen Gründen - von 1923–1999 geschlossen blieb. Das **Osservatorio Geofisico** beherbergt heute ein kleines Museum. Der Besuch lohnt wegen des herrlichen Panoramas.

Durch das Erdbeben fast seiner gesamten Bausubstanz beraubt, wurde der Ort rasch wieder aufgebaut und ist bis heute der **wichtigste Thermalkurort der Insel.** Die ausgedehnte Streusiedlung zieht sich vom Meer die bewaldeten Nordhänge des Monte Epomeo hoch. Im Südosten erhebt sich der

golf_259_2 Foto: pa

Hotel Villa Antonio in Ischia Ponte

bewaldete Vulkankrater der **Monte Rotaro,** ein beliebtes Wanderziel. Neben Ischia Porto ist der Hafen von Casamicciola die wichtigste Anlegestelle für Fähren vom Festland. Das moderne Hafenviertel ist laut und geschäftig, die **Piazza Marina** seit Frühjahr 2000 immerhin eine Fußgängerzone. Viel stiller ist der am Hang gelegene **Ortsteil Bagni,** Zentrum des Kurbetriebs. Hier liegen auch die meisten Hotels mit schönem Blick aufs Meer.

Information

- **www.comunecasamicciola.it**
- **www.procasamicciola.it**

Hotels und Pensionen

• Cristallo Palace (****)
Frisch renoviertes Hotel mit großer Terrasse wenige 100 m oberhalb vom Strand gelegen. Freundlich und effizient geführt. Mehrere Thermalpools und Kurabteilung. 120 Zi., DZ/F 80–160 Euro, HP 60–120 Euro. Via Eddomado 1, Tel. 0813330110, Fax 081994362, www.hotelcristalloischia.it

• Il Nespolo (***)
Freundliches Familienhotel im oberen Ortsteil, in der Nähe der Piazza Bagni. Mamma kocht! 15 Zi., EZ/F 56–70 Euro, DZ/F 75–100 Euro. Anfang März bis Ende Okt. Via Iasolino 2, Tel. 081995315, Fax 081980302, www.ilnespolo.it.

• L'Ape Regina (**)
Die Familie *Mattera* hat ihr beliebtes Lokal zwar schon seit einigen Jahren aufgegeben (als Restauranttipp geistert die Adresse immer noch durch Reiseführer), dafür aber an alter Adresse dieses nette Hotel mit Pool eröffnet. Das Essen ist ausgezeichnet, die Halbpensionsverpflichtung ein Genuss. Signore *Mattera* organisiert für seine Gäste appetitanregende Wanderausflüge auf den Monte Rotaro. 10 Zi., HP 40–55 Euro. März bis Okt. Via Cretaio 59 (ca. 2 km vom Zentrum am Nordhang des Monte Rotaro), Tel./Fax 081994813, www.hotelaperegina.it.

• Villa Fiorentina (***)
Oberhalb von Casamicciola ruhig im Grünen gelegen. Vom Padrone *Nicola Di Meglio* persönlich geführt, gute Küche. 12 Zi., 10 App., DZ/F 60–130 Euro, HP ab 35 Euro. April bis Ende Okt. Via Cretaio 90, Tel. und Fax 081980234, www.hotelvillafiorentina.it.

• Poggio Aragosta (***)
Freundliches Albergo in ruhiger Panoramalage im Grünen. Thermalpool, Dampfbad und Beauty-Center. 45 Zi., EZ/F 57–82 Euro, DZ/F 90–164 Euro, HP 55–80 Euro. April bis Okt. Via Borbonica 74, Tel. 081980236, Fax 081995855, www.hotelpoggioaragosta.it.

• Bagnitiello (*)
Einfache Familienpension oberhalb der Spiaggia Bagnitiello und in Nähe der Castiglione-Thermen. 25 Zi., HP 35–55 Euro, VP 45–60 Euro. April bis Mitte Okt. Via Castiglione 6, Tel./Fax 081982728.

Essen und Trinken

Restaurants und Trattorien

• Bel Tramonto
Pizza mit musikalischer Untermalung. Jüngeres Publikum. Via Castanito 82, Tel. 081994493.

• Il Focolare
Das kulinarische Gesamtkunstwerk der Familie *D'Ambra* liegt an der Straße nach Fiaiano, ca. 2 km vom Ortszentrum entfernt. Hier gibt es keinen Fisch, sondern nur *cucina di terra,* und die ist vom Feinsten. Frisches Gemüse, Pilze, Lamm, Zicklein, Karnickel und Schnecken werden zu irdischen Hochgenüssen verarbeitet. Frische Steinpilze gibt es im Spätsommer und Herbst. Hausgemachte *dolci.* Gute Weinauswahl. 30 Euro. Mi. Ruhetag. Nur abends, an Wochenenden auch mittags. Dez. geschl. Via Cretaio al Crocefisso 3, Tel. 081902944, www.trattoriailfocolare.it.

• O' Zelluso
Einfaches, gutes Lokal. Als primo wird z.B. eine leckere Bohnen-Minestrone serviert, zum secondo Fisch. Auch gute Pizza. 10–20 Euro. Mittags und Abends. Dez. und Jan. geschl. Via Parodi 41, Tel. 081994423.

Snacks, Cafés und Bars

- **Calise**

Das Straßencafé ist von früh bis spät ein angesagter Treffpunkt. Überwältigendes Angebot an *dolci & gelato*. Piazza Marina 26, Tel. 081994080.

Nachtleben

- **Capriccio di Calise**

Piano-Bar und Pizza. Mai bis Okt. Abends. Via Marina, Tel. 081994724.

- **Topless**

Strandcafé und Cocktailbar, junges Publikum. Ganzjährig geöffnet. Via Luigi Manzi 8, Tel. 081900192.

An- und Weiterreise

- **Bus: Linea CD** und **CS** rund um die Insel. **Linea 1** nach Ischia Porto bzw. über Forio bis Sant'Angelo. **Linea 2** und **Linea 14** nach Ischia Porto bzw. über Forio bis zu den Poseidon-Gärten. **Linea 3** nach Ischia Porto. **Linea 4** nach Lacco Ameno.
- **Schiff:** Casamicciola neben Ischia Porto Ischias zweitwichtigster Fährhafen, siehe eingangs des Kapitels.
- **Taxi:** Porto, Tel. 081900369. Piazza Marina, Tel. 081994800. Piazza Bagni, Tel. 0819008881.
- **Fahrzeugverleih: Di Costanzo,** Corso Vittorio Emanuele, Tel. 081996547.

Einkaufen

- **Cataneo**

Dependance eines Korallen- und Gemmenschnitzers aus Torre del Greco. Piazza Marina 40.

- **Fratelli Mennella**

Die Keramikfabrik am östlichen Ortseingang ist kaum zu übersehen. **Keramik** hat auf Ischia eine Jahrtausende alte Tradition, und auch der Betrieb der Familie *Menella* ist schon über 400 Jahre alt. Von Kitsch bis Kunst ist die Auswahl riesengroß. Mo.–Sa. 9–13 und 15–19 Uhr. Via Salvatore Girardi 47, Tel. 081994442.

Strände

Der beste Strand von Casamicciola ist die **Spiaggia Bagnitiello.** Das Meer wird stellenweise von Fumarolen erhitzt. Sehr schöne Strände finden sich in der Nachbargemeinde Lacco Ameno.

Thermen

- **Parco Termale Castiglione**

Ausgedehnter und gepflegter Thermalpark, der sich in einem grünen Tal in Terrassen mit mehreren unterschiedlich temperierten Thermal- und Meerwasserschwimmbecken bis zum Meer hinabzieht. Natursaunen und der Fumarolenstrand runden das Badevergnügen ab. Eine Windsurfschule ergänzt das Angebot. April bis Oktober. Tägl. 9–19 Uhr. Tageskarte 20 Euro, ab 13 Uhr 16,50 Euro. Via Castiglione 36, Tel. 081982551, www.termecastiglione.it

- **Terme Belliazzi**

Der neoklassische Gesundheitstempel ist über den Resten antiker römischer Thermen errichtet, die besichtigt werden können. Gegen ein kleines Trinkgeld zeigt einem der Pförtner die Gurgitello-Quelle in einer Grotte. Dort wird heilkräftiger Fango geschöpft. Mo.–Sa. 7–12 und 17–18.30 Uhr. April bis Okt. Piazza Bagni 134, Tel. 081994580.

Wandern

Monte Rotaro

Aus dem Ortsteil Castiglione lässt sich der 266 m hohe und bewaldete Berg in einer knappen Stunde erreichen. Im Schatten einer ausgedehnten Pineta gelangt man zum **Fondo d'Oglio,** dem Eruptionszentrum des erloschenen Vulkans. Mehrere ausgeschilderte Pfade führen um und in den Krater. Stellenweise dampfen Fumarolen aus dem Boden. Ein Weg setzt sich vom südlichen Kraterrand über den Weiler Cretaio bis nach Faiano fort.

- **Aniello Di Iorio,** der in Mainz Geologie studiert hat, bietet auf den Monte Rotaro vulkanologische Exkursionen an. Die geführte Wanderung dauert 3–4 Stunden und kostet etwa 15 Euro pro Person. Via Bosco 9, Tel. 0813330256, www.eurogeopark.com.

- **Signore Mattera,** Besitzer des Hotels L'Ape Regina (s.o.), organisiert für seine Gäste Wanderungen auf den Monte Rotaro.

Lacco Ameno ⇗X, A1

Mit sicherem Geschmack gingen Euböer vor beinahe 2800 Jahren in der paradiesischen **San Montano-Bucht** an Land und ließen sich auf Ischia nieder. Auf dem **Monte Vico** errichteten sie **Pithekoussai,** die erste griechische Kolonie im westlichen Mittelmeerraum. Ausgrabungen brachten u.a. ein auf Metallverarbeitung spezialisiertes Industrieviertel zum Vorschein. Interessante Funde der Antike werden in der Santa Restituta-Kirche und in der Villa Arbusto präsentiert.

Das griechische Wort *lakkos* bedeutet Ebene. Seit 1863 trägt der hübsche Ort am Fuße des Monte Vico den Namen **Lacco Ameno,** also „liebliche Ebene". Am Osthang des Monte Vico treten heiße, **radonhaltige Quellen** zutage, im Bergdorf **Fango** wird der unter diesem Namen weltberühmte Heilschlamm gewonnen. Lacco Amenos Karriere als vornehmster Badeort der Insel Ischia ist der Initiative des italienischen Verlegers *Angelo Rizzoli* zu verdanken, der in den 1950er Jahren den internationalen Jet-Set hierher lockte. Der Jet-Set ist längst weiter geflogen, geblieben sind einige exklusive Hotels und die belebte Uferpromenade.

Der **Fungo,** Laccos Wahrzeichen, ragt in Strandnähe aus dem Meer. Eine romantische Legende erzählt von einem jungen Liebespaar, das auf der Flucht vor den Eltern, die gegen die Beziehung waren, hier im Meer ertrunken sein soll. Aber was hat das mit dem Fungo zu tun? Es handelt sich um einen Tuffsteinblock, der vom Hang des Monte Epomeo ins Meer gerollt und seither der Wind- und Wellenerosion ausgesetzt ist.

Die im Ursprung mittelalterliche **Chiesa Santa Restituta** in der Ortsmitte wurde bei dem Erdbeben 1883 fast vollständig zerstört und anschließend in klassizistischen Formen neu errichtet. Sie ist der nordafrikanischen Heiligen *Restituta,* Laccos Stadtpatronin, geweiht. Deren Lebens- und Leidensgeschichte erzählen ausdrucksstarke, naive Votivbilder im Inneren der Kirche. Im 2. Jh. wurde der Legende nach die aus Karthago stammende christliche Märtyrerin grausam gefoltert und sollte anschließend auf einem Boot bei lebendigem Leib verbrannt werden. Das Boot verbrannte und mit ihm ihre Folterknechte, während *Restituta* tot, aber ansonsten unversehrt auf Lilien gebettet in Lacco an den Strand getrieben wurde. Ihre Reliquien werden seit dem 7. Jh. in der Santa Restituta-Basilika, einer Seitenkapelle des Doms von Neapel, verwahrt. Am 17. Mai feiert Lacco seine Heilige mit einer Bootsprozession. Seitlich der Kirche kann man zur Krypta mit den Resten einer Basilika aus dem 4.–5. Jh. hinabsteigen. Der begeisterte

Ischia ist reich an Thermalquellen: hier die Thermen in der Cavascura-Schlucht

golf_241 Foto: pa

Amateurarchäologe und langjährige Gemeindepfarrer Don *Pietro Monti* hat hier eigenhändig gegraben und konnte außer einem frühchristlichen Friedhof zahlreiche antike Funde bergen, darunter eine griechische Keramikwerkstatt.

● **Museo Archeologico e Scavi S. Restituta,** Santuario S. Restituta, Tel. 081980538. Ostern bis Okt. Mo.–Sa. 9.30–12.30 und 16.30–18 Uhr, So. nur vormittags. Eintritt 3 Euro.

Die **Chiesa Santa Maria delle Grazie** am Hauptcorso ähnelt einer Moschee. Im barock ausgestalteten Inneren ist die Säule, auf der das Taufbecken ruht, besonders sehenswert. Die antike römische Säule mit einer Herkules-Darstellung wurde vor Lacco Ameno aus dem Meer geborgen. Außergewöhnlich ist die holzgeschnitzte Kanzel aus dem 15. Jh., mit Putten, Satyrgestalten und Meeresungeheuern verziert.

● **Santa Maria delle Grazie,** Corso A. Rizzoli. Tägl. 8–13 und 17–20 Uhr.

Nach bürokratischen Verzögerungen konnte 1999 das **Museo Archeologico** eröffnet und damit dem Lebenswerk des Archäologen und Wahlitalieners *Giorgio Buchner* ein verdientes Denkmal gesetzt werden. Von 1952–1983 leitete Buchner die Ausgrabungen des antiken Pithekoussai auf dem Monte Vico. Als besonders ergiebig erwiesen sich über 1300 Gräber der im Valle di San Montano gelegenen Nekropole. Die Grabbeigaben belegen den hohen Stand der euböischen Keramikproduktion und dokumentieren die weit reichenden Handelsverbindungen der Griechen von Phitekoussai. Glanzstück der Ausstellung ist der **Becher des Nestor.** Die 1954 im Grab 282 gefundenen 27 Scherben ergaben zusammengesetzt eine Trinkschale von 15 cm Durchmesser mit folgender Inschrift: „Nestor hatte einen Becher, der die Mühe, daraus zu trinken, wert war. Wer aber aus meinem Becher trinkt, wird sofort vom Verlangen nach der schönen Aphrodite ergriffen." Das in das Jahr 725 v. Chr. datierte Gefäß spielt auf den Nestorbecher in *Homers* „Ilias" an. Der Vers gehört damit zu den ältesten Beispielen griechischer Schrift und entstand in etwa zeitgleich mit der Dichtung der „Ilias". Die ischitanischen Winzer verstehen die Inschrift gerne als Beweis für die lange Tradition des Weinanbaus auf der Insel. Der Becher und die anderen Funde werden in der **Villa Arbusto** standesgemäß präsentiert. Aus dem gepflegten Garten genießt man herrliche Blicke auf den Ort.

- **Museo Archeologico Pithecusa,** Corso A. Rizzoli 210, c/o Villa Arbusto, Tel. 081900356, www.pithecusae.it. Di.–So. 9.30–12.30, 15–18.30 Uhr. Eintritt 5 Euro.

Information

- **www.comunelaccoameno.it**

Hotels und Pensionen

- **Regina Isabella & Royal Sporting** (*****)
Das elegante, leicht angestaubte Grandhotel war lange Zeit Treff des Jet-Sets und der Filmstars. Großzügige Kuranlage und Pool direkt über dem Meer. Es finden häufig Kongresse statt. 134 Zimmer. DZ/F ab 440 Euro. April bis Dezember. Piazza San Restituta 1, Tel. 081994322, Fax 081900190, www.reginaisabella.it.
- **Grazia Terme** (****)
Oberhalb von Lacco Ameno, sehr ruhig im Ortsteil Fango gelegen. Kurabteilung mit Thermalpools und Dampfbad. Bustransfer ins 2 km entfernte Zentrum und zum Strand. 70 Zi., EZ/F 80–100 Euro, DZ/F 130–170 Euro, HP ab 75 Euro. Via Borbonica 2, Tel. 081994333, Fax 081994153, www.hotelgrazia.it.
- **San Montano Terme** (****)
Mit großartigem Blick auf dem Gipfel des Monte Vico gelegen. Moderne, komfortable Anlage mit eigener Kurabteilung. Thermal- und Meerwasserpool. Bustransfer in den Ort und an den Strand. 65 Zi., 12 App., DZ/F 240–460 Euro, HP ab 140 Euro. April bis Ende Okt. Via Monte Vico, Tel. 081994033, Fax 081980242, www.sanmontano.com.
- **Villa Angelica** (***)
Das von Palmen umstandene, kleine Hotel mit Thermalpool ist nur wenige Gehminuten vom Strand entfernt. Vom freundlichen Besitzer *Franco Conte* persönlich geführt. 21 Zi., EZ/F 70–80 Euro, DZ/F 100–120 Euro, HP ab 60 Euro. April bis Okt. Via IV. Novembre 28, Tel. 081994524, Fax 081980184, www.villangelica.it.
- **Villa Svizzera** (***)
Hübsche klassizistische Villa an der Küstenstraße, die meisten Zimmer in Nebengebäuden im großen Garten. Meerwasserpool im Schatten großer Dattelpalmen, überdachtes Thermalschwimmbecken. 10 Geh-Min. ins Zentrum, 5 Min. zum nächsten Strand. 81 Zi., EZ/F 67–82 Euro, DZ/F 114–146 Euro, HP ab 67 Euro. März bis Okt. Via Litoranea 1, Tel./Fax 081994263, www.villasvizzera.it.
- **Hotel della Baia** (***)
Ruhige Traumlage in Gehdistanz zur wunderschönen San Montano-Bucht. Im HP- und VP-Preis ist der Besuch des Thermalparks Negombo eingeschlossen. 20 Zi., DZ/F 114–124 Euro, HP 85–90 Euro. April bis Ende Okt. Via San Montano 14, Tel. 081995453, Fax 081986500, www.negombo.it.

Essen und Trinken

Restaurants, Trattorien und Osterien

● **La Laterna**
Fischrisotto ist die Spezialität dieses guten Strandlokals. 25 Euro. Mo. Ruhetag. Abends, Ostern bis Okt. auch mittags. Corso A. Rizzoli 93, Tel. 081995637.

● **Le Ventarole**
Sympathisches Lokal in einer alten Weinkelter im Ortsteil Fango. Im Sommer kann man auch im herrlichen Zitronengarten sitzen. Das Brot kommt frisch aus dem Holzofen, das Gemüse aus dem eigenen Garten, das Fleisch aus biologischer Haltung vom Grill. *Maurizio Mandl* legt Wert auf Qualität. Im Sommer vorbestellen! 25 Euro. Mo. Ruhetag. Nur abends. Ostern bis Nov. Via Borbonica 84, Tel. 081900221, Mobil 3393544128.

● **Mamma Teresa**
Urige und absolut empfehlenswerte Trattoria im Ortsteil Fango. Bei gutem Wetter sitzt man auf einer schönen Terrasse mit Blick auf Lacco Ameno. Fisch und Fleisch. Signora *Felicia Lacerra,* Tochter der namensgebenden Mamma *Teresa,* vermietet auch einige einfache Gästezimmer (9 Zi., 45 Euro). 25–35 Euro. Mittags und abends. Via Borbonica 38, Tel. 081995935.

● **O Patrone d'O Mare**
Stelzenrestaurant am Strand, dessen Spezialität *zuppa di pesce* ist, die eine ganze Mahlzeit ersetzen kann. 40 Euro. März bis Ende Okt. Via Roma 6, Tel. 081900244.

Snacks, Cafés und Bars

● **Il Triangolo**
Eiskaffee an der Strandpromenade. Via Roma, Tel. 081994364.

● **Le Petit Cafe**
Cocktailbar an der zentralen Piazza. Corso A. Rizzoli 156, Tel. 081994556.

An- und Weiterreise

● **Bus: Linea CD** und **CS** rund um die Insel. **Linea 1** nach Ischia Porto bzw. über Forio bis Sant'Angelo. **Linea 2** und **Linea 14** nach Ischia Porto bzw. über Forio bis zu den Poseidon-Gärten. **Linea 4** nach Casamicciola.

● **Taxi:** Piazza del Pontile, Tel. 081994310. Piazza Garibaldi, Tel. 081995183. Piazza S. Restituta, Tel. 081986014.

● **Fahrzeugverleih:** Castagna. Via Borbonica, Tel. 081996298.

Einkaufen

● **El Prado**
Alteingeführtes Antiquitätengeschäft. Silber und Möbel. Piazza Santa Restituta 8, Tel. 081900191.

● **Le Terracotte**
Arabisch inspiriertes Dekor, bleifreie Glasuren. Via C. Colombo 2.

Fest

● **Santa Restituta**
Am 17. Mai feiert Lacco seine Patronin mit einer Bootsprozession. Eine Statue der Heiligen wird über das Meer von Lacco nach Casamicciola überführt. Am Abend wird ein großes Feuerwerk gezündet.

Strände

Ischias schönster Sandstrand liegt an der **Baia di San Montano,** eingerahmt von Monte Vico und La Guardiola. Wenn nach der langen Sommersaison die *bagni* ihre Liegestühle und Sonnenschirme abräumen, findet die sichelförmige Bucht für einige Monate wieder zu ihrem paradiesischen Urzustand zurück.

Thermen

● **Negombo**
Traumhaft angelegter exotischer Park. Die zwölf Thermal- und Meerwasserpools ziehen sich in Terrassen den Hang bis an die Baia di San Montano hinab. Kinderbereich und privater Strandabschnitt. Mitte April bis Okt. tägl. 8.30–19 Uhr. Tageskarte 25 Euro, ab 12.30 Uhr 18 Euro. Via di San Montano, Tel. 081986152, www.negombo.it

●**Terme della Regina Isabella**
Das luxuriöse Kurbad ist an das gleichnamige Hotel angeschlossen. Das Wasser der Thermalquelle zeichnet sich durch hohen Radongehalt aus. Dem radioaktiven Edelgas wird eine heilkräftige Wirkung zugeschrieben. April bis Oktober. Mo.–Sa. 8–12 und 17–19.30 Uhr. Piazza Santa Restituta, Tel. 081994322.

Wandern

Monte Vico

Von der Piazza Santa Restituta lässt sich der 116 m hohe Hausberg von Lacco Ameno in einer guten halben Stunde erreichen. Vom alten Friedhof bietet sich ein besonders schöner Panoramablick auf die Stadt. Den Küstenwachturm ließ *Alfons von Aragon* im 15. Jh. auf römischen Grundmauern errichten.

Punta Caruso

Auf einer für den Durchgangsverkehr gesperrten Straße kann man von Lacco Ameno (oder Forio) mit herrlichen Landschaftsblicken auf der Halbinsel schlendern, die im äußersten Nordwesten von Ischia ins Meer vorstößt. Ausgangspunkt am westlichen Ortsende von Lacco ist ein Torbogen oberhalb des Valle di San Montano. Südlich des Monte Caruso liegt die lang gezogene Spiaggia di San Francesco. Nicht weit von San Franceso liegt die bezaubernde Gartenanlage La Mortella.

Forio

↗X, A1/2

Das Gemeindegebiet von Forio (Betonung auf dem „ri"), zu dem auch das Dorf **Panza** gehört, erstreckt sich über die gesamte Westküste. Im Rücken von Forio erhebt sich der **Monte Epomeo.** Auf den unteren Hangabschnitten gedeihen Obst und Wein, weiter oben ragen die kahlen Felsflanken der **Pietra dell'Acqua** und des Epomeo-Gipfels aus den Kastanienwäldern. Forio ist das älteste und bedeutendste Weinanbaugebiet auf Ischia, die Rebstangen liefern die Kastanienwälder des Monte Epomeo. Der Name Forio leitet sich möglicherweise vom griechischen *phoros* bzw. vom lateinischen *ferax* ab, beide Worte bedeuten fruchtbar.

Forio selbst ist ein **hübsches Hafenstädtchen** mit auffällig vielen Wehrtürmen und barocken Kirchen. 13, zum Teil noch gut erhaltene **Wach- und Wehrtürme,** im 15. und 16. Jh. während der Türkeneinfälle zum Schutze der Bevölkerung errichtet, prägen das Stadtbild. In den 1950er Jahren war Forio über kurze Zeit eine beliebte Künstlerkolonie. Die Bar Internazionale, damals kultureller Treffpunkt des gesellschaftlichen Lebens auf Ischia, gibt es in der alten Form nicht mehr, und auch sonst haben sich kaum Spuren vom „Worpswede" unter der südlichen Sonne erhalten. Die kilometerlangen Sandstrände im Norden und Süden der Stadt und die auch hier reichlich sprudelnden **Thermalquellen** waren in den 1960er Jahren Auslöser einer massiven touristischen Entwicklung. Heute konzentriert sich in Forio und Umgebung das Gros der deutschen Pauschalreisenden.

Trotz einiger Bausünden konnte sich Forio den Charme eines mediterranen Küstenstädtchens weitgehend bewahren. Wahrzeichen der Stadt ist die schneeweiß getünchte **Chiesa della Santa Maria del Soccorso** auf einem Felsvorsprung direkt über dem Meer. Eine mit Majolikakacheln geschmückte Freitreppe führt zu der Wallfahrtskirche der Seefahrer und Fischer. Im Inneren sind Segelschiff-Modelle aufgestellt, gestiftet als Dank zur Rettung aus Seenot. In der Seitenkapelle hängt ein großes Holzkruzifix, das der Legende nach Anfang des 16. Jh. vom Meer angespült wurde. Die Piazza vor der Kirche ist immer belebt. An klaren Tagen reicht die Sicht bis zu den Pontinischen Inseln. Ganz selten werden die ohnehin farbenprächtigen Sonnenuntergänge um das Schauspiel des „grünen Strahls" bereichert. Für einen Augenblick, kurz bevor die Sonne im Meer versinkt, strahlt ein grünes Licht auf.

Wenige Schritte weiter steht am Rathausplatz die Kirche der Erzbruderschaft der Barmherzigen Maria, die **Chiesa della Arciconfraternità di Santa Maria Visitapoveri.** In der Sakristei der Kirche werden vier goldgefasste Holzstatuen in einer Glasvitrine verwahrt, Hauptakteure an Forios schönstem Kirchenfest, der Corsa dell'Angelo. Bei der Ostersonntagsprozession wird die Figur des Engels im Laufschritt zwischen den Figuren der Madonna, des Johannes und des auferstandenen Christus hin und her getragen. Die **Basilica di Santa Maria di Loreto** am Corso Umberto stammt ursprünglich aus dem 14. Jh., zahlreichen Umbauten hat sie ihre barocke Gestalt zu verdanken. Das Fassadenmosaik ist ein Werk des deutschen Künstlers und Wahlischitaners *Eduard Bargheer* (1901–1979). Ein kleiner Spaziergang, vorbei an Herrenhäusern mit schönen Steinportalen, führt in den höher gelegenen mittelalterlichen Ortsteil und zur ältesten Pfarrkirche der Insel. In der **Chiesa San Vito** wird eine barocke Silberstatue des Ortsheiligen verwahrt. Mitte Juni feiert Forio seinen Patron mit nächtlichen Prozessionen.

Zurück in Hafennähe kann man den **Torrione,** den am besten erhaltenen **Küstenwachturm,** besichtigen. Von oben genießt man eine erwartungsgemäß großartige Aussicht. In den restaurierten Räumen sind Werke des lokalen Künstlers *Giovanni Maltese* ausgestellt. In der Nähe des imposanten Turms stehen schöne Patrizierhäuser aus dem 17. bis 19. Jh.

- **Museo Civico Maltese,** Via Torrione, Tel. 081908236. Mo. und Mi.–Fr. nachmittags. Eintritt frei.

Nördlich von Forio liegt **im Ortsteil San Francesco einer der schönsten Gärten Italiens.** Die Sinfonie in Grün ist ein Vermächtnis des englischen Komponisten *William Walton,* der Ende der 1940er Jahre mit seiner jungen argentinischen Frau *Susana* nach Ischia kam. Am Fuße des Zaro verwandelte er mit Hilfe des Gartenarchitekten *Russel Page* einen ehemaligen Steinbruch in ein exotisches Pflanzenparadies, komplett mit Teichen, Wasserläufen, Teehaus und einem thailändischen Tempel. *Walton* schöpfte aus seinem Garten Kraft und Inspiration, er komponierte u.a. die Krönungshymne für Königin *Elisabeth II.* **La Mortella** – der Garten trägt den Dialektnamen der Myrte – bietet herrliche Ausblicke auf die Westküste von Ischia. Eine Stiftung im Namen des 1983 verstorbenen Komponisten fördert junge Musiker. Von April bis Juni und wieder im September und Oktober finden in La Mortella an Wochenenden **Nachmittagskonzerte** statt. Der Besuch der Konzerte ist im Eintrittspreis enthalten.

●**La Mortella,** Via F. Calise 35, Località Zaro (nahe der SS270 zwischen Forio und Lacco Ameno, Busse halten in der Nähe), Tel. 081986220, www.ischia.it/mortella. April bis Mitte Nov. am Di., Do., Sa. und So. 9–19 Uhr. Eintritt 8 Euro.

Im Süden von Forio liegt an dem 2 km langen **Citara-Strand** Ischias größter Thermalpark, die **Poseidon-Gärten.** An Stelle der modernen Kur- und Freizeitanlage stand in der Antike ein Tempel, der römischen Göttin *Venus Citarea* geweiht.

Information

●**Ufficio Turistico Mattera**
Nur in der Saison. Piazza Medaglia d'Oro 10, Tel. 081997323.

Unterkunft

Hotels und Pensionen

●**Mezzatorre Resort** (*****)
Luxusherberge auf einem Fels hoch über dem Meer. Grandiose Ausblicke. Besonders edle Zimmer in den Gemäuern des alten Küstenwachturms, weitere Zimmer in den Pavillons im weitläufigen Kiefernhain. Meerwasserpool, Sportanlagen und Thermalzentrum. Sehr nützlich: der Hubschrauberlandeplatz! 59 Zi., DZ/F 290–500 Euro. Ostern bis Ende Oktober. Via Mezzatorre 23 (ca. 1,5 km nördlich Forio oberhalb der San-Montano-

golf_246 Foto: pa

Bucht), Tel. 081986111, Fax 081986015, www.mezzatorre.it.

● La Bagattella Terme (****)
Weiß gekalkte Villa in maurischem Stil, von schönem Garten umgeben. Mit Stilmöbeln individuell eingerichtete Zimmer. Nördlich Forio, im Ortsteil San Francesco in Strandnähe. Kureinrichtung. Nach Zimmern im Hauptgebäude fragen! 53 Zi., DZ/F 126–146 Euro, HP ab 77 Euro. April bis Ende Okt. Via Cigliano, Tel. 081986072, Fax 081989637, www.labagatella.it.

● Lord Byron (***)
Gepflegte Apartmentanlage in einem vom Ortszentrum leicht zurückversetzten Garten mit Thermalpool. 25 Zi., DZ/F 32–156 Euro, HP ab 40 Euro. April bis Ende Okt. Via Castellaccio 21, Tel. 081997518, Fax 081997641, www.hotelbyron.it.

● Umberto a Mare (**)
Die nette Pension der Brüder *Regine,* die an gleicher Adresse auch ein ausgezeichnetes Fischlokal betreiben (s.u.), liegt unterhalb der Wallfahrtskirche Santa Maria del Soccorso. Alle Zimmer frisch renoviert, geschmackvoll möbliert und mit Meerblick. 11 Zi., EZ/F 75–110 Euro, DZ/F 100–170 Euro (HP ist zu empfehlen!). Mitte April bis Okt. Via Soccorso 2, Tel./Fax 081997171,
www.umbertoamare.it

● Semiramis (**)
Nette, kleine Frühstückspension direkt über dem Strand und 150 m von den Poseidon-Gärten entfernt. Einladende Zimmer. Von den Besitzern, *Giovanni* und *Jantje Mazza* – einer Ostfriesin, die die Liebe nach Ischia verschlagen hat – sehr freundlich geführt. Pool. 32 Zi., DZ/F 80–130 Euro. April bis Anfang Nov. Spiaggia di Citara, Tel./Fax 081907511, www.hotelsemiramisischia.com.

● Di Lustro (*)
Die Schwestern *Di Lustro* führen ihre hübsche und preiswerte Pension im Zentrum Forios. Die Zimmer im alten Herrenhaus gruppieren sich um ein stilles Atrium. Gute Küche, HP ist hier eine empfehlenswerte Option! 10 Zi., DZ/F 60–80 Euro, HP 40–55 Euro. Via F. di Lustro 9, Tel./Fax 081997163.

● Villa Gelsomino (*)
Ruhig gelegene, freundliche Familienpension mit ehrlicher *cucina casalinga,* HP ist eine gute Option. 26 Zi., EZ/F 32–40 Euro, DZ/F 65–80 Euro, HP 45–50 Euro. Via Cimmento Rosso 12, Tel. 081907638, Fax 081908144, gelsomino@flashnet.it.

● Mena (*)
Einfache Pension in Gehdistanz zum Hafen. Saubere Zimmer mit 2, 3 oder 4 Betten. Pool, schöner Hafenblick. 12 Zi., DZ/F 55 Euro. Via Spinavola 15, Tel. 081989547.

Agriturismi

● Il Vitigno
Die Familie *Rambaldi* hat ihr Landhaus in den Weinhügeln oberhalb von Forio vor einigen Jahren zu einem äußerst komfortablen Agriturismo ausgebaut. Schmucke Zimmer, kleines Thermalbecken. Ein idealer Platz zum Verweilen und guter Ausgangspunkt für Wanderungen. (In Neapel führt die Familie *Rambaldi* das B&B Riviera di Chiaia in einem 17.-Jh.-Palazzo.) 15 Zi., DZ/F 70 Euro, HP 45 Euro. Via Bocca 31 (oberhalb der SS 270 in Richtung Panza), Tel./Fax 081998307, www.ilvitigno.com.

● Mattera, Pasquale
Romantische Lage im Bosco di Falanga, Terrassen mit Blick auf Forio. Der Kern des Hauses besteht aus einem ausgehöhlten Tuff-Fels. Die Betten hängen etwas durch, aber die Bäder sind neu. Absolut ruhig. 3 Zimmer. HP pro Person ca. 40 Euro. Ostern bis Ende November. Südlich Forio zweigt aus dem Ortsteil Capiazzo auf Höhe des Hotels Villa Angela von der SS270 die Straße nach S. Maria al Monte ab. Der Agriturismo liegt nahe der Kirche. Via S. Maria al Monte, Tel. 0815071338.

Jugendherberge

● Il Gabbiano
Internationale Jugendherberge mit dem Komfort eines Mittelklasse-Hotels. 2-, 4- und 6-Bettzimmer mit Balkon und Blick aufs Meer. Pool. Wenige Gehminuten vom Citara-Strand und den Poseidon-Gärten entfernt. Behindertengerecht ausgebaut. 100 Betten.

Wassertaxi in Wartestellung

Ü/F 16 Euro. April bis Ende Sept. SS270 Forio - Panza 162, Tel./Fax 081909422.

Essen und Trinken

Restaurants, Trattorien und Osterien

●La Boheme
In diesem rustikalen Hafenlokal schmecken *zuppa di pesce* und *risotto pescatora* zu zivilen Preisen. Ab 15 Euro. Mittags und abends. März bis Okt. Via Marina 18, Tel. 081997540.

●Da Ciccio
Fischlokal in Hafennähe, hervorragende *zuppa di pesce*. Menu ca. 20 Euro. März bis Nov. Via Roma 78, Tel. 081998530.

●Da Peppino di Renata
Ländliche Trattoria auf einem Hügel oberhalb des Citara-Strandes. Traditionelle ischitanische Bauernküche mit besten Zutaten. Gemüsesuppen, *pasta e fagioli,* Ravioli mit Walnüssen oder *coniglio all'ischitana,* Fleisch vom Grill. Am Abend solide Auswahl delikater *pizze*. Guter offener Wein. 25 Euro. Mi. Ruhetag. Nur abends. März bis Mitte Dez. Via Bocca 23, Tel. 081998312.

●Il Melograno
Die schöne alte Villa ist eine sichere Adresse für raffinierte ischitanische Küche und gute Weine. Die *dolci* sind eine Offenbarung. Das Lokal liegt auf dem Weg zu den Poseidon-Gärten inmitten eines alten Olivenhains. 30–55 Euro, *Menu degustazione* 50 Euro. Mo und Di Ruhetag, von März bis Oktober tägl. mittags und abends. Via Mazzella 110, Cava dell'Isola, Tel. 081998450.

●Limoneto da Nello
Einladendes Ristorante in schönem Zitronengarten, besonders lecker ist die knusprige Holzofenpizza. 10–30 Euro. Abends. Ende März bis Ende Nov. Via Baiola 2 traversa 94, Tel. 0813332009.

●Pietratorcia
Einer von Ischias Top-Weinproduzenten lädt auf sonniger Terrasse zur Degustation ein. Die Weine werden von einer große Käseplatte und einem Teller *salumi* begleitet, das Ganze für ca. 10 Euro. April bis Mitte November. Via Provinciale Panza 267, Località Cuotto, Tel. 081908206.

●Umberto a Mare
Die Brüder *Marco* und *Umberto Regine* führen das von ihrem Großvater gegründete kleine Fischlokal mit viel Engagement fort. Schöne Terrasse über dem Meer. Einfallsreiche Nudelgerichte und raffiniert zubereitete *frutti di mare*. Zu zweit sollte man die *cassuola di mare,* einen Fischeintopf, probieren. Große Weinauswahl, hausgemachte *dolci*. Zur Siesta locken die charmanten Zimmer in der Pension gleich nebenan (s.o.). Ab 25 Euro. April bis Oktober. Via Soccorso 2, Tel. 081997171.

Snacks, Cafés und Bars

●La Lucciola
Hafenbar mit guter Bäckerei und Weinausschank. Di. Ruhetag. Via F. Di Lustro 13, Tel. 081997343.

●La Pietra
Typisches Felsenhaus im Tuff inmitten eines großen Gartens mit Blick aufs Meer. Hier betreiben *Mario* und *Paolo Amalfitano,* unterstützt von ihrer Mamma, ein sympatisches Lokal. Gegen Heimweh gibt es deutschen Filterkaffee, gegen Hunger riesige und köstliche *bruschette*. Offener Wein. Am Abend Live-Musik. 5–7 Euro. Kein Ruhetag. Via Mazzella, Tel. 081998607.

●Elio & Stany
Der Garant für bestes Speiseeis und großartige Drinks. Di. Ruhetag. Nov. geschl. Via G. Castellaccio 77, Tel. 081997668.

Nachtleben

●Anema e Core
Nachtcafé mit Live-Musik am Hafen. Mo. und im Nov. geschlossen. Tel. 081989341.

●La Dolce Vita
Pianobar und Disco. Ganzjährig geöffnet. Via M. F. Schioppa 27, Tel. 081998423.

An- und Weiterreise

●**Bus: Linea CD** und **CS** rund um die Insel. **Linea 1** über Lacco Ameno nach Ischia Porto bzw. bis Sant'Angelo. **Linea 2** nach Ischia Porto. **Linea 14** nach Casamicciola.

● **Taxi:** Corso F. Regina, Tel. 081997482. Piazza G. Mattera, Tel. 081997450. Piazza Medaglia d'Oro, Tel. 081997085.

● **Fahrzeugverleih: Cozzolino,** Via M. F. Schioppa 42, Tel. 081997062. **Davidauto,** Via G. Mazzella 104, Tel. 081990843. **Mattera,** Piazza Medaglia d'Oro 12, Tel. 081998490.

● **Schiff:** Im Sommer legen im Hafen von Forio *aliscafi* (Tragflügelboote) aus Neapel-Molo Beverello an. Infos c/o Alilauro, Tel. 0818376995, www.alilauro.it.

● **Boot:** Vom Hafen aus werden v.a. im Sommer Bootsausflüge um die Insel angeboten. Ein nicht ganz billiges, aber lohnendes Vergnügen!

Strände

Die **Spiaggia di San Francesco** im Norden von Forio ist bei den Einheimischen besonders beliebt. An dem schönen gelben Sandstrand gibt es nur wenige gebührenpflichtige bagni, auch die Strandlokale sind hier nett und unprätentiös. Kenner schwimmen zu den Thermalquellen ins Meer hinaus. Südlich schließt sich die **Spiaggia Chiaia** an. Die Aussicht aufs Meer wird durch die Wellenbrecher etwas getrübt.

Im Süden von Forio wird die **Cava dell'Isola** vor allem von den einheimischen Jugendlichen aufgesucht. Um zu dem freien Badestrand unterhalb des Steilufers zu gelangen, muss man über einige Stufen klettern. Im Hochsommer geht es an der **Spiaggia di Citara** hoch her. Freie Liegeflächen sind an dem lang gezogenen Sandstrand dann knapp, an bagni, Bars, Restaurants, Beach-Volleyball-Feldern und fliegenden Händlern herrscht hingegen kein Mangel. In Strandnähe entspringt die 54°C warme Citara-Quelle.

Thermen

● **Giardini Poseidon**

Ischias größter Thermalpark wird mit deutscher Effizienz und Gründlichkeit geführt. Herrliche Lage in einem ausgedehnten Landschaftspark am lang gezogenen Citara-Strand. Riesiges Kur- und Freizeitangebot mit 21 Thermalpools, Jacuzzis, Felsensauna, Dampfbädern, Strand u.v.m. April bis Okt. tägl. 8.30–19 Uhr. Tageskarte 25 Euro, ab 13 Uhr 20 Euro. Spiaggia di Citara, Tel. 081907122, www.giardiniposeidon.it.

Wandern

Punta Caruso

Aus dem Ortsteil San Francesco kann man auf einer für den Durchgangsverkehr gesperrten Straße oberhalb der Steilküste an die Spitze der Halbinsel und weiter bis zur **San Montano-Bucht** westlich von Lacco Ameno wandern.

golf_251 Foto: pa

Blick von der Pietra dell'Acqua auf Forio

Monte Epomeo

Aus Forio führen mehrere Wege auf den höchsten Inselgipfel. Ein sanft gezogener Anstieg beginnt im südlich gelegenen Ortsteil Capiazzo auf Höhe des Hotels Villa Angela direkt von der SS270. Die wenig befahrene Straße führt gelb markiert über S. Domenico und S. Maria del Monte hoch. Zwei steilere Wegvarianten beginnen im Osten von Forio. Von Cierco geht es über S. Antuono zur S. Maria del Monte, von Monterone führt der Weg an den Terme Castaldi vorbei ebenfalls zur S. Maria del Monte.

Panza

↗X, A2

Das freundliche, auf luftigen 150 m Höhe gelegene **Weinbauern-Dorf** Panza hat längst Anschluss an den Tourismus gefunden, ohne aber dabei seine ländlich entspannte Atmosphäre eingebüßt zu haben. Im alten Ortskern stehen sich an der Piazza, dem abendlichen Treffpunkt der Einheimischen, die barocke **Pfarrkirche San Leonardo** und die **Kirche der Erzbruderschaft SS. Annunziata** gegenüber. Eine Reihe privater Zimmeranbieter machen im Ort mit den Schildern „Affitasi camera" auf sich aufmerksam. Die meisten Ferienwohnungen und Hotels liegen an den beiden Straßen in Richtung Küste bzw. in den Weinhügeln oberhalb des Ortes.

Ende August und Anfang September geht es in Panza besonders weinselig zu, wenn die **Sagra dell'Uva e del Vino** gefeiert wird, festliche Einstimmung auf die Weinlese, die Ende September oder Anfang Oktober stattfindet. Das ganze Jahr über kann man sich in dem **Bauernmuseum,** das die Familie *D'Ambra* auf ihrem Gut eingerichtet hat, über die Geschichte des Weinanbaus auf Ischia informieren. Die griechischen Gründer von Pithekoussai haben im 8. Jh. v. Chr. die Kultur der Rebe im westlichen Mittelmeerraum verbreitet. Nach der Führung (auch deutschsprachig) kann man ohne jeden Kaufzwang die Weine des Hauses *D'Ambra,* seit 1888 Produzent qualitätsvoller Tropfen, verkosten. Sie werden auch in jedem besseren Restaurant auf der Insel ausgeschenkt.

- **Museo Contadino dell'Isola d'Ischia,** an der SS270 oberhalb von Panza ausgeschildert, Tel. 081907210, www.dambravini.it. Mo.–Fr. 10–16.30 Uhr. Eintritt frei.

Südlich von Panza, aus dem Ort auf einer ausgeschilderten steilen Straße und über Treppen zu Fuß zu erreichen, liegt die **Sorgeto-Bucht.** Im Meer entspringt eine naturbelassene Thermalquelle.

Hotels und Pensionen

- **Miralisa** (***)
Freundliches Haus oberhalb der Sorgeto-Bucht. Ruhig gelegen, fast alle komfortablen Zimmer mit Aussicht aufs Meer. Thermalpool. Viermal am Tag fährt der Hotelbus nach Panza. 27 Zi., EZ/F 42–72 Euro, DZ/F 70–130 Euro, HP 40–70 Euro. Mitte März bis Ende Okt. Via Fumerio 6, Tel. 081909059, Fax 081907357, www.hotelmiralisa.com.
- **Punta Chiarito** (***)
Nichts als Felsen, Himmel, Meer und Stille: Das kleine, komfortable Hotel liegt einsam auf dem gleichnamigen Felskap südlich von Panza. Am schönsten sind die Zimmer mit Blick auf Sant'Angelo. Großer Thermalpool, Kureinrichtung. 200 Stufen führen zum Sorgeto-Strand hinab. Auf dem weitläufigen Gelände befinden sich archäologische Ausgrabungen. Viermal am Tag fährt der Hotelbus nach Panza. 16 Zi., DZ/F 122–180 Euro. Mai

bis Okt. Via Casa Polito 1, Tel. 081908102, Fax 081909277, www.puntachiarito.it.

● **Al Bosco Terme** (**)
Im ruhigen Südwesten von Panza in ländlicher Umgebung gelegen. Schöne Blicke aufs Meer. Thermalpool, Kureinrichtung. Die Familie *Iacono* betreibt nebenan das rustikale Restaurant „La Forastera" (s.u.). 28 Zi., EZ/F 40–60 Euro, DZ/F 60–90 Euro, HP 45–60 Euro. Mitte März bis Mitte Nov. Via Madonna delle Grazie (Richtung Scanella), Tel. 081909132, Fax 081907561.

● **Mare Luna** (**)
Seit 2001 steht die Pension unter der jungen und sympathischen Leitung von *Tina* und *Maurizio Esposito*. Nur HP, allerdings ist das Abendessen hier wirklich zu empfehlen! Faire Preise, nette Atmosphäre. 14 Zi., HP 40–45 Euro. Via Madonna delle Grazie 69, Tel./Fax 081907183, www.hotelmareluna.it.

Essen und Trinken

Südwestlich von Panza liegen in Richtung Scannella eine Reihe empfehlenswerter Ausflugslokale.

● **La Forastera**
Rustikales Terrassenlokal im Grünen. Gute ischitanische Bauernküche. Menu 15–20 Euro. März bis Okt. tägl., im Winter nur Sa. und So. Via Forche 31 (Querstraße der Via Madonna delle Grazie), Tel. 081907281.

● **Da Leopoldo**
Beliebtes Ausflugslokal mit hervorragender Küche und Panoramaterrasse. Besonders gut schmecken hier *pasta e faggioli con cozze* (Nudeln mit weißen Bohnen und Miesmuscheln), Fleisch vom offenen Holzkohlengrill. Am Abend auch Holzofenpizza und Mandolinenmusik. 20–30 Euro. April bis Okt. tägl. abends, im Winter v.a. an Wochenenden. Via Scannella 12, Tel. 081907086.

● **Da Luca**
Empfehlenswertes Lokal im Zentrum, offener Wein und v.a. junges Publikum. Hier gibt es von morgens 10 Uhr bis spät in die Nacht knusprige Pizza frisch aus dem Holzofen, aber auch Pasta sowie Fisch- und Fleischsecondi. 5–15 Euro. Kein Ruhetag. Via Provinciale Panza 384, Tel. 081907846.

● **Il Cacciatore**
Edel-Trattoria mit schöner Aussichtsterrasse. Gute Gemüse- und Fisch-Risotti, natürlich gibt es auch *conoglio alla cacciatora*. 25–30 Euro. Mo. Ruhetag. Abends, So. auch mittags. April bis Okt. Via Scannella 17, Tel. 081907036.

An- und Weiterreise

● **Bus: Linea CD** und **CS** rund um die Insel. **Linea 1** über Lacco Ameno nach Ischia Porto bzw. bis Sant'Angelo.

● **Taxi:** Piazza San Leonardo, Tel. 081907251.

● **Taxi-Boote:** Von Sant'Angelo aus pendeln v.a. im Sommer Boote in die Sorgeto-Bucht.

Fest

● **Sagra dell'Uva e del Vino**
Bei diesem Dorffest Ende Aug./Anfang Sept. dreht sich alles um Wein.

Strände und Thermen

Die **Baia di Sorgeto** ist eine der wenigen Stellen auf Ischia, an denen man die Thermalfreuden noch im Naturzustand genießen kann, seit es im Sommer die Taxi-Boote aus Sant'Angelo gibt, allerdings kaum noch in stiller Einsamkeit. Die Einheimischen suchen die saubere Bucht, in der sich zwischen Felsen Meerwasser mit dem Wasser der heißen Sorgeto-Quelle mischt, seit jeher auf, um ihre Zipperlein zu kurieren. Die jungen Ischitaner kommen gerne auf ein romantisches Nacht-Bad vorbei. Der steile Fußweg aus Panza ist (wegen Unfallgefahr?) offiziell gesperrt. Acht geben muss man im Uferbereich, das Wasser kann sehr heiß sein, und die Steine sind durch Algenbewuchs glitschig. Badeschuhe machen sich bezahlt!

Wandern

Von Panza aus kann man zu einer Reihe von Wanderungen aufbrechen, etwa zu dem südlich gelegenen Aussichtshügel **La Cima** oder über den Ort **Ciglio** auf einem Panoramaweg in Richtung **Bosco di Falanga** und auf den **Monte Epomeo.** Im Nachbarort Ciglio stehen die schönsten aus Tuffsteinfelsen geschlagenen Häuser (siehe Exkurs „Eisgruben und Höhlenhäuser").

Fontana, Serrara und Sant'Angelo X, A2

Im Süden gibt sich Ischia wild und ursprünglich. Die winterlichen Regenfälle haben bizarre Schluchten in die Tuffhänge gegraben, und stille Bergdörfer wie Fontana oder Serrara haben wenig gemein mit den ausufernden Orten an der weitgehend zersiedelten Nordküste. Das 450 m hoch gelegene **Fontana** ist der klassische Ausgangspunkt für Wanderungen auf den **Monte Epomeo** (s.u.). Der Nachbarort **Serrara** gilt zurecht als der „Balkon Ischias". Von der Belvedere-Piazza genießt man das schönste Panorama auf die Südküste und Sant'Angelo. Bei guter Sicht reicht der Blick bis Capri und Sorrent. Beliebt ist der Stopp vor allem bei Touristengruppen, die hier für die Dauer eines Cappucino halten. Architektonisch sehr reizvoll ist die **Chiesa Santa Maria del Carmine,** die mit dem Rathaus einen malerischen Gebäudekomplex bildet. Kaum jemand verirrt sich in die höher gelegenen Ortsteile. Vorbei an Weinbergen und Bauerngärten führen auch hier Wege in den Bosco di Falanga und auf den Monte Epomeo.

Das ehemalige Fischerdorf **Sant'Angelo,** direkt unterhalb von Serrara gelegen, ist ein Urlaubsort wie aus dem Bilderbuch. Die Zufahrtsstraße endet oberhalb des Ortes. Weiter geht es nur zu Fuß, Gepäck und Lasten werden mit Elektrokarren transportiert. Die pastellfarbenen Häuser von Sant'Angelo kleben am Hang, und auch die zahlreich neu errichteten Hotels fügen sich harmonisch ein. Alle Treppengassen und Wege enden früher oder später an der romantischen Hafenpiazza, bis in die späten Abendstunden ein beliebter Treffpunkt. Eine befestigte Sandzunge verbindet Sant'Angelo mit der vorgelagerten **Halbinsel La Roia.** Wendet man sich um, ist der Postkartenblick perfekt. Rechts schaukeln bunte Fischer- und Taxi-Boote im Hafen, links liegt der Badestrand, die Häuser stapeln sich in pittoresken Kuben, überragt von der schneeweißen **Chiesa San Michele.** Die grünen Oasen von zwei gepflegten **Thermalgärten** flankieren das exklusive Urlaubsidyll. Am schönsten ist Sant'Angelo am Abend, wenn die Tagesausflügler wieder abgereist sind. Man fühlt sich hier fast wie auf einer Insel. Außer den Thermalgärten sorgt der nahe **Maronti-Strand** für ausgedehnte Badefreuden.

Unterkunft

Hotels und Pensionen in Sant'Angelo

- **Il Fortino** (****)
Hübsche, kleine Dependance des Hotels „La Palma" (s.u.). Komfortable Zimmer mit Balkon bzw. Terrasse. Besuch des Thermalgartens „Tropical" im Halbpensionspreis inbegriffen. 2003 komplett renoviert. 15 Zi., DZ/F 150 Euro, HP 92–107 Euro.
- **Park Hotel Miramare** (****)
Komfortables Hotel in beneidenswerter Panoramalage über dem Meer, nur wenige Mi-

Schneegruben und Höhlenhäuser

An den Hängen des Monte Epomeo kann man auf merkwürdige Gebilde stoßen. Aus großen Tuffsteinblöcken, die wie vergessenes Riesenspielzeug in der Landschaft liegen, ragen plötzlich Ofenrohre heraus. Die Felsblöcke sind vor langer Zeit vom Monte Epomeo heruntergerollt und blieben auf den flacher werdenden Hängen liegen. Einer hat es sogar bis Lacco Ameno ins Meer geschafft, als Fungo machte er als Wahrzeichen des Ortes Karriere. Im 15. und 16. Jh., als die Küstenbewohner vor den Piraten ins Landesinnere flüchteten, wurden viele dieser Tuffsteinbrocken zu Wohnungen ausgehöhlt, komplett mit Tür- und Fensteröffnungen, Schlafbänken, dem Kreuz an der Wand, Futtertrögen für das Vieh und Kelterwannen. In **Ciglio,** einem kleinen Weinbauerndorf zwischen Panza und Serrara, stehen die schönsten dieser Troglodytenhäuser. Eine Zeit lang nahm man wohl an, Troglodyten, also eiszeitliche Höhlenbewohner, hätten sie errichtet. Schöne Beispiele dieser originellen Architektur kann man auf einer Wanderung durch den **Bosco di Falanga** entdecken.

In den Kastanienwäldern der Falanga gibt es eine weitere Besonderheit, die **fosse della neve,** metertiefe Gruben, die seitlich durch Trockenmauerwerk befestigt sind. Mit dem massenhaften Aufkommen von Kühlschränken in der Nachkriegszeit verloren die ischitanischen Schneemänner ihre Arbeit. Früher hatten die *nevaioli* im Winter den spärlich gefallenen Schnee in Körben herangeschafft und stampften ihn in den Gruben mit langen Stangen zu Eis. Mit Kastanienlaub bedeckt, konnte das Eis sich bis über den Sommer halten. Auf Maultieren wurde es in die Orte gebracht, unentbehrlich zur Kühlung verderblicher Lebensmittel und zur Herstellung der *granita*. Auch die Römer tranken im Sommer ihren Wein gerne mit Eis gekühlt und aßen zum Nachtisch gestoßenes Eis mit Früchten. Mit Hilfe des Zuckers machten die Araber daraus ihr *sherbet,* Vorläufer der Sorbets oder eben der typisch süditalienischen *granita*.

golf_257 Foto: pa

nuten vom Hafen und der Piazzetta entfernt. 50 Zi., DZ/F 220 Euro. Mitte März bis Mitte Sept. Via Comandante Maddalena 29, Tel. 081999219, Fax 081999325, www.hotelmiramare.it

• **Casa Eugenio** (***)
Freundliche Familienpension oberhalb der „Aphrodite-Apollon-Gärten" (s.u.) in schöner Hanglage mit Blick auf den Maronti-Strand. Signora *Michela* sorgt für bestes Essen, ihr Mann *Eugenio* singt gerne. Gepäck kann mit einem Elektro-Karren an der Busstation abgeholt werden. 15 Zi., DZ/F 50–70 Euro, HP 36–55 Euro. Via Sant'Angelo 21, Tel. 081999722, Fax 081904900, www.casaeugenio.com.

• **Casa Rosa Terme** (***)
Gepflegte Hotelanlage im Osten von Sant' Angelo. Neben den „Aphrodite-Apollon-Gärten" (s.u.) und über dem Fumarolen-Strand gelegen. Thermalpools und Kurabteilung. 53 Zi., EZ/F 70–75, DZ/F 120–130 Euro, HP 80–95 Euro. April bis Okt. Via Fondollilo 8, Tel. 0815076111, Fax 081999035, www.hotelcasarosaterme.it.

• **Casa Sofia** (***)
Klein & fein: die deutsche Signora *Bremer-Baricelli* hat sich inzwischen 90-jährig von der Leitung ihrer Pension zurückgezogen, die aber weiter unter aufmerksamer deutscher Leitung steht. Sehr gastliches Haus, Frühstücksterrasse mit tollem Blick auf den Ort und das Meer. 8 Zi., 2 App., DZ/F 100 Euro. Via Sant'Angelo 29, Tel. 081999310, Fax 081999859, www.hotelcasasofia.com.

• **Conte** (***)
Moderne Pension auf der Sant'Angelo vorgelagerten Felshalbinsel, direkt über dem kleinen Fischerhafen. 30 Zi., EZ/F 55–60 Euro, DZ/F 100–110 Euro. April bis Okt. Via N. Sauro 42, Tel. 081999214, Fax 081999076.

• **La Palma** (***)
Angenehmes Haus mit schönen Terrassen, leicht erhöhte Lage im Ort. Die Zimmer, z.T. etwas dunkel, sind mit Stilmöbeln eingerichtet, alle haben Balkon, die meisten mit Meerblick. Nur Halb- oder Vollpension. Das Essen kann auch im Thermalgarten „Tropical" (s.u.) eingenommen werden. Besuch des Thermalgartens im Übernachtungspreis inbegriffen. 42 Zi., HP 92–107 Euro. April bis Nov. Via Comandante Maddalena 15, Tel. 081999215, Fax 081999526, www.lapalmatropical.it.

• **Casa Celestino** (**)
Von der Familie *Iacono* mit viel Aufmerksamkeit geführte Pension direkt am Felsufer. Alle Zimmer mit Blick auf die Punta Chiarito. Das Terrassenlokal ist einladend, man sitzt sehr schön und isst ausgezeichnet. HP ist also zu empfehlen. Ermäßigter Eintritt im Thermalgarten „Tropical" (s.u.). 20 Zi., DZ/F 95–130 Euro, HP 75–100 Euro. Ostern bis Okt. Via Chiaia delle Rose 128, Tel. 081999213, Fax 081999805.

• **Casa Garibaldi** (*)
Einfache, sympathische Pension im oberen Ortsteil. Terrassenförmige Anlage am Hang, herrliche Ausblicke. Pool. Kein Restaurant, den Gästen steht eine Küche zur Verfügung. 20 Zi., EZ/F 37 Euro, DZ/F 66–76 Euro. März bis Oktober. Via Madonella 52, Tel. und Fax 081999420.

• **Conchiglia** (*)
Kleines Familienhotel mit ausgezeichnetem Restaurant nahe der Piazzetta. Die Hälfte der Zimmer mit Meerblick. Gute Betten. Das Frühstück wird im Sommer auf der kleinen Dachterrasse serviert. 9 Zi., DZ/F 60–90 Euro. Anfang April bis Ende Okt. Für Gäste wird für ca. 35 Euro ein Taxiservice von und nach Neapel organisiert. 11 Zi., DZ/F 55–70 Euro. Anfang April bis Ende Okt. Via Chiaia delle Rose 3, Tel./Fax 081999270.

Privatzimmer

• **Le Querce**
Francesco Iacono vermietet vier einfache Zimmer oberhalb vom Hotel Vittorio, auf halbem Weg von Sant'Angelo Richtung Cavascura. 4 Zi., 20–25 Euro pro Person. Ostern bis Okt. Via Fondolillo, Località Cavascura, Tel. 081990365, 081999130.

Essen und Trinken

Restaurants, Trattorien und Osterien in Sant'Angelo

• **Da Pasquale**
Rustikales Ambiente und junges Publikum: Pizza, Bier und einfache Gerichte zu günstigen Preisen. Etwas versteckt oberhalb der

Piazza gelegen. 15 Euro. Di. Ruhetag. Mittags und abends. April bis Okt. Via Sant'Angelo 79, Tel. 081904208.

• La Conchiglia
Empfehlenswertes Restaurant des gleichnamigen Hotels (s.o.). Sehr gute Fischgerichte zu fairen Preisen. 20 Euro. Anfang April bis Ende Okt. tägl. mittags und abends. Via Chiaia delle Rose 3, Tel. 081999270.

• Peppino
Bei Einheimischen und Touristen beliebtes Fischlokal auf der Felshalbinsel La Roia. Tolle Holzveranda, tolle Küche. 2004 konnten Signora *Teresa* und *Peppino* das 50-jährige Jubiläum ihrer Trattoria feiern. 20–35 Euro. Mittags und abends. Ende März bis Mitte Nov. Via N. Sauro 26, Tel. 081999283.

• Lo Scoglio
Gutes Fischrestaurant auf einer Klippe direkt über dem Meer. Ab 25 Euro. Ostern bis Oktober. Via Cava Ruffano, Tel. 081999529.

• La Tavernetta del Pirata
Restaurant und In-Bar. Nomen est omen – die Preise sind nicht angeschlagen! März bis Okt. Via Sant'Angelo 77, Tel. 081999251.

Trattorien in der Cavascura-Schlucht

• La Dolce Siesta
Zurückgesetzt vom Strand, am Eingang der Cavascura-Schlucht und nur zu Fuß zu erreichen, liegt das freundliche Lokal von *Francesca* und *Francesco Iacono* (die beiden vermieten auch Zimmer, s.o.). Köstliche Antipasti und die obligaten *bruschette* zum Sattwerden, für den größeren Hunger: *fritto misto, zuppa di pesce* oder *coniglio alla cacciatora*. Hausgemachte *dolci*. 10–20 Euro. Ostern bis Okt. tägl. von früh bis spät. Via Vallone di Cavascura, Tel. 081990365.

• Taverna „Pietro Paolo Cavascura"
Rustikale Trattoria auf dem Weg zu den Terme di Cavascura. Köstliche *bruschette*. Sehr gut sind auch die *bucatini al coniglio*. 10–15 Euro. Ostern bis Sept. Via Lesca 10.

Café/Bar in Fontana

• Bar Epomeo
Guter *caffè*, exzellente *pastiera* (neapolitanische Ricotta-Torte). Fußlahme können sich hier nach einem Maultiertransport auf den Monte Epomeo erkundigen. Piazza VI. Novembre, Tel. 081999659.

Restaurants, Trattorien und Osterien in Serrara

• Il Bracconiere
Das oberhalb des Ortes gelegene Lokal ist seit über zwei Jahrzenhten ein Garant für beste Bauernküche. Exzellentes *coniglio alla cacciatora,* gute Weinauswahl. Menu ab 15 Euro. Località Falanga, Tel. 081999436.

• La Floreana
Seit Jahrzehnten existiert diese Familientrattoria am Belvedere des Ortes. *Aniello Galanos* Spezialitäten sind Pasta-Kreationen und Gegrilltes in allen Variationen. 20–40 Euro. Ganzjährig tägl. mittags und abends. Via Ciglio 4, Tel. 081999570.

Trattoria in Ciglio

• L'Arca
Besonders netter Platz! Tuffsteinhaus (siehe Exkurs „Schneegruben und Höhlenhäuser") mit grandioser Aussicht. Schmackhafte Nudelgerichte und abends Pizza. 20–25 Euro. Ostern bis Okt. tägl mittags und abends, im Winter nur Sa. und So. Via Ciglio 144, Tel. 081904226.

Trattoria auf dem Monte Epomeo

• „La Grotta" – da Fiore
Seit mehr als 35 Jahren existiert dieses einfache, aber gute Gipfel-Lokal. Selbstverständlich kehren hier nur Touristen ein, der Güte der Küche tut das aber keinen Abbruch. Auf der Ostseite des Gipfels baut die Familie *Trofa* Gemüse an, in einer Grotte werden Schweine und Kaninchen gehalten. Es kommen also fast ausschließlich die eigenen Produkte inklusive Wein auf den Tisch. Die *bruschetta* schmeckt in der Höhenluft besonders gut, auch Schinken, Pasta und Kaninchen sind nicht zu verachten. 25 Euro. Mittags, im August auch abends. März bis Ende November. Quota mt. 789 – Lato Destro, Tel. 081999521.

An- und Weiterreise

- **Bus: Linea CD** und **CS** rund um die Insel. **Linea 1** über Lacco Ameno nach Ischia Porto bzw. bis Sant'Angelo. Die Busse halten oberhalb des Ortes, in Sant'Angelo selbst existiert kein Bus- oder Autoverkehr. Gepäck und Lasten werden mit Elektrokarren transportiert.
- **Taxi:** Piazzetta am Ortseingang, Tel. 081999899.
- **Taxi-Boote:** Von Sant'Angelo aus pendeln v.a. im Sommer Boote an den Maronti-Strand und in die Sorgeto-Bucht.

Einkaufen

Sant'Angelo ist très chic, das merkt man an den zahlreichen hübschen **Boutiquen.**

Feste/Nachtleben

- **San Michele Arcangelo,** am 8. Mai und 19. Sept. feiert Sant'Angelo seinen Patron mit einer Bootsprozession.
- Die **Bars an der Piazza von Sant'Angelo und die Piazza selbst** sind von früh bis spät ein beliebter Treffpunkt.

Strände

Die östlich gelegene, lang gezogene **Spiaggia dei Maronti** ist Sant'Angelos Hausstrand. Während der Saison verkehren regelmäßig Taxi-Boote zum nahen Maronti-Strand und zur westlich gelegenen Sorgeto-Bucht. Am westlichsten Abschnitt des Maronti-Strandes, von Sant'Angelo aus über die Via Fondollilo zu Fuß zu erreichen, liegen frei zugängliche Fumarolen. Die heißen Dampfaustritte an der **Spiaggia di Grado** erhitzen den Sand (Vorsicht mit kleinen Kindern!). Behutsam kann man sich vom Dampf aufwärmen lassen und dann zur Abkühlung ins Meer springen.

Thermen

- **Parco Termale Aphrodite Apollon**
Im Osten von Sant'Angelo, oberhalb des Fumarolen-Strandes gelegen. Großer terrassierter Park, 12 Thermalpools, Saunen, FKK-Bereich und Strandabschnitt mit Fumarolen. Gratis Taxi-Boote aus Sant'Angelo. April bis Nov. tägl. 8.30–18 Uhr. Tageskarte 20 Euro. Via Petrelle, Tel. 081999202, 081999272, www.aphrodite.it.
- **Parco Termale Tropical**
Moderner Thermalpark im Süden von Sant' Angelo in der Nähe der Bushaltestelle. 9 Pools, römisches Dampfbad, Fangobecken, Natursauna. April bis Okt. tägl. 8–18 Uhr. Eintritt 20 Euro. Via Ruffano, Tel. 081999242, www.lapalmatropical.
- **Terme di Cavascura**
Baden wie die alten Römer, ohne Touristenrummel und bei friedlichem Vogelgezwitscher. Ein idealer Platz für Naturfreunde und Romantiker! Aus Sant'Angelo führt eine kurze Wanderung zu einer der ältesten Thermalquellen der Insel. Auf der Via Fondollilo geht es nach Osten aus dem Ort und vorbei an einigen netten Bauernlokalen in die schattige Schlucht hinein. Nach der „Taverna Pietro Paolo" (s.o.) gabelt sich der Weg und steigt geradeaus steil Richtung Serrara an. Hier nach rechts abbiegen, einige hundert Meter später hat man die Thermen erreicht. Bereits im Altertum war die 60°C warme Olmitello-Quelle ein heißer Tipp unter Frauen, die an Unfruchtbarkeit litten. Gebadet wird in Höhlen, die in den anstehenden Tuff geschlagen sind. Die Steinwannen werden über Rinnen mit warmem Wasser gefüllt. In der kleinen Bar kann man sich erfrischen und den gröbsten Hunger stillen. Sehr gut kann man in den Lokalen, die auf dem Weg liegen, essen (s.u.). Mitte April bis Mitte Oktober tägl. 8.30–13.30 und 14.30–18 Uhr. Via Cavascura, Tel. 081905564. Man bezahlt die jeweiligen Anwendungen, z.B. Thermalbäder 10 Euro, Fangopackungen 20 Euro. Via Cavascura, Tel. 081905564, www.lapalmatropical.

Wandern

Monte Epomeo – höchstes Gipfelglück

Abwechslungsreiche Rundwanderung mit herrlichen Ausblicken über die gesamte Insel und **Besteigung des höchsten Inselgipfels.**

Feld- und Waldwege sowie kürzere Abschnitte auf asphaltierten Straßen ohne Verkehr, teils im Schatten eines Kastanienwaldes. Reine Gehzeit 3–3½ Std. (Fontana – Pietra dell' Acqua 45 Min., Pietra dell'Acqua – Monte Epomeo 30 Min., Monte Epomeo – S. Maria al Monte 1 Std., S. Maria al Monte – Belvedere dei Fratelli 20 Min., Belvedere dei Fratelli – Serrara 40 Min.)

Die beschriebene **Wanderung beginnt in Fontana und endet in Serrara,** beide Orte sind mit SEPSA-Bussen zu erreichen.

Aus Fontana erfolgt der direkteste Anstieg zum Epomeo. Die hier beschriebene Wegvariante führt sanfter, etwas länger und mit schöneren Ausblicken über die Pietra dell'Acqua ebenfalls bis auf den höchsten Inselgipfel. Wenn man sich auf dem ersten Abschnitt der Wanderung unterwegs nach dem Weg erkundigt, sollte man die Richtung zur Pietra dell'Acqua erfragen.

Aus Ischia Porto kommend, kann man in **Fontana** entweder an der ersten Haltestelle auf der Piazza aussteigen, um vor der Wanderung noch im Ort einzukaufen, bzw. man steigt erst an der zweiten Haltestelle in Richtung Serrara aus.

Auf Höhe der Scuola Elementare (Grundschule) biegt ein Gasse ab, die nach rechts den Berg hinaufführt. Der Weg setzt sich bald als Hohlweg fort und steigt steil an. Nach etwa 10 Min. an einer Weggabelung links gehen und bald darauf, an der nächsten Weggabelung, rechts weiter hoch. An den Seiten begleiten meterhohe Tuffwände den schattigen Weg. Der Untergrund ist etwas rutschig, so dass man um gute Profilsohlen froh ist! Den nächsten Abzweig nach rechts unbeachtet lassen und weiter aufsteigen. Seitlich des Weges stehen die ersten Kastanien, rechter Hand liegen ein kleiner Weinberg und Obsthain. An der nächsten Gabelung, etwa 20–25 Min. ab dem Start, geradeaus weiter hoch. Linker Hand sieht man über eine Verebnung nach Capri, rechts sind bereits die Felsformationen der Pietra dell'Acqua zu erkennen. Auf Höhe eines grau verputzten Häuschens geht es weiter hoch, der Weg steigt vorbei an Obst- und kleinen Gemüsegärten in Serpentinen an. Linker Hand liegt die **Bocca di Serra,** Capri ist über Barano hinweg zu sehen.

Am Fuße der **Pietra dell'Acqua** stehen einige verlassene Steinhäuser. Auf Höhe des zweiten Hauses mit einer in den Tuff geschlagenen Zisterne zweigt links ein Pfad ab, der auf den mit 720 m zweithöchsten Inselgipfel führt – ein sehr lohnender Abstecher! Ohne Gipfelantennen und Rummel genießt man traumhafte Blicke auf die sich im Nordosten erhebende Spitze des Monte Epomeo. In Forio kann man auf dem Felsvorsprung die Chiesa Santa Maria del Soccorso erkennen, in der nördlichen Küstenebene breiten sich die weißen Häuser von Lacco Ameno aus, und von unten brandet der Bosco di Falanga gegen die Felswände.

Zurück auf dem Hauptweg geht es an aufgelassenen Ackerterrassen vorbei, mit schönen Ausblicken in gerader Linie auf den Monte Epomeo zu. Unterwegs zweigt links ein Weg ab, der in den Bosco di Falanga hinabführt (später setzt sich auf diesem Weg die Wanderung fort), von rechts stößt, gelb markiert, der direkte Pfad aus Fontana dazu. Nach einem kurzen, steilen Anstieg hat man den 789 m hohen Gipfel des **Monte Epomeo** erreicht. In der Trattoria La Grotta (s.o.) kann man sich stärken. Seit dem 15. Jh. steht die Einsiedelei San Nicola auf dem Gipfel.

Vom Gipfel auf dem selben Weg wieder absteigen und in Richtung Norden auf den Pfad einbiegen, der in den **Bosco di Falanga** hinabführt. In steilen Serpentinen geht es über ausgewaschenen Tuff bergab. Bald umfängt einen die Kühle des Kastanienwaldes mit Vogelgezwitscher. Von oben stößt man auf einen schmalen, querenden Pfad, hier nach links weiter absteigen. Unterwegs sind immer wieder gelbe Farbmarkierungen zu sehen. Seitlich des Weges kann man im Wald moosbewachsene Schneegruben entdecken (siehe Exkurs „Schneegruben und Höhlenhäuser").

Etwa 30 Min. nach dem Aufbruch vom Gipfel stößt der Pfad von oben auf einen breiten, querenden Weg, der sich bezeichnet nach rechts in Richtung Casamicciola und nach links in Richtung Forio fortsetzt. Richtung Forio weitergehen und dabei den gelben Markierungen folgen. Nach 15–20 Min.

golf_280_2 Foto: pa

noch einmal links in Richtung Forio abbiegen. Zwischen hohen Steinmauern führt der Weg an einer Reihe charakteristischer Troglodytenhäuser (siehe Exkurs „Schneegruben und Höhlenhäuser") vorbei, führt aus dem Wald ins Freie und stößt in der **Contrada S. Maria al Monte** auf einen Agriturismo.

Oberhalb des Agriturismo-Restaurants nach rechts und gleich anschließend nach links weitergehen (an der **Kirche S. Maria al Monte** vorbei führt ein Weg nach Forio). Der Weg quert den Hang in Südrichtung, bergseitig vom Wald, talseitig von Ackerterrassen und dem Blick auf Forio begleitet. Nach kurzer Zeit schwenkt der Weg nach links und steigt in einem Robinienhain zu dem **Belvedere Dei Fratelli** auf. Drei Steinsitze laden ein, das Panorama zu genießen.

Vom Belvedere an der Mauer entlang weiter aufsteigen. Nach einigen Schritten stößt man von unten auf einen breiten, querenden Weg. Rechts weiter hoch bis zum Grat. Ab hier geht es bergab. Die asphaltierte Straße führt auf Höhe einer Sendeanlage an dem Restaurant Il Bracconiere vorbei (s.o.). Kurz nach dem Lokal, an der Kreuzung, auf der rechts abbiegenden Straße in Richtung Serrara weiter absteigen. Am Friedhof nach rechts und in **Serrara** an der Kirche vorbei die Hauptstraße Via Roma queren. Von dem **Belvedere** genießt man einen Traumblick auf Sant'Angelo und Capri. Hier halten auch SEPSA-Busse.

Beim Friseur

Barano d'Ischia und der Maronti-Strand

↗ X, A2

Von Weinbergen umgeben breitet sich **Barano d'Ischia** mit seinen **Nachbarorten Buonopane, Piedimonte, Casabona, Vateliero und Testaccio** über die wunderschönen südlichen Ausläufer des Monte Trippodi aus. Den Mittelpunkt des freundlichen Dorfes bildet die **Piazza San Rocco** mit der barocken Chiesa San Sebastiano. Eine Terrasse öffnet sich mit weitem Blick auf die Südküste von Ischia.

Auf dem Weg in das nordwestlich gelegene **Buonopane** erreicht man die seit dem Altertum gerühmte **Nitrodi-Quelle.** Von der SS270 führt ein steiler Hohlweg hinab zur Grotte, in der die Quelle entspringt. Dem sodahaltigen Thermalwasser wird nicht nur eine heilende, sondern auch eine schönheitsfördernde Wirkung zugeschrieben. Als Beleg mögen die antiken Votivbilder der Quellnymphen dienen, die 1757 hier gefunden wurden und jetzt im Museo Archeologico von Neapel verwahrt werden. Am Vorabend des 24. Juni ist Buonopane Schauplatz eines uralten Fruchtbarkeitstanzes. Alljährlich wird die **'Ndrezzata** zu Ehren des Dorfpatrons *San Giovanni Battista* aufgeführt.

Testaccio, ein hübscher Weiler südlich von Barano, schwebt wie ein Adlerhorst 150 m über dem Maronti-Strand. Der gepflasterte **Scalone di Testaccio** führt mit herrlichen Blicken in einer Viertelstunde ans Meer hinab. Vizekönig *Carlo Corafà* ließ den Treppenweg 1769 anlegen, in Privatinitiative wurde er vor einigen Jahren neu befestigt und gesäubert. Seit den 1960er Jahren verbindet eine Straße Barano mit Ischias beliebtestem Badestrand.

Die **Spiaggia dei Maronti** ist für viele der **schönste Strand der Insel,** manche versteigen sich zu einem Vergleich mit der Karibik. Der grobe Sandstrand zieht sich zwei Kilometer lang vom Capo Grosso bis nach Sant'Angelo. Hohe Tuffwände schirmen den Strand vor kalten Nordwinden ab, das Wasser wird stellenweise von untermeerischen Thermalquellen erwärmt. Durch den Bau des Dammes, der Sant'Angelo fest mit der Halbinsel La Roia verbindet, haben sich die Strömungsverhältnisse in der Bucht verändert. Während im Westen das Meer bereits an den Tuffsteilwänden nagt, verbreitert sich der Strand nach Osten. Eine Besonderheit der Spiaggia dei Maronti sind die **romantischen Stelzenrestaurants,** die im Sommer am Strand stehen. Im Sommer sind einzelne Strandabschnitte an bagni verpachtet, an der langen Spiaggia bleiben jedoch genügend frei zugängliche Stellen. Theoretisch ist es möglich, am Ufer bis nach Sant'Angelo zu laufen und unterwegs den Thermen in der Cavascura-Schlucht einen Besuch abzustatten. Je nach der aktuellen Breite des Strandes kann der Weg zu nahe an der steinschlaggefährdeten Steilwand entlangführen. Es empfiehlt sich, Sant'Angelo mit einem Taxi-Boot zu erreichen.

Information

- **www.comunebarano.it**

Unterkunft

Hotels und Pensionen am Maronti-Strand

● **Parco Smeraldo Terme** (****)
Familiär geführtes Komfort-Hotel mit Kureinrichtungen, Tennisplatz und eigenem Strandabschnitt. 72 Zimmer. DZ/F 150–213 Euro, HP 86–120 Euro. April bis Okt. Via Maronti 21, Tel. 081990127, Fax 081905022.

● **Hotel Vittorio** (***)
Das preisgünstige Hotel am Fuße einer steilen Tuffsteinwand liegt auf halbem Weg zwischen der Piazza Maronti und Sant'Angelo direkt am Meer und ist am besten mit dem Boot zu erreichen. Das Hotel organisiert den Transfer. Zimmer mit Balkon und Meerblick, gutes Restaurant, Thermalpool und Sauna. Der Privatstrand direkt vor dem Hotel ist strömungsbedingt nicht immer vorhanden. 70 Zimmer. DZ/F 55–70 Euro, HP ab 65 Euro. April bis Oktober. Via Maronti 25, Tel. 081990079, Fax 081905211.

● **Villa al Mare** (***)
10 Zimmer, Via Maronti 38, Tel. 081990054, Fax 081905277.

● **La Gondola** (**)
Das charmante, etwas in die Jahre gekommene Strandhotel zieht sich in Terrassen den Hang hoch. Kleiner Thermalpool, Grottensauna. Autos können gegen Gebühr am Ende des Buswendeplatzes geparkt werden. Das Hotel liegt einige hundert Meter westlich vom Parkplatz. Gäste und Gepäck können auch vom Maronti-Strand bzw. in Sant'Angelo mit dem Boot abgeholt werden. 48 Zimmer. DZ/F 90–110 Euro. Ostern bis Ende Okt. Spiaggia dei Maronti, Tel. 081990076, 081906363.

● **Casa Antonio** (*)
Ruhige, nette und preisgünstige Pension. Vom Maronti-Strand aus in wenigen Minuten zu Fuß über einen Treppenweg zu erreichen. Der Treppenweg, von *Antonio Pollato* und seinen Freunden restauriert, führt weiter bis Testaccio hoch. Das eigene Auto kann gegen Gebühr in der Nähe des Buswendeplatzes geparkt werden. Gepäck wird mit einem Mini-Raupenschlepper abgeholt. Antonios Frau *Erika* spricht deutsch. Zimmer mit Balkon und Blick aufs Meer und Sant'Angelo. 9 Zimmer. DZ/F 55–60 Euro. Ende April bis Anfang November. Via Giorgio Corafà 55, Barano di Ischia, Tel./Fax 081990444, www.casantonio.it.

Campingplatz

● **Mirage**
Freundlicher Platz direkt am Strand. Zelt-, Stellplätze und Bungalows. Ganzjährig geöffnet. Lido Maronti 37, Tel. 081990551.

Essen und Trinken

Restaurants und Trattorien am Maronti-Strand

● **Aglio, Olio e Pomodoro**
Der Name des 2003 eröffneten Strandrestaurants ist Programm, *Peppe Taliericios* Lieblingsingredienz ist *aglio* (Knoblauch). Ansonsten regiert frischer Fisch die delikate Küche. *Alici* (Sardellen) gibt es immer, frisch gegrillt oder mariniert. Nicht nur Vegetariern sei die köstliche *parmigiana di melanzana* empfohlen. 30–35 Euro. Ostern bis Mitte Nov. Spiaggia dei Maronti, lato Petrelle, Tel. 081906408.

● **Al Paradise**
Luftig gelegenes Restaurant an der Straße, die von Testaccio zum Maronti-Strand hinabführt. Tolles Panorama, frischer Fisch und abends Pizza. Spezialität: *pesce cartoccia* (im Holzbackofen in Folie gedünsteter Fisch). 20–50 Euro. Ostern bis Okt. tägl. mittags und abends, im Winterhalbjahr nur auf Vorbestellung. Via Maronti, Tel. 081905614.

● **Di Iorio (Da Franco)**
Stelzenrestaurant am Strand. Frischer Fisch. 20 Euro. In der Nebensaison mittags, im Sommer auch abends. März bis Dez. Spiaggia dei Maronti, Tel. 081990003, 081990751 (casa).

● **Il Faro**
Wo der Scalone di Testaccio an der Spiaggia dei Maronti endet, erhebt sich auf Stelzen eines der typischen Strandlokale. Gute Fischküche. Auf Vorbestellung wird auch *coniglio alla cacciatora* zubereitet. Sehr zu empfehlen! 25–30 Euro. Ostern bis Mitte Nov. tägl. mit-

tags und abends. Spiaggia dei Maronti, Tel. 081990052.

- **Ottomano**

Stelzenlokal mit zivilen Preisen. Die Fische fängt *Salvatore Cenatiempo* selbst, wenn nicht, bekommt er sie täglich frisch von einem lokalen Fischer geliefert. Abends auch Holzofenpizza, offener Inselwein, delikate *dolci della casa*. 20–25 Euro. März bis Ende Okt. tägl. mittags und abends. Spiaggia dei Maronti, Tel. 081905403.

Restaurant am Meer, östlich vom Maronti-Strand

- **La Scarrupata**

Romantisch über Felsklippen gelegenes Lokal in der Bucht zwischen dem Capo Grosso und der Punta San Pancrazio. Gute Fisch- und Bauernküche. Menu ca. 20 Euro. Mai bis Oktober. Vom Maronti-Strand mit dem Taxi-Boot zu erreichen bzw. zu Fuß aus Chiummano (SEPSA-Busse halten bei Vateliero südöstlich von Barano). 30–40 Euro. Mai bis Okt. tägl. mittags (bis 17 Uhr). Tel. 081905345.

Trattoria in Buonopane

- **La Cantina**

Rustikale, günstige und gute Trattoria auf dem Weg zur Nitrodi-Quelle. Der Wein lagert im Tuffsteinkeller. 15 Euro. April bis Nov. tägl. mittags und abends. Via Nitrodi 6, Tel. 081905789.

Bar

- **Belmare**

Bar und Paninoteca. Gute Bauernsalate, warme *Panini* ab 4 Euro. April bis Oktober. Spiaggia dei Maronti, Tel. 081905655.

An- und Weiterreise

- **Bus: Linea CD** und **CS** rund um die Insel mit einem Halt in Barano. **Linea 5** aus Porto über Testaccio an den Maronti-Strand, im Sommer alle 20 Min. auch **Linea 10** und **11.**
- **Taxi:** Piazza Maronti, Tel. 081997482.
- **Taxi-Boote:** Im Sommer pendeln regelmäßig Boote zwischen Sant'Angelo und dem Maronti-Strand.

Feste/Veranstaltungen

- **Ostersonntag**

In der Nacht zum Ostermontag findet in Buonopane eine **Corsa dell'Angelo** statt. Wie auch in Forio kündet eine Engelsstatue Maria die Auferstehung Christi an.

- **'Ndrezzata**

Am Vorabend des 24. Juni wird in Buonopane zu Ehren des Dorfheiligen *San Giovanni Battista* ein wilder **Stocktanz** aufgeführt. Die Ursprünge der komplizierten Choreografie werden im antiken Griechenland vermutet. Tambour- und Flötenmusik, die schneller und schneller wird, begleitet die kostümierten Tänzer.

Strände

Die **Spiaggia dei Maronti** unterhalb von Barano gilt vielen als das Non plus ultra aller Ischia-Strände (s.o.).

Thermen

- **Sorgente Nitrodi**

Die berühmte Quelle entspringt in einer Grotte bei Buonopane und ist über einen steilen Hohlweg zu erreichen, der am südlichen Ortseingang von der SS270 hinabführt. Das sodahaltige Thermalwasser eignet sich hervorragend zur Hautpflege. Lange Jahre bestand die Kuranlage im Wesentlichen nur aus einem Rohr, unter das man sich stellen konnte. Inzwischen wurden Duschen im Freien installiert, und es gibt kleine gemauerte Badebecken. Auch nach der Renovierung bleibt die Nitrodi-Quelle eine volksnahe Badeanstalt. Tageskarte 6 Euro.

- **Terme di Cavascura,** siehe Sant'Angelo.

Procida

↗ X, A1

Die Inseln unseres Archipels dort unten im Meer von Neapel sind alle schön.
Elsa Morante, Arturos Insel

Die Insel Procida bleibt die **unbekannteste der drei Golf-Schönheiten.** Einigen ist sie jedoch durch *Elsa Morantes* wunderschönen Roman „Arturos Insel" vertraut, andere haben sie, ohne es zu wissen, bereits im Kino gesehen. Etwa im Film „Il Postino", der unter dem Titel „Der Postmann" mit großem Erfolg auch in deutschen Kinos lief, oder in der Neuverfilmung von „Der talentierte Mr. Ripley".

Reisende, die sich in Pozzuoli Richtung Ischia einschiffen, bekommen im Vorbeifahren einen Vorgeschmack, einige der Fähren machen unterwegs kurz im **Sancio Cattolico** fest, dem **Hafen Procidas.** Andere besuchen die Insel auf einem Tagesausflug. Das ist möglich, aber um dieses authentische Stück Süditalien besser kennen zu lernen, sollte man sich ein bisschen mehr Zeit gönnen.

Procidas geologische Verwandtschaft mit den Phlegräischen Feldern wird bereits bei der Überfahrt aus Pozzuoli augenfällig. Die gleichen vulkanischen Tuffe, die auf dem Festland das Capo Miseno und den Monte di Procida aufbauen, bilden auch das Gesteinsmaterial der Insel. Der antike griechische Name *procyda* bedeutet „aus dem Meer gestiegen" und beschreibt zutreffend

Abbazia di San Michele

die **geologische Entstehung** der Insel. Fünf Krater lassen sich in den kreisrunden Einbuchtungen des Küstenverlaufs deutlich erkennen. Die Vulkane sind längst erloschen, sprudelnde Thermalquellen wie auf Ischia wird man auf Procida vergeblich suchen, einer der Gründe für die zaghafte touristische Erschließung.

Die vulkanischen Böden auf dem kaum **4 km²** großen Eiland sind zwar äußerst fruchtbar, das alleine reichte jedoch nie aus, die Inselbevölkerung zu ernähren. Gegenwärtig leben hier mehr als **11.000 Menschen,** im Sommer sind es deutlich mehr. Procida ist damit die am dichtesten besiedelte Mittelmeerinsel. Ihr Geld haben die Männer Procidas immer schon auf dem Meer verdient, als Fischer, als Matrosen und Marineoffiziere. „ISTITUTO NAUTICO" steht in großen Lettern auf einem der weißen Hafengebäude. In Procidas angesehener **Schifffahrtsschule** wurden einige von Italiens besten Kapitänen ausgebildet.

Heute ist der **Tourismus** ein wichtiger Wirtschaftsfaktor. Vor allem Italiener schätzen Procida als Urlaubsziel und sorgen im Hochsommer für volle Häuser und hohe Übernachtungspreise. Das restliche Jahr über kann man, günstiger als auf Capri oder Ischia, das ursprüngliche Inselerlebnis genießen. Überhaupt ist Procida in dieser Hinsicht die erfreuliche Ausnahme unter den touristischen Destinationen am Golf von Neapel. In den letzten Jahren gab

golf_267 Foto: pa

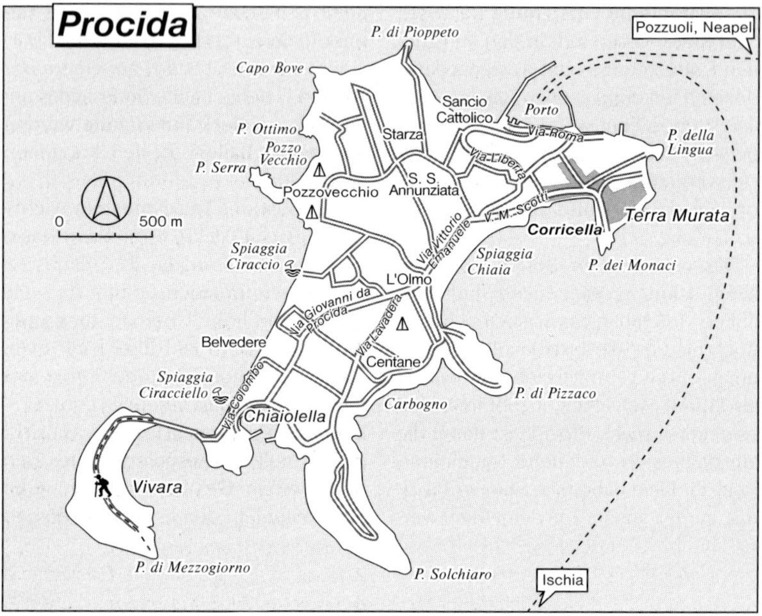

es auch nach Einführung des Euro kaum nennenswerte Preiserhöhungen!

Fähren und Fischkutter machen in der Marina Grande fest. **Sancio Cattolico** nennen die Insulaner ihren Hafen. Ein perfekter Auftakt: Vor den verwitterten, in sanften Pastellfarben leuchtenden Fassaden der Hafenpalazzi herrscht buntes Treiben. Fähren werden be- und entladen, die Inselbusse warten mit laufenden Motoren. Fischer landen am Nachmittag ihren Fang an, der sofort frisch verkauft wird. Motorisierte Dreiräder knattern geschäftig über die Hafenmeile, während die Gäste in den Cafés und Restaurants, darunter viele Einheimische, sich vom Lärm unbeeindruckt zeigen. An der Kaimauer sitzen alte Männer und flicken ihre Netze. Fast hat man den Verdacht, das Fremdenverkehrsamt hätte sie angestellt. Ein solch raffinierter Geschäftssinn läge den Menschen hier allerdings fern.

Die **Viertel Sancio Cattolico, Terra Murata** und **Coricella** bilden den zusammenhängenden städtischen Kern der Insel. Am östlichen Ende des Hafens biegt auf Höhe der weißen **Barockkirche Santa Maria della Pietà** eine Straße ab, die in den höchstgelegenen und ältesten, vom Hafen aus bereits sichtbaren Stadtteil Terra Murata aufsteigt. Schilder weisen in Richtung „Abbazia San Michele“. Von der **Piazza dei Martiri,** mit dem Denkmal des Risorgimento-Helden *Antonio Scialoja* und der barocken **Kirche Santa Maria delle Grazie,** bietet sich ein erster vielversprechender Blick auf das darunter liegende Fischerviertel Coricella. An dieser Stelle lohnt der Abstecher in das charakteristische Wohnviertel, das sich östlich an die Piazza anschließt. Die casali entstanden ab dem 16. Jh., als die Bevölkerung anfing, die schützenden Burgmauern zu verlassen. Ein schönes Beispiel ist der **Casale del Vascello.** Um einen Innenhof gruppieren sich die charakteristischen Häuser mit ihren großen Torbögen und Freitreppen. Die Bauformen sind weich geschwungen und muten nordafrikanisch an.

Von der Piazza dei Martiri setzt sich der kurze steile Anstieg zur Terra Murata fort, unterwegs von Blicken auf die Coricella begleitet. Das schönste Panorama bietet ein kleiner Platz mit friedlich vor sich hin rostenden Kanonen.

Die **Terra Murata** entstand ab dem 9. Jh. in Folge der Sarazenenüberfälle als Fluchtsiedlung auf dem 91 m hohen Berg, dessen Tuffwände zum Meer hin senkrecht abfallen. Im 16. Jh. befestigten die *d'Avalos* das „gemauerte Land“ mit dem trutzigen Kastell. Das **Castello d'Avalos** gelangte 1744 in den Besitz der Bourbonen, die es zunächst als Jagdschloss nutzten. Von 1818–1986 diente es als Gefängnis. Anfänglich wurden hier Regimekritiker eingekerkert, zuletzt diente die Strafanstalt der (mehr oder weniger) sicheren Verwahrung von Schwerverbrechern, eine nicht unübliche Karriere für Kastelle auf italienischen Inseln. Procida litt unter seinem „Alcatraz-Image“, und Bürgerinitiativen ließen nicht locker, bis es ihnen gelang, den Knast von der Insel zu verbannen. Seither warten die Gemäuer darauf, einer neuen Bestimmung zugeführt zu werden.

Durch die **Porta di Mezz'omo** betritt man den mittelalterlichen, ummauerten Stadtteil. Vor dem Besuch von Procidas größter Sehenswürdigkeit, der **Kathedrale San Michele Arcangelo,** kann man sich kaum an dem Blick über den Golf von Neapel satt sehen. Im Vorraum der Kirche bezeugen Votivbilder die starke Verbundenheit der procidanischen Seeleute mit ihrem Schutzpatron. Der Ursprung der auf dem höchsten Punkt errichteten Kirche geht auf das 7. Jh. zurück, ihre heutige Gestalt und die reiche Ausstattung verdankt sie dem Barock. In der reich vergoldeten Kassettendecke prunkt ein Bild des neapolitanischen Barockmalers *Luca Giordano* (1699). Auf dem Apsisgemälde, ebenfalls aus der Hand *Giordanos,* sieht man den Erzengel als Beschützer der Insel vor den Türken. Seine silberne Statue wird anlässlich der Patronatsfeste am 8. Mai und 28. September durch den Ort getragen. Unter der Kirche können gegen Eintritt die reich sortierte Klosterbibliothek, die Sakristei mit sehenswerten Ex-Voti und ein schauerliches Beinhaus besichtigt werden.

● **Abbazia di San Michele Arcangelo,** Via San Michele 1, Tel. 0818967612, www.abbaziasanmichele.it. Mai bis Okt. tägl. 9.45–12.45 und 15–18 Uhr; Nov. bis April tägl. 9.30–12.30, auf Anfrage auch nachmittags.

Gratis-Führungen, auch auf Deutsch, im Museum und in den Katakomben – die rührigen Mitglieder der Associazione Culturale Millenium freuen sich auf eine Spende!

Zurück an der Piazza dei Martiri kann man über Treppen zur **Coricella** hinabsteigen. Dieser **Inbegriff eines romantischen Fischerhafens** ist nur zu Fuß oder mit dem Boot zu erreichen. Kein Kulissenbauer hätte das Flair der 1950er Jahre besser nachahmen können, also entschieden sich die Regisseure von „Il Postino" und „Der talentierte Mr. Ripley" kurzerhand dazu, wichtige Szenen ihrer Filme hier zu drehen. Coricella ist ein herrlicher Fleck, um auf der Kaimauer oder in einer der Bars einfach nur dazusitzen und zu schauen. Über Treppen geht es dann wieder hoch auf die Hauptstraße Via Vittorio Emanuele, die in die südliche Inselhälfte führt. Nach der absoluten Ruhe in der Coricella muss man sich erst einmal innerlich gegen den vorbeibrausenden Verkehr wappnen. Kaum zu glauben, dass hinter den Hausfassaden ausgedehnte Gartenoasen liegen. Glücklicherweise lässt sich eines dieser Häuser mit seinem herrlichen Garten besuchen. Es handelt sich um das Haus, in dem **Elsa Morante** zeitweise lebte, als sie ihren Inselroman verfasste. Einigen ist es vielleicht noch als Hotel „Eldorado" in Erinnerung. Eigentlich sollte das Haus Sitz einer Stiftung werden, um das literarische Erbe der *Morante* zu pflegen. Die Gelder sind versandet, und das Projekt ruht auf unbestimmte Zeit. Mit Glück findet man den schönen Garten trotzdem geöffnet. Hortensiengesäumte Wege führen durch den Zitronenhain (die *limoni di Procida* sind berühmt!). Vom Belvedere blickt man auf die Spiaggia della Chiaia hinab.

• **Parco Letterario „L'Isola di Arturo",** Via Vittorio Emanuele 118, Tel. 0818960520.

Im Südwesten der Insel liegt die hübsche **Marina di Chiaolella.** Das Hafenrund ist ein Vulkankrater. Im Sommer ist Chiaolella der bestbesuchte Ort der Insel, was an dem schönen langen Sandstrand im Westen liegt. Hier gibt es einige freundliche Hotels und ausgezeichnete Restaurants.

Das Eiland **Vivara** liegt Procida im Westen vorgelagert, seit 1959 verbindet eine Brücke die beiden Inseln. Die Brücke wurde gebaut, um eine Trinkwasserleitung zu der größeren Nachbarinsel Ischia zu führen. Vivara war lange vor Procida bewohnt. Bei Ausgrabungen fand man jungsteinzeitliche Spuren und mykenische Keramiken der Bronzezeit. Heute wohnt kein Mensch mehr auf der Insel, die von einem dichten Macchiawald überzogen ist. In absoluter Ruhe kann man herrlich wandern und traumhafte Ausblicke auf den Golf genießen (s. u.). Im 18. Jh. dienten Procida und Vivara den Bourbonen als Jagdrevier. Den Einheimischen war nicht nur das Jagen, sondern auch der Besitz von Katzen verboten, da sie die Fasane hätten aufscheuchen können. Heute steht Vivara als Raststation von Zugvögeln unter Naturschutz.

• **Riserva Naturale di Vivara,** die geregelte Nutzung des Naturschutzgebietes ist immer noch ungeklärt, daher kann es vorkommen, dass das Tor am Ende der Brücke verschlossen ist. Man könnte seitlich daran vorbeiklet-

golf_265 Foto: pa

Insel Procida

tern. Für Schulkassen und Gruppen werden geführte Wanderungen angeboten. Nähere Auskünfte erteilt das Touristenamt. Provisorische Öffnungszeiten: Mo.–Sa. 8.30–12 Uhr, letzter Einlass um 10 Uhr. Eintritt frei.

Ein überraschend ländliches Procida ist im Nordosten der Insel zu entdecken, mit schönen Aussichtspunkten an der **Punta Serra** und **Punta del Faro.** Ein Weg führt an die romantische Spiaggia del Pozzo Vecchio hinab.

Information

•AAST
Offizielles Touristenbüro am Hafen. Öffnungszeiten werden nicht immer eingehalten. Prospekte, Inselkarte und Unterkunftsverzeichnis. Auskunft zu Procida erteilt auch die AAST auf Ischia. In der Regel Mai bis Sept. Mo.–Sa. 9.30–13 und 15.30–19 Uhr, Okt. bis April Mo.–Sa. 9.30–13 Uhr. Marina Grande, Tel. 0818101968.

•Graziella Travel
Das Reisebüro von *Domenico Scotto* (s.u.) fungiert als inoffizielles, dafür aber umso kompetenteres Info-Büro (man spricht deutsch!). Hier gibt es eine Inselkarte gratis! Mo.–Sa. 9.30–13 und 16.30-20 Uhr. Via Roma 117, Tel. 0818969594, Fax 0818969190, smile@isoladiprocida.it, www.isoladiprocida.it.

•www.procida.biz
Gut strukturiertes Tourismus-Portal (ital.).

•www.procida.net
Aktuelles Portal mit guten touristischen Infos, u.a. Fährverbindungen und Wetter (ital.).

•www.vivara.it
Alles über die Isola di Vivara, Links zu anderen italienischen Inseln (ital.).

Fischerhafen La Coricella

Unterkunft

Hotels und Pensionen

•Casa sul Mare (****)
Im Sommer 1999 eröffnetes Edel-Hotel in sorgsam restauriertem 18.-Jh.-Palazzo. Beneidenswerte Panoramalage oberhalb der Corricella. Geschmackvoll eingerichtete Zimmer, alle mit Terrasse und Meerblick. Das Frühstück wird in einem kleinen Hof bzw. auf den Zimmern serviert. Kaum zu toppen! 10 Zi., DZ/F 90–160 Euro. Bus C2. Via Salita Castello 13, Tel./Fax 0818968799, www.lacasasulmare.it.

•Casa Gentile (***)
Freundlich geführtes, komfortables kleines Hotel an der Corricella. Die geräumigen Zimmer verfügen über Terrassen mit Blick auf den romantischen Fischerhafen. Bei gutem Wetter werden Gäste direkt vom Fährhafen mit Booten abgeholt. *Vincenzo Gentile* organisiert für seine Gäste auch gerne Ausflüge mit Fischern. 12 Zimmer. DZ/F 80–90 Euro. März bis November. Via Marina Corricella 88, Tel. 0818967799, Fax 0818969011, www.casagentile.it.

golf_270 Foto: pa

•Celeste (***)
Einfacheres, freundliches und frisch renoviertes Familienhotel im Ortsteil Chiaiolella. Die ruhige Anlage gruppiert sich um Innenhöfe und ist von Gemüsegärten umgeben. Hier wachsen auch die Zutaten für die Küche des Hauses. Da ein Schwager der Familie Fischer ist, kann man sich auf den hier servierten Fisch freuen. Von der Dachterrasse schöner Ausblick auf Vivara und Ischia. Einige Zimmer mit Meerblick. 34 Zi., EZ/F 50–65 Euro, DZ/F 60–122 Euro, Menu 20 Euro. Bus L1, L2. Via Rivoli 6, Tel. 0818967488, Fax 0818967670, www.hotelceleste.it.

•Crescenzo (***)
Sympathischer Familienbetrieb mit guter Küche direkt am Yachthafen Chiaiolella. Einige Zimmer mit Meerblick. Für Kinder können Stockbetten in die Zimmer gestellt werden. Der Ciraccio-Strand ist zu Fuß schnell zu erreichen. 10 Zi., DZ/F 62–93 Euro, HP 57–70 Euro. Bus L1, L2. Via Marina Chiaiolella 33, Tel. 0818967255, Fax 0818101260, www.hotelcrescenzo.it.

•Savoia (*)
Einfache Pension mit durchhängenden Betten und zusammengewürfeltem Mobiliar. Bäder auf dem Gang. Ansonsten charmant, im Zitronengarten kann man schön sitzen und frühstücken. Von der Dachterrasse sieht man über Zitronen- und Gemüsegärten auf das Meer und Ischia. Zimmer Nr. 8 hat einen Zugang auf die höchstgelegene Terrasse mit tollem Blick. Seit April 2004 steht die Pension unter neuer Leitung. 9 Zi., DZ/F 45–55 Euro. Bus L2. Via Lavadera 32, Tel. 0818967616.

Casale del Vascello

Ferienwohnungen

• ETP Residences
Das Angebot reicht von 2-Bett-Zimmern bis zu 6-Bett-Apartments. Die Unterkünfte können für eine Nacht, eine Woche oder länger gemietet werden. Am höchsten sind die Preise natürlich im August, wenn die Italiener hier in Massen Urlaub machen. Ein Teil der Zimmer, vorwiegend alte Fischerbehausungen, liegen in der romantischen Corricella. Via Principe Umberto I., Tel. 0818969067, Fax 0818960066, info@mediturhotels.it, www.mediturhotels.it.

• Graziella Travel
Engagiertes Reisebüro, das ausgewählte schöne Unterkünfte vermittelt und flotte Segelyachten verchartert (s.u.). Bei den Apartments handelt es sich z.T. um geschmackvoll renovierte Fischerhäuser in der Coricella (2- bis 3-Bett-App. ab 235 Euro pro Woche). 2004 wurde die Apartmentanlage Le Grand Bleu eröffnet. Großzügig geschnittene Apartments, grandiose Dachterrasse mit Grillplatz (2- bis 3-Bett-App. ab 250 Euro pro Woche). Mo.–Sa. 9–13 und 16–20 Uhr. Via Roma 117, Tel. 0818969594, Fax 0818969190, smile@isoladiprocida.it, www.isoladiprocida.it.

• Rosa dei Venti
Apartments mit Küche in großem Zitronengarten am Rande eines Steilabfalls über dem Meer im Nordosten der Insel. Freundliche Atmosphäre, junge Gäste. Grillplatz im Freien. Die Spiaggia di Pozzo Vecchio ist 15 Gehminuten entfernt. *Gianni Scoto* betreibt auch eine professionelle Tauchschule (s.u.). 21 App., DZ 50–80 Euro. Bus C1. Via Rinaldi 32, Tel./Fax 0818968385, www.vacanzeaprocida.it.

• Tirreno Residence
Hübsche Anlage in mediterranem Stil, für kurze wie längere Aufenthalte geeignet. Die Apartments sind mit Küchen versehen. Im Nordosten der Insel, zu Fuß 20 Min. vom Hafen entfernt. 18 App., DZ 46–84 Euro. Bus C1. Via Faro 34, Tel./Fax 0818968341.

Campingplätze

Auf Procida gibt es eine Reihe einfacher Campingplätze, von denen einige sehr hübsch im ruhigen Nordosten der Insel liegen, der vom Hafen in ca. 20 Min. zu Fuß oder mit dem Bus C1 zu erreichen ist. Die Spiaggia di Ciraciello und Spiaggia del Pozzo Vecchio liegen in Gehdistanz.

• Ciraccio
Via Salette 14, Tel. 0818969401.

• Il Gabbiano
Via Salette, Tel. 0818969209.

• Punta Serra
Via Serra, Tel. 0818969519.

Essen und Trinken

Restaurants, Trattorien und Osterien

• L'Approdo
Nette Trattoria an der Marina Grande mit ein paar Tischen im Freien. Großzügige Nudelportionen, frischer *fritto misto,* abends auch gute Pizza. 20–25 Euro. Mi. abends geschl. Via Roma 76, Tel. 0818969930.

• Caracalè
Als „schönen Ort" bezeichneten in der Antike die Griechen den Naturhafen im Süden des Akropolishügels, die Bezeichnung ist der Coricella geblieben. Für *Nicola Meglio* (Küche) und *Salvatore Ambrosino* (Saal) ist der Name Programm. Sie haben sich einer delikaten Meeresküche verschrieben, eine Art mediterraner nouvelle cuisine, die satt macht. Den frischen Fisch liefern die *pescatori* der Coricella, das Gemüse kommt aus den Gärten der Insel. Beste Weinauswahl. 20–30 Euro. Di. Ruhetag. Mittags und abends. Nov. geschlossen. Via Marina Coricella, Tel. 0818969192.

• La Conchiglia
Um zum schönsten und einem der besten Strandlokale Procidas zu gelangen, muss man 200 Treppenstufen bis an die Spiaggia Chiaia hinabsteigen, oder man lässt sich bei ruhiger See von der Coricella aus mit dem Boot abholen (vorher im Lokal anrufen). Köstliche Pasta, knackfrische Salate und Fisch, der gerade noch im Meer geschwom-

men ist. 25–30 Euro. April bis Ende Okt. tägl mittags, im Sommer auch abends. Via Pizzaco 10, Tel. 0818967602.

● **Crescenzo**
Exzellentes Fischrestaurant! Die Zutaten kommen frisch aus dem Meer bzw. aus den Bauerngärten Procidas. Lokaler Wein und hausgemachter Limoncello. Die Familie *Jovine* führt auch das gleichnamige Hotel (s.o.). 25-30 Euro. Im Winter Mi Ruhetag. Mittags und abends. Via Marina Chiaiolella 33, Tel. 0818967255.

● **Frai Fest**
Sympathische, einfache Familientrattoria an der Marina Grande. Sehr annehmbare Preise! 12–20 Euro. Mo. Ruhetag. Mittags und abends. Via Roma 39, Tel. 0818969020.

● **Gorgonia**
Edles Fischlokal direkt am Wasser. Im Sommer stehen die Tische im Freien auf der Hafenmole. Vorbestellen! April, Mai und Okt. nur Sa. und So., Juni bis Sept. tägl. Via Marina Corricella 50, Tel. 0818101060.

● **Da Michele**
Schlichtes Lokal mit ausgezeichneter Pizza zu günstigen Preisen. Mo. Ruhetag. Dez. bis Februar geschlossen. Mittags und abends. Piazza Marina Chiaiolella 29, Tel. 0818967422.

● **Lo Scarabeo**
Rustikales Lokal in einem Zitronenhain im bäuerlichen Nordosten der Insel. Signora *Paola* bereitet Gemüse-, Fleisch- und Fischgerichte zu. Ihr *coniglio alla cacciatora* ist ein Gedicht. Menu ab 20 Euro. Mai bis Sept. immer geöffnet, sonst nur Sa., So. Mo. Ruhetag. Bus C1. Via Salette 10, Tel. 0818969918.

● **Sent'cò**
Alteingeführtes Fischlokal an der Marina Grande. Teure Spezialität des Hauses sind die *linguine allo scoglio.* 30 Euro. Ostern bis Okt. tägl., sonst nur Sa. und So. Via Roma 164, Tel. 0818101120.

Snacks, Cafés und Bars

● **Felicemare**
In der netten Bar von *Caterina* und *Felice Coppa* werden Snacks, frisch zubereitete Zitronenlimonade und im Sommer *Granita* serviert. *Felice* unternimmt auch gerne Bootsausflüge mit seinen Gästen. Do. Ruhetag. Ende April bis Okt. von früh bis abends. Via Marina Corricella 73, Tel. 0818969433.

● **Graziella**
Bar und Rosticceria. Mo. Ruhetag. April bis Oktober. Via Marina Corricella 14, Tel. 0818967479 (casa).

Transport

An- und Weiterreise

Schiff

● Täglich zahlreiche **Fährverbindungen** mit *traghetti* (Autofähren) und *aliscafi* (Tragflügelbooten) von und nach Neapel, Pozzuoli, Ischia Porto und Casamicciola. Aktuelle Fahrpläne im „Qui Napoli" oder in Tageszeitungen, Prospekte bei den Touristenämtern.

● **Fährgesellschaften: Alilauro** (Tel. 0818376995, www.alilauro.it), **CAREMAR** (Tel. 0818967280, 0818370700, www.caremar.it), **NLG Navigazione Libera del Golfo** (Tel. 0818370819, www.navlib.it), **Procida Lines 2000** (Tel. 0818960328), **SNAV** (Tel. 0818377577, www.snav.it), **Traghetti Pozzuoli** (Tel. 0815267736, www.traghettipozzuoli.it). Ab Neapel Molo Beverello Schnell-, Autofähren und Tragflügelboote; ab Neapel Mergellina Tragflügelboote; ab Pozzuoli Autofähren. Fahrkarten an den jeweiligen Anlegestellen, kaum Preisunterschiede zwischen den einzelnen Fährgesellschaften. Die Fahrt von Neapel, wie auch die kürzere Überfahrt von Pozzuoli, ist eine kleine Kreuzfahrt durch den Golf. Wenn man nicht in Eile ist, sind Fähren mit offenem Deck vorzuziehen.

Unterwegs auf Procida

Auto

Von der Mitnahme eines eigenen Autos ist absolut abzuraten. Die Insel erstickt bereits am hausgemachten Verkehr und ist so klein, dass man sie zu Fuß in einer halben Stunde der Länge nach durchmessen kann. In den Sommermonaten besteht abends und nachts ein generelles Fahrverbot für Privatautos. Der öffentliche Nahverkehr ist gut organisiert, es gibt ausreichend Taxis.

Öffentliche Verkehrsmittel

Die vier Buslinien der SEPSA (Tel. 0818101241, www.sepsa.it) erreichen fast jeden Winkel der Insel, zentrale Haltestelle ist der Fähranleger Marina Grande. **L1** und **L2** nach Chiaolella, **C1** in den nordöstlichen Teil der Insel, **C2** zur Terra Murata. Fahrscheine zu 0,90 Euro am Kiosk bzw. gegen geringen Aufpreis im Bus.

Taxi

- **Marina Grande,** Tel. 0818968785.
- **Marina Chiaolella,** Tel. 0818968816.
- Wie auch auf Ischia gibt es auf Procida die originellen **Micro-Taxis,** eine Art motorisierter Rikschas.

Radverleih

- **Azione verde,** Tel. 0818967395.
- **Bici Smile,** Tel. 0818969594.

Bootstouren

- **Barcheggiando,** typische *gozzi* (Holzboote), Motorboote mit und ohne Fahrer, Marina Grande, Tel. 0818101478.
- **Felicemare,** *Felice Coppa* bietet von der Corricella aus Inselrundfahrten an, April bis Oktober, Marina Coricella 73, c/o Bar Felicemare (s.o.), Tel. 0818969433.
- **Ippocampo,** Marina della Chiaolella, Tel. 0818101437.

Banken und Post

Banken

Banken und Bankomaten finden sich im Bereich der Marina Grande.

Post

- **Via della Libertà 72,** Tel. 0818967001.

Einkaufen

- **Aldo Di Candia**
Schiffsmodelle. Vicolo Santissima Annunziata 7, Tel. 0818960304.
- **Artiggio**
Stickereien und Spitzen. Via Roma, Tel. 0818967476.
- **Noi Due**
Die kleine Buchhandlung von *Ciro* und *Annamaria* ist eine Fundgrube für Inselfans. Via Roma 51, Tel. 0818967661.

Feste/ Veranstaltungen

- **Ostern**
In ganz Kampanien werden zur Osterzeit sehenswerte Prozessionen abgehalten, eine der eindrucksvollsten, die **Processione dei Misteri,** findet am Karfreitag auf Procida statt. Zu diesem feierlichen Anlass kehren möglichst alle Procidaner auf ihre Insel zurück. In aller Herrgottsfrühe beginnt vor der Abbazia di San Michele Arcangelo der religiöse Umzug. Männer in weißen Gewändern und blauen Umhängen tragen lebensgroße Figuren des Gekreuzigten, des toten Christus und der trauernden Madonna durch die engen Gassen. Dem Zug folgen die *misteri,* Figurengruppen, die Leidensstationen Christi darstellend. Die Tradition dieses Mysterienspiels geht auf den Anfang des 17. Jh. zurück und war ursprünglich ein herzzerreißendes Spektakel, bei dem sich die Mitglieder der Turchini-Bruderschaft öffentlich geißelten. Für die schwitzenden Träger und die Zuschauer gibt es unterwegs Wein und traditionelles Gebäck zur Stärkung.
- **San Michele Arcangelo**
Am 8. Mai und am 29. September feiert Procida seinen Schutzpatron mit Umzügen und Feuerwerk.
- **Premio letterario „Elsa Morante“**
Mitte bzw. Ende September wird der angesehene Literaturpreis verliehen.

Strände

Die besten Strände Procidas liegen im Westen. Die **Spiaggia di Ciraccio** oder **Lido** im Rücken der Marina di Chiolella ist der längste Sandstrand der Insel und im Sommer fast vollständig von bagni okkupiert. Im Osten schließt sich die wildromantische **Spiaggetta degli Innamorati** an. Die kleinen Sandbuchten zwischen bizarr verwitterten Tuffsteinklippen kann man von der Spiaggia di Ciraccio aus schwimmend erreichen, zu Fuß von der Via Salette (Bus C1). Landschaftlich ähnlich spektakulär ist die **Spiaggia del Pozzo Vecchio** jenseits der Punta Serra in der Nähe des Friedhofs (Bus C1). Einige schöne Szenen des Films „Il Postino" wurden an diesem Strand gedreht.

Tauchen

- **Procida Diving**

Gianni Scoto betreibt außer seiner Ferienwohnungsanlage Rosa dei Venti (s.o.) auch eine professionelle Tauchschule (SSI-Kurse). Ausrüstung kann gestellt werden. Lungomare Cristoforo Colombo, Tel. 0818968385, www.vacanzeaprocida.it.

Segelcharter

- **Blue Bone**

Procida ist eine ideale Ausgangsbasis für Segeltörns im Golf von Neapel, zu den Pontinischen oder Liparischen Inseln. Das Reisebüro Graziella Travel (s.o.) verchartert moderne, bestens ausgestattete Jeannaeu-Yachten (43 Fuß, 3 Doppelkabinen) mit Skipper ab 550 Euro pro Woche.
www.isoladiprocida.it/bluebone/

Wandern

- Procida lädt zu ausgedehnten Spaziergängen ein. Im dicht bebauten Zentrum muss man sich in den engen Straßen häufig vor den vorbeifahrenden Autos und Bussen in eine Toreinfahrt retten. Entspannender sind Streifzüge im Norden und Westen der Insel. Von der **Punta Serra** genießt man schöne Blicke auf den Strand von Pozzo Vecchio.
- Einblicke in die bäuerliche Seele der Insel und überraschende Ausblicke bieten auch Spaziergänge auf den beiden südlichen Halbinseln, die in der **Punta Pizzaco** bzw. **Punta Solchiaro** enden.

Vivara

Absolut erholsam ist eine Wanderung auf der südwestlich gelegenen menschenleeren Nachbarinsel, seit 1956 über eine Brücke mit Procida verbunden. Angelegte Wege, die noch aus der Zeit stammen, als die Insel ein Jagdreservat der Bourbonen war, führen durch hohe Macchia und Flaumeichenwälder. Unterwegs öffnen sich kleine Wiesen. Am höchsten Punkt der Insel steht die Ruine eines Gutshauses. Von der herrschaftlichen Terrasse genießt man einen schönen Blick auf Ischia. Absolut spektakulär ist das Panorama, das sich oberhalb der Punta di Mezzogiorno im Süden Vivaras auf den Golf von Neapel bietet.

Die Amalfitanische Küste

Der Amalfitanischen Küste eilt der Ruf voraus, eine der schönsten Landschaften der Welt zu sein, mit Sicherheit ist sie die aufregendste Steilküste Italiens. Die kalkweißen **Monti Lattari** stürzen beinahe senkrecht ins azurblaue Tyrrhenische Meer und schützen den sonnenverwöhnten Küstenstreifen vor kalten Nordwinden. Die Amalfitanische Küste wird oft auch als **Costa Divina** apostrophiert. Enge Handelsbeziehungen, welche die Seerepublik Amalfi in den östlichen Mittelmeerraum pflegte, brachten im Mittelalter den **Orient** in diesen Landstrich. Ein maurischer Baustil prägt die Orte Positano, Amalfi, Ravello und Cetara, Reisende des 19. Jh. wähnten sich in einem Reich aus 1001 Nacht. Aus dem Orient kommen auch die Zitronen, die seit dem Mittelalter auf sorgfältig angelegten Terrassen gedeihen. Diese Landschaft kennt kaum Verebnungen, Städte und Landwirtschaft wachsen in die Senkrechte. Die UNESCO nahm diese einzigartige Kulturlandschaft 1997 in die Liste des Weltkulturerbes auf.

Erst seit Mitte des 19. Jh. verbindet eine Straße, die der steilen Felsküste Kurve für Kurve mühsam abgerungen wurde, die malerischen Costiera-Orte. In einem Artikel für Harper's Bazar beschrieb sie *John Steinbeck* 1953 treffend als „carefully designed to be a little more narrower than two cars side by side". Die Amalfitana wurde von romantischen Reisenden entdeckt, mittelalterliche Klöster wurden zu Grand Hotels ausgebaut, spleenige Engländer ließen sich für immer nieder. Ab den 1920er Jahren kamen deutsche Künstler in

Scharen in das Land, wo die Zitronen blühen, Ende der 1950er Jahre landete der internationale Jet-Set in Positano. Heute überbieten sich die Kataloge der Reiseveranstalter in der Formulierung immer neuer Klischees, die Sonne, Fels, Meer und Fischerromantik besingen – und eigenartigerweise treffen die meisten auch zu.

Um die Amalfitana kennen zu lernen, kann man getrost auf ein eigenes Auto verzichten und sich den Kurvenkünsten der lokalen SITA-Busfahrer anvertrauen. Das weniger bekannte Gesicht dieser Traumlandschaft entdeckt, wer auch zu Fuß geht. Ein dichtes Netz alter Wirtschaftswege und Treppenwege durchzieht die steilen Berghänge. Vorbei an Weinterrassen, duftenden Macchia-Sträuchern wandert man mit spektakulären Ausblicken auf Küste und Meer. Weniger schweißtreibend und kaum ein geringerer Genuss ist eine Bootsfahrt entlang der Küste.

Information

- Die Fremdenverkehrsämter von Amalfi, Positano und Ravello sind gut organisiert (siehe jeweils dort).
- **www.amalficoast.it,**
- **www.costadiamalfi.it,**
- **www.giracostiera.com**

Websites mit historischen und touristischen Infos, u.a. Fahrpläne und Unterkunfstverzeichnisse (ital./engl.).

Unterkunft

Die Costiera hat das ganze Jahr über Saison, entsprechend bleiben viele Hotels auch über den Winter geöffnet. Eine **rechtzeitige Reservierung** empfiehlt sich immer; an Ostern, im Sommer und über Weihnachten sind die Unterkünfte auf Monate hin ausgebucht, die Preise erklimmen die Höchstmarke. Ob Pensionen, Mittelklassehotels oder luxuriöse Traditionsherbergen, die meisten haben wenige Zimmer. Es umweht sie ein Hauch der guten alten Zeit, viele werden seit Generationen von derselben Familie geführt. Während sich im nahen Sorrent das Gros des organisierten Golftourismus konzentriert, ist das Übernachtungsangebot an der Costiera überwiegend auf Einzelreisende zugeschnitten, eine Exklusivität, die sich nicht selten im Übernachtungspreis niederschlägt.

Das **Angebot** reicht von jugendherbergsähnlichen *Ostelli* und günstigen *Affitacamere* (Privatzimmer) über sympathische Familienpensionen mit guter Küche bis hin zu feudalen Hotels der Luxusklasse. Etliche Hotels blicken auf eine über 150-jährige Geschichte zurück, in den Gästebüchern stehen Namen wie *Richard Wagner, Henrik Ibsen, D. H. Lawrence, Otto von Bismarck, Ingrid Bergmann* oder *Greta Garbo,* um nur einige zu nennen. Campingplätze sind an der steilen Amalfitana rar gesät. Einen kleinen, aber sehr schönen Platz gibt es in Praiano, ein paar Stellplätze finden sich auch in Vettica Minore und in S. Lazzaro di Agerola.

Essen und Trinken

Landschaft und Geschichte der Amalfitana spiegeln sich, wie könnte es auch anders sein, in der Küche wider. So spektakulär wie Fels und Meer sich an dieser schönsten italienischen Steilküste begegnen, so nah sind sich hier **cucina di mare** und **cucina di terra.** Die salzig-würzigen Sardellen von Cetara vertragen sich erstaunlich gut mit der milden Mozzarella von Agerola, Tintenfische mit Kartoffeln sind ein Klassiker. Die intensiven Handelskontakte des mittelalterlichen Amalfi mit dem Orient bereicherten den Speisezettel um Zitronen, Zucker und Kaffee. Zitronen sind aus der Landschaft heute nicht mehr fort zu denken. Früchte und Blätter finden in unzähligen Gerichten Verwendung, nicht nur als Dessert. Jedes Mahl beschließt der Zitronenlikör *Limoncello*. Sorbets sorgen im Sommer für erfrischende Abkühlung, z.B. die *granita di limone*. Ob Hartweizennudeln durch die Araber nach Italien gelangten oder doch schon in der Antike bekannt waren, ist Gegenstand gelehrter Diskussionen. Ab dem 19. Jh. war die Amalfitana auf jeden Fall ein bedeutendes **Zentrum der Pastaproduktion,** zahlreiche Wasserläufe sorgten für den Antrieb der Mühlen. *Scialatielli* heißen die spaghettiähnlichen Amalfi-Nudeln, und in kaum einer Soße fehlen die kirschgroßen, aromatischen Tomaten. In fotogenen Büscheln hängen die roten *cannelini a piennolo* an weiß gekalkten Hauswänden. Die Entstehung einer anderen amalfitanischen Nudelsorte ist gut dokumentiert: 1924 erfand der Koch des Hotels „Convento Cappuccini" die *cannelloni.* Glücklicherweise ist das Meer sehr fischreich, den Beweis erbringen Tag für Tag die appetitlichen Auslagen der Fischlokale. Auberginen, hier *melenzane* genannt – Araber brachten sie aus Indien mit –, sind vom *antipasto* bis zum *dolce* Hauptprotagonist der **cucina amalfitana.** Aus dem Kloster Santa Rosa oberhalb von Conca de Marini hat die *sfogliatella,* ein mit Ricotta gefüllter, muschelförmiger Blätterteig, ihren Siegeszug durch die Pasticcerie Neapels angetreten.

Seit Jahren überzeugen die **DOC-Weine Costa d'Amalfi** durch eine konstant hohe Qualität. Die idealen Begleiter der cucina amalfitana gibt es weiß, rot und rosè. Neben Weinen aus Ravello haben die organisch erzeugten Tropfen der Cantine Gran Furore aus dem Vallone del Furore einen besonders guten Ruf.

An- und Weiterreise

Mit dem Auto

Eine Warnung vorweg: Die unter König *Ferdinand II.* 1853 gebaute Küstenstraße war ursprünglich nur für Fuhrwerke konzipiert. Niemand rechnete damals mit dem Verkehrsaufkommen und dem Touristenansturm unserer Tage. Die Straße konnte seither nicht wesentlich verbreitert werden, denn auf der einen Seite ragen die Felswände steil auf, auf der anderen stürzen sie ebenso steil ins Meer. Trotz Einbahnregelungen für Touristenbusse in der Hauptreisezeit kommt es auf der kurvenreichen Strecke immer wieder zu **Verkehrsstaus.** Immerhin: Es gibt wohl kaum eine schönere Straße, um im Stau zu stecken.

Problematisch ist das **Parken** an der Amalfitana, v.a. in den Orten sind Parkplätze rar und teuer. Jetzt könnte hier zwar als „Insider-Tipp" stehen, bei einem Besuch von Ravello gratis im nahen Scala zu parken, aber die Amalfitana besucht man am besten ohne eigenes Auto. Der öffentliche Verkehr mit Bussen und Schiffen ist bestens geregelt.

Die **SS163,** wie die Amalfitana auf Straßenkarten profan heißt, ist am schnellsten **über Vietri** zu erreichen, A3 Ausfahrt „Vietri sul Mare". Von Westen führt die Straße über die Bergrücken der Sorrentiner Halbinsel. Alternativ kann man eine der reizvollen Pass-Straßen wählen, die in beiden Richtungen mit Traumblicken verwöhnen. Von Castellamare geht es über den Pasta-Ort Gragnano auf die Hochebene von Agerola und in Schwindel erregenden Kurven durch das Furore-Tal hinab nach Amalfi. Kaum weniger beeindruckend ist die Passstraße über das Valico di Chiunzi nach Ravello, von der A3 Ausfahrt„Angri" oder „Nocera-Pagani" zu erreichen. Von der Passhöhe genießt man einen weiten Blick auf Vesuv, Sarno-Ebene und die Berge der Provinz Avellino.

Mit dem Bus

- **SITA**

Effizient organisierter Linienverkehr an Costiera Amalfitana und Costiera Sorrentina. Täglich mehrere Verbindungen nach Neapel, Sorrent und Salerno. Tagsüber stündlich Verbindungen zwischen den einzelnen Küstenorten mit Amalfi als Drehscheibe. Fahrkarten und aktuelle Fahrpläne in Tabacchi-Läden, Bars oder am Kiosk. Fahrpläne auch in Tageszeitungen und auf den Websites der SITA, www.sita-online.it. Sita-Büros in Neapel (Via Pisanelli 3–5, Tel. 081593464), Salerno (Corso Garibaldi, Tel. 089226604) und Amalfi (Lungomare dei Cavalieri, Tel. 089871016).

- In Salerno und Umgebung verkehren zusätzlich die Busse der **CSTP,** Tel. 089252228, www.cstp.it.

Mit der Bahn

Keine direkte Bahnverbindung an die Amalfitana. Sorrent erreicht man mit der Circumvesuviana, nach Salerno fahren Trenitalia-Züge. Ab Sorrent bzw. Salerno verkehren SITA-Busse.

Fähren und Tagflügelboote

Bedenkt man Amalfis ruhmreiche Vergangenheit als Seerepublik, besteht kein Zweifel: Schiffe sind das angemessenste Verkehrsmittel, um die Divina Costiera zu erreichen. Eine **Seefahrt** entlang der spektakulären Steilküste **zählt** darüber hinaus sicher **zu den schönsten Urlaubserlebnissen.** Die Saison dauert von Ostern bis Oktober. In dieser Zeit verkehren mehrmals täglich Kleinfähren zwischen Positano, Amalfi und Salerno. In den Sommermonaten erhöht sich das Angebot um zusätzliche Fähren nach Capri, Sorrent und Neapel. Direkt an den Häfen stehen die Kioske der Schifffahrtsgesellschaften, hier erhält man Fahrkarten, Fahrpläne hängen aus. Fahrpläne auch in den Touristenbüros und in Tageszeitungen. Abhängig von Wetter und Seegang kann es zu kurzfristigen Änderungen kommen.

Eine neue Initiative ist die **Metro del Mare** (Tel. 199-446644, www.metrodelmare.com): Im Juli und Aug. tägl., im Juni und Sept. nur an Wochenenden verkehren Fähren in der gesamten Golfregion, an der Amalfitana über Salerno bis in den Cilento.

- **Cooperativa Sant'Andrea**
Tel. 089873190, www.coopsantandrea.it.
- **Linee Marittime Salernitane**
Tel. 089234892, www.alilauro.it, www.alicost.it.

Einkaufen

Majolikakuppeln, Kirchenfassaden und in herrlichen Farben leuchtende Fußböden, die Erzeugnisse eines der ältesten Kunsthandwerke, sind an der Amalfitana nicht zu übersehen. **Vietri** ist seit jeher als **Keramikzentrum** bekannt, viel der heute gebräuchlichen Motive entstammen interessanterweise dem *periodo tedesco*, als deutsche Künstler in den 1920er Jahren in den Werkstätten von Vietri arbeiteten und ihrer Italienromantik in naivfröhlichen Bildern Ausdruck verliehen. Neben traditionellen Majoliken aus Vietri, die man am besten vor Ort erwirbt, ist Massenware aus Sizilien genauso wie hochwertige und teure Keramik aus Urbino im Angebot, letztere für betuchte amerikanische Touristen. In Amalfi kann man **handgeschöpftes Papier** kaufen, Positano ist für seine **Mode** bekannt, und überall an der Costiera werden **Zitronen,** Zitronenmarmeladen, kandierte Zitronenschalen, vor allem aber der Zitronenlikör *Limoncello* angeboten.

Baden

Entlang der Steilküste öffnen sich **reizvolle Buchten,** einige davon nur mit dem Boot zu erreichen. Breitere **Kiesstrände** bieten Positano, Amalfi und Cetara. Maiori hat für Costiera-Verhältnisse einen geradezu luxuriös langen **Sandstrand.** Fast alle zugänglichen Strände sind im Sommer an bagni (Strandbäder) verpachtet. Gegen Gebühr können Umkleidekabinen, Liegestühle, Sonnenschirme und Duschen benutzt werden. Die Wasserqualität ist im Allgemeinen sehr gut, doch kann sich das Meer strömungsbedingt oder nach heftigem Regen für einige Tage trüben.

Tauchen und Surfen

- **Tauchen:** Eine malerisch zerklüftete Kalkfelsküste mit zahlreichen Meeresgrotten, kristallklares Wasser und eine immer noch artenreiche Fauna machen die Amalfitana zu einem lohnenden Tauchrevier. Professionelle Tauchbasen gibt es in Positano, Praiano und an der Sorrentiner Halbinsel.
- **Surfen: Cetara** und **Erchie** sind im Sommer ideale Surfreviere. Bei Sonnenschein entwickeln sich tagsüber auflandige Winde. Da es kaum Verleiher vor Ort gibt, bringt man am besten die eigene Ausrüstung mit. An der Strandpiazza von Cetara hat der Surfclub

Positano: Spiaggia del Fornillo

„Wind Amici di Guido" seine Räume, eine gute Anlaufstelle, um Tipps und Erfahrungen auszutauschen.

Wandern

Wanderschuhe gehören bei einem Amalfitana-Urlaub ins Gepäck! Die **abwechslungsreiche Küsten- und Berglandschaft** lässt sich am besten zu Fuß entdecken. Ein **dichtes Netz alter Wirtschaftswege** durchzieht die Berghänge oberhalb von Amalfi und Positano. Generationen haben in mühsamer Handarbeit dem steilen Gelände hunderte von Terrassen abgerungen, Verbindungswege angelegt und damit eine einzigartige Kulturlandschaft hervorgebracht. Auf den ersten paar hundert Höhenmetern über dem Meer werden seit dem Mittelalter Zitronen angebaut. Netzüberspannte Pergolen schützen im Winterhalbjahr die wertvollen Früchte und Blüten vor Regen und Hagelschlag. Auf einer Höhe zwischen 200 und 600 m über dem Meer wird Wein gezogen. Bedeutende Anbaugebiete liegen um Ravello und im Furore-Tal. Darüber schließen sich Kastanienwälder und Weideflächen an. Die Wälder werden intensiv bewirtschaftet und liefern unter anderem das Stangenholz für Zitruspergolen und Rebpflanzungen. Auf den Hochalmen weiden Schaf- und Rinderherden, deren Milch zu delikatem Käse verarbeitet wird. Nicht zufällig heißen die Berge Monti Lattari, „Milchberge".

Vor Jahren bereits hat der **italienische Alpenverein Club Alpino Italiano** die Amalfitana als Wanderparadies entdeckt, die Wirtschaftswege markiert und in Zusammenarbeit mit der Comunità Montana Penisola Amalfitana eine **topographische Karte** im Maßstab 1:30.000 mit eingezeichneten Wegen herausgegeben. Die Markierungen im Gelände sind teilweise verblasst, letzte Exem-

golf_275 Foto: pa

plare der Karte erhält man nur mit Glück in den Fremdenverkehrsämtern. Mit seinem Engagement hat der CAI jedoch die Grundlage für alle weiteren Wanderkarten und -führer geliefert. Brauchbar und zur Orientierung ausreichend ist die Kompass-Wanderkarte 682 „Penisola Sorrentina – Costiera Amalfitana" (1:50.000). Weitaus präziser ist die neue „Carta dei Sentieri di Positano" (1:5000), die es vor Ort zu kaufen gibt. Topographische Karten des I.G.M. erhält man in Salerno (siehe dort). Inzwischen haben auch einzelne Fremdenverkehrsämter die Bedeutung des Wandertourismus erkannt und geben kleine Faltblätter mit Wanderempfehlungen heraus. Der CAI hat auch einen Fernwanderweg eingerichtet. Die **Alta Via dei Lattari** mit der CAI-Nummerierung „00" startet an der Punta Campanella, der Spitze der Sorrentiner Halbinsel und zieht sich oberhalb von Positano und Cava dei Tirreni bis nach Vietri sul Mare. Einer der schönsten Höhenwege ist der **„Sentiero degli Dei".** Der Klassiker macht seinem Namen „Götterweg" alle Ehre. Schöne und überraschend abwechslungsreiche Wege gibt es auch um Amalfi und Ravello. Mit festen Schuhen, eventuell Wanderstöcken und sicherheitshalber auch einem Regenschutz ausgerüstet, denn an den steil aufragenden Bergen stauen sich im Frühjahr und Herbst die Wolken, steht dem ganzjährigen Wandervergnügen eigentlich nichts im Wege. Badesachen gehören mit ins Wandergepäck, fast alle Wege enden früher oder später am Meer.

- **Comunità Montana Penisola Amalfitana** Leser dieses Buches können sich ein Exemplar der eingangs genannten Wanderkarte im Büro in Tramonti abholen (solange der Vorrat reicht). Mo.–Fr. ab 8.30 Uhr, Do. auch von 15.30–19 Uhr. Via San Francesco (an der Piazza Municipio), I-84010 Tramonti, Tel. 089876354, comunita.montana@tiscalinet.it, www.cmpenisolamalfitana.org.

Positano

↗ X, B2

Als kubistischer Traum steigt Positano aus dem Meer. Pastellfarbene **Würfelhäuser** stapeln sich am Hang, das Dach des einen ist bereits der Boden des nächsten. Dieser Anblick, auf Postkarten, Urlaubsfotos und Kitschbildern festgehalten, begeistert die Reisenden seit drei Generationen.

In den 1920er Jahren „entdeckten" Schriftsteller, Maler und Musiker den damals pittoresk verschlafenen Fischerort. Mit wenig Geld ließ es sich hier prächtig leben. Einige blieben für immer und liegen auf dem hübschen Friedhof hoch über der Stadt begraben, ein Positano im Kleinformat, zu dem man unbedingt hinlaufen sollte und sei es nur der Aussicht wegen. Ende der 1950er Jahre hielten die Filmstars, der Jet-Set und Bikini Einzug. Positano galt zeitweise als Italiens mondänster Ort. Nach wie vor beliebt bei der Film- und Fernsehprominenz und den Stars der internationalen Politik, gibt sich Positano als Urlaubsort inzwischen demokratisch. Wer es sich leisten kann, genießt die Dolce Vita in den wunderbaren und sündhaft teuren Hotels (glücklicherweise gibt es günstige und durchaus charmante Alternativen), verbringt die Tage in Motorjachten auf dem Meer, die Abende in den besten Restaurants und die Nächte in exklusiven Nachtclubs. Das Gros der Touristen stellen Tagesausflügler aus Sorrent. Morgens kommen sie in Bussen und mit Schiffen und bummeln eilig durch die von Boutiquen gesäumten Gassen. Bald geht es weiter, denn Amalfi und Ravello stehen noch auf dem Programm. Am Nachmittag finden sich nach und nach die Wanderer ein, von weitem an bunter Funktionskleidung und Wanderstöcken zu erkennen. In Positano endet der Sentiero degli Dei, der bekannteste Wanderweg der Costiera.

Um Positano zu erkunden, muss man gut zu Fuß sein. Außer zwei Straßen,

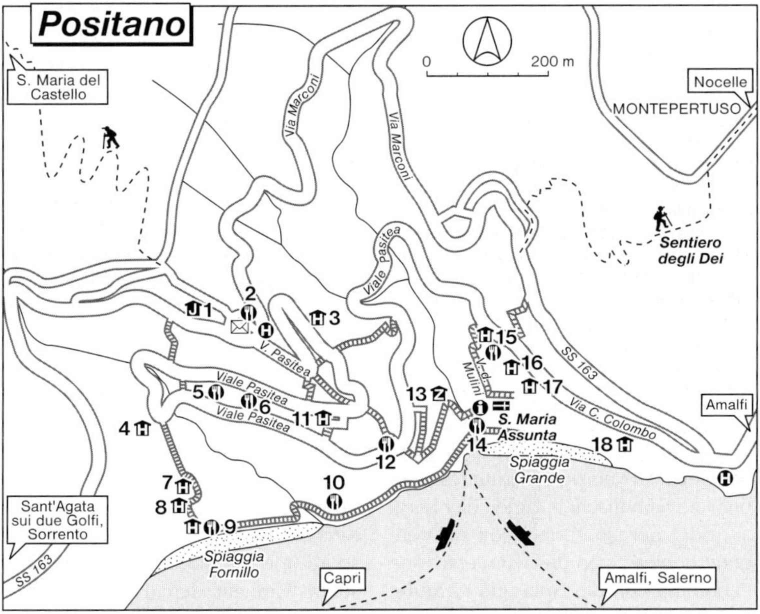

1 Ostello Brikette
2 Il Grottino Azzuro
3 Villa Verde
4 Conca d'Oro
5 Saraceno d'Oro
6 Mediterraneo
7 Casa Guadagno
8 Maria Luisa
9 Pupetto
10 Guarracino
11 Il Gabbiano
12 Da Vincenzo
13 B&B Casa Cosenza
14 O Capurale
15 Palazzo Murat
Al Palazzo
16 Le Sirenuse
17 L'Ancora
18 Marincanto

golf_278 Foto: pa

der SS163, die den Ort umfährt, und der Viale Pasitea, die in engen Kurven durch Positano führt, gibt es nur **Treppenwege.** Die einzigen Richtungsangaben, die Sinn machen, lauten hier bergauf oder bergab. Ohne jede Anstrengung genießt man das wunderschöne Panorama von der **Spiaggia Grande,** bunte Fischerboote bilden den pittoresken Vordergrund. Oberhalb des Strandes leuchtet grün-gelb die Majolikakuppel der **Pfarrkirche S. Maria Assunta.** Neben der Kirche steht ein gedrungener Campanile, eine Gedenktafel erinnert an **Flavio Gioia,** den vermeintlichen „Erfinder des Kompasses", um den sich Amalfi und Positano streiten.

Ansicht von Positano

Interessant ist das große langobardische Relief aus dem frühen Mittelalter. Es zeigt ein Meeresungeheuer, halb Fuchs, halb Fisch. Ähnliche Abbildungen kann man in vielen kampanischen Kirchen des 12. und 13. Jh. entdecken, so auch in Ravello. In der S. Maria Assunta wird auf dem Hauptaltar eine schwarze Madonna aus dem 13. Jh. verehrt. Mit diesem Bildnis verbindet sich eine der Gründungslegenden der Stadt. Das Bild der Muttergottes soll sich als Beute auf einem Sarazenenschiff befunden haben. Es geriet in ein schweres Unwetter, und erst nachdem die Seeleute das heilige Bild endlich an den Strand gebracht hatten – wiederholt hatte es deutlich die Worte „Posa, posa!" (Setzt ab, setzt ab!) geäußert –, legte sich der Sturm.

Herrliche Ausblicke, vor allem aber ausgezeichnete Trattorien, locken zum Ausflug in das hoch gelegene **Montepertuso.** Den Ort kann man aus Positano über etliche hundert Treppenstufen zu Fuß oder mit den orangefarbenen Stadtbussen erreichen. Stiller noch ist das 400 m hoch gelegene freundliche Dorf **Nocelle.** Die Straße endet oberhalb des Ortes auf einem Gratis-Parkplatz (!), weiter geht es über Treppenwege nur zu Fuß. Die einzigen Verkehrsgeräusche stammen von schreienden Lasteseln und von Wanderschuhen auf dem Pflaster. Der Wanderweg „Sentiero degli Dei" führt vorbei. Inzwischen haben hier einige nette B&Bs aufgemacht.

Information

- **AAST**

Stadtplan, in dem Hotels und Restaurants verzeichnet sind. Juni bis Sept. Mo.–Sa. 8.30–14 und 15–20 Uhr, Okt. bis Mai Mo.–Fr. 8.30–12 Uhr. Via del Saracino 4 (unterhalb des Doumo S. Maria Assunta), Tel. 0898750671, Fax 089875760, www.aziendaturismopositano.it.

- **www.positanoline.it**

Touristisches Positano-Portal mit vielen Adressen und Tipps (ital./engl.).

Unterkunft

Hotels und Pensionen

- **Le Sirenuse** (*****)

Der alte Palazzo verbindet den Charme einer privaten Patriziervilla mit dem unaufdringlichen Luxus eines Top-Hotels. Stille, helle und stilvoll eingerichtete Zimmer mit Traumblicken auf das Meer, die Majolikakuppel der S. Maria Assunta und die pastellfarbenen Häuserwürfel von Positano. Parkplatz 17 Euro pro Tag. 62 Zimmer. DZ/F Standard 240–

Sirenengesang, sterbensschön!

Im türkisblauen Meer vor Positano liegen drei winzige Inseln. **Li Galli** (die Hähne) steht auf modernen Seekarten, **Sirenuse** nannte sie die Antike. Dem Mythos nach sind es die versteinerten Leiber von Sirenen, Loreleys der antiken Seefahrt. Mit ihrem unwiderstehlichen Gesang lockten sie Seemänner ans felsige Ufer und in den sicheren Tod. Im homerischen Epos erfährt man, wie Kirke den listenreichen Odysseus, dessen unbezwingbare Neugier sie kennt, vor ihnen warnt. Die Zauberin rät ihm, seinen rudernden Gefährten die Ohren mit Wachs zu verschließen, sich selbst aber fest an den Mast binden zu lassen. Odysseus folgte dem Rat und hörte die Sirenengesänge, ohne ihnen zu verfallen. Für ihn und seine Gefährten ging das Abenteuer gut aus, während die enttäuschten Sirenen sich in den Tod stürzten. In der Antike stellte man sie sich als Mischwesen vor, halb Vogel, halb Frau. Auf der Sorrentiner Halbinsel wurden Vasen mit solchen Darstellungen gefunden. In der Villa Fondi in Piano di Sorrento sind sie ausgestellt. Nüchterne Betrachter sehen im Sirenenmythos personifizierte Naturgewalten, z.B. windumtoste und für Seefahrer gefährliche Klippen.

1925 ließ sich der russische Choreograph und Tänzer *Leonide Massine* (1896–1979) von den Felseninseln verzaubern und kaufte die größte, Gallo Lungo. *Strawinsky* und *Picasso* waren hier zu Gast. Nach *Massines* Tod erwarb der Tänzer *Rudolf Nurejew* Villa und Insel und verbrachte hier die letzten Sommer seines bewegten Lebens. Immer noch in Privatbesitz, kann man sich den Inseln nur im Boot nähern. Fischer schwören, in Vollmondnächten könne man immer noch dem Gesang der Sirenen lauschen.

370 Euro, Junior Suiten ab 430 Euro. Ganzjährig geöffnet. Via C. Colombo 30, Tel. 089875066, Fax 089811789, info@sirenuse.it, www.sirenuse.it.

•L'Ancora (****)
Das Hotel direkt neben dem Sirenuse wurde 2001 vollständig renoviert und ist seitdem auch preislich in die Vier-Sterne-Kategorie aufgestiegen. Geräumige, dezent möblierte Zimmer mit Meerblick, Balkon bzw. Terrasse. Gäste-Parkplatz gratis. 25 Zi., DZ/F 232–413 Euro, Junior Suiten ab 260 Euro. März bis Nov. Via C. Colombo 36, Tel. 089875318, Fax 089811784, www.htlancora.it.

•Marincanto (****)
Früher ein „Geheimtipp" in der Drei-Sterne-Kategorie, ist auch dieses Haus seit 2001 edler und damit teurer geworden. Helle, freundliche Zimmer mit Meerblick. Privater Treppenweg zum Strand. Parkplatz 20 Euro pro Tag. 26 Zi., DZ/F ab 200 Euro. Ostern bis Nov. Via C. Colombo 56, Tel. 089875130, Fax 089875595, www.marincanto.it.

•Palazzo Murat (****)
Barocker Stadtpalast und ehemalige Sommerresidenz des neapolitanischen Königs und Napoleon-Schwagers *Joachim Murat*. Bei gut gefülltem Portemonnaie können heute auch ungekrönte Häupter sich den Luxus dieses stilvollen Hotels oberhalb der S. Maria Assunta leisten. Frühstück im Schatten von Palmen und Orangenbäumen. An Sommerabenden finden im romantischen Innenhof Konzerte statt. Das Restaurant Al Palazzo ist top 30 Zi., davon 25 Zi. im neuen Flügel. DZ/F 220–330 Euro, im historischen Flügel 300–425 Euro. März bis Ende Okt. Via dei Mulini 23, Tel. 089875177, Fax 089811419, www.palazzomurat.it.

•Il Gabbiano (***)
Geräumige, ruhige Zimmer mit Loggien und schönem Blick auf die Spiaggia del Fornillo. Einfaches, unaufdringliches Mobiliar. Nette Frühstücksveranda. Parkplatz 10 Euro pro Tag. 20 Zi., DZ/F 100–120 Euro. März bis Anfang November. Via Pasitea 310, Tel. 089875306, Fax 089811713.

•Conca d'Oro (***)
Hübsches, freundlich eingerichtetes und komplett renoviertes Hotel. Fast alle Zimmer mit kleinen Terrassen bzw. Balkon aufs Meer. Bergseitig der Viale Pasitea, 100 Stufen führen hoch. 38 Zi., DZ/F 110–240 Euro. Via Boscariello 16, Tel. 089811494, Fax 089812009, www.albergoconcadoro.it.

•Pupetto (***)
Familiär geführtes Strandhotel an der Spiaggia del Fornillo. Geräumige Zimmer mit guten Betten und Meerblick. Bei der Innendekoration dominiert leider die Farbe Beige. Gutes Terrassenrestaurant. 34 Zi., DZ/F 130–160 Euro, August nur HP. März bis Dez. Via Fornillo 37, Tel. 089875087, Fax 089811517, www.hotelpupetto.com.

•Villa Verde (*)
Die sympathische Familienpension von *Rosaria Mandara* ist eine der besten Adressen in Positano! Ruhige Zimmer mit guten Betten, Balkon bzw. Terrasse. Kleiner Parkplatz, SITA-Bushaltestelle „Chiesa Nuova" in der Nähe. 12 Zi., DZ/F 70–85 Euro. Anfang April bis Nov. Viale Pasitea 338, Tel./Fax 089875506.

•Casa Guadagno (*)
Sehr empfehlenswerte hübsche Familienpension. *Teresa Guadagno* empfängt ihre Gäste in gepflegten, fröhlich gefließten Zimmern mit schönen alten Holzmöbeln und guten Betten. Balkone bzw. Terrassen mit Meerblick. 11 Zi., davon 4 Zi. in der Dependance. DZ/F 75–90 Euro. März bis Nov. Via Fornillo 36, Tel. 089875042, Fax 089811407.

•Maria Luisa (*)
Ideal für Selbstversorger. Einfache, preisgünstige Pension in der Nähe der Casa Guadagno. Einige Zimmer mit Terrasse und Meerblick. Den Gästen steht ein Frühstückssaal mit Kühlschrank zur Verfügung. 10 Zimmer. DZ 60 Euro. März bis Oktober. Via Fornillo 40, Tel./Fax 089875023.

Bed & Breakfast

•Casa Cosenza
Charmanter alter Palazzo, ein paar Stufen oberhalb der Hafenmole. Herrliche Sonnen- und Frühstücksterrasse mit Blick auf die S. Maria Assunta und das Meer. Keine Parkmöglichkeiten. 7 Zi., 2 App. mit Küche. EZ 60–80 Euro, DZ 100–140 Euro, F 10 Euro. Via Trara Genoino 18, Tel./Fax 089875063, www.casacosenza.it.

•Casa Cuccaro
Edles B&B an der einzigen Wegkreuzung mit-

ten im winzigen Ort **Nocelle,** an der auch der „Sentiero degli Dei" vorbei führt. Tolle Sonnenterrasse mit Traumpanorama. Die sympathischen Besitzer *Giuseppe* und *Gerardina Cuccaro* wohnen im gleichen Haus. Nur zu Fuß zu erreichen. Gratis-Parkplatz oberhalb Nocelle. 3 Zi., DZ/F 60–80 Euro. Via Cappella 28, Tel./Fax 089875458, www.casacuccaro.it.

•Villa La Quercia

Casula Salvatore hat 2003 in **Nocelle** direkt unterhalb des Ristorante Santa Croce (s.u.) auf Höhe der Kirche ein hübsches B&B eröffnet. Alle blitzsauberen, freundlichen Zimmer mit neuen Holzmöbeln, Top-Bädern und großartiger Aussicht. In großem Garten ruhig gelegen und nur zu Fuß zu erreichen. Gratis-Parkplatz oberhalb Nocelle. 8 Zi., DZ/F 65–70 Euro. Ostern bis Ende Oktober. Nocelle 5, Tel. 0898128123497, 089875303, Mobil 3392719405, www.villadellaquercia.com.

Jugendherberge

•Ostello Brikette

Anna Gambardella ist es zu verdanken, dass man sich jetzt auch bei knapper Reisekasse ein paar schöne Tage in Positano machen kann. 1999 hat sie diese private Herberge eröffnet. Blitzsauber, gute Betten, eine preisgünstige Bar, schöne Sonnenterrassen und jede Menge guter Tipps. Abends gibt es auch etwas warmes zu Essen, offner Wein. Von der SITA-Bushaltestelle „Chiesa Nuova" auf der SS 163 ca. 300 m in Richtung Sorrent. 5 DZ und 28 Betten in getrennten Schlafsälen. DZ/F 65–80 Euro, Ü/F 22 Euro. Mitte März bis Nov. Via G. Marconi 358, Tel. 089875857, Fax 0898122814, www.brikette.com.

Essen und Trinken

Restaurants, Trattorien und Osterien

•Da Adolfo

Ein paar klapprige Tische auf dem Strand und auf den Tellern hausgemachte Pasta und ausgezeichneter Fisch. *Adolfo* lässt sich nur via mare erreichen. Ein Boot mit dem Namen des Lokals pendelt ab 11 Uhr von der Spiaggia Grande an die Spiaggia del Laurito. Ende Mai bis Ende Sept. bei gutem Wetter tägl. mittags. Tel. 089875022.

•O Capurale

Traditionelle kampanische Küche und frischer Fisch. Ein paar Schritte von der Strandpromenade weg – und schon fällt die Rechnung nicht so hoch aus. 25–30 Euro. Ende März bis Nov. tägl. mittags und abends. Via Regina Giovanna 12, Tel. 089811188.

•Il Grottino Azzuro

Alteingessene Familientrattoria. Anständige Portionen zu anständigen Preisen. Hausgemachte Pasta (ca. 5 Euro) und frischer Fisch, z.B. Sardellen 6 Euro, *pesce all'aqua pazza* 12 Euro. Offener Wein. 15–20 Euro. Mi. Ruhetag. Mittags und abends. Anfang Feb. bis Nov. Via G. Marconi 304, Tel. 089875466.

•'O Guarracino

Luftiges, sympathisches Terrassenlokal über dem Meer. Hausgemachte Pasta (z.B. Ravioli oder *scialiatielli con frutti di mare*) und frischer Fisch, ausgezeicnet ist die *zuppa di pesce.* Bereits mittags Holzofenpizza. 15–20 Euro. Di. Ruhetag. Mittags und abends. Ostern bis Nov. Am Steiluferweg Richtung Spiaggia del Fornillo. Via Positanesi d'America 12, Tel. 089875794.

•Mediterraneo

Enzo Esposito führt die Tradition seiner Familie fort und hat im Sommer 2001 dieses kleine Lokal eröffnet. Ausgewählt gute kampanische Küche zu fairen Preisen. Beachtliche Weinauswahl. 25–40 Euro. Mittags und abends. Febr. geschl. Via Pasitea 236–238, Tel. 0898122828.

•Al Palazzo

Edelrestaurant im palmenbestandenen Innenhof des Palazzo Murat. Der ideale Ort für ein romantisches Candlelight-Dinner. Ab 50 Euro. Nur abends. März bis Ende Okt. Via dei Mulini 23, Tel. 089875177.

•Pupetto

Terrassenrestaurant des gleichnamigen Hotels an der Spiaggia del Fornillo. Hausgemachte Pasta, frischer Fisch, große Salate und gegrilltes Gemüse. Abends auch Holzofenpizza. 20–25 Euro. März bis Dezember tägl. mittags und abends. Via Fornillo 37, Tel. 089875087.

• Saraceno d'Oro
Seit vielen Jahren von der Familie *Esposito* geführtes Restaurant. Hier wird hauptsächlich frischer, lokal gefangener Fisch serviert. Mittags und abends auch leckere Holzofenpizza! 15–25 Euro. März bis Anfang Nov. tägl. mittags und abends. Via Pasitea 254, Tel. 089812050.

• Da Vincenzo
Schnörkellose cucina amalfitana zu fairen Preisen. Gute Fisch-Primi und viele Gemüsegerichte, z.B. *parmigiana di melenzane*. 15–25 Euro. Di. mittags geschl. Ostern bis Nov. Viale Pasitea 178, Tel. 089875128.

In Montepertuso

• Donna Rosa
Es war einmal eine einfache Trattoria ... Trotz Positano-Schick und gestiegenen Preisen zählt das Lokal immer noch zu den besten Adressen. Auch rein vegetarische Gerichte. 30–50 Euro. Di. Ruhetag. Mittags und abends. Ostern bis Jan. Via Montepertuso 97/99, Tel. 089811806.

• Il Ritrovo
Gemüse aus dem eigenen Garten werden zu frischen Antipasti bereitet, als secondo gibt es Fleisch satt: gegrilltes Huhn, Zicklein oder Lamm. Das gebackene Kaninchen probieren! 15–25 Euro. Mi. Ruhetag. Mittags und abends. Mai-Okt. Via Montepertuso 77, Tel. 089812005.

• La Tagliata
Ausgezeichnete Trattoria, in der ausschließlich Produkte aus dem eigenen Garten bzw. Stall (auch Straußenvögel!) verarbeitet werden. Spezialitäten des Hauses sind Nudeln mit Steinpilzen zu 6 Euro und die *grigliata mista* zu 10 Euro. Herrliche Blicke auf Positano und die Küste. Die Freundschaft der Familia *Barba* mit dem deutschen Bundeskanzler *Schröder* ist in die Lokalchronik eingegangen. 20–30 Euro. Do. Ruhetag. Mittags und abends. Via Tagliata 14, Tel. 089875872.

In Nocelle

• Santa Croce
Sympathische Familientrattoria mit Bar. Signora *Petrucci* bereitet köstliche Pasta und Fleisch aus eigener Zucht. Offener Wein. Verglaste Veranda mit einem Traumblick auf die Costiera. 15–20 Euro. Ohne Ruhetag ganzjährig mittags und abends. Via Nocelle 19, Tel. 089811260.

Snacks, Cafés und Bars

• Bar Internazionale
Bar mit internationaler Presse und Fahrkartenverkauf. Unterhalb der Chiesa Nuova, direkt an der SS163 und SITA-Bushaltestelle gelegen. Via G. Marconi 306, Tel. 089875434.

• Lido l'Incanto
Drei luftige Strandbars im Schatten von Weinpergolen am östlichen Ende der Spiaggia Grande. *Insalata caprese* 9 Euro, Salate 5 Euro, *bruschette* 2,5 Euro. Für die Benutzung des Strandes inkl. Liegen, Sonnenschirm und Duschen 9 Euro. Mai bis September.

• Mastro, Salvatore
Eine bessere *granita di limone* ist kaum zu finden. Die Familie *Mastro* – nomen est omen – hat sich vier Generationen Zeit gelassen, es in der Zubereitung des erfrischenden Zitroneneises zur Meisterschaft zu bringen. Zitronenschalen geben der geschmeidigen *granita* ihren erfrischenden, etwas bitteren Beigeschmack. März bis Okt., tägl. bei gutem Wetter. Piazza dei Mulini.

• Pupetto Caffè
Nette Strandbar unterhalb des Hotels „Pupetto". Pannini, Gemüse- und Obstsalate, gegrilltes Gemüse. Internet-Anschluss. Mitte Mai bis Mitte Oktober. Spiaggia del Fornillo.

Nachtleben

• Music on the Rocks
Schicke Grotten-Disko am östlichen Ende der Spiaggia Grande. April und Mai nur Fr. und Sa. April bis Sept. Via Grotta dell'Incanto 51, Tel. 089875874.

An- und Weiterreise

• Auto: Positano wird von der SS163 umfahren. Westlich des Ortes gibt es einen schönen Belvedere!

Souvenirs auf dem Straßenmarkt

● **Bus:** SITA-Busse von und nach Sorrent und Amalfi. Richtung Sorrent halten die Busse unterhalb der Chiesa Nuova (Fahrkarten in der Bar „Internazionale"), hier biegt der Viale Pasitea in den Ort ein. Richtung Amalfi liegt die Haltestelle an der Stelle, wo die gleiche Straße unter dem Namen Via Cristoforo Colombo wieder auf die SS163 stößt.

● **Fähren:** Am Kai westlich der Spiaggia Grande machen die Fähren fest. Von Ostern bis Okt. täglich mehrere Verbindungen nach Amalfi, Salerno, Capri und Sorrent. Von Juni bis Sept. zusätzlich Tragflügelboote von und nach Neapel Mergellina. Fahrpläne und Tickets direkt an der Anlegestelle.

Unterwegs in Positano

● **Parken:** Die wenigen Parkplätze in Positano liegen **am Viale Pasitea** und sind privat organisiert, die Gebühr beträgt ca. 15 Euro pro Tag, z.B. Parcheggio Anna, Viale Pasitea 173A, Tel. 089875737. Bei Hotelaufenthalt und Anreise mit eigenem Fahrzeug sollte man auch einen Parkplatz buchen.

● **Öffentliche Verkehrsmittel:** Die Alternative zum Treppensteigen: Die orangen Stadtbusse „Interno Positano" drehen jede halbe Stunde die Runde auf den einzigen Straßen des Ortes, dem Viale Pasitea, der Via Cristoforo Colombo und der SS163. Nicht ganz so häufig fahren Busse in den hoch gelegenen Ortsteil Montepertusound nach Praiano. Abfahrtszeiten und Streckenplan an allen Haltestellen. Fahrkarten zu 1 Euro direkt im Bus (am Kiosk 0,93 Euro). Die Busgesellschaft Flavio Gioia bietet auch Flughafentransfers und Ausflüge an der Amalfitana an (Tel. 098811896, www.flaviogioia.com).

● **Bootstouren:** Vom Kai oder der Spiaggia Grande werden Ausflugsfahrten entlang der Küste, etwa zur Grotta dello Smeraldo, oder abends nach Praiano in den Nachtclub Africana angeboten. Man kann sich auch in eine einsame Bucht bringen und zu einem späte-

golf_283 Foto: pa

ren vereinbarten Zeitpunkt wieder abholen lassen. Ruderboote, Motorboote und Kanus gibt es auch zum selber Mieten.

Anbieter: **Blue Star,** Tel. 089811888, Tel./Fax 089875092, www.bluestarpositano.it. **Lucibello,** Via del Brigantino 9, Tel. 089875032, Fax 089875326, www.lucibello.it. **L'Uomo e il Mare – Gennaro e Salvatore,** Tel./Fax 089875475, Mobil 368455818.

Banken

Banken mit Bankomaten finden sich entlang der Via Cristoforo Colombo.

Post

- Viale Pasitea (Nähe Chiesa Nuova).

Einkaufen

Mit der Dolce Vita, die Ende der 1950er Jahre auch Positano erreichte, schlug die Geburtsstunde der **Moda di Positano.** 1959 feierte der Bikini hier seinen italienischen Einstand, die traditionellen, spitzenbesetzten Leinenkleider wurden zu neuen, gewagteren Kreationen weiterentwickelt. Zahlreiche Modeboutiquen säumen die Gassen um die Kirche S. Maria Assunta. Wie in Sorrent und auf Capri werden auch in Positano teure Ledersandalen von Hand gefertigt.

Baden

Unterhalb der Kirche S. Maria Assunta breitet sich die **Spiaggia Grande** aus. Pittoresk liegen bunte Fischerboote auf dem für Amalfitana-Verhältnisse langen Kiesstrand, der im Sommer fast vollständig von den bagni mit Umkleidekabinen, Liegestühlen und Sonnenschirmen okkupiert ist. Für deren Benutzung sind 10–15 Euro pro Tag zu entrichten. Am östlichen Ende der Spiaggia Grande finden sich einige nette Strandbars. Mit Booten bzw. zu Fuß auf der SS163 sind die weiter östlich gelegenen **Buchten La Porta, Fiumicello** oder **Arienzo** zu erreichen. Oberhalb der Mole führt ein hübscher Fußweg, vorbei am Ristorante 'O Guarracino, an die schöne **Spiaggia del Fornillo.**

Tauchen

- **Centro Sub Costiera Amalfitana**
Gaetano Milano bietet Tauchgänge vor den Isole Li Galli und in der Riserva Marina Punta Campanella an. Ausrüstung kann gestellt werden. Via Fornillo 37 (c/o Hotel Pupetto), Tel. 089812148, Fax 089812884, Mobil 3473787372, info@centrosub.it, www.centrosub.it.

Wandern

Oberhalb von Positano erreichen die Monti Lattari mit dem Massiv des **Monte S. Angelo a Tre Pizzi** Höhen über 1440 m. Der Blick vom Monte S. Michele (1444 m), dem höchsten der drei Pizzi, umfasst die Golfe von Neapel und Salerno, den Vesuv, die Monti del Matese, die Monti Picentini und reicht bei klarem Wetter weit bis in den Cilento. Der Monte S. Angelo lässt sich von Agerola (Bomerano), Monte Faito und Positano (Montepertuso) besteigen. Positano ist auch Endpunkt des **Sentiero degli Dei.** Dieser vielleicht schönste, sicher aber bekannteste Höhenweg der Costiera startet in Agerola im Ortsteil Bomerano (siehe dort). Adressen von Bergführern bei der AAST Positano (s.o.). In Zeitungsläden die aktuelle Wanderkarte „Carta dei Sentieri di Positano – Carta dei Sentieri della Penisola Sorrentina e Costiera Amalfitana" (Genius Loci). Detaillierte Wanderbeschreibungen mit Höhenprofilen auf der Website von *Giovanni Visetti* www.giovis.it (siehe Exkurs „Wandern im Sirenenland").

Montepertuso und Nocelle

Der **treppenreiche Spaziergang** führt mit immer neuen Blicken auf Positano und das Meer in den 365 m hoch gelegenen Ortsteil Montepertuso. Aufstieg 1–1½ Std., Abstieg 45 Min.–1 Std. Nach Montepertuso fahren Stadtbusse der Linie „Interno Positano".

An Positano kann man sich kaum satt sehen. Es macht Spaß, auf den alten Treppenwegen durch den Ort zu streifen; immer wieder öffnen sich unterwegs postkartenwürdige Blicke. Von Positano aus führen zwei Treppenwege in den Ortsteil Montepertuso – es spielt keine Rolle, welchen man wählt. Von der Spiaggia Grande geht man auf der schmalen, von Boutiquen gesäumten Via dei Mulini zur Via Cristoforo Colombo hoch und auf dieser ein kurzes Stück nach rechts bergauf. Bald darauf biegt man links in eine Gasse ein und folgt ab hier den Treppenstufen bergauf, unterwegs die Via Marconi (SS163) im Ort querend. Bei den letzen Häusern verzweigt sich der Treppenweg. Der eine führt etwas weiter nördlich unterhalb der Steilwand hoch, der andere kommt in der Nähe des *cimitero* (Friedhof) vorbei, dem man auf jeden Fall einen Besuch abstatten sollte. Von Montepertuso führt die kaum befahrene Straße bis an das stille Dorf Nocelle, und ab hier setzt sich ein traumhaft schöner Höhenweg in Richtung Bomerano-Agerola fort (vgl. Beschreibung des „Sentiero dgli Dei" ab Agerola).

Monte S. Angelo (1444 m)

Ein steiler Aufstieg (nicht zu vergessen der anschließende Abstieg) führt auf meist gut angelegten Wegen auf den **höchsten Gipfel der Monti Lattari.** Traumhafter Rundumblick! Es gibt Stellen, an denen man schwindelfrei sein sollte. Wen man sich in den Monti Lattari noch nicht auskennt, empfiehlt es sich, die Tour evtl. mit einem Bergführer zu gehen (c/o AAST). Nicht bei dichtem Nebel wandern und ausreichend Wasser mitnehmen! CAI-Weg „29" bis zur Caserma Forestale, dann CAI-Weg „00" bis an die Basis des Monte S. Angelo. Reste alter Farbmarkierungen und Richtungsangaben unterwegs. 3¾ Std. Aufstieg (1100 Höhenmeter), 3¼ Std. Abstieg. Montepertuso – Caserma Forestale 1½ Std., Caserma Forestale – Conocchia 2¼ Std., Conocchia – Monte S. Angelo 1 Std. Nach Montepertuso fahren Stadtbusse der Linie „Interno Positano".

Aus **Montepertuso** der Straße in Richtung Nocella folgen. Es gibt **zwei Einstiege,** der erste wenige hundert Meter nach dem Ort, an der Stelle, wo die Straße über eine kleine Brücke führt und eine Rechtskurve beschreibt. An der Schreinerei zweigt der Weg ab, der in zementierten Stufen rasch im Taleinschnitt bergauf führt. Der zweite Einstieg liegt nach der Trattoria „La Tagliata" in Richtung Nocelle. Die Straße führt um die Kurve und weitet sich, früher lag hier der Buswendeplatz. Links zweigt der Weg in den Wald ab, ein Holzschild weist Richtung „Castagnone". Der Einstieg erfolgt hier sanfter im Schatten der Bäume. Die beiden Wege vereinen sich und erreichen als CAI-Weg „29" die **Caserma Forestale** (767 m). Das steinerne Forsthaus liegt an einer Wegkreuzung, wo zusätzlich ein Höhenweg aus Bomerano und der CAI-Weg „29" auf den Fernwanderweg **Alta Via dei Lattari** treffen. Folgt man von der Kreuzung dem CAI-Weg „02" ein kurzes Stück nach rechts in Richtung Bomerano, erreicht man den wunderschönen **Aussichtspunkt I Trasiti.**

Der Weg zum Gipfel des Monte S. Angelo setzt sich anfänglich in engen Serpentinen in Richtung Norden fort und folgt der Alta Via dei Lattari bis zu einem Kamm mit einem Metallkreuz, dem **Croce della Canocchia** (1314 m). Unterwegs bieten sich zwei Varianten an, der bergseitig verlaufende Pfad ist etwas ausgesetzt, bietet aber den besseren Blick. Beide sind bezeichnet und finden vor der Canocchia wieder zusammen. Von der Canocchia schwenkt der Weg nach Nordosten und führt über den Bergrücken weiter hoch. Nach einem Wäldchen führt der Pfad fast eben am Steilhang weiter. Nach einer Richtfunkstation erfolgt der letzte Teil des Anstiegs bis zum Gipfel des **Monte S. Angelo** (1444 m).

Gleitschirmfliegen

Positano ist ein Traumrevier für Gleitschirmflieger. Gestartet wird im Weiler **S. Maria di Castello** (680 m), aus Positano zu Fuß und aus Vico Equense (siehe dort) mit dem Auto zu erreichen, oder vom **Monte S. Angelo** (1400 m). Während der Badesaison im Sommer ist das Landen auf dem Strand von Positano untersagt. Infos bei der AAST oder im Web unter www.fivl.it, www.parapendio.it (siehe auch „Paestum").

Feste/Veranstaltungen

- **Ostern**
Sehenswerte Karfreitagsprozession.
- **Festa di S. Vito**
Am 15. Juni wird der Stadtpatron mit einer Prozession gefeiert.
- **Musica d'Estate**
Ende August bis Mitte September Kammermusik und Jazz-Konzerte im Hof des Hotels „Palazzo Murat".
- **Premio Leonide Massime**
Balletfestival im September.

Vettica Maggiore, Praiano und Marina di Praia

↗ X, B2

Als südlichster Ausläufer des Monte S. Angelo a Tre Pizzi reckt sich sich das **Capo Sottile** ins Meer. Die ineinander übergehenden Ortschaften **Vettica Maggiore** und Praiano gehören zu den sonnenverwöhntesten der Costiera. Vettica wendet sich in Richtung Positano und ist von weitem an der wunderschönen Majolikakuppel der **Kirche S. Gennaro** zu erkennen. Die Piazza lädt zum Verweilen ein. Während man Fußball spielenden Kindern und Boccia spielenden älteren Herren zusieht, kann man die herrliche Aussicht auf Positano, die Punta Camapanella und Capri genießen. Im oberen Ortsteil erhebt sich auf 364 m Höhe die **Kirche S. Maria ad Castro** mit einem eindrucksvollen Fresko aus dem 15. Jh. Steigt man zu Fuß in Richtung Colle La Serra auf, kommt man an der Kirche vorbei.

Auf der Conca dei Marini zugewandten Seite ziehen sich die Häuser von **Praiano** locker den Hang hinauf. Den Ortskern bildet die **Pfarrkirche S. Luca** aus dem 16. Jh. mit einem schönen Majolika-Fußboden. Am östlichen Ortsende liegt am Ende einer tiefen Schlucht die malerische Fischersiedlung **Marina di Praia,** die jederzeit die Kulisse für einen Film aus den 1950er Jahren abgeben könnte. Am beliebten Badestrand gibt es eine Reihe einladender Fischlokale, Bootsverleiher und Tauchschulen.

Vettica und Praiano bleiben weitgehend verschont von der Masse der Tagestouristen. Es gibt hier keine Busparkplätze, nur wenige Boutiquen und keine großartigen Kunstdenkmäler, wie sie Amalfi und Ravello reichlich zu bieten haben. Dafür genießt man in Vettica und Praiano die schönsten Sonnenuntergänge der Costiera. Das wussten bereits die Dogen von Amalfi und *Karl v. Anjou,* die ihre Sommerresidenzen hierher verlegt hatten. Vettica und Praiano sind ideale und preisgünstige Standortalternativen zu Positano und Amalfi.

Information

- **Ufficio Informazione**
Touristenbüro (mit Bancomat) mit unregelmäßigen Öffnungszeiten oberhalb der Kirche S. Gennaro. Faltblatt mit Wandertipps. Via Capriglione (= SS163), Vettica Maggiore, Tel. 089874557, 089874733.
- **www.comune.praiano.sa.it**
- **www.praiano.it**
Kommerzielle Site, auf der sich einige Hotels und Restaurants vorstellen (ital./engl.).

Unterkunft

Hotels und Pensionen

● **Alfonso a Mare** (***)
Gepflegtes Hotel direkt an der kleinen Fischerbucht. Gutes Restaurant (s.u.). 16 Zi., DZ/F 88–120 Euro. Mitte März bis Mitte Nov. Via Praia 6, Marina di Praia, Tel. 089874091, Fax 089874161, www.alfonsoalmare.it.

● **Onda Verde** (***)
Absolut ruhig unterhalb der Straße direkt über dem Fischerhafen Marina di Praia gelegen. Fast alle Zimmer (schlicht möbliert, aber mit guten Betten) mit kleinem Balkon und Meerblick. Gästeparkplatz an der SS 163, ein Aufzug führt zum Hotel hinunter. Schöner Fußweg in den Ort, zum Meer sind es nur wenige Schritte. 20 Zi., DZ/F 140–160 Euro. April bis Anfang Nov. Via Terramare 3, Tel. 089874143, Fax 0898131049, www.hotelondaverde.com.

● **Tramonto d'Oro** (***)
Drei-Sterne-Komfort. Blick (nur aus den Superior-Zimmern!) auf Positano und das Meer. Pool, Fitnessraum und privater Parkplatz gratis. Bus-Shuttle zur Marina di Praia. 40 Zi., DZ/F 160–240 Euro. März bis Ende Okt. Via G. Capriglione 119, Vettica Maggiore, Tel. 089874955, Fax 089874670, www.tramontodoro.it.

● **Pensione Continental** (**)
Die familiäre Pension der Brüder *Maresca* liegt an der SS 163 mit Blick aufs Meer und die Torre a Mare. Charmant verwinkeltes Haupthaus (ruhige Zimmer, z.T. mit eigenen Terrassen) und grün eingewachsene Bungalows auf den Terrassen. Auf dem terrassierten Gelände befindet sich auch einer der wenigen Zeltplätze der Costiera! Ein Treppenweg führt an den Felsstrand. Fahrzeug- und Bootsvermietung. 25 Zi., DZ/F 90–100 Euro. April bis Mitte Nov. Via Roma 21, Praiano, Tel. 089874084, Fax 089874779, www.continental.praiano.it.

golf_285 Foto: pa

Vettica Maggiore: Kirche San Gennaro

● **Le Sirene** (**)
Freundliche Frühstückspension unterhalb der Kirche S. Gennaro. Von der Kirche ausgeschildert und nur zu Fuß zu erreichen (mit Glück findet man einen Parkplatz an der Durchgangsstraße). *Giancarmine* und *Maria Puglia* (spricht deutsch) sorgen dafür, dass sich ihre Gäste wohl fühlen. Absolut ruhig und mit tollem Panorama auf Positano und den Sonnenuntergang gelegen. Einfache, saubere Zimmer mit guten Betten. Großes Frühstücksbuffet. Treppenweg zum Meer. 12 Zi., DZ/F 85–100 Euro. Ostern bis Anfang Nov. Via S. Nicola 10, Praiano, Tel./Fax 089874013, www.lesirene.com.

● **Casa Alfonso** (*)
Charmante Frühstückspension in einem Palazzo aus dem 19. Jh. in der Ortsmitte von Praiano unterhalb der Chiesa di S. Luca. In der Halle alte Stilmöbel, mit Gusto eingerichtete, geräumige Zimmer mit kleinen Terrassen und Blick aufs Meer. Im Sommer wird

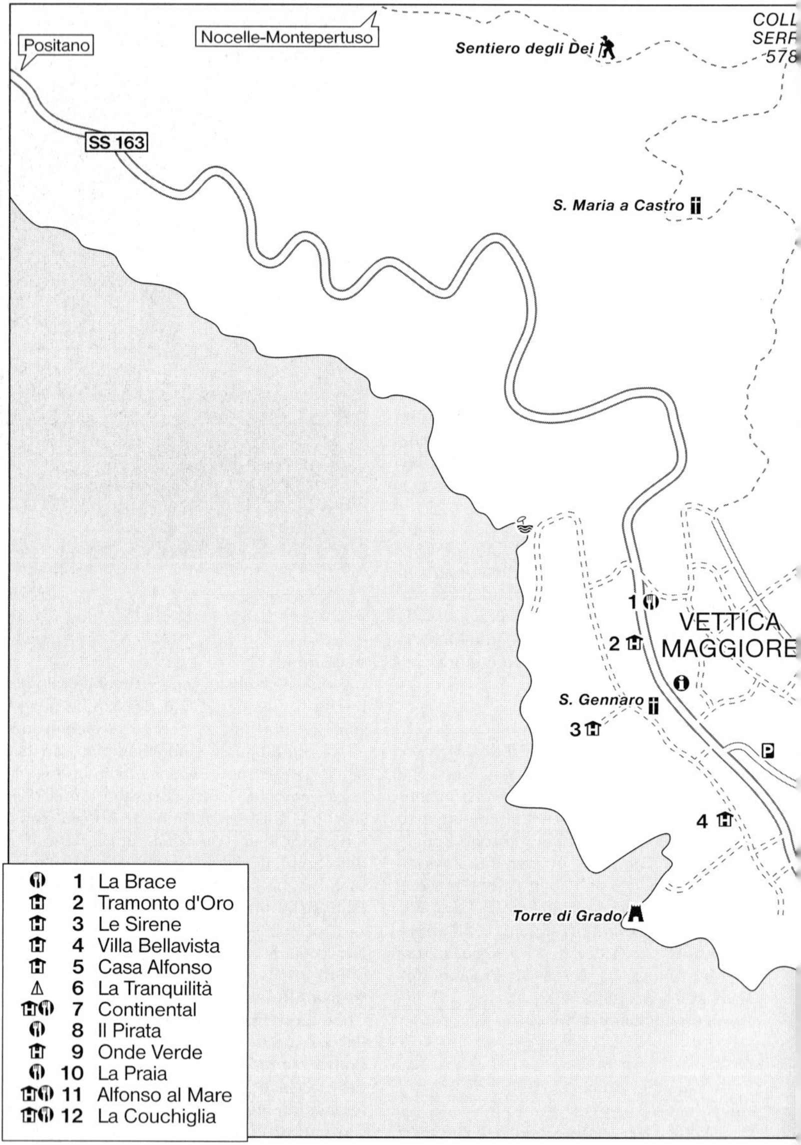
Positano
Nocelle-Montepertuso
Sentiero degli Dei
COLL
SERF
578
SS 163
S. Maria a Castro
1
VETTICA
MAGGIORE
2
S. Gennaro
3
P
4
Torre di Grado
1 La Brace
2 Tramonto d'Oro
3 Le Sirene
4 Villa Bellavista
5 Casa Alfonso
6 La Tranquilità
7 Continental
8 Il Pirata
9 Onde Verde
10 La Praia
11 Alfonso al Mare
12 La Couchiglia

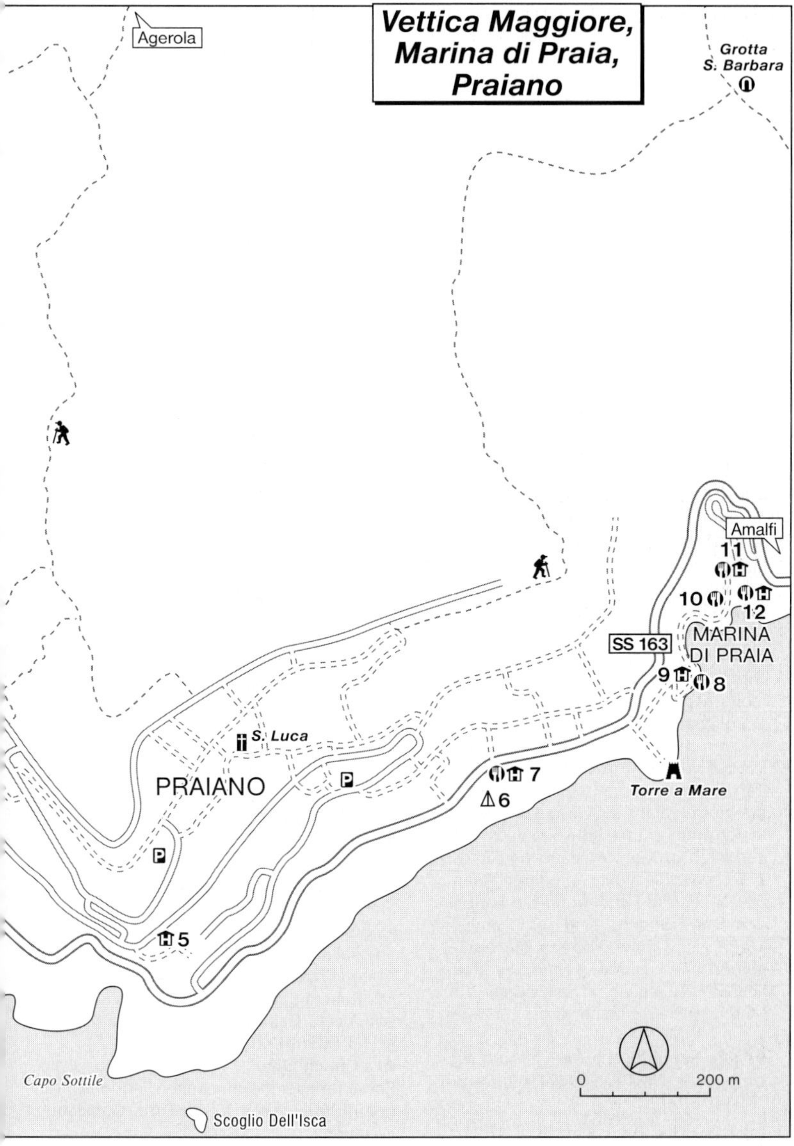
Vettica Maggiore, Marina di Praia, Praiano
Agerola
Grotta S. Barbara
Amalfi
11
10
12
MARINA DI PRAIA
SS 163
9
8
S. Luca
PRAIANO
7
6
Torre a Mare
5
0
200 m
Capo Sottile
Scoglio Dell'Isca

das Frühstück unter der Pergola mit Amalfitana-Blick serviert. 10 Zi., DZ/F 62–70, HP 57–62 Euro (im Ristorante Umberto a Mare). Via Umberto I. 115, Praiano, Tel. 089874048, Fax 089874489, www.casaalfonso.it.

● **La Conchiglia** (*)
Von der einfachen, netten Pension der Familie *De Falco* erreicht man mit wenigen Schritten das Meer. Im gleichnamigen Lokal kann man solide kampanische Küche genießen (s.u.). 13 Zi., DZ/F 55–80 Euro. Via Praia 17, Marina di Praia, Tel. 089874313.

● **Villa Bellavista** (***)
Kleine Familienpension über Torre del Grado etwa 50 Stufen unterhalb der Piazza S. Gennaro, 300 Stufen bis zum Meer. Bis zum späten Abend Sonne und das Vergnügen, die Sonne hinter Capri untergehen zu sehen. Zimmer mit guten Betten, die meisten mit Meerblick. Kleiner Parkplatz, Internet-Anschluss. Der Besitzer *Mario Rispoli* spricht deutsch. 23 Zi., HP 55–75 Euro. Ostern bis Ende Okt. Via Rezzola 45, Vettica Maggiore, Tel./Fax 089874054, www.villabellavista.it.

Campingplatz

● **La Tranquillità**
Unterhalb der Pensione Continantal (Rezeption s.o.) liegen Zeltplätze auf schmalen Oliventerrassen. 2 Personen mit Zelt 38 Euro.

Restaurants, Trattorien und Osterien

● **Alfonso a Mare**
Das Terrassenrestaurant über dem Fischerhafen an der Marina di Praia ist einer der Klassiker an der Costiera. Kompetente Fischküche. Im Sommer steigen hier kitschig-romantische Hochzeitsfeiern. 20–50 Euro. Mittags und abends. Mitte März bis Anfang Nov. Via Praia 6, Marina di Praia, Tel. 089874091, www.alfonsoamare.it.

● **Continental**
Hotelrestaurant der Familie *Maresca*. Traditionelle kampanische Küche, zahlreiche Fischgerichte, eigener Wein. Lassen Sie sich zum Dessert von den *frutti gelato* überraschen! Glasveranda und Terrasse mit schönem Blick auf die Torre a Mare und die Küste. 20–25 Euro. Mittags und abends. April bis Mitte Nov. Via Roma 21, Praiano, Tel. 089874084.

● **La Brace**
Gianni di Iraces ausgesprochen einladende Trattoria verwöhnt mit ehrlicher *cucina amalfitana,* hausgemachtem *limoncello* und einem atemberaubenden Blick auf Positano. Zu den Spezialitäten zählt die *zuppa di pesce.* Am Abend Pizza aus dem Holzofen. 15–30 Euro. Mi. Ruhetag. Mittags und abends. Nov. geschl. Via G. Capriglione 146, Vettica Maggiore, Tel. 089874226.

● **La Conchiglia**
Restaurant der gleichnamigen Pension in Marina di Praia (s.o.). 15–20 Euro. Ganzjährig geöffnet.

Küstenwachtturm als Künstleratelier

1260 unter den Anjou errichtet, wachte der mächtige Küstenturm jahrhundertelang über diesen Abschnitt der Amalfitana. Tauchten am Horizont Piratenschiffe auf, verbreitete sich die Nachricht durch Signalfeuer buchstäblich wie ein Lauffeuer von Turm zu Turm, und die Bevölkerung konnte sich meist rechtzeitig in Sicherheit bringen.

Völlig friedlich haben die naiv-verspielten Terrakotta-Figuren von *Paolo Sandulli* von der **Torre a Mare** und dem Kap Besitz ergriffen. Seit den 1960er Jahren in Praiano zu Gast, hat sich der Maler und Keramik-Künstler, nach Aufenthalten in Rom, Mailand und Paris, 1989 endgültig hier niedergelassen. Das Meer, die Fischer und die Badenden des Sommers sind seine Sujets, Meeresschwämme formen die hochgetürmten Frisuren seiner Sirenen. Schauen Sie auf einem Spaziergang zur Marina di Praia einfach vorbei!

● **Paolo Sandulli,** c/o Torre a Mare, Via Umberto I. 21, Tel. 089874149, Mobil 3394401008.

- **Il Pirata**

Winziges Fischlokal direkt über dem Meer. Auch wenn die Kellner Piraten-T-Shirts tragen, die Preise bleiben zivil. Vor und nach dem (bodenständigen) Essen kann man ins Wasser springen. 15–25 Euro. Ostern bis Ende Sept. Via Terramare, Marina di Praia, Tel. 089874377.

- **La Praia – da Armandino**

Von Einheimischen empfohlene Fischtrattoria und Bar. 20–40 Euro. Mittags und abends. März bis Nov. Marina di Praia 1, Tel. 089874087.

Feste

- **S. Luca,** der Ortspatron wird am ersten Juli-Sonntag und am 18. Okt. gefeiert.
- **S. Gennaro,** am 18. und 19. Sept. wird der Märtyrerbischof mit einem Jahrmarkt, Umzügen und einem Feuerwerk gefeiert.

Nachtleben

- **Africana**

Kult-Disco in einer Grotte. Mit dem Auto über eine Zufahrtsstraße zu erreichen, die zwischen den Straßenkilometern „21" und „22" von der SS163 abzweigt, von Praiano und der Marina di Praia führen Fußwege hin. Bootsservice von allen Marinas der Costiera. Juni bis Sept. Via Torre a Mare 2, Marina di Praia, Tel. 089874042, www.africananightclub.com.

An- und Weiterreise

- **Auto:** Der Ort liegt direkt an der SS163.
- **Bus:** SITA-Busse nach Positano, Sorrent und Amalfi. Flavio Gioia-Busse nach Positano.
- **Taxi:** Benvenuto Umberto, Via Roma 54, Tel. 089874024, www.taxibenvenuto.com. Rispoli Gennaro, Tel. 089874370.

Baden

In Vettica gibt es unterhalb der Kirche S. Gennaro eine kleine **Kiesbucht.** Am östlichen Ortsende liegt eingezwängt zwischen hohen Kalkklippen die Fischersiedlung **Marina di Praia** mit einem Kiesstrand und einer Reihe netter Lokale.

Tauchen

- **Boa Diving**

Die Tauchbasis von *Raffaele Donnarumma* ist das ganze Jahr über geöffnet. Wochenkurse nach internationalen Richtlinien. Ausrüstung kann ausgeliehen werden. Via Marina di Praia, Tel. 089813034, Fax 0898131084, Mobil 335345739, www.laboa.com.

Wandern

Colle La Serra/Bomerano

Aus Vettica Maggiore führt von der Piazza Gagliano aus ein steiler, aussichtsreicher Treppenweg in ca. 2 Std. hoch zum Sattel (578 m) an der Colle La Serra. Hier quert der **Sentiero degli Dei.** Die Wanderung lässt sich z.B. nach Montepertuso und Positano fortsetzen, wie man den „Sentiero degli Dei" auch in umgekehrter Richtung von Montepertuso bis zum Colle La Serra gehen kann, um anschließend nach Vettica Maggiore bzw. Praiano abzusteigen. Aus Praiano kann man auch durch das Vallone di Praia, vorbei an der Grotta S. Barbara, nach Bomerano aufsteigen. Kombiniert mit dem ersten Abschnitt des „Sentiero degli Dei", der aus Bomerano bis zur Colle La Serra führt, und dem Abstieg nach Vettica Maggiore ergibt sich ein schöner Rundweg.

Marina di Furore, Vettica Minore und Furore

⇗ XI, C2

Wer dem Trubel an der Küstenstraße für eine Weile entfliehen möchte, sollte einen Ausflug nach **Furore** unternehmen. Das Gemeindegebiet erstreckt sich von der Marina bis auf eine Höhe von 650 m über dem Meer. Der **Vallone del Furore,** das „Tal des Zorns", stand bei dem Namen Pate. Der wilde Fjord ist der einzige seiner Art am Mittelmeer. Die SS163 führt mit einer kühnen Brücke über die Schlucht. Wenn es stürmt oder der Schiato nach schweren Regenfällen anschwillt, tobt es im Tal, und die Wellen brechen sich mit wütendem Widerhall und ohrenbetäubendem Getöse am Fels. Eine Gruppe kleiner Würfelhäuser schmiegt sich an die hoch aufragenden Kalkfelswände, ein Bach mündet über den schmalen Kiesstrand ins Meer. An der abweisend steilen Felsküste bot sich dieser schmale Einschnitt als natürlicher Hafen an, und an der **Marina di Furore** muss früher ein geschäftiges Treiben geherrscht haben. Seit dem frühen Mittelalter wurden hier alle erdenklichen Waren umgeschlagen. Das Wasser des Schiato trieb Papier- und Getreidemühlen an. *Roberto Rosselini* drehte an diesem wildromantischen Ort mit seiner damaligen Le-

golf_288 Foto: pa

bensgefährtin *Anna Magnani* zwei Filme. Vor wenigen Jahren hat man die alten **Fischerhäuser,** die **monazzeni,** restauriert, und eine der alten Papiermühlen gibt als „Ecomuseo" interessante Einblicke in dieses fast vergessene Handwerk. Ein kleines Lokal bietet Erfrischungen an. Steile Treppenwege führen in die hoch gelegenen Ortsteile. Zwei zusätzliche Naturlehrpfade wurden eingerichtet.

Auf der Höhe von **Vettica Minore** zweigt die SS366 von der Küstenstraße SS163 ab und führt in unzähligen Kurven hoch in das Gebiet der alten **Terra Furoris,** trotz des Namens eine der lieblichsten Gegenden der Amalfitana. Verstreut liegen die Häuser von Vettica Minore und Furore auf den steilen Hängen, umgeben von Zitronen- und Weinterrassen. **Furore** nennt sich stolz **paese dipinto,** „bemaltes Dorf". Seit Jahren werden bekannte und unbekannte Künstler eingeladen, Wände der Häuser oder Stützmauern mit ihren Werken zu schmücken. Um ehrlich zu sein: Die *murales* haben es schwer, sich gegen das prachtvolle Landschaftspanorama durchzusetzen. Die SS366 führt weiter nach Bomerano, dem Ausgangspunkt des Sentiero degli Dei. Keiner, der mit dem SITA-Bus hier hochgefahren ist, wird die abenteuerliche Fahrt je vergessen. Im Vallone di Praia gedeihen die Reben, aus denen der gute Furore-Wein gekeltert wird.

Straßenstand mit
frischen Zitronen und Tomaten

Information

- **Pro Loco**

Via Mola 39, Furore, Tel. 089830525.

- **www.furoreinn.it**

Website des gleichnamigen Hotels, die dem Furore-Fjord einen interessanten Abschnitt widmet (ital./engl.).

Unterkunft

Hotels, Pensionen und Ostelli

- **Furore Inn** (*****)

Das Luxus-Hotel am Capo S. Elia ist wegen unsensibler Hangterrassierung ins Kreuzfeuer der Umweltschützer gekommen. Pools, Beauty- und Fitnesscenter. 22 Zimmer bzw. Suiten, DZ/F ab 220 Euro. Via dell'Amore 5, Contrada S. Elia, Tel. 0898304711, Fax 08998304777, www.furoreinn.it.

- **Albergo di Bacco** (***)

Die Familie *Ferraioli* hält für die Gäste ihres ausgezeichneten Lokals (s.u.) ein paar freundliche Zimmer bereit. *Antonio Ferraioli* gibt gute Wandertipps. 19 Zimmer. DZ/F 65–75 Euro, HP 50–70 Euro pro Person. Ganzjährig geöffnet. Anfahrt mit dem eigenen Fahrzeug bzw. SITA-Busse der Linie Amalfi – Agerola. 19 Zi., DZ 70–80 Euro, F 7 Euro, HP 60–75 Euro. Via G. B. Lama 9 (= SS366), Tel. 089830360, Fax 089830352, www.baccofurore.it.

- **Vettica House**

Apartmenthäuser im Limoneto oberhalb der Straße nach Agerola. Apartments mit Küchen für Selbstversorger und Schlafplätzen in Mehrbettzimmern (s.u.). Anfahrt mit SITA-Bussen aus Amalfi Richtung Agerola, kurz vor dem Convento Santa Rosa aussteigen und 270 Stufen im Zitronenhain hochsteigen (vorher anrufen!). Parkmöglichkeiten an der Straße. Die Brüder Vissicchio führen auch das Ostello „A'Scalinatella" in Atrani (siehe dort). 8 Zi., 2 App. DZ 35–73 Euro. Via Maestra dei Villaggi 92, Vettica Minore, Tel. 089871930, Tel. 089871814 (casa), www.hostelscalinatella.com.

Bed & Breakfast

•La Locanda del Fiordo

Im Frühjahr 2000 haben die Brüder *Milo* diese hübsche Frühstückspension wenige hundert Meter westlich des Furore-Fjords direkt über dem Meer eröffnet. Alle Zimmer mit Balkon und kleiner Kochnische. Auf der Sonnenterrasse werden Mittags-Snacks serviert. Treppen ans Meer. Parkplatz. 10 Zi., DZ/F 80–130 Euro. Via Trasita 13 (km 23 der SS 163), Tel. 089874813, Fax 0898131021, www.locandadelfiordo.it

•Le Marelle

In Nähe des Albergo-Ristorante Bacco (s.o.) hat die Familie *Cuomo* 2001 in einem Zitronenhain ein nettes B&B eröffnet. Ein Teil der Zimmer blickt aufs Meer. Die grandiose Aussicht bietet sich allen Gästen von der großen Sonnenterrasse. Anfahrt mit dem eigenen Fahrzeug bzw. mit SITA-Bussen der Linie Amalfi-Agerola. 7 Zi., DZ/F 60–80 Euro. Via G. B. Lama 50 (= SS366), Tel. 089830263, Mobil 3388181507, www.lemarelle.it.

Ostello und Campingplatz

•Vettica House

Die Brüder *Vissicchio* bieten im Vettica House (s.o.) auch jugendherbergsähnliche Schlafplätze an. Zeltplätze unter Zitronenbäumen. Ü 10–21 Euro.

Agriturismi

•Sant'Alfonso

Die historischen Gebäude des von *Luigi Cuomo* und seiner Tochter *Michelina* geführten Agriturismo waren früher der Konvent der nahen Kirche Sant'Alfonso. 10 Zimmer. DZ/F 50–60 Euro, Menu 15 Euro. Anreise mit dem eigenen Fahrzeug oder SITA-Bus der Linie Amalfi-Agerola, ca. 500 m von der SS366. Via Sant'Alfonso 6, Tel. 089830515, www.agriturismosantalfonso.it.

•Serafina

Ländlicher geht es an der Amalfitana kaum. Seit 1996 betreiben *Domenico* und *Giuseppina Fusco* diesen sympathischen Agriturismo unterhalb der Kirche S. Alfonso. Alle Köstlichkeiten, die hier auf den Tisch kommen, werden selbst produziert. Die *Fuscos* haben Kühe, Schweine und Hühner, bewirtschaften eine große Rebfläche (sie liefern ihre Trauben u.a. an die vielfach prämierte Cantina Gran Furor Divina Costiera), Oliven- und Zitronenhaine sowie einen Gemüsegarten. Ein idealer Platz für Kinder. Anreise mit dem eigenen Fahrzeug oder SITA-Bussen der Linie Amalfi - Agerola, ca. 1 km von der Straße Richtung Agerola (= SS366). 5 Zi., DZ/F 60 Euro, HP 45–50 Euro. Via Piccola 3, Località Vigna, Tel. 089830347, Fax 0898304021, www.agriturismoserafina.it.

Restaurants, Trattorien und Osterien

•Al Monazeno

Maria und *Paolo* haben vor wenigen Jahren ein nettes Lokal in einem der alten Bootshäuser aufgemacht. Snacks, einfache lokale Gerichte und Fisch. Menu ca. 20–30 Euro. Juni bis Oktober. Marina di Furore, Mobil 368451542.

•Hostaria da Bacco

Die Terrasse des Lokals schwebt 450 m über dem Meer. Die *Ferraiolis* betreiben in vierter Generation diese ausgezeichnete Hostaria, in der unverfälschte *cucina amalfitana* geboten wird. Die Menschen hier oben waren immer Bauern und Fischer. In dieser Tradition steht auch die Küche, wie das Hausgericht *totani con patate* (Pfeilkalamare mit Kartoffeln) beweist. Der exzellente Käse aus Agerola findet in vielen Gerichten Verwendung, zahlreiche Zutaten stammen aus eigenem Garten. Die *dolci* sind himmlisch, zum Abschluss des Mahls wird der hausgemachte *nannasino,* ein Kaktusfeigenlikör, kredenzt. Den Namen des Weingottes trägt das Lokal nicht zufällig! Menu 30–35 Euro. Wer sich nicht mehr fortbewegen mag/ kann, findet hier einige freundliche Gästezimmer (s.o.). Anfahrt mit dem eigenen Fahrzeug oder SITA-Bussen der Linie Amalfi-Agerola. 30–35 Euro. Fr. Ruhetag. Mittags und abends. Via G. B. Lama 9 (= SS366), Tel. 089830360, Fax 089830352, www.baccofurore.it.

• Sant'Alfonso
Nach telefonischer Anfrage kann man im Agriturismo (s.o.) ausgezeichnet essen. 20 Euro. Mittags und abends. Nov. geschl.

An- und Weiterreise

• Auto: Die SS163 führt über den Furore-Fjord, aber wer mit dem eigenen Auto unterwegs ist, wird enttäuscht sein. Im Vorbeifahren erhascht man zwar einen schnellen Blick in die interessante Schlucht, nur kann man nirgends parken. Es zahlt sich aus, mit dem SITA-Bus oder zu Fuß unterwegs zu sein. Von der SS163 steigt die SS366 in Schwindel erregenden Serpentinen an den Häusern von Furo vorbei nach Agerola auf.
• Bus: SITA-Busse der Linie Positano – Amalfi halten an der Brücke über den Furore-Fjord/ Marina di Furore. Vettica Minore und Furore liegen an der Strecke Amalfi – Agerola.

Einkaufen

• Gran Furor Divina Costiera
Hier werden die besten Tropfen der Costiera gekeltert, ein Wein, der im wahrsten Wortsinn Furore macht. Die Cantina liegt oberhalb der Hostaria da Bacco. Besichtigung der Kellerei und Weinverkostung. Via G. B. Lama 14 (SS366), Tel. 089830348.

Fest

• Sagra dei Ficchi d'India
Fest der Kaktusfeigen am ersten September-Wochenende.

Baden

Den kleinen Kiesstrand an der **Marina di Furore** erreicht man am besten mit einem SITA-Bus oder zu Fuß (s.u.).

Wandern

• Vallone del Furore
Auch in diesem Teil der Amalfitana hat sich das dichte Netz der alten Wirtschaftswege gut erhalten, und nur gelegentlich ist man gezwungen, kurze Abschnitte auf der Asphaltstraße zu laufen. Von der Hostaria da Bacco kann man auf einem Treppenweg bis in den Furore-Fjord an die Marina di Furore absteigen. Infos zu den Furore-Wanderungen erteilt die engagierte Ortsgruppe von Legambiente, Tel. 0815781702. Von den beiden Agriturismi Sant'Alfonso und Serafina steigt ein schöner Weg auf nach Bomerano und zum „Sentiero degli Dei". Auf dem gleichen Weg kann man nach Praiano absteigen.

Conca dei Marini

Die kleinen weißen Würfelhäuser von **Conca dei Marini** verlieren sich in der terrassierten Landschaft. Ein regelrechter Ort ist nicht auszumachen, und doch besaß Conca im Mittelalter eine Handelsflotte, die jener von Amalfi nicht nachstand. Die **Marina di Conca,** vom vorspringenden Capo di Conca geschützt, ist der schönste Fischer-Borgo der Amalfitana. Die größte Touristenattraktion aber ist die **Grotta dello Smeraldo,** von der SS163 aus über einen Aufzug oder von Marina di Conca bzw. aus Amalfi mit dem Boot zu erreichen. 1932 entdeckte ein Fischer die Karsthöhle und konnte damit Capris Monopol auf spektakuläre Meeresgrotten brechen. Stalagmiten, die heute bis unter die Meeresoberfläche reichen, beweisen, dass die Grotte sich im Laufe der Zeit abgesenkt hat. Durch einen Felstunnel unter dem Meeresspiegel filtert smaragdgrühnes Licht in die Höhle. Auf einem Kahn fährt man über den Grottensee, Lokalführer liefern fantasievolle Interpretationen der Tropfsteingebilde.

• **Grotta dello Smeraldo,** km „24" der SS163 (1 km westlich Conca dei Marini), Info c/o AAST Amalfi (siehe dort). April bis Okt. tägl. 9–16 Uhr, Nov. bis März 10–16 Uhr. Eintritt 5 Euro.

Agerola

↗ **XI, C2**

In Agerola kommen die **Monti Lattari** zu ihrem Namen. Die fruchtbare Hochebene ist von hohen, bewaldeten Bergen umgeben. Seit der Antike wird hier Milchvieh auf die saftigen Weiden geschickt (auch die Wollmanufakturen Pompejis bezogen ihren Rohstoff aus dieser Gegend), und ohne die frische Ricotta hätten die Nonnen des Klosters S. Rosa wohl nie die *sfogliatella* erfunden. Man fühlt sich fast an die Schweiz erinnert, zumindest haben die Häuser, anders als die kubischen Sarazenenhäuser der Küste, spitze Giebeldächer. In den appetitlichen Lebensmittelgeschäften wird einem die Wahl zwischen *mozzarella, fior di latte, caciotta, caciocavallo, ricotta, provola* und wie die lokalen Käseköstlichkeiten alle heißen zur delikaten Qual – die beste Gelegenheit, sich ein gutes *panino* machen zu lassen, als adäquaten Proviant für eine der schönsten Wanderungen. Touristen verirren sich nur selten nach Agerola, es sei denn Wanderer, die aus dem Ortsteil Bomerano zum **„Sentiero degli Dei"** (Götterweg) aufbrechen (s.u.).

Information

• **Pro Loco Agerola**
Nützliches Faltblatt mit Karte, auf dem eine Anzahl schöner Wanderungen beschrieben ist: „Agerola – Sui sentieri degli Dei". Unterkunfts-Tipps. Tägl. 8.30–11.30 und 16–19 Uhr. Piazza P. Capasso 7, Tel. und Fax 0818791064, www.prolocoagerola.it.

• **www.comune.agerola.napoli.it**

• **www.sentieridei.it**

Unterkunft

Hotels und Pensionen

• **Albergo Gentile** (***)
Freundliches Hotel der Familie *Gentile* (nomen est omen) mit geräumigen, ordentlichen Zimmern direkt an der Hauptpiazza von Bomerano. Gute lokale Küche und ein kräftiger Hauswein schenken dem Wanderer neue Kräfte. 14 Zimmer und 23 weitere Zimmer in einer neuen Dependance. DZ/F 40–50 Euro, HP 35–40 Euro pro Person. Ganzjährig geöffnet. Piazza Paolo Capasso 37, Tel./Fax 0818791041.

Jugendherberge/ Campingplatz

• **Beata Solitudo**
Offizielle Jugendherberge in den ehemaligen Stallungen eines Palazzo, den sich *Paolo Avitabile,* ein Söldner der britischen Armee, im 19. Jh. hatte errichten lassen. Kleine Schlafsäle mit Küchenbenutzung. Zeltplätze. Vom nahen Belvedere genießt man einen weiten Blick über den Golf von Salerno. 16 Betten. Übernachtung 9 Euro. In der zweiten Septemberhälfte geschlossen. SITA-Busse aus Neapel, Castellamare oder aus Amalfi. Bungalow für 4 Personen 50 Euro, Ü im Schlafsaal 10 Euro, 2 Personen mit Zelt 12 Euro. Piazza Generale P. Avitabile 10, S. Lazzaro di Agerola, Tel./Fax 0818025048, www.beatasolitudo.it.

An- und Weiterreise

• **Auto:** Agerola (Bomerano) liegt an der Passstraße SS366, die von der Amalfitana über Gragnano Richtung Pompeji und Neapel führt.

• **Bus:** SITA-Busse von und nach Amalfi, Castellamare und Neapel.

Wandern

Der Götterweg (s.u.) ist der bekannteste, aber nicht der einzige Wanderweg, zu dem man von Agerola aus aufbrechen kann. Aus Bomerano führen die CAI-Wege „41" und „02" auf den 1444 m hohen Monte S. Angelo. In Bomerano startet auch der Weg, der an der Grotta S. Barbara vorbei durch das Vallone di Praia nach Praiano absteigt. Auf dem CAI-Weg „61" gelangt man aus dem östlichen Ortsteil S. Lazzaro, berühmt für seinen Belvedere, mit schönen Ausblicken über Pogerola nach Amalfi. Die Pro Loco Agerola (s.o.) hat das nützliche **Faltblatt „Agerola – Sui sentieri degli Dei"** herausgegeben, auf dem diese Routen verzeichnet sind. Zu Wanderkarten siehe auch Positano.

„Sentiero degli Dei" – von Bomerano nach Positano

Mittelschwere Wanderung, die aus Bomerano (638 m) auf meist guten Wegen bis Positano auf Meereshöhe absteigt. Die Wege sind sicher und problemlos zu finden, an manchen Stellen fällt das Gelände seitlich steil ab. Spektakuläre Blicke bis Capri. Reine Gehzeit 3¼ Std. Bomerano – Colle La Serra 45 Min., Colle La Serra – Nocella 1 Std., Nocella – Montepertuso 45 Min., Montepertuso – Positano 45 Min.

Anfahrt/Rückfahrt: SITA-Bus von Amalfi nach Agerola. Im Ortsteil Bomerano aussteigen. Ein Tipp für die Rückfahrt nach Amalfi: Von Ostern bis Oktober verkehren Fähren! Im Zentrum von Bomerano gibt es etliche gut sortierte Lebensmittelläden und eine Bäckerei. Auf der Piazza ist zur Orientierung eine Tafel mit den Wanderwegen der Umgebung aufgestellt.

Wanderung: An der Piazza Capasso beginnt der CAI-Weg „27" rechts von der Bar Naclerio. Der schmalen Via Pennina bergab folgen und gleich nach dem Unterqueren einer kleinen Brücke rechts zur Straße aufsteigen. Der schmalen asphaltierten Straße nach links bis zu ihrem Ende folgen. Schon zu Beginn verwöhnt der Weg mit atemberaubenden Blicken in das Vallone di Praia, wo Weinterrassen sich die Hänge hochziehen. Die Straße setzt sich erst in breiten Zementstufen, dann als *mulattiera* (Maultierpfad) fort und führt unterhalb der **Grotta Biscotto** vorbei. In dieser und ähnlichen Grotten stellten die Bauern noch bis vor wenigen Jahren ihr Vieh unter. Die ältesten Menschheitsspuren reichen in vorgeschichtliche Zeit zurück. Nach Westen blickend, erkennt man einen Sattel, links davon die **Colle La Serra.** Der Weg verschmälert sich und führt z.T. über Stufen abwärts. Nach einem kleinen Gegenanstieg ist der Sattel (578 m) erreicht. An der T-Kreuzung verzweigt sich der Weg. Nach links kann man nach Praiano absteigen (Wasserstelle kurz nach der Kreuzung), der Sentiero degli Dei setzt sich Richtung Nocella nach rechts fort.

Über aufgelassene Ackerterrassen und vorbei an duftenden Rosmarinbüschen führt der Pfad in ständigem Auf und Ab weiter. Von einem Felsvorsprung sieht man zum ersten Mal auf Positano hinab. Rechter Hand sind bereits die Häuser von Nocella zu erkennen, darüber erheben sich die steilen Felswände des Monte S. Angelo. Vorbei an einer weiteren Höhle quert man, teils im Schatten von Steineichen, zwei Taleinschnitte und erreicht den kleinen Ort. In **Nocelle** über einige Treppenstufen bis zur Kreuzung absteigen und an der künstlichen Grotte mit Kapelle in die zementierte Gasse rechts einbiegen. (Geradeaus führt der Treppenweg bis an die Spiaggia Arienzo ans Meer.) An der Bar-Trattoria S. Croce und einem kleinen Lebensmittelgeschäft vorbei führt der zementierte Weg aus dem Ort auf eine breite Asphaltstraße. Der Straße nach links folgend, sieht man nach etwa 10 Min. die ersten Häuser von **Montepertuso.** Oberhalb des Ortes erhebt sich eine perforierte Felswand. Die Dialektbezeichnung *pertuso* gab dem Ort seinen Namen, auf Deutsch „Lochberg". Linker Hand liegt die Trattoria La Tagliata.

Im Ort gibt es zwei weitere empfehlenswerte Lokale, das Restaurant Donna Rosa und an der Piazza die Trattoria Il Ritrovo. Von Montepertuso kann man auf Treppenwegen nach Positano absteigen bzw. knieschonend mit dem Linienbus „Interno Positano" fahren. Entscheidet man sich für den Fußweg, bieten sich zwei Varianten an. Gegenüber vom Ristorante Donna Rosa führt die Via Comunale Pestella nach Positano hinab, unterwegs kommt man auf der Höhe des kleinen Friedhofs vorbei, der den Abstecher lohnt. Die andere Wegvariante führt zunächst über die Piazza, vorbei an der Trattoria Il Ritrovo. Die zementierte Gasse beschreibt eine Linkskurve, und an einem Tabacchi und Minimarket vorbei biegt man auf Höhe der Hausnummer 72 links in den absteigenden Treppenweg ein. Jenseits der Asphaltstraße setzt sich der Treppenweg als Via Montepertuso (oder Strada Comunale Grado) nach rechts fort. Genau genommen handelt es sich um einen als Treppenweg angelegten Maultierpfad, daher die eigenartige Stufenlänge. Malerisch führt der Weg unter einer Felswand mit Tropfsteinformationen hindurch, von oben genießt man die Blicke auf die Majolikakuppel der S. Maria Assunta. Bald sind die ersten Häuser von Positano erreicht. Unterwegs an einer T-Kreuzung links weiter gehen. Die SS163 wird gequert, kurz nach links gehen und auf Höhe des Lebensmittelladens rechts die Via S. Sebastiano weiter absteigen. Von oben stößt man auf die Via Christoforo Colombo, und wenige Schritte nach rechts führen mitten ins schicke Positano. Die gepflasterte Via dei Mulini führt zum Strand hinunter.

Amalfi

↗ X, C2

Der Tag des Jüngsten Gerichts wird für die Amalfitaner, die ins Paradies eingehen, ein Tag sein wie jeder andere.

Renato Fucini, 1877

Geschichte

Vom 9. bis 12. Jh. mächtige Hauptstadt der ältesten **Seerepublik** Italiens, ist Amalfi heute das touristische Zentrum der gleichnamigen Küste. Über die Ursprünge Amalfis ist wenig bekannt, möglicherweise ließen sich hier im 4. Jh. n. Chr. römische Siedler aus Melphe *(ad Melphes)* nieder, einem heute verschwundenen Ort am Capo Palinuro. Ab dem 6. Jh. stand Amalfi unter dem Einfluss des byzantinischen Herzogtums Neapel, begann aber bald eigene Handelskontakte in den Orient zu knüpfen. Die Rivalitäten zwischen byzantinischen Statthaltern und Langobarden ausnutzend, wurde Amalfi ab 958 ein selbstständiges Herzogtum, 920 eine Seerepublik. Die Oberherrschaft von Byzanz war lediglich formal, der Adel konnte sein Stadtoberhaupt, den **Dogen,** frei wählen. Während des 10. und 11. Jh. beherrschte Amalfi den gesamten Landstrich, der noch heute als Amalfitana bezeichnet wird, sowie weite Teile der Sorrentiner Halbinsel. Amalfi unterhielt damals eine starke Kriegs- und Handelsflotte.

Hafen von Amalfi

Eine Seerepublik kann man sich als **international agierendes, weit verzweigtes Handelsunternehmen** vorstellen, mit einem gewählten Dogen als „Vorstandsvorsitzenden" an der Spitze. Kontore und Niederlassungen amalfitanischer Händler gab es in allen bedeutenden Städten des östlichen Mittelmeerraums, in Konstantinopel, Beirut, Tripolis, Jaffa, Alexandria und auf Zypern. Arabische Chronisten des Mittelalters beschrieben Amalfi als prächtigste Stadt des christlichen Süditaliens mit mehr als 50.000 Einwohnern (heute sind es knapp 6500). Amalfitanische Handelsherren stifteten im Orient prächtige Kirchen, darunter 1020 in Jerusalem das Hospiz des Hl. Johannes, Keimzelle des Johanniterordens und der späteren Malteserritter (daher das Malteserkreuz im Wappen von Amalfi). Die amalfitanischen Galeeren importierten Seidenstoffe, Teppiche, Gewürze, Kaffee und Zucker aus dem Orient, Waren, die im Westen mit hohem Gewinn losgeschlagen werden konnten. Aus dem **Orient** übernahm Amalfi die Technik der Papierherstellung, von arabischen Seefahrern den Gebrauch des Magnetkompasses. *Flavio Gioia,* den Amalfi wie Positano als Sohn ihrer Stadt beanspruchen, wird gerne die Erfindung dieses nautischen Intrumentes angedichtet. Die **charakteristische Architektur** der amalfitanischen Küstenstädte, aber auch die **Kultur der Zitronen,**

golf_295 Foto: pa

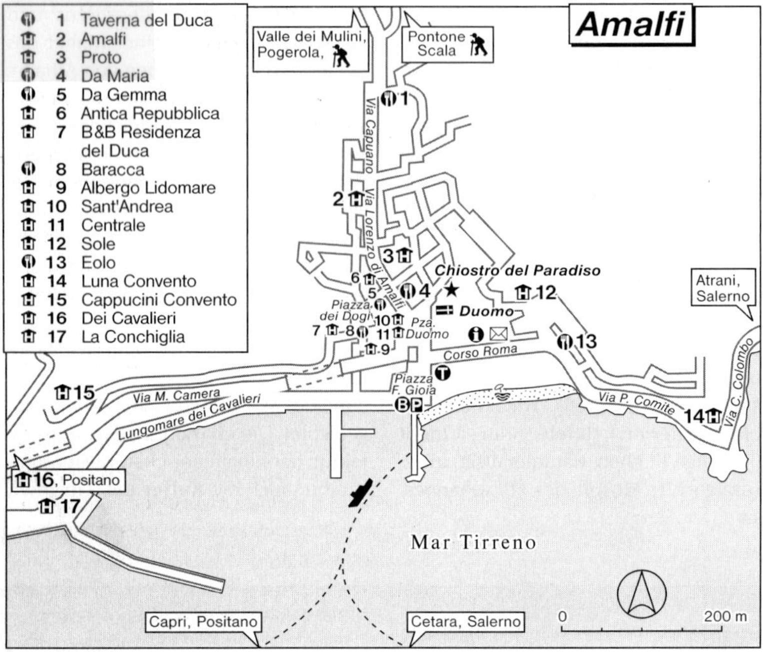

die bis heute die Terrassenlandschaft prägt, ist Frucht dieses intensiven Kontaktes mit der arabischen Welt. Die in Amalfi geprägten Goldtari fanden als Zahlungsmittel weite Verbreitung. Die „Tabula amalphitana" legte zum ersten Mal in Italien das Seerecht schriftlich nieder, Verordnungen, die im Mittelmeer ihre Gültigkeit bis ins 16. Jh. behielten, lange nach dem Niedergang der Seerepublik.

Das Ende der amalfitanischen Selbstständigkeit wurde durch **innere Konflikte** eingeleitet. Im 11. Jh. rebellierte Ravello gegen Amalfi und verbündete sich mit den Normannen. 1131 gelang es *Roger II.,* Amalfi endgültig seinem normannischen Königreich einzuverleiben. Die junge Seerepublik Pisa stieg auf Kosten von Amalfi und Ravello zur dominierenden Handelsmacht im Tyrrhenischen Meer auf. 1135 und 1137 plünderten die Pisaner Amalfi, Atrani, Minori, Maiori, Scala und Ravello. Den Todesstoß versetzte Amalfi im 14. Jh. ein Erd- und Seebeben, dem der Hafen mit den Werftanlagen und große Teile der Bevölkerung zum Opfer fielen.

Ab dem 19. Jh. weckten schwärmerische Reisende aus Deutschland und

England Amalfi aus seinem Dornröschenschlaf. Das heute bei Amerikanern besonders beliebte „Ämälfei" ist längst ein absolutes Massenreiseziel, das sich trotz alledem viel von seinem Charme bewahrt hat.

Besichtigung

Kommt man nach Amalfi, empfiehlt es sich, Abstand zu gewinnen und von der **Piazza Flavio Gioia** mit dem Denkmal des vermeintlichen Kompass-Erfinders, wo Touristen- und SITA-Busse halten, erst auf die Hafenmole hinauszutreten. Reist man mit dem Schiff an, ergibt sich diese ideale Perspektive von selbst. Seitlich von steil aufragenden Gebirgskämmen eingefasst, drängen die hellen Häuser Amalfis aus dem engen Talgrund bis ans Meer und breiten sich vor dem Kiesstrand wie ein Flussfächer aus, flankiert von Wachtürmen und zwei mittelalterlichen Klöstern, beide seit dem 19. Jh. traditionsreiche Hotels. Über die ziegelroten Dächer ragen die gold glänzende Domfassade und der majolikaverzierte Campanile hinaus.

Der Lärm der Busse und die Scharen von Touristen verwandeln sich in der Fantasie zum Hämmern auf den Werften und geschäftigen Treiben im **Hafen** der alten Seerepublik. Bevor man durch die Porta Marina die eigentliche Stadt betritt, kann man einen Blick in das **Arsenale della Repubblica** werfen, einen Rest der mittelalterlichen Werfthallen. Hier wurden Galeeren mit bis zu 116 Ruderbänken auf Kiel gelegt. Amalfi war ein frühes Industriezentrum. Die spitzbögigen Gewölbe werden heute gelegentlich für Wechselaustellungen genutzt. Oberhalb der Stadt wurde die Wasserkraft des Flusses zum Antrieb von Eisenhammerwerken und Papiermühlen genutzt, daher auch die Bezeichnungen *Valle dei Mulini* (Mühlental) oder *Valle delle Ferriere* (Tal der Eisenhütten). Vor dem Gestank und Lärm, dem er seinen Reichtum zu verdanken hatte, floh der Adel in das nahe Atrani oder ins hoch gelegene Ravello.

- **Arsenale della Repubblica,** Piazza Flavio Gioia. Tägl. 9.30–12.30 und 16–19 Uhr. Eintritt frei.

Ein kleines **Museum im Rathaus** an der Uferstraße erzählt die Geschichte der Seerepublik. Ausgestellt ist u.a. eine mittelalterliche **Handschrift der Tavole Amalfitane,** jenes mittelalterlichen Gesetzes, dass alle Aspekte der christlichen Seefahrt regelte.

- **Museo Civico** (Palazzo Morelli), Piazza del Municipio 6, Tel. 089871107. Mo.–Fr. 8–14 Uhr. Eintritt frei.

Von der Piazza Duomo führt eine imposante Freitreppe zum **Duomo Sant' Andrea,** steingewordene Chronik der reichen und selbstbewussten Stadt. Die farbenprächtige Fassade aus dem 19. Jh., mit Schmuckelementen im byzantinischen und maurischen Stil, ist eine ebenso eindrucksvolle wie umstrittene Rekonstruktion des mittelalterlichen Originals. Der freistehende **Campanile,** dessen Markenzeichen ineinander verschränkte maurische Spitzbögen sind, wurde 1267 vollendet. Ein Rundgang, welcher die Besichtigung des berühm-

golf_298 Foto: pa

ten **Chiostro del Paradiso** mit einschließt, beginnt auf der linken Seite der Loggia. Errichtet 1266–68 ist der winzige Kreuzgang, in dem sich Amalfis Adel bestatten ließ, ein Traum aus „1001 Nacht". Blendend weiße, ineinander verwobene spitzbogige Arkaden ruhen auf zierlichen Doppelsäulen, in der Mitte ein exotisches Gärtlein. Aus dem Kreuzgang gelangt man in die **Chiesa del Crocifisso** aus dem 8. Jh. Direkt daneben wurde anlässlich der Republikgründung im 10. Jh. die dem Hl. Andreas geweihte Kathedrale errichtet. Es entstand ein sechsschiffiger Kirchenbau, der in der Barockzeit wieder getrennt wurde. Nachdem die heute entweihte Kirche ihres barocken Schmucks entledigt und aufwendig restauriert wurde, konnte die bemerkenswerte Sammlung des **Museo Diocesano** hier eine würdige Bleibe finden. Aus der Chiesa del Crocifisso gelangt man in die **Krypta** mit den **Reliquien des Hl. Andreas.** „Saintnapping" stand im Mittelalter hoch im Kurs, und die Seerepublik wollte nicht hinten anstehen. Im Jahre 1208 überführte (entführte?) Kardinal *Pietro Capuano* die heiligen Knochen des Stadtpatrons aus Konstantinopel (Patras?) nach Amalfi. Der Besitz wertvoller Reliquien war mit höchstem Prestige verbunden, Pilgerströme spülten willkommene Devisen in die Kassen. Seit Anfang des 14. Jh. dringt eine *manna* genannte Flüssigkeit aus dem Sarkophag des Apostels, ihr werden wundertätige Eigenschaften zugeschrieben. Aus der Krypta führen Stufen in den barock ausgeschmückten

Dom. Kunstwerke aller Epochen zeigen den Apostel. Auf einem der Gemälde ist er gemeinsam mit dem Evangelisten *Matthäus* zu sehen, wie sie Amalfi vor dem gefürchteten Korsaren *Khair-ad-Din Barbarossa* retten, heute noch Anlass, Ende Juni das Fest des Schutzpatrons zu feiern. Beim Verlassen des Doms wird die Verehrung des Hl. Andreas am **Bronzeportal** noch einmal augenfällig. Im Jahre 1066 von dem Syrer *Simon* gegossen, wurde dieses kunsthistorisch bedeutende Werk von dem reichen *Pantaleone di Mauro Comite,* Haupt der amalfitanischen Handelsniederlassung in Kostantinopel, gestiftet. Das Bild des Hl. Andreas ist von vielen Berührungen blank gescheuert.

• **Chiostro del Paradiso/Museo Diocesano/Duomo di Amalfi,** Piazza del Duomo. Mai bis September tägl. 9–21 Uhr, Oktober bis April tägl. 10–17 Uhr. Eintritt 2,50 Euro.

Gesäumt von Läden, Bars und Restaurants zieht sich die **Via Lorenzo d'Amalfi** durch den Talgrund, abschnittsweise von der gedeckten **Rua Nova Mercatorum** begleitet. Amalfis Altstadt erinnert nicht zufällig an eine arabische Kasbah. Leicht kann man sich vorstellen, wie hier im Mittelalter Händler aller Rassen und Religionen ihre Waren feilgeboten haben. Seitlich locken schmale Gassen, und zwischen weiß gekalkten Häusern kann man auf Treppenwegen aufsteigen. Schnell wird man sich verlaufen, doch ebenso unversehens wieder zum Corso zurückfinden. Jenseits der Piazza Spirito Santo liegt ein modernes Wohn- und Geschäftsviertel, eine gesichtslose Miniatur-Peripherie.

Kreuzgang des Chiostro del Paradiso

Als **Via delle Cartiere** setzt sich die Hauptstraße im Tal fort. Amalfi war vermutlich die erste Stadt Italiens, in der im Mittelalter Papier geschöpft wurde. Das Wasser des Fiume Canneto trieb zeitweise über ein Dutzend Papiermühlen an, übrig geblieben sind noch zwei, die kleine Werkstatt von *Antonio Cavaliere* und die *Cartiera Armatruda.* Im **Museo della Carta,** eingerichtet in den Räumen einer der mittelalterlichen Papiermühlen, werden alle Arbeitsschritte der Papierherstellung vorgeführt.

• **Museo della Carta** (Palazzo Pagliara), Via delle Cartiere 23, Tel. 089830132. Mo. und Fr. geschlossen, sonst tägl. 9–13 Uhr. Eintritt 3,40 Euro.

Wenige Schritte hinter dem Papiermuseum präsentiert *Luigi Aceto* seine liebevoll arrangierte Privatsammlung bäuerlicher Geräte, bietet Einblicke in die Kultur der Zitronen und verrät, wie echter *Limoncello* gemacht wird. Natürlich gibt es auch eine Kostprobe.

• **Museo della Civiltà Contadina,** Via delle Cartiere 55. Mo.–Sa. 9–13 und 15–19 Uhr, So. 9–13 Uhr. Eintritt frei.

Information

• **AAST**
Tipps für Wanderungen, Unterkunftsverzeichnis, Stadtplan mit eingezeichneten Hotels und Restaurants. Mo.–Fr. 8.30–13.30 und 15–17 Uhr, Sa. 8.30–13 Uhr. Corso delle Repubbliche Marinare 27, Tel. 089871107, www.azienturismoamalfi.com.

Unterkunft

Hotels und Pensionen

• Cappucini Convento (****)
Ehemaliges Kapuzinerkloster in erhöhter Traumlage am westlichen Ortsrand von Amalfi, seit 1821 ein familiär geführtes Hotel. Aus dem Zentrum zu Fuß auf der hübschen Via Annuziatella oder von der Küstenstraße mit einem abenteuerlichen Aufzug zu erreichen. Zimmerausstattung unterschiedlich. Die Stärken des Hotels sind seine unvergleichliche Panoramalage, die Stille, die Terrassen und ehemaligen Klostergärten. Reste des mittelalterlichen Kreuzgangs, dem Chiostro del Paradiso sehr ähnlich, sind im Kongresssaal verbaut. Parkplatz. 57 Zi. Z.Z. wegen Renovierung geschlossen. Via Annunziatella 46, Tel. 089871877, Fax 089871886, www.hotelcappucini.it.

• Luna Convento (****)
Amalfis edelste Herberge, wie das Cappucini ursprünglich ein mittelalterlicher Konvent, nimmt den Felsvorsprung am östlichen Ortsrand von Amalfi ein. Das Gästebuch des Hauses, seit über 170 Jahren mit größter Aufmerksamkeit von der Familie *Barbaro* geführt, liest sich wie ein Who's who des Geld- und Kulturadels. Komfortable, geschmackvoll eingerichtete Zimmer. Frühstück im alten Kreuzgang. Restaurant und Pool in der Torre Saracena auf der gegenüberliegenden Straßenseite. 40 Zimmer, 5 Suiten. DZ/F 170–280 Euro. Via P. Comite 33, Tel. 089871002, Fax 089871333, www.lunahotel.it.

• Amalfi (***)
Solider Drei-Sterne-Komfort in einer stillen Querstraße des Hauptcorso. Dachterrasse, kleiner Zitronengarten. 40 Zi., DZ/F 70–130 Euro. Jan.-Feb. geschl. Vico dei Pastai 3, Tel. 089872440, Fax 089872250, www.hamalfi.it.

• Antica Repubblica (***)
Neues, kleines Stadthotel am Corso, wenige Schritte von der Piazza Duomo. Komfortable Zimmer, im Sommer Frühstück auf der Dachterrasse. Die Familie *Lucibello* hat jahrelang das Sole (s.u.) geführt. 7 Zi., DZ/F 70–210 Euro. Vico Dei Pastai 2, Tel. 0898736310, Fax 089871926,
www.starnet.it/anticarepubblica/.

• Centrale (***)
Freundliches Hotel mit Blick auf die Dompiazza. Schlichte, geräumige Zimmer, einige mit Blick auf Dom. Von der Dachterrasse genießen alle Gäste den Blick auf die Domfassade, Treppe und Piazza. 17 Zi., DZ/F 80–135 Euro. Jan. geschl. Largo Piccolomini 1, Tel. 089872608, Fax 089871243,
www.hotelcentraleamalfi.it.

• Dei Cavalieri (***)
Vor die Felswand gesetztes Haus, d.h. nicht alle Zimmer haben Meerblick. Zum Hotel gehört ein großer Zitronengarten auf der gegenüberliegenden Straßenseite, der sich in Terrassen zum Meer hinabzieht. Im Garten einige hübsche Dependancen, so z.B. ein Sarazenenhaus aus dem 12. Jh. Direkt an der SS163, ca. 1 km westlich des Ortszentrums. SITA-Busse halten vor dem Haus. Gästeparkplatz. 50 Zimmer. DZ/F 90–140 Euro. Ganzjährig geöffnet. Via Mauro Comite 32 ca. 1 km westlich vom Ortszentrum direkt an der SS163), Tel. 089831333, Fax 089831354, www.hoteldeicavalieri.it.

• Albergo Lidomare (**)
Alter Palazzo an stiller Piazza wenige Schritte vom Dom. Geschmackvolle, komfortable Zimmer, einige mit Meerblick. Stilvoll, sehr zu empfehlen! 15 Zi., EZ/F 50 Euro, DZ/F 99–110 Euro. Largo Duchi Piccolomini 9, Tel. 089871332, Fax 871394, www.lidomare.it.

• La Conchiglia (**)
Einfaches, freundliches Familienhotel, zwei Schritte von der kleinen Spiaggia delle Sirene. Gutes Restaurant. Parkplatz. 11 Zimmer. DZ/F 60–90 Euro. Ganzjährig geöffnet. In Hafennähe, am westlichen Ortsrand. Piazzale dei Protontini, Tel./Fax 089871856.

• Sant'Andrea (**)
Nette Pension im gleichen Gebäude wie das Centrale. Auch hier bieten einige der Zimmer den Blick auf Piazza und Dom. 9 Zi., DZ/F 68–73 Euro. April bis Ende Okt. Via Santolo Camera, Tel. 089871145.

• Sole (**)
Freundliche, jüngst renovierte Pension an der kleinen Piazza hinter dem Dom. Einfache, saubere Zimmer. Gästeparkplatz. Seit Herbst 2004 unter neuer Leitung. 13 Zi., DZ/F 45–120 Euro. Largo della Zecca 2, Tel. 089871147, Fax 089871926.

• Proto (*)
Schlichte Etagenpension mit Jugendherbergscharakter. 18 Zi. Wird nach Renovierung 2005 wiedereröffnet. Via Salita dei Curiali 4, Tel. 089871003, Fax 0898736180.

Bed & Breakfast

• Residenza del Duca
Das charmante B&B in der 4. Etage eines alten Adelspalazzo an der hübschen Piazza dei Dogi wird von *Carmela* und *Gerardo Lucibello* liebevoll geführt. Mit alten Möbeln und gutem Geschmack möblierte Zimmer (gute Betten), einige mit Balkon. Schöne Dachterrasse mit tollem Blick über die Dächer von Amalfi aufs Meer. Trotz der zentralen Lage absolut ruhig. 5 Zi., DZ/F 80–100 (160) Euro. Via Mastolo II. Duca 3 (Piazza dei Dogi), Tel./Fax 0898736365,
www.residenzadelduca.it

Essen und Trinken

Restaurants, Trattorien und Osterien

• Baracca
Einfache Familientrattoria mit hübscher Glasveranda und Blick auf Amalfis Marktplatz. Gute Antipasti (z.B. *bruschette),* hausgemachte Nudeln und Fisch. 15–25 Euro. Mi. Ruhetag.. Mittags und abends. Jan. geschl. Piazza dei Dogi, Tel. 089871285.

• Da Gemma
Wer in Amalfi ausgezeichneten Fisch essen möchte und das am liebsten auf einer herrlichen Dachterrasse mit Blick auf die Piazza Duomo, kommt an dieser Trattoria nicht vorbei. *Mario Grimaldi* setzt die Kochkünste seiner Mutter *Gemma* fort. Die *zuppa di pesce* ist Legende, die *frittura* ein Genuss. Als Spezialität werden *melenzane al cioccolato* (Auberginen in Bitterschokolade) zum Nachtisch gereicht. Große Weinauswahl. 35–45 Euro. Mi. Ruhetag. Mittags und abends. Mitte Jan. bis Mitte Febr. geschl. Via Fra Gerardo Sasso 9, Tel. 089871345.

• Eolo
Edles, ausgezeichnetes Terrassenlokal mit Blick über Amalfis Strand. Innovative Fischküche. Menu ca. 40–50 Euro. Di. und Mitte Januar bis Februar geschlossen. Via P. Comite 3, Tel. 089871241.

• Da Maria
Auf den ersten Blick nur eines der vielen Lokale am Hauptcorso, die sich dem internationalen Massenpublikum verschrieben haben. Tatsächlich wird hier aber gute kampanische Küche geboten, und auch die Holzofenpizza ist nicht zu verachten. 15–25 Euro. Mo. Ruhetag. Mittags und abends. Nov. geschl. Via Lorenzo di Amalfi 14, Tel. 089871880.

• Taverna del Duca
Ehemalige Trattoria am Ende des Hauptcorso, die sich inzwischen preislich zum Ristorante gemausert hat. Nach wie vor gute hausgemachte Pasta, frischer Fisch und schmackhafte Pizza aus dem Elektroofen. Große Weinauswahl. Menu ca. 20–30 Euro. Do. Ruhetag. Mittags und abends. Piazza Santo Spiroto Santo 26, Tel. 089872755.

Snacks, Cafés und Bars

• Bar Francese
Edles Café mit Blick auf den Dom. Piazza Duomo 20, Tel. 089871049.

• Pasticceria Andrea Pansa 1830
Die *Fratelli Pansa* haben ihre verführerische Pasticceria um einen Tearoom ergänzt. Piazza del Duomo 40, Tel. 089871065.

An- und Weiterreise

• Auto: Amalfi liegt direkt an der SS163.

• Bus: Amalfi ist Knotenpunkt der SITA (www.sita-online.it) an der Amalfitana. Regelmäßig Verbindungen über Positano Richtung Sorrento bzw. über Vietri Richtung Salerno und über Agerola Richtung Neapel (blaue Busse). Linienbusse nach Ravello und Scala (orange Busse). Busbahnhof auf der Piazza Flavio Gioia am Hafen. Tickets und Fahrpläne in der Tabacchi-Bar gegenüber.

• Fähren: Von Ostern bis Oktober täglich mehrere Fähren nach Positano und Salerno. In den Sommermonaten zusätzliche Schiffsverbindungen nach Capri und Sorrent. Die **Fährgesellschaften** haben ihre Kioske direkt am Hafen: **Coop. Sant'Andrea,** Lungomare dei Cavalieri 1, Tel. 089873190, www.coopsantandrea.it. **Linee Marittime Salernitane,**

Tel. 089234892, www.alilauro.it, www.alicost.it. Eine neue Initiative ist die **Metro del Mare** (Tel. 199-446644, www.metrodelmare.com): Im Juli und Aug. tägl. und im Juni und Sept. nur an Wochenenden verkehren Fähren in der gesamten Golfregion, entlang der Amalfitana und über Salerno bis in den Cilento.

- **Boote:** Vom Hafen aus werden Bootsausflüge entlang der Küste und zur Grotta dello Smeraldo angeboten, u.a. von der Coop. Sant'Andrea (s.o.).

Unterwegs in Amalfi

- **Parken:** Gebührenpflichtige Parkplätze am Hafen. Einige Hotels verfügen über eigene Parkplätze, ansonsten gibt es private Garagen, z.B. Antonio Savo (c/o Schuhgeschäft „Adriana", Via Lorenzo di Amalfi 8, Tel. 089872868), 15–20 Euro pro Tag.

Banken

Banken und Bankomaten befinden sich im Zentrum.

Post

- Corso delle Repubbliche Marinare 35.

Einkaufen

- **Geschäfte und Boutiquen** säumen den Hauptcorso Via Lorenzo di Amalfi. Feuerrote Peperoncini werden als „Viagra Naturale" angepriesen, vor allem aber sieht man Zitronen in allen Variationen. In Amalfi wird handgeschöpftes Papier immer noch nach alter Tradition gefertigt und verkauft.
- **Markt**
Auf der Piazza dei Dogi wird ein kleiner Lebensmittelmarkt abgehalten.
- **Antichi Sapori d'Amalfi**
Limoncelli und andere Liköre. Piazza Duomo 39, Tel. 089872062.
- **Antonio Cavaliere**
Hier kann man nicht nur schönes handgeschöpftes Papier kaufen, sondern auch zusehen, wie es nach alter Tradition gefertigt wird. Via Fiume 3, Tel. 089871954.
- **Cooperativa Amalfitana Trasformazione Agrumi**
Limoncelli, Marmeladen und andere Leckereien aus Zitrusfrüchten. Via Salita Chiaro 9.
- **La Scuderia del Duca**
Geschäft mit Gusto am Rand der Piazza Flavio Gioia. *Andrea De Lucas* Angebot hebt sich wohltuend von dem vieler Souvenirläden ab. Schöne Postkarten, Stiche und Büttenpapiere. Largo Cesareo Console 8, Tel. 089872976.
- **Pasticceria Andrea Pansa 1830**
Verführerisch türmen sich Berge kandierter Zitronen- und Orangenschalen in der Auslage der Traditionspasticceria. Ein Gedicht sind die *sfogliatelle!* Inzwischen gibt es auch einen Tearoom. Piazza del Duomo 40, Tel. 089871065.

Feste/Veranstaltungen

- **Ostern**
Stimmungsvolle Karfreitagsprozession in den Gassen der Altstadt.
- **Festa di Sant'Andrea**
Vom 25. bis 27. Juni wird Amalfis Stadtpatron mit Umzügen und einem großen Feuerwerk gefeiert. Der Bischof segnet das Meer und die Fischerboote.
- **Palio delle Quattro Repubbliche Marinare**
Seit 1955 treten die vier ehemaligen italienischen Seerepubliken Amalfi, Pisa, Genua und Venedig im sportlichen Ruderwettkampf gegeneinander an. Die Rennen werden im regelmäßigen Turnus in den einzelnen Städten ausgetragen. Im Jahr 2001 hat Amalfi im Heimspiel gewonnen. 2005 und 2009 finden die nächsten Rennen in Amalfi statt (für gewöhnlich am ersten Junisonntag). Das Rennen wird von einem historischen Kostümfest begleitet, die Hotels sind in der Regel schon Monate vorher ausgebucht.

Amalfi: Hotel dei Cavalieri (Casa Saracena)

Baden

Kleine Kiesstrände westlich des Hafens. Der **große Sandstrand** östlich der Piazza Flavio Gioia ist im Sommer von Strandbädern in Beschlag genommen.

Wandern

Zahlreiche alte Wirtschafts- und Treppenwege führen von und nach Amalfi. Da einige der benachbarten Orte wie z.B. Pogerola oder Scala auch mit der SITA zu erreichen sind, kann man wahlweise für Hin- oder Rückweg den Bus benutzen.

Von Amalfi (5 m) nach Scala (377 m)

Anstieg über viele Stufen bis Minuta, fast ebener Wegverlauf bis Scala. Unterwegs herrliche Ausblicke in das Valle delle Mulini und nach Ravello. Kaum Orientierungsprobleme. Reine Gehzeit 1 Std. 50 Min. bzw. 2 Std. 50 Min. mit Torre dello Zirro. Amalfi – Pontone 1 Std., Abstecher Torre dello Zirro 1 Std., Pontone – Minuta 30 Min., Minuta – Scala 20 Min. Von Scala SITA-Busse nach Ravello und Amalfi.

In **Amalfi** der Hauptstraße Via Lorenzo d'Amalfi in nördlicher Richtung aus dem Zentrum folgen und kurz nach der Piazza Spirito Santo rechts auf dem Treppenweg Salita dei Patroni aufsteigen. Die Via Leone Comite Orso führt fast eben an Zitronenhainen und verstreut liegenden Häusern vorbei talaufwärts. Kurz nach einer herrschaftlichen Villa auf der Rechten gelangt man an eine Weggabelung mit einem Marienbild. Nach rechts weiter hoch. Der Treppenweg führt an einer überhängenden Felswand entlang. Am Fuße einer hohen Natursteinmauer nach rechts weiter hoch. An einem kleinen Schrein mit drei Kreuzen vorbei geht es links weiter nach **Pontone** hoch. Die kleine Dorfpiazza ist eine

golf_331_2 Foto: pa

Terrasse mit Blick ins Valle delle Ferriere. Es gibt eine Wasserstelle und die Bar Lucia, in der ausgezeichnete *granita* zubereitet wird.

Der Abstecher zur **Torre dello Zirro** lohnt wegen der herrlichen Blicke auf Atrani und Amalfi. Hier finden sich auch schöne Picknickplätze. Unter dem Campanile mit dem Majolikaziffernblatt durch und gleich darauf rechts abbiegen. Unterhalb einer Kapelle und einer Gruppe von Häusern vorbei. Unterwegs nicht links abzweigen, sondern geradeaus hoch. Der Weg führt zu einer Burgruine (290 m). Ab hier kann man auf verschiedenen gut angelegten Pfaden den nächsten Sattel queren, um zur Torre dello Zirro zu gelangen. Auf dem gleichen Weg nach Pontone zurück.

Von der Piazza in Pontone auf dem Treppenweg durch die Vorhalle einer Kirche weiter aufsteigen. Auf dem Hang zur Linken erhebt sich die kürzlich restaurierte mittelalterliche Ruine von S. Eustachio. Die Treppen stoßen von unten auf einen querenden Weg. Nach rechts weiter hoch. Kurz vor **Minuta** verzweigen sich die Treppenwege, beide führen auf die hübsche Piazza mit einem Brunnen vor der Kirche. Der breite Treppenweg oberhalb des Brunnens führt mit wenigen Schritten bis zur Asphaltstraße, der man mit herrlichen Blicken auf Ravello bergab bis Scala folgt.

Von Amalfi (5 m) nach Pogerola (326 m)

Einfacher Treppenaufstieg durch lichte Wälder mit schönen Blicken auf Amalfi und ins Valle delle Ferriere. Reine Gehzeit 1 Std. In Pogerola SITA-Busse von und nach Amalfi. Eine empfehlenswerte Trattoria in Pogerola ist Da Rispoli, Via Riulo 3, Tel. 089830080.

In **Amalfi** von der Piazza Duomo der Hauptstraße aus dem Zentrum folgen, bis sie den Namen Via delle Cartiere annimmt. Nach links, vorbei an Carabinieri-Station und Schule, aufsteigen. Die Straße mündet in den alten Treppenweg, der in sanften Spitzkehren, vorbei an Gemüsegärten und durch lichten Wald, nach **Pogerola** aufsteigt.

Von Pogerola führt ein Höhenweg, als CAI-Weg „59" markiert, in die wunderschönen Laubwälder des oberen Valle delle Ferriere. Der CAI-Weg „61" führt von Pogerola oberhalb der Küste mit herrlichen Ausblicken nach S. Lazzaro di Agerola.

Von Amalfi (5 m) nach Atrani (20 m)

Leichter Spaziergang auf verkehrsfreiem Weg in das hübsche Atrani. Unterwegs herrliche Blicke auf Amalfi und Atrani. Reine Gehzeit 20 Min.

Statt mit dem SITA-Bus von **Amalfi** nach Atrani zu fahren – einen Ort, den zu besuchen sich absolut lohnt –, kann man diesen wunderschönen, ruhigen Weg wählen. Von der Piazza Flavio Gioia dem Corso delle Repubbliche in Richtung Hotel „Luna Convento" folgen. Nach links ein paar Treppenstufen hochsteigen und auf der schmalen Gasse weitergehen, die im Rücken des „Luna Convento" herumführt. Bald genießt man den schönen Blick auf **Atrani.** Im Ort den verwinkelten Treppengassen nach unten bis auf die Hauptpiazza folgen. Nach einer kurzen Erfrischung kann man das labyrinthische Gassengewirr Atranis erkunden.

Atrani

↗ XI, C2

Ein Felsvorsprung, auf dem das Hotel „Luna Convento" thront, trennt Amalfi von Atrani. Zu Zeiten der Seerepublik war Atrani bevorzugtes Wohnquartier des Adels. In der **Kirche San Salvatore de' Bireto** wurden die Dogen gewählt, gekrönt (sie bekamen die Dogenmütze, den *berretto,* aufgesetzt) und bestattet. Von den Pisanern 1135 verwüstet, erblühte das Städtchen erst wieder unter König *Manfred,* Sohn Kaiser *Friedrich II.* Aus dieser Zeit stammt die **Kollegiatskirche S. Maria Maddalena.** Der später barockisierte Bau beherrscht mit seinem schönen Campanile und grünen Majolikakuppeln das Stadtbild. Besonders stolz ist die Stadt auf den neapolitanischen Volkshelden *Masianello,* der 1647 einen Aufstand gegen die Spanier anführte. Er soll in Atrani geboren sein.

Mit einer Fläche von nur 1 km² ist Atrani die **kleinste Gemeinde Italiens.** Dicht an dicht drängen sich die weiß gekalkten Würfelhäuser im engen Dragone-Tal. Unter und zwischen den Häusern entwickelt sich ein fantastisches Labyrinth schmaler Gassen und Treppenwege. Nicht nur Kindern macht es Spaß, sich hier zu verirren. Für Autos ist kein Durchkommen. Kenner halten Atrani für das **schönste Städtchen der Amalfitana.** Das Herz des Ortes schlägt auf der hübschen Piazza Umberto I. Unter der SS163 hindurch gelangt man an den **kleinen Strand.** Hoch über Atrani schweben auf einem steil aufragenden Felsplateau die Gärten der Villa Cimbrone.

golf_303 Foto: pa

Information

- **AAST Amalfi,** siehe dort.

Ostello/Zimmer

- **A' Scalinatella**

Sympathisches Ostello, jugendherbergsähnlich, 13–20 Euro pro Person im Mehrbettzimmer. Es werden im Ort auch einige nette Apartments mit Kochgelegenheit vermietet, 15–40 Euro pro Person. Rezeption an der Hauptpiazza von Atrani. Jüngeres Publikum. Die Brüder *Vissicchio* führen auch das Vettica House in Vettica Minore. Ganzjährig geöffnet. Piazza Umberto I. 5–6, Tel. 089871492, Fax 089871930, www.hostelscalinatella.com.

Essen und Trinken

Restaurants, Trattorien und Osterien

- **Le Arcate**

Man sitzt schön, mit Blick auf die kleine Hafenbucht von Atrani. Fischgerichte und gute Holzofenpizze. 10–30 Euro. Mo. Ruhetag. Mittags und abends. Jan. bis Feb. geschl. Via Di Bendetto 4, Tel. 089871367.

- **'A Paranza**

Ausgezeichnetes, alteingessenes Fischlokal das die Anfahrt (oder besser den Spaziergang) aus Amalfi lohnt. Als Antipasto sollte man *alici marinati* kosten. Hausgemachte Nudeln, köstliche Fisch-Secondi und *dolci della casa*. Als Hauswein wird ein guter Ravello Bianco aufgetischt. 30 Euro. Di. Ruhetag. Mittags und abends. Dez. geschl. Traversa Dragone 2, Tel. 089871840.

Snacks, Cafés und Bars

- **Bar Risacca**

Die Bar an Atranis Hauptpiazza ist auch Treffpunkt der Einheimischen. Mittags und abends gibt es Snacks, wie z.B. *bruschette*. Im Winter Mi. Ruhetag. Piazza Umberto I. 16, Tel. 089872866.

An- und Weiterreise

- **Auto:** Atrani liegt direkt an der SS163.
- **Bus:** SITA-Busse in Richtung Amalfi, Ravello und Salerno.

Unterwegs in Amalfi

- **Parken:** Am Strand gibt es *parcheggi gratta e sosta*, d.h. man kauft für jede Stunde Parkzeit am Kiosk oder in der Bar einen Parkschein, auf dem die Ankunftszeit freigerubbelt werden muss.

Fest

- **Weihnachten**

Die Filmemacher *Markus Kamp* und *Michael Amtmann* haben **Lello Crisciuolo,** dem „stärksten Mann der Welt", ein liebenswertes Poträt gewidmet. *Lello* arbeitet elf Monate des Jahres als Fuhrunternehmer in Atrani. Mit anderen Worten, er schleppt auf seinen starken Schultern Betten, Kühlschränke und Tische, einfach alles, was es zu transportieren gibt, ja selbst die Toten auf den Friedhof. Denn auf den schmalen Gassen und Treppenwegen ist für Autos kein Durchkommen. Und ohne Lello wäre auch Weihnachten nicht vorstellbar. Anfang Dezember stellt er den Christbaum auf der Piazza auf. Dann hilft er ein Drahtseil zu spannen, vom Dom bis zu einer Kapelle auf dem gegenüberliegenden Berg, und am 24. Dezember lässt er gegen Mitternacht einen großen, leuchtenden Stern, der an jenem Drahtseil hängt, ganz langsam auf die Piazza hinunterschweben.

Baden

In Atrani gibt es eine **kleine Kiesbucht.**

Wandern

Atrani und Amalfi verbindet ein wunderschöner verkehrsfreier Weg, der hinter dem Hotel Luna Convento vorbeiführt.

Auf steilen Treppenwegen, vorbei an Zitronenhainen, kann man von Atrani nach Ravello aufsteigen.

Ravello

↗ XI, C2

Ravello ist dem Himmel näher als dem Meer.
Andrè Gide

Seine Lage adelt Ravello. Verkehrslärm und die Staus der Küstenstraße bleiben zurück, wenn man auf engen Kurven das **Dragone-Tal** hochfährt (es sein denn, es bleibt gerade wieder mal ein Touristenbus in einer der Spitzkehren stecken). Man kann Ravello auch auf alten Treppenwegen erreichen, die aus den Küstenorten Amalfi, Atrani oder Minori hinaufführen. Der Ort breitet sich auf einem Plateau in luftigen 360 m Höhe aus, mit Blicken, die bis weit in den Cilento reichen.

Geschichte

Die sichere Lage zog römische Siedler auf der Flucht vor den Wirren der Völkerwanderung an. Zahlreiche antike Architekturfragmente fanden spätere Verwendung in den mittelalterlichen Bauten der Stadt. Seine Blüteperiode erlebte Ravello zur Zeit der **Seerepublik.** Die

Bevölkerungszahl betrug damals ein Fünfzehnfaches der heutigen 2500 Einwohner. Der Adel ließ sich prachtvolle Villen errichten. Ravellos Verhältnis zu Amalfi war dabei nicht immer ungetrübt, der Ortsnahme soll sich angeblich von „Rebello" herleiten. Das Selbstbewusstsein der aufrührerischen Stadt stieg immens, als Papst *Viktor III.* im Jahr 1086 Ravello zum Bistum machte.

Ravello besaß eine eigene Flotte und wie Amalfi weitreichende **Handelsverbindungen in den Orient.** Zu den märchenhaft reichen Kaufleuten ihrer Zeit zählten die Mitglieder der **Familie Rufolo;** *Boccaccio* berichtet in seinem „Dekamerone" von den eigenwilligen Handelspraktiken einer ihrer Mitglieder. Als persönlicher Bankier *Karl v. Anjous* finanzierte *Matteo Rufolo* dessen Kampf gegen die Staufer und seinen Aufstieg zum König von Neapel. Die Königskrone behielt er zeitweise als Pfand ein.

1851 kaufte der damals 25-jährige **Sir Francis Nevile Reid** die Ruinen der Villa Rufolo und ließ sie im orientalisch-romantischen Stil wieder aufbauen. Reids Villa und die prachtvollen Gärten wurden schnell zu einem Anziehungspunkt für Reisende aus aller Welt, und mit *Richard Wagners* begeistertem Ausruf „Klingsors Zaubergarten ist gefunden!" begann die Karriere Ravellos als mondäner **Luftkurort.** *Sir Neville Reid* hatte auch entscheidenden Anteil an dem Bau der Straße, die nach Ravello hochführt. Einen Großteil der Kosten streckte er aus eigener Tasche vor.

Ravello wird in geringerem Maße als Amalfi von Tagestouristen aufgesucht. Diejenigen, die kommen, beschränken sich bei ihrem Besuch meist auf die Villa Rufolo, aber auch diejenigen, die den 15-minütigen Fußmarsch zur Villa Cimbrone nicht scheuen, verlaufen sich schnell in dem weitläufigen Park. Ravellos zauberhafte Atmosphäre ist vor allem früh am Morgen und Abend zu verspüren. Die schönsten Blicke auf Ravello genießt man übrigens aus dem Nachbarort Scala.

Geschichte

Die **Kathedrale von Ravello,** eine Basilika des 12. Jh., gründet auf einen Vorgängerbau aus dem Jahre 1086. Der schlichten Fassade fehlt seit dem 18. Jh. die Vorhalle. Von kunstgeschichtlich herausragender Bedeutung sind die monumentalen **Bronzepforten des Hauptportals.** Im Auftrag einer reichen Patrizierfamilie wurden sie 1179 von *Barisano da Trani* gegossen. In künstlerischer Technik unterscheiden sie sich von den etwas älteren, in Ritztechnik ausgeführten, aus Konstantinopel importierten Bronzetüren Amalfis, Atranis und Salernos. *Barisano* war nicht nur ein herausragender Künstler, sondern auch ein guter Geschäftsmann. Aus 54 einzelnen Reliefplatten zusammengesetzt, sind auf den Türflügeln Heilige und Szenen der Passion Christi zu erkennen. *Barisano* arbeitete wie andere Kunsthandwerker auch mit der Technik der verlorenen Form. Das heißt, er fertigte zunächst ein Wachspositiv der zukünftigen Reliefplatte, dieses umgab er mit einer Gussform aus Sand, in die er die flüssige Bronze goss. Das Wachs

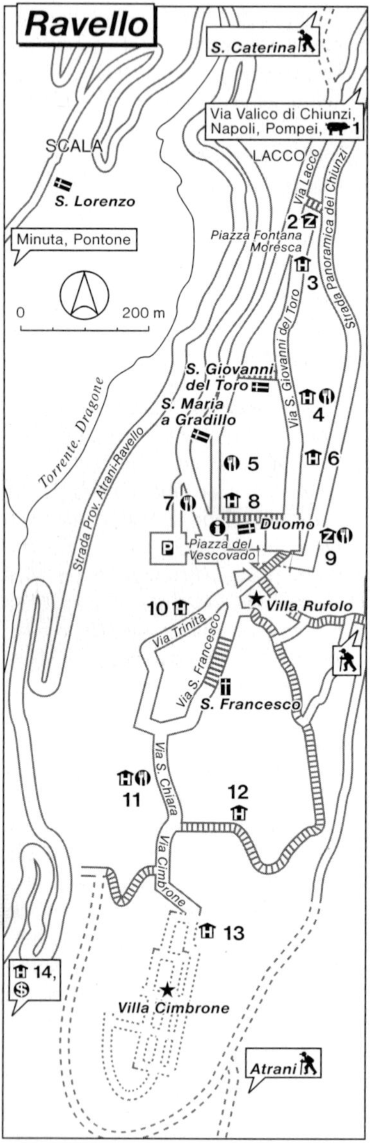

schmolz aus und ging verloren, die Bronze nahm seinen Platz in der Hohlform ein. *Barisano da Trani* vervielfältigte allerdings seine Wachsformen vor dem Gießvorgang. Das erklärt, wieso sich auf der gleichen Tür einige der Reliefplatten wiederholen und wieso zwei fast identische Bronzeportale aus seiner Werkstatt in Trani in Apulien und Monreale auf Sizilien zu sehen sind.

Zwei prachtvolle Kanzeln ziehen im Inneren der dreischiffigen Basilika die Blicke auf sich. Den niedrigeren Ambo (1130) schmückt eine fantasievolle Darstellung des Jonaswunders in byzantinischem Stil. Die Ähnlichkeiten des „Wals" mit dem langobardischen Meeresungeheuer in Positano sind auffallend. Gegenüber erhebt sich auf sechs Löwensäulen die prunkvolle Kanzel, ein Meisterwerk, das 1272 von *Niccolo di Bartolomeo* aus Foggia im Auftrag des *Nicola Rufolo* geschaffen wurde. Solche

1 Agriturismo Monte Brusara
2 Sullutrone, Anna
3 Parsifal
4 Palazzo Sasso
Rosellinis
5 Cumpà Cosimo
6 Palumbo
7 Palazzo della Marra
8 Toro
9 Da Salvatore
10 Giordano
11 Villa Maria
12 Villa Amore
13 Villa Cimbrone
14 Marmorata

Kanzeln, deren detailverliebte Mosaikausschmückung an islamische Kunst erinnert, findet man in vielen Kirchen Kampaniens, z.B. in Salerno, Casertavecchia, Teggiano oder Sessa Aurunca. Diese Kanzel ist jedoch die mit Abstand prächtigste. In der barocken **Capella S. Pantaleone,** links vom Hauptaltar, wird in einer Ampulle das Blut des Märtyrers, Kirchen- und Stadtpatrons aufbewahrt, das sich pünktlich jedes Jahr am 27. Juli in einer feierlichen Zeremonie verflüssigt. Aus dem rechten Seitenschiff führen Stufen zur Krypta hinab, wo das kleine, aber feine **Dommuseum** eingerichtet ist. Eine herausragende Porträtbüste zeigt *Sichelgaita della Marra,* Gemahlin des Kanzelstifters *Nicolo Rufolo.*

● **Cattedrale di San Pantaleone/Museo del Duomo,** Piazza del Duomo, Tel. 089858311. Dom tägl. 9–19 Uhr (von 13–16 Uhr wird der Museumseintritt erhoben!), Museum tägl. 9.30–19 Uhr. Eintritt 2 Euro.

Von der Piazza Duomo durchschreitet man einen mittelalterlichen Turm und gelangt in den verzauberten Garten der **Villa Rufolo** (den wahren Zauber erlebt man frühmorgens, abends und im Winterhalbjahr). 1851 hatte der Schotte *Reid* den einstigen Wohnsitz (13. Jh.) der mächtigen und märchenhaft reichen Familie *Rufolo* als Ruinenlandschaft erworben. Unter Anleitung von *Michele Ruggiero,* später Leiter der archäologischen Ausgrabungen in Pompeji, wurden die mittelalterlichen Gebäudereste vom meterhohen Schutt befreit und teilweise wieder aufgebaut. *Ferdinand Gregorovius,* der Ravello kurz darauf im Jahr 1853 besuchte, war begeistert und nannte die Villa eine „kleine Alhambra". *Sir Nevile Reid* widmete sich mit besonderer Liebe der **Gestaltung des Gartens;** aus der ganzen Welt ließ er exotische Pflanzen einführen. Auch die hohen Schirmpinien, die auf keinem Ravello-Foto fehlen, pflanzte er selbst. Bei einem Streifzug durch

golf_307 Foto: pa

Bronzeportal der Kathedrale von Ravello

Die Amalfitanische Küste

die Villa, einem Potpourri antiker und mittelalterlicher Architekturfragmente, ist immer wieder Neues zu entdecken. Der zentrale Innenhof gibt sich mit arabesk verschlungenen Bögen orientalisch. Spätestens auf dem Terrassengarten (bzgl. der Anlage der Blumenbeete gehen die Meinungen auseinander) entfahren einem unwillkürlich Ausrufe des Entzückens. Der Ausblick auf die Küste von Minori bis Cetara und den Golf von Salerno ist schlichtweg großartig! *Richard Wagner,* der am 26. Mai 1880 hier weilte, erging es nicht anders. Hier „fand" er den lang gesuchten Zaubergarten Klingsors und konnte seine Oper „Parzifal" zu Ende komponieren. Zu Ehren *Wagners* finden jeden Sommer Freiluft-Konzerte statt.

●**Villa Rufolo,** Piazza del Duomo. Tägl. von 9 Uhr bis ½ Std. vor Sonnenuntergang; finden Konzerte statt, ist die Villa bis ca. 17 Uhr zu besuchen. Eintritt 4 Euro.

Zu der am südlichen Ortsende gelegenen Villa Cimbrone führt ein angenehmer Spaziergang, vorbei an der **Konventskirche S. Francesco** mit ihrem gotisch-maurischen Kreuzgang und einer überraschend breit sortierten Klosterbibliothek (ein Tipp, sollte es einmal regnen!). Dem Reiz der Amalfitana verfallen, erwarb der schwermütige *Ernest William Becket* und spätere *Lord Grimt-*

golf_309 Foto: pa

horpe im Jahr 1904 das ausgedehnte Grundstück mit den Resten einer alten Villa. Die mit viel Fantasie wieder aufgebaute **Villa Cimbrone** und der ausgedehnte **Landschaftsgarten** gerieten ihm zum schönsten Antidepressivum der Medizingeschichte. Zu den Gästen des Lords gehörten die Bloomsbury-Gruppe aus London, Maler, Schriftsteller und Lebenskünstler. Im Frühjahr 1938 erkoren die Hollywood-Diva *Greta Garbo* und der Dirigent *Leopold Stokowski* die Villa zu ihrem Liebesnest. Bis vor einigen Jahren lebte noch der alte Gärtner, und auf die *Garbo* angesprochen, antwortete er nur: „Ah, ma certi urli faceva!".

Während die Villa selbst nur von den Gästen des exklusiven Hotels (s.u.) zu betreten ist, steht der **Park** zahlenden Besuchern offen. An seiner Gestaltung war möglicherweise die englische Gartenkünstlerin *Vita Sackville-West* beteiligt, eine Freundin des Hauses. Unter einer lang gezogenen Glyzinien-Pergola zieht sich der Viale dell'Immenso zu dem wohl spektakulärsten und Schwindel erregendsten Aussichtspunkt der mit großartigen Belvedere reich gesegneten Amalfitana. Die Terrasse trägt den vielversprechenden Namen **Terazza dell'Infinito** (Terrasse der Unendlichkeit). Für den Besuch des Gartens sollte man Zeit und Muße mitbringen. Immer wieder laden Bänke zum Verweilen ein, Reproduktionen antiker Statuen setzen ästhetische Akzente, Inschriften laden zur Meditation ein, etwa der Vierzeiler des persischen Dichters *Omar Khayyam* aus dem11. Jh.: „Ah moon of my delight that knows no wane/the moon of heaven is rising once again/how often hereafter rising shall she look/through this same garden after us again."

- **Villa Cimbrone,** Via Santa Chiara 26, Tel. 089857459. Tägl. 9 Uhr bis ½ Std. vor Sonnenuntergang. Eintritt 5 Euro.

Zurück im Ort kann man seitlich des Doms mit wenigen Schritten auf der Via R. Wagner zum **Toro-Viertel** aufsteigen. Auf diesem Höhenrücken konzentrierten sich im Mittelalter die Adelspaläste, hinter deren ehrwürdigen Mauern sich heute einige der luxuriösesten Hotels der Costiera verbergen. Umsonst und draußen kann man den herrlichen Blick auf die Küste vom **Belvedere Principessa di Piemonte** genießen. Auf der Via S. Giovanni del Toro gelangt man zu der gleichnamigen, sehenswerten Kirche aus dem 12. Jh., mit einer wunderschönen Kanzel. Der Kirche gegenüber steht das ehrwürdige Hotel „Caruso Belvedere", in dem *Wagner* zu Gast war (und wahrscheinlich wie üblich die Rechnung prellte). Ein kurzes Stück weiter nördlich liegt die hübsche Piazza Fontana Moresca, dahinter schließt sich der stille Ortsteil Lacco an.

Information

- **AAST**

Guter Stadtplan mit eingezeichneten Hotels und Restaurants. Gratis-Karte, die neun Wan-

Villa Cimbrone: Terazza dell'Infinito

Im Garten der Villa Rufolo

Gregorovius gefällt die Villa Rufolo

Ferdinand Gregorovius bereiste die Amalfitana im Jahr 1853. Die Straße, die zum ersten Mal die Küstenorte miteinander verband, war gerade in Bau. Über Vietri gelangte er nach Cetara, Maiori, Minori und Atrani. Einen langen Abschnitt in seinem Buch „Wanderjahre in Italien" widmet er der Beschreibung von Ravello, damals nur „auf einem schwierigen Pfade, durch bedeckte Galerien und über Felsgestein" zu erreichen. Gregorovius war fasziniert von den zahlreichen maurischen Bauwerken des Mittelalters. 1851 erst hatte der Schotte *Francis Nevile Reid* ein ebensolches, völlig ruinöses Anwesen von der Famile *d'Aflitto* erworben, um es wieder in Stand zu setzen, die heute weltberühmte Villa Rufolo.

„Ich fand in dem kleinen Ravello fast ebensoviel moreske Bauten als in Palermo selbst, wo die Schlösser Cuba und Zisa bis auf die Umfassungsmauern geschwunden sind. Da ist gleich der Palast Ruffuli eine wahre Fundgrube sarazenischen Baustils jener Zeit und Gegenden. Er liegt in einem Garten und gehört seit drei Jahren dem Engländer Sir Francis Nevil Reid, der ihn erst aus dem Schutt hat ausgraben lassen. Der schöne Palast ist eine kleine Alhambra zu nennen, ein Gebäude von mehr als dreihundert Gemächern in drei Stockwerken, die alle von moresken Säulen getragen werden. Die Säle sind mit Arabesken reich verziert und haben ganz den sizilianisch-arabischen Charakter. Sie müssen von einer feenhaften Pracht gewesen sein. Daneben steht noch eine Rotunde in sarazenischem Stil mitten im Garten, ein Rest von Mauern und ein viereckiger Turm; Bogen und halbversunkene Hallen lassen auf andere Anlagen von Bädern und Höfen schließen, die ein wohlgeschlossenes und zugleich kastellartiges Ganzes müssen gebildet haben. Man kann sich hieraus eine Vorstellung von dem Reichtum machen, der bei den Familien Ravellos zu jener Zeit aufgehäuft lag. (...) Ich könnte noch mancherlei Dinge von Ravello erzählen, zumal vom alten Dom, den *Niccolo Ruffuli* im elften Jahrhundert erbaute, wo eine seltsam mosaizierte Kanzel und alte Bronzetüren zu sehen sind, und in einer Ampolla das Blut des San Pantaleo so gut flüssig wird wie jenes des San Gennaro; aber es sei genug, denn man muß weder zu viel sehen noch zu viel erzählen."

derungen in der Umgebung beschreibt (ital./engl.). Liste mit Privatvermiertern. Mai bis Sept. Mo.–Sa. 8–20 Uhr, Okt. bis April Mo.–Sa. 8–19 Uhr. Piazza Duomo 10, Tel. 089857096, Fax 089857977, www.ravellotime.it.

● **www.ravello.it**
Touristisches Portal (ital./engl.).

Unterkunft

Hotels und Pensionen

● **Palazzo Sasso** (*****L)
Luxuriöser geht es selbst in Ravello kaum. Wunderbares Albergo in (über)restauriertem Palazzo des 12. Jh. Traumlage mit Blick auf den Golf von Salerno. Das Ristorante Rosselinis zählt zu den besten der Costiera. Ein Vergnügen, aber sehr teuer! 38 Zimmer, 5 Suiten. DZ/F 360–520 Euro. Via San Giovanni del Toro 28, Tel. 089818181, Fax 089858900, www.palazzosasso.com.

● **Palumbo** (*****L)
Das stilvollste Albergo am Platz. Viel Atmosphäre in den maurischen Räumen des mittelalterlichen Palazzo Confalone, seit 1875 von der schweizerisch-italienischen Familie *Vuilleumier* geführt. Die Zimmer sind mit alten Stilmöbeln ausgestattet und bieten einen prachtvollen Ausblick auf den Golf. Frühstück im romantischen Hof. Hier finden auch regelmäßig Kammerkonzerte statt. Gäste werden für ihr Geld nach Strich und Faden verwöhnt. Shuttle zum Privatstrand mit Fisch-Restaurant. 18 Zi., 3 Suiten, DZ/F 200–480 Euro. Via San Giovani del Toro 16, Tel. 089857244, Fax 089858133, www.hotelpalumbo.it.

● **Marmorata** (****)
Gepflegtes Hotel unterhalb der Staatsstraße an der Felsküste, frei von Verkehrslärm. Die ehemalige Papierfabrik ist mit viel Gusto umgestaltet worden, die Innendekoration maritim. Terrassen mit Golfblick, kleiner Pool und Treppe ins Meer. Gutes Restaurant. Auf Wunsch der Gäste werden Bootsfahrten organisiert, die Boote legen direkt am Hotel an. Eigener Parkplatz, SITA-Busse halten vor dem Haus. Ravello lässt sich auf einem steilen Treppenweg in ca. 30 Min. zu Fuß erreichen. 40 Zi., DZ/F 115–320 Euro. Località Marmorata (km „32,5“ der SS 163), Tel. 089877777, Fax 089851189, www.marmorata.it.

● **Villa Cimbrone** (****)
Das Privileg, in einem der schönsten Hotels von Ravello zu wohnen und durch eine der schönsten Gartenanlagen der Welt zu wandeln (absolut ungestört außerhalb der Öffnungszeiten des Parks), bezahlt man mit einem 10-minütigen Fußmarsch aus dem Zentrum und aus einer hoffentlich gut gefüllten Urlaubskasse. Die Zimmer in der ehemaligen Villa von *Lord Grimthorpe* sind edel eingerichtet, einige haben einen Traumblick aufs Meer. In der Greta Garbo-Suite nächtigte vor einigen Jahren *Hillary Clinton*. 2004 nach vollständiger Renovierung wieder erföffnet. 19 Zi., DZ/F 400–550 Euro. April bis Okt. Via Santa Chiara 26, Tel. 089857459, Fax 089857777, www.villacimbrone.it.

● **Villa Maria** (****)
Ausgesprochen freundliches Hotel auf dem Weg zur Villa Cimbrone. Helle, geräumige Zimmer, geschmackvoll eingerichtet. Von der Terrasse und aus dem Garten herrliche Blicke durchs Dragone-Tal aufs Meer. Das Restaurant zieht auch Gäste von auswärts an. Der Besitzer, der immer freundliche *Vincenzo Palumbo*, führt auch das nahe gelegene Hotel Giordano, dessen Parkplatz und Pool von Gästen der Villa Maria mitbenutzt werden können. 23 Zi., EZ/F 145–175 Euro, DZ/F 175–215 Euro. Via Santa Chiara 2, Tel. 089857255, Fax 089857071, www.villamaria.it.

● **Giordano** (***)
Schwesterhotel der Villa Maria. Die Zimmer wurden im Jahr 2000 komplett renoviert, sind geräumig und freundlich möbliert. Pool und Gästeparkplatz. 33 Zi., EZ/F 120–145 Euro, DZ/F 140–165 Euro. Ostern bis Nov. Via Trinità 14, Tel. 089857255, Fax 089857071.

● **Parsifal** (***)
Freundliches, mit großer Aufmerksamkeit geführtes Haus am nördlichen Ortsrand. Die ehemaligen Klosterzellen des mittelalterlichen Augustinerkonvents sind mit einfachen, geschmackvollen Holzmöbeln ausgestattet. Gutes Restaurant, das *cucina amalfitana* und eine herrliche Aussicht auf das Meer bietet. Ein Teil der Zimmer ist fest von Veranstaltern

gebucht. 19 Zi., EZ/F 55–65 Euro, DZ/F 105–125 Euro. Viale Goacchino d'Anna 5, Tel. 089857144, Fax 089857972, www.hotelparsifal.com

● **Toro** (**)

Die Familie *Schiavo* führt das kleine, sympathische Albergo bereits in vierter Generation. Zentrale Lage wenige Schritte vom Dom und kleiner Garten. 12 Zi., EZ/F 80 Euro, DZ/F 110 Euro. Mitte März bis Mitte Nov. Via R. Wagner 3, Tel./Fax 089857211, www.hoteltoro.it.

● **Villa Amore** (**)

Kleines, günstiges Hotel, das ca. 10 Geh-Min. vom Zentrum entfernt, etwas versteckt auf dem Weg zur Villa Cimbrone liegt (Gepäcktransfer gegen Aufpreis, Hotelgäste erhalten eine Ermäßigung auf dem öffentlichen Parkplatz). Die Ruhe, der schöne Garten, die herrliche Aussicht, das freundliche Personal und die gute Küche machen die etwas lieblos möblierten Zimmer mehr als wett. Sollten die Betten zu weich sein, können Bretter unter die Matratzen gelegt werden. 12 Zi., EZ/F 48–56 Euro, DZ/F 73–90 Euro, HP 65 Euro. Via dei Fusco 5, Tel./Fax 089857135.

Privatzimmer

● **Da Salvatore**

Freundliche Zimmer mit kleinen Terrassen und Küstenblick oberhalb des gleichnamigen Restaurants (s.u.). 6 Zi., DZ/F 90 Euro. Via della Repubblica 2, Tel. 089857227.

● **Sullutrone, Anna**

Zimmer mit Golfblick in einem Haus an der Piazza Fontana Moresca. 3 Zi., 2 App. mit Küche, DZ 66 Euro. Via Lacco 5, Tel. 089857147.

Agriturismo

● **Monte Brusara**

Im Dezember 2000 hat *Filomena Mansi* (spricht schweizerdeutsch) in einem alten Bauernhaus ihren kleinen Agriturismo eröffnet. Bodenständige Küche mit Zutaten aus dem eigenen Garten, eigenes Olivenöl und eigener Wein. 2 Zi., DZ/F 60–70 Euro, HP 40–50 Euro. Località Monte Brusara (von Ravello ca. 2,5 km in Richtung Valico di Chiunzi, auf die Ausschilderung achten), Tel. 089857467, www.montebrusara.com.

Restaurants, Trattorien und Osterien

● **Cumpà Cosimo**

Hausgemachte Pasta, abwechslungsreiche Gemüsegerichte und exzellente Fleischsecondi aus der hauseigenen Metzgerei. Gemütliches Trattoria-Ambiente und Restaurantpreise. Menu ca. 30 Euro. Im Winter Mo. Ruhetag. Mittags und abends. Via Roma 44, Tel. 089857156.

● **Palazzo della Marra**

Edles Ambiente in sorgsam restaurierter mittelalterlicher Adelsvilla, kombiniert mit einer kreativen Küche, die sich bester lokaler Zutaten bedient. 35–50 Euro. Im Winter Di. Ruhetag. Ende Nov., Mitte Jan. bis Feb. geschlossen. Mittags und abends. Via della Marra 7–9, Tel. 089858302.

● **Rosellinis**

Sollte die Urlaubskasse für die Übernachtung im Hotel Palazzo Sasso (s.o.) nicht reichen, bleibt immer noch die Möglichkeit, dem exzellenten Hotelrestaurant einen Besuch abzustatten. Bei romantischem Kerzenlicht kann man sich auf der Panoramaterrasse von den kulinarischen Kreationen des Chefs *Giuseppe Lavarra* verführen lassen. Seit 2003 trägt das Restaurant einen Michelin-Stern. Degustationsmenu 80 Euro. Nur abends. Nov. bis Feb. geschlossen.

● **Da Salvatore**

Große Auswahl hausgemachter Pasta, guter Fisch und toller Blick auf den Golf. *Salvatore* hält für seine Gäste einige freundliche Fremdenzimmer bereit (s.o.). 25–35 Euro. Mo. Ruhetag. Mittags und abends. Nov. bis Dez. gelegentlich geschlossen. Via della Repubblica 2, Tel. 089857227.

● **Villa Maria**

Restaurant des gleichnamigen Hotels (s.o.). Auf der herrlichen Terrasse genießt man den Ausblick und die schmackhafte *cucina amalfitana*. Spezialität des Hauses sind *crespelle*, mit Käse überbackene hauchdünne Crêpes. Zu empfehlen ist auch der *fritto misto*. Salate aus dem eigenen Garten. Dass es auch Touristenmenus gibt, hat sich herumgesprochen, manchmal trifft man hier auf Reisegruppen. 20–40 Euro. Mittags und abends.

An- und Weiterreise

- **Auto:** Von der SS163 führt die kurvenreiche SS373 nach Ravello und setzt sich über den Valico di Chiunzi Richtung Pompeji und Neapel fort.
- **Bus:** Orange SITA-Busse verkehren regelmäßig zwischen Amalfi, Ravello und Scala.

Unterwegs in Ravello

- **Parken:** Teurer, gebührenpflichtiger Parkplatz unterhalb der Piazza Vescovado (1–2 Euro pro Std.).

Banken

Banken mit Bankomaten im Zentrum.

Post

- Piazza Duomo 3.

Einkaufen

- Antiquitäten, Keramiken, Souvenirs und Limoncello werden an jeder Ecke angeboten.
- **Camo**

Giorgio Filocamo ist der Korallenkönig Kampaniens. Eigene Entwürfe und antike Stücke. Herausragend bestücktes kleines Museum mit Korallenschnitzereien und Kameen. Piazza Duomo 9, Tel. 089857461.

- **Market Amato**

Hier kann man für ein Picknick einkaufen. Köstliche Panini, guter lokaler Käse und Wein. Via Roma 10, Tel. 089857136.

- **Ravello Gusti e Delizie**

Delikatessen und Wein. Via Roma 28–30, Tel. 089857716.

Feste/Veranstaltungen

- **Festival Musicale di Ravello**

Das gesellschaftliche Event zu volksnahen Preisen findet seit 1953 statt. Ursprünglich ein reines Wagner-Festival, werden heute unter dem Namen „Festival di Ravello" von April bis Oktober unterschiedlichste musikalische und tänzerische Darbietungen bekannter italienischer und internationaler Künstler geboten. Die Freiluftaufführungen finden meist in den Gärten der **Villa Rufolo** statt. Ein anderer Spielort ist z.B. der **Convento di Santa Rosa** in Conca de Marini/Vettica Minore. Im Juli werden symphonische Konzerte aufgeführt, im August wird auf der Dompiazza gejazzt, im September gibt es Kammermusik zu hören. Karten zu ca. 20 Euro können telefonisch oder per E-Mail reserviert werden. Shuttle-Busse zu den Konzerten von allen Orte der Amalfitana und aus Sorrent. Termine und Kartenvorverkauf über die AAST Ravello bzw. die Ravello Concert Society, Via Santissima Trinità, Tel. 089858149, Fax 089858249, info@ravelloarts.org, www.ravelloarts.org.

- **Festa di S. Pantaleone**

Patronatsfest am 27. Juli mit dem Spektakel der Blutverflüssigung.

Wandern

Von Ravello (360 m) nach Amalfi

Reizvoller Kontrast zwischen dem mondänen Ravello und den bäuerlichen Ortschaften um Scala. Unterwegs herrliche Blicke auf Scala und Ravello. **Abwechslungsreicher Weg,** der durch Ortschaften und vorbei an Zitronenhainen über viele Treppenstufen (!) nach Amalfi hinabführt. Reine Gehzeit 2 Std. 40 Min. Ravello – Lacco 20 Min., Lacco – S. Caterina 40 Min., S. Caterina – Minuta 35 Min., Minuta – Pontone 20 Min., Pontone – Amalfi 45 Min.

In **Ravello** von der Piazza Vescovado, den Dom zur Rechten, auf der Via R. Wagner aufsteigen und auf der Via S. Giovanni del Toro, vorbei am Hotel Palumbo, nach links weiter. Einen schönen Ausblick auf die Küste bietet unterwegs der Belvedere Principessa del Belmonte. Weiter vorne stehen sich die mittelalterliche Kirche S. Giovanni del Toro und das Hotel Caruso auf einer kleinen Piazza gegenüber. Vom Platz auf einer schmalen Gasse nach rechts zwischen hohen Steinmauern weiter und anschließend links zur Piazza Fontana Moresca mit dem Löwenbrunnen absteigen. Die Gehrichtung beibehaltend, am Hotel Bonadies vorbei in Nordrichtung auf der Via Lacco leicht bergauf. Unter einem Turm hindurch tritt man auf eine kleine Piazza mit Wasserstelle.

Jetzt außerhalb der mittelalterlichen Stadtmauer auf der links abzweigenden Via S. Trifone weiterhin leicht bergauf. Über das Dragone-Tal schöne Blicke auf Scala. Nach einem ebenen Abschnitt an der nächsten Weggabelung auf Treppen nach rechts weiter ansteigen. Der alte Maultierpfad ist mit einem neuen Steinpflaster versehen und führt an einem schönen Laubmischwald entlang. Nach einigen Minuten gabelt sich der Weg, frisch angelegte Steinstufen führen rechts weiter hoch. Achtung, hier auf dem schmalen Pfad nach links ins Tal absteigen und dabei auf rote Farbzeichen achten! Der Weg quert das meist trockene Flussbett oberhalb einer Betonschwelle und setzt sich auf der gegenüberliegenden Seite, leicht ansteigend und steingepflastert, fort. Von unten führt der Treppenweg auf Höhe der **Kirche S. Caterina** auf eine Asphaltstraße.

Gegenüber der Kirche in die schmale Straße einbiegen und nach weniger als 100 m rechts auf dem Treppenweg zwischen Häusern und Gärten hoch. An der Kreuzung gleich darauf nach links. Von oben stößt man auf eine Straße. Die Gehrichtung beibehaltend, ohne links abzusteigen, weiter in Richtung Küste gehen. Rechts auf Treppen ansteigend, stößt man von unten auf eine Straße, dieser nach links folgen. Die Straße mündet in eine breitere Asphaltstraße, der man nach links, ab jetzt bergab, folgt. (Rechts führt der CAI-Weg „57“ zwischen den Häusern von Campidoglio ins Naturschutzgebiet Valle delle Ferriere.) An der Stelle, wo die Straße eine scharfe Linkskurve beschreibt und nach Scala zurückführt, liegt rechter Hand **Minuta.** Hunderte Treppenstufen führen von hier nach Amalfi hinab!

Dem breiten Treppenweg nach rechts auf die hübsche Piazza von Minuta mit einem Wasserbrunnen und der Kirche S. Annunziata folgen. Rechts an der Kirche vorbei absteigen und gleich darauf rechts dem gelben Schild „Pontone-Amalfi“ folgen. Nach etwa 5 Min. an der Gabelung nach links weiter bergab. (Rechts setzt sich der CAI-Weg „23“ in Richtung Valle delle Ferriere fort.) Unter der Vorhalle der Kirche S. Maria del Carmine hindurch erreicht man die Piazzetta von **Pontone** mit der Kirche S. Giovanni und der Bar „Lucia“. Von Pontone aus lohnt der Abstecher zur Torre dello Zirro (1 Std.).

Von der Piazzetta in Talrichtung über Treppen absteigen, die Straße queren und auf dem Treppenweg weiter ins Tal. Vorbei an einem Votivschrein mit drei Kreuzen stößt man von oben auf einen querenden Weg. Links weiter. Amalfi, der Campanile des Doms und das Meer sind jetzt zu sehen. Jenseits des Valle dei Mulini blickt man auf den kleinen Bergort Pogerola. An einem Haus mit Marienbild stößt man auf einen querenden Weg, diesem nach links folgen. An vereinzelten Häusern und Zitronengärten vorbei führt der Weg leicht abwärts. An der nächsten Gabelung links gehen und auf dem Treppenweg Salita dei Patroni nach rechts zum Corso von **Amalfi** absteigen. Nach links führt der Corso zur Piazza Duomo.

Scala

↗ XI, C2

Das **Dragone-Tal** trennt das stille Scala von Ravello. Von seiner besten Seite zeigt sich der Ort aus Ravello, wie umgekehrt Scala die schönste Ansicht auf Ravello bietet. Der Blick auf Scala mutet wie ein mittelalterliches Tafelbild an. Streng und würdig erheben sich die Apsiden des **Duomo S. Lorenzo** (1196) über gepflegten Weinterrassen. Das Kircheninnere lohnt den Besuch, die Krypta zählt zu den beeindruckendsten der Costiera. Als Mitglied der Seerepublik kam Scala im Mittelalter zu Reichtum und Einfluss. In dieser Zeit besaß der Ort über 130 Kirchen. Einige davon stehen noch in den benachbarten Dörfern. Aus Scala stammte vermutlich auch *Gerardo Sasso,* Gründer des Johanniter-Ordens. Die Konkurrenz zu Ravello, vor allem aber die Plünderungen und Zerstörungen durch die Pisaner, leitenden den Niedergang ein.

Ein dörflicher Friede liegt heute über Scala und den benachbarten Dörfern *(borghi),* die durch Treppenwege untereinander verbunden sind. Besonders schön ist das südlich gelegene **Minuta** (oder Minuto). Die Kirche S. Annunziata (meist verschlossen) birgt in ihrer Krypta bedeutende Fresken des 12. Jh. Eindrucksvoll sind auch die Apsisruinen der Kirche S. Eustachio (12. Jh.). Durch Minuta führt ein schöner Treppenweg nach **Pontone,** dem alten Scallella, Kreuzungspunkt aller Treppenwege zwischen Scala, Amalfi und Atrani.

Information

● **Pro Loco**
Piazza Municipio, Tel. 089857325. Auskünfte zu Wanderungen in der Umgebung. Sollte Pro Loco geschlossen haben, informiert auch AAST Ravello.

Hotels und Pensionen

Am südlichen Ortsende von Scala, an der Straße Richtung Minuta, liegen drei einfache Hotels. Alle zeichnen sich durch einen schönen Blick auf Ravello aus.

● **La Margherita** (***)
Die Schwestern *Del Pizzo, Di Lascio* und ihre Kinder führen dieses freundliche Hotel zusammen mit der benachbarten Villa Giuseppina. 10 Zi., DZ/F 80–100 Euro, HP 70–88 Euro. Via Toricella 31, Tel./Fax 089857106, www.lamargheritahotel.it.
● **Villa Giuseppina** (***)
Kleiner Pool. 16 Zi., DZ/F 80–100 Euro, HP 70–88. Via Toricella 35, Tel. 089857219, Fax 089857106.
● **Zi'Ntonio** (***)
Familienpension mit Restaurant und kleinem Pool. 21 Zi., EZ/F 85–95 Euro, DZ/F 90–100 Euro, HP 45–70 Euro. Via Toricella 39, Tel. 089857118, Fax 089858128, www.zintonio.com.

Restaurants, Trattorien und Osterien

Die **Hotels La Margherita** und **Zi'Ntonio** (s.o.) sind auch als Ausflugsrestaurants beliebt. 15–20 Euro.

An- und Weiterreise

● **Auto:** Von der SS163 führt eine kurvenreiche Straße nach Scala.
● **Bus:** Gelbe SITA-Busse verkehren regelmäßig zwischen Amalfi, Ravello und Scala.

Einkaufen

In Scala gibt es kleine **Lebensmittelläden,** in denen man hervorragend für ein Picknick einkaufen kann.

Fest

● **Internationales Barockmusik-Festival** im Juli. Die Konzerte finden meist in der schönen mittelalterlichen Kirche S. Annunziata in Minuta statt. Info c/o Ufficio Turistico Scala bzw. AAST Ravello.

Wandern

Von Ravello nach Scala

Scala lässt sich von Ravello aus entweder auf direktem Weg, abschnittsweise der Asphaltstraße folgend, erreichen oder auf einem schönen „Umweg", der nördlich von Lacco den Vallone Reginella quert und über den Ortsteil S. Caterina von oben nach Scala führt.

Von Campidoglio ins Valle delle Ferriere

Von Scala führt der CAI-Weg „57" durch das Bergdorf Campidoglio in die wilde Berglandschaft des Naturschutzgebietes Valle delle Feriere.

Von Scala nach Minuta

Auf der wenig befahrenen Straße gelangt man aus dem Zentrum von Scala in den kleinen Ort Minuta. Unterwegs genießt man die herrlichsten Blicke auf Ravello. Treppenwege setzen sich über Pontone bis nach Amalfi fort.

Minori

↗ XI, C2

Minori ist ein freundliches, unspektakuläres Küstenstädtchen, an dem der Urlaubsverkehr meist schnell vorbeifährt. Die Ursprünge des Ortes sind antik, wovon man sich beim Besuch der einzigen archäologischen Stätte der Costiera überzeugen kann. Auch der Name Minori geht auf die Antike zurück, bezog sich aber nicht auf die Größe des Ortes, sondern auf den Fluss Reginna Minor, im Gegensatz zum Reginna Maior, der durch den Nachbarort Maiori fließt. Beide Flüsse können nach heftigen Regenfällen gefährlich anschwellen; beide Städte wurden wie-

golf_316 Foto: pa

derholt von Flutwellen heimgesucht, das letzte Mal 1954. In Ufernähe erhebt sich die **Basilika S. Trofimena.** Der Bau stammt ursprünglich aus dem 12. Jh., wurde aber im 19. Jh. neu errichtet. In der Krypta werden die Reliquien der Hl. Trofimena aufbewahrt, früher Schutzpatronin von Amalfi. Zur Zeit der Seerepublik waren in Minori Werftanlagen angesiedelt, später entwickelte sich der Ort zum wichtigen Zentrum der Pasta-Produktion und des Agrumen-Anbaus.

1932 entdeckte man die **Reste einer römischen Villa marittima,** die in den 1950er Jahren ausgegraben wurde. Am 26. Oktober 1954 vom Schlamm verschüttet, musste sie erneut freigelegt werden. Die ursprünglich zweigeschossige Anlage aus augustäischer Zeit entwickelt sich um einen großen Garten. Einige der Räume tragen noch den ursprünglichen Freskenschmuck. Gut erhalten ist das Nymphäum mit schwarzweißen Bodenmosaiken.

• **Villa Romana/Antiquarium,** tägl. 9 Uhr bis 1 Std. vor Sonnenuntergang. Via Capodipiazza 28, Tel. 089852893. Eintritt frei.

Information

• **Pro Loco di Minori**
Engagierte Info, auch zu B&Bs und Wanderwegen. Mo.–Sa. 9–12 und 16–19 Uhr. Piazza Cantilena 18, Tel./Fax 089877087, www.proloco.minori.sa.it.

Blick auf Pontone, das alte Scallella

Bed & Breakfast

• **Villa Marietta**
Carmela und *Vincenzo Ruocco* (spricht deutsch) empfangen ihre Gäste in einer Villa aus dem Ende des 19. Jh. hoch über dem Strand. Von den Terrassen und aus dem Zitronengarten herrliche Blicke auf den Ort, die Küste und das Meer. Dieses gastfreundliche Plätzchen ist auch ideal für Familien mit Kindern! Treppenstufen zum Strand, Parkplatz über der Villa. 3 Zi., 1 App. mit Küche, DZ/F 60 Euro. Via Torre 15, Tel./Fax 089852762, Mobil 3393155446, www.villamarietta.too.it.

Restaurants, Trattorien und Osterien

• **L'Arsenale**
Kleines, feines Fischlokal. Hier kann man kosten, wie gut sich Steinpilze mit *frutti di mare* vertragen. Menu ca. 35 Euro. Im Winter Do. Ruhetag. Via San Giovanni a Mare 20, Tel. 089851418.

An- und Weiterreise

• **Auto:** Minori liegt direkt an der SS163.
• **Bus:** Regelmäßig SITA-Busse in Richtung Amalfi und Salerno.

Unterwegs in Minori

• **Parken:** Am Lungomare und in der Nähe der Villa Romana gibt es *parcheggi gratta e sosta,* d.h. man kauft für jede Stunde Parkzeit am Kiosk oder in der Bar einen Parkschein, auf dem man dann die Ankunftszeit freirubbelt.

Veranstaltung

• **Jazz on the Coast**
Von Ende Juli bis Anfang August spielen internationale Jazzgrößen am Strand (www.jazzonthecoast.it).

Baden

Hinter der von Dattelpalmen gesäumten Promenade lädt ein kurzer Sand- und Kiesstrand zum Baden ein.

Wandern

Von Minori aus kann man auf alten Treppenwegen nach Ravello hochsteigen (1¼ Std.). Eine ausgedehnte Wanderung auf den CAI-Wegen „15C" und „15A" führt in das Sambuco-Tal. Lohnend ist auch der Aufstieg zu dem verlassenen Kloster S. Nicola in 468 m Höhe mit herrlichen Landschaftsblicken. Das Kloster ist auch von Maiori aus zu erreichen.

Maiori

↗ XI, C2

„Der Strand bei Minori und Maiori ist das reizvollste, was die Ufer der Golfe von Salerno, Amalfi und Sorrent zu bieten haben", stellte der Kulturreisende *Gregorovius* 1853 fest. Dann kam die Schlammkatastrophe des 26. Oktober 1954, und die Wasser des Torrente Reginna Maiori spülten weite Teile der Stadt ins Meer. Die für Amalfitana-Verhältnisse ungewöhnlich breite Küstenebene und Bauspekulation bestimmten den Neuaufbau – von Costiera-Charme ist hier wenig zu spüren. Maiori ist heute ein vor allem von italienischen Badegästen frequentierter Urlaubsort.

Festungsartig erhebt sich auf einer Anhöhe über dem Strand die **Kollegiatskirche S. Maria a Mare.** Der ursprünglich aus dem 12. Jh. stammende Bau gibt sich ganz barock. Allein wegen der Aussicht lohnt der Aufstieg über die 108 Stufen. In der Krypta ist ein schöner Majolikafußboden zu bewundern.

● **S. Maria a Mare,** Krypta tägl. 9–12 und 16–19.30 Uhr.

Im oberen Ortsteil liegt die einzige große erhaltene Festung der Amalfitana. Der Bau des **Castello di S. Nicola de Thoro Plano** geht auf das 9. Jh. zurück. Zur Zeit der Seerepublik diente das Kastell dem Schutz der Arsenale von Maiori, im 15. Jh. gelangte es in den Feudalbesitz der *Piccolomini* und wurde erweitert. Noch heute befindet es sich in Privatbesitz.

● **Castello di S. Nicola,** Via Castello, Località S. Pietro, Tel. 089852600 (nach telefonischer Anfrage). Eintritt frei (Spende).

Etwa 3 km östlich von Maiori nistet an der Felswand direkt über der SS163 ein frühmittelalterliches Juwel, die **Badia S. Maria di Olearia.** Eremiten ließen sich im 10. Jh. an dieser Stelle nieder, im Laufe der Zeit erweiterte sich die Anlage auf drei in den Fels geschlagene Kirchen. Besonders sehenswert sind die mit Fresken ausgeschmückten Katakomben der Benediktiner-Mönche aus dem 10.–12. Jh.

● **Badia S. Maria di Olearia,** Infos c/o AAST Maiori (s.u.). Ostern bis Mitte Okt. Mi. und Fr. 17–19, So. 10–12 Uhr; Mitte Okt.-Ostern Fr. 15–17 Uhr, So. 10–12 Uhr. Eintritt frei (Spende).

Information

● **AAST**
Mo.–Sa. 8.30–13 und 15–18 Uhr, im Winter kürzere Öffnungszeiten. Corso Reginna 71, Tel. 089877452, Fax 089853672, www.aziendturismo-maiori.it.

Hotels und Pensionen

In Maiori gibt es **über 20 Hotels.** Das Angebot umfasst alle Kategorien, aber nur wenige der Hotels haben den Charme, den man aus anderen Orten der Costiera gewöhnt ist. Günstige Nebensaisonpreise.

An- und Weiterreise

- **Auto:** Maiori liegt direkt an der SS163.
- **Bus:** Regelmäßig SITA-Busse in Richtung Amalfi und Salerno.

Feste/Veranstaltungen

- **Gran Carnevale Maiorese**
Karnevalsumzüge am Lungomare.
- **S. Maria a Mare**
Am dritten Sonntag im November wird die Stadtpatronin mit einer großen Prozession gefeiert.

Baden

In Maiori erstreckt sich der **längste Sand- und Kiesstrand der Amalfitana.** Der Lungomare ist sehr gepflegt, trotzdem will der rechte Badespaß hier nicht aufkommen.

Wandern

Von Maiori aus führt ein Weg oberhalb der Küstenstraße zu der etwa 3 km östlich gelegen Badia S. Maria de Olearia aus dem 10.–11. Jh. SITA-Busse halten in der Nähe des Klosters. Lohnend ist auch der Aufstieg zum verlassenen Kloster S. Nicola (468 m) mit herrlichen Landschaftsblicken.

Cetara

⇗ XI, C2

Das **ausgesprochen hübsche Hafenstädtchen** nordöstlich des Capo d'Orso kann auch den verwöhntesten Costiera-Besucher noch überraschen. *Ferdinand Gregorovius* kam im Jahr 1853 vorbei, und die meisten seiner Eindrücke treffen immer noch zu. „Aber nun sind wir vor Cetara am Ufer angelangt, einem unbeschreiblich reizenden Ort, ja einer elysischen Fruchtoase in rauhfelsigen Bergmassen. Mir fiel gleich die maurisch pittoreske Bauart auf. Die Häuser sind klein und einstöckig, mit Logen und Verandas versehen, welche Weinreben umschlingen; ihre Dächer gewölbt und schwarz übertüncht. Die bizarre Architektur der kleinen Kirchen hebt sich phantastisch aus dem dunklen Laube der Orangenbäume. Es war eine so fremde Erscheinung, dass man wohl wähnen mochte bei Kairewan zu sein, mitten in einer uneuropäischen Kultur. (...) Das schöne Cetara war der erste Ort an dieser Küste, wo sich Sarazenen niederließen, worauf sie dann weiter bis nach Amalfi hinauf über Maiori und Minori, bis nach Scala und Ravello Kolonien gründeten. Denn schon vor der Eroberung Siziliens streiften sie an diesem Strande. (...) Sie schwanden aus diesen Gegenden nicht einmal zur Zeit der Normannenherrschaft. Viele waren Christen geworden, andere blieben im Dienste Ruggieros, und so brachten sie in das Land Salerno orientalische Sitten und Kultur."

An Cetara rauscht der organisierte Tourismus förmlich vorüber, und niemand macht Anstalten ihn anzuhalten. Aus dem Busfenster sieht man nur kurz die schöne Majolikakuppel von **S. Pietro** (es sei denn, man steht im Stau), und schon hinter der nächsten Kurve ist der kleine Ort verschwunden und das Erstaunen gehört wieder ganz der in diesem Abschnitt besonders spektakulären Küste.

Cetara blickt auf eine Jahrtausende alte **Fischfangtradition** zurück, der Name des Ortes leitet sich wahrscheinlich vom lateinischen *cetaria* ab, der Bezeichnung für die Gebäude, in denen **Thunfisch** verarbeitet wird, auf Italienisch heißen sie *tonnara*. Jene von Erchie war noch bis vor hundert Jahren in Betrieb. Heute besitzt der Ort die einzige große Fischfangflotte der Amalfitana. Die größeren Boote sind bis zu mehreren Monaten auf hoher See und machen Jagd auf Thunfisch. Im Ort gibt es eine kleine Fabrik, die den geschätzten Speisefisch nach alter Tradition in Olivenöl konserviert – kein Vergleich mit den geschmacksneutralen Dosenprodukten aus dem Supermarkt! Mit kleinen Fischerbooten, die dem Strand einen pittoresken Anstrich geben, werden die ebenso geschätzten *alici* (Sardellen) gefangen. Sie werden eingesalzen oder zur *colatura di alici* verarbeitet, dem **garum** der antiken Römer.

Franco Tammaro war der Erste, der im Ort vor über 20 Jahren ein Restaurant eröffnete, inzwischen sind andere seinem Beispiel gefolgt. Besonders an Wochenenden kommen die Salernitaner nach Cetara, wenn sie besonders guten Fisch essen mögen. Danach geht es zur passegiata an den Strand. Der trutzige Küstenwachturm am nördlichen Ende der Bucht wurde Ende des 16. Jh. errichtet. 1551 hatte der türkische Korsar *Sinan Pascha* 300 Männer des Ortes in die Sklaverei verschleppt und viele weitere getötet. Vor solchen Gefahren wollte man sich für die Zukunft schützen. Heute geht es in Cetara glücklicherweise ausgesprochen friedlich zu.

golf_320 Foto: pa

Der schmale Kiesstrand von Cetara

Information

• Pro Loco
Piazza S. Francesco, Tel. 089261474.

Unterkunft

Hotels und Pensionen

• Cetus (****)
Edles Hotel direkt an der Steilküste (unterhalb der SS163), ein kurzes Stück nördlich des Ortes. Zimmer mit tollem Ausblick, privater Mini-Strand. 40 Zi., DZ/F 100–180 Euro. April bis Okt. Corso Umberto I. 1, Tel. und Fax 089261388, www.hotelcetus.com.

Zimmer/Ferienwohnungen

• Cetour
Ferienwohnungen in Cetara und an der gesamten Costiera. Piazza Martiri Ungheresi 59, I-84010 Cetara, Tel./Fax 089261042, www.cetour.it.

Restaurants, Trattorien und Osterien

• A Cianciola
Fischlokal, etwas versteckt hinter dem Hafen, mit Tischen auf einer hübschen Piazza. 30–35 Euro. Mo. Ruhetag. Mittags und abends. Piazzetta Cantone 13, Tel. 089261828.

• Acquapazza
Kleines, freundlich eingerichtetes Fischrestaurant am Corso. Serviert wird ausschließlich frisch gefangener Fisch, auf die Weinempfehlungen des Sommeliers *Gennaro Castiello* kann man sich verlassen. 30–35 Euro. Mo. Ruhetag. Nov. geschlossen. Mittags und abends. Corso Garibaldi 38, Tel. 089261606.

• San Pietro
In diesem ausgezeichneten Fischrestaurant treffen *mare* und *terra* der Amalfitana häufig überraschend, immer aber mit viel Gusto aufeinander, im Antipasto z.B. in Form gesalzener Sardellen und Ricotta aus den Monti Lattari. *Francesco Tammaro* legt höchsten Wert

Garum, das Maggi der Antike

Kein anständiges Rezept kam im alten Rom ohne garum aus. Und *Marcus Gavius Apicius* musste es schließlich wissen. *Apicius,* der im 1. Jh. n. Chr. zur Zeit des Kaisers *Tiberius* lebte, galt als Feinschmecker und Schöpfer ausgefallener Gerichte. Extravagant war auch sein Tod. Sagenhaft reich, gab er Unsummen für seine Gastmäler aus, und als er einmal Kassensturz machte und feststellte, dass er „nur" noch 10 Millionen Sesterzen besaß (eine Summe von unvorstellbarer Kaufkraft), setzte er seinem Leben mit Gift ein Ende. Von *Apicius* haben sich zwei Kochbücher überliefert, und in der Tat findet sich kaum ein Rezept, bei dem garum, manchmal auch *liquamen* genannt, als Zutat fehlt.

Garum wurde in der Antike fabrikmäßig aus Sardellen oder anderen fetten Fischen hergestellt. Die zerkleinerten Fische wurden eingesalzen und unter freiem Himmel in großen Becken einem mehrmonatigen Fermentierungsprozess unterzogen (Archäologen behaupten, dass die ausgegrabenen Garum-Fabriken auch nach 2000 Jahren noch schrecklich stinken ...). Pompeji war übrigens eine Hauptproduktionsstätte. Das Endprodukt, eine goldgelbe Flüssigkeit, diente dem Würzen wie Salzen von Gemüse-, Fleisch und Fischgerichten. Ähnliche Saucen werden heute noch in der südostasiatischen Küche verwendet. Aus der europäischen Küche sind inzwischen die meisten starken Aromen verschwunden. In Cetara jedoch setzt man auf Tradition, und die Sardellen werden nicht nur eingesalzen wie anderswo, sondern auch zur *colatura di alici* weiterverarbeitet. Jede Hausfrau, die auf sich hält, stellt mindestens einmal die Woche *spaghetti con la colatura di alici* auf den Tisch. Kosten kann man garum in den Lokalen von Cetara, und sollte es einem munden, kann man sich bei „Sapori Cetaresi" eine ganze Flasche kaufen. Achtung, zum Würzen genügen wenige Tropfen!

auf die Verwendung der allerbesten Produkte des Territoriums, deren Herkunft er in jedem Fall kennt (kein Wunder, dass man von ihm auch tolle Tipps für Wanderungen und Bootstouren erhält). Von der schönen Terrasse kann man das Treiben auf dem Corso verfolgen. 25–30 Euro. Di. Ruhetag. Mittags und abends. Jan. bis Febr. geschl. Piazza San Francesco 2, Tel. 089261091.

An- und Weiterreise

- **Auto:** Cetara liegt direkt an der SS163.
- **Bus:** Regelmäßig SITA-Busse in Richtung Amalfi und Salerno.

Unterwegs in Cetara

- **Parken:** Am Strand gibt es *parcheggi gratta e sosta,* d.h. man kauft für jede Stunde Parkzeit am Kiosk bzw. in der Bar einen Parkschein, auf dem man dann die Ankunftszeit freirubbelt.

Einkaufen

- **Sapori Cetaresi**

Lokale Fischprodukte nach alten Methoden konserviert. Wer immer schon einmal ausprobieren wollte, wie das **garum** der alten Römer schmeckte, hier kann man es kaufen. Wenige Tropfen der **colatura di alici** genügen, um den Speisen ein unvergleichliches Aroma zu verleihen (siehe Exkurs zum Garum). Tägl. 10–13 und 15–20 Uhr. Im Winter Mo. geschlossen. Corso Garibaldi 44, Tel. 089262010. Fabrik im oberen Ortsteil, an der SS163. Mo.–Fr. 8–12, 14–18 Uhr, Sa. 8–12 Uhr. Corso Umberto I. 58, Tel. 089261069.

Feste/Veranstaltungen

- **Festa di S. Pietro**

Schiffsprozession des Stadtpatrons am 29. Juni. In Tanzschritten wird die Statue aus der Kirche San Pietro an den Strand getragen.

- **A tutto Tonno** und **Sagra delle Acciughe**

Cetara feiert im Sommer kulinarisch, Thunfisch und Sardellen stehen im Mittelpunkt.

Baden

Am Fuße des imposanten Küstenwachturms breitet sich ein **schmaler Kiesstrand** aus.

Windsurfen

Cetara und das Erchie sind die bevorzugten Reviere der Windsurfer an der Amalfitana. An Sommernachmitagen entwickelt sich ein beständig wehender auflandiger Wind.

Wandern

Auch von Cetara aus kann man sich aufmachen, auf alten Wirtschaftswegen das reizvolle Hinterland zu entdecken. Besonders lohnend sind die CAI-Wege „3A“ und „3“, die in das nördlich gelegene Albori hochführen. Von Cetara aus kann man den Fernwanderweg Alta Via dei Lattari erreichen.

Vietri

↗ XI, C2

Vietri ist ganz Keramik. Von welcher Seite man auch die Stadt erreicht, überall begegnen einem die bunten Auslagen der Geschäfte. Von weitem leuchtet die Majolikakuppel der **Kirche S. Giovanni Battista.** Der Ort wurde von den Etruskern gegründet, mit denen auch das **Töpferhandwerk** hier Einzug hielt. Aus Vietri, dem Freihafen der mächtigen Abtei von Cava dei Tirreni, wurde im Mittelalter Keramik in den gesamten Mittelmeerraum exportiert. Einen neuen Aufschwung nahm das Handwerk im Barock. Die glänzenden

Vietri: Hochburg der Keramik

Majolikakuppeln entlang der Küste sind seither so etwas wie das Markenzeichen der Amalfitana. Das 19. Jh. war die Zeit der **piastrelle,** der reich verzierten Bodenfließen, die in vielen der älteren Hotels verlegt sind. Die bedeutendste künstlerische Periode Vietris fällt interessanterweise zwischen die beiden Weltkriege, und zwar in Form einer Arbeitsmigration. Deutsche Künstler wie *Richard Dölker, Irene Kowalski-Wegner* oder *Barbara Margarete Thewalt-Hannasch* kamen in den 20er Jahren an die Amalfitana und fanden hier Anregung, Arbeit und günstige Lebensbedingungen. Mit offenen Sinnen reagierten sie auf Sonne, Meer, Zitronen, Esel und die alten Mythen und entwickelten eine fröhlich naive Bilderwelt, die bis heute die Keramik Vietris prägt. Mit dem Kauf eines Keramik-Souvenirs schließt sich der Kreis. Was vor mehr als drei Generationen aus Italien-Begeisterung entstanden ist, gefällt auch heute.

Im oberhalb von Vietri gelegenen Ort **Raito** ist in einem mittelalterlichen Turm ein sehenswertes Keramikmuseum eingerichtet, dass traditionelle Erzeugnisse und die künstlerische Produktion des **periodo tedesco** präsentiert. Im Sommer finden hier Konzerte statt. Einmal in Raito, sollte man weiter bis in den Bergort **Albori** fahren, wo die Straße endet und die Aussicht herrlich ist.

golf_323 Foto: pa

● **Museo Provinciale della Ceramica,** Oktober bis Mai Di.–So. 9–13 und 15–18 Uhr, Juni bis September Di.–So. 9–13 und 16–19 Uhr. CSTP-Busse aus Vietri, Linie 1. Toretta di Villa Guariglia, Raito, Tel. 089211835. Eintritt frei.

Information

● **Circolo Turistico ACLI (CTA)**
Oktober bis Mai Mo.–Sa. 10–19 Uhr, Juni bis September 10–13 und 17-20 Uhr. Piazza Matteotti, Tel./Fax 089211285, cta@xcom.it, www.comune.vietri-sul-mare.sa.it/cta.

Hotel

● **Vietri** (***)
Vollständig renoviertes, freundliches Altstadthotel, wenige Minuten von der Piazza Matteotti in Richtung Marina di Vietri. Alle Zimmer mit Meerblick. Gutes Hotelrestaurant (Menu auf Fischbasis ca. 20 Euro). Gästeparkplatz. 18 Zi., DZ/F 105–170 Euro, HP 70–80 Euro. Via O. Costabile 31, Tel./Fax 089210400, www.hotelvietri.com.

Essen und Trinken

Restaurants, Trattorien und Osterien

● **La Sosta**
Beliebtes Altstadtlokal wenige Schritte von der Piazza Matteotti. Im alten Gebäude wurden früher Postkutschenpferde gewechselt. Traditionelle Fischküche. 20–35 Euro. Mi. Ruhetag. Mittags und abends. Jan. geschl. Via Costiera 6, Tel. 089211790.

● **Zio Carlo**
In der Ex-„Cambusa" kann man bei *Carlo Stabile* und seiner Mamma nach wie vor für wenig Geld ausgezeichnet essen. Solide Fisch-, Fleisch- und Gemüsegerichte. 15–20 Euro. So. abends und Mo. geschl. Via C. Colombo 88, Marina di Vietri, Mobil 3386439907.

● **Taverna Paradiso**
Familiäre Trattoria, ehrliche Fischküche. Große Auswahl delikater Antipasti. 10–30 Euro. So. abends und Di. geschl. Mittags und abends Via Diego Taiani, Tel. 089212509.

Café

● **Eco del Mare**
Das beste Eis von Vietri gibt es an der Marina. Via G. Pellegrini 126, Tel. 089210323.

An- und Weiterreise

● **Auto:** Autobahnausfahrt A3 „Vietri sul Mare". Vietri ist der End- bzw. Anfangspunkt der SS163.
● **Bus:** Regelmäßig SITA-Busse in Richtung Amalfi und Salerno. CSTP-Busse von und nach Salerno und Cava dei Tirreni.
● **Bahn:** Lokalzüge der Linie Napoli – Salerno halten am Bahnhof „Vietri sul Mare". Vom Bahnhof „Salerno" Busverbindungen nach Vietri.

Unterwegs in Vietri

● **Parken:** Großer Parkplatz auf der Piazza Matteotti, 1 Euro pro Std.
● **Öffentliche Verkehrsmittel:** CSTP-Busse fahren von der Piazza Matteotti zur Marina di Vietri sowie in die benachbarten Orte Raito und Albori.

Veranstaltungen

● **Concerti d'Estate a Villa Guriaglia**
In Raito im Juli klassische Konzerte und Kammermusik. Eintritt frei.

Banken

Zahlreiche Banken finden sich an der zentralen Piazza Matteotti.

Einkaufen

Keramik, Keramik und nochmals Keramik. An der zentralen Piazza Matteotti und am anschließenden Corso Umberto I. gibt es unzählige Geschäfte.

● **Ceramiche Pinto**
Kunst und Kitsch. Mo.–Sa. 9–13 und 15–19 Uhr, So. 9–13 Uhr. Corso Umberto I. 31, Tel. 089210271.

● Ceramiche Solimene
Den auffälligen Bau am nördlichen Ortsausgang hat *Paolo Soleri,* ein langjähriger Mitarbeiter des amerikanischen Architekten *Frank Lloyd Wright,* entworfen. Riesenauswahl. Mo.–Fr. 8–19 Uhr, Sa. 8–14 Uhr. Via Madonna degli Angeli 7, Tel. 089210243, www.solimene.com.

Baden

An der sandigen spiaggia von Marina di Vietri reihen sich im Sommer Lido an Lido.

Wandern

Aus dem wunderschön gelegenen Bergdorf **Albori** (264 m), zu erreichen mit den CSTP-Bussen aus Vietri, führt ein Weg mit schönen Ausblicken nach Cetara.

Mountainbiken

● Anywhere Bike Club
Giovanni Carrano ist offizieller Mountainbike-Lehrer und ein ausgezeichneter Kenner der Provinz Salerno. Er verleiht Profi-Mountainbikes zu 10 Euro pro Tag und begleitet auf Radtouren in den Monti Lattari, Monti Picentini und im Cilento (mind. sechs Personen, 15 Euro pro Person und ½ Tag bzw. 20 Euro pro Person und ganzer Tag, jeweils inkl. Versicherung). Via Arbosto 52, Mobil 3334026673, www.anywherebikeclub.it.

Cava dei Tirreni ↗ XI, C2

Das wenige Kilometer nördlich von Vietri gelegene Cava war im 18. Jh. eine beliebte Etappe der Grand Tour. Auch heute noch lohnt es sich, die Autobahn, die den ausgedehnten Ort zerschneidet, zu verlassen, um die Altstadt mit dem **Borgo Scacciaventi,** vor allem aber die **Abbazia della SS. Trinità** im Ortsteil Corpo di Cava zu besuchen. Aufgrund seiner verkehrsgünstigen Lage war der Ort bereits in der Antike besiedelt, seit dem 11. Jh. ist die Geschichte von Cava eng mit der benediktinischen Abbazia della Trinità verknüpft. 1058 gab der langobardische Fürst *Gisulf II.* die Stadt dem Kloster zum Lehen und stattete den dazugehörigen Hafen Vietri mit weitreichenden Handelsprivilegien aus. Cava dei Tirreni besaß lange Zeit ein Seidenmonopol, und die Schiffe seiner Handelsflotte waren im einträglichen **Orienthandel** aktiv. Die charakteristischen Laubengänge der Altstadt, unter denen die reichen Händler ihre Waren ausbreiteten, stammen aus dem 14. und 15. Jh. *Scacciaventi,* „Windverscheucher", heißt der leicht geschwungene Straßenzug, der tatsächlich den kalten Nordwind abhält. An der schönen Flaniermeile reihen sich heute Geschäfte, Cafès und Restaurants aneinander.

Wenige Kilometer südlich von Cava dei Tirreni liegt **Corpo di Cava,** ein kleiner mittelalterlicher Ort, der einen überaus gepflegten Eindruck macht. Corpo entwickelte sich als Sitz der Klosterverwaltung, des *Corpus Magistratum,* um die **Abbazia della Santissima Trinità** herum. Es macht Spaß, durch die verwinkelten Gassen zu streifen. Über den alten Verteidigungsmauern liegen die Gartenterrassen des Hotels „Scapoliatello".

Die benediktinische Abtei wurde im Jahr 1011 von dem salernitanischen Adeligen und später heilig gesprochenen **Alfiero Papacarbone** gegründet, der als ihr erster Abt 1050 im wahrlich

golf_326 Foto: pa

gesegneten Alter von 120 Jahren starb. Unter seinem Neffen und dritten Abt *Pietro Papacarbone* begann der kometenhafte Aufstieg der Abtei, der zeitweilig mehr als 500 Klöster und Kirchen zwischen Rom und Palermo unterstanden. Die Bedeutung der Abtei Cava im Mittelalter ist mit jener von Cluny oder Montecassino zu vergleichen. Die Klosterkirche wurde 1092 in Anwesenheit von Papst *Urban II.* geweiht. Im 18. Jh. musste sie zu großen Teilen neu errichtet werden. Somit präsentiert sich der Bau heute mit einer großzügigen Barockfassade und barocker Innenausstattung. Der schöne Ambo mit reichem Mosaikschmuck stammt aus dem 13. Jh. Bei einem Rundgang durch das Kloster beeindrucken der mittelalterliche Kreuzgang, der teils in den Fels gebaut ist und der unter dem Kreuzgang liegende, von Fledermäusen bevölkerte langobardische Friedhof. Kirchenmänner und Adelige wurden hier in Erde bestattet, die auf Schiffen aus dem Heiligen Land nach Cava gebracht worden war. In der Capella del Crocifisso und im Kapitelsaal kann man prachtvolle Majolikaböden bewundern. Der Besuch der Bibliothek ist Forschern vorbehalten. Über 15.000 mittelalterliche Pergamente werden hier verwahrt, darunter zahlreiche langobardische und normannische Schriften, Dokumente von unermesslichem Wert für die Geschichte Süditaliens.

- **Abbazia della Santissima Trinità,** Via Morcaldi 6, Corpo di Cava, Tel. 089463922. Alle halbe Stunde CSTP-Busse aus Cava de'Tirreni. Mo.–Sa. 9–12 Uhr. So. keine Besichtigungen, Messe um 11 Uhr. Eintritt 2,60 Euro, ermäßigt 1,60 Euro.

Information

- **AAST**
Mo.–Fr. 8–13 und 16.30–19.30 Uhr, Sa. unterschiedliche Öffnungszeiten. Die AAST hat einige Naturlehrpfade anlegen lassen und dazu entsprechende Prospekte gedruckt. Piazza Ferrovia 5, Tel. 089341605, 8000.16735, Fax 089463723, www.cavaturismo.sa.it.
- **Ufficio Turistico**
Auch hier gibt es das ausführliche Material der AAST. Juni bis Sept. Mo.–Sa. 8.30–13.30 und 17–20 Uhr, Okt. bis Mai Mo.–Fr. 8.30–13.30, 16–18.30 Uhr, Sa. 8.30–13 Uhr. Piazza de Marinis, Tel. 089341605, 80016735.

Gasse in Cava dei Tirreni

Unterkunft

Hotel

● **Hotel Victoria** (****)
Schönes, neu renoviertes Grand Hotel am nördlichen Altstadtrand, 500 Meter vom Bahnhof entfernt. 40 Zi., EZ/F 65 Euro, DZ/F 100 Euro. Corso Mazzini 4, Tel. 089464022, www.victoria-hotel.it.

● **Scapolatiello** (****)
Vornehmes Grand Hotel in **Corpo di Cava,** dessen Gästebuch bis ins Jahr 1821 zurückreicht. Das Haus ist bestens in Schuss. Zimmer mit jeglichem Komfort, schöne Aufenthaltsräume, weitläufige Terrassengärten mit schöner Aussicht und Pool. Ein erholsamer Ort in unmittelbarer Nähe der Abtei. Gästeparkplatz. 43 Zi., DZ 98–110, Suiten 250 Euro, F 8 Euro. Piazza Risorgimento 1, Tel./Fax 089443611, www.hotelscapolatiello.it.

Jugendherberge

● **Borgo Scacciaventi**
Im Jahr 2000 neu eröffnete Internationale Jugendherberge in dem frisch restaurierten Konvent Santa Maria del Rifugio am südlichen Altstadtrand. Insgesamt 220 Schlafplätze in Mehrbettzimmern. Internetpoint. Ü/F 13 Euro. Anfang April bis Ende Sept. Piazza San Francesco 1, Tel./Fax 089466631, ostellocava@virgilio.it.

Agriturismi

● In der Nähe des Parco Naturale Diecimare befinden sich zwei Agriturismi, in denen man essen und übernachten kann (**La Selva,** Tel. 089461972, **Parco dei Pini,** Tel. 089466155).

● **Il Casone**
Hier sagen sich Fuchs und Hase gute Nacht. Der Agriturismo, 2001 in dem restaurierten Gebäude einer ehemaligen Kalkbrennerei eröffnet, liegt absolut isoliert hoch oben in einem engen Tal. Direkt hinter dem Haus führen die CAI-Wege „8" und „10" auf den 1140 m hohen Monte Finestra und stoßen hier auf den Fernwanderweg Alta Via dei Lattari. Gemütlicher Speisesaal mit Kamin und Terrasse. Zimmer mit neuen Holzmöbeln und guten Betten. 6 Zi., DZ/F 60 Euro, Menu 15 Euro. Frazione S. Arcangelo (auf der Straße Richtung Abbazia ausgeschildert, Zufahrt über steile Schotterstraße), Tel. 089343670, Mobil 3287151925.

Essen und Trinken

Restaurants, Trattorien und Osterien

● **L'Arcara**
Gemütliches Feinschmeckerlokal in einem östlich der Autobahn gelegenen Ortsteil von Cava. Im Winter Fisch, kräftige lokale Fleischgerichte und Pilze. Menu ca. 20 Euro. Mo. Ruhetag, Nov. geschlossen. Nur abends. Via Lambiase 7, Arcara, Tel. 089345177.

● **Osteria Il Moro**
Flottes Altstadtlokal im Borgo Scacciaventi, jugendliches Publikum. Gäste der Jugendherberge erhalten ein verbilligtes Menu. 15 Euro. Corso Umberto I. 54.

● **Taverna Scacciaventi**
Freundliches Lokal im Borgo Scacciaventi. Lokale Spezialitäten und hervorragende Weinauswahl. Menu ca. 20 Euro. Mo. Ruhetag. Mittags und abends. Corso Umberto I. 38–40, Tel. 089443173.

Snacks, Cafés und Bars

● **Antica Pasticceria del Borgo**
Herausragende Konditorei am südlichen Ende des Borgo Scacciaventi. Eine wahre Bombe ist der *Monte Bianco.* Mi.–Mo. 7–13.30 und 16–21 Uhr. Corso Umberto I. 61, Tel. 089441394.

● **Gran Caffè Respighi**
Gut besuchter lokaler Künstlertreff mit ausgezeichnetem Speiseeis. Von September bis März an Wochenden Piano-Bar. Mi. Ruhetag. Corso Mazzini 5, Tel. 089343039.

● **Milito**
Bar, Pasticceria, Rosticceria und Pizzeria am südlichen Ende des Borgo Scacciaventi. Mo. Ruhetag. Mittags und abends. Corso Umberto I. 51.

● **Pub Il Moro**
Trattoria (s.o.) und Pub. Im Winter an den Samstagen Live-Musik. Corso Umberto I. 54, Tel. 0894689271.

An- und Weiterreise

- **Auto:** Autobahnausfahrt A 3 „Cava dei Tirreni" bzw. SS18.
- **Bus:** SITA von und nach Neapel (Piazza Municipio). CSTP vom Viale Crispi (Piazza Duomo) nach Vietri sul Mare und Salerno (Stazione) bzw. nach Pompeji.
- **Bahn:** Lokalzüge auf der Strecke Napoli – Salerno halten in Cava dei Tirreni. Der Bahnhof liegt zentrumsnah.

Unterwegs in Cava dei Tirreni

- **Parken:** Gebührenpflichtiger Parkplatz auf der Piazza S. Francesco am südlichen Altstadtrand. Mo.–Sa. von 8–24 Uhr, 0,50 Euro pro Std.
- **Öffentliche Verkehrsmittel:** Endhaltestelle der städtischen CSTP-Busse in der Viale F. Crispi (Piazza Duomo). Von hier Busse zur Abbazia della SS. Trinità und zum Naturpark Diecimare. Tel. 089487289.
- **Taxi:** Piazza Ferrovia (Bahnhof), Tel. 089465118.

Feste/Veranstaltungen

- **Disfida dei Trombonieri**

Mit schweren Vorderladern bewaffnet treten Ende Juni Vertreter der einzelnen Kontraden zum Wettschießen an. Das Historienspektakel in Kostümen geht auf das tapfere Eingreifen der Cavesi zurück, die am 7. Juli 1460 dem aragonesischen König von Neapel, *Ferrante I.*, gegen die *Anjous* beistanden. Der König war so dankbar, dass er ein blankes Pergament überreichte, in das die Bürger von Cava ohne jede Einschränkung alle Wünsche und Forderungen hätten eintragen können. Die unausgefüllte *pergamena bianca* wird im städtischen Archiv verwahrt.

- **Le Corti dell'Arte**

In der zweiten Julihälfte Kammermusik in Höfen der Alstadtpalazzi.

- **Festival Organistico Internazionale**

Jeden Samstagabend im August Orgelkonzerte in der Abbazia della SS. Trinità. In den Pausen werden Führungen durch die Räume der Abtei veranstaltet.

Banken

Zahlreiche Banken im Zentrum.

Post

- Via Sorrentino, Nähe Corso Umberto I.

Wandern

Die Umgebung von Cava dei Tirreni bietet **gute Wandermöglichkeiten.** Vom Agriturismo Il Casone (s.o.) kann man in kurzer Zeit den 1140 m hohen **Monte Finestra** und damit den Fernwanderweg **Alta Via dei Lattari** erreichen, der sich über den Gebirgskamm der Monti Lattari zieht. In Corpo di Cava, im Tal unterhalb der Abbazia della SS. Trinità, beginnt bzw. endet der Fernwanderweg **Alta Via dei Monti Lattari** (CAI-Weg „00"). Man kann von hier aus auch zu kürzeren, gut bezeichneten Rundwegen aufbrechen. Ein schöner Weg führt in den Bergort **Albori,** oberhalb von Vietri sul Mare gelegen. Die AAST hat einige Naturlehrpfade angelegt und dazu entsprechende Prospekte gedruckt. Tipps erhält man auch von der örtlichen Sektion des Club Alpino Italiano (Italienischer Alpenverein), Corso Mazzini 6, Tel./Fax 089345186.

Parco Naturale Diecimare

Vom WWF verwaltetes **Natur- und Vogelschutzgebiet** nordöstlich von Cava. Vier markierte Wege, vom kurzen Naturlehrpfad bis zur mehrstündigen Wanderung **Sentiero dei Due Golfi** mit Ausblicken auf die Golfe von Neapel und Salerno, führen durch eine bewaldete Hügellandschaft. Orchideengarten und Picknickzone. Tägl. 8–20 Uhr im Sommer, sonst 9–19 Uhr. CSTP-Busse der Linea Centro – S. Anna. Via San Felice 9, Località Casalonga, Tel. und Fax 089562636, www.parcodiecimare.it. Eintritt frei.

Salerno und Paestum

Sichelförmig spannt sich der **Golf von Salerno** von der Punta Campanella an der Spitze der Sorrentiner Halbinsel bis zur Punta Licosa, dem westlichsten Vorsprung des Cilento. Landschaft ist die Bühne, auf der sich Geschichte abspielt, und auch Paestum und Salerno verbindet mehr als nur ihre gemeinsame Lage am Golf. Bei oberflächlicher Betrachtung scheint es kaum gegensätzlichere Orte zu geben. Das antike **Paestum,** im 10. Jh. verlassen und lange Zeit vergessen, zählt seit Mitte des 18. Jh. zu den schönsten und interessantesten Ruinenstätten Süditaliens. Die selbstbewusst in die Zukunft blickende Hafen- und Provinzhauptstadt **Salerno,** mit 150.000 Einwohnern die nach Neapel zweitgrößte Stadt der Region Kampanien, verrät ihren antiken Ursprung erst auf den zweiten Blick. Seit einigen Jahren erlebt Salerno sein kulturelles „Coming Out" und gilt als das lebendigste Pflaster südlich von Neapel.

Salerno

⇗ **XI, C2**

An Salerno führte auch früher schon kein Weg vorbei. Etrusker nutzten die verkehrsgünstige Lage für ihren Handel, als römische Kolonie entwickelte sich die Hafenstadt **Salernum** zu einem bedeutenden Kultur- und Wirtschaftszentrum. Byzantiner und Goten stritten um ihren Besitz. Ihre Blütezeit erlebte die Stadt im Mittelalter, zunächst unter langobardischer Herrschaft. 1076 von den Normannen erobert, erhob sie *Robert Guiscard* zur Hauptstadt seines

golf_360_2 Foto: pa

süditalienischen Reiches. Der Ruhm ihrer Medizinschule verbreitete sich in ganz Europa. Etliche Baudenkmäler dieser glanzvollen Epoche haben sich in der Altstadt erhalten.

Trotzdem erschöpfte sich die touristische Bedeutung von Salerno noch bis vor wenigen Jahren darin, Verkehrsknotenpunkt zu sein, ein Umsteigeort auf dem Weg an die Amalfitana, nach Paestum oder in den Cilento.

Inzwischen spricht es sich herum: Das lebenslustige und an Kunstschätzen reiche Salerno ist eine **Stadt im Aufbruch** und auf jeden Fall einen Besuch wert. Dabei hatte ihr das 20. Jh. übel mitgespielt: Bomben im 2. Weltkrieg, verheerende Überschwemmungen in den 1950er Jahren, die hunderte Todesopfer forderten und auf einen Schlag 20.000 Menschen obdachlos machten, das Erdbeben von 1980. Am stärksten veränderte der massenhafte Zuzug aus ärmeren Provinzen das Gesicht der Stadt. Der hohe Bedarf an Wohnraum wurde mit einer ungezügelten Bauentwicklung in der Peripherie beantwortet, die Altstadt verfiel und entvölkerte sich zusehends. Der Umschwung kam, wie in Neapel auch, in den 1990er Jahren. Die neue Stadtverwaltung beschloss einen **Bebauungsplan** (im Süden Italiens ein revolutionärer Akt!) und lud Urbanisten aus aller Welt zur Mitgestaltung ein. Die Wahl fiel auf den Katalanen *Oriol Bohigas,* der mit der städtebaulichen Neubestimmung Barcelonas anlässlich der Olympischen Spiele 1992 sein Engagement und soziales Einfühlungsvermögen bewiesen hatte. *Bohigas* und Salernos Bürgermeister *Vincenzo De Luca* sind sich einig, die Priorität gilt dem Machbaren. Folgerichtig wurde als erstes der mondäne Lungomare, Visitenkarte der Hafenstadt Salerno, einer Schönheitskur unterzogen. Am augenfälligsten vollzieht sich die Sanierung in der Altstadt. Die gezielte Instandsetzung einzelner Bauten, das Aufwerten einer Gasse oder eines Platzes soll eine Kettenreaktion privater Initiativen auslösen. Der Plan scheint aufzugehen. Innerhalb weniger Jahre ist Leben ins Centro Storico zurückgekehrt. Mehr als 200 Geschäfte, Werkstätten, Bars und Restaurants haben neu aufgemacht, die Menschen bevölkern bis spät nachts die Plätze und Straßen ihrer Stadt. Madrid und Barcelona lassen grüßen, **movida salernitana** nennt man die Aufbruchsstimmung.

Besichtigung

Erster Überblick! Der Ausflug auf den 263 m hohen **Monte Bonadies** mit dem **Castello di Arechi** ist schon alleine wegen der herrlichen Sicht auf die Stadt, den Golf und die Küste von Amalfi lohnend. Byzantiner befestigten als erste den strategisch gelegenen Hügel. Die Festung trägt den Namen des langobardischen Prinzen *Arechi*. Normannen, Staufer, Anjou und Aragonesen bauten sie weiter aus. Im frisch restaurierten Kastell ist ein anschauliches **Museum** der Stadtgeschichte mit Funden der jüngsten Ausgrabungen untergebracht. Ein schickes Café bietet Erfrischungen. Kulturelle Veranstaltungen erfüllen die Burg mit neuem Leben.

- **Castello di Arechi,** Località Croce, Tel 089233900, www.ilcastellodiarechi.it. Bus 19 ab Via Ligea (Hafen) bzw. Treppenweg aus der Altstadt. Di.–So. 9–19 Uhr, an manchen Tagen und im Sommer auch viel länger. Eintritt frei.

Am Fuße des Monte Bonadies breitet sich die Altstadt aus. Davor erstreckt sich die **Via Roma** mit zahlreichen Lokalen und der großzügig angelegte, palmengesäumte **Lungomare.** Die **Piazza Portanova** und **Piazza Flavio Gioia** markieren die Grenze zwischen Alt- und Neustadt. Auf der ursprünglich zusammenhängenden Platzanlage wurde im Mittelalter die Fiera di San Matteo abgehalten, die Händler aus dem gesamten Mittelmeerraum anzog. Auf dem Platz fanden auch die Hinrichtungen statt.

Von der Piazza Portanova aus zieht sich der von Modegeschäften gesäumte Corso Vittorio Emanuele als Fußgängerzone in Richtung Bahnhof, die moderne Fortsetzung der pittoresken **Via dei Mercanti,** die auf der anderen Seite ins Herz des **Centro Storico** führt. Entlang der Via dei Mercanti und in den verwinkelten Nebengassen sind zahlreiche Kirchen zu entdecken, die einst mit den 36 innerhalb der Stadtmauer gelegenen Klöstern verbunden waren. Hinter der barocken Fassade der **Chiesa del SS. Crocifisso** verbirgt sich eine romanische Basilika des 10. Jh., antike Säulen stützen eine offene Holzbalken-

Im Archäologischen Museum

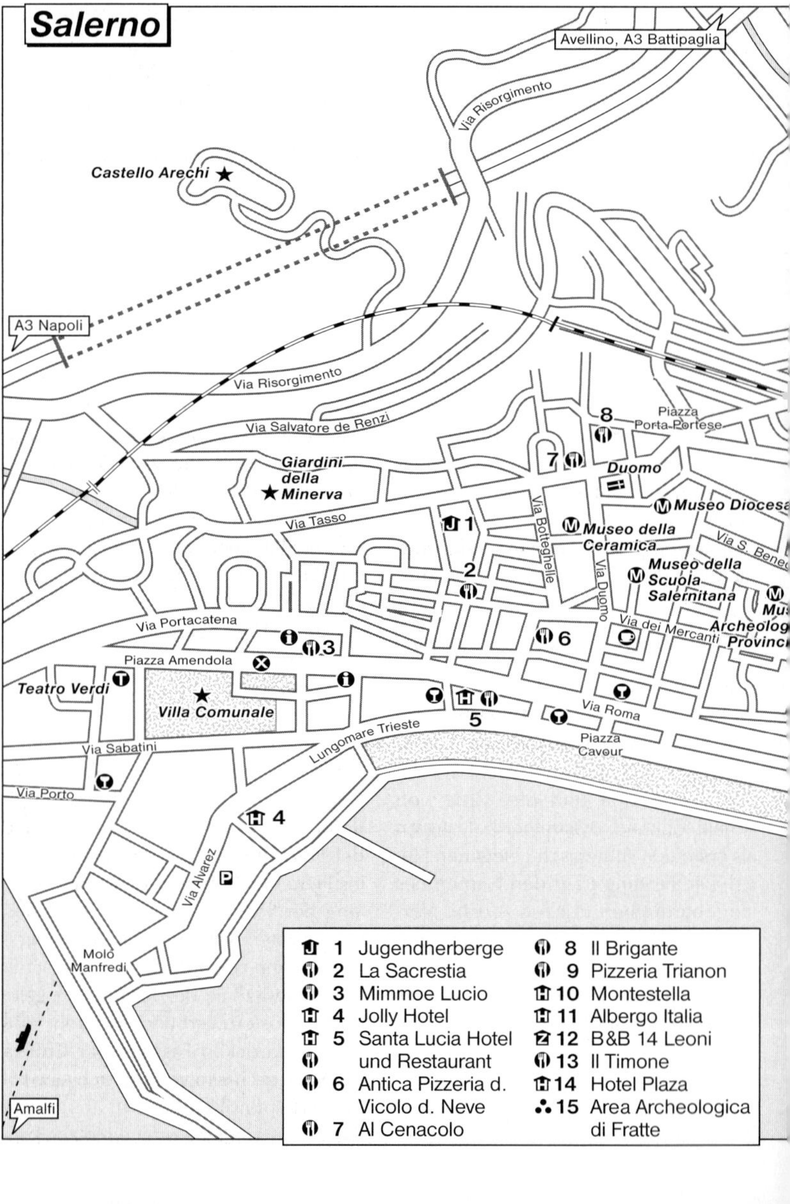
Salerno
Avellino, A3 Battipaglia
Via Risorgimento
Castello Arechi
A3 Napoli
Via Risorgimento
Via Salvatore de Renzi
Piazza Porta Portese
8
7
Duomo
Giardini della Minerva
Via Tasso
1
Via Botteghelle
Museo della Ceramica
Museo Diocesa
Via S. Bene
Museo della Scuola Salernitana
Via Duomo
Mu Archeolog Provinc
2
Via Portacatena
3
6
Via dei Mercanti
Piazza Amendola
Teatro Verdi
Villa Comunale
5
Via Roma
Piazza Cavour
Lungomare Trieste
Via Sabatini
Via Porto
4
Via Alvarez
Molo Manfredi
Amalfi
1 Jugendherberge
2 La Sacrestia
3 Mimmoe Lucio
4 Jolly Hotel
5 Santa Lucia Hotel und Restaurant
6 Antica Pizzeria d. Vicolo d. Neve
7 Al Cenacolo
8 Il Brigante
9 Pizzeria Trianon
10 Montestella
11 Albergo Italia
12 B&B 14 Leoni
13 Il Timone
14 Hotel Plaza
15 Area Archeologica di Fratte

Via S. Giovanni Bosco
15
Via Cavaliero
Via del Carmine
Via Paglia
Via P. de Granita
Via l'Africano
Via Vernieri
Via de Filippis
Via dei Principati
Via Nizza
Arce
Via Cacciatore
Via Dalmazia
Via Zara
Via Volpe
10
Via Velia
Corso
Vittorio Emanuele
Corso
Garibaldi
11
Via Cilento
Via Martiri Salernitani
Lungomare Trieste
Bahnhof
Piazza
Vittorio
Veneto
14
Piazza
Mazzini
Via Torrione
Piazza della
Concordia
Paestum,
12, 13
Amalfi

decke, gotische Fresken schmücken Apsis und Krypta. Die ehemalige **Kirche San Gregorio** beherbergt das **Museo della Scuola Medica Salernitana** (s.u.). Kurz bevor die Via dei Mercanti die Via Duomo schneidet, locken die verführerischen Auslagen der **Pasticceria Pantaleone.** Am westlichen Ende der Via dei Mercanti erhebt sich der **Arco Arechi,** einziger Rest des vom Langobardenfürsten *Arechi II.* im 8. Jh. erbauten Palastes. Die nahe **Kirche San Pietro a Corte** im Vicolo Adalberga wurde als Palastkapelle von *Arechi II.* gestiftet. Der kleine Bau mit dem schönen Kampanile erhebt sich auf den Überresten römisch-kaiserzeitlicher Thermen. Im Inneren haben sich Fresken des 11. Jh. erhalten.

Unterhalb der Via dei Mercanti steht in der Via Duomo das barocke Kleinod der **Kirche San Giorgio.** Der dazugehörige Konvent, ursprünglich eine Bedediktinergründung des 9. Jh., dient heute der Guardia di Finanza als Kaserne. Auf dem Weg zum Dom liegt in einer Querstraße das Museum „Alfonso Tafuri“. Ein privater Sammler hat Keramiken der letzten vier Jahrhunderte aus Vietri und Salerno zusammengetragen. Einige besonders schöne Stücke stammen aus dem so genannten *periodo tedesco*.

● **Museo della Ceramica „Alfonso Tafuri“,** Mo.–Sa. 9.30–13 Uhr, Do. auch 17–19 Uhr. Larghetto Cassavecchia 11, Tel. 089227782. Eintritt frei.

Der unter *Robert Guiscard* 1076–1085 errichtete und von Papst *Gregor VII.* geweihte **Dom San Matteo** ist eine der bedeutendsten romanischen Kirchenbauten Süditaliens. Anlass für den prachtvollen Bau war die Erhebung Salernos zur Hauptstadt des normannischen Herzogtums Apulien, das damals ganz Süditalien umfasste. Der **Campanile** aus dem 12. Jh. erhebt sich über die Dächer der umliegenden Gebäude. Seine Verzierung mit arabischen Spitzbögen wurde zum viel kopierten Markenzeichen zahlreicher mittelalterlicher Kirchtürme Kampaniens. Über eine barocke Freitreppe und durch ein romanisches Löwenportal betritt man den weiten, der Fassade vorgesetzten Atriumhof. Antike Säulen aus Paestum stützen die doppelgeschossigen Arkaden, die bunten Einlegearbeiten aus Stein zeigen maurische Einflüsse. Nach starken Erdbebenschäden wurde der Dom im 18. Jh. barock umgestaltet. Restaurationsarbeiten, die nach den Bombenschäden des 2. Weltkriegs notwendig wurden, haben dem Bau soweit möglich seine ursprünglich romanische Gestalt zurückgegeben. Eine 1099 in Konstantinopel gegossene **Bronzetür,** in typisch byzantinischer Ritztechnik verziert, verschließt das Hauptportal. Vergleichbare Portale sind in Amalfi und Atrani zu sehen. Das gewaltige **Kircheninnere** zeigt Spuren des im 18. Jh. erfolgten barocken Umbaus. Die schlanken Spoliensäulen zwischen Haupt- und Seitenschiffen wurden in massive Pfeiler vermauert. Während man in den Längsschiffen die stuckierten barocken Gewölbedecken beließ, konnte die offene Holzbalkendecke im Querschiff im romanischen Original wiederhergestellt werden. Zwei prachtvolle, mit Mosai-

golf_333 Foto: pa

ken reich verzierte **Kanzeln** stehen sich im Mittelschiff gegenüber. Sie lassen sizilianische Einflüsse erkennen. Im Altarbereich hat sich der normannische Mosaikboden erhalten, in den Apsiswölbungen mischen sich mittelalterliche mit modernen Mosaiken. Die rechte Seitenapsis wird *Capella delle Crociate* genannt. Vor ihrem Aufbruch ins Heilige Land ließen die Kreuzritter hier ihre Waffen segnen. Unter dem Altar ruhen die Gebeine des 1085 im salernitanischen Exil verstorbenen Papst *Gregor VII.* Eine im barocken Stil opulent ausgeschmückte Krypta birgt die aus Paestum nach Salerno überführten Gebeine des Apostels *Matthäus,* Schutzpatron der Stadt Salerno, dem auch der Dom geweiht ist.

Das benachbarte Dommuseum besitzt den größten mittelalterlichen Zyklus geschnitzter Elfenbeintafeln. Die 69 Reliefs waren Teil eines Altarvorsatzes und zeigen Szenen des Alten und Neuen Testaments.

- **Duomo,** Okt. bis Mai tägl. 7.30–12 und 16–19 Uhr, Juni bis Sept. tägl. 7.30–12 und 16–20 Uhr. Piazza Alfano 1, Tel. 089231387.
- **Museo Diocesano,** tägl. 9–18.30 Uhr. Piazza Plebiscito 12, Tel. 089239126. Eintritt frei.

Nahe des Doms präsentiert das Archäologische Museum Ausgrabungsfunde aus Fratte und der Provinz Salerno.

Salerno, im Vordergrund der Dom San Matteo

Die Medizinschule von Salerno

Die Geschichte der berühmten **Scuola Medica Salernitana** ist zugleich auch die Geschichte der Stadt Salerno. Eine Legende schreibt die Gründung der Schule vier Ärzten zu, dem Juden *Helinos,* dem Griechen *Pontus,* dem Araber *Adela* sowie dem Lateiner *Salernus* und benennt damit die vier an ihrer Entstehung beteiligten Kulturen.

Einen wichtigen Beitrag leistete das im 7. Jh. gegründete Benediktinerkloster S. Benedetto. Dort war es Ordenspflicht, sich mit Wissenschaften zu beschäftigen; das Studium des *Hippokrates* wurde ausdrücklich empfohlen. Damit setzte sich eine Tradition wissenschaftlichen Denkens fort, die mit der antiken Philosophenschule von Elea südlich von Salerno begründet wurde. Die Anwesenheit heilkundiger Benediktinermönche und jüdischer Ärzte in Salerno zog Kranke und Genesende an. Die Ärzte schlossen sich im Laufe der Zeit zu einem Verband zusammen, dem **Collegium hippocraticum.** Aus dem 10. Jh. gibt es erste gesicherte Berichte von der Gründung der Medizinschule. Bemerkenswert ist, dass während in Europa alle Gelehrsamkeit hinter Klostermauern lag, diese Schule als erste von Laien geleitet wurde. Männer, Frauen, Christen, Juden und Araber traten gleichberechtigt als Lehrer und Schüler auf. Die Texte der Ärztin *Trotula De Ruggero* aus dem 11. Jh. z.B. zählten noch Jahrhunderte später zur medizinischen Standardliteratur. Neben Medizin wurde in Salerno auch Recht, Philosophie und Theologie gelehrt.

Seiner geographischen Lage und den weit verzweigten Handelsbeziehungen in den Orient verdankt Salerno eine wichtige Mittlerrolle im Kulturaustausch zwischen Abend- und Morgenland. Im Widerspruch zu islamischer wie christlicher Ärztetradition, die das Blutvergießen aus religiösen Gründen scheute, entwickelte der im 11. Jh. in Karthago geborene *Constantinus Africanus* die Chirurgie als wissenschaftliche Disziplin. Der arabische Einfluss verstärkte sich noch in normannischer Zeit, 1240 erließ König *Roger II.* eine Studienordnung. Auch Kaiser *Friedrich II.* förderte die Medizinschule, doch die von ihm veranlasste Gründung einer zweiten Universität in Neapel leitete den allmählichen Niedergang der Schule von Salerno ein. Den Schlussstrich zog *Joachim Murat,* als er 1812 bei der Neuorganisation des öffentlichen Erziehungswesens ausschließlich der Universität Neapel zugestand, medizinische Diplome zu erteilen. So erklärt sich die kuriose Situation, dass die Universität Salerno mit über 50.000 eingeschriebenen Studenten keine Fakultät für Medizin aufweist.

Wenn die Bedeutung der Medizinschule in Salerno selbst ab dem 13. Jh. schwand, so lebte ihr Geist andernorts fort. Ein Bestseller in allen europäischen Sprachen blieb das bis ins 19. Jh. vielfach aufgelegte „Regimen sanitatis Salernitanum“ aus dem 12. Jh., eine in der Tradition von *Hippokrates* stehende Anleitung zur Gesundheit. Die Ratschläge des „Regimen“ sind von herzerfrischender Praxisnähe, Hinweise zur Körperpflege und Diät lassen an Deutlichkeit nichts zu wünschen übrig. Verwunderlich ist allenfalls die Warnung vor dem Mittagsschlaf in dem Land, dass heute der Siesta so hingebungsvoll huldigt! Vers III. lautet: „Nach der Mahlzeit schlummere du wenig oder auch gar nicht. Trägheit und Fieber, ein Schnupfen gar samt Schmerzen des Kopfes: Solches erblüht dir all vom faulen Schlafe nach Mittag.“ Hier wirkt der benediktinische Leitspruch „Ora et labora“ (Bete

Krönung Rogers II.,
eines wichtigen Förderers der Medizinschule

und arbeite) nach. Mehr als 800 Verse beschreiben detailliert die Heilwirkungen einzelner Pflanzen. Erst kürzlich wurde der Heilpflanzengarten der Medizinschule am westlichen Altstadtrand restauriert und zugänglich gemacht. Die **Giardini della Minerva** steigen oberhalb der Villa Comunale in Terrassen den Hang des Monte Bonadies hinauf. Man genießt herrliche Blicke auf die Altstadt und das Meer.

In der Kirche San Gregorio erzählt ein liebevoll eingerichtetes Museum mit zahlreichen Dokumenten und Abbildungen die Geschichte der Scuola Medica Salernitana.

- **Giardini della Minerva,** Tel. 089667223 (Sig. *Vitale),* Via Porta di Ronca. Di., Do. und Sa. 10–13 und 16–19 Uhr (c/o Comune di Salerno – Ufficio Turismo, s.u.). Eintritt frei.
- **Museo della Scuola Medica Salernitana,** Mo.–Sa. 9–13 und 16–19 Uhr, Sa. und So. 10–13 Uhr. Via dei Mercanti 72, Tel. 089241292. Eintritt frei.

Roger1 Foto: pa

Roger2 Foto: pa

• **Museo Archeologico Provinciale,** Via San Benedetto 28, Tel. 089231135. Mo.–Sa. 9–19.30 Uhr, So. 9–13.30 Uhr. Eintritt frei.

Ausgrabungen im nördlichen Stadtteil **Fratte** belegen eine Besiedlung durch Etrusker seit dem 6. Jh. v. Chr. Das etruskische Irnthi war ein bedeutendes Zentrum der Keramikerzeugung, ein Kunsthandwerk, das heute im nahen Vietri fortlebt. Den Rohstoff liefern die tonhaltigen Hügel im Rücken von Salerno. Im Ortsteil **Rufoli** stellt die Familie *De Martino* seit Generationen in traditioneller Handarbeit holzgebrannte Bodenfliesen her (Fornace De Martino, Tel. 089281008, www.cottorufoli.it). Das Museo Città Creativa (Via S. Angelo di Ogliara 127–143, Mo.–Fr. 9–13 Uhr) in Rufoli fördert die Zusammenarbeit zwischen den örtlichen Kunsthandwerkern und zeitgenössischen Künstlern.

• **Area Archeologica di Fratte,** Via San Francesco Spirito, Tel. 089481014. Bus 11 R ab Piazza Vittorio Emanuele. Mo.–Sa. 9 Uhr bis 1 Std. vor Sonnenuntergang, So. 9–13 Uhr. Eintritt frei.

In **Pontecagnano,** wenige Kilometer südlich von Salerno (CSTP-Bus 8 ab Piazza della Concordia sowie alle Busse Richtung Paestum), können eine weitere Ausgrabung aus etruskisch-römischer Zeit sowie ein modernes Archäologisches Museum besichtigt werden. Der archäologische Park (die Ausgrabungen sind noch im Gange) dient zugleich als Stadtpark und Picknickzone, die Umweltschutzorganisation Legambiente fördert die biologische Bewirtschaftung der Gärten.

• **Parco Eco-Archeologico di Picentia,** Via Stadio, Tel. 089383202, www.legambiente.it/pontecagnano/. Mai bis Sept. tägl. 8.30–13.30 und 15–20 Uhr, Okt. bis April tägl. 9–13.30 und 14.30–19.30 Uhr. Eintritt frei.

• **Museo Nazionale dell'Agro Picentino,** Via Lucania (einige 100 m westlich der Staatsstraße), Tel. 089385218. Eröffnung Ende 2004 geplant. Tägl. 9–19 Uhr. Eintritt 4 Euro.

Information

• **AAST**

Gute Stadtpläne. Mo.–Fr. 8–13.30 Uhr. Via Roma 258, Tel. 089224744, Fax 089252576, info@azienturismosalerno.com, www.azienturismosalerno.com.

golf_336 Foto: pa

Krypta im Dom San Matteo

•Comune di Salerno – Ufficio Turismo
Mo.–Fr. 8–13 und 16–19 Uhr. Piazza Amendola 5–7, Tel. 089662121, Fax 089255914, www.comune.salerno.it.

•EPT
Infobüro an der Bahnhofspiazza: freundliche Auskunft zur Stadt und Provinz Salerno. Mo.–Sa. 9–14 und 15–19.30 Uhr. Piazza Vittorio Emanuele, Tel. 089231432.

•www.arechi.it, www.salernocity.com
Nützliche Info-Portale: Verkehrsverbindungen, Kultur- und Szenetipps für Salerno und Provinz (ital.).

Unterkunft

In unmittelbarer Bahnhofsnähe gibt es eine Reihe ordentlicher Drei-Sterne-Hotels, die in erster Linie von Geschäftsleuten aufgesucht werden.

Hotels und Pensionen

•Jolly Hotel (****)
Gute Lage am Lungomare wenige Schritte von der Altstadt. Die letzte Renovierung fand in den 1980er Jahren statt. Unbewachter Parkplatz vor dem Hotel. 103 Zi., DZ/F 122–142 Euro. Lungomare Trieste 1, Tel. 089225222, Fax 089237571, www.jollyhotels.it.

•Albergo Italia (***)
In der Fußgängerzone auf halbem Weg zwischen Bahnhof und Altstadt gelegen. Man kann mit dem Auto zum Ausladen des Gepäcks vorfahren und den Wagen anschließend gegen Gebühr in einer benachbarten Garage parken (12 Euro pro Nacht). Zweckmäßig möblierte Zimmer. 22 Zi., EZ/F 60–65 Euro, DZ/F 80–85 Euro. Corso Vittorio Emanuele 84, Tel./Fax 089226653, www.albergoitaliasa.it.

•Montestella (***)
Zentral in der Fußgängerzone gelegener Zweckbau aus den 1960er Jahren. Kurze Gehdistanz zur Altstadt. Zimmer im 3. und 4. Stock renoviert, 2004 weitere Renovierungsarbeiten. Es ist möglich, zum Ausladen des Gepäcks mit dem Auto vorzufahren, das Auto kann anschließend gegen Gebühr in einer benachbarten Garage geparkt werden (12 Euro pro Nacht). 51 Zi., EZ/F 60 Euro, DZ/F 90 Euro. Corso Vittorio Emanuele 156, Tel. 089225122, 089229167, www.hotelmontestella.it.

•Hotel Plaza (***)
Absolut zentral am Ende der Fußgängerzone gelegen. Von den Hotels an der Bahnhofspiazza am ehesten zu empfehlen. 42 Zi., EZ/F Euro, DZ/F Euro. Piazza Vittorio Veneto 42, Tel. 089224477, Fax 089237311, www.palazzosalerno.it.

•Santa Lucia (*)
Einfache, nette Pension über dem gleichnamigen, empfehlenswerten Restaurant (s.u.). Altstadt und Lungomare liegen vor der Haustür. Zimmer nach hinten sind bedeutend leiser, Betten so làlà. 9 Zi., EZ/F 35 Euro, DZ 55 Euro, HP +15 Euro. Via Roma 184 (Ecke Via Porta di Mare), Tel./Fax 089225828, elvisocci@tin.it.

Bed & Breakfast

•Pensione 14 Leoni
Das Haus liegt am Strand, direkt unterhalb des stark befahrenen Lungomare. Trotzdem ist es hier einigermaßen ruhig, und man hat einen schönen Blick auf die Amalfitana. Schlichte Zimmer mit (zu) weichen Betten, Parkplatz vor dem Haus. *Marco, Fabio* und *Giovanna* sind ausgesprochen hilfsbereit. Die Busse Richtung Paestum und Agropoli halten in der Nähe. 14 Zi., EZ 30–50 Euro, DZ 45–80 Euro, F 5 Euro. Lungomare G. Marconi 18, Tel./Fax 0892751155, 14leoni@virgilio.it.

Jugendherberge

•Ave Gratia Plena
Die beste Adresse im Centro Storico! Seit Frühjahr 2002 befindet sich Salernos internationale Jugendherberge an neuer Adresse, die belebte Via Roma und der Dom nur wenige Schritte entfernt. Restaurierter Konvent mit barockem Kreuzgang, ein herrliches Plätzchen zum Sitzen. Von der kleinen Dachterrasse toller Blick über die Altstadtdächer. Zimmer ohne unnötigen Luxus, aber mit guten Betten und ordentlichen Bädern. Treffpunkt interessanter Leute, gute Infos, Sprachschule, Internet, Bar und Restaurant. Kein Alterslimit, Mitgliederausweise können hier er-

worben werden. Bei Anreise mit eigenem Auto, Gepäck vor dem Ostello ausladen und am Hafen parken. 30 Zi. mit Bad, 3 kleine Schlafsäle, Ü/F im Schlafsaal 14 Euro, EZ/F 18 Euro, DZ/F 32 Euro. Via dei Canali (nahe Piazza Amendola), Tel. 089234776, Fax 089405792, www.ostellodisalerno.it

Essen und Trinken

Restaurants, Pizzerien und Osterien

In den letzten Jahren haben auf der Altstadtseite der Via Roma eine Reihe Bars und Restaurants eröffnet, beliebter Treffpunkt der Szene. In den verwinkelten Gassen des Centro Storico kann man den einen oder anderen kulinarischen Treffer landen.

• Al Cenacolo
Edles Ambiente in altem Palazzo gegenüber vom Duomo. *Pietro Rispoli* serviert kampanische Küche mit Pfiff, so landen Goldbrassen hier auf einem Traubenbett oder das Rinderfilet in der Sardellensauce. 35–45 Euro. So. abends und Mo. geschl. Mittags und abends. Piazza Alfano, Tel. 089238818.

• Antica Pizzeria del Vicolo della Neve
Die älteste Trattoria Salernos liegt stilgemäß in einer engen Altstadtgasse. Im gemütlichen Gewölbe kann man nicht nur ausgezeichnete Pizze essen, sondern es wird auch ein vorzüglicher Stockfisch serviert. Das Lokal ist ein gerne zitierter „Geheimtipp", also bekannt. Menu ca. 10–20 Euro. Mi. Ruhetag. Nur abends. Vicolo della Neve 24 (unterhalb Via Mercanti), Tel. 089225705.

• Il Brigante
Unaufdringliche, sympathische Altstadtosteria in Domnähe. Winziger Gastraum mit einfachen Holztischen und -bänken, die Wände zieren verblichene Fotos berühmt-berüchtigter Briganten. Stilechter Sw-Fernseher. *Antonella* und *Allessandro* haben sich der *cucina povera* verschrieben. Hausgemachte Pasta, Suppen und kräftige Gemüseeintöpfe stehen auf dem täglich wechselnden Menu. Zum secondo deftige Fleischgerichte, Innereien und manchmal Fisch. Hausgemachte *dolci*, offener Weiß- oder Rotwein. Selten kann man in Salerno so gut für so wenig Geld essen. 10–15 Euro. Mo. Ruhetag. August geschlossen. Mittags und abends. Via Fratelli Linguiti 4, Tel. 089226592.

• Mimmo e Lucio
Unzählige Pizzerien, Pubs und Restaurants haben in den letzten Jahren entlang der Via Roma aufgemacht, Mimmo behauptet sich hier bereits seit 1968. Gemüseantipasti, leckere Pastagerichte (übersichtliche Portionen) und frischer Fisch, abends auch gute Holzofenpizza. 15–20 Euro. Do. Ruhetag. Via Roma 264–266, Tel. 089225970.

• Osteria La Sacrestia
Urgemütliches, winziges Altstadtlokal in der ehemaligen Sakristei der Chiesa di S. Salvatore a Corte (beliebt ist im 1. Stock der Tisch auf dem Balkon). Junges Publikum. Große Auswahl frisch zubereiteter Antipasti und Pasta, deftige Fleischgerichte. Auch offener Hauswein. 20–25 Euro. Di Ruhetag. Nur abends. Via Dogana Vecchia 2, Tel. 089232495.

• Il Timone
Elegantes, gutes Fischrestaurant in der Peripherie. 25–30 Euro. So. abends und Mo. geschlossen. Mittags und abends. Via Salvatore Allende 29–35 (am Lungomare 3 km südlich vom Zentrum auf Höhe des Fußballstadions), Tel. 089335111.

• Pizzeria Trianon
Ableger der bekannten neapolitanischen Pizzeria. Gut & günstig. 8–10 Euro. So. mittags geschl. Mittags und abends. Piazza Flavio Gioia 22–24, Tel. 089252530.

• Santa Lucia
Seit mehr als einem halben Jahrhundert eine feste Institution, vor wenigen Jahren mutig und mit Gusto renoviert. Auf Signora *Elvira* und ihre schmackhafte Fischküche kann man sich weiterhin verlassen. Köstliche Pizza. Viele Stammgäste aus der Theaterwelt, auch *Rudolf Nurejew* aß bereits hier. 10–25 Euro. Mo. Ruhetag. Via Roma 182 (Ecke Via Porta di Mare), Tel. 089225696.

Scazzetta aus der Pasticceria Pantaleone

Snacks, Cafés und Bars

● Bar-Gelateria Nettuno

Seit den 1970er Jahren beliebter Eis-Tempel an der Meerespromenade. Auch Diabetiker kommen hier in den Genuss von köstlichem *gelato.* Mittags *Tavola calda* mit *salsiccia con broccoli* (Bratwürsten mit Brokkoli) oder *arancine* (sizilianische Reiskugeln). Mi. Ruhetag. Lungomare Trieste 136 (Ecke Via Velia), Tel. 089228375.

● Bar Rosa

Beachtliche Auswahl an *Dolci, Semifreddi* und *Gelati*. Volksnahe Bar, über dem Tresen werden die Ergebnisse der Fußballspiele bekannt gegeben. Via Roma 96 (Nähe Via Duomo), Tel. 089232689.

● Pasticceria Pantaleone

Süße Verführungen seit 1868: im Sommer *Scazzetta* (Erdbeertörtchen), im Winter *Monte Bianco,* ein kalorienhaltiger Berg Kastanien- und Schokocreme. Tägl. 8.30–14 und 16.30–20.30 Uhr, Di. und So. nachmittag geschlossen. Via dei Mercanti 75.

● Zerootonove

In-Café der movida salernitana, zwei Schritte von der Altstadt entfernt und 24 Stunden am Tag geöffnet. Je nach Uhrzeit *Caffeteria, Cornetteria, Ristorante* oder *Cocktailleria*. Via Roma 51, Tel. 089221844.

Internet-Café

● @ttendere prego

ADSL-Anschlüsse; 15 Min. 1,50 Euro, 1 Std. 3,50 Euro. Tägl. 10–13.30 und 16.30–22.30 Uhr. Via Roma 26, Tel. 089222185.

An- und Weiterreise

● Auto: A3-Autobahnausfahrt „Salerno". Ab Salerno ist die Autobahn Richtung Reggio di Calabria gebührenfrei. Autobahnähnlich ausgebaute Superstrada nach Avellino. Küstenstraße SS163 über Vietri an die Amalfitana. Küstenstraße über Paestum in den Cilento.

● Bus: CSTP (Tel. 089487111, www.cstp.it): von der Piazza Vittorio Veneto über Cava dei Tirreni nach Pompei. Von der Piazza della Concordia über Paestum in den Cilento. Tickets in Bars und Tabacchi.

SITA (Tel. 089405145, www.sita-on-line.it bzw. www.campaniatraspori.it/sita): von der Piazza Vittorio Veneto an die Amalfitana.

golf_339 Foto: pa

Richtung Neapel halten die Busse am nahen Corso Garibaldi. Von der Piazza della Concordia Busse nach Paestum. Tickets in Bars und Tabacchi.

• **Bahn:** Der Bahnhof liegt zentrumsnah an der Piazza Vittorio Veneto. Fast stündlich fahren Züge nach Neapel und Rom. Gute Verbindungen nach Avellino und Benvento. Häufig Lokalzüge nach Paestum und in den Cilento.

• **Flug:** Gegenwärtig wird der Flughafen von Salerno bei Pontecacgnano ausgebaut, in Zukunft sind Charterangebote möglich, www.aeroportosalerno.it.

• **Fähren:** Gute Anbindungen an die Costiera Amalfitana, nach Capri, Ischia und Sorrent. Von April bis Oktober legen Fähren und Tragflügelboote am Molo Manfredi bzw. im Porto Turistico (Piazza della Concordia) ab.

Schifffahrtsgesellschaften: Linee Marittime Salernitane (Tel. 089234892, www.alilauro.it, www.alicost.it) und **Coop. Sant'Andrea** (Tel. 089873190, www.coopsantandrea.it). Tickets und Fahrpläne am Hafen. Abhängig von Wetter und Seegang kann es zu kurzfristigen Änderungen kommen. Preisbeispiele: Salerno – Amalfi (3,50 Euro/30 Min. bzw. 5 Euro/15 Min.), Salerno – Positano (5 Euro/70 Min. bzw. 8,50 Euro/40 Min.).

Eine neue Initiative ist die **Metro del Mare** (Tel. 199-446644, www.metrodelmare.com): Im Juli und Aug. tägl., im Juni und Sept. nur an Wochenenden verkehren Fähren in der gesamten Golfregion, an der Amalfitana über Salerno bis in den Cilento.

• **Fahrzeugverleih:** Mietwagenagenturen in Bahnhofsnähe an der Piazza Vittorio Veneto und am Corso Garibaldi.

Unterwegs in Salerno

• **Parken:** Großparkplätze mit Ticketautomaten in Zentrumsnähe: Piazza Alvarez am Molo Manfredi, Piazza Manzini am Bahnhof bzw. Piazza della Concordia am Porto Turistico. Darüber hinaus gibt es am Rand der Altstadt die mit einem blauen „P" gekennzeichneten *Aree gratta e sosta*.

• **Öffentliche Verkehrsmittel:** Gute innerstädtische Bus-Verbindungen der CSTP.

• **Taxi:** Radio Taxi CO.TA.SA. (Tel. 089757575): Taxistände an der Piazza Vittorio Veneto (Bahnhof), Piazza Amendola, Piazza XXIV Maggio oder Piazza Libertà. Faltblätter mit Tarifen liegen in Hotels und Touristenämtern aus.

Kultur/Feste/Szene

Zwischen Altstadt und Lungomare haben in den letzten Jahren unzählige Bars und Lokale eröffnet. Hier spielt sich die „movida salernitana" ab.

• **Salerno porte aperte**

Im Mai öffnen sich die Türen sonst verschlossener Monumente. Schulklassen „adoptieren" einzelne Denkmäler und bieten engagierte Führungen an. Abwechslungsreiches kulturelles Begleitprogramm, www.comune.salerno.it.

• **San Matteo**

Am 21. September wird der Stadtpatron und Apostel Matthäus mit einer Prozession und einem Feuerwerk gefeiert.

• **Arena sul Mare**

Im Sommer Open-Air-Konzerte auf der Piazza della Concordia, Tel. 089224456.

• **Teatro Municipale Giuseppe Verdi**

Das Theater, Konzert- und Opernhaus macht seit seiner Wiedereröffnung im Jahr 1994 Furore. Im Februar 2002 z.B. inszenierte *Lina Wertmüller* hier „Storia d'Amore e d'Anarchia". Karten für Konzerte und Opern 8–15 Euro. Aufführungen von Sept. bis Juni. Via Roma, Tel. 089662141.

• **Fabula Club**

Seit Jahren etablierter Musikclub, abends gelegentlich Konzerte: Jazz, Blues und Ethnica Parthenopea (Napoli-Sound). Cocktails und Drinks. Eintritt frei. Mo. und Di. abends geschlossen. Ende Okt. bis Anfang April. Via Porto 1 (Ecke Via Molo Manfredi), Tel. 089241971, www.fabulaclub.com.

Banken

Banken mit Bankomaten finden sich am Altstadtrand bzw. in der Einkaufsstraße Corso Vittorio Emanuele.

Post

- Corso Garibaldi 203.

Einkaufen

Klassisch italienische Mode- und Schuhgeschäfte finden sich in der Fußgängerzone Corso Vittorio Emanuele, edle Boutiquen, Juweliere und Konfektionsgeschäfte in der Altstadt entlang der Via dei Mercati.

- **Libreria Internazionale**

Hier gibt es die topographischen Karten des Istituto Militare di Firenze (1:25.000, 1:50.000) der Provinz Salerno, d.h. auch für den Cilento. Piazza XXIV Maggio 12, Tel. 089220952.

Sprachschule

- **Accademia Italiana**

Siehe Stichwort „Sprache" im Kapitel „Praktische Tipps A–Z".

Baden

Die Strände südlich von Salerno sind sauberer als noch vor einigen Jahren und werden an Sommerwochenenden von unzähligen Salernitanern bevölkert. Ungetrübteres Badevergnügen bieten trotzdem die nahen Küsten des Cilento, der Amalfitana oder Sorrentiner Halbinsel.

Paestum, Capaccio und die Ebene des Sele

↗XI, D3

Beim frühsten Morgen fuhren wir auf ungebahnten, oft morastigen Wegen einem Paar schön geformten Bergen zu, wir kamen durch Bach und Gewässer, wo wir den nilpferdischen Büffeln in die blutroten wilden Augen sahen.

Goethe, Italienische Reise, 23. März 1787

Majestätisch überragen die Monti Picentini und Monti Alburni die fruchtbare Schwemmlandebene des Sele am Golf von Salerno. Die zu Goethes Zeiten versumpfte Landschaft ist längst entwässert und wird inzwischen landwirtschaftlich intensiv genutzt. Der erste Eindruck der **Piana del Sele** ist trist, Foliengewächshäuser so weit das Auge reicht und gesichtslose Zweckbauten am Straßenrand. Dann entdeckt man neben alten, festungsähnlichen Gutshöfen die Protagonisten dieser Landschaft: **Wasserbüffel** *(Bubalus bubalis)*. In ihrer ursprünglichen Heimat in Südasien wurden die stämmigen Tiere vor rund 7000 Jahren für die Arbeit im sumpfigen Gelände gezähmt. Als lebende Traktoren helfen sie die Ernährung der halben Erdbevölkerung, die vom Grundnahrungsmittel Reis lebt, sicherzustellen. Möglicherweise benutzten auch die Langobarden die muskulösen Rinder als Zugtiere und brachten sie im 6. Jh. auf ihrem langen Treck aus der ungarischen Tiefebene nach Süditalien. In den Maremmen Kampaniens fanden sie eine zweite Heimat und ma-

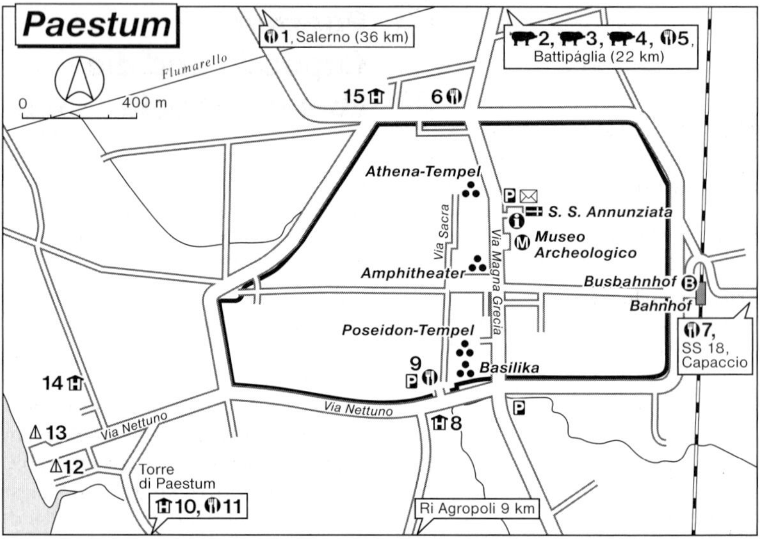

1 Da Nonna Sceppa
2 La Morella
3 Tenuta Seliano
4 Masseria Eliseo
5 La Pergola
6 Enoteca Tavernelle
7 Le Trabe
8 Villa Rita
9 Nettuno
10 Calypso
11 Che fresco
12 Villaggio dei Pini
13 Villaggio Athena
14 Esplanade
15 Villa Casabella

chen heute Karriere als exklusive Lieferanten der echten **mozzarella di bufala.** Auf einem Agriturismo oder dem ökologischen Musterbetrieb Tenuta Vanullo kann man die sanften Büffel aus nächster Nähe betrachten, gute Mozzarella kosten, vor allem aber zusehen, wie der *casaro* mit flinken Händen faustgroße Mozzarella-Stücke von einem Laib warmer Frischkäsemasse abreißt. Daher kommt auch der Name des Käses, *mozzare* bedeutet nämlich abzupfen.

Geschichte von Paestum

Jahrhundertelang standen die Ruinen von Paestum vergessen im Sumpf, bis sie 1752 bei Straßenbauarbeiten wieder„entdeckt“ wurden (als Seezeichen waren die hoch aufragenden Tempel wohlbekannt). Die Nachricht von den

drei hervorragend erhaltenen griechisch-dorischen Tempeln, nur einen Tagesausflug südlich von Neapel, war eine Sensation, welche die Gemüter der Antikebegeisterten erregte. In Scharen machten sich kunstsinnige Reisende, Architekten und Vedutenzeichner auf nach Paestum, und bald kursierten begeisterte Reisebeschreibungen und Stiche in Europa. Die architektonischen Studien der Tempel lieferten die Vorlage vieler klassizistischer Bauten und hatten einen erheblichen Einfluss auf die Kunstentwicklung des 18. und 19. Jh. Goethe notierte am 23. März 1787: „Endlich, ungewiß, ob wir durch Felsen oder Trümmer führen, konnten wir einige große länglich-viereckige Massen, die wir in der Ferne schon bemerkt hatten, als überbliebene Tempel und Denkmale einer ehemals so prächtigen Stadt unterscheiden. (...) ja ich pries den Genius, daß er mich diese so wohl erhaltenen Reste mit Augen sehen ließ, da sich von ihnen durch Abbildung kein Begriff geben läßt. Denn im architektonischen Aufriß erscheinen sie eleganter, in perspektivischer Darstellung plumper, als sie sind, nur wenn man sich um sie her, durch sie durch bewegt, teilt man ihnen das eigentliche Leben mit."

Die großartigen Tempel, denen heute noch die damals verliehenen Namen anhaften, versperrten lange Zeit den Blick auf die restliche Stadt. Mit Ausgrabungen wurde 1805 begonnen, einen systematisch-wissenschaftlichen Charakter erhielten sie erst zu Beginn des 20. Jh. Die über weite Strecken gut erhaltene antike **Stadtmauer** umgibt eine Fläche von 25 ha, davon ist nur ein geringer Teil im Zentrum rund um die drei Tempel freigelegt. Während die Tempel griechisch sind, stammen die Grundmauern fast sämtlicher ausgegrabener Bauten aus römischer Zeit. Faszinierende Einblicke in Kult und Alltag der Antike bietet das 1952 eröffnete und 2000 um eine römische Abteilung erweiterte **Archäologische Museum.** Die Tempel sollte man wenn möglich früh am Morgen oder am späten Nachmittag besuchen. Zu diesen Tageszeiten fällt das Licht am schönsten, die großen Reisebusse sind noch nicht da oder schon wieder weg, und fast stellt sich beim Besucher das Gefühl ein, selbst einer jener romantischen Reisenden auf Grand Tour zu sein.

Im 7. Jh. v. Chr. begegneten sich **Griechen und Etrusker** als Wirtschaftspartner in der Ebene des Sele. Der Fluss bildete die Grenze, an der die beiden Völker aufeinander trafen, um miteinander Handel zu treiben. Aus dem etrurischen Kernland, der heutigen Toskana, hatten die Etrusker ihren Einfluss nach Süden bis in den Bereich von Salerno bzw. Pontecagnano ausgedehnt. Griechen unterhielten an der Mündung des Sele zunächst nur einen Handelsposten, Keimzelle der späteren Stadt **Poseidonia** (Paestum). Der griechische Geograph und Historiker *Strabon* beschrieb den Ablauf der Gründung in zwei Phasen. Eine erste Ansiedlung griechischer Seefahrer und Händler bestand auf einem Kap, auf dem sich heute die Altstadt von Agropoli erhebt. Die felsige Halbinsel war *Poseidon,* dem Schutzgott der Seefahrer, geweiht. Nachdem

golf_342 Foto: pa

der Ort kurze Zeit später aufgegeben wurde, stand *Poseidon* Pate für eine wenige Kilometer südlich des Sele durch Kolonisten aus Sybaris neu errichtete Stadt.

Das antike griechische **Sybaris,** an der heutigen kalabrischen Südküste gelegen, war einer der größten Handelsplätze seiner Zeit. Poseidonias Gründung Ende des 7. Jh. v. Chr. erlaubte Sybaris, seinen Einfluss am Tyrrhenischen Meer auszudehnen. Von fruchtbarem Schwemmland umgeben, entwickelte sich Poseidonia rasch zu einer wohlhabenden Hafenstadt, die nicht nur vom Zwischenhandel mit den Etruskern profitierte, sondern auch die eigenen landwirtschaftlichen Produkte Gewinn bringend ausführte.

Das griechische Poseidonia erlebte seine Blüteperiode im 6./5. Jh. v. Chr. Aus jener Zeit stammen die drei großen Tempel. Entsprechend der Bedeutung des Ackerbaus für die Stadt waren zwei der Sakralbauten der Fruchtbarkeitsgöttin *Hera* geweiht. 540 v. Chr. veranlasste Poseidonia die Gründung von **Elea** (siehe Velia). Als 510 v. Chr. Sybaris zerstört wurde, flüchtete ein Teil der Bevölkerung nach Poseidonia.

Um 400 v. Chr. geriet die Stadt unter den Einfluss der **Lukaner,** eines italischen Stammes. Bis heute ist unklar, ob es sich um eine rasche militärische Eroberung oder einen langsamen Assimilationsprozess gehandelt hat. Während die Stadtanlage ihren griechischen Charakter weitgehend behielt, deuten Grabfunde auf eine intensive Verschmelzung griechischer und italischer Kulturformen hin. Die prachtvoll ausgemalten Kriegergräber im Archäologischen Museum stammen aus dieser Zeit. Wirtschaftlich scheint Paistos oder Paistom, wie die Stadt damals hieß, unter der Herrschaft der Lukaner nicht gelitten zu haben.

Die Einrichtung der **römischen Kolonie Paestum** 273 v. Chr. hatte tiefgreifende Folgen. Ein Großteil der Bevölkerung wurde ausgetauscht, das Ackerland umverteilt und das städtische Erscheinungsbild den neuen Machtverhältnissen angepasst. Im Zentrum blieben zwar aus Pietätsgründen die griechischen Tempel stehen, alle öffentlichen Einrichtungen einer typisch römischen Stadt, wie Forum, Macellum, Kapitolstempel, Curia, Comitium, Thermen oder Amphitheater, wurden aber neu errichtet. Man muss sich beim Besuch von Paestum klar machen, dass die archäologische Ausgrabung eine römische Stadt mit griechischen Tempeln zeigt.

Bis in die Kaiserzeit genoss Paestum relativen Wohlstand und erfuhr einen bescheidenen Aufschwung im 1. Jh. n. Chr. als Produktionsstätte eines von *Ovid* besungenen Rosenparfüms. Das Christentum fasste früh Fuß, um 370 gelangten die Reliquien des Apostels *Matthäus* in die Stadt (heute im Dom von Salerno). Im 5. Jh. wurde Paestum Bischofssitz, doch der Niedergang der Stadt war nicht aufzuhalten. Entwaldungen im Hinterland und ein Absinken der Küstenebene hatten die **Versandung des Hafens** zur Folge. **Sümpfe** und mit ihnen die **Malaria** breiteten sich aus. Infolge von Sarazenenüberfällen wurde Paestum im 10. Jh. endgültig aufgegeben, die Bevölkerung floh in die angrenzenden Monti Alburni nach **Capaccio.** Im 11. Jh. ließ *Robert Guiscard* Säulen und Marmor aus Paestum zur Ausschmückung seines Domes nach Salerno bringen. Anschließend versanken die Ruinen in einen Dornröschenschlaf, aus dem sie erst Mitte des 18. Jh. wieder geweckt wurden.

Grabmalereien aus dem 4. Jh. v. Chr. (im Archäologischen Museum)

Besichtigung von Paestum

Besichtigung der archäologischen Zone

Das Gebiet der antiken Stadt ist vollständig von der gut erhaltenen, insgesamt **4750 m langen Stadtmauer** umgeben (auf einem kurzen Abschnitt im Südosten des Tempelbezirks zu begehen). Der Hauptzugang in das Ausgrabungsgelände liegt an der Via Magna Grecia, dem Museum schräg gegenüber. Von der Straße aus kann man bereits die hoch aufragenden Tempel, das römische Forum und das zur Hälfte freigelegte **Amphitheater** sehen. Nördlich des Amphitheaters liegt das griechische

Ekklesiasterion. In dem kreisrunden, offenen Ratsgebäude traf die *ekklesia* (Volksversammlung) von Poseidonia zusammen, um über Gesetze abzustimmen. Nach Einrichtung der römischen Kolonie wurde das Ekklesiasterion verfüllt und überbaut.

Auf einer leichten Anhöhe erhebt sich im Norden der Stadt der kleinste von drei Tempeln. Früher als Ceres-Tempel bezeichnet, konnten ausgegrabene Votivgaben belegen, dass er in griechischer Zeit der Göttin *Athena* geweiht war. Um 500 v. Chr. errichtet, ist der zierliche **Athena-Tempel** jünger als die so genannte **Basilika.** Im Vergleich der beiden Bauten lassen sich einige stilistische Fortschritte erkennen. Die Säulenabstände des Athena-Tempels sind an Front und Langseiten genau ausgewogen, die *Entasis* (Schwellung der Säule) weniger ausgeprägt und alle Bauelemente in ein genaues Maßverhältnis gebracht. Der Bau war ursprünglich reich verziert und mischte in ungewöhnlicher Weise dorische mit ionischen Elementen. Im Mittelalter diente der Tempel zeitweise als Kirche.

Vom Athena-Tempel zieht sich die gepflasterte **Via Sacra** in Richtung Süden. An der Straße liegt ein rätselhaftes Grab, in dem nie ein Leichnam gefunden wurde. Das ziegelgedeckte **Heroon** diente als symbolische Grabstätte des Gründers von Sybaris. Vermutlich wurde es erst nach der Zerstörung von Sybaris, der Metropole (Mutterstadt) Poseidonias, zwischen 520 und 510 v. Chr. errichtet. Der unterirdische Raum enthielt acht honiggefüllte Bronzevasen. In römischer Zeit wurde das Heiligtum von einer Mauer umgeben, der griechische Heroenkult zwar nicht fortgeführt, doch die Würde der Stätte gewahrt.

Kurz vor dem Forum liegt eine große **piscina** (Wasserbecken), die entweder als Sportanlage oder als **Heiligtum der Fortuna Virilis** gedeutet wird. Ausschließlich Frauen hatten Zugang zu dem Fruchtbarkeitskult. In einem rituellen Bad, welches eine glückliche Geburt begünstigen sollte, folgten sie einer Venus-Statue ins Wasser.

Anstelle der Agora, über mehrere Jahrhunderte Markt- und Versammlungsplatz der Griechen, errichteten die römischen Kolonisten des 3. Jh. v. Chr. ihr **Forum.** Ein Portikus mit vornehmen Ladengeschäften umgab den 60 mal 200 m messenden Freiplatz, eines der größten Foren in Italien. Auf der nördlichen Forumsseite erhob sich auf einem Podium der **Kapitolstempel,** flankiert vom **Comitium,** dem Versammlungsort römischer Bürger. Auf der gegenüberliegenden Seite des Platzes standen das **Macellum,** ein Marktgebäude und als Gerichtshalle die **Basilika.**

Südlich an das Forum schließt sich der heilige Bezirk des griechischen **Heraion** an. Ursprünglich von einer niedrigen Mauer umgeben, standen neben den beiden größten Tempeln der Stadt zahlreiche weitere Votivbauten, Schatzhäuser und Altäre, alle dem Kult der Göttin *Hera* geweiht. Der so genannte

Poseidon-Tempel ist das am besten erhaltene Zeugnis klassisch griechischer Baukunst. Um 470 v. Chr. errichtet, ist er der jüngste der drei Tempel. Alle Bauabmessungen stehen in einem mathematisch präzisen und harmonischen Verhältnis zueinander. Wenn *Goethe* im „Faust II." dichtete: „Der Säulenschaft, auch die Triglyphe klingt, Ich glaube gar, der ganze Tempel singt.", so dachte er an dieses Bauwerk. Ursprünglich war auch dieser Tempel vollständig von einem weiß glänzenden Marmorstuck überzogen, während Fries und Giebel in starken Gelb-, Blau-, Rot- und Schwarztönen bemalt waren. Geweiht war der Tempel *Hera,* und, wie neuere Funde vermuten lassen, *Zeus.*

Die um 550 v. Chr. errichtete so genannte **Basilika** ist der älteste der drei großen Kultbauten Paestums und zugleich einer der größten der bis dahin aus Stein gebauten griechischen Tempel. Zunächst wurde der breit gelagerte Bau für eine Basilika gehalten, seit Entdeckung des Altars und zahlreicher Votivgaben konnte zweifelsfrei bewiesen werden, dass auch dieses Bauwerk als Tempel der *Hera* geweiht war. Im direkten Gegenüber mit dem klassischen Poseidon-Tempel treten die archaischen Baumerkmale deutlich hervor, am auffälligsten zu erkennen an der stark ausgeprägten *Entasis* (Schwellung) der Säulen und dem gequetschten Kapitellkissen. Fast scheint es, als ob

golf_345 Foto: pa

das Dach mit großem Gewicht auf den Säulen lasten würde.

Einige Kilometer nördlich der Stadt lag an der Mündung des Sele ein weiteres **Heiligtum der Hera Argiva.** Von den Tempeln, Schatzhäusern und Altären ragen heute nur noch ein paar kümmerliche Grundmauern über das Gestrüpp. Bei Ausgrabungen konnten beeindruckende Relieffriese und Weihgaben gefunden werden, die heute im Museum ausgestellt sind.

● **Area Archeologica – Templi,** Via Magna Greacia. Tägl. 9 Uhr bis 1 Std. vor Sonnenuntergang. Eintritt 4 Euro, Sammelticket für Museum und Tempel 6,50 Euro.

Besichtigung des Archäologischen Museums

Das Museum, ein postfaschistischer Bau, beherbergt **eine der umfangreichsten und schönsten Sammlungen der Magna Grecia.** Archaische Bauskulpturen, Votivgaben, Grabfresken aus griechischer und lukanischer Zeit sind der Schwerpunkt der Sammlung. Kürzlich wurde das Museum um eine römische Abteilung erweitert.

Im Eingangsbereich sind die berühmten **Reliefmetopen** (Schmuckplatten aus dem Fries eines dorischen Tempels) zweier Heiligtümer aus dem Heraion an der Sele-Mündung ausgestellt. Es handelt sich um die bedeutendsten archaischen Bauskulpturen Großgriechenlands. Die zwischen 570 und 560 v. Chr. geschaffenen Metopen zeigen mythologische Szenen. Immer wieder ist *Herakles* zu sehen, dessen zwölf Taten man sich ebenso wenig merken kann wie beispielsweise die Namen der zwölf Apostel. Keine Heldentat, aber amüsant ist die Geschichte von den Kerkopen, Zwillingen, die als Strauchdiebe die Gegend um Thessalien unsicher machten. Ihre Mutter hatte sie vor einem *Melampygos* (Mann mit schwarzem Hintern) gewarnt. Dummerweise vergriffen sich die beiden eines Tages an den Kleidern des *Herakles.* Dieser erwischte sie, hatte nur begrenzt Humor und band sie kopfüber an ein Joch. Diese Szene ist auf einer der Metopen zu sehen. In ihrer misslichen Lage blickten die beiden Kerkopen auf das schwarz behaarte Gesäß des Helden und erinnerten sich an die Worte ihrer Mutter. Anstatt vor Angst zu schlottern, ergossen sie sich in obszönen Bemerkungen, die *Herakles* ein Grinsen entlockten. Er ließ sie wieder laufen. Als die Kerkopen eines Tages *Zeus* zu bestehlen versuchten, verwandelte dieser sie in Affen. *Ovid* erzählt, dass die Insel Pithekussai (Affeninsel), das heutige Ischia, nach ihnen benannt sei.

Im gleichen Saal sind die acht Bronzevasen aus dem Heroon sowie Votivgaben an die Göttin *Hera* zu sehen, darunter immer wieder Granatäpfel.

Die freskengeschmückten **Kammergräber aus lukanischer Zeit** (4.–3. Jh. v. Chr.) sind ein Höhepunkt antiker Malerei. Die farbkräftigen, detaillierten Darstellungen verraten eine Menge über das Leben und den Totenkult dieses kriegerischen Volkes. Der Verstorbene wird häufig zu Pferd, in voller Manneskraft und zum Kampf gerüstet abgebildet. Zahlreiche Beispiele blutiger Faust- und Schwertkämpfe sind zu sehen. Die bei den Römern später beliebten Gladiatorenkämpfe haben ihren Ursprung in solchen Bestattungsspielen. Frauengräber zeigen die Verstorbene auf einem Totenbett, von Klageweibern und Dienerinnen umgeben.

Eine absolute Sensation ist das 1968 entdeckte **Grab des Tauchers,** das einzige bislang bekannte Beispiel griechischer Freskomalerei aus der Zeit der Klassik (um 480 v. Chr.). Im Aufbau entspricht das Grab den lukanischen Grabkammern, die Seitenwände zeigen Szenen eines Gastmahls. Der Grabdeckel wird von einer Darstellung unvergleichlicher Ausdrucksstärke geschmückt. Ein Jüngling springt voller Kraft von einem Turm in die Leere, unter ihm breitet sich ein schmaler Streifen Wasser aus. Die nahe liegende Deutung bleibt dem Betrachter überlassen.

- **Museo Archeologico Nazionale,** Via Magna Grecia, Tel. 0828811023. Tägl. 9–18.30 Uhr, jeden 1. und 3. Mo. des Monats geschl. Eintritt 4 Euro, Sammelticket Museum und Tempel 6,50 Euro.

Flussheiligtum der Hera

Laut dem Historiker *Strabon* errichtete *Jason,* mythischer Anführer der Argonauten, an der Mündung des Sele der *Hera* einen Tempel, Keimzelle des späteren Paestum, dessen Tempel sich heute 8 km weiter südlich erheben. Die Auffindung der Reliefmetopen Anfang der 1930er Jahre sorgte für eine archäologische Weltsensation. Heute sind sie im Museo Archeologico Nazionale von Paestum ausgestellt (s.o.). In der **Masseria Procuriali,** wenige 100 m südlich der Fundamentreste des **Santuario di Hera Argiva,** rekonstruiert ein multimediales Museum die antike Kultstätte. Durch Verlandung liegt die Flussmündung inzwischen 1 km weiter westwärts.

- **Museo Narrante del Santuario di Hera Argiva,** Masseria Procuriali, Tel. 0828861440. Di.–Sa. 9–16 Uhr, im Sommer auch länger. Eintritt frei.

Capaccio ⇗XI, D3

Vor Malaria und Sarazenen flüchteten im 10. Jh. auch die letzten Bewohner Paestums nach Capaccio. Der Ort lag wenige Kilometer von Paestum entfernt am Fuße der Monti Alburni oberhalb der Quellen des Capodifiume, des römischen Caput acque. In der Anbetung der **Madonna mit dem Granatapfel** lebt bis heute der griechische Hera-Kult fort. Das mittelalterliche Heiligtum liegt an der SP13 in Richtung Capaccio. Vom Kirchplatz genießt man einen herrlichen Blick auf den Golf von Salerno, die Sele-Ebene und die Ruinen von Paestum. Oberhalb der Kirche liegen die Ruinen von **Capaccio Vecchio.** Der Ort wurde 1248 von *Friedrich II.* zerstört. Die Bewohner flüchteten in das nahe San Pietro, das sie in Capaccio umbenannten. Das freundliche Bergstädtchen ist ein charmanter Auftakt einer Cilento-Erkundung.

- **Santuario Madonna del Granato,** tägl. 7.30–12.30 Uhr und 15–18 Uhr. Capaccio Vecchio.

Information

- **AAST**

Freundliche und professionelle Informationen zu Paestum und Umgebung, d.h. auch dem Cilento (siehe nächstes Kapitel). Nützlicher Umgebungsplan, Fahrpläne, Hotelverzeichnis, Adressen von Agriturismi und Mozzarella-Käsereien. Mitte Sept. bis Juni Mo.–Sa. 8.30–13, 13.30–15.30 Uhr, Juli bis Mitte Sept. Mo.–Sa. 8–20 Uhr. Via Magna Grecia 889 (neben dem Archäologischen Museum), Tel. 0828811016, Fax 0828722322, info@paestum.it, www.paestum.it.

- **Ufficio Turistico „Salone Rizzo"**
Das Auskunftsbüro residiert im vielleicht schönsten Friseursalon Kampaniens! Im Sommer 10–12, 17–19 Uhr, im Winter 10–12 und 15–17 Uhr. Via G. D'Alessio 11, Capáccio.

- **www.comune.capaccio.sa.it**
Website der Kommune Capaccio, zu der auch die archäologische Zone von Paestum gehört.

- **www.paestum.org**
Kommerzielle Website mit touristischen Infos und Texten zur Geschichte (ital.).

- **www.trattoblu.com/ turismo/capaccio.php**
Gute Hintergrundtexte und praktische Infos, v.a. auch zum Wassersport (ital.).

- **www.comune.capaccio.sa.it**

Unterkunft

Ein kilometerlanger, leider nicht durchgängig sauberer Sandstrand zieht sich von Salerno bis Agropoli. Im Schatten der Pineta liegen ein Dutzend Campingplätze direkt am Meer. Drei Dutzend Hotels gibt es in Paestum und Umgebung. Viele der Hotels und Campingplätze haben nur eine kurze Sommersaison und werden in der Hauptsache von italienischen Badetouristen aufgesucht.

Hotels

- **Calypso** (***)
Einladendes Strandhotel südlich des Torre Paestum, 2 km von der archäologischen Zone entfernt. Zimmer zum Meer komplett neu renoviert, alle Zimmer mit Top-Betten (!). *Roberto* und *Gabriella Paolillo* führen ein ausgesprochen gastliches Haus, sie sind ausgezeichnete Kenner des Cilento und selten um gute Tipps verlegen. Hier trifft man auf interessante Leute. Das Restaurant Che fresco (s.u.) ist einer der kulinarischen Fixsterne der Gegend, typische *cucina cilentana* und makrobiotische Küche. Vor dem Haus erstreckt sich kilometerlang ein toller Sandstrand, hoteleigener Lido. 30 Zi., DZ/F 52–130, HP 40–83 Euro. Via Mantegna 63, Tel. 0828721191, Fax 0828721384, www.calypsohotel.com.

- **Esplanade** (***)
Gepflegtes Hotel in Nähe der archäologischen Zone am Meer. Exotischer Park, großer Pool, Privatstrand. 28 Zi., DZ/F 62–138 Euro. Via Poseidonia, Tel. 0828851043, Fax 0828851600, www.hotelesplanade.com.

- **Villa Casabella** (***)
Komplett restauriertes Gutshaus direkt außerhalb der nördlichen Stadtmauer von Paestum. Geräumige und komfortable Zimmer mit Cottoböden und schönen Holzmöbeln (einige mit tollem Blick auf die Tempel). Ruhiges, angenehmes Ambiente (solange keine Hochzeiten stattfinden ...). Es gibt auch Mehrbettzimmer für Familien. Im Restaurant Il Granaioa kann man à la carte essen. 14 Zi., EZ/F 52–62 Euro, DZ/F 78–93 Euro. Via Porta Marina 86, Tel. 0828721014, Fax 0828721997, www.villacasabella.com.

- **Villa Rita** (***)
Ein großer Park umgibt das freundliche Hotel der Familie *Pisani,* die in unmittelbarer Nähe auch das Ristorante Nettuno (s.u.) betreibt. Wenige Schritte von den berühmten Tempeln entfernt, kann man hier die Ruhe genießen. Swimmingpool. Gutes Restaurant. 14 Zi. DZ/F 75–85 Euro, Menu 15 Euro. März bis Ende Oktober. Via Nettuno 5, Tel./ Fax 0828811081, www.hotelvillarita.com.

Bed & Breakfast

- **Casale Giancesare**
Enzo Vozza vermietet in seinem renovierten, schönen alten Steinhaus in den Hügeln über Paestum freundliche, gut ausgestattete Zimmer und Apartments mit Küchen für 4-5 Personen. Aus einigen Zimmern und aus dem Olivengarten herrliche Blicke über die Piana del Sele auf den Golf und Capri am Horizont. Großer Gemüsegarten, aus dem sich die Gäste versorgen können (*Enzo* hat für seine Gäste auch tausend gute Tipps), guter Hauswein. Großer Pool. 5 Zi., 3 App., EZ/F 45–70 Euro, DZ/F 65–100 Euro, App. 600–950 Eu-

ro pro Woche. Contrada Giancesare (vom Bahnhof Paestum ca. 3 km in gerader Linie, über den Kreisverkehr, Richtung Capáccio), Tel./Fax 0828728061, Mobil 3289165832, www.casale-giancesare.it.

Agriturismi

• La Morella

Typisches Gutshaus der Sele-Ebene, auf halber Strecke zwischen Salerno und den Tempeln von Paestum gelegen, der Bahnhof Montecorvino-Rovella (Lokalzüge) ist 500 m entfernt. *Fabio Miletto* und seine deutsche Frau *Anette* betreiben hier Büffelzucht. Das familienfreundliche Anwesen ist absolut ruhig gelegen, die geräumigen Apartments sind in dem ehemaligen Gesindeflügel eingerichtet, die Zimmer liegen im Herrenhaus aus dem 18. Jh. Besonders hübsch ist das Turmzimmer mit Terrasse! Gute Küche mit Zutaten aus eigener biologischer Produktion. Kleiner Pool. Anfahrt: A3, Ausfahrt „Battipaglia" und auf der SS18 ca. 2 km Richtung Salerno. Im Ortszentrum von Belizzi (Piazza Europea) in Richtung Bahnhof und über die Bahngleise. 4 Zi., 5 App., DZ/F 70–100 Euro, App. 500–850 Euro/Woche, Menu 15 Euro. Via Fosso Stazione 3, Tel./Fax 082851008, Mobil 3387159958, www.la-morella.it.

• Tenuta Seliano

Geräumige, gut ausgestattete Zimmer in einer stattlichen Masseria 2 km nördlich der archäologischen Zone von Paestum. Reichhaltiges Frühstück, gutes Restaurant (an Wochenenden beliebtes Ausflugslokal). Reitstall, Pool. Die Familie *Bellilli* besitzt weitere Zimmer in der Masseria Eliseo, wo auch Büffel gezüchtet werden. 14 Zi., 1 App., DZ/F 70–100 Euro, HP 50–75 Euro. Via Seliano, Località Borgo Nuovo (knapp 2 km nördlich der Porta Marina von der Via Magna Grecia auf Schotterstraße Richtung Meer abzweigen), Tel./Fax 0828723634, www.agriturismoseliano.it.

Campingplätze

• Camping Paestum

Gepflegter Platz mit altem Baumbestand. Landseitig der Straße, Shuttle zum Strand. 2 Personen, Zelt und Auto 18–30 Euro. Mitte Mai bis Mitte Sept. Litoranea Foce Sele, Eboli Mare (ca. 2 km nördlich der Sele-Mündung), Tel./Fax 0828691003, www.campingpaestum.com.

• Villaggio Athena

Zeltplätze und Bungalows in schattigem Pinienwald, direkter Zugang zum Sandstrand. 2 Personen, Zelt und Auto 18–30 Euro. März bis Okt. Via Ponte di Ferro (ca. 2 km westlich der Tempel auf der Via Nettuno Richtung Meer), Tel./Fax 0828851105, Tel. 0828724725 (Winter), www.campingathena.com.

• Villaggio dei Pini

Zelt-, Camperstellplätze und Bungalows im Schatten der Pineta mit direktem Zugang zum feinsandigen Strand. Beachvolleyball. 2 Personen, Zelt und Auto 18–36 Euro. Via Urano 10 (ca. 2 km westlich der Tempel auf der Via Nettuno Richtung Meer), Tel. 0828811030, Fax 0828811025, www.campingvilaggiodeipini.it.

Essen und Trinken

Restaurants, Trattorien und Osterien in Capaccio Scalo

• La Pergola

Gemütliches Lokal mit höchstem Slow-Food-Prädikat, dessen Küche beste lokale Produkte wie frische Büffelmozzarella oder Artischocken der Sele-Ebene verarbeitet. Artischocken werden auch zum köstlichen Lamm gereicht, unbedingt sollte man das Büffelfleisch probieren. Abends auch Holzofenpizza. 15–25 Euro. Mo. Ruhetag. Mittags und abends. Das Lokal liegt im Zentrum von Capaccio Scalo gegenüber der ESSO-Tankstelle, 3,5 km nördlich von Paestum. Via Magna Grecia 1, Tel. 0828723377.

• Le Trabe

Mit Blick auf den kleinen Fluss genießt man frischen Seefisch oder Wildschwein in Aglianico. Zum Nachtisch ein Muss, die *mousse di ricotta di bufala con cioccolata*. 25–40 Euro. Di. Ruhetag. Mittags und abends. Nov. bis Dez. geschl. Via Capodifiume 1 (kurz vor der Kreuzung, an der die SP 13 zum Santuario Madonna del Granato und nach Capáccio hochführt), Tel. 0828724165.

Restaurants, Trattorien und Osterien in Paestum

• Che fresco

Das Restaurant des Hotels Calypso (s.o.) bietet seit über 40 Jahren kampanische Küche auf hohem Niveau. Seit einigen Jahren gibt es auch makrobiotische Gerichte. Verarbeitet werden nur lokale Produkte von Bio-Betrieben des Cilento. 150 kampanische Weine. 20–25 Euro. Ganzjährig mittags und abends. Via Mantegna 63, Tel. 0828721191, www.calypso.paestum.com.

• Da Nonna Sceppa

Das in kulinarischen Führern zu Recht hoch gelobte Restaurant mit dem Ambiente einer Mensa hat sich der gehobenen Regionalküche verschrieben und ist an Wochenenden immer gut besucht. Abends auch Holzofenpizza. 20–40 Euro. Do. Ruhetag. Okt. bis Apr. nur mittags. Via Laura 53 (von der archäologischen Zone ca. 3 km in Richtung Salerno auf Höhe des Hotels Ariston), Tel. 0828851064, www.nonnasceppa.com.

• Enoteca Tavernelle

Winziger Gourmettempel wenige Schritte außerhalb der nördlichen Stadtmauer von Paestum. Der gute Geschmack bei der Einrichtung findet seine Entsprechung auf den Tellern. Raffinierte *cucina di terra e mare,* Beachtung verdient die Weinkarte. 35–40 Euro. Mittags und abends. Via Tavernelle 14, Tel. 0828722440.

• Nettuno

Seit den 1920er Jahren betreibt die Familie *Pisani* ihr ausgezeichnetes Restaurant mit Blick auf die Tempel von Paestum. Von den vielen Touristengruppen sollte man sich nicht abschrecken lassen. Spezialität des Hauses sind *crespelle,* hauchdünne, mit Mozzarella gefüllte Pfannkuchen. Im Garten gibt es auch eine Bar, auf Liegestühlen kann man im Schatten Siesta halten und dabei die Tempel bewundern. Menu Turistico 15 Euro, ansonsten 20–40 Euro. Mo. Ruhetag. Nur mittags. Via Nettuno 2, Tel. 0828811028.

Trattoria in Capaccio

• Al Caruggio

Gute, kleine Trattoria am Ortseingang. Cilentanische und ligurische Spezialitäten, im Winter Wild. 20–30 Euro. Mo. Ruhetag. Mittags und abends. Via Piave 7 (auf Höhe des Hotels Excelsior), Tel. 0828821515.

Snacks, Cafés und Bars

Direkt an der archäologischen Zone, in der Via Magna Grecia, findet sich eine Vielzahl von Bars, die auch Snacks servieren.

An- und Weiterreise

• Auto: A3, Ausfahrt „Battipaglia", SS 18. Von Salerno führt die Via Litoranea küstenparallel nach Paestum.

• Bus: Stündlich Busse der SITA (www.sita-online.it) und CSTP (www.cstp.it) von und nach Salerno (Piazza della Concordia). Die CSTP-Busse fahren weiter in den Cilento nach Agropoli, S. Maria di Castellabate, S. Marco di Castellabate und Acciaroli. Tickets in der Bar Anna in Paestum bzw. in der Bar Nazionale in Capaccio Scalo.

• Bahn: Regionalzüge von und nach Salerno halten öfters am Tag an der Stazione FS „Capaccio-Roccadaspide". Ab hier erreicht man per Taxi oder Bus die 3 km entfernte archäologische Zone. Lokalzüge halten mehrfach täglich auch an der Stazione FS „Paestum". Von hier sind die Tempel in 10 Min. zu Fuß zu erreichen. Fahrtzeit Salerno – Paestum 40 Min. Fahrpläne u.a. in Tageszeitungen. Auskünfte FS Informa, Tel. 8488-88088.

Unterwegs in Paestum

• Parken: Gebührenpflichtige Parkplätze an der archäologischen Zone.

• Öffentliche Verkehrsmittel: Busse von Giuliano (Tel. 0974836185) und Lettieri (Tel. 0974952024) verkehren zwischen dem Bahnhof „Capaccio-Roccadaspide" und der archäologischen Zone von Paestum. Tickets im Bus.

• Taxi: Taxistand vor dem Bahnhof „Capaccio-Roccadaspide".

Griechisches Symposion: Freskomalerei auf dem Grab des Tauchers

Einkaufen

•Bazar Cerere
Das Angebot hebt sich von dem anderer Souvenirläden in der archäologischen Zone angenehm ab. Auch alte Stiche und archäologische Fachpubliktionen. Via Magna Grecia 849-851, Tel. 0828811273, www.bazarcerere.com.

•Tenuta Vannulo
Ökologischer Musterbetrieb von *Antonio Palmieri.* Verkauft wird v.a. frische **mozzarella di bufala,** in einer Bar werden Eiscreme und Yoghurt aus Büffelmilch serviert. Direkt an der SS18, 1 km südl. vom Abzweig Roccadaspide, wenige Km nördl. von Paestum. Via G. Galilei 10, Capaccio Scalo, Tel. 0828724765, Fax 0828725245, www.vannulo.it.

Fest

•Festa della Madonna del Granato
Paestums antiker Hera-Kult lebt in heutiger Zeit in katholischem Gewand fort. Am 2. Mai und 15. August pilgern die Gläubigen zu der Madonna, die wie Hera einen Granatapfel in der Hand hält. Das Heiligtum der Madonna del Granato liegt an der SP13 in Richtung Capaccio.

Baden/Windsurfen

Ein kilometerlanger, **breiter Sandstrand** zieht sich **von Salerno nach Agropoli.** Richtung Agropoli wird die Wasserqualität zunehmend besser. Auf Strömungen achten!

golf_351 Foto: pa

golf_386_2 Foto: pa

Radfahren

Auf der brettebenen Piana del Sele lässt sich leicht in die Pedale treten, etwa bei einer Umrundung des antiken Paestum oder einem Ausflug zum Flussheiligtum der Hera 8 km weiter nördlich. Eine besonders reizvolle Bergstrecke führt mit einem Abstecher zum Santuario Madonna del Granato, nach Capáccio (Aussichtsplattform!) und weiter Richtung Montforte Cilento und Magliano Nuovo (siehe dort). Auf rasanten Serpentinen geht über Giungano wieder hinab nach Paestum.

• Ciclidea
Der Profi-Fahrradladen liegt in einem modernen Glasgebäude an der SS18, aus dem Norden kommend, auf Höhe der ersten Abfahrt nach Paestum (Schild „La Contadina - Mozzarella di Bufala"). *Pino Giovinal, Giovanni* und *Raffaele Taddeo* verkaufen Räder der besten italienischen Manufakturen zu erstaunlich günstigen Preisen und fertigen Räder auch nach Maß. Mountainbikes und Rennräder zum Ausleihen (werden im MiniBus auch ins Hotel gebracht, max. 15 Räder), Gebrauchträder in Top-Zustand zum Kaufen. Viele wertvolle Routentipps! Mo.–Sa. 8.30–13 und 16–20 Uhr. Km „90" der Via SS18, Capaccio Scalo, Tel./Fax 0828723564, Mobil 3484030575, www.ciclidea.it.

Wandern

Paestum

Es lohnt sich, einen Teil der gut erhaltenen antiken Stadtmauern von Paestum zu Fuß abzuschreiten.

Monte Capaccio Vecchio (383 m)

Der Besuch des Santuario Madonna del Granato lässt sich mit einer kleinen Wanderung verbinden. Bereits von der Kirche aus genießt man einen herrlichen Blick auf die Ebene des Sele und die Tempel von Paestum, dahinter der weit geschwungene Golf von

Salerno. Im Rücken der Kirche führt eine Forststraße auf einen Sattel am Monte di Capaccio Vecchio (383 m). Mit ein paar Schritten kann man den darüber liegenden Hügel erklimmen. Im Grün der Macchia schlummern die Ruinen von Capaccio Vecchio. Auf dem Bergkamm kann man in Richtung Monte Soprano (1082 m) weiter wandern.

Persano

Nordwestllich von Paestum liegt am Sele-Fluss ein ehemaliges Jagdreservat der Bourbonen. 4000 ha Schwemmland, Sumpf und Auwald stehen unter Naturschutz, ein Teil betreut vom italienischen Word Wildlife Fund. Vom Ufer aus lassen sich durch das Röhricht Wasservögel beobachten. Das Naturschutzgebiet ist einer der wenigen Orte Italiens, wo Fischotter in freier Wildbahn leben. Der Besuch mit einem Führer wird empfohlen. Die **Oasi WWF di Persano** ist am schnellsten von der A3-Autobahnausfahrt „Campagna" (eine Ausfahrt nach Eboli in Richtung Reggio) zu erreichen. Ab hier gut ausgeschildert. Tägl. 9 Uhr bis 1 Std. vor Sonnenuntergang. Führungen jeweils Mi., Sa. und So.: Juni bis Sept. 9 und 17 Uhr, Okt. bis Mai 10 und 15 Uhr. Contrada Falzia, Serre, Tel./Fax 0828974684, www.wwf.it. Eintritt 5 Euro, WWF-Mitglieder frei.

Calore-Schlucht

Etwa 35 km südöstlich von Paestum liegen Magliano Vettere und Magliano Nuovo, über Capaccio auf der SP13 schnell zu erreichen. Die Pro Loco Magliano Vettere hat eine Reihe von Wanderwegen angelegt und markiert, der spektakulärste führt durch die Calore-Schlucht (siehe Cilento, Valle del Calore).

Drachen- und Gleitschirmfliegen

• Le Ali della Magna Grecia

Die Tempel von Paestum aus der Adlerperspektive erleben! Die besten Startplätze für Drachen- und Gleitschirmflieger sind die Hänge des **Monte Vesole,** zu erreichen über Capáccio und Trentinara oder aus dem Landesinneren über Roccadaspide. Der Landeplatz liegt am Fuße des Santuario Madonna del Granato in Nähe des Ristorante Le Trabe (Località Capo di Fiume, Via Pietrale 5, Capáccio Scalo). Hier bekommt man am schnellsten Kontakt zu den Mitgliedern des Clubs, der auch unter dem Namen „Hippocampo volante" firmiert. Unterricht und touristische Flüge in Zweisitzern möglich. Infos c/o *Fabio Melisurgo* (Mobil 330343088, 330343088@tim.it) oder *Saverio Szuba* (Tel. 0815295585, Mobil 3388793332) bzw. auf den Websites www.fivl.it, www.parapendio.it und www.vololiberovalcomino.it.

Gleitschirmflieger am Monte Capaccio Vecchio

Der Cilento und das Vallo di Diano

Langsam spricht es sich herum, Kampanienreisen müssen nicht bei Paestum enden. Das Beste kommt noch. Langsam erwacht der Cilento aus seinem Dornröschenschlaf, der Geheimtipp spricht sich herum. Die große Halbinsel im Süden der Provinz Salerno muss landschaftliche Vergleiche mit den Küsten Capris oder der Amalfitana nicht scheuen. Den grünen Kontrast zum türkisblauen Meer bilden Olivenhaine auf terrassierten Hügeln, die bewaldeten Gebirge sind durchzogen von tiefen Talschluchten mit kristallklaren Flüssen. Fischotter und Wolf haben sich in diesem Wanderparadies noch ein Refugium bewahrt. In den Bergdörfern und auch in einigen der malerischen Hafenstädtchen ist die Zeit zwar nicht stehen geblieben, doch verläuft sie hier langsamer als anderswo. Über 180.000 ha stehen als **Parco Nazionale del Cilento e Vallo di Diano** unter Schutz, das wird auch zukünftige Bauentwicklungen an der Küste bremsen. Von der UNESCO wurde der Cilento in die Listen der Biosphärenreservate und des Weltkulturerbes aufgenommen. Damit sind die Weichen auf „sanften Tourismus" gestellt. Wer **Ruhe, intakte Natur** und eine noch unverfälschte **Gastfreundschaft** sucht, ist hier richtig; der Ferienmonat August sollte aber gemieden werden.

Information

- **Parco Nazionale del Cilento e Vallo di Diano**
Verwaltung und Informationsbüro. Via Palumbo 16 (Palazzo Mainenti), I-84078 Vallo della Lucania, Tel. 0974719911, Fax 09747199217, info@pncvd.it, www.pncvd.it.

• **www.cilentodoc.it, www.cilentonet.it**
Portale des Cilento mit zahlreichen Ortsbeschreibungen (ital.).

Unterkunft

Das größte Hotelangebot konzentriert sich am Meer bei Santa Maria di Castellabate, in Palinuro und Marina di Camerota. An der Küste wie im Landesinneren bleiben kleine, familiär geführte Hotels manchmal ganzjährig geöffnet. Die einzige internationale Jugendherberge des Cilento findet sich in Agropoli. B&Bs und Agriturismi sind ideal, um den Cilento und seine Menschen kennen zu lernen. In den gastfreundlichen Bauernhöfen oder edlen Landgütern bekommt man darüber hinaus beste cucina cilentana aufgetischt. Das breiteste Angebot an Campingplätzen, sicher auch landschaftlich am interessantesten, findet sich zwischen Palinuro und Marina di Camerota.

Essen und Trinken

Den Cilento, ein uraltes Kulturland zwischen Bergen und Meer, lernt man nicht zuletzt durch seine Küche kennen. Ein besonderer Gaumen- und Augenmerk wurde auf die Auswahl charakteristischer Lokale gelegt. Was heute als „mediterrane Diät" in aller Munde ist, wurde übrigens 1954 zum ersten Mal vom amerikanischen Ernährungswissenschaftler *Ancel Keys* im Cilento untersucht. Der Cilento ist bekannt für gutes Olivenöl, und seit einigen Jahren machen seine Weine von sich reden.

An- und Weiterreise

Mit dem Auto

Von Salerno auf der Autobahn A3 Salerno – Reggio di Calabria am schnellsten über die Ausfahrt „Battipaglia" zu erreichen. Die A3 führt nordöstlich der Monti Alburni durch das Vallo di Diano, mehrere Staatsstraßen zweigen unterwegs in den Cilento ab. Als Schnellstraße ausgebaut führt die SS18 über Paestum und Agropoli, vorbei an Vallo della Lucania, durch das Landesinnere an den Golf von Policastro. Kurvenreich und landschaftlich wunderschön ist die Küstenstraße, die unter der Bezeichnung SS267, ab Velia als SS447, bis Marina di Camerota führt.

Mit dem Bus

Fast alle Orte des Cilento sind mit Linienbussen zu erreichen. Aus Salerno mehrmals tägl. **CSTP-Busse** (Piazza Matteo Luciani 33, Salerno, Tel. 089487111, www.cstp.it) über Battipaglia, Paestum nach Agropoli, S. Maria di Castellabate, Acciaroli, Pollica, Vallo di Diano und zurück. **SITA-Busse** mehrmals tägl. aus Salerno (Corso Garibaldi 117, Salerno, Tel. 089226604, www.sita-online.it) über Battipaglia, Capaccio Scalo nach Agropoli und zurück. Weitere Verbindungen in den Ortsbeschreibungen.

Mit der Bahn

Die Linie Napoli – Salerno – Reggio di Calabria passiert die Küsten des Cilento, allerdings liegen die Bahnhöfe selten verkehrsgünstig. Gleiches gilt für die Linie Battipaglia – Lagonegro, die durch das Vallo di Diano führt. Günstiger ist die Anreise mit der Bahn nach Salerno und ab hier die Weiterfahrt mit Überlandbussen.

Mit dem Flugzeug

Gegenwärtig wird der Flughafen von Salerno bei Potecacgnano ausgebaut. Möglicherweise wird es in Zukunft Charterflüge in den Cilento geben.

Wandern und Freizeitsport

Der Cilento ist ein absolutes Wanderparadies! Nach und nach werden von der Nationalparkverwaltung und anderen Initiativen Wanderwege markiert. Im Norden des Cilento engagiert sich die Comunità Montana Alento-Monte Stella (Via Roma 1, I-84050 Laureana Cilento, Tel. 0974832470, www.alento-montestella.it). In Salerno kann man die topographischen Karten des I.G.M. erwerben (siehe dort). Detaillierte Routenbeschreibungen in den Ortskapiteln.

•Cilento Ferien
Die deutsche Agentur vermittelt im Cilento und an der Costa di Maratea (Kalabrien) Ferienwohnungen, Agriturismo-Apartments und familiäre Hotels. Gäste erhalten bei der Buchung nützliche Wandertipps! Kreuzgasse 11, D-93047 Regensburg, Tel. 0941-5676460, Fax 0941-567461, info@cilento-ferien.de, www.cilento-ferien.de.

•Genius Loci Turismo
Der holländische Landschaftsökologe *Peter Hoogstaden* organisiert Wander- und Fahrradreisen in Süditalien mit Schwerpunkt im Cilento. Die Gäste erhalten alle notwendigen Routeninfos, um selbstständig vor Ort zu reisen (auf Wunsch auch in Begleitung von Führern). Übernachtung und Gepäcktransport werden organisiert. Casella Postale 223, I-84100 Salerno, Tel./Fax 089791896, www.genius-loci.it.

•Gruppo Escursionistico Trekking (GET)
Der GET organisiert Tageswanderungen und mehrtägige Trekkingtouren in den Monti della Maddalena, Monti Alburni und im Cervati-Massiv. Mountainbike-Touren, Pferde-Trekks, Kajakfahrten und Rafting. Prospekte in Touristenämtern. I-84030 Silla di Sassano (wenige Kilometer westlich von Padula), Tel. 097572587 *(Giancarlo Priante)*, www.gruppoescursionisticotrekking.it.

•Guide del Parco
Die offiziellen Führer des Parco del Cilento begleiten auf Wanderungen unterschiedlichen Schwierigkeitsgrades. Prospekte mit Wandervorschlägen in den Tourismusbüros. Via Palumbo 16 (Sitz der Nationalparkverwaltung), I-84078 Vallo della Lucania, Tel. 0974719911, Fax 09747199217, guidedelparco@pncvd.it.

Die verkehrsarmen Straßen des Landesinneren, grandiose Lanschaften und freundliche Orte unterwegs machen den Cilento zu einem Mekka für Radfahrer. Ambitionierte Freizeitradler und Profis kommen auf ihre Kosten. Zur Orientierung genügt eine aktuelle Straßenkarte. Mountainbiker finden in den Monti Alburni ein anspruchsvolles Revier. Die besten Infos und das richtige Material vermitteln der „Anywhere Bike Club" in Vietri sul Mare (siehe dort) und „Ciclidea" bei Paestum (siehe dort).

Die schönsten Tauchreviere und Adressen von Tauchschulen finden sich in den Ortskapiteln.

Agropoli

↗XII, A1

Agropoli ist der viel versprechende Auftakt einer Cilento-Reise. Die Griechen der Antike erkannten die Gunst der Lage und nutzten den natürlichen Hafen für den Handel mit einheimischen Lukanern. An höchster Stelle errichteten sie *Poseidon* einen Tempel, in Poseidonia (Paestum) sucht man ihn jedenfalls vergebens. Ihren griechischen Namen „Stadt in der Höhe" verdankt Agropoli den Byzantinern, die den mächtigen Felsvorsprung im byzantinisch-gotischen Krieg (535–53) befestigten. Im 9. Jh. setzten sich sarazenische Piraten zeitweise hier fest und nutzten die Festung als Basis für ihre Raubzüge.

Über eine Rampe betritt man die von alten Mauern umgebene malerische **Altstadt.** Stille, verwinkelte Gassen führen bis an die höchste Stelle zum **Kastell.** Hier sind historische Hinweise zu lesen, die sprachlich eine Herausforderung darstellen: „Die griechisch-byzantinische erst sechsten Jahrhundert bildeten das so-Gennante Sarazen-Schloss". Genug (unverständliche) Geschichte, schließlich gibt es ein großartiges Panorama zu bewundern. Über die Altstadtdächer hinweg sieht man auf den Golf von Salerno und die Ebene von Paestum. Im Dunst verschwinden die Amalfitana und Capri.

● **Castello,** tägl. 10–12 und 15–18 Uhr. Eintritt 1,60 Euro.

Information

● **Pro Loco „Agropoli Turistica"**
Corso Garibaldi 38, Tel./Fax 0974825374, www.agropolituristica.it.
● **www.comune.agropoli.sa.it**

Unterkunft

Hotels und Pensionen

● **La Colombaia** (****)
Charmantes, auf einem ruhigen Hügel südlich der Stadt gelegenes Hotel in restauriertem Gutshof. Elegante, komfortable Zimmer mit guten Betten. Ausblicke auf Meer, Amalfitana und Capri. Swimmingpool. Vom Friedhof 2,5 km, an der Zufahrtsstraße eine beeindruckende Ansammlung von Rohbauten, Früchte neuen Wohlstands im Cilento. 12 Zi., DZ/F 70–100 Euro. Nov. geschl. Via Piano delle Pere, Zona Moio, Tel. 0974821800, Fax 0974823478, www.lacolombaiahotel.it.
● **Carola** (***)
Ein gutes Restaurant zeichnet das seit 1890 bestehende Albergo in Hafennähe aus. Dem schönen, älteren Teil wurde ein neuer Flügel angefügt, hier nur wenige Zimmer mit Meerblick. Ein Teil des Hotels ist neu renoviert. Privater Strandabschnitt. 34 Zi., DZ/F 70–80 Euro, HP 68–75 Euro (inkl. Strandbenutzung). Via Pisacane 1, Tel. 0974826422, Fax 0974826425, www.hotelcarola.it.
● **La Tombola** (**)
Freundliches, kleines Hotel nahe der Baia di Trentova. Garten mit Pool. 19 Zi., DZ/F 50–70 Euro. Via Trentova 8, Tel. 0974821412, Fax 0974821188, web.tiscalinet.it/la-tombola.

golf_354 Foto: pa

Agriturismo

• **Dolce Basilico**
Restauriertes Gutshaus, von Oliven und Weinbergen umgeben. Gute Küche. 10 Zi., DZ/F 50–75 Euro, Menu 15 Euro. Via Campanina (von der Ausfahrt „Agropoli Sud" 3 km in Richtung Ogliastro Cilento), Tel. 0974826643, Fax 0974846529, www.dolcebasilico.interfree.it.

Jugendherberge

• **La Lanterna**
Internationale Jugendherberge nördlich der Altstadt, im Rücken des Lungomare. Überlandbusse halten in der Nähe. 56 Betten, z.T. auch in DZ und Bungalows. Ü/F 11 Euro, DZ/F 22–26 Euro. Mitte März bis Ende Okt. Via Lanterna 8, Località San Marco, Tel./Fax 0974838364, lanterna@cilento.it.

Campingplatz

• **La Selva**
Familiär geführter Zeltplatz im Olivenhain oberhalb des Hafens. Pizzeria und Restaurant, in dem man sehr ordentlich essen kann. April bis Oktober. Via Mendola 38, Località Selva, Tel. 0974824995, Fax 0828722967.

Restaurant

• **Barbanera**
Fischlokal und Pizzeria in der Altstadt. Im Sommer Tische auf der hübschen Piazza mit Blick auf den Hafen. 10–20 Euro. Mittags und abends. Im Winter außer Sa. und So. nur abends. Piazza Umberto I., Tel. 0974823164.

An- und Weiterreise

• **Auto:** SS18, 9 km südlich Paestum.
• **Bus:** CSTP und SITA über Paestum von und nach Salerno, Haltestellen in Agropoli am Lungomare San Marco (Jugendherberge) und Via Piave (Altstadt). CSTP (Via Risorgimento 52, Tel. 0974825474, www.cstp.it) aus Agropoli weiter nach Santa Maria di Castellabate, San Marco und Acciaroli.
• **Bahn:** Mehrmals tägl. vom Bahnhof „Agropoli" über Paestum Richtung Salerno und über Vallo della Lucania nach Ascea, Pisciotta und Policastro.
• **Fähren: Navigazione Libera del Golfo** (Tel. 0815527209, www.navlib.it), im Sommer Tragflächenboote nach Capri und Napoli-Beverello. Eine neue Initiative ist die **Metro del Mare** (Tel. 199-446644, www.metrodelmare.com): Im Juli und Aug. tägl., im Juni und Sept. nur an Wochenenden verkehren Fähren in der gesamten Golfregion, an der Amalfitana und an den Küsten des Cilento.

Unterwegs in Agropoli

• **Parken:** Privater Altstadt-Parkplatz am Fuße des Castello.
• **Öffentliche Verkehrsmittel:** Städtische Busse der SCAT (Tel. 0974838415) u.a. zur Baia di Trentova. Fahrkarten im Bus.
• **Taxi:** Piazza Ferrovia (am Bahnhof), Tel. 0974822271. Piazza Vittorio Veneto (südlich der Altstadt), Tel. 0974822270.

Einkaufen

• **Markt**
Am Donnerstag vormittag Wochenmarkt auf der Piazza Mercato.

Feste/Veranstaltungen

• Im Sommer finden **Freiluftkonzerte in der Altstadt** statt.
• **Festa dei SS. Pietro e Paolo**
Historienspektakel am 29. Juni, das an einen glücklich abgewehrten Türkenüberfall aus dem Jahre 1630 erinnert.
• **Madonna di Costantinopoli**
Am 24. Juli wird die Schutzpatronin der Fischer mit einer Meeresprozession gefeiert.

Baden

Nördlich von Agropoli erstreckt sich kilometerlang der **Sandstrand von San Marco.**

Südlich der Stadt liegt die schöne kleine **Sandbucht Baia di Trentova.** An beiden Stränden herrscht im Sommer organisierter Badebetrieb mit Liegestühlen, Sonnenschirmen und Strandbars.

Bootsausflüge

•Noitour
Von Mitte Mai bis Sept. startet *Antonino Barretta* bei gutem Wetter mit seinem traditionellen *gozzo* (Holzboot) vom Hafen Agropoli aus zu Ausflügen bis an die Punta Licosa. Via C. Ianni 6, Tel. 0974823852, Mobil 3288967794, www.noitur.it.

Wandern

Punta Tresino

Ein kurzes Stück oberhalb der Baia di Trentova zweigt links vom Tennisclub eine Schotterstraße in Richtung Süden ab. In ca. 45 Min. erreicht man auf einem Weg mit herrlichen Ausblicken die Ruinen des Küstenwachturms an der Punta Tresino. Am Anfang des Weges ist eine Tafel mit einer Kartenskizze aufgestellt. Die Wanderung wird von Santa Maria di Castellabate aus als Rundweg beschrieben.

Santa Maria di Castellabate, Castellabate und San Marco

⇗ **XII, A2**

Santa Maria ist Verwaltungssitz einer ausgedehnten Kommune, zu der auch der mittelalterliche Bergort Castellabate und das Hafenstädtchen San Marco gehören. Der elegante Fischer-Borgo **Santa Maria di Castellabate** wurde als erster im Cilento vom Tourismus ent-

golf_359 Foto: pa

deckt, kein Wunder angesichts kilometerlanger Sandstrände, die sich zu beiden Seiten des Städtchens anschließen. Zum Glück sind der schönen Küste Bettenburgen und gesichtslose Apartmentsiedlungen weitgehend erspart geblieben. Das Herz der Altstadt schlägt an einer Sandbucht, die im Halbkreis von Fischerhäusern, Ristoranti, Bars und ehrwürdigen Palazzi umstanden ist. Fischer und Liebespärchen sitzen auf den Steinmauern, bewacht vom aragonesichen Küstenwachturm und einer fröhlich-bunten Madonnenstatue. S. Maria a Mare, die Kirche der Stadtpatronin, liegt nicht weit. Das Innere ist liebevoll

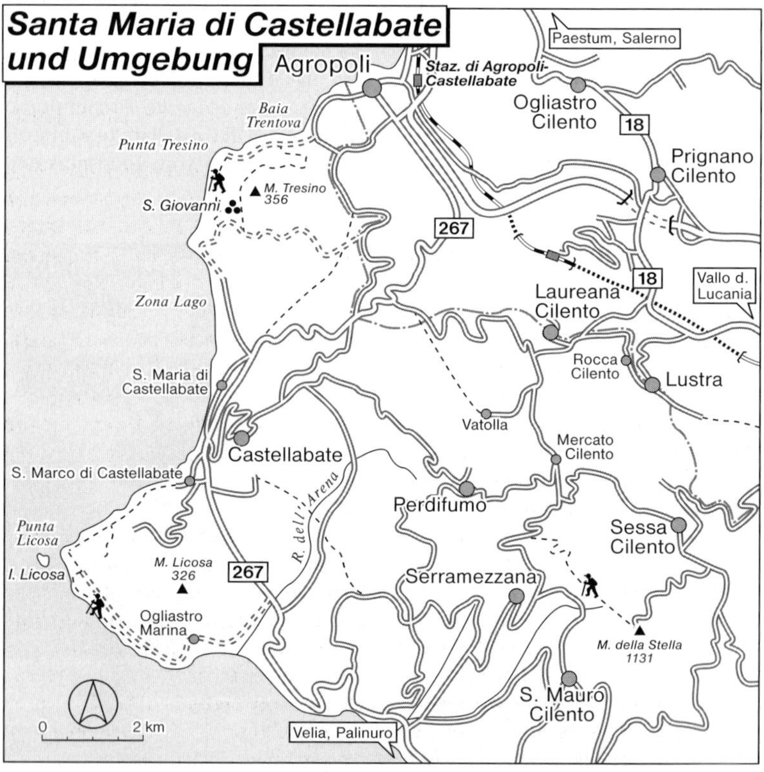

mit Ex-Voti der Fischer ausgeschmückt. Jedes Jahr wird die Meeresmadonna am 15. August mit einer großen Prozession zu Wasser und zu Lande gefeiert.

Dank der Touristen fließt Geld in die Gemeindekasse, und stolz wurde unlängst der **Corso Matarazzo,** Flanier- und Einkaufsmeile von Santa Maria, frisch gepflastert und zur Fußgängerzone erklärt. Ein großer **Park** umgibt die **Villa Matarazzo,** hier finden kulturelle Veranstaltungen aller Art statt. Am Lungomare ist ein kleines **Antiquarium** zu besichtigen. Zahlreiche antike Unterwasserfunde, in den Gewässern vor Santa Maria und San Marco geborgen, sind hier ausgestellt.

● **Antiquario Comunale,** Via Naso. April bis Oktober tägl. 10–12 Uhr und 18–21 Uhr. Eintritt frei.

Von Santa Maria führt eine enge Serpentinenstraße in das 278 m hoch gelegene **Castellabate.** Der Ort entwickelte sich um das Kastell, das 1123 im Auftrag von *Costabile Gentilcore,* dem vierten Abt der einflussreichen Benediktinerabtei von Cava dei Tirreni, errichtet wurde. Das Kastell diente dem Schutz der Bevölkerung vor Sarazenenüberfällen und erlaubte die Kontrolle der ausgedehnten Handelsaktivitäten, welche die Abtei auch im Cilento wahrnahm. In den Häfen Santa Maria und San Marco wurden Getreide, Öl und Wein für den Fernhandel geladen. Die strategisch gewählte Position des mittelalterlichen Städtchens hoch auf der Bergspitze beglückt den heutigen Besucher mit viel „Belvedere". Verwinkelte Gassen, Bogendurchgänge, labyrinthische Treppenwege führen durch das intakte historische Zentrum. Alle Wege landen früher oder später auf einer kleinen Piazza mit einer Bar, von der aus man einen wunderschönen Blick nach Süden genießt. Hier lassen sich die Einheimischen die Nachmittagssonne auf den Rücken scheinen. Die **Basilika S. Maria de Gulia** wurde Mitte des 12. Jh. errichtet und später barock umgestaltet. Zahlreiche Kunstschätze befinden sich im Inneren, darunter ein Tafelbild aus dem 16. Jh., das den Erzengel *Michael* zeigt. Der Drache nimmt die verführerischen Formen einer Sirene an.

Der freundliche **Hafenort San Marco** bleibt seinen seefahrerischen Traditionen treu. Direkt an der Strada Statale kann man zusehen, wie die *maestri d'ascia* (Axtmeister) traditionelle Holzschiffe von bis zu 20 m Länge unter freiem Himmel auf Kiel legen. San Marco hat heute noch eine aktive Fischfangflotte, im Sommer drängen sich vor allem schicke Yachten in der Marina. In der Antike diente der Hafen der in Misenum stationierten römischen Kriegsflotte als Außenstelle. Reste römischer Villen und Nekropolen konnten in der Umgebung ausgegraben werden, die Funde werden im Museum von Paestum präsentiert.

Ein schöner Badestrand, die **Spiaggia Pozzillo,** erstreckt sich bis Santa Maria. Von San Marco aus führt ein schöner Spaziergang zu dem **Sirenen-Kap Punta Licosa** (s.u.). Auf der südlichen Seite der Halbinsel liegen die verstreuten Häuser von **Ogliastro Marina** an einem sandigen Strand. Hier kann man in einigen guten Fischlokalen essen.

Information

•Ufficio Promozione Turistica
Touristenbüro der Kommune Castellabate. In den Sommermonaten öffnen Infokiosks in den einzelnen Gemeindeteilen. Mo.–Fr. 8–14 Uhr, Di. und Do. auch 15–18 Uhr. Piazza Lucia 1, Santa Maria di Castellabate, Tel. 0974961098, Fax 0974961188.

•Idea Cilento
Raffaela Alloca informiert in ihrem Reisebüro zum Cilento. Prospekte, Fahrpläne und Wanderkarten. Via Toretta 32, Tel. und Fax 0974966727, www.ideacilento.it.

•Associazione Turistica Pro Castellabate
Via G. B. Forziati 40, Castellabate, Tel./Fax 0974967411 (c/o Prof. *Malzone*).

•www.castellabate-comune.it

Unterkunft

Hotels und Pensionen in Castellabate

•Il Castello
Franca Di Biasi führt eine ausgesprochen nette Frühstückspension in der Altstadt. Die Zimmer fallen unterschiedlich aus, haben aber alle ihren eigenen Charme. Wahlweise Ausblicke in das Gassengewirr der Altstadt, auf die Hügel oder das Meer, teilweise mit Balkon oder Loggien. Öffentlicher Parkplatz auf der darunter liegenden Piazza 16 Giugno 1138. 12 Zi., DZ/F 60–90 Euro. Mai bis Okt. Via Amendola, Tel./Fax 0974967169, www.hotelcastello.co.uk.

•Villa Carina
Karin Kappes lebt seit vielen Jahren im Cilento und teilt ihre Begeisterung und ihr Wissen großzügig mit. Unterbringung in verstreut liegenden alten Häusern des Centro Storico in Gehdistanz zum Restaurant. Einfache Zimmer mit Duschen, Betten mit inzwischen neuen Matratzen (!). Reichhaltiges Frühstück und abends gute Cilento-Küche. Interessantes Ausflugsprogramm, u.a. eine kulinarische Wanderreise. Flughafen-Transfer und Mietfahrzeuge können organisiert werden (Autos können vor dem Restaurant parken.). *Karin* verteilt die nützliche „Gäste-Zeitung" und vermietet auch Ferienwohnungen (s.u.). 6 Zi., DZ/F 66–82 Euro, HP 41–46 Euro. Ostern bis Ende Okt. Via S. Eustacchio 6, Tel. 0974967280, Fax 0974845438, www.villacarina.de.

Hotels und Pensionen in Santa Maria di Castellabate

•Santa Maria (****)
Hotel aus den 1970er Jahren an der Spiaggia Pozzillo, dem schönsten Strandabschnitt von Santa Maria. Geräumige Zimmer mit Meerblick und überwiegend neuen, guten Betten. Auch Reisegruppen. Freundliche, hilfsbereite Rezeption! 61 Zi., DZ/F 88–160 Euro (Strandservice inkl.). April bis Okt. Via Velia 15 (wenige Gehminuten südlich des Ortes), Tel./Fax 0974961001, www.grandhotelsantamaria.it.

•Villa Sirio (****)
Charmantes, luxuriöses Hotel in einem Patrizierhaus am Lungomare. Edle, stilvolle Einrichtung. Gutes Restaurant mit schöner Terrasse. 15 Zi., DZ/F 145–230 Euro (mit Meerblick), HP 98–140 Euro (Aug. nur HP). April bis Ende Okt. Via Lungomare De Simone 15, Tel. 0974960162, Fax 0974960507, www.villasirio.it.

•Maria (***)
Einfaches, familiengeführtes Strandhotel im Ortsteil Lago. Kilometerlanger Sandstrand vor der Haustür. Gute Küche. 18 Zi., DZ/F 57–88 Euro. März bis Ende Sept. Corso Beato Simeone 66, Lago, Tel./Fax 0974965107, www.hotelmaria.it.

•Palazzo Belmonte
Von Sternen spricht man hier nicht. Der Prinz von Belmonte öffnet seinen Palazzo von Mai-Okt. betuchten Gästen. Das herrschaftliche Anwesen aus dem 17. Jh. liegt in einem großzügigen Park und ist nur durch eine Mauer vom Meer getrennt. Luxuriöse Zimmer, Pool und Privatstrand. Britisches Publikum. 21 App. im Palazzo (DZ/F 175–650 Euro), 26 App. im modernen Anbau (DZ/F 140–370 Euro). Via Flavio Gioia 25, Tel. 0974960211, Fax 0974961150, www.palazzobelmonte.com.

Hotels und Pensionen in San Marco di Castellabate

•Hermitage (****)
Sehr gepflegtes Hotel in vornehm ausgebautem Gutshof. Das Haus liegt 2 km vom Meer entfernt am Hang. Schöne Ausblicke auf das Meer und Castellabate. Swimmingpool, Tennisplätze. Gute Küche. 36 Zi., DZ/F 110–180 Euro, HP 66–100 Euro. Via Catarozza, Tel. 0974966618, Fax 0974966619, www.hermitage.it.

•Antonietta (***)
Vollständig renoviertes Hotel in der Ortsmitte, gegenüber der Chiesa San Marco. Die Familie *Corrado* kümmert sich mit gutem Essen um das Wohl ihrer Gäste. Im Sommer öffnet das Stelzenrestaurant La Lampara am Meer. Frühstück auf der Dachterrasse. Gästen steht ein *gozzo* (Holzboot) für Bootsausflüge zur Verfügung. 30 Zi., DZ/F 50 Euro, HP 45 Euro (Juni bis Mitte Sept. nur HP). Via De Angelis 1 (Piazza Comunale), Tel. 0974966019, Fax 0974966038.

•La Capanina
Freundliche Familienpension, etwas versteckt am nordöstlichen Ortsrand gelegen, der schöne Strand in Gehdistanz. Einfache saubere Zimmer, z.T. mit Kochnischen, einige der Betten könnten besser sein. Über alle Zweifel erhaben ist das kleine Ristorante der Familie *Agresta,* es existiert seit über 20 Jahren, und der Fisch ist hier garantiert frisch. Parkplatz. 13 Zi., DZ/F 40–60 Euro, HP 35–50 Euro. Via Pozzillo 10, Tel. 0974966191, Fax 0974963759.

•Giacaranda
Exklusives „maison de charme" im stillen Talgrund, von weitläufigem, gepflegtem Garten umgeben. Hier kann man sich erholen und nach allen Regeln der Gastfreundschaft verwöhnen lassen. Nach einem Aperitif gemeinsames Abendessen an einer langen Tafel. Obst und Gemüse aus dem eigenen Garten. Im Haus gibt es viele Katzen. Signora *Luisa,* die aufmerksame Gastgeberin, organisiert Seminare zu spezifisch feministischen Themen, andere widmen sich der *cucina cilentana,* der Unterwasserwelt u.v.a.m. Tennisplatz, Pool. 8 Zi., 1 Suite, 2 App., HP 95–110 Euro. Contrada Cenito (der Ausschilderung „Hotel Hermitage" folgen, gleich nach dem Hotel links abbiegen und auf der Schotterstraße noch 500 m an der Steinmauer), Tel. 0974966130, Fax 0974966800, www.giacaranda.it.

Albergo in Ogliastro Marina

•Da Carmine (***)
Sympathisches, ruhiges Familien-Albergo direkt am Strand. 2001 komplett renoviert, gute Betten. Herausragendes Fischlokal (s.u.). 13 Zi., davon 10 mit Meerblick. DZ/F 60–80 Euro, HP 60–80 Euro. März bis Okt. Tel. 0974963023, Fax 0974963900, www.albergodacarmine.it.

Ferienwohnungen

•A' Cràpa Mangia
Einer der schönsten Plätze im Cilento! Kein Mindestaufenthalt, aber man bleibt oft länger als geplant. *Birte Kokocinski* und *Karl Heinz Simon* haben ein einsam unterhalb von Castellabate liegendes Gehöft mustergültig restauriert (ihr Haus hat Eingang in Architekturführer gefunden!). Herrliche Ausblicke auf Santa Maria und das Meer. Die meist in Nebengebäuden untergebrachten Apartments sind stilsicher eingerichtet, die sanitären Anlagen, Küchen und Betten top. Heizung und Kaminöfen sorgen im Winter und in den Übergangsjahreszeiten für wohlige Wärme. Die Gäste werden auf Wunsch mit Wein, Öl und morgens mit frischen Brötchen versorgt, jede Menge guter Tipps gibt es gratis dazu. Ein toller Platz auch für Familien mit Kindern. Es kann Wäsche gewaschen werden. *Birte* organisiert einige Male im Jahr ein mehrtägiges Eseltrekking durch die Monti Alburni (siehe dort), ein großer Spaß auch für Kinder. 8 App., App. 51–133 Euro. Località Il Cannito – Castellabate (von der nördlichen Zufahrtsstraße nach Castellabate ca. 1 km vor dem Ort rechts abbiegen, die Schotterstraße endet nach 600 m am gelben Gutshaus mit typischem Taubenturm), Tel. 0974967507, Mobil 3396901963, www. crapa.de.

•Vacanze Villa Carina
Karin Kappes vermietet ganzjährig in Castellabate und Umgebung Ferienwohnungen, z.T. auch am Meer. Wochenpreise in der Nebensaison 265–445 Euro, im August 365–

670 Euro. Transfer und Mietfahrzeuge werden auf Wunsch organisiert. Kontakt in Deutschland über *Eric Kappes*, Alte Darmstädter Str. 6, D-64367 Mühltal, Tel. 06151-9515440, Fax 0171-151421007, info@villacarina.de, www.villacarina.de, bzw. in Italien direkt über *Karin Kappes* c/o Ristorante-Pensione Villa Carina (s.o.).

Agriturismi

●La Mimosa
Ruhige Lage mit Blick über das Valle Difesa in Richtung Monte Stella. Moderne Apartments, 2 Zimmer in gemütlichem Steinhaus (jeweils gute Betten!). Der 5 ha große Garten mit Gemüsebeeten, Obsthainen und Kleintierstallungen ist ein Paradies für Kinder! Ausgezeichnete Küche mit Zutaten aus biologischer Produktion. Kleiner Pool. 8 Zi., DZ/F 54–60 Euro, HP 37–45 Euro. Contrada Difesa - Perdifumo (am westlichen Ortsrand von Castellabate von der Kapelle Madonna della Scala ca. 2 km der Ausschilderung bergab folgen; von der Küstenstraße SS267 in San Marco auf Höhe des Conad-Supermarktes ca. 4 km bergauf), Tel./Fax 0974851998, www.agriturismolamimosa.it.

●Podere Annunziata
Altes Gutshaus unterhalb von Castellabate, ruhig inmitten von 7 ha Oliven gelegen. 14 App. für 2–5 Personen, ab 450 Euro pro Woche (mind. 3–7 Tage). Keine Mahlzeiten. Von der SS267 auf der Höhe von San Marco an der Apotheke ins Landesinnere abbiegen und 2 km bis zur Località Annunziata fahren. App. auch in der Altstadt von Santa Maria di Castellabate. Info und Buchung über Tommaso Perrotti in Santa Maria di Castellabate, Via Flavio Gioia 23, Tel. 0974961137, www.agriturismoperrotti.it.

●Raggio di Sole
Einsam unterhalb von Castellabate gelegenes Haus mit freundlicher Atmosphäre und schönen Blicken auf Meer und Monte Licosa. Geräumige Zimmer mit guten Betten. Auf dem weitläufigen Grundstück werden Oliven, Wein, Obst und Gemüse angebaut, und es gibt jede Menge Tiere. Sehr gute Küche mit frischen Zutaten. Die sympathische *Giovina Marrone* spricht ausgezeichnet deutsch. 8 Zi., DZ/F 56–72 Euro, HP 38–47 Euro. Mitte Nov. bis Mitte Dez. geschlossen. Via Terrate (in Castellabate Richtung Friedhof fahren und direkt hinter dem Friedhof rechts abbiegen, die etwas abenteuerliche Stichstraße endet am Agriturismo), Tel. 0974967356, Fax 0974967728, www.agriturismoraggiodisole.it.

Campingplätze

Nördlich von Santa Maria liegen in der Zona Lago zahlreiche Campingplätze am herrlich langen Sandstrand. Die meisten haben nur eine kurze Sommersaison.

●Trezene
Die empfehlenswerte, gepflegte Anlage erstreckt sich mit schattigen 25.000 m² zu beiden Seiten der Straße. Direkter Zugang zum Strand. Zeltplätze, Stellplätze und gemauerte Bungalows. Juli und Aug. Animation, am Sa. Piano-Bar. 2 Personen, Zelt und Auto 16,50–29 Euro; Bungalow für 2 Pers. ab 290 Euro pro Woche. Anfang April bis Ende Okt. Via B. Simeone, Tel. 0974965027, Fax 0974965013, www.trezene.it.

Essen und Trinken

Restaurants und Trattorien in Castellabate

●Caicco
Die alten Stallgebäude des Palazzo Matarazzo beherbergen seit über 13 Jahren ein ausgezeichnetes, schickes Fischlokal. Auf den Terrassen sitzt man in Hecken-Separees und genießt bei Kerzenschein den Blick aufs Meer. Im Sommer Piano-Bar. Mo. Ruhetag. Nov. geschlossen. So. auch mittags, ansonsten nur abends. Menu 25–35 Euro. Gegenüber der Chiesa Madre auf den Treppenstufen absteigen. Via S. Biagio 8, Tel. 0974967291.

●Il Calesse
Fischlokal zu Füßen des Kastells. Bei gutem Wetter sitzt man angenehm im schattigen Hof. Menu ca. 20–25 Euro. April bis Oktober. Mittags und abends. Via G. Murat, Tel. 0974967254.

●Cantina Belvedere
Der namensstiftende Traumblick aufs Meer wetteifert mit den ebenso apparten, wie köst-

lichen Antipasti-Tellern. Ansonsten regiert hier eine kreative Fischküche. Von *pesce fresco* versteht *Fioravante Lembo* einiges, er ist Sporttaucher. 15–35 Euro. Ostern bis Okt. tägl. mittags und abends; im Winter Fr. und Sa. abends, So. mittags. Tel. 0974967030, Mobil 3387028182.

•Villa Carina
Nettes Altstadtlokal, das solide *cucina cilentana* serviert. Abends auch Pizza. Im Sommer sitzt man im Freien unter einer Pergola. Nur abends. 15–25 Euro. Ostern bis Ende Oktober. Via S. Eustacchio 6, Tel. 0974967280.

Restaurants und Trattorien in Santa Maria di Castellabate

•Arlecchino
Ordentliches Fischlokal, am Abend auch Pizza aus dem Holzofen. Im Sommer sitzt man auf einer schönen Terrasse über dem Strand. 15–30 Euro. Okt. bis Ostern nur Sa. und So. Lungomare Perotti, Tel. 0974961889.

•I Due Fratelli
Grundsolide Fischgerichte, abends gute Pizza. Im Sommer sitzt man auf der Terrasse mit Blick aufs Meer. 15–30 Euro. Mi. Ruhetag. Mittags und abends. Via Sant'Andrea 13 (direkt an der SS267, gegenüber der ERG-Tankstelle), Tel. 0974968004.

•La Taverna del Pescatore
Eines der besten Fischlokale in weitem Umkreis, im Stil edel-rustikal. Die raffiniert zubereiteten Speisen erfreuen auch das Auge, selbst ein schlichter Teller frittierter Tintenfische ist hier ein Gedicht. Gute Auswahl an Weinen und hausgemachten *dolci*. Im Sommer sitzt man unter einer Pergola im Freien. Eigener Parkplatz. 35 Euro. Mo. Ruhetag. Mittags und abends. März bis Nov. Via Lamia (nördlich des Zentrums), Tel. 0974968293.

•Mirage
Sympathische Strandbar, das Ristorante öffnet außerhalb der Saison nur mittags. *Antonio Cipullo* vermietet auch Sonnenschirme und Liegen am Strand (Duschen). Kleinigkeiten wie Panini, Salate oder gegrillte Sardinen, hausgemachte Pasta. 5–25 Euro. Anfang Mai bis Ende Sept. Via Pozzillo (Zufahrt von der SS267 bzw. über den Strand zu erreichen), Tel. 0974961496, 0974966253.

Restaurants und Trattorien in San Marco di Castellabate

•Cappa
Enzo Durazzo führt sein freundliches Fischlokal im Zentrum von San Marco, seine Frau *Rosalba* steht am Herd. Sardellen in allen erdenklichen Zubereitungsarten. Kleiner Speisesaal und zwei große Terrassen. *Enzo* vermittelt auch Ferienwohnungen in San Marco (www.ideacilento.it). 20 Euro. Mo. Ruhetag. Mittags und abends. Nov. geschl. Piazza Comunale, Tel. 0974966394.

•Leucosia
Verdauungsspaziergang vorab – das nette Sommerlokal in Nähe der Punta Licosa lässt sich von San Marco aus in 30–45 Min. zu Fuß erreichen (siehe „Wandern"). Punta Licosa, Tel. 0974961149.

Restaurant in Ogliastro Marina

•Da Carmine
Seit 1965 ein Garant für ausgezeichnete, ehrliche Fischküche. Ehrlich sind auch die Preise. Bei den *primi* überraschen aufs Angenehmste die *Castellane alla Carmine,* kurze Nudeln in einer würzigen Tomaten-Steinpilz-Venusmuschelsoße. Den frischen, selbst gefangenen Fisch gibt es gegrillt, gedünstet oder *all'acqua pazza*. Der Zitronenkuchen ist ein Gedicht! Terrasse über dem Strand, darüber gibt es ein kleines Albergo (s.o.). Mittags und abends. März bis Okt. Tel. 0974963023.

Bar

•La Piazzetta
In der ehemaligen Metzgerei auf der hübschen Hauptpiazza von Castellabate haben einige *ragazzi* diese sympathische Bar aufgemacht. *Luigi Severino* engagiert sich in der Pro Loco und ist damit die beste Info-Quelle. Mo. Ruhetag. Piazza 10 Ottobre, Mobil 33328559937, 3382498337.

An- und Weiterreise

•Auto: S. Maria di Castellabate und S. Marco di Castellabate liegen an der SS267, zwei Bergstraßen führen von der Küstenstraße nach Castellabate hoch.

• **Bus:** Zwischen Salerno und Acciarioli verkehren regelmäßig die blauen Busse der CSTP, sie halten unterwegs in Paestum und Agropoli. Täglich zwei bis drei Verbindungen von und nach Neapel. In Santa Maria halten die Busse am nördlichen Ende des Corso auf der Piazza Matarazzo. Tickets am Kiosk bzw. im nahen CSTP-Büro (Corso Matarazzo 3, Tel. 0974961023, www.cstp.it).
• **Bahn:** Der nächste Bahnhof befindet sich im 15 km entfernten Agropoli. Anschluss mit CSTP-Bussen.
• **Fahrzeugverleih:** Antares '91 (Via Pagliarola, Santa Maria di Castellabate, Tel. 0974960241, Mobil 3356389719, www.antares91.com), *Franco Nigro* bietet persönlichen Service und ist die preisgünstige Alternative zu den internationalen Anbietern. Kleinwagen ab 280 Euro pro Woche, Mountainbike 15 Euro pro Tag (45 Euro die Woche, aus organisierte Ausflüge mit Führer).

Unterwegs in Santa Maria di Castellabate

• **Parken:** In Santa Maria di Castellabate gebührenpflichtige Parkplätze an beiden Enden des Corso, 1 Euro pro Std. In Castellabate am Ortseingang bzw. auf der Piazza 16 Giugno 1138.
• **Öffentliche Verkehrsmittel:** Orangefarbene Nahverkehrsbusse verbinden die einzelnen Ortschaften der Gemeinde Castellabate miteinander. Abfahrt in Santa Maria nahe der Piazza Lucia (südlich des Corso). Tickets zu 0,80 Euro am Kiosk oder im Bus.
• **Taxi:** *Giuseppe Schiavo* (Contrada Tiro a Segno, Castellabate, Tel. 0974851930, Mobil 3395387000), Transferservice, Taxifahrten.
• **Boote:** Vor allem im Sommer werden aus den Häfen Santa Maria und San Marco Bootstouren entlang der Küste und zur Isola Licosa angeboten. Holzboote, etwa die typischen *gozzi,* können auch geliehen werden.

Banken

In Santa Maria di Castellabate finden sich Banken mit Geldautomaten am Corso Matarazzo bzw. an der Piazza Lucia.

Kinderarzt

• **Dott. Giancarlo Maurizio Feo,** Corso Matarazzo 12, Santa Maria di Castellabate, Tel. 0974961414, Mobil 330954958.

Reisebüro

• **Nita Travel**
Hotelaufenthalte in Castellabate, Ausflugsprogramm im Cilento. Corso Matarazzo 5, Tel. 0974960224, Fax 0974961200, nita@costacilento.it.

Einkaufen

Am Samstagvormittag wird in Santa Maria di Castellabate in Nähe der Piazza Matarazzo ein **Wochenmarkt** abgehalten. Am Corso finden sich etliche gut sortierte **Fischgeschäfte,** in denen Selbstversorger bestens einkaufen können.

• **Bufalina**
Feinkostgeschäft mit Spezialitäten des Cilento. Corso Matarazzo 155, Tel. 0974961356.
• **De Conciliis**
Das vielfach ausgezeichnete Familienunternehmen (2004 „Drei Gläser" für Naima '01!) hat sich auf autochthone Reben des Cilento spezialisiert. Die jungen, engagierten Winzer setzen dabei nicht auf hohe Erträge, sondern auf Qualität. Starke Sonneneinstrahlung und die Nähe zum Meer verleihen dem weißen Fiano Donna Luna so viel Aroma, dass er wie Rotwein in großen Gläsern serviert werden sollte, damit er sich voll entfalten kann. Der Wahlmünchner *Vincenzo d'Orta* beteiligt sich an der Erzeugung des Zero, einem der besten Rotweine Kampaniens. In einem Raum mit grob gezimmerten Holztischen kann man nach telefonischer Vorbestellung Wein verkosten. Dazu werden lokaler Käse und Würste gereicht. De Concilis produziert auch Olio Extra Vergine d'Oliva. Von der SS18 Richtung Prignano, kurz vor dem Ort auf der linken Straßenseite. Località Querce 1, Prignano Cilento, Tel./Fax 0974831090, www.viticoltorideconciliis.it.

Feste

• S. Costabile
Am 17. Februar feiert Castellabate seinen Stadtpatron.
• S. Marco
Zu Ehren des Patrons von S. Marco di Castellabate findet am 25. April eine Bootsprozession statt.
• S. Maria a Mare
Am 15. August feiert Santa Maria di Castellabate ihre Patronin mit einer Bootsprozession und einem großen Feuerwerk.

Baden

Nicht zufällig hat sich der Tourismus **um S. Maria di Castellabate** besonders stark entwickelt. Nördlich und südlich der Stadt locken **lang gezogene Sandstrände.** Eine schöne Sandbucht liegt in **Ogliastro Marina.** Als sichtbares Zeichen ausgezeichneter Wasserqualität weht über allen Stränden die Blaue Flagge.

Tauchen

• Galatea Centro Sub
Seit 1972 sind die Küsten und Unterwassergründe vor Castellabate als Parco Marino geschützt, inzwischen Teil des Nationalparks. *Claudio Macarella* bietet Kurse nach PADI-Richtlinien und Tauchtörns für bereits zertifizierte Taucher an. Ausrüstung kann gestellt werden. Anfang April bis Nov. Via Porto – S. Marco di Castellabate, Tel. 0974968007 (privat).

Bootstouren

• Sea Rent and Rescue
Von Mai bis Okt. Ausflüge auf traditionellen Holzsschiffen zur Isola Punta Licosa (3 Std., ab 4 Personen, ca. 60 Euro). Porto – S. Marco di Castellabate, Tel./Fax 0974966542, Mobil 339689993, 3334033697, www.searentandrescue.com.

Wandern

Nicht nur schöne Strände, sondern auch eine Reihe reizvoller Wanderungen lockt in der Umgebung von Santa Maria di Castellabate. Zwischen Santa Maria und Agropoli bildet der Monte Tresino eine Halbinsel, die im Süden ihr Pendant in der Halbinsel des Monte Licosa findet. Beide bieten sich zur Erkundung an, und nach den Wanderungen kann man sich im Meer erfrischen. Santa Maria di Castellabate und den Bergort Castellabate verbindet ein Treppenweg. Etwas weiter im Landesinneren erhebt sich der Monte della Stella (1130 m), nicht der höchste, aber der Berg des nördlichen Cilento mit der besten Aussicht.

Punta Tresino

Abwechslungsreiche Wanderung mit weiten Landschaftsblicken auf Meer und Berge. Kindern macht es Spaß, den verlassenen Ort S. Giovanni zu erkunden. Unterwegs Ruinen verlassener Gutshäuser, duftende Macchia, aber wenig Schatten! Breite Schotterstraßen, abschnittsweise schmale Pfade und alte Wirtschaftswege. Obwohl der Weg offiziell als Wanderweg eingerichtet wurde, lassen sich nicht alle Gatter unterwegs problem-

Wanderkarten-Tipp

Die Comunità Montana Alento-Monte Stella (Via Roma 1, Laureana Cilento, Tel. 0974832290, 0974832470, www.alento-montestella.it) hat in Zusammenarbeit mit *Peter Hoogstaden* (www.genius-loci.it) ein nützliches Büchlein mit 13 Wanderbeschreibungen herausgegeben. Das Buch mit herausnehmbaren Karten im Maßstab 1:25.000 gibt es für spottbillige 3 Euro in Info-Büros, am Kiosk und in einigen Agriturismi (auch auf Deutsch). Die dort beschriebenen Routen weichen allenfalls im Detail von den im Folgenden beschriebenen Wanderungen ab.

golf_366 Foto: pa

los öffnen! Teilweise rot-weiße Farbmarkierungen. An den Einstiegspunkten des Weges sind Wanderkarten aufgestellt, die jedoch als Rundwanderung eine irrealistische, 26,5 km lange Strecke empfehlen (die Strecke wird auch Mountainbikern ans Herz gelegt, das macht mehr Sinn). Der hier vorgeschlagene Rundweg benutzt den Streckenabschnitt vorbei an den Ruinen von S. Giovanni und führt von der Punta Tresino oberhalb der Azienda Agricola S. Giovanni zurück. Schöne Sandstrände in Lago und an der Baia di Trentova. Reine Gehzeit 3½–4 Std. Lago – S. Giovanni 1 Std., S. Giovanni – Contrada Pàstena 1 Std., Contrada Pàstena – Punta Tresino ½ Std., Punta Tresino – Lago 1 Std.

Anfahrt: Die Wanderung beginnt nördlich von Santa Maria di Castellabate im Ortsteil Lago, der Einstieg kann auch von Agropoli erfolgen. Städtische Busse aus S. Maria in die Zona Lago bzw. aus Agropoli zur Baia di Trentova.

Wanderung: Vom nördlichen Ortsende in Lago (hier lässt sich ein Auto parken) auf breiter Schotterpiste den kieferbestandenen Hang schräg aufsteigen. Bei klarem Wetter erkennt man im Norden die Amalfitana und Capri. Nach etwa 10. Min. gabelt sich die Schotterstraße, links führt eine Stichstraße zur privaten Azienda Agricola S. Giovanni hinab. Nach rechts weiter hoch. Viehgatter sollte man so hinterlassen, wie man sie vorgefunden hat, d.h. geöffnet oder geschlossen. Unterwegs stoßen von rechts, aus dem Rücken des **Cozzo Piano Cupo** kommend, weitere Kiesstraßen dazu. Geradeaus weiter hoch. Vorne am Hang sind bereits die Ruinen der verlassenen Ortschaft S. Giovanni auszumachen. Kurz danach die rechts abzweigende Schotterstraße unbeachtet lassen (ca. 20 Min. ab Start) und in Serpentinen weiter aufsteigen. Auf gleicher Höhe stößt von links ein Pfad dazu, der spätere Rückweg. Von den aufgelassenen Ackerterrassen und Olivenhainen hat inzwischen die Macchia Besitz ergriffen. Die weit verbreiteten hohen Büschel des Mauretanischen Riesengrases *(Amphelodesmus mauretanica)* sind ein Indiz dafür, dass Viehhirten häufig Feuer legen. Nach weiteren 10 Min. Anstieg gabelt sich die Schotterstraße erneut, die Wanderung setzt sich rechts fort. Vorher lohnt der kurze Abstecher zu einer Quelle. Links aufsteigen und in der nächsten Kurve links auf die Dattelpalmen zuhalten. Herrlich klares Quellwasser strömt in einen langen Trog.

Zurück an der Gabelung auf der südlich verlaufenden Piste in lang gezogenen Serpentinen weiter hoch. Herrliche Blicke auf die Strände von Santa Maria di Castellabate, die Punta Licosa, Castellabate und im Landesinneren den Monte della Stella. Auf der Scheitelhöhe trifft die Schotterstraße auf eine querende, eben verlaufende Piste. Links abbiegen. Bald hat man das Zentrum des verlassenen Ortes **S. Giovanni** erreicht (228 m). An der Piazza steht eine eindrucksvolle Freitreppe, linker Hand die Kirche, am kleinen Ecktürmchen zu erkennen.

Setzt man die Wanderung nordwärts fort, kommt man kurz darauf an eine Gabelung – die linke, untere der beiden Fahrspuren wählen – und ein verschlossenes Gatter, über das man klettern muss. Die sportliche Aktion lohnt, nach vorne öffnet sich ein herrlicher Blick. Unterhalb des Monte Tresino führt der Weg eben weiter. Nach dem nächsten Gatter die Gehrichtung beibehalten und nicht auf der Schotterpiste rechts aufsteigen. Die Wanderung setzt sich auf der verwachsenen Fahrspur fort, die bald als Pfad durch hohe Macchia führt. Im Blick Capri, die Amalfitana und die Ebene von Paestum. Unterwegs eine Reihe leicht passierbarer Gatter und wieder rot-weiße Markierungen. Durch einen Mischwald geht es auf einer alten Straße bergab. Mit Blick auf die Baia di Trentova tritt der Weg aus dem Wald. Links abwärts auf dem Pfad bis auf eine holprige Fahrspur, dieser erneut links folgen. Vorbei an der eindrucksvollen Ruine einer *masseria* (Gutshaus) in der **Contrada Pàstena** trifft man von oben auf die breite Schotterpiste, die von rechts von der **Baia di Trentova** heranführt.

Nach links abbiegen. Die Fahrspur führt bald an einem hohen Grundstückszaun entlang. Nach wenigen Minuten an einer Gabelung links weiter. Rechter Hand liegen eine weitere schöne masseria und das Meer. Die Fahrspur quert kurz darauf ein kleines Tälchen und schwenkt im Schatten eines Steineichenwaldes nach rechts. Bald sind die Ruinen des Küstenwachturms an der **Punta Tresino** (64 m) erreicht, vorn taucht wieder die Punta Licosa auf. Wendet man sich um, genießt man einen schönen Blick auf Agropoli.

Auf der Fahrspur weiter in Richtung Süden. Unterwegs sperren große Felsbrocken die Piste (Anzeichen dafür, dass der Besitzer der Azienda Agricola S. Giovanni seine splendid isolation mit allen Mitteln verteidigen möchte?). Die Fahrspur wird zum Pfad, und dieser endet vor einem Maschendrahtzaun, dahinter das erwähnte Anwesen. Es bleibt nichts anderes übrig, als in einem Linksbogen außen am Zaun entlangzugehen, bis man auf der gegenüberliegenden Seite wieder auf einen schmalen Pfad trifft und diesem nach links folgt. Ein Hindernis ist noch zu überwinden, ein Gatter in einem Tälchen, dann führt der Pfad schräg den Hang hoch, bis er auf die breite Schotterstraße trifft. Hier schließt sich der Kreis. Nach rechts bergab, geht es um den Cozzo Piano Cupo herum nach **Lago** zurück.

Punta Licosa

Entspannte Küstenwanderung mit Badegelegenheit. Die eben verlaufende Wanderung folgt ohne Orientierungsprobleme im Wesentlichen dem Küstenverlauf, die Möglichkeit eines Rundweges besteht nicht. Unterwegs kann man auf bezeichnetem Weg zum Monte Licosa aufsteigen (s.u.). Reine Gehzeit 2–2½ Std. (San Marco – Punta Licosa 1 Std., Punta Licosa – Punta Ogliastro 1–1½ Std.). San Marco ist mit öffentlichen Bussen zu erreichen.

Laut *Strabon* und *Plinius* verdanken das schöne Kap und die vorgelagerte Insel ihren Namen der Sirene *Leukosia,* die hier beerdigt liegen soll. Besonders schön ist der Küstenabschnitt zwischen Punta Licosa und Punta Ogliastro. Der schmale Wanderweg verläuft hier mit leichtem Auf und Ab direkt am Meer, teils im Schatten hoher Schirmpinien, teils durch herrlich blühende und duftende Küsten-

Wanderung an der Punta Ogliastro

macchia. Auf der Strecke zwischen San Marco und der Punta Licosa genießt man die Blicke auf den Golf von Castellabate, die Halbinsel des Monte Tresino, auf die Amalfitana und bei guter Sicht auf Capri.

Start in San Marco: Vom westlichen Ende des Hafens hinter dem Hotel L'Approdo der schmalen Fahrspur folgend, geht es im Rücken einiger Ferienhäuser vorbei, in Richtung Punta Licosa. Unterwegs findet sich der erwähnte Abstecher auf den Monte Licosa. Nach 20–30 Min., auf Höhe eines alten Gutshofes mit Taubenturm, geht es über einige Zementstufen hinunter und dann weiter geradeaus. Der Weg führt um einen Acker herum und schwenkt auf die Küste zu. An der Stelle, wo der Weg oberhalb der niedrigen Steilküste nach links biegt, steht (hinter Glas) ein interessantes Kalvarienkreuz. Am Sommerlokal „Leucosia" vorbei, gelangt man auf der Höhe eines winzigen Hafens an eine Kreuzung. Vorne liegt ein Anwesen aus dem 18. Jh., das von dieser Seite den direkten Zugang zur Punta Licosa versperrt. Der Asphaltstraße einige hundert Meter nach links folgen und am Ende des Grundstücks, an der umknickenden Mauer entlang, nach rechts bis zur Küste gehen. Jetzt kann man auf dem Küstenpfad den Abstecher zur Punta Licosa machen und anschließend nach Belieben dem wunderschönen Küstenpfad in Richtung Punta Ogliastro folgen.

Start an der Punta Ogliastro: Nach der Schranke, die nicht-autorisierten Fahrzeugen die Durchfahrt versperrt, von der Kiesstraße links zum Meer hinuntergehen und dem schmalen Küstenpfad folgen. Unterwegs verzweigt sich der Pfad, oder er führt kurzzeitig vom Meer weg, kehrt aber letztlich immer wieder ans Ufer zurück. Kurz vor der Punta Licosa stößt man rechter Hand auf eine Steinmauer. An der Mauer entlang nach rechts bis zur Straße gehen und auf dieser links abbiegen. Von der Küste dem breiten Weg nach rechts in Richtung San Marco folgen.

Monte Licosa (326 m)

Die Wanderung zur Punta Licosa (s.o.) lässt sich mit der Besteigung des Monte Licosa kombinieren, eine lohnende „Bergtour" auch für Kinder! Reine Gehzeit 2 Std. (San Marco – Ex-Semaforo 45 Min., Ex-Semaforo – Monte Licosa 20 Min., Monte Licosa – San Marco 1 Std.).

Wie oben beschrieben, aus San Marco dem küstenparallelen Weg in Richtung Punta Licosa folgen und nach ca. 25 Min. auf Höhe einer Häusergruppe bergseitig auf das Holzschild „Nature trail – Sentiero Ex-Semaforo" achten. Hier nach links abbiegen und auf Treppen seitlich am einsam stehenden, kleinen Haus vorbei hoch. Oberhalb des Hauses steigt der deutlich ausgetretene Weg durch duftende Macchia in lang gezogenen Serpentinen weiter an (rot-weiße Markierung). Nach weiteren 20 Min. stößt der alte Wirtschaftsweg auf einem Grat auf eine breite Forstpiste, die zugleich als Feuerschutzstreifen dient. Die Hänge überziehen Zistrosen, die im Mai in voller Blüte stehen. Nach rechts erreicht man mit wenigen Schritten eine verfallene Marine-Beobachtungsstation (184 m) aus bourbonischer Zeit mit Blick auf die Punta Licosa. Zum Gipfel, der am Turm deutlich zu erkennen ist, folgt man den breiten Forstpisten ins Landesinnere, zweigt unterwegs an der Y-Gabelung links ab und an der nächsten Kreuzung wieder links. Von oben genießt man einen 360°-Blick! Auf dem selben Weg zurück.

Monte della Stella (1130 m)

Im schattigen Kastanienwald und über einen freien Grat steigt man **zu einem der schönsten Aussichtsgipfel des Cilento** auf. Vom Monte della Stella (für Fußlahme von Omignano aus auch mit dem Auto zu erreichen) kann man weite Teile Kampaniens aus der Vogelperspektive betrachten. Deutliche Pfade. Auf dem Grat angelangt, gibt es keine Orientierungsprobleme. Frühjahr und Herbst sind die besten Jahreszeiten. Aufstieg ca. 2 Std., Abstieg 1¾ Std. (Acqua del Ceraso – Vallone Cupo 20 Min., Vallone Cupo – Castelluccio 40 Min., Castelluccio – Monte della Stella 50 Min., Monte Stella – Acqua del Ceraso 1¾ Std.).

Wie der Monte Gelbison ist auch der **Monte della Stella** seit Urzeiten ein **heiliger Berg.** Am Gipfel wurden steinzeitliche Spuren gefunden. In der Antike hatte er eine praktische Bedeutung als Signalberg zwischen Poseidonia (Paestum) und Elea (Velia). Anstelle der alten Langobardenfestung erhebt sich heute das Santuario della Madonna della Stella. Der kegelförmige Berg, der ursprünglich den Namen Cilento trug, ist von einem **Kranz mittelalterlicher Ortschaften** umgeben. Am Karfreitag veranstalten die Bruderschaften der einzelnen Städtchen Prozessionen zu den Heiligtümern der jeweiligen Nachbarorte, insgesamt bewegt sich also eine riesige Prozession um den Berg herum. Mitte August strömen die Gläubigen aus allen umliegenden Ortschaften am Santuario della Madonna della Stella zusammen. Der tagtägliche Kontakt zum Himmel wird auch auf profane Weise aufrechterhalten: Auf dem Gipfelplateau steht eine Radarstation mit einer der wichtigsten Flugleitstellen Süditaliens.

Anfahrt/Ausgangspunkt: Aus S. Maria di Castellabate/Castellabate über Perdifumo bis **Mercato Cilento** fahren. An der T-Kreuzung nicht links zum Ort hoch, sondern nach rechts in Richtung Sessa Cilento abbiegen. Nach wenigen hundert Metern liegen rechter Hand ein Supermarkt und das **Ristorante Castagneto** (Via Castagnone 2, Mercato Cilento, Tel. 0874845106. Immer geöffnet. Hier kann man gut und kräftig essen. *Egidio* und *Alberino Mutalipassi,* der Wirt und sein Sohn, kennen die umliegenden Berge und Wälder wie ihre Westentasche.). Nach dem Restaurant bis an der nächsten Gabelung rechts in Richtung San Mauro Cilento abbiegen und ca. 2 km hinter dem Ort, wenige hundert Meter vor der Passhöhe, rechts an der **Area Attrezata (Picknickzone) „Acqua del Ceraso“ (ex „Acqua della Morte“)** parken.

Wanderung: Vom Holzschild **„Area Acqua del Ceraso“** (700 m) – hier gab es eine Quelle, deren Wasser so kalt war, dass man sich beim Trinken den Tod holen konnte – der Fahrspur folgen und gleich darauf an der Gabelung links weitergehen, vorbei an der Picknickzone und einem Holzpavillon. Der Weg schwenkt nach rechts, verschmälert sich zum Pfad und beginnt im Kastanienwald über Holzstufen aufzusteigen. Ein Holzschild weist zur „Sorgente Vallone Cupo“. Der Pfad quert ein Tälchen, führt unter großen Kirschbäumen, der **Area del Ciliegio,** wieder hoch, fällt erneut ab und quert über eine Holzbrücke den **Vallone Cupo** (660 m) mit einem kleinen Wasserfall.

Auf einem fahrspurbreiten, ebenen Weg geht es wenige hundert Meter nach rechts, dann biegt man links in die querende Forststraße ein, die von Acqua della Morte hochführt. Nach etwa 5 Min. rechts von der Forststraße auf einen angelegten Treppenweg abbiegen. Über Holzstufen geht es im Schatten von Kastanien in Serpentinen hoch. Der Pfad schwenkt nach rechts und führt ins Freie. In Richtung Norden blickt man auf Mercato Cilento hinab. Jetzt nach links zum Grat aufsteigen und auf der anderen Seite des Zaunes dem anfänglich steilen Gratweg bergauf folgen. Die Stelle muss man sich für den Rückweg einprägen! Zur Rechten öffnen sich weite Blicke bis zum Capo Palinuro, vorne sind bereits der Castelluccio und dahinter der Monte della Stella zu sehen. Der Weg führt auf den Zwischengipfel **Castelluccio** (1025), einen herrlichen Rastplatz mit perfektem Rundumblick.

Beim Abstieg auf der anderen Seite kann man Reste alten Mauerwerks erkennen. Aus dem breiten Sattel beim Wiederaufstieg dem Grat folgen. An wunderschönen Felsformationen vorbei erreicht man die Picknickzone unterhalb des Gipfels (1130 m). Auf der Asphaltstraße gelangt man nach rechts zum **Santuario della Madonna della Stella.** Wer sich an der Straße stört, kann zum Rasten ein kurzes Stück zurückgehen. Es herrscht kein Mangel an herrlichen Plätzchen. Auf demselben Weg dann wieder zurück zur Area Acqua della Morte. Zwar gäbe es andere Abstiegsvarianten, da die Kastanienwälder regelmäßig gefällt werden, verändern sich auch die Wege. Ohne Ortskenntnis kann man sich leicht verirren.

Vatolla

↗XII, A2

Ein winziges Bergstädtchen mit Fernblick und Geist. Vatolla, von Castellabate aus über Perdifumo und Mercato Cilento zu erreichen, beherbergte im ausgehenden 17. Jh. einen humanistischen Fürstenhof. Von 1685–96 war der künftig bedeutende Philosoph **Gianbattista Vico** (1668–1744) als Hauslehrer im Palazzo de Vargas angestellt, bevor er 1699 den Lehrstuhl für Rhetorik an der Universität Neapel erhielt. Mit seinem Hauptwerk „Die neue Wissenschaft über die gemeinschaftliche Natur der Völker" begründete *Vico* die Geschichtsphilosophie. Der sehenswerte **Palazzo de Vargas** beherbergt heute ein philosophisches Studienzentrum und die naturkundliche Bibliothek des Nationalparks. Verschiedenfarbige Räume reihen sich aneinander, über den Türstöcken lateinische Sentenzen. Ein bisschen fühlt man sich an das Goethe-Haus in Weimar erinnert.

• **Fondazione Centro Studi Gianbattista Vico,** c/o Palazzo de Vargas, Tel. und Fax 0974845549, www.fondazionegbvico.org. April bis Okt. tägl. 8–13, 14–20 Uhr, Nov. bis März tägl. 8–13, 14–18 Uhr. Eintritt frei.

Bei Streifzügen durch den hübschen Ort sieht man an den Hauswänden immer wieder Zitate aus *Gianbattista Vicos* „La Scienza Nuova". In der Fassade der **Chiesa S. Maria delle Grazie,** die im 11. Jh. über den Ruinen eines antiken Bacchus-Tempels errichtet wurde, sind Bruchstücke römischer Sarkophage vermauert.

Agriturismo

• **Il Vecchio Casale**
Das mit Gusto restaurierte Gutshaus aus dem 18. Jh. liegt direkt am Ortseingang und weist mit einer großen Terrasse auf das Meer und den Monte Tresino. Freundlicher Empfang durch *Anna Maria Malandrino* und stilvoll möblierte Zimmer. 3 ha Olivenhain und ein Obst- und Gemüsegarten umgeben das Haus und liefern die Zutaten der ausgezeichneten Küche. Pool. Mitte Juni bis Mitte Sept. durchgehend geöffnet, sonst an Wochenenden und Feiertagen. 4 Zi., DZ/F 70 Euro, HP 50 Euro. Via Vigna, Tel. 0974845235, Tel. 0974821296 (privat in Agropoli), Mobil 3392598687, www.ilvecchiocasale.it.

Bar

• **Caffé Letterario**
Kleine Bar oberhalb des Palazzo de Vargas. Di. Ruhetag. Via della Posta 7.

Acciarioli, Póllica und Pioppi

↗XII, A2

Der **Fischerhafen Acciarioli** ist ein bei italienischen Badegästen besonders beliebter Ferienort. Seit Jahren weht die *Bandiera Blu* (Blaue Flagge) als Zeichen saubersten Wassers über den **langen Sandstränden,** und auch die italienische Umweltorganistion Legambiente hat dem Ort beste Noten verliehen. Einige erinnern sich noch an *Ernest Hemingway,* der 1953 als frisch gebackener Erfolgsautor von „The Old man and the Sea" zum ersten Mal in Acciarioli

Pioppi: Palazzo Vinciprova

auftauchte. In Person des Fischers *Antonio Masarone* fand er das cilentanische Pendant seines „alten Mannes", mit ihm fuhr er fast täglich zum Angeln aufs Meer hinaus.

Das 366 m hoch gelegene **Póllica** ist ein freundlicher Aussichtsbalkon über dem Meer. Der **Palazzo dei Principi Capano** beherrscht mit imposantem Taubenturm das vom Autoverkehr frei gehaltene mittelalterliche Ortszentrum. Im **Convento S. Maria delle Grazie,** friedlich am östlichen Ortsrand gelegen, beherbergen die Mönche zahlende Gäste in komfortabel ausgestatteten Klosterzellen.

Die Hauptattraktion von **Pioppi,** einem außerhalb des Sommers sympathisch verschlafenen Küstenort, ist das **Museo del Mare,** untergebracht im Palazzo Vinciprova aus dem 17. Jh. Besonders sehenswert ist dessen zum Meer gewandte Schaufassade. Aquarien zeigen die unterschiedlichsten Meeresökosysteme der Cilento-Küsten. Eine Abteilung illustriert traditionelle Methoden des Fischfangs.

- **Museo del Mare,** Via Caracciolo 146, Tel./Fax 0974905059, www.museodelmare.it. Juli bis Mitte Sept. 9.30–12.30 und 18–22 Uhr, Mitte Sept. bis Mai 9.30–12.30 und 15–19 Uhr, Di. geschlossen. Eintritt 2 Euro, ermäßigt 1,50 Euro.

Information

- **Associazione Ripe Rosse**
Touristische Auskünfte und Infos zum Parco Nazionale del Cilento. Interessantes Aus-

golf_407_2 Foto: pa

flugsprogramm mit Wanderungen und Bootstouren. April bis September tägl., Oktober bis März nur Sa., So. geöffnet. Auf halber Strecke zwischen Santa Maria di Castellabate und Acciarioli direkt an der SS267 gelegen. Montecorice, Frazione Agnone, Via Nazionale 47, Tel./Fax 0974964488, riperosse@tiscalinet.it.

- **Info Comune di Pollica**

Touristenbüro am Hafen Acciaroli. Juni bis September Mo.-Sa. 9-13 und 18-21 Uhr, So. 9.30-13.30 Uhr, Okt. bis Mai tägl. 9-13 Uhr, Sa. auch 15-18 Uhr. Località Porto, Tel. 0974904738.

Unterkunft

Hotels in Acciaroli

- **Stella Marina** (***)

Das entzückende Strandhotel wurde im Sommer 2001 von der Familie *Santonicola* eröffnet. Familiäre Atmosphäre, unaufdringlicher Komfort. Großer Garten mit direktem Zugang zum Meer, wo im Sommer eine nette Strandbar steht. 12 Zi., DZ/F 80-100 Euro (Liegestühle und Sonnenschirme inkl.), im Aug. nur VP zu 90 Euro. Via Nicotera 137 (nördlich Acciaroli), Tel. 0974904725, Fax 0974904891, www.stellamarinahotel.it.

- **La Scogliera** (**)

Nettes, einfaches Hotel in einem alten Palazzo direkt am Hafen. *Ernest Hemingways* Name steht im Gästebuch. Geräumige Zimmer mit schlichten Betten, z.T. mit Meerblick. Gutes Fischrestaurant (s.u.). 14 Zi., DZ/F 44-50 Euro, Juli und Aug. nur HP zu 45 Euro. Via Piantieri 34, Tel. 0974904014.

Zimmer im Kloster

- **Convento S. Maria delle Grazie**

Ins Franziskanerkloster zum Ausspannen. Mit allem notwendigen Komfort eingerichtete Klosterzellen mit Bad und Heizung. Auch Halb- oder Vollpension möglich. Vom Kloster führt ein schöner Wanderweg in die Hügel. 8 Zi., DZ/F 70 Euro. Via Ser Nicola 56, Tel. 0974901031 (Kloster). Zimmervermittlung über die Cooperativa Promo Cilento, Via Umberto I. 78 - Póllica, Tel. 0974901516, Mobil 3494144137 *(Giovanni Ferrerese)*.

Agriturismi

- **Le Serre**

Paola Visones gastliches Haus liegt von Oliven umgeben mit herrlicher Aussicht aufs Meer in den Hügeln oberhalb von Acciarioli. Die Gäste können in dem biologisch bewirtschafteten Garten Gemüse ernten oder im Herbst mit anpacken und bei der Olivenernte helfen. 6 Zi., EZ/F 40-50 Euro, DZ/F 80-100 Euro. Località Serre di Fiume - Acciarioli (auf Höhe der nördlichen Acciarioli -Zufahrt von der SS267 1 km ins Landesinnere), Tel./Fax 0974904036, Mobil 3476906824, www.leserre.adpress.it.

- **Monaco**

Nach seiner Dienstzeit in der Ehrengarde des Vatikans widmet sich *Nicola Marrocco* als Mitglied der Cooperativa Agricola Nuovo Cilento (s.u.) dem Anbau biologischer Oliven und Feigen. Absolut ruhig gelegenes Haus mit schöner Aussicht auf Hügel und Meer, von Oliven und Wein umgeben. Zimmer mit einfachen, neuen Holzmöbeln und guten Betten. Beste Küche mit Produkten aus Bioanbau. 3 Zimmer. Unter den Olivenbäumen können Zelte aufgeschlagen werden. 3 Zi., 2 App., DZ/F 46-60 Euro. Menu 15 Euro. Contrada Monaco - San Mauro Cilento (von Castellabate kommend, kurz vor Acciarioli von der SS267 abbiegen und ca. 4 km in Richtung San Mauro), Tel. 0974903042, Mobil 3473661487.

Essen und Trinken

Restaurants und Trattorien in Acciarioli

- **Boccaccio**

Klassisch mediterrane Küche mit hausgemachter Pasta, frischem Fisch und Meeresfrüchten. Ein sicherer Tipp! Mi. Ruhetag. März bis November. Mittags und abends. Menu ca. 25 Euro. Via Lungomare, Tel. 0974904646.

- **La Scogliera**

Fischlokal des gleichnamigen Hotels (s.o.) mit schöner Aussichtsterrasse am Hafen. 15-20 Euro. Mittags und abends. Via Piantieri 34, Tel. 0974904014.

Trattoria in Pioppi

● **La Caupona**
Gemeinsam mit ihrem Mann betreibt *Orsola Pinto,* eine ehemalige Lehrerin, ihr freundliches Lokal in Nähe des Stadtparks am Lungomare. Hier gibt es die einfachen und schmackhaften Cilento-Gerichte, die den amerikanischen Ernährungswissenschaftler *Ancel Keys* in den 1960er Jahren begeisterten. Köstliche Antipasti wie *alici marinate* oder *zeppole con fiori di zucca o alghe* (frittierte Teigbällchen mit Zucchiniblüten oder Algen), im Frühjahr auch Wildgemüse, frischer Fisch. Im Sommer einige Tische im Freien. 15–20 Euro. Mitte Juni bis Mitte Sept. tägl. mittags und abends, sonst nur an Wochenenden. Via Caracciolo (= SS267), Tel. 0974905251, 0974901493.

Trattorien in Póllica

● **Costantinopoli**
Seit 30 Jahren führt die Familie *Marano* ihr gastliches Haus (mit Zimmern!) im Weiler Costantinopoli nordwestlich Póllica. Grundehrliche *cucina di terra,* Gemüse und Fleisch aus eigener Produktion, Brot und *pizza cilentana* (Vollkornmehl, Tomaten und Ziegenkäse) aus dem Holzofen. 20–25 Euro. Mittags und abends. Ostern bis Ende Sept., außer im Sommer nur Sa. und So. Contrada Costantinopoli 6, Tel. 0974901134.

● **La Torre del Pelicano**
Winziges Lokal zu Füßen des Kastells, kleine Gerichte der *cucina cilentana* und Pizza. *Paola Visone* führt oberhalb von Acciarioli einen netten Agriturimo (s.o.). 15 Euro. Mo. Ruhetag. Mittags und abends. Salita Mazziotti, Tel. 0974981303.

Trattoria in San Mauro Cilento

● **Al Frantoio**
Das 2000 eröffnete Lokal nennt sich bewusst „Laboratorio di Ricerca della Cucina del Cilento Antico" und ist ein Ableger der Olivenölmühle Cooperativa Agricola Nuovo Cilento (s.u.). Der Name ist Programm. In einem großen Saal mit Cotto-Boden und Holztischen werden zu absolut fairen Preisen Speisen der traditionellen bäuerlichen Küche serviert. Hier lassen sich einfache und schmackhafte Gerichte wie *aquasale* (hartes, in Salzwasser getränktes Brot mit Olivenöl und Tomaten) oder *ciambotta* (ein deftiger Eintopf aus Auberginen, Peperoni, Zwiebeln und Kartoffeln) entdecken. Guter *vino della casa.* 15 Euro. Juni bis Sept. tägl. mittags und abends; Okt. bis Mai nur Fr. abends, Sa. und So. mittags und abends. Casal Sottano (6 km von der SS267 in Richtung San Mauro), Tel. 0974903243.

Café und Bar

● **Myosotis**
Ein schattiger Gartenplatz über dem Meer, wenige Schritte vom Palazzo Vinciprova. Der Garten ist Mai bis Okt. geöffnet. Via Caracciolo 128 bis (SS267).

An- und Weiterreise

● **Auto:** Acciarioli und Pioppi liegen an der SS267, nach Póllica führt eine aussichtsreiche Serpentinenstraße.
● **Bus:** CSTP (www.cstp.it) nach Agropoli und Santa Maria di Castellabate.
● **Bahn:** Der nächste Bahnhof liegt in Agropoli bzw. in Marina di Ascea. Von Agropoli Anschluss mit den blauen CSTP-Bussen.

Unterwegs in Acciarioli und Pioppi

● **Parken:** In Acciarioli ausreichend Parkplätze am Hafen, in Póllica auf der Umgehungsstraße parken, in Pioppi gibt es einen kleinen Parkplatz oberhalb des Museo del Mare.

Einkaufen

● **Cooperativa Agricola Nuovo Cilento**
Olio Extra Vergine d'Oliva D.O.P. und in Rum eingelegte Feigen. Seit einigen Jahren produziert die Cooperativa auch biologisches Öl (5 l 22–30 Euro), ein Großabnehmer ist die englische Kosmetikfirma Body Shop. Das 2000 eröffnete Restaurant Al Frantoio im gleichen Gebäude ist absolut zu empfehlen (s.o.)! Tägl. 8–17 Uhr. Casal Sottano – San

Mauro Cilento (6 km von der SS267 in Richtung San Mauro), Tel. 0974903239, www.cilentoverde.com

• Panetteria del Cilento
Kleiner Lebensmittelladen in Pioppi. Spezialitäten des Cilento, Holzofenbrot und guter Käse. Mo.–Sa. 7–13 und 16.30–20.30 Uhr, Do. nachmittag geschlossen. Via Caracciolo (gegenüber Palazzo Vinciprova).

Veranstaltung

• Pioppi di Scena
An lauen Sommerabenden zeitgenössisches Theater vor der Kulisse des Palazzo Vinciprova in Pioppi. Ende Juli bis Ende August. Info und Tickets c/o Museo del Mare (s.o.).

Baden

Den Stränden von **Acciarioli** (Sand) und **Pioppi** (schmaler Kiesstrand) wurde ihre ausgezeichnete Wasserqualität wiederholt bestätigt, sie dürfen die *Bandiera Blu* hissen.

Wandern

• Acciarioli – Póllica – Celso
Die Comunità Montana beschreibt in ihrem Wanderbüchlein (siehe „Kartentipp" bei Santa Maria di Castellabate) den alten Wirtschafts- und Treppenweg, der die Küste mit Casal Velino im Landesinneren verbindet. Besonders lohnend sind die Abschnitte bis Póllica (366 m) und weiter bis Celso (418 m). Gehzeit einfach 2–2½ Std.

Velia und Marina di Ascea

↗ XII, B2

Wortwörtlich und von Rom aus betrachtet liegt der Cilento nördlich des Fiume Alento und nördlich Velia, *cis alentum,* wie der Lateiner sagt.

golf_372 Foto: pa

Als beim Bau der Eisenbahntrasse von Neapel nach Reggio di Calabria 1888 ein Tunnel durch den Bergsattel getrieben wurde, auf dem sich ein mittelalterlicher Küstenwachturm erhebt (und wie anschließend bekannt wurde, auch die Ruinen von Velia), fielen dem deutschen Ingenieur und Amateurarchäologen *Wilhelm Schleuning* die zahlreich zutage tretenden antiken Fundstücke auf. Seinen Nachforschungen ist es zu verdanken, dass das antike Velia, dessen genaue Lage in Vergessenheit geraten war, wieder entdeckt wurde. Die Ausgrabungen im heutigen Marina di Ascea begannen 1921 unter *Amadeo Maiuri* und dauern bis heute an.

Geschichte

Das **antike Elea** wurde um 540 v. Chr. von Phokäern gegründet. Die Lage konnte besser nicht gewählt sein. Der Bergrücken an der Mündung des damals schiffbaren Alento, zu drei Seiten vom Meer umspült (durch die Verlandung ist die heutige Küstenlinie weiter vorgeschoben), bot sich als idealer Siedlungsplatz an. Eleas Gründung ging eine regelrechte Odyssee voraus. Fünf Jahre zuvor war Phokäa, eine griechische Stadt Kleinasiens, von den Persern belagert worden. *Herodot* berichtet, dass der persische General *Harpagos* den Griechen nach langer Belagerung das Angebot unterbreitet hatte, pro forma ein paar Mauern der Stadt zu schleifen, um seinem Herrscher *Kyros* eine Erfolgsmeldung überbringen zu können. Die Eroberung sei reine Prestigesache, die Stadt und ihre Bürger sollten unangetastet bleiben. Die Phokäer baten sich einen Tag Bedenkzeit aus, stimmten dann zu, und nachdem die persischen Truppen sich abmachungsgemäß zurückgezogen hatten, beluden die Griechen noch in derselben Nacht ihre Schiffe und fuhren mit Mann, Maus und allen Schätzen davon. Es folgte eine jahrelange Irrfahrt. Bei dem Versuch, auf Korsika zu siedeln, wurden die Phokäer von Karthagern und Etruskern, die die ionische Handelskonkurrenz fürchteten, in eine blutige Seeschlacht verwickelt. Nach dieser Schlappe teilte sich die Flotte, ein Teil der Phokäer gründete darauf Massilia (Marseille), die anderen befanden sich gerade auf der Rückfahrt in Regghion (Reggio di Calabria), als sie eine Botschaft der delphischen *Phyta* erreichte (vielleicht hatten Griechen aus Poseidonia das Orakel bestochen, da ihnen an Verbündeten in der Region gelegen war). Der Orakelspruch empfahl den Phokäern den eingangs beschriebenen Siedlungsort an der Mündung des Alento aufzusuchen. Die zu gründende Stadt nannten sie nach einer Quellnymphe Hyele, später Elea.

Als Handelsstadt gelangte Elea zu Reichtum, ihren gerechten Gesetzen und der von *Parmenides* gegründeten **Philosophenschule** verdankte sie großen Ruhm. Im 4. Jh. v. Chr. gelang es Elea, anders als Poseidonia (Paestum), dem Ansturm der Lukaner zu widerstehen. Früh knüpfte die Stadt politische,

Velia: Mittelalterlicher Küstenwachtturm auf dem antiken Akropolishügel

Gedanken, schneller als eine Schildkröte

Anders als in Paestum oder gar Pompeji verirren sich nur selten Touristenbusse nach Velia. Die Landschaft ist bukolisch, große Teile der antiken Stadt sind noch nicht ausgegraben, und man kann durch Olivenhaine und über Wiesen streifen. Die praktisch veranlagten Wärter nutzen das auf ihre Weise und sammeln im Frühjahr wilden Spargel, im Sommer Schnecken. Eine hervorragende Gelegenheit also, die Stille zu genießen, zu philosophieren, vielleicht in einem Buch von *Luciano De Crescenzo* zu schmökern.

Parmenides, der Begründer der eleatischen Philosophenschule (die auch einen medizinischen Zweig hatte, in dessen Tradition wiederum die mittelalterliche Medizinschule von Salerno stand) wurde um 520 v. Chr. in Elea geboren. Er entstammte einer reichen Familie, war Schüler des *Xenophanes,* mit dem er „vertrauten Umgang pflegte" (Homosexualität in einem Lehrer-Schüler-Verhältnis war im antiken Griechenland nichts Ungewöhnliches), und trat als Gesetzgeber hervor. Als Diplomat im Auftrag seiner Stadt reiste er 460 v. Chr. nach Athen, um die Möglichkeiten eines Bündnisses mit *Perikles* auszuloten. Über den Ausgang seiner diplomatischen Mission ist nichts bekannt, aber *Parmenides* und sein Schüler *Zenon* (auch zwischen ihnen herrschte „vertrauter Umgang") trafen hier auf *Sokrates. Platon* hat im Dialog „Parmenides" dieses philosophische Gipfeltreffen festgehalten, laut *De Crescenzo* „das langweiligste und komplizierteste Gespräch der ganzen Philosophiegeschichte".

Parmenides ist aber nicht langweilig, allenfalls schwierig zu verstehen. In seinem Lehrgedicht „Von der Natur" erhebt er seine radikalen Gedanken über alle Zweifel, indem er sie einer Göttin in den Mund legt. In der Einleitung seines Werks lässt er sich bildlich mit einem Pferdegespann über die Niederungen der alltäglichen menschlichen Wahrnehmung hinweg in den Himmel ziehen, wo ihm die Göttin *Dike* die „abgerundete Wahrheit auf nicht zu erschütterndem Grunde" offenbart. Parmenides möchte eine Erkenntnis vermitteln, die sich über die durchschnittlichen Ansichten, die „dóxa", erhebt. Dabei unterscheidet er streng zwischen Wahrnehmung und Denken. Die Fähigkeit, das Gegenwärtige und Ungegenwärtige, das im Alltagsleben häufig getrennt wahrgenommen wird, zusammen zu sehen, bezeichnet Parmenides als **Geist.** Hier erscheint dieser zentrale Begriff europäischen Denkens zum ersten Mal! Parmenides spitzt die Sache mit dem berühmten Satz „Geistiges Wahrnehmen und Sein sind dasselbe" zu, oder anders formuliert: **„Denken und Sein sind dasselbe."** Parmenides war überzeugt, dass die Wahrheit (das Eine, das Sein, der Geist) etwas „Einziges, Ganzes, Unbewegliches und Nichterschaffenes" sei. Veränderungen oder Bewegungen gab es für ihn nicht. Wenn Sie, werter Leser, jetzt einwenden wollten, dass Sie noch vor einer Woche in Wuppertal waren und jetzt dort nicht mehr sind, sondern in Velia, sich also hierher bewegt haben, hätte Parmenides darauf schnaubend geantwortet, das sei lediglich Ihre Meinung, „es gibt nur Sein", **„das Sein ist",** oder auf gut griechisch: „to éon esti". Da sind Sie platt!

Zugegeben, in dieser Verkürzung ist es nicht leicht Parmenides zu verstehen, und auch viele seiner Zeitgenossen hatten damit ihre Schwierigkeiten. *Zenon* fühlte sich berufen, die Gedanken seines Lehrers zu verteidigen und erfand die **Paradoxa,** Beweise, die sich gegen („para") die Meinungen („dóxa") richteten. Bezüglich der Reise von Wuppertal nach Velia hieße das: *Zenon* behauptet, Sie würden nie ans Ziel kommen, denn bevor Sie Velia erreichten, müssten Sie erst den Mittelpunkt der Strecke überwinden, sagen wir den Brenner, bevor Sie aber den Brenner erreichten, müssten Sie bei Stuttgart einen anderen Mittelpunkt erreichen, und so weiter und so fort. Kurz, um von Wuppertal bis nach Velia zu gelangen, müssten Sie unendlich viele Mittelpunkte auf der Strecke überwinden, dafür bräuchten Sie aber logischerweise unendlich lange Zeit, würden also nie ankommen.

Quod erat demonstrandum. Das berühmte **Paradoxon von Achilles und der Schildkröte** funktioniert ganz ähnlich. Der schnellste Läufer der Griechen soll im Wettlauf gegen das langsamste Tier, die Schildkröte, antreten. Über den Ausgang des Rennens bestehen eigentlich keine Zweifel. Aus Gründen der Fairness darf die Schildkröte eine Schrittlänge vor Achilles starten. Beide nehmen ihre Startposition ein, Achilles auf Punkt A, die Schildkröte einen Meter vor ihm auf Punkt B. Das Startzeichen wird gegeben. Mit einem schnellen Satz erreicht Achilles den Punkt B, wo eben noch die Schildkröte stand, die sich aber in der Zwischenzeit langsam auf Punkt C bewegt hat. Achilles rennt weiter, erreicht den nur wenige Zentimeter entfernten Punkt C, doch die Schildkröte ist nicht mehr da, sie ist bereits auf Punkt D – genau, und so weiter und so fort. *De Crescenzo* erwähnt richtig die hohe Lebenserwartung von Schildkröten. Achilles wird der Schildkröte immer näher kommen, sie aber nie einholen. Dazu gibt *De Crescenzo* folgende Anekdote zum Besten: „Der Kyniker Antisthenes zum Beispiel konnte die Eleaten und ihre ewigen Beweisführungen gegen die Bewegung nicht ausstehen. Es heißt, er sei eines Tages, als es ihm nicht gelang, Zenon und seine Paradoxa zu widerlegen, dauernd im Raum auf und ab gegangen, bis Zenon schließlich ausrief: „Kannst Du nicht einen Augenblick stillstehen?" „Also gibst Du zu, daß ich mich bewege?", erwiderte Antisthenes."

golf_375 Foto: pa

wirtschaftliche und kulturelle **Beziehungen zu Rom** und unterstützte die Römer während der Punischen Kriege mit Truppen und Schiffen. Als Velia wurde die Stadt 88 v. Chr. römisches Municipium, ohne Veteranen aufnehmen oder ihre Selbstständigkeit, das Münzrecht und die griechische Sprache aufgeben zu müssen. Reiche Römer bauten sich prachtvolle Villen, *Cicero* zählte zu den regelmäßigen Besuchern. Aufschlussreich ist einer seiner letzten Briefe, gerichtet an einen befreundeten Anwalt in Velia. Kurz vor seiner Ermordung durch die Schergen des *Marcus Antonius* beklagte Cicero die politische Dekadenz Roms und sehnte sich nach der glücklichen Verfassung Velias.

Die Verlagerung der Handelsströme im 2. Jh. n. Chr., weg vom Meer auf die Via Popilia (die römische Heer- und Handelsstraße, die von Capua durch das Vallo di Diano in den Süden Italiens führte), die Piratengefahr und die allmähliche Versandung des Hafens leiteten den **Niedergang** Velias ein. Im 9. Jh. wurde der Ort endgültig verlassen. Er erlangte nur noch einmal lokale Bedeutung, als im 13. Jh. der Küstenwachturm auf dem ehemaligen Akropolishügel zur Abwehr der Sarazenen errichtet wurde.

Besichtigung

Bei einem Rundgang durch die archäologische Zone durchquert man zunächst in Hafennähe ein **Wohnviertel** aus römischer Zeit. Von dem gut erhaltenen **Thermenkomplex** aus dem 2. Jh. n. Chr. (siehe Exkurs „Ein Thermenbesuch“) führt eine steingepflasterte Straße im Taleinschnitt bergauf, vorbei an dem in Hangstufen angelegten **Äskulap-Heiligtum.** Der Wasserlauf des Yele floss kanalisiert durch mehrere Becken, die für die Hydrotherapie genutzt wurden. Mittelalterliche Nachfolgerin der bekannten Medizinschule wurde Salerno (siehe dort).

Durchschreitet man die **Porta Rosa** (Tor bzw. brückenartige Bogenkonstruktion), sieht man über das Alento-Tal auf den Monte della Stella. In der Antike stand auf dem 1130 m hohen Gipfel eine Signalstation, über die Velia mit Paestum kommunizieren konnte. Kehrt man auf der gepflasterten Straße zurück, kann man unterwegs nach rechts in Richtung Akropolis queren. In geschützter Lage befand sich hier die ursprüngliche Siedlung der Phokäer. Im Zuge der Stadterweiterung im 5. Jh. v. Chr. komplett abgerissen, wurden auf dem Akropolishügel ausschließlich öffentliche Gebäude und Tempel errichtet. Durch das Propylon, einen Monumentaleingang, betrat man den heiligen Bezirk auf der höchstgelegenen Terrasse. Die mittelalterliche Cappella Palatina nimmt einen Flügel des antiken Torgebäudes ein. Provisorisch ist hier das Antiquarium mit der berühmten Herme des Philosophen Parmenides eingerichtet. Vom großen Tempel aus dem 5. Jh. v. Chr. hat sich lediglich das Fundament erhalten. Auf ihm erhebt sich das mittelalterliche Kastell mit dem Wachturm, weitgehend aus antikem Baumaterial errichtet. Ein wunderschöner Spaziergang führt von der Akropolis auf dem Höhenzug mit dem Verlauf der alten

Stadtmauer nach Osten (s.u.). Velia ist ein Ort, der wie geschaffen ist, um seinen Gedanken freien Lauf zu lassen.

- **Scavi di Velia,** tägl. 9 Uhr bis 1 Std. vor Sonnenuntergang. Tel. 0974972396. Eintritt 2 Euro, ermäßigt 1 Euro.

Information

- **Pro Loco di Ascea**
Mo.-Sa. 8.30-13 Uhr und 14.30-19 Uhr. Piazzale della Ferrovia - Marina di Ascea, Tel. 0974972230, proloco.ascea@tiscalinet.it.
- **www.comune.ascea.sa.it**
- **www.trattoblu.com/turismo/ascea.php**
Gute Hintergrundtexte und praktische Infos, v.a. zum Wassersport (ital.).

Unterkunft

Ferienwohnungen

- **Gino Troccoli**
Der rührige Besitzer des Agriturismo Casa Leone (s.u.) vermittelt auch Ferienwohnungen ab 250 Euro pro Woche.
- **Franco Perazzo**
Geräumige, gut ausgestattete Apartments mit bestens funktionierender Heizung im modernen Ortsteil Marina di Ascea. Was den Häusern an Cilento-Charme abgehnt, macht *Franco* durch Gastfreundschaft und Deutschkenntnisse wett. Auf eigenem Land produziert er mit viel Liebe ein Olio d'Oliva vergine, von dem seine Gäste sicher zu kosten kriegen. Den Gartenpavillon mit Pizzaofen und Grillplatz steht allen zur Verfügung, genauso wie Garagen und Waschmaschine. Ab 250 Euro pro Woche. Viale Esperia 9 - Marina di Ascea, Tel./Fax 0974971747, Mobil 3397215103, fam.perazzo@tiscalinet.it.

Bed & Breakfast in Catona di Ascea

- **Dimora Ferolla**
Der kleine Palazzo seiner Vorfahren, in dem *Aldo Ferolla* sein charmantes B&B eröffnet hat, liegt im freundlichen Weiler Catona am Ende einer Gasse mit freiem Blick über Gemüsegärten und ein grünes Tal auf zwei Dutzend Cilento-Städtchen, die Monti Alburni und den Monte Gelbison. Zimmer im EG mit Gemeinschaftsbad, Zimmer im Piano nobile mit eigenem Bad. Ansonsten genießen die Gäste außer dem Luxus der Gastfreundschaft und der absoluten Ruhe eine große Sonnenterasse und ein gemütliches Kaminzimmer. Rechtzeitig vorher anrufen, *Aldo* hält sich manchmal in Salerno auf (Tel. 089751367). Ein guter Ausgangspunkt auch für die Erkundung des reizvollen Landesinneren! Catona liegt 595 m hoch und auf kurvenreicher Straße 12 km von Ascea entfernt. 5 Zi., DZ/F 50-60 Euro (mind. 4 Tage). Via Colonello Romano 23, Mobil 3381532941, www.dimorferolla.it.

Agriturismo

- **Casa Leone**
Die Azienda Agrituristica von *Gino Troccoli* (er spricht ausgezeichnet deutsch und begleitet als geprüfter Führer des Nationalparks seine Gäste auf Berg- und Radtouren) liegt in einem stillen Bergdorf mit herrlicher Aussicht, wenige Kilometer von Velia und der Küste entfernt. Einfache Zimmer mit Blick auf Velia und das Meer. Gute Küche, bei schönem Wetter kann auf der Terrasse gegrillt und gegessen werden. 7 Zi., 1 App., DZ/F 48-65 Euro, HP 33-45 Euro. Via Vittorio Emanuele 8 - Terradura (von Marina di Ascea 8 km, von Ascea 5 km ins Landesinnere), Tel. 0974977003, Fax 0974977921, Mobil 3332579064, www.holiday-cilento.com.

Restaurant in Marina di Ascea

- **Le Macine**
In der Nähe des antiken Velia wird in dieser alten Ölmühle aus dem 17. Jh. vorzügliche *pasta fresca* und frisch gefangener Fisch aufgetischt. *Luciano Ferolla,* der padrone, ist eine unerschöpfliche Quelle lokalen Wissens, seiner Familie gehörte das Gelände des antiken Velia. Mi. Ruhetag. Mittags und abends. Menu ca. 25 Euro. Via Grisi 14, Tel. 0974972142.

An- und Weiterreise

● **Auto:** Die Ausgrabungen von Velia liegen direkt an der SS447, der südlichen Fortsetzung der SS267. Velia ist auch von der nahen SS18 schnell zu erreichen.
● **Bus:** Autolinee Rizzo (Tel. 0974972022), von Velia-Ascea nach Casal Velino und Vallo della Lucania.
● **Bahn:** Der Bahnhof „Ascea" der Linie Salerno - Reggio di Calabria liegt ca. 2 km von den Ausgrabungen entfernt. Sollte kein Bus fahren, kann man ein Taxi rufen (s.u.).

Unterwegs in Velia

● **Parken:** Großer Parkplatz direkt vor den Ausgrabungen.
● **Taxi:** *Angelo Mazzeo* (Mobil 3476695850) oder Autolinee Rizzo (Tel. 0974972022).

Einkaufen

● **Caseificio Chirico**
Beste Käseauswahl. Tägl. 8–13 und 16–20 Uhr. Via Mulino Vecchio 23, Marina di Ascea, Tel. 0974971584.

Veranstaltung

● **Velia Teatro**
Von Anfang August bis Anfang September kommen antike griechische Dramen und römische Komödien in italienischer Sprache in der archäologischen Zone von Velia zur Aufführung. Informationen c/o Pro Loco di Ascea (s.o.).

Baden

Die **Sand- und Kiesstrände von Marina di Ascea,** einem cilentanischen Mini-Rimini, werden vor allem von italienischen Badetouristen aufgesucht. Die Wasserqualität ist ausgezeichnet. Allerdings lässt der moderne Ferienort den Charme anderer Küstenorte vermissen.

Wandern

● **Gino Troccoli** (c/o Agriturismo Casa Leone, s.o.) ist offizieller Führer des Parco del Cilento und hat mehrere Wanderungen in der Umgebung von Velia ausgearbeitet. Seine Gäste stattet er mit detaillierten Wanderbeschreibungen aus oder begleitet sie auch.

Il Crinale degli Dei

Ein besonders schöner Wanderweg wurde **innerhalb der archäologischen Zone von Velia** eingerichtet. Ruinenromantik verdient hier ihren Namen. Die bukolische Szenerie wird um weite Blicke auf das Meer und das Umland bereichert. Von der Akropolis folgt der Weg dem Verlauf der antiken Stadtmauer über den Höhenrücken. Nach Überschreitung der Porta Rosa und vorbei an verschiedenen Heiligtümern gelangt man zum Castelluccio, einem gut erhaltenen Festungsturm aus hellenistischer Zeit.

Pisciotta und Ródio

↗ **XII, B2**

Die Häuser von **Pisciotta** scharen sich dicht um den Palazzo Marchesale auf der Spitze des 170 m hohen Hügels in Meeresnähe. Das mittelalterliche Ortsbild ist völlig intakt. Die zentrale Piazza Raffaele Pinto ist vor allem abends ein ebenso beliebter wie belebter Treffpunkt der Einheimischen. Wie viele andere Orte des Cilento auch war Pisciotta in den vergangenen Jahrzehnten von starker Emigration betroffen. Auf den steilen Treppengassen haben heute kleine Raupenfahrzeuge die Esel als Lastenträger abgelöst. Unter dem Namen Pixoctum (kleines Pixus) entstand Pisciotta als Fluchtsiedlung des antiken, um 900 durch Sarazenen zerstörten Pixus, heute Policastro Bussentino. In der sicheren Stadt suchten im Laufe der Zeit mehr und mehr Menschen Zuflucht. Anfang des 18. Jh. war Pisciotta der bevölkerungsreichste Ort des Cilento, mit einer blühenden Wirtschaft, die auf Olivenanbau und Handel beruhte. Heute noch liegt Pisciotta eingebettet in die schönsten **Olivenhaine.** In der Antike hatten die Griechen die uralte Kulturpflanze an dieser Küste eingeführt, die Römer weiteten den Anbau stark aus. Die **ulivi pisciottane** liefern das **beste Öl des Cilento,** die Bäume erreichen eine Höhe von bis zu 18 m.

Wenige Kilometer oberhalb von Pisciotta liegt das winzige **Ródio,** im 13. Jh. als Kommende der Johanniter von Rhodos (der späteren Malteserritter) gegründet. In den wasserreichen Hügeln waren früher zahlreiche Öl- und Getreidemühlen in Betrieb.

In der **Marina di Pisciotta** lebt eine jahrhundertelange Fischfangtradition fort. In Nächten ruhiger See, zwischen April und Juli, werden die **alici di menaica** gefangen. Die Fischer fahren mit traditionellen *menaide* aus, 8 m langen Holzbooten, und benutzen speziell geknüpfte Netze, die *menaica*. Die Besonderheit besteht darin, dass die Sardellen mit ihren Köpfen in den Maschen des Netzes hängen bleiben und noch im Meer ausbluten. Auf dem Boot werden sie ausgenommen und an Land sofort in Salz eingelegt. Die in Keramikgefäßen eingelegten *alici* reifen in kühlen Räumen heran, bis sie zart und von unübertroffenem Geschmack endlich verzehrt werden können.

Information

- **Pro Loco di Pisciotta**

Infos, Altstadtführungen und Wander-Tipps auf einem Faltblatt. Piazza Raffele Pinto (Ecke Via Roma), Tel. 0974970085, www.prolocopisciotta.it.

- **www.pisciotta-online.it**
- **www.trattoblu.com/turismo/pisciotta.php**

Gute Hintergrundtexte und praktische Infos, v.a. auch zum Wassersport. Hafenpläne zum Ausdrucken (ital.).

Unterkunft

Ferienwohnungen und Zimmer

- **Cilento Ferien**

Deutsche Agentur, die sich auf den südlichen Cilento spezialisiert hat und einige schöne Ferienwohnungen, Agriturismo-Apartments und kleine Hotels anbietet, auch in Pisciotta (siehe „Unterkunft/Ferienwohnungen" in „Praktische Tipps A–Z").

- **Pisciotta „Paese Albergo"**

Privatzimmer in der Altstadt von Pisciotta. Infos c/o Bar Agorà, Piazza Raffaele Pinto, Tel. 0974973034, Fax 0974976637.

- **Rosa dei Venti**

Via Strada Provinciale per Marina 25, Tel./Fax 0974973090, www.rosadeiventivacanze.it.

- **Casa Pixos**

Der Keramikkünstler *Claudio Fezza* hat im mittelalterlichen Zentrum seines Heimatortes einige bestens ausgestattete, geschmackvoll möblierte (gute Betten!) Apartments für 2–5 Personen eingerichtet. Terrassen mit Meerblick. 3 App., 350–690 Euro pro Woche. Via Canto del Gelso 22, Tel. 0974973792, Fax 0974973647, Mobil 3496076795, www.casapixos.supereva.it.

Agriturismi bei Pisciotta

- **Principe di Vallescura**

Der ideale Ort für Freunde der Stille. *Carmine Marsicanos* Agriturismo liegt hoch am Hang, und nichts versperrt den weiten Blick aufs Meer und das Capo Palinuro. Einige Zimmer im Haupthaus, die anderen in einsam gelege-

golf_418_2 Foto: pa

Pisciotta in der Abenddämmerung

nen Nebengebäuden. Neu und stilvoll eingerichtete Zimmer mit guten Betten, komfortablen Bädern, alle mit Heizung. Ausgezeichnete Küche! Öl, Wein, Käse und ein Olivenamaro aus eigener Produktion. Gäste des Hauses haben freien Zugang zum Strandbad „Aqua Bianca" in Marina di Pisciotta. 9 Zi., 1 App. DZ/F 80–90 Euro, HP 45–60 Euro. Nov. geschl. Via Marina Campagna (von der SS447 nach Rodio abbiegen und 2,5 km der Ausschilderung folgen), Tel. 0974973087, Fax 0974973031, www.principedivallescura.com.

• San Carlo

Restauriertes Herrenhaus, dessen Zimmer z.T. mit einer großen Terrasse aufs Meer weisen. Eigentlich perfekt, läge das Anwesen nicht zwischen Straße und Bahngleisen. Doch das Grundstück ist 100 ha groß, und direkt am Meer liegen 3 weitere Apartments. 8 Zi, 3 App., DZ/F 60–80 Euro. Via Noce, Frazione Caprioli (an der Straße Marina di Pisciotta – Palinuro, Nähe Bahnhof „Pisciotta-Palinuro"), Tel./Fax 0974976177, www.cilentonelmondo.it.

Agriturismo bei San Mauro la Bruca

• Il Forno Antico

Mittelklasse-Hotel in ländlicher Lage. Geräumige Zimmer. Pferde, Mountainbikes, Pool und Tennisplatz. Ausflugsprogramm mit Wanderungen und Bootstouren. *Aniello Cusati* produziert ein aromatisches Olivenöl. 22 Zi., DZ/F 72–100 Euro, HP 82–136 Euro. Contrada Forno (an der Straße Richtung San Mauro la Bruca, ca. 6 km von der Küste), Tel./Fax 0974974203, www.ilfornoantico.it.

• Prisco

Vorbildlicher Agriturismo (der auf Subventionen bewusst verzichtet!) in neu errichtetem Steingebäude, das ohne weiteres als geschmackvoll restauriertes Gutshaus durchgehen kann. Freundlich möblierte, komfortable (Nichtraucher-)Zimmer mit top Betten und

Heizung. Ein weiterer Trumpf ist das vom Guide Michelin zitierte Restaurant. Hier wird wirklich noch fast alles selbst zubereitet, die Zutaten stammen größtenteils aus eigenem biologischen Anbau mit Demeter-Zertifizierung, die Olivenbäume sind z.T. 2000 Jahre alt. *Romano Prisco* ist Agronom und produziert auch einen ausgezeichneten Honig. In der Küche zaubert *Rita Prisco* und um die Gäste kümmert sich Sohn *Antonio.* Gemütliches Kaminzimmer mit einem Stutzflügel. Vom Haus aus bietet sich eine herrliche Aussicht auf den Monte Bulgheria und an klaren Tagen sieht man die Liparischen Inseln. Mountainbikes für die Gäste. Hier bleibt man länger als geplant! 6 Zi., 1 App., DZ/F 72–108 Euro, HP 90–126 Euro. Contrada Valle degli Elici 2, Tel. und Fax 0974974153, 0974974928, www.mieledelcilento.com.

Campingplatz

● **Lido Paradiso Club**
Zeltplätze und gemauerte Bungalows am langen Strand. Diverse Sportaktivitäten, u.a. auch eine Tauchschule, die nach PADI- und NAUI-Richtlinien unterrichtet. Restaurant, Supermarkt. Anfang Juni bis Mitte September. An der Küstenstraße ca. 2 km östl. Marina di Pisciotta und 1 km vom Bahnhof „Pisciotta-Palinuro" entfernt. Tel. 0974973232, Fax 0974973577, www.lidoparadiso.it.

Essen und Trinken

Restaurants und Trattorien

● **Angiolina**
Rinaldo Merolas Gartenlokal am Lungomare von Marina di Pisciotta, 1960 von seiner Mutter *Angiolina* gegründet, ist der richtige Platz, um die lokale Spezialität *alici di menaica* zu kosten! Mamma *Angiolina* steht immer noch am Herd und zaubert typische und schmackhafte Gerichte der cilentanischen Küche, die Zutaten von Land und Meer vereint. Fisch und Gemüse regiren gleichermaßen prominent. Köstliche *dolci,* gute Weinauswahl. 25–30 Euro. Mittags und abends. Ostern bis Ende Okt. Via Passariello 2, Tel. 0974973188, 0974970129.

● **'A Tartana**
Urige Fischtrattoria an der Uferpromenade, Tische und Strohstühle verbreiten griechische Inselstimmung. 25 Euro. Mittags und abends. Ostern bis Ende Sept., in der Nebensaison Di. und Do. Ruhetag. Marina di Pisciotta, Tel. 0974973024.

● **Osteria del Borgo**
Freundliche Altstadt-Trattoria unterhalb des Tre Guffi mit schöner Terrasse. Centro Storico, Tel. 0974970113.

● **Perbacco**
Urgemütlich unter alten Ölbäumen an einfachen Holztischen sitzen und beste *cucina cilentana* genießen. Den Fisch liefern die Fischer fangfrisch. Auch aus frischem Gemüse wird hier so manche Köstlichkeit gezaubert. Der Name verpflichtet, im Perbacco lässt man dem Wein besondere Aufmerksamkeit angedeihen. 25 Euro. Mittags und abends. April bis Oktober, bis Juni nur Sa. und So. Contrada Marina Campagna 5 (von Castellabate kommend einige Kilometer vor Pisciotta an der Steilküste über dem Meer), Tel. 0974973849.

● **Tre Guffi**
Bei schönem Wetter sitzt man auf einer Altstadtterrasse am Fuße des Palazzo Marchesale und blickt aufs Meer. Einfache, traditionelle Bauernküche und frischer Fisch. Pizza aus dem Holzofen, auch Brot wird hier selbst gebacken. *Immacolata* und *Mario Caramuta* vermieten in Zusammenarbeit mit Cilento-Ferien (s.o.) Zimmer in der Altstadt von Pisciotta und versorgen ihre Gäste mit guten Wandertipps! Mo. Ruhetag. April, Mai und Okt. nur abends; Juni bis Sept. auch mittags; Anfang Nov. bis März nur Sa. und So. mittags und abends. 15–20 Euro. Via Roma, Tel. 0974973042.

Bar

● **Bar Germania**
Die Bar an der zentralen Piazza hebt sich durch ihr breites Angebot nationaler und internationaler Druckerzeugnisse ab. *Mario Marsicano* vermittelt Ferienwohnungen im Ort. Do. Ruhetag. Piazza Raffaele Pinto, Tel. 0974973409.

An- und Weiterreise

- **Auto:** Pisciotta liegt an der SS447, Ródio und San Mauro la Bruca sind auf schönen Bergstraßen zu erreichen.
- **Bus:** Infante (Tel. 0974932938, www.agenziainfanteviaggi.it), vom Bahnhof „Pisciotta-Palinuro" nach Pisciotta, Palinuro und Marina di Camerota.
- **Bahn:** Der Bahnhof „Pisciotta-Palinuro" der Linie Napoli – Reggio di Calabria liegt einige Kilometer außerhalb des Ortes, Tel. 0974973609.

Unterwegs in Pisciotta

- **Parken:** Parkplätze am Rande der Altstadt.
- **Taxi:** *Antonio Fazio,* Pisciotta, Tel. 0974973132. *Aniello Greco,* Rodio, Tel. 0974973330.

Einkaufen

- **Markt**

In Pisciotta findet mittwochs ein kleiner Wochenmarkt auf der Piazza Mercato statt.

Sprachschule

- **Pisciotta Lingua**

Sommerkurse, siehe Stichwort „Sprache" in „Praktische Tipps A–Z".

Wandern

Um Pisciotta gibt es zahlreiche schöne Wandermöglichkeiten. Der im Folgenden beschriebene alte Wirtschaftsweg wurde auf Initiative von *Mario Caramuta* (c/o Ristorante Tre Guffi) und *Mathias Baldauf* (www.cilento-ferien.de) wieder freigelegt und markiert. Tipps für auch bei der Pro Loco.

Pisciotta (170 m) – Casteluccio (701 m)

Mittelschwere Rundwanderung mit schönen Ausblicken, 4–4½ Std., Hinweisschilder unterwegs.

Von der zentralen Piazza Raffaele Pinto, vorbei an der Bar Murat, auf der steilen Treppengasse Vicolo Tufolo aufsteigen. Im Weiler Valle quert der Weg eine asphaltierte Straße und setzt sich fort in Richtung Ródio. An der Kreuzung mit der Ruine der Capella di S. Bernardo geradeaus auf dem schmalem Pfad durch hohen Macchiawald über den Bergkamm weiter bergauf (nach links setzt sich ein ebenfalls schöner Weg nach Ródio fort). Unterwegs öffnen sich Lichtungen mit schönen Landschaftsblicken. Ein 360°-Panorama bietet der Gipfel mit den Resten eines Kastells. Nach Süden führt anschließend ein breiter Wirtschaftsweg durch den Wald wieder bergab, schwenkt nach Westen und erreicht die Località Zillo mit Wein-, Obst- und Gemüsegärten. Ab hier führt ein schmaler Pfad durch das Tal des Carusello, vorbei an einer alten Mühle, in den Ort zurück (Bar Frantoio).

Baden, Bootsausflüge und Tauchen

Die Strände von Marina di Pisciotta sind mit der Blauen Flagge für gute Wasserqualität ausgezeichnet. Der Camping „Lido Paradiso" betreibt eine Tauchschule (s.o.). Von der Marina aus werden im Sommer Bootsausflüge entlang der Küste angeboten.

Trattoria Il Pirata
nahe des Capo Palinuro

Palinuro

↗XII, B3

... und Palinurus' Name trägt auf ewig die Landschaft.

Vergil: Aeneis, VI. 282

Am **Capo Palinuro** läuft die Cilento-Küste zur absoluten Hochform auf. Imposant erheben sich die steil aus dem Meer aufsteigenden Kalkfelsen des Kaps. Im Norden und Süden setzt sich die Küste mit kilometerlangen, feinen Sandstränden sanfter fort. Bis in die 1970er Jahre ein verschlafenes Fischerdorf, hat sich Palinuro zu einem **beliebten Ferienort** entwickelt. Der Ort ist zwar unorganisch gewachsen, ohne dass jedoch Adria-Verhältnisse eingekehrt wären. Wie immer an italienischen Küsten, herrscht im Hochsommer absoluter Hochbetrieb, und entsprechend ziehen dann die Hotelpreise steil nach oben. Das der Herbst auch für einen Badeurlaub (vom Wandern ganz zu schweigen) hier zu den schönsten Jahreszeiten zählt, hat sich noch kaum herumgesprochen.

Das für die frühe Seefahrt **gefährliche Kap** wurde dem Steuermann des *Aeneas* zum Verhängnis. *Vergil* berichtet darüber in seiner „Aeneis". *Palinuro* schlief am Steuer ein und stürzte ins Meer. Zwar konnte er das rettende Ufer noch erreichen, wurde aber am Strand von den wilden Einheimischen zu Tode gesteinigt. Seither trägt das Kap seinen Namen. In einigen der vielen Grotten am Kap wurden steinzeitliche Feuer-

golf_378 Foto: pa

steinklingen und Fossilien voreiszeitlicher Tiere entdeckt, die ältesten Menschheitsspuren im Cilento. In der Antike kolonisierten Griechen die Küstengegend. **Molpa,** strategisch auf einer kleinen Anhöhe zwischen den Flüssen Lambro und Mingardo im Rücken des Kaps gelegen, war ein vorgeschobener Handelsposten von Elea. In später römischer Kaiserzeit wurde **Melphe** verlassen. Offensichtlich fühlten sich die Bewohner hier nicht mehr sicher, vielleicht machte ihnen auch die Malaria zu schaffen, auf jeden Fall gründeten sie viele Seemeilen nördlich Amalfi.

Die Hauptattraktion des Capo Palinuro sind seine unzähligen **Karstgrotten,** die sich in den steilen Felswänden öffnen. Am besten lernt man sie auf einer Bootsfahrt kennen. Die **Grotta Azzura** macht ihrer Namensschwester auf Capri Konkurrenz, die **Grotta del Sangue** verdankt den blutrünstigen Namen ihrem roten Felsbewuchs, in der **Cala Fetente** (Stinkende Bucht) entspringt eine Schwefelquelle, und die **Baia del Boundormire** empfängt mit einem Hauch Karibik. In der **Grotta della Ossa** wachsen Stalagmiten über einem Friedhof steinzeitlicher Menschen- und Tierknochen. Lange Zeit wurde angenommen, es handle sich um Opfer eines lang zurückliegenden Schiffbruchs.

Information

- **Pro Loco di Palinuro**
Via Parocchia 1, Tel./Fax 0974938144.
- **www.trattoblu.com/turismo/centola.php**
Gute Hintergrundtexte. Praktische Infos zum Wassersport, Hafenpläne zum Ausdrucken (ital.).

Unterkunft

Hotels und Pensionen

Wegen seiner herrlichen Sandstrände ist Palinuro besonders beliebt bei Badegästen. Das Übernachtungsangebot erstreckt sich auf über 30 Hotels, Ferienclubs, Apartmentanlagen und Pensionen.

- **King's Hotel** (****)
Spektakuläre Lage am Capo Palinuro oberhalb der Baia del Buondormire, zu der (nur) vom Hotel aus ein Fußweg hinabführt. Im Sommer Strandbar in der Grotte. Zimmer mit Meerblick und Terrasse, Balkon bzw. kleinem Patio. Einrichtung aus den späten 1970er Jahren. Pool und Beauty-Center. Das Hotel wird u.a. von deutschen Veranstaltern gebucht. 67 Zi., davon die Hälfte App., DZ/F 100–230 Euro. April bis Ende Okt. Via Belvedere – Baia del Buondormire, Tel. 0974931324, 0974931418, www.hotelkings.it.
- **La Torre** (***)
Ruhige Lage in der Hafenbucht von Palinuro, wenige Meter vom Meer. Feinsandiger Privatstrand. Leitung durch die Familie *Fusco.* Hotelzimmer und Apartments mit eigener Kochzeile. Gästeparkplatz. Auf dem Gelände des Hotels arbeitet eine professionelle Tauchschule (s.u.). 42 Zi., DZ/F 80–160 Euro. Anfang Juni bis Ende Sept. Via Porto 5, Tel. 0974931107, Fax 0974931264, www.latorre.ws.
- **Palinuro** (*)
Freundliche Familienpension oberhalb der Hafenbucht von Palinuro. Hundert Treppenstufen führen zum kleinen Privatstrand. Aus den Zimmern Blick aufs Meer. Der Ort, der kleine Hafen und das ausgedehnte Plateau des Capo Palinuro sind zu Fuß leicht zu erreichen. Das Restaurant ist geschlossen. Gästeparkplatz. 7 Zi., DZ/F 70 Euro. Via Porto 12, Tel./Fax 0974931313.

Ferienwohnungen

- **Cilento Ferien**
Deutsche Agentur, die sich auf den südlichen Cilento spezialisiert hat, siehe Stichwort „Unterkunft" in „Praktische Tipps A–Z".

• Il Pirata
Signora Maria Pace vermietet in der Nähe ihrer gleichnamigen Trattoria (s.u.) gut ausgestattete Ferienapartments in alten Steinhäusern. Die Strände am Arco Naturale können zu Fuß erreicht werden. 5 App., Ü 15–20 Euro pro Person in der Nebensaison. Mai bis Okt. Tel. 0974938365 (casa), carmenpace@tiscalinet.it.

Agriturismi

• Isca delle Donne
Altes, geschmackvoll renoviertes Steinhaus, von einer Glasveranda umgeben. Ruhige Lage am Fuß des Monte Molpa. Hof mit vielen Tieren, Reitausflüge möglich. Gutes Restaurant, neuerdings auch Apartments in gut ausgestatteten Holzbungalows (bis zu 6 Personen). 3 App., je 75–125 Euro, Menu 20 Euro. Via Isca delle Donne (von der SS562 am Ristorante Dalino Richtung Meer abbiegen), Tel./Fax 0974931826,
www.iscadelledonne.com

• Sant'Agata
Agriturismo im unteren Talabschnitt des Mingardo. Ruhig und mit schönem Blick aufs Meer am Hang gelegen. Geräumige, einfach möblierte Zimmer mit Balkonen. Ausgezeichnete Küche mit Zutaten aus eigener Produktion. *Lello de Rosa* organisiert für seine Gäste Ausflüge und Bootstouren, seine Frau ist übrigens Engländerin. Auch Stellplätze für Zelte und Camper auf olivenbeschatteten Terrassen mit Duschen und WC (2 Personen, Zelt und Auto 28 Euro). 7 Zi., 1 App., DZ/F 65–86 Euro, HP 43–57 Euro. Ostern bis Ende Okt. Località S. Agata Nord (von der SS562 östlich von Palinuro auf Höhe der IP-Tankstelle ins Landesinnere abbiegen und der Ausschilderung folgen), Tel. und Fax 0974931716, www.agriturismosantagata.it.

Campingplätze

Zwischen Palinuro und Marina di Camerota säumen zahlreiche Campingplätze und Ferienclubs den herrlichen, pinienbeschatteten, kilometerlangen Sandstrand. Die Saison ist kurz, das Publikum besteht in erster Linie aus italienischen Badegästen.

• Arco Naturale Club
Gepflegte, große Anlage mit direktem Zugang zu den schönen Buchten am Arco Naturale. Zeltplätze, Stellplätze für Camper und Bungalows. Zahlreiche Sporteinrichtungen, wie z.B. Tennisplätze, Pool, Tauchschule (s.u.). Mitte Juni bis Mitte September. Tel. 0974931157, Fax 0974931975, www.arconaturaleclub.com.

• Sant'Agata
Agriturismo mit Zeltplatz (s.o.).

Restaurants und Trattorien

• Da Carmelo
Das rustikale Fischlokal von *Adele* und *Sergio Ferva* ist seit über 25 Jahren ein Pfeiler der *cucina cilentana*. Unbedingt die *antipasti della casa* probieren! 25–30 Euro. Mi. Ruhetag. Nov. bis Dez. geschl. Località Isca (direkt an der SS562 in Nähe des Arco Naturale), Tel. 0974931138.

• Il Pirata
Von alten Olivenbäumen umgebene rustikale Trattoria. Unter einer Blechpergola kann man sich einfache, schmackhafte Gerichte zu konkurrenzlos günstigen Preisen munden lassen. Signora *Maria Pace* vermietet nebenan Ferienapartments (s.o.). 10–15 Euro. Mittags und abends. Juli und Aug. Località Piedi Molpa (ein kurzes Stück nördlich des Camping Arco Naturale), Tel. 0974938365 (casa).

• Isca delle Donne
Geschmackvoll restauriertes Steinhaus am Fuß des Monte Molpa. Öl, Wein und Gemüse aus eigener Produktion. 15–20 Euro. Isca delle Donne (von der SS562 am Ristorante Dalino Richtung Meer abbiegen), Tel. 0974931826.

• Sant'Agata
Das ausgezeichnete Restaurant des gleichnamigen Agriturismo (s.o.) öffnet auch für Gäste, die hier nicht übernachten. In luftiger Höhe genießt man unter einer Weinlaube bodenständige Cilento-Küche, deren Grundzutaten – Olivenöl, Gemüse, Geflügel und Kaninchen – vom eigenen Hof stammen. Köstlich das gefüllte Gemüse und die frisch zubereitete Pasta. Offener Hauswein. 20 Euro. Mittags und abends. Ostern bis Ende Okt.

An- und Weiterreise

- **Auto:** Palinuro liegt an der Küstenstraße SS447. Als SS562 setzt sich die Straße in Richtung Marina di Camerota fort.
- **Bus:** Infante (Tel. 0974932938, www.agenziainfanteviaggi.it), vom Bahnhof „Pisciotta-Palinuro" nach Palinuro, Pisciotta und Marina di Camerota.
- **Bahn:** Der Bahnhof „Pisciotta-Palinuro" der Linie Napoli – Reggio di Calabria liegt einige Kilometer nordwestlich des Ortes, Tel. 0974973609. Taxi nach Palinuro: *Sig. Erranti,* Tel. 0974931201, 0974938095; *Sig. Marazzo,* Tel. 0974931192.

Baden

Palinuro und **Marina di Camerota** können sich der **schönsten Strände des Cilento** rühmen. Die steil aufragenden Kalkfelswände des Capo Palinuro bilden die spektakuläre Kulisse. Nördlich und südlich des Kaps liegen traumhafte Sandstrände, mit Booten lassen sich ansonsten unzugängliche Buchten erreichen. Auch nördlich Palinuro zieht sich ein kilometerlanger Sandstrand entlang, Parkplätze direkt an der Straße. Besonders schön und außerhalb der Saison absolut einsam sind die **Strände am Arco Naturale** sowie der kilometerlange Sandstrand zwischen Capo Palinuro und Marina di Camerota.

Tauchen

Die Tauchgründe am Capo Palinuro faszinieren durch kristallklares Wasser und zahlreiche Meeresgrotten.

- **Diving Center Arco Naturale**
Tauchbasis auf dem Gelände des Campings Arco Naturale. Professioneller Unterricht und organisierte Törns für erfahrene Taucher. Ausrüstung kann gestellt werden. Mitte Juni bis Mitte September. Tel. 0974931157, Fax 0974931975, www.arconaturaleclub.com.
- **Palinuro Sub Diving Center**
Die professionelle Tauchschule von *Fabio Barbieri,* dem Entdecker der Meeresgrotten von Palinuro, besteht seit 1983 auf dem Gelände des Hotels La Torre (s.o.). Unterricht nach PADI- und CMAS-Richtlinien auch auf Englisch. Kurse für Anfänger und Fortgeschrittene in Meeresspeleologie, Meeresbiologie und Unterwasserfotografie. Anreise und Unterkunft können organisiert werden. Flaschenservice. Ostern bis Sept. Via Porto 5, Tel./Fax 0974938509, www.palinurosub.it.

Bootstouren

Vom Hafen Palinuro, aber auch vom Arco Naturale an der Mündung des Mingardo werden im Sommer Ausflugsfahrten angeboten. Preise abhängig von der Dauer des Ausflugs, für 1½ Std. ca. 10 Euro pro Person. **Coop. Palinuro,** Porto di Palinuro, Tel. 0974938294. **Da Alessandro,** Porto di Palinuro, Tel. 0974931083, Mobil 3476540931. **Da Artemio,** Porto di Palinuro, Tel. 0974931133. **Nino e Antocco,** Arco Naturale, Mobil 368685401, 3393578700.

Wandern

Capo Palinuro

Zahlreiche Wege führen über das Hochplateau des Kaps, markiert und am besten zu erreichen sind sie vom Hafen aus. Zu Fuß lassen sich auch die Ruinen des Castello di Molpa auf einer Anhöhe am Arco Naturale erkunden.

S. Cono (S. Iconio)

Vom östlichen Ufer des Fiume Mingardo steigt direkt von der SS562 ein bezeichneter Weg mit herrlichen Ausblicken auf das Capo Palinuro und die Küste zur verfallenen Abtei S. Iconio aus dem 7. Jh. (344 m) auf und setzt sich fort in Richtung Camerota. Als Sentiero S. Iconio wird dieser alte Weg von den Comune di Camerota gepflegt (Beschreibung siehe dort).

Marina di Camerota: Bootsausflug mit einem Fischer (Pescaturismo)

Marina di Camerota und Camerota ⇗XII, B3

Marina di Camerota ist ein freundliches und lebhaftes Hafenstädtchen, dessen Fischer längst in das einträglichere Geschäft des Tourismus eingestiegen sind und mit ihren Booten Touristen spazieren fahren. Wie überall im Cilento kommen die meisten Badegäste im Juli und August. Im Herbst, wenn das blitzsaubere Meer immer noch beste Badetemperaturen aufweist, sind die Strände fast leer. Östlich der **Spiaggia Lentiscelle** beginnt eine atemberaubend wilde Küste, die sich am besten auf einer Bootsfahrt entdecken lässt. Beinahe senkrecht steigen schroffe Kalkfelswände aus dem türkisblauen Meer, immer wieder öffnen sich Grotten und Höhlen, teils mit zauberhaften Lichtspielen. Unterwegs laden verführerisch schöne Buchten zum Baden ein. Mit etwas Glück kann man auf den Felsen die rare Palinuro-Primel *(Primula palinuri)* entdecken, ein Tertiär-Relikt und Wahrzeichen des Parco del Cilento. Im Februar und März blüht sie leuchtend gelb.

Wie Palinuro verweist Marina di Camerota stolz auf eine frühe Besiedlung durch Steinzeitmenschen. Die **Grotta**

golf_383 Foto: pa

della Cala, zu Fuß über die Spiaggia Lentiscelle zu erreichen, war eine „Vier-Sterne"-Wohnhöhle, die **Grotta Sepolcrale** nebenan diente als letzte Ruhestätte.

Ziel und absoluter Höhepunkt einer Bootsfahrt ist der **Porto degli Infreschi.** Das natürliche Hafenrund öffnet sich zum Golf von Policastro. Der Name rührt von den zahlreichen Süßwasserquellen her, die in den Grotten entspringen. Bis Ende des 19. Jh. wurde in der Bucht Thunfisch gejagt, die frischen Quellen boten den Fischern eine willkommene Erfrischung, und in den kühlen Höhlen konnte der erlegte Fisch gelagert werden. Für Erfrischung und guten Fisch sorgt heute ein uriges Sommerlokal unterhalb der Kapelle. Aus der Marina di Camerota führen alte Wirtschaftswege an den Porto degli Infreschi, man könnte die eine Strecke zu Fuß zurücklegen und anschließend mit einem Boot zurückfahren, eine wunderschöne und abwechslungsreiche Halbtagestour.

Das nahe **Camerota,** auf 322 m Höhe im Hinterland gelegen, lädt zu Streifzügen durch mittelalterlich verwinkelte, stille Gassen ein. Von der Höhe des Kastell genießt man einen besonders schönen Blick auf den Monte Bulgheria. In Camerota führen **Töpfer** das an diesem Ort jahrhundertealte Handwerk mit traditionellen Methoden fort.

Information

- **Infoteca**

Raffaele Troccoli und *Maren Greve* (beide sprechen deutsch) kooperieren mit Cilento Ferien (siehe Stichwort „Unterkunft" in „Praktische Tipps A–Z"), halten aber auch für alle anderen Reisenden engagierte Tipps bereit. Organisation von Mietwagen, Taxi, Booten und Wanderungen sowie Verkauf typischer Cilento-Produkte. Tägl. 9.30–12.30 und 15–20 Uhr. Via XX Settembre 11 – Marina di Camerota, Mobil 348541858, Fax 0974379716, www.infoteca.info.

- **Pro Loco di Camerota**

Info-Büro am Hafen. Marina di Camerota, Tel./Fax 0974932900, www.camerotavanacze.it

- **www.trattoblu.com/turismo/camerota.php**

Gute Hintergrundtexte und praktische Infos, v.a. zum Wassersport, Hafenpläne zum ausdrucken (ital.).

- **www.comune.camerota.sa.it**

Unterkunft

Hotels und Pensionen

- **Calanca** (***)

Kleines, familiäres Hotel am westlichen Ortsrand, wenige Schritte von der schönen Calanca-Bucht. Ausgezeichnetes Fischrestaurant. Einfach möblierte Zimmer mit kleinem Balkon. 20 Zi., EZ/F 42–53 Euro, DZ/F 57–77 Euro, HP 40–60 Euro. Via Luigi Mazzeo 60, Tel. 0974932128, Fax 0974939106, www.hotelcalanca.com.

- **La Scogliera** (***)

Moderner Bau am Hafen, 2003 wurden die Zimmer komplett renoviert. Toller Hafenblick aus dem Restaurant im 4. Stock. Wenige Schritte zum Strand. Die Familie *Pirronti* vermietet auch Ferienapartments. 35 Zi., DZ/F 54-82 Euro. Juni bis Sept. Via Lungomare Trieste, Tel./Fax 0974932019, www.albergolascogliera.it.

Ferienwohnungen

- **Cilento Ferien**

Deutsche Agentur, die sich auf den südlichen Cilento spezialisiert hat und in Marina di Camerota einige schöne Wohnungen anbietet; siehe Stichwort „Unterkunft" in „Praktische Tipps A–Z".

Bed & Breakfast in Licusati di Camerota

● B&B di Giuseppe Galato
Die Familie *Galato* beherbergt seit 2003 in ihrem alten Palazzo Gäste in gemütlichen, mit allem Notwendigen versehen Zimmern. Opulentes Frühstück und unzählige gute Tipps. Parkplatz in der Nähe. 3 Zi., EZ/F 35–50 Euro, DZ/F 50–80 Euro. Via Domenicantonio De Luca 44, Tel. 0974937192, Mobil 3381570635, natina_g@libero.it.

● Palazzo Crocco
Elena Crocco und ihre Schwestern sind ausgesprochen aufmerksame Gastgeberinnen der alten Schule und heißen ihre Gäste im Renaissance-Palazzo ihrer Vorfahren willkommen (das Gästebuch spricht Bände). Die Zimmer sind mit Gusto eingerichtet, hervorragenden Betten mit bestickter Bettwäsche bezogen. Das Frühstück stärkt für den Rest des Tages, neben typischen *dolci,* frischem Brot und hausgemachten Marmeladen gibt es sogar *bruschette* mit hauseigenem, biologisch erzeugtem Olivenöl. Ein schöner Garten umgibt das Anwesen, zu Fuß ist auch der Olivenhain der Croccos schnell erreicht. Wer möchte, kann Ende Oktober bei der Ernte helfen. 6 Zi., DZ/F 50–85 Euro. April bis Ende Okt. Largo Crocco, Tel. 0974937014, Mobil 3473085774,
www.cilentodoc.it/palazzocrocco/.

Agriturismo bei Marina di Camerota

● Nonna Rosa
Samuel Cella und seine deutsche Lebensgefährtin *Myriam* haben diesen kinderfreundlichen Agriturismo im April 2001 eröffnet. Olivenhaine und Gemüsegärten umgeben das schöne, mit viel Gusto restaurierte Steinhaus. Geräumige Zimmer mit gut ausgestatteten Bädern, einige mit Kamin, alle mit Heizung. Ausgezeichnete Küche (*Samuel* hat 20 Jahre lang im Hamburg ein Lokal geführt). Auf einem Fußweg läuft man in ca. 15 Min. zur Spiaggia Lentsicelle hinab. *Samuel* und *Myriam* begleiten ihre Gäste mit dem Jeep gerne zu verschwiegenen Badebuchten und holen sie auf Wunsch am Bahnhof „Pisciotta-Palinuro“ ab. 7 Zi., HP 45–55 Euro, in der Nebensaison auch DZ/F 60 Euro. April bis Ende Okt. Località Monte di Luna (an der Straße Marina di Camerota – Lentiscosa ausgeschildert), Tel. 0974939058, Mobil 3490646574, www.nonnarosa.de.

Agriturismo bei Camerota

● Capocanto
Franca (die in Camerota als Volkschullehrerin unterrichtet) und *Franco Tarallo* haben ihr einsam auf einem Hochplateau gelegenes Steinhaus mit tollem Blick auf Camerota und den sich dahinter erhebenden Monte Bulgheria geschmackvoll restauriert. Biologisch bewirtschafteter Hof, Olivenanbau und Wildschweinzucht (Website des Verbandes www.aiab.it). Sympathische, einfach möblierte Zimmer. Ausgezeichnetes Restaurant. Vom Agritursimo aus kann man auf alten Wirtschaftswegen über den Monte S. Antonio zum Arco Naturale ans Meer wandern. 3 Zi., DZ/F 40–60 Euro, HP 40–50 Euro. Menu 20 Euro. Ostern bis Okt. Contrada Capo Canto (von der Küste kommend, 1 km vor Camerota auf bezeichneter Serpentinenstraße links abbiegen, nach 1 weiteren km an der Capella S. Antonio wenige hundert Meter nach links.), Tel./Fax 0974935227, Mobil 3496051484.

Campingplätze

Zwischen Palinuro und Marina di Camerota säumen zahlreiche Campingplätze und Ferienclubs den pinienbeschatteten, kilometerlangen Sandstrand. Zwei nette Plätze liegen an der Spiaggia Lentiscelle östlich von Marina di Camerota.

● Pineta
Zeltplätze und Bungalows unter schattigen Pinien, z.T. auch direkt am Strand. 2 Personen, Zelt und Auto 10–35 Euro. Ostern bis Ende Sept. Via Marsilio 4 (7 km westlich Marina di Camerota an der SS447), Tel. 0974931771, Fax 0974976190.

● La Risacca
Zeltplätze und Bungalows im Schatten von Oliven. Bar, Restaurant und Mini-Market. Mitte Mai bis Mitte Sept. Via Barche, Spiaggia

Lentiscelle (vor dem Friedhof), Tel. und Fax 0974932415, www.larisacca.com.

•Romano

Kleiner, sauberer Platz im Schatten alter Oliven. Zeltplätze, Stellplätze für Camper und Bungalows. Mini-Market, Bar und *Tavola Calda*. Ein wenig störend ist das leichte Pfeifen eines Kompressors im Eingangsbereich. 2 Personen, Zelt und Auto 25–60 Euro. Ostern bis Ende September. Spiaggia Lentiscelle (hinter dem Friedhof), Tel. 0974932542, 0974932030 (im Winter), Fax 0974939757.

Essen und Trinken

Restaurants und Trattorien in Marina di Camerota

•Brera

Von der deutschen Speisekarte und dem darauf angebotenen Wiener Schnitzel nicht beirren lassen, in dem Gartenlokal in einer ruhigen Parallelstraße des Lungomare wird ansonsten passable Landesküche serviert. *Zuppa di pesce* und Kaninchen nur auf Vorbestellung. *Nicola Mastroleonardo* betreibt über seinem Restaurant ein keines Hotel. 15–20 Euro. Mittags und abends. Ostern bis Anfang Nov. Via S. Alfonso 29, Tel. 0974939086.

•Da Antonio al Pozallo

Ausgezeichnetes Fischlokal an der Spiaggia di Pozzalo, von Marina di Camerota mit dem Boot oder zu Fuß zu erreichen (s.u.). Auf Plastiktellern serviert die Familie Marchese ihren Gästen urwüchsigte Cilento-Speisen. 15–20 Euro. Nur mittags. Juni bis Sept. Spiaggia di Pozzallo, Mobil 330810596.

•Cantina del Marchese

Die Osteria in Hafennähe ist eine Institution traditioneller Cilento-Küche! Alte Cotto-Böden, eine Holzbalkendecke, Weinfässer und einfache Holztische schaffen eine urige Atmosphäre. Als Tischdecke dient eine Papierserviette, auf der die Spezialitäten des Hauses abgedruckt stehen. Kräftige Suppen, Gemüseeintöpfe wie z.B. *ciambotta* oder *maracucciata,* Dinkel-Polenta mit geröstetem Brot und Bohnen. Am breiten Tresen werden die herrlichsten Käse und Würste hergerichtet, der Wein wird in irdenen Bechern kredenzt. 15–25 Euro. Mittags und abends. Nov. und Jan. geschlossen. Via del Marchese 15, Tel. 0974932570, 0974936121, www.lacantinadelmarchese.it.

•Il Giardino

Gartenlokal an der Hauptstraße, die zum Hafen führt. Gute Fischgerichte und abends Pizza aus dem Holzofen. 10–30 Euro. Di. Ruhetag. Mittags und abends. März bis Ende Oktober. Via Bolivar 32, Tel. 0974932715, 0974932750.

•La Maison di Dante

Kleines Lokal mit einfachen Holztischen in einer der hinteren Hafenparallelen. *Maria* und *Benito,* die als Kinder von Emigranten in Venezuela aufgewachsen sind, haben ein gutes Gespür für traditionelle Cilento-Küche. Im Winter wird der Kamin angezündet, und auf der Glut werden *minestre* im Tontopf gekocht. Auch Fasswein. Di. Ruhetag. Mittags und abends. Via Duca D'Aosta 29 (Nähe Piazza S. Domenico), Tel. 0974932302.

•Il Pirata di Porto Infreschi

Wildromantisches Lokal im Porto degli Infreschi. Traditionelle *cucina cilentana* und frischer Fisch. Mit dem Boot oder nach 2½-stündiger Wanderung von Marina di Camerota aus zu erreichen. Juni bis Sept.

Trattorien in Camerota

•Al Castello

Nette Trattoria zu Füßen des Kastells. Gute lokale Küche, abends auch Pizza. 15–20 Euro. Mo. Ruhetag. Mittags und abends. April bis Sept. Piazza Castello, Tel. 0974935009.

•Capocanto

Im Westen außerhalb des Ortes einsam auf einem Hochplateau gelegener Agriturismo mit tollem Blick auf Camerota (s.o.). Rustikale Bauernküche mit Zutaten aus biologischer Produktion. Die Spezialität des Hauses ist selbst gezüchtetes Wildschwein. 20 Euro. Mittags und abends. April bis Mitte Sept.

Snacks, Bars und Eisdielen in Marina di Camerota

•Il Fornaio

Frisches Brot, Pizza vom Blech, Kekse und morgens duftende *sfogliatelle.* Mo.–Sa. 7–14 und 17–23 Uhr. Via Carpentieri 4, Tel. 0974932843.

● **Pasticceria Napoletana**
Mandelverführungen, *Silvana Napoletana* macht auch Marmeladen und Liköre. Via Lungomare Trieste 72, Tel. 0974379648.
● **Pasticceria Vigorito**
Köstliche *pasta di mandorla* (Mandelgebäck), verführerisch ist auch die *coda d'aragosto*, ein Blätterteig gefüllt mit Zitronencreme in Form eines Hummerschwanzes. Di. Ruhetag. Piazza S. Domenico 5–7, Tel. 0974932062.

Disco

● **Il Ciclope**
In-Disco von Marina di Camerota in einer Grotte. Frühjahr und Sommer. Via Mingardo, Tel. 0974931550.

An- und Weiterreise

● **Auto:** Marina di Camerota liegt an der Küstentraße SS562. Eine landschaftlich schöne Straße führt in den 5 km entfernten Bergort Camerota.
● **Bus:** Infante (Tel. 0974932938, www.agenziainfanteviaggi.it), vom Bahnhof „Pisciotta-Palinuro" nach Marina di Camerota, Palinuro und Pisciotta. Von Marina di Camerota (Bar Sirena) auch nach Camerota. Tickets im Bus.
● **Bahn:** Der nächstgelegene Bahnhof „Pisciotta-Palinuro" der Linie Napoli – Reggio di Calabria liegt ca. 15 km nordwestlich von Marina di Camerota.
● **Taxi:** Calicchio (Tel. 0974935054, 0974935405), Marina di Camerota.

Parken

Der Parkplatz am Hafen von Marina di Camerota ist im Sommer gebührenpflichtig.

Einkaufen

Einkaufen in Marina di Camerota

In Marina di Camerota gibt es beste Einkaufsmöglichkeiten für Selbstversorger: Supermärkte, gut sortierte Alimentari, Obst- und Gemüseläden, Bäcker und ein Fischgeschäft am Hafen.

Einkaufen in Camerota

● **Cammarano**
Von Aschenbechern und Kerzenständern im Verkaufsraum sollte man sich nicht irreführen lassen. Seit 1777 bleibt die Familie *Cammarano* ihren kunsthandwerklichen Traditionen treu und brennt bäuerliches Haushaltsgeschirr im Holzofen. Immer geöffnet, die Familie lebt im gleichen Haus. Via S. Vito 27, Camerota, Tel. 0974935280, 0974935062.

Baden

Ein **kilometerlanger Sandstrand** erstreckt sich von der Mündung des Mingardo bis zum Capo Grosso. An der Straße Parkbuchten und Treppenwege zum Strand. Einige Campingplätze und Ferienclubs nutzen die Gunst der Lage. Unmittelbar nördlich von Marina di Camerota liegt die schöne **Calanca-Bucht,** im Süden der herrliche, breite **Sandstrand Lentiscelle.** Andere schöne Buchten an der Costa degli Infreschi lassen sich nur mit dem Boot oder zu Fuß erreichen. Die italienische Umweltorganisation Legambiente hat den Stränden beste Noten erteilt.

Tauchen

● **Continente Blu**
In Zusammenarbeit mit der Coop. Cilento Mare (s.u.) Tauchausflüge zwischen dem Capo Palinuro und Porto degli Infreschi. Info-Kiosk am Hafen von Marina di Camerota, Mobil 33889975712, 3381084888.

Bootstouren

Müßig zu entscheiden, welches wohl der schönste Küstenabschnitt im Cilento sei, Palinuro oder Camerota. Beide sind eine Reise und eine Bootstour wert.

● **Associazione dei Pescatori „Monte di Luna"**
Mit Booten unterschiedlicher Größe **Ausflüge zur Baia degli Infreschi oder ans Capo Palinuro,** inkl. Badestopps unterwegs. „Monte di Luna" betreibt auch **Pescaturismo,** d.h. ihre Mitglieder sind Fischer, die ihrem tradi-

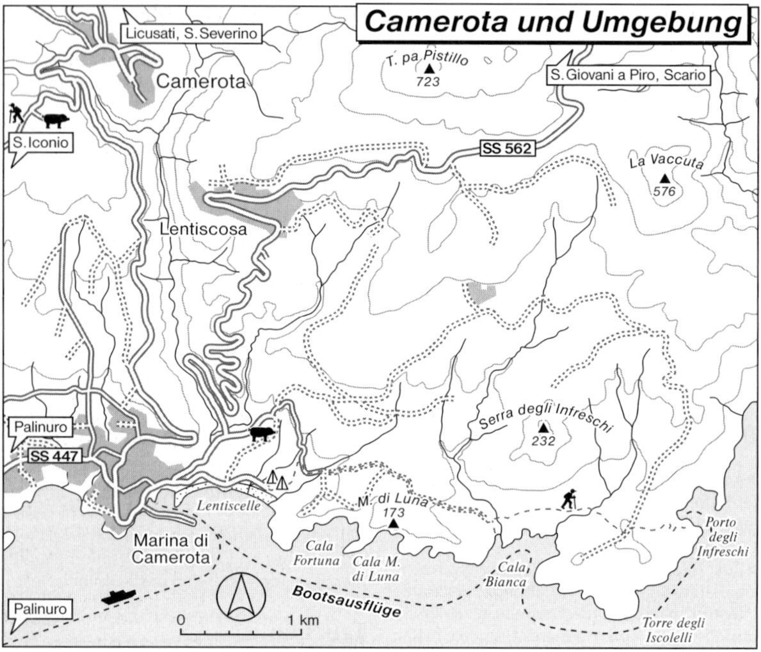

tionellen Beruf weiterhin nachgehen. Das ganze Jahr über ist es möglich, sie zu begleiten und an ihrem Alltag teilzunehmen. Auch geführte **Wanderungen zur Baia degli Infreschi** (Rückfahrt mit dem Boot). Informationskiosk am Hafen von Marina di Camerota, Mobil 3496481827 und 3474182402 (Ciro Cammarano). Preise: nur Rückfahrt ab Porto degli Infreschi ca. 5 Euro, hin und zurück 10 Euro.

- **Associazione Posidonia Onlus**

Gerardo Balbi (Mobil 3484723086), Besitzer der „Antonia", unternimmt Bootstouren und kooperiert mit *Salvatore Calicchio,* der Wanderungen anbietet (s.u.). Im Sommer Info-Kiosk am Hafen von Marina di Camerota.

- **Cooperativa Cilento Mare**

Flotte moderne Boote. Touren zu den Grotten und bis zum Porto degli Infreschi (nur Rückfahrt ab Porto degli Infreschi ca. 5 Euro; in Begleitung eines Wanderführers und zurück mit dem Boot ca. 12 Euro; hin und zurück mit dem Boot ca. 10 Euro), nächtliche Bootsausflüge mit Fischern *(lamparata)* ca. 26 Euro. Info-Kiosk am Hafen von Marina di Camerota, Tel. und Fax 0974932978, Mobil 3398877990, www.cilentomare.com.

Wandern

In der näheren Umgebung von Marina di Camerota und Camerota gibt zahlreiche schöne Wanderungen. Geführte Touren, auch in Kombination mit Bootsfahrten, organisiert *Salvatore Calicchio,* Via San Vito 14, Camerota, Tel. 0974935023, Mobil 3335953513, 3393703945.

Torre Zancale

Vom östlichen Ende der Spiaggia Lentiscelle steigt ein kurzer, schöner Weg auf zur Torre Zancale – ein wunderbarer Ort, um in Ruhe die Blicke schweifen zu lassen.

Porto degli Infreschi

Von der Spiaggia Lentiscelle führt der Weg durch duftende Macchia in die wildeste Küstenlandschaft des Cilento. Pfade, Schotterpisten und kurze Abschnitte nicht befahrener Teerstraße. Ausreichend Wasser mitnehmen! Badegelegenheiten an der Spiaggia Lentiscelle, Spiaggia Pozzalo, Cala Bianca und am Porto degli Infreschi. Man kann in kurzen Hosen laufen. Reine Gehzeit ca. 2½ Std. einfach (Lentiscelle – Spiaggia Pozzalo 50½ Min., Spiaggia Pozzalo – Porto degli Infreschi 1 Std.). Auf dem gleichen Weg zu Fuß zurück, bzw. vom Porto degli Infreschi mit ein wenig Glück mit einem der Ausflugsboote für ca. 5 Euro pro Person nach Marina di Camerota zurück. Boot besser vorher bestellen (s.o.)!

Von **Marina di Camerota** geht oder fährt man Richtung Osten bis zur **Spiaggia Lentiscelle.** Am Friedhof Parkmöglichkeiten. Vorbei am Camping Romano und links von der Grotta di Lentiscelle (im Inneren ein Schiffsrumpf) führt ein Treppenpfad im Taleinschnitt bergauf (dieser stille Winkel wird leider auch als Buschtoilette benutzt). Am Ende des Pfades stößt man von unten auf eine querende Schotterstraße, der man 20 m nach links folgt (Farbzeichen auf Betonmast). Auf der schmalen Teerstraße (Via Monte di Luna), an Olivenbäumen vorbei, nach rechts weiter bergauf. Oberhalb der Cala Fortuna knickt die Straße links ab und führt weiter ansteigend ins Landesinnere. An der T-Kreuzung von der Asphaltstraße nach rechts auf die Schotterpiste abbiegen (blau-gelbe Wegmarkierungen). Die Schotterstraße führt küstenparallel im Rücken des Monte di Luna und geradeaus über eine X-Kreuzung, vorne die Torre Cala Bianca im Blick. Der Weinanbau ist inzwischen weitgehend aufgegeben worden, Macchia dringt wieder vor. Jenseits des tief eingeschnittenen Vallone Valamonte erhebt sich die Serra degli Infreschi. Geradeaus über eine Y-Kreuzung folgen wir der Schotterpiste auf Serpentinen, die sich bald zum Weg verschmälert (auf der gegenüberliegenden Talseite ist die Fortsetzung des Weges als Pfad zu erkennen), ins Tal. Rechter Hand führt durch einen Durchgang im Zaun ein kurzer Stichweg zur **Bar-Ristoro Pozzalo** und an den gleichnamigen Strand.

Zurück auf dem Weg, wird das im Sommer trockene Bachbett gequert. Im Schatten hoher Macchia führt der Pfad in Serpentinen bergauf. Von der Anhöhe führt der Weg wieder leicht bergab und tritt ins offene Gelände (roter Kalkverwitterungsboden). Hier ist etwas Orientierungsgeschick gefragt. Die Gehrichtung beibehaltend, auf dem küstenparallelen Hauptpfad bleiben, der an einer betonierten Tränke vorbei auf das trockene Bachbett im Vallone Cerza di Lazzo trifft. Jenseits des Bachbetts steigt der markierte Pfad im Schatten von Flaumeichen den Gegenhang hoch, tritt anschließend aus dem Wäldchen und führt rechts an der Ruine eines Bauernhauses vorbei. Im Landesinneren erhebt sich auffällig die Pyramide des Monte Vaccuta. Der Pfad führt den Hang weiter hoch, vorbei an weiteren Bauernhäusern, die zu bescheidenen Feriendomizilen umgebaut sind und trifft auf eine eben verlaufende Schotterpiste. Auf dieser nach links, kurz danach an der Gabelung weiter geradeaus auf die Berge zu. Rechter Hand öffnet sich ein grandioser Blick auf den Golfo di Policastro. Nach 50 m nach rechts auf dem bezeichneten Pfad, vorbei an dem kleinen Seefahrerkirchlein, zum Strand am **Porto degli Infreschi** absteigen. Das Wasser in der Bucht ist kristallklar, Kaltwasseraustritten verdankt sie ihren Namen.

S. Cono (S. Iconio)

Die Comune di Camerota hat den alten Verbindungsweg, der von Camerota (Linienbus ab Marina di Camerota) vorbei an der Cappella S. Antonio und dem verfallenen lazzo S. Iconio an die Mingardo-Mündung südlich des Arco Naturale ans Meer führt (siehe Palinuro), als Wanderweg neu angelegt. Aussichtsreiche Tour mit Badegelegenheit, kurze Hosen möglich. Reine Gehzeit ungefähr 2½

Stunden einfach (Camerota - Cappella S. Antonio 30½ Min., Cappella S. Antonio - Iazzo S. Iconio 40 Min., Iazzo S. Iconio - Strand 50 Min.).

In **Camerota** (324 m) von der Piazza S. Vito einige hundert Meter zurück auf der Straße in Richtung Marina di Camerota und über die Brücke. Nicht auf dem privaten Weg unmittelbar nach der Brücke rechts aufsteigen, sondern auf den alten steingepflasterten Maultierpfad ca. 100 Schritte danach abbiegen. Der Weg führt durch ein Eichenwäldchen vorbei an z.T. aufgelassenen Olivenhainen bergauf und trifft nach wenigen Minuten auf eine querende Straße. Nach rechts weiter hoch. Bald darauf an **Cappella la Pietà,** kann man eine erste kurze Rast einlegen und den Blick zurück auf Camerota und den sich dahinter erhebenden Monte Bulgherìa genießen (auf Höhe der Kapelle zweigt links die Zufahrt zum Agriturismo Capocanto ab).

Geradeaus auf der geschotterten Fahrspur weiter, die von Trockensteinmauern und Hecken gesäumt, auf die Antennen über der Küste zuhält. An der Y-Gabelung rechts und immer auf der breiteren Fahrspur weiter. Während sich die abschnittsweise betonierte Piste die verkarstete Ostflanke des Monte S. Antonio entlang zieht, weitet sich der Blick: im Osten sind Lentiscosa und vorne Marina di Camerota mit der Torre dell'Isola und dem kleinen Felseiland, die Spiaggia di Lentiscelle und der Monte di Luna zu erkennen (siehe Wanderung „Porto degli Infreschi"). Einige 100 m vor der Antennenanlage schwenkt die Piste nach rechts. Hier führt vom geschotterten Parkplatz ein kurzer Stichweg zur **Cappella S. Antonio** hoch, deren Lage - wäre sie nicht von Antennen und Hochspannungsmasten umgeben - als malerisch bezeichnet werden müßte. Schöner Blick zurück auf Camerota, im Westen ist bereits das Capo Palinuro zu sehen.

Wir setzen unseren Weg auf der leicht abfallenden Fahrspur Richtung Westen fort und wählen an der bald darauf folgenden Gabelung den linken, unteren Weg. Nach dem Taleinschnitt geht es auf neu angelegtem Wegabschnitt in leichtem Auf und Ab weiter. Unterwegs lohnt ein kurzer Abstecher nach links durch das Tor des Aufforstungsgebietes. Verlässt man die Fahrspur bald nach rechts, gelangt man mit wenigen Schritten auf eine kleine Anhöhe (408 m) mit tollem Blick auf das Capo Palinuro mit dem Arco Naturale.

Zurück auf dem Weg, genießen wir weiterhin das Panorama und erreichen ca. 10 Min. später den **Iazzo S. Cono** (auf Militärkarten falsch als „S. Iconio" bezeichnet), eine verfallene Meierei mit großem Schafpferch. Auf der Wiese oberhalb der Wirtschaftsgebäude stehen alte Obstbäume. Bei den strauchförmigen Schmetterlingsblütlern am Teich handelt es sich um *Glycyrhizza glabra,* Lieferant der Süßholzwurzeln, aus denen Lakritz gewonnen wird!

Unterhalb des Iazzo steigt der breite, steingepflasterte Wirtschaftsweg in langen Stufen zwischen verfallenen Steinmauern in Richtung Capo Palinuro ab, zur Linken von einer Hochspannungsleitung begeleitet. In den aufgelassenen Olivenhainen ist die Macchia wieder auf dem Vormarsch, z.T. sind Kiefern aufgeforstet. Der Weg quert unter der Hochspannungsleitung durch und folgt im Halbschatten der Kiefern dem Grat beständig bergab. Zwischen Baumkronen taucht das Mingardo-Tal auf. Eine Holzbank auf dem Grat lädt unterwegs zur Panorama-Rast ein. Zurück im Kieferschatten, führt der Weg sanft bergab, um auf Höhe einer Picknickzone auf den meerzugewandten Hang zu schwenken und jetzt rascher abzusteigen. Ein kurzes Stück östlich des Fiume Mingardo treffen wir auf die SS562. Jenseits der Straße folgt man einfach dem Schild „Camping Mingardo" und erreicht in wenigen Minuten den sich kilometerlang erstreckenden Sand- und Kiesstrand.

Um zu Fuß nach Marina di Camerota zurückzukehren (ca. 2 Std.), kann man zunächst am breiten Dünenstrand und z.T. auf der Straße durch Tunnel bis zur **Cala Finocchiara gehen.** Vor dem Eingang zur Galleria Mingardo (= 3. Tunnel) steigt ein Ziegenpfad zur **Torre Fenosa** (74 m) auf, die sich mit herrlichem Blick unterhalb der Antennen von S. Antonio erhebt. Ein schmaler Pfad setzt sich fort in Richtung Marina di Camerota, verbreitert sich zur Fahrspur und stößt an einigen Gartengrundstücken vorbei von oben auf die SS562, der wir 1,3 km bis auf Höhe des Villaggio La Barca folgen. Unmittelbar nach einer Brücke biegen wir rechts in die schmale asphaltierte Straße, die vorbei am Feriendorf bis ans **Capo Grosso** zurück an die Küste führt. Auf küstenparallelem Weg erreichen wir nach links die schöne **Spiaggia della Calanga** im Westen von Marina di Camerota.

S. Severino di Centola

Ein lohnender Ausflug ins Hinterland führt entweder über eine abenteuerliche Bergstrecke vorbei an Camerota bzw. auf der SS562 durch das Mingardo-Tal nach S. Severino. Oberhalb des modernen Ortes kann man in etwa 30 Min. auf einem bestens angelegten Weg zu den verlassenen mittelalterlichen Ruinen des alten S. Severino aufsteigen. Spektakuläre Ausblicke in Richtung Küste und ins Landesinnere.

Golf von Policastro

⇗ XIII, B2/3

Von Marina di Camerota führt eine landschaftlich reizvolle Strecke über das hübsche **Lentiscosa** und S. Giovanni a Piro nach Scario an den Golf von Policastro. Am nördlichen Ortseingang von **S. Giovanni a Piro** zweigt rechts eine bezeichnete Stichstraße zu zwei herausragend schönen Aussichtspunkten ab, dem **Santuario di Pietrasanta** und dem **Belvedere Ciolandrea.** S. Giovanni bietet sich auch als einer der Ausgangspunkte für die Besteigung des **Monte Bulgheria** an, des schönsten Aussichtsbergs des südlichen Cilento.

Das freundliche **Scario** macht einen wohlhabenden Eindruck. Edle Jugendstil-Villen zeigen an, dass Italiener den Ort schon länger als Urlaubsdomizil schätzen. Außerhalb des Ferienmonats August gibt sich das Hafenstädtchen zauberhaft, als Inbegriff des Südens. Die Meerespromenade säumen Palmen und Oleanderbüsche, im klaren Hafenwasser spiegelt sich die barocke Chiesa dell'Immacolata zwischen bunten Booten. Strände gibt es keine, dafür schließt sich im Süden eine spektakuläre Steilküste an. Vom Hafen kann man mit Fischerbooten den Porto degli Infreschi erreichen, verborgene Buchten locken unterwegs zum Bad.

Auf dem Weg nach Policastro Bussentino fühlt man sich fast in die Schweiz versetzt. Vielleicht tragen das oft stille Meer und der Kranz steil aufragender Kalkberge zu diesem Eindruck bei. **Policastro Bussentino** erhebt sich an Stelle des antiken griechischen Pixus. Die **mittelalterliche Stadtmauer,** die dem Verlauf der antiken griechischen Mauer folgt, hat sich fast vollständig erhalten. In der Altstadt ist die Kathedrale aus dem 12. Jh. besonders sehenswert. Zitronenhaine umgeben den Ort nördlich der Bussentomündung.

Durch grün bewaldete Berglandschaft führt die SS517 über Sanza und Buonabitacolo Richtung Padula ins Vallo di Diano. Ein lohnender Umweg, vorbei an Vibonati, berührt **Morigerati.** In der Nähe des Ortes liegt eines der großen Naturwunder des Cilento. Nach mehreren Kilometern unterirdischem Lauf tritt der Bussento in einem spektakulären Canyon unterhalb des Ortes wieder zu Tage.

Information

- **www.golfodipolicastro.it, www.sangiovanniapiro.com** Portale mit guter Info (ital.).

Unterkunft

Hotel in San Giovanni a Piro/Bosco

● **Romeo** (***)
Wenige Kilometer von Scario, dem Golf von Policastro und Marina di Camerota entfernt, befindet sich dieses charmante Hotel im kleinen Ort Bosco am Fuße des Monte Bulgheria. Das gleichnamige Restaurant lockt seit über 20 Jahren Feinschmecker an, das Hotel wurde 2000 eröffnet. Äußerst komfortable Zimmer zu unschlagbaren Preisen! Gäste werden auf Wunsch vom Bahn- oder Flughafen abgeholt. Der ursympathische *Romeo Jannuzzi,* der deutsch spricht und als *guida CAI* (offizieller Führer des Ital. Alpenvereins) den Cilento wie seine Westentasche kennt, begleitet seine Gäste auf schönen Wanderungen. 12 Zi., 4 Suiten, DZ/F 40–70 Euro, HP 33–48 Euro. Frazione Bosco, Tel./Fax 0974980004, www.romeo-bosco.com.

Hotel in Scario

● **Garagliano** (**)
Familiär geführtes und freundliches kleines Hotel oberhalb der Chiesa dell'Immacolata, wenige Schritte vom Lungomare. Die Zimmer fallen unterschiedlich aus, einige haben Balkon. Nach und nach werden die Zimmer renoviert und die Betten erneuert. Gute Fischküche. 15 Zi., EZ/F 30–45 Euro, DZ/F 45–80 Euro, HP 35–75 Euro. Via La Piana 14, Tel. 0974986004, www.fonsecahotel.it.

Ferienwohnungen in Scario

● **Cilento Ferien**
Deutsche Agentur, die sich auf den südlichen Cilento spezialisiert hat und in Scario einige schöne Wohnungen anbietet; siehe Stichwort „Unterkunft" in „Praktische Tipps A–Z".

Essen und Trinken

Restaurant in San Giovanni a Piro/Bosco

● **Romeo** (***)
Gemütliches, in kulinarischen Führen gelobtes Restaurant. *Romeo Jannuzzi* zaubert hausgemachte Pasta in über 60 Varianten (!) auf den Tisch. Zum *secondo* wird eine große Auswahl kräftiger Fleischgerichte geboten. Im Jahr 2000 hat das kleine, feine Hotel gleichen Namens eröffnet (s.o.). 15–20 Euro. Mi. Ruhetag. Mittags und abends.

Restaurant in Scario

● **U'Zifaro**
Erstklassige Fischküche mit allerbesten Zutaten. Bei schönem Wetter Tische im Freien. 25 Euro. Im Sommer kein Ruhetag, sonst nur Sa. und So. Dez. und Jan. geschl. Lungomare Marconi 43, Tel. 0974986397.

Restaurant in Policastro Busentino

● **Il Ghiottone**
Signora *Maria Rina* führt ihr inzwischen weithin bekanntes Fischlokal seit 1978. Auch schmackhafte Gemüsegerichte. 25–35 Euro. Di. Ruhetag. Mittags und abends. Nov. geschl. Via Nazionale 42 (an der SS18 Richtung Sapri im Ortsteil Marina), Tel. 0974984186.

Restaurant in Morigerati

● **Al Castello**
Das Restaurant der Familie *Florenzano* im Herzen des kleinen Ortes ist immer geöffnet, da die dazugehörige Bar zugleich auch als Lottoannahmestelle fungiert. Gemütliche Gasträume mit Kaminen in den Gewölben des Baronalspalastes. Kräftige Bauernküche mit selbst gemachten Nudeln und Würsten. Schwarze Trüffel zählen zu den lokalen Spezialitäten. Als Verdauungsspaziergang empfiehlt sich die kleine Wanderung im nahe gelegen Naturschutzgebiet des WWF (s.u.). Gästen, die übernachten möchten, stellt *Francesco Florenzano* 2 Zimmer in einem hübschen Steinhaus am Ortsrand zur Verfügung (Ü 16 Euro). 16 Euro. Mittags und abends. Piazza Piano La Porta 3–4, Tel. 0974982085, www.golfodipolicastro.it/alcastello.

An- und Weiterreise

● **Auto:** Von Marina di Camerota führt die SS562 über S. Giovanni a Piro nach Scario und den Golf von Policastro. Vom Golf führt die SS517 ins Vallo di Diano, landschaftlich lohnend ist der „Umweg" über Vibonati und Morigerati.

- **Bus:** Infante (Tel. 0974932938, www.agenziainfanteviaggi.it), zwischen Marina di Camerota, S. Giovanni a Piro und Scario.
- **Bahn:** Die Bahnlinie Napoli – Reggio di Calabria führt mit der Station „Policastro Bussentino" an die Küste zurück.

Baden

Scario selbst hat kaum Strände, die Felsen reichen bis ans Meer. In den Sommermonaten pendeln regelmäßig Boote zu den traumhaften **Badebuchten,** die sich **entlang der Steilküste in Richtung Punta degli Infreschi** öffnen (s.u.).

Bootsausflüge

- **Copperativa Masseta**

Von Anfang Juni bis Ende Sept. pendeln bei gutem Wetter mehrmals täglich Holzschiffe zwischen Scario und den Badebuchten. Lungomare Marconi, Tel./Fax 0974986222, Mobil 368632042 *(Guerino d'Andrea).*

Wandern

Monte Bulgheria (1225 m)

Vom Gipfel genießt man überwältigende Blicke auf den Golf von Policastro, bis Palinuro und auf die mächtigen Gebirgsmassive im Landesinneren des Cilento. Von April bis Juni blühen zahlreiche **Orchideen.** Die Nationalparkverwaltung und der WWF bemühen sich um eine bessere Markierung der Wege. Die einfache Aufstiegsvariante beginnt westlich des Gipfels im Ortsteil Poderia von Cellole di Bulgheria. Etwa 7 km lang zieht sich der Gratweg bis zum Gipfel (einfache Gehzeit ca. 2½ Std., auf dem gleichen Weg zurück). Der steilere Anstieg beginnt oberhalb S. Giovanni a Piro auf Höhe des *campo sportivo* (Sportplatz). Der Ausgangspunkt ist von der SS562 zu erreichen. Eine Kiesstraße führt in etwa 1 Std. bis zum Hirtenunterstand lazzo Montagna (826 m). Ab hier beginnt der schönste und steilste Teil des Aufstiegs (insgesamt 700 Höhenmeter, ca. 2½ Std. sind für den Aufstieg nötig).

Morigerati

Der Fluss Bussento (nicht zu verwechseln mit dem Busento im kalabrischen Cosenza, in dem der Gotenkönig *Alarich* laut *August von Platen* ruhen soll) entspringt an den südlichen Abhängen des Cervati-Massivs und mündet bei Policastro Bussentino ins Meer. In der verkarsteten Landschaft unterbricht er unterwegs seinen oberirdischen Lauf, verschwindet bei Casella in Pittari in einem gigantischen Schluckloch und taucht einige Kilometer südlich in einem spektakulären Canyon bei Morigerati wieder auf. Aus dem Ort führt ein alter, steingepflasterter Maultierpfad in das 270 m tiefer gelegene Tal. Eine alte Mühle wurde restauriert und kann zu Besichtigungszwecken wieder in Gang gesetzt werden. Picknicktische am Talgrund laden zur Rast ein. Das Naturschutzgebiet wird vom Word Wildlife Fund betreut.

- **Oasi WWF Morigerati,** Piazza Piano La Porta 17, Morigerati, Tel. 0974982223. Besuch mit Führer 5 Euro, im Sommer tägl. 9.30–19 Uhr, im Winter 9.30–14 Uhr. Auch außerhalb der Öffnungszeiten zugänglich. Der Eingang zum Naturschutzgebiet liegt ca. 1 km nördlich der Piazza und ist zu Fuß oder mit dem Auto zu erreichen.

Padula

↗XIII, C1

Die Kartause von Padula ist eines der herausragendsten kirchlichen Baudenkmäler Italiens. Wie der Escorial bei Madrid weist auch dieses dem Hl. Laurentius geweihte Kloster einen gitterförmigen Grundriss auf (Laurentius soll auf einem Feuerrost gemartert worden sein). 1306 von Graf *Tommaso II. Sanseverino,* Feudalherr von Teggiano und Neffe des Hl. *Thomas von Aquin,*

golf_392 Foto: pa

gestiftet, wurde der Bau über vier Jahrhunderte lang erweitert und ausgeschmückt, bis er seine Gesamtfläche von über 50.000 m^2 erreichte. Das Kloster ist nach den Regeln des Hl. Bruno von Köln, Gründer des Kartäuserordens, angelegt, geteilt in ein domus inferior und ein domus alta. Im letzteren lebten die Mönche in Klausur, das domus inferior war der Bereich des Klosters, in dem Laien lebten, Gäste empfangen wurden und die Wirtschaftsräume lagen. Zwischen diesen beiden gab es eine Art neutraler Zone mit den Räumlichkeiten des Priors, ein Ordensbruder, der als „Manager" des Klosters auch weltliche Kontakte pflegte. Die **Certosa di Padula** blieb bis zu ihrer Aufhebung im 19. Jh. der bestimmende wirtschaftliche Faktor im Vallo di Diano. Die Chronik berichtet, dass Kaiser *Karl V.* mit Gefolge bei der triumphalen Rückkehr aus Tunis auf dem Weg nach Neapel 1535 in Padula einkehrten und von den Mönchen ein Omelett aus 1000 Eiern serviert bekamen.

Der **Rundgang** führt an mehreren Kreuzgängen vorbei, einer mit der Grundfläche von 90 x 130 m gilt als der weltgrößte. Die imposante Küche (vielleicht wurde hier das Omelett zubereitet?) ist mit wunderschönen Vietri-Kacheln ausgekleidet. Der Hl. Laurentius war übrigens zeitweise Schutzheiliger der Köche. Besonders eindrucksvoll ist die große, sich über zwei Stockwerke spannende barocke Freitreppe am nördlichen Ende der Anlage. Das in den Räumen der Kartause untergebrachte **Museo Archeologico di Lucania Occidentale** präsentiert sehenswerte antike Grabfunde der Umgebung.

- **Certosa di San Lorenzo,** Viale Certosa, Tel. 097577745. Tägl. 9–19.30 Uhr, im Sommer auch länger. Eintritt 4 Euro, ermäßigt 2 Euro.

Das Städtchen **Padula** liegt mit seinem schönen mittelalterlichen Kern oberhalb der Kartause in 699 m Höhe auf den Hängen der Monti della Maddalena, eines Gebirgszugs, der Kampanien von der Basilikata trennt.

Information

- **Ufficio Turistico Città di Padula**
Tägl. 8.30–14 und 15–18 Uhr. Certosa di San Lorenzo, Tel./Fax 0975778549.
- **www.comune.padula.sa.it**
- **www.vallodidiano.net**
Website mit ausführlichen historischen und touristischen Beschreibungen der einzelnen Städte des Vallo di Diano (ital.).

Unterkunft

Apartments

- **Tre Santi**
Liebevoll mit allem Komfort ausgestattete Apartments in altem Anwesen. Die Betten muss man zwar selbst beziehen, und es gibt auch kein Frühstück, dafür ist es ruhig und gemütlich. Angst, zu verhungern, muss man nicht haben. *Anna Scolpini* stellt meist ein paar Kleinigkeiten in den Kühlschrank, und im Ort gibt es einige sehr gute Lokale (s.u.). Auch **Stellplätze für Camper.** 3 App., Ü 18–20 Euro (mind. 2 Nächte). Vorher anrufen, die Signora wohnt oben im Ort. Via San Biagio – Padula (gegenüber der Certosa rechts an der Bar Duemilla vorbei, nach ca. 500 m links vom barocken Standbild des Hl. Bruno.), Tel./Fax 0975778435, www.italialodging.com/st/tresanti/.

Certosa di Padula

Agriturismo

- **Fattoria Alvaneta**
Francesco Barra und seine Familie beherbergen seit April 2001 Gäste auf ihrem in 730 m Höhe gelegenen und von Wald umgebenen Landgut. Herrliche Blicke auf das Vallo di Diano und Cervati-Massiv. Schöne, schlichte Holzmöbel, gute Betten und Bäder. Ausgezeichnete Küche mit Zutaten aus eigener Produktion, u.a. deftige Schweinswürste. Vom Hof aus kann man auf den alten, von *Francesco* teilweise wieder freigelegten Transhumanzwegen in die Monti della Maddalena aufsteigen. In Zukunft auch Reitpferde. 5 Zi., DZ/F 45–55 Euro, HP 37–45 Euro. Contrada Alvaneta – Padula (von der Certosa ein kurzes Stück in Richtung Padula fahren und an der Kreuzung nach rechts Richtung Montesano abiegen, der Agriturismo ist ausgeschildert), Tel./Fax 097577139, www.fattoriaalvaneta.it.

Restaurants und Trattorien

- **Ndo' Giulino**
Schlichtes, gutes und günstiges Lokal gegenüber der Kartause. Das gegrillte Lamm ist köstlich. Tagsüber Ristorante, abends Pizzeria. 10–15 Euro. Fr. Ruhetag. Viale Certosa 43, Tel. 097577335.
- **Taverna del Lupo**
In den verwinkelten Gassen der Altstadt stößt man mit etwas Glück – und wenn nicht, erkundigt man sich nach dem Weg – auf diese nette Taverne, die sich ganz und gar der Pflege der lokalen Küche verschrieben hat. Kleiner Speisesaal mit einfachen, papiergedeckten Holztischen. Beim Konsultieren der ledergebundenen Speisekarte ist man auf die Übersetzungskünste des Kellners angewiesen, denn alle Gerichte werden im Dialekt beschrieben ... Nudeln mit Bohnen lesen sich *Lagane e fasul,* Schweinebraten *Arrust r' puorch'.* Gute Auswahl kampanischer Weine, auch glasweise. Das Auto am besten am Stadtrand parken! 20–25 Euro. So. abends und Mo. Ruhetag. Mittags und abends. Nov. bis Feb. und Juli geschl. Largo Municipio 8, Tel. 0975778376.

An- und Weiterreise

- **Auto:** A3-Autobahnausfahrt „Buonabitacolo-Padula".
- **Bus:** Autolinee Lamanna (Tel. 0975520426), mehrere Fahrten täglich ins Vallo di Diano und nach Salerno (Piazza della Concordia).
- **Bahn:** Der Bahnhof „Padula" der Linie Salerno – Lagonegro liegt einige Kilometer von der Certosa entfernt.

Wandern

Von der Fattoria Alvaneta bei Padula führen alte Transhumanzwege auf die Hochweiden der Monti della Maddalena. Herrliche Landschaft und großartige Fernblicke! *Francesco Barra* vom Agriturismo Fattoria Alvaneta (s.o.) erteilt gerne Auskunft.

- **Gruppo Escursionistico Trekking (GET)** Der GET organisiert Tageswanderungen und mehrtägige Treckingtouren u.a. in den Monti della Maddalena (siehe am Anfang des Kapitels).

Teggiano

↗ XIII, C1

Von einem 635 m hohen Plateau dominiert Teggiano das **Vallo di Diano.** Die **alte Festungsstadt** ist ein zu Unrecht kaum bekanntes Juwel. Lukaner nutzten als erste die strategische Lage auf dem isolierten Hügel. Über den megalithischen Mauerresten aus dem 4. Jh. v. Chr. erhebt sich der römische, in normannischer Zeit erneuerte Mauerkranz. Die regelmäßige Anlage des römischen Tegianum lässt sich heute noch im Stadtplan ablesen. In den Mauern der Kirchen und Häuser sind zahlreiche römische Grabsteine, Statuen oder Säulenfragmente vermauert. Nach der Zerstörung durch die Goten *Alarichs* 410 wurde der Ort schnell wieder besiedelt und nahm den Namen Diano an, daher die Bezeichnung für die fruchtbare Talebene (seit 1862 heißt der Ort wieder Teggiano). Ab dem Mittelalter gehörte Diano zum Feudalbesitz der *Sanseverino,* eines der mächtigsten Geschlechter Süditaliens. 1485 war das imposante Kastell Schauplatz der **Congiura dei Baroni,** einer groß angelegten und letztlich erfolgreichen Verschwörung unter der Führung *Antonello Sanseverinos* gegen die Steuerpolitik des neapolitanischen Königs *Ferdinand I. von Aragon.* Die Fürsten von Sanseverino reicherten ihre Stadt zu allen Epochen mit bedeutenden Kunstschätzen an.

Bei einem Rundgang durch die Stadt gibt es viel zu entdecken. Der hohe **Obelisk** auf der zentralen Piazza, von Emigranten aus Brooklyn gestiftet, ist dem Stadtpatron S. Cono geweiht. Die **Kathedrale S. Maria Maggiore** birgt eine schöne mittelalterliche Kanzel und bedeutende Grabmäler. Nach Süden schließt eine Loggia den Corso ab. Der Sedile war früher Versammlungsort des Stadtparlaments. Die Krypta der **Chiesa S. Angelo** wurde auf den Fundamenten des römischen Odeions errichtet, die frühromanischen Kapitelle sind ein Augenschmaus. Der Arzt *Ambrosius Malavolta de Senis* stiftete die kleine gotische **Kirche S. Pietro** im Jahre 1476. Archäologen vermuten, dass sich unter der Kirche die Reste eines Äskulap-Tempels befinden. Im Inneren ist das sehenswerte **Museo Diocesano** untergebracht. Die **Konventskirche Sant'Agos-**

tino mit einem schönen Kreuzgang aus dem 14. Jh. wurde aufwendig restauriert. Gegenüber befindet sich das naturkundliche **Museo delle Herbe.** Ein besonderes Kleinod ist die **Chiesa di Sant'Antuono** mit sehr schönen mittelalterlichen Fresken aus dem 11. Jh.

Teggiano ist bei all seinen Sehenswürdigkeiten keine tote Museumsstadt, sondern ein freundlicher Ort, dessen Menschen sich auf Besucher freuen.

Information

• Pro Loco di Teggiano
Tägl. vormittags in der Regel 8.30–13 Uhr und Di., Fr., Sa. und So. 15–17 (19) Uhr. Die engagierte Pro Loco stellt Führer gratis (Trinkgeld für die Schlüssel und Führungen!). Via Santissima Pieta, Tel. 097579491, Tel./Fax 097579600, www.prolocoteggiano.it.

• ItinerArte
Lokales Reisebüro, das sich auf den Cilento spezialisiert hat. Interessantes Ausflugsprogramm, B&Bs. Via Roma, Tel. 097579107, Fax 097579370, www.itinerarte.it.

• www.vallodidiano.net
Website mit ausführlichen historischen und touristischen Beschreibungen der einzelnen Städte des Vallo di Diano (ital.).

Unterkunft

Hotel

• La Congiura dei Baroni (**)
Sympathisches, kleines Stadthotel, dem etwas bessere Betten zu wünschen wären. *Anna-Maria Cimino* und ihr Bruder *Michelangelo* führen das Haus mit viel Engagement und organisieren für ihre Gäste Führungen in Teggiano, Ausflüge und Wanderungen in der Umgebung. Gute Küche mit frischer Pasta und viel Gemüse. 10 Zi., DZ/F 40 Euro. Menu 13 Euro. Via Castello 14, Tel./Fax 097579044.

Bed & Breakfast

• Il Castello
Herrenhaus des 19 Jh. in Panoramalage mit herrlichen Blicken auf das Vallo di Diano, Teggiano und die Monti della Maddalena. Ruhige, geräumige Zimmer, deren Interieur im Laufe der Zeit aufgewertet wird. Neue Betten. Swimmingpool. Das B&B liegt an der SS166, die von Atena Lucana in Richtung S. Rufo führt. Diese landschaftlich wunderschöne Strecke setzt sich durch das Valle del Calore bis Paestum fort. 3 Zi., DZ/F 40 Euro. Contrada Foresta, S. Rufo (ca. 2,5 km östl. S. Rufo), Tel./Fax 0975395295, www.anbba.it.

An- und Weiterreise

• Auto: A3-Autobahnausfahrt „Atena Lucana", „Sala Consilina" bzw. „Buonabitacolo-Padula". Teggiano liegt auf der westlichen Seite der Autobahn auf einer von weitem erkennbaren Anhöhe.
• Bus: Autolinee Ruocco (Tel. 097579033, www.viaggiruocco.com), nach Sala Consilina und über S. Rufo nach Sant'Angelo a Fasanella in den Monti Alburni.
• Bahn: Der Bahnhof „Sassano-Teggiano" der Linie Salerno – Lagonegro liegt im Tal.

Parken

Parkplätze befinden sich **im Zentrum vor dem Kastell.**

Banken

Banken mit Bankomaten befinden sich im Zentrum.

Einkaufen

• Markt
Sonntagvormittag wird in Teggiano Markt abgehalten. Festlich herausgeputzt finden sich die Menschen der umliegenden Ortschaften ein. Feilgeboten wird von Gemüse, Obst, Haushaltsgeräten und Spitzenunterwäsche alles, was Magen und Herz erfreut.

• La Bottega del Buongustaio
Kleiner dörflicher Feinkostladen. Via Milano 2, Tel. 0975739015.

Feste/Veranstaltungen

• San Cono
Teggiano feiert seinen Stadtpatron dreimal im Jahr: am 3. Juni, 27. September und 17. Dezember. Das größte Fest mit Prozession und Feuerwerk, zu dem auch viele Emigranten aus Amerika anreisen, findet im Juni statt.
• Festival Medievale
Mittelalterliche Musik auf den Plätzen und in den Höfen der Altstadt. Anfang August.
• Teggiano Jazz
Jazz-Konzerte im Castello. Anfang August.
• Alla Tavola della Principessa Costanza
Im Jahr 1480 fanden in Diano große Feierlichkeiten anlässlich der Hochzeit von *Antonello Sanseverino,* Prinz von Salerno, und Costanza, Tochter des mächtigen Herzogs von Urbino, *Federico da Montefeltre,* statt. Mitte August lässt Teggiano dieses Fest wieder aufleben. Jongleure, Posaunenbläser, Fahnenwerfer und Reiter in historischen Gewändern tummeln sich auf den Straßen und Plätzen der Altstadt, man kann Handwerkern bei der Arbeit zusehen, und in den Tavernen werden gehen harte Dukaten köstliche Speisen aufgetischt.

Pertosa

↗ XII, B1

Die dolomitischen Monti Alburni sind von zahlreichen Karstphänomenen geprägt, zu den spektakulärsten zählen die ausgedehnten Höhlen von Castelcivita im Valle del Calore und die nördlich des Vallo di Diano gelegene **Grotta di Pertosa** *(Pertosa* ist das Dialektwort für Loch). Vor über 35 Millionen Jahren hat ein unterirdischer Fluss die großen Kavernen ausgespült, seither formt sich Tropfen für Tropfen eine märchenhafte Welt aus Stalagtiten und Stalagmiten. Bereits in der Steinzeit bewohnt, wurde die Höhle in der Antike als Orakel und Heiligtum genutzt. Archäologische Funde deuten auf phallische und bacchanalische Fruchtbarkeitsriten hin. Das Christentum exorzierte das „Böse" und weihte die Grotte dem Erzengel *Michael,* daher die Namen **Grotta dell'Angelo** oder Grotta di S. Michele.

Der auf 2,5 km Länge erforschte Höhlenkomplex ist als Touristenattraktion bestens erschlossen. Aus dem Höhleneingang mit dem kleinen Michaelsaltar werden die Besucher in Booten über einen **unterirdischen See** in das Berginnere gezogen. Aus der ersten riesigen Kaverne verzweigen sich die Wege, die man in Begleitung von Führen betritt. Der eigenen Fantasie sind beim Betrachten der Tropfsteingebilde keine Grenzen gesetzt. Die Temperatur beträgt im Inneren der Grotte konstante 16°C!

• Grotta di Pertosa, Contrada Muraglione, Tel. 0975397037, www.grottedellangelo.sa.it. März bis Okt. tägl. 9–19 Uhr, Nov. bis Febr. tägl. 9–16 Uhr. Kürzerer Rundgang 10 Euro, ermäßigt 8 Euro; längerer Rundgang 15 Euro, ermäßigt 10 Euro.

Information

• Pro Loco di Pertosa
April bis Okt. tägl. 9–17 (19) Uhr, Nov. bis März tägl. 9–16 Uhr. Contrada Muraglione 33 (an der Grotte), Tel. 0975397010, www.crmpa.it/ept/pertosa.
• www.comune.pertosa.sa.it

Ein Mann sammelt Kastanien im Valle del Calore

An- und Weiterreise

- **Auto:** A3-Autobahnausfahrt „Petina" bzw. „Polla". Die Grotta del Pertosa liegt an der SS19.
- **Parken:** Großer gebührenpflichtiger Parkplatz vor der Grotte.

Valle del Calore und Monti Alburni

XII, B1

Die **Monti Alburni** erheben sich im nordöstlichsten Cilento und überragen die Ebene des Sele und das Valle del Calore. Von Süden betrachtet erheben sich die einzelnen kalkweißen Gipfel wie Zähne aus dem grün bewaldeten Kiefer. Der Monte Alburno erreicht eine Höhe von 1742 m. Nördlich der hoch gelegenen Karstebenen, seit der Antike als Sommerweiden genutzt, fallen die Alburni beinahe senkrecht ins Tal des Tanagro ab.

Der **Calore** formt mit seinen Nebenflüssen ein weites, fruchtbares Tal. An den Hängen liegen in geschützter Lage und in Sichtweite zueinander einige reizvolle mittelalterliche Orte. Zutreffend heißt eines dieser Städtchen **Bellosguardo** (Schönblick). Aus der Sele-Ebene führt auf der Höhe von Paestum und Capaccio die kurvenreiche SS166 in das **Valle del Calore.** Landschaftlich reizvoll ist auch die Anfahrt aus dem Vallo di Diano über den 956 m hohen Passo della Sentinella. Östlich von Roccadaspide zweigt die SS488 nach **Felitto** ab. In der Nähe des Ortes bildet der

golf_441_2 Foto: pa

Calore die schönste seiner insgesamt fünf Schluchten, eine lohnende Wanderung führt durch den Canyon.

Der Besuch von **Roscigno Vecchio** (über Felitto und Laurino auf einer kurvenreichen Bergstrecke oder schneller von der SS166 aus zu erreichen) ist eine Zeitreise in ein bäuerliches Cilento der Vergangenheit. Nicht ganz unzutreffend wird der verlassene Ort auch als „Pompeji des 19. Jh." bezeichnet. Auf Anordnung der Regierung wurde Roscigno Anfang des 20. Jh. nach einem Erdrutsch evakuiert, ein neues Roscigno weiter oben am Hang errichtet. Die Verbindung der Bewohner zu ihrem alten Ort ist nie vollständig abgerissen, ein Teil der Gebäude wird immer noch als Lagerraum genutzt. Über der Piazza liegt ein stiller Friede, selten fährt ein Bauer auf einem motorisierten Dreirad vorbei, aus dem Dorfbrunnen plätschert Wasser. Die Pro Loco von Rosigno Vecchia hat in dem verlassenen Ort eine umfangreiche, gut präsentierte Sammlung der bäuerlichen Kultur des Cilento zusammengetragen.

● **Museo Roscigno Vecchio,** Piazza Roscigno Vecchio, Tel. 0828963377, 0828963914, www.roscignovecchia.it. Im Sommer Di.–So. 9–12 Uhr und 15–18 Uhr, im Winter Di.–So. 10–12 Uhr und 16–18 Uhr. Eintritt frei.

Corleto Montforte erhebt sich wie ein Adlerhorst. 1246 wurde der Ort von Truppen des Kaisers *Friedrich II.* angegriffen. Den eingeschlossenen Corletani drohte nach drei Wochen Belagerung der Hungertod, da griffen sie zu einer List. Obwohl die Nahrungsmittel beinahe zu Ende gegangen waren, schmissen sie mit Käse anstatt mit Steinen auf die Feinde. Die Belagerung wurde als sinnlos abgebrochen. Im Ort befindet sich ein kleines Naturkundemuseum.

● **Museo Naturalistico degli Alburni,** Via Foreste 16, Tel. 0828964296. April bis Aug. Di., Do., Sa. und So. 10–12 und 17–20 Uhr; Sept. bis März Di., Do., Sa. und So. 10–12 und 15–18 Uhr.

An Corleto Montforte vorbei führt die SP12 am Fuße der Alburni ins mittelalterliche **Sant'Angelo a Fasanella.** Den Eingang der Michaelsgrotte unterhalb des Ortes bewachen zwei steinerne Löwen, Baureste einer alten Benediktinerabtei, von der ansonsten nur ein Glockenturm stehen geblieben ist. In der großen Höhle befinden sich mehrere Altäre, es werden regelmäßig Messen abgehalten. Mit einem großen Fest wird der Hl. Erzengel *Michael,* Patron des Ortes, am 8. Mai gefeiert. Von Sant'Angelo kann man mit dem Auto und auf einer kurzen, sehr schönen Wanderung den Antece, ein antikes Steinrelief in grandioser Panoramaposition, erreichen.

● **Grotta di S. Michele Arcangelo,** Mitte Juli bis Ende Sept. Mo.–Do. 10.30–12.30, 16.30–18.30 Uhr, Fr. 10–12.30 und 16.30–19 Uhr, Sa. und So 10–13 und 16–19 Uhr. Ist die Grotte geschlossen, an die Pro Loco von Sant'Angelo al Fasanella wenden (s.u.).

Das mittelalterliche, freundliche **Castelcivita** liegt auf einem sonnenverwöhnten Plateau an den südlichen Abhängen der Alburni. Die wehrhafte Torre Angioina, dem Maschio Angioino in Neapel nachempfunden, überragt das Häusermeer. Im 14. Jh. war der Ort Schauplatz der heftigen Auseinandersetzungen zwischen Anjous und Aragonesen. Im Calore-Tal unterhalb des Ortes liegt der Eingang in ein **ausgedehntes Grottenreich.** Prachtvoller noch als in der Grotta di Pertosa ist hier die Fülle zauberhafter Tropfsteinformationen. Der unterirdische Rundgang erstreckt sich über mehrere Kilometer. Nicht weit vom Grotteneingang entfernt führt eine römische Brücke über den Calore. Laut einer Legende ist *Spartakus* hier mit seinem Sklavenheer vorbeigezogen und hat vielleicht die Grotte als Versteck genutzt. Auf dem westlichen Flussufer liegt ein schöner Picknickplatz.

- **Grotte di Castelcivita,** Località Grotta, Tel. 0828975524, www.grottedicastelcivita.it. Mitte März bis Mitte Sept. Führungen um 10, 11, 12, 13, 14.30, 15.30, 16.30, 17.30 und 18.30 Uhr; Mitte Sept. bis Mitte März Führungen um 10.30, 12, 14.30 und 16 Uhr. Eintritt 6,70 Euro, ermäßigt 5,40 Euro.

Information

- **Pro Loco di Castelcivita**
Piazza C. Perotta, Tel. 09828975467.

golf_397 Foto: pa

- **Pro Loco di Felitto**
Via Roma, Tel. 0828945523, viennacammarota@tiscalinet.it.
- **Pro Loco di Magliano Vettere**
In Zusammenarbeit mit dem CAI Salerno und der Nationalparkverwaltung hat die Pro Loco eine Reihe von Wanderwegen rund um Magliano angelegt. Am spektakulärsten ist die Rundwanderung durch die Calore-Schlucht, die von Magliano Vettere, Magliono Nuovo oder Felitto aus gestartet werden kann. Prospekte und Infos beim Präsidenten *Berardino Tarallo,* Tel. 0974992053 (priv.). Die Pro Loco soll 2002 einen eigenen Sitz an der SS13 in der Nähe Maglianos erhalten und ist am schnellsten von Paestum zu erreichen.
- **Pro Loco di Roscigno Vecchia**
Die engagierte Pro Loco hat ihren Sitz auf der Piazza des verlassenen Ortes. Im Sommer tägl. 9–12 und 15–18 Uhr, im Winter tägl. 10–12 und 16–18 Uhr. Tel. 0828963377, 0828963914, info@roscignovecchia.it, www.roscignovecchia.it.
- **Pro Loco di Sant'Angelo a Fasanella**
Via Fermi, Tel. 0828961352.
- **WWF Oasi Calore**
Infokiosk im Naturschutzgebiet des Calore. Mitte Mai bis Mitte September. Località Remolino, Felitto.
- **www.prolocoinsieme.it**
Website, auf der sich der Zusammenschluss mehrerer Pro Loco des Valle del Calore präsentiert.
- **www.felitto.net**

Unterkunft

Bed & Breakfast in Sant'Angelo a Fasanella

- Die Pro Loco von **Sant'Angelo a Fasanella** (s.o.) organisiert Privatzimmer im Ort.

Agriturismo bei Corleto Montforte

- **Terra Nostra – My Land**
Filippo Salamone hat in einem Neubau an der SS116 zwischen Corleto Montforte und Belosguardo 2002 seinen Agriturismo nebst Ristorante eröffnet. Die Zimmer sind einfach ausgestattet und sauber, mit modernem Bad. Gute Küche. 8 Zi., 3 App., DZ/F 40–50 Euro. Menu 15 Euro. Contrada Galdo, Mobil 3334560287, www.agriturismoterranostra.it.

Agriturismo bei Felitto

- **Difesa del Principe**
1999 eröffneter Agriturismo, auf halber Strecke zwischen Castel San Lorenzo und Felitto in einem sanften Tal gelegen. Zimmer mit neuen Holzmöbeln und guten Betten. Gute Küche. Eigenes Öl und eigener Wein. 5 Zi., DZ/F 40–45 Euro, HP 30–35 Euro. Contrada Difesa Principe (ca. 7 km auf der SS488 nordwestl. Felitto in Richtung Castel San Lorenzo fahren, an einer Votivkapelle zum Calore-Tal abbiegen), Tel. 0828944836, 0828944620, Fax 0828946949.

Agriturismo bei Sant'Angelo a Fasanella

- **Martucci**
Kommt man von Corletto Monforte auf der SP12, sieht man kurz vor Sant'Angelo ein Haus wie einen Adlerhorst auf einem Felsen sitzen – der Agriturismo Martucci. Der alte Wachturm beherbergt ein gemütliches Lokal, in dem nicht nur die Übernachtungsgäste ausgezeichnet essen können. Zimmer mit guten Betten in behutsam renoviertem Schafstall, von Olivenhainen und Gemüsegärten umgeben. Eine ideale Basis für Ausflüge in die Alburni. 5 Zimmer. DZ/F 50 Euro, HP pro Person 35 Euro. Ganzjährig geöffnet. Località Fornace, Tel. 0828961102, Fax 0828961142, martucci.giampiero@tiscalinet.it.

Essen und Trinken

Trattoria in Felitto

- **Remolino**
Antonio Oristanio und seine Familie betreiben ihre einfache Trattoria in strategisch bester Lage, wenige Schritte vom Calore-Fluss. Bei gutem Wetter sitzt man auf einer Terrasse an der frischen Luft. Das Essen schmeckt wie bei Mamma (vorausgesetzt, sie ist Süditalienerin). Hier werden die berühmten *fusilli felittesi* (frische, handgemachte Makkaroni)

aufgetischt, ansonsten gibt es selbst gezüchtete Hähnchen oder Braten, dazu kräftigen, offenen Wein. An Wochenenden auch Holzofenpizza. Die nahe Calore-Schlucht lockt zum Verdauungsspaziergang. 10–15 Euro. Mo. Ruhetag. Mittags und abends. Nov. geschlossen. Tel. 0828945360.

Restaurant bei Sant'Angelo a Fasanella

● **Martucci**
Gemütliches, gutes Lokal im gleichnamigen Agriturismo (s.o.).

An- und Weiterreise

● **Auto:** Die SS166 durchquert das Valle del Calore auf seiner gesamten Länge. Von Paestum/Capaccio Scala führt die landschaftlich reizvolle Strecke über Roccadaspide und den Passo della Sentinella nach Atena Lucana ins Vallo di Diano (Autobahn A3 Napoli – Reggio di Calabria). Von der SS166 zweigen die SS488 nach Felitto und Roscigno, die SP12 nach Sant'Angelo a Fasanella ab.
● **Bus:** SITA (Tel. 089226604, www.sita-online.it) ab Salerno über Capaccio Scalo nach Roccadaspide, Felitto und Sant'Angelo a Fasanella.

Einkaufen

● **Agrioil**
Olio Extra Vergine di Oliva D.O.P. und biologisches Olivenöl. Mo.–Sa. 8–12.30 Uhr und 14.30–18.30 Uhr. Contrada Cerreto, Roscigno, Tel. 0828963086, Fax 0828963436, www.agrioil.it.

Fest

● **S. Michele Arcangelo**
Am 8. Mai feiert Sant'Angelo al Fasanella seinen Patron mit einem Fest und Feuerwerk.

Wandern

In den Monti Alburni kann man herrlich wandern, bezeichnete Wege sind allerdings immer noch die Ausnahme. Oberhalb von Sant'Angelo a Fasanella bietet sich als lohnende Kurzwanderung der Ausflug zum Antece an (s.u.) an. Über weitere kurze Wanderungen im Umkreis von Sant'Angelo und des nahen Ottati, z. B. in das Tal des Torrente Fasanella, informiert die Pro Loco in Sant'Angelo. Der Calore-Fluss bildet in seinem Lauf zahlreiche Schluchten, die spektakulärste lässt sich von Felitto aus erreichen (s.u.).

Eine tolle Initiative ist das 6-tägige **Eseltrekking,** dass *Birte Kokocinski* (www.crapa.de/eseltrekking/) in den Monti Alburni veranstaltet. Die Tagesetappen betragen zwischen 7 und 12 km, Distanzen, bei denen auch Kinder mitlaufen können und ihren Spaß dabei haben. Übernachtet wird in einfachen Hütten, das Gepäck und die Verpflegung schleppen die freundlichen Grautiere.

● **Gruppo Escursionistico Trekking (GET)**
Organisiert Tageswanderungen und mehrtägige Treckingtouren (u.a. Monti Alburni).

Das Geheimnis des Antece

Einfache Wanderung durch Buchenwälder zu einem der schönsten Aussichtspunkte der Alburni und einem rätselhaften Felsrelief. Idealer Picknickplatz. Forstwege und Pfade, gelbe Pfostenmarkierungen. Auf- und Abstieg ca. 100 Höhenmeter, reine Gehzeit etwa 1 Stunde.

Seit dem 5. Jh. v. Chr. hält auf der 1125 m hohen **Costa Palomba** die in den Fels geschlagene, heute rätselhaft wirkende Figur eines Kriegers (oder Schamanen) Wache über das Valle del Calore, das sich im Südwesten ausbreitet. Lukaner besuchten den Ort als Heiligtum, und immer noch hat er eine starke Ausstrahlung. Die lokale Bevölkerung nennt die Figur im Dialekt *Antece* (Vorfahre bzw. alt). Ein herrlicher Fleck, auch um den Sonnenuntergang zu erleben.

Anfahrt: Von der SP12 am östlichen Ortsende von **Sant'Angelo a Fasanella** abbiegen und den braunen Schildern „Antece Scultura Rupestre" ca. 5,5 km bergauf folgen. Rechts zweigt eine Schotterstraße an dem unscheinbaren Holzschild „Località Antece" ab. Hier parken.

Wanderung: Dem ebenen Forstweg in den Buchenwald folgen. Nach etwa 10–15 Min. führt ein mit Pfosten markierter Pfad über eine lang gezogene Lichtung oberhalb einer runden Tränke nach links bergauf. Wieder im Buchenwald setzt sich der Pfad in Serpentinen fort, bis er bei einer Felsengruppe ins Freie tritt. In eine der verkarsteten Felsplatten ist ein mannshohes Relief geschlagen, das nach Westen in die untergehende Sonne blickt. Auf dem gleichen Weg zurück.

Gole del Calore

Der Calore bildet auf seinem Lauf von den Hängen des Cervati bis an die Mündung im Tyrrhenischen Meer fünf Schluchten, die eindrucksvollste ist jene zwischen Felitto und Magliano. Es lohnt sich, auch nur den ersten Abschnitt des Weges zu gehen. **Abschnittsweise etwas rutschige Wege,** die durch die enge, kühle Schlucht im Waldschatten führen, leichte Kletterpassagen. Rot-weiße Alpenvereinsmarkierungen. Reine Gehzeit ca. 2 Std. (Felitto – Ponte Naturale „Pretatetta" 30 Min., Ponte Naturale „Pretatetta" – Badegumpen 25 Min.).

Anfahrt: Aus dem Zentrum von Felitto in Richtung Laurino fahren und nach 1 km rechts zur **Località Remolino** abbiegen. Die Straße endet nach 1 km am Fluss. Hier gibt es eine kleine Trattoria, Picknicktische und im Sommer einen Info-Kiosk des WWF (s.o.).

Wanderung: Vom Parkplatz steigt man die wenigen Meter zum Fluss hinab, der an dieser Stelle aus der engen Schlucht tritt und sich im Talgrund (275 m) kurz ausweitet, bevor er im Rücken des Ortes Felitto in der nächsten Schlucht verschwindet. Ohne den Fluss zu überqueren (auf der orographisch rechten Seite bleiben!), am kleinen Stauwehr vorbei, auf dem schmalen Pfad zunächst immer am Wasser entlang aufsteigen. Der Weg entfernt sich unterwegs manchmal ein kurzes Stück vom Fluss, sei es seitlich oder in die Höhe. Nach etwa 30. Min. gabelt sich der Weg. Nach rechts führt der **Ponte Naturale „Pretatetta",** eine von großen ins Tal gestürzten Kalkfelsblöcken gebildete Naturbrücke, auf das gegenüberliegende Ufer. Weiter auf dem orographisch rechten Ufer führt der Weg durch zauberhaften Wald, geformt von hoch aufschießenden Steineichen und Hainbuchen. Im Herbst überzieht sich der Waldboden mit einem Blütenteppich von Cyclamen und zwischen dem Blockschutt stehen die Farne hoch. Etwa 20 Min. nach dem Ponte Naturale „Pretatetta" gabelt sich der Pfad, hier steigen wir rechts zum Fluss hinunter, der an dieser Stelle große Becken im Fels ausgespült hat. Im erfrischend kalten Wasser kann man einige Schwimmzüge wagen. Ein toller Platz für eine Rast. Auf dem gleichen Weg wieder zurück nach Remolino. Theoretisch ist es auch möglich in weiteren 1½ Std. den **Ponte Medievale di Magliano** (286 m), eine flussaufwärts gelegene wunderschöne mittelalterliche Bogenbrücke, zu erreichen, doch ist der Weg beschwerlich und z.T. abgerutscht.

Vallo della Lucania und Monte Gelbison

➚ XII, B2

Vallo della Lucania, am südlichen Abhang des Monte Gelbison, ist das wirtschaftliche Zentrum des Cilento und Sitz des **Parco Nazionale del Cilento e Vallo di Diano.** Die Verwaltung liegt in einem Altstadt-Palazzo.

Aus dem hübschen, mittelalterlichen **Novi Velia** führt eine kurvenreiche Panoramastraße durch das idyllische Torna-Tal und durch ausgedehnte Kastanien- und Buchenwälder bis fast auf den Gipfel des 1705 m hohen **Monte Gelbison,** auch **Monte Sacro** genannt. Ein steingepflasterter Kreuzweg führt hoch zum Sanktuarium. Auf dem Gipfelplateau, das einen überwältigenden Blick fast über den gesamten Cilento bietet, erhebt sich ein großer Baukomplex, bestehend aus Pilgerunterkünften,

Kapellen und dem **Santuario della Madonna del Sacro Monte.** Ein Bild der schwarzen Madonna wird hier verehrt. Basilianermönche haben wahrscheinlich als erste im 8. oder 10. Jh. ein christliches Heiligtum auf dem Monte Sacro errichtet. Der Name Gelbison lässt sich allerdings auch aus dem Arabischen herleiten und bedeuted gleichfalls „Heiliger Berg". Das Heiligtum ist von Mai bis Oktober Ziel tausender Pilger aus ganz Süditalien. Aus Novi Velia führt neben der Straße ein alter, steingepflasterter Pilgerweg bis zum Sanktuarium hoch, teilweise wird er heute noch beschritten.

Information

- **Parco Nazionale del Cilento e Vallo di Diano**

Siehe eingangs des Kapitels.

Hotel in Novi Velia

- **Gelbison** (***)

Seit den 1960er Jahren betreibt die Familie *Crocomo* dieses kleine Hotel, das im Jahr 2001 vollständig renoviert wurde. Gute Betten. Das Restaurant serviert lokale Spezialitäten, v.a. Pilzgerichte. 16 Zi., 2 Suiten, DZ/F 45–60 Euro, HP 40–45 Euro. Via Monte Gelbison 2 (Straße, die auf den Monte Gelbison hochführt), Tel. 097465025, Fax 0974706007.

Essen und Trinken

- **Trattoria Nella**

Ursympathische Familientrattoria in einer unscheinbaren Gasse, die von der zentralen Piazza abzweigt. Touristen verirren sich selten hierher. In den beiden schlichten Gasträumen stehen papiergedeckte Tische, aus den Töpfen der Signora *Anella Stifano* duftet es verführerisch. Tagesgerichte der traditionellen Landküche, hausgemachter *vino rosso.* 10 Euro. So. Ruhetag. Nur mittags. Piazza Vittorio Emanuele 35, Tel. 0974722448.

An- und Weiterreise

- **Auto:** Als Schnellstraße ausgebaute SS18. Von Vallo führt über Novi Velia eine kurvenreiche, gut ausgebaute Bergstraße bis auf den Monte Gelbison.
- **Bus:** SITA-Busse aus Salerno nach Vallo. Von Vallo Busse der Autolinee Rizzo (Tel. 0974972022) nach Velia.
- **Bahn:** Der nächste Bahnhof „Vallo-Castelnuovo" der Linie Napoli – Reggio di Calabria liegt ca. 10 km westl. von Vallo della Lucania.

Fest

- **Maria SS. del Sacro Monte**

Am letzten Maisonntag und am zweiten Oktobersonntag finden die beiden wichtigsten Prozessionen auf den Gipfel des Monte Sacro (Monte Gelbison) statt. Gläubige aus ganz Süditalien strömen am Fuße des Berges zusammen und steigen z.T. barfuß bis zum Sanktuarium hoch. Kurz vor dem letzten Anstieg legen sie einen Stein, den sie die ganze Zeit über mitgetragen haben, als Votivgabe nieder.

Wandern

Monte Gelbison

Von Novi Velia führt ein alter Pilgerwege zum Santuario della Madonna del Sacro Monte (oder Madonna di Novi Velia) auf den Gipfel des 1705 m hohen Monte Gelbison (oder Monte Sacro).

Anfahrt: Folgt man der Straße in Richtung Monte Gelbison zunächst mit dem Auto, fährt man durch das liebliche Torna-Tal. Am frisch murmelnden Bach stehen Picknicktische. Hier kann man das Auto am Straßenrand abstellen.

Wanderung: Kurz nach der Stelle, wo die Straße vom Bach nach rechts schwenkt, beginnt bergseitig der in breiten Stufen angelegte, steingepflasterte Pilgerweg. Der Auf-

golf_402 Foto: pa

Im Torna-Tal bei Novi Velia

Valle dell'Angelo, Piaggine und Monte Cervati

⇗ XII, B1

Nordöstlich von Vallo della Lucania liegt das **Cervati-Massiv.** Hier schlägt das wilde Herz des Nationalparks, Otter und Wolf sagen sich hier noch Gute Nacht. Unterhalb der Spitze des Monte Cervati, mit 1899 m der höchste Gipfel des Cilento, befindet sich die **Pilgerkirche Madonna della Neve,** und aus allen Richtungen führen sternförmig Wege auf den Berg.

Die beiden freundlichen Bergstädtchen **Valle dell'Angelo** und **Piaggine** sind ideale Ausgangspunkte für Ausflüge zu Fuß oder mit dem Mountainbike in die umliegenden Berge. Hier erlebt man noch ein sehr **ursprüngliches Süditalien** und trifft auf ausgesprochen freundliche Menschen.

Information

- **Centro Locale del Parco**
Info-Büro, Gemeindebibliothek und Naturkundemuseum in einem modernen, rosafarbenen Gebäude an der SP 388, die aus dem Ort zum Monte Cervati führt. Mo.–Do. 9–12 und 15–17.30 Uhr (falls Personal zur Verfügung steht), Sa., So. 9–12 und 15–18 Uhr. Via Cervati – Piaggine, Tel./Fax 0974940024, www.naturambientepiaggine.it

Unterkunft/ Essen und Trinken

In Valle dell'Angelo

- **Locanda del Angelo**
Eine der nettesten Adressen im Landesinneren! *Angelo Coccaro* und *Giuseppe D'Amico*

stieg führt durch schattigen Kastanien- und Buchenwald, vorbei am erfrischenden Brunnen **Fontana di Fiumefreddo.** Gelegentlich trifft man unterwegs Pilger, die meisten fahren jedoch mit dem Auto hoch. Am letzten Maisonntag und am zweiten Sonntag im Oktober allerdings bewegen sich ganze Menschenströme zu Fuß auf den heiligen Berg. Für den Aufstieg sollte man mit etwa 2½ Std. rechnen, der Abstieg geht wesentlich schneller vonstatten.

haben ihre einfache, sehr herzliche Herberge in der Ortsmitte von Valle dell'Angelo eröffnet. Die drei schlichten, geräumigen und mit liebevoll restaurierten Bauernmöbeln eingerichteten Zimmer liegen im 1. Stock direkt über der Bar Dei Fiori und blicken auf die rosafarbene Barockfassade der Dorfkirche und die dahinter aufragenden Berge. Nachts ist es hier bis auf das Läuten des Campanile himmlisch ruhig. Direkt neben der Bar führen *Angelo* und *Giuseppe* auch die winzige **Osteria La Piazzetta,** in der ausgezeichnete lokale Gerichte auf den Tisch kommen. Gästen, die einige Tage in dem hübschen Ort verbringen möchten, stehen auch zwei kleine restaurierte Altstadthäuser zur Verfügung. 3 Zi., DZ/F 40–50 Euro, HP 35–40 Euro, Menu 20–25 Euro. Piazza Canonico Jannuzzi 2 (c/o Bar Dei Fiori), Tel. 0974942008, Mobil 3392823021 *(Giuseppe D'Amico),* giudamico@libero.it.

In Piaggine

● **Alle Sorgenti del Calore** (*)
Das freundliche Hotel am südlichen Ortsrand von Piaggine wird von der Familie *Petrone* geführt, die 15 Jahre in New York gelebt hat. Ausgezeichnete Bergküche, das Brot wird hier noch selbst gebacken, und auch Pasta, Würste und Capicollo stammen aus eigener Produktion. 9 Zi., DZ/F 45 Euro, HP 33 Euro. Menu 20 Euro. Corso Vittorio Veneto 124, Tel. 0974942003.

● **Turismo Rurale „Le Grazie"**
Schönes, neu gebautes Steinhaus am nordwestlichen Ortsrand. Im Erdgeschoss liegt das rustikale Restaurant, der Kamin ist genauso prominent wie der große TV. Gute lokale Küche mit viel Gemüse, hausgemachter Pasta und deftigen Fleischgerichten (der Koch spricht deutsch). Die Zimmer im 1. Stock sind freundlich möbliert, die Betten gut, der Blick geht ins Grüne. Vom größten Zimmer im 2. Stock bietet sich ein Traumpanorama. 7 Zi., DZ/F 50–60 Euro. Menu 15 Euro. Via Madonna delle Grazie (von Laurino oder Roscigno kommend auf Höhe der ERG-Tankstelle ausgeschildert), Tel./Fax 0974940902, Mobil 3285951474, www.turismoruralelegrazie.it.

Wandern

Monte Cervati (1899 m)

Auf den **höchsten Gipfel des Cilento** mit dem Marienheiligtum **Madonna della Neve** führen aus allen Richtungen Wege. Die schönste Route, die hier als Rundweg beschrieben wird, führt von Piaggine heran. Unterwegs Wasserbrunnen. Reine Gehzeit 5–6 Std. (Start – Fontana di Cacciocavallo 20–30 Min., Fontana di Cacciocavallo – Rifugio Cervati 1½ Std. , Rifugio Cervati – Madonna della Neve 1 Std., Madonna della Neve – La Nevera 30 Min., La Nevera – Località Festule 1 Std., Località Festule – Ende/Start 30 Min.).

Anfahrt: Aus der Ortsmitte von Piaggine dem Schild „Informazione Turistiche" folgen und nach 200 m, auf Höhe des Info-Zentrums (s.o.), nach links den braunen Schildern „Monte Cervati" auf der teilweise schlecht asphaltierten SP 388 aus dem Ort folgen. Unterwegs stößt eine Straße aus Valle dell'Angelo dazu. Nach knapp 7 km auf der südlich abzweigenden Schotterstraße weiter, geradeaus setzt sich die Straße Richtung Rofrano fort. Nach weiteren 700 m an der Gabelung links auf der betonierten Piste weiter, ein kleiner Umweg, aber besser zu fahren (mit dem Mountainbike kann man an dieser Stelle auch geradeaus weiterfahren). Zur Rechten taucht das Cervati-Massiv auf, zur Linken öffnet sich der Blick auf eine weite Talmulde mit den Calore-Quellen. An der nächsten Gabelung auf der betonierten Piste rechts weiter, die insgesamt ca. 13,5 km nach Piaggine wieder auf die Schotterpiste trifft, die sich nach links zum Rifugio Cervati fortsetzt. Hier das Auto auf einer kleinen Wiese im Schatten von Erlen und Buchen parken.

Wanderung: Auf der rot-weiß markierten Schotterpiste, die nach links im lockeren Erlen- und Buchenwald gleichmäßig ansteigt, geht es zu Fuß weiter. Nach ca. 25 Min. führt links ein Abzweig auf eine große Lichtung mit einer betonierten Tränke und einem lauschigen Picknickplatz (Tische unter einem mächtigen Birnbaum). Hier an der **Fontana di Cacciocavallo** (Trinkwasser!) herrscht im Sommer Almbetrieb. Am Grillplatz rechts vorbei, gelangt man über einen kurzen Abschneider durch den Wald zurück auf die Schotterpiste, die einige Minuten später durch eine Schranke führt. Ca. 10 Min. nach der Fontana di Cacciocavallo zweigt rechts eine Piste ab, wir biegen kurz darauf in der Kurve auf die zweite, rot-weiß markierte Piste rechts ab (geradeaus setzt sich die Forststraße zum Piano degli Zingari fort). In sanfter Steigung geht es im Buchenwald bergauf, unterwegs münden schmalere Wege ein. Von einer Lichtung sehen wir zum ersten Mal die steil aufragenden Felswände des Cervati. Schließlich führt die Piste auf eine große Weidefläche, zur Rechten das renovierte Steingebäude des **Rifugio Cervati** (1597 m).

Vom Rifugio aus folgen wir der Fahrspur über die Weide bergauf, das Cervati-Massiv zur Rechten. Vereinzelte Buchen werden vom weidenden Vieh in bizzaren Bonsaiformen kurz gehalten. Am rechten oberen Ende der Lichtung führt der markierte Weg zurück in den Buchenwald und setzt sich, in diesem Abschnitt deutlich als alter Pilgerweg zu erkennen, über eine schmale, lang gezogene Lichtung fort. Der Pfad schwenkt anschließend nach rechts, zieht sich schräg den Hang hinauf und tritt schließlich ins Freie. Die verkarsteten Hänge dienen im Sommer der Weide. Mit tollen Blicken auf die Berge Kampaniens und der Basilikata erreichen wir einen Grat, und vor uns öffnet sich eine riesige Doline, der Gipfel des **Monte Cervati** (1899 m) erhebt sich vorne links. Immer am nördlichen Rand der Doline entlang, folgen wir dem annähernd eben verlaufenden Pfad, der auf das **Santuario** zu führt. Im Rücken der Wallfahrtskirche breitet sich eine zauberhafte Wiese aus, im Frühsommer mit abertausenden Blüten überzogen und daher auch *Giardino della Madonna* (Garten der Madonna) genannt – ein tolles Plätzchen für eine Rast! Bevor wir die Wanderung fortsetzen, lohnt, v.a. der großartigen Aussicht wegen, der kurze Rundweg zur **Grotta della Madonna.**

Zurück am Santuario, folgen wir der im ersten Abschnitt steingepflasterten, breiten Schotterstraße in westliche Richtung, die nach Sanza bergab führt. Vor uns die Gipfel des Monte Bulgherìa, Monte Scuro, Monte Gelbison und Monte Stella. Nach ca. 20 Min. beschreibt die Schotterpiste eine scharfe Linkskurve. Hier, die Gehrichtung beibehaltend, auf dem schmalen, rot-weiß markierten Pfad weiter, der zur so genannten Nevera (1785 m) führt, einem tiefen Karstspalt, in dem bis in den Herbst Schnee liegen bleibt.

Der nächste Wegabschnitt erfordert etwas Orientierungsgeschick. Zunächst folgen wir, die Gehrichtung weiterhin beibehaltend, wildromantisch zwischen Felsen und Buchen der Gratlinie, um nach ca. 10 Min. in einer Linkskurve, der bald darauf eine Rechtskurve folgt, auf einem rot-weiß bezeichneten alten Weg in den Wald abzubiegen. In Serpentinen steigen wir in ca. 15 Min. bis auf eine Lichtung in der Talmulde (1546 m) zwischen La Nevera und der Cima di Mércori ab. Nach rechts folgen wir dem Hohlweg (im Frühjahr Schmelzwasser) zurück in Richtung Piaggine, kurz darauf wieder über eine Lichtung mit einem Kreuz. Der Weg führt in den Wald zurück, verbreitet sich zur Fahrspur und schließlich zur Schotterstraße. Wo diese eine scharfe Rechtskurve beschreibt, zweigt links ein markierter Weg auf die Cima di Mércuri ab. Die Fahrspur führt anschließend über eine Lichtung mit Viehtränke, die Località Festule. Nach weiteren 10 Min. beschreibt die Piste eine S-Kurve und führt an einer Eisenschranke vorbei wieder in den Wald. Rechter Hand öffnet sich der Blick ins Tal, wir erkennen die aus Piaggine heranführende Schotterstraße Richtung Rifugio Cervati. Hier nach rechts über die offenen Weideflächen im terrassierten, ehemals landwirtschaftlich genutzten Hang zur Schotterstraße absteigen, dabei nach rechts halten. Von oben stoßen wir auf die Schotterstraße, auf der wir nach rechts, vorbei an der Fontana Festule mit S. Pio-Kapelle, zurück zu unserem Ausgangspunkt gelangen.

Provinz Caserta und das Matese

Die Reste des alten Capua und was sich daran knüpft, hab' ich nun von hier aus auch besucht. In dieser Gegend lernt man erst verstehen, was Vegetation ist und warum man den Acker baut. (...) Um Caserta das Land völlig eben, die Äcker so gleich und klar gearbeitet wie Gartenbeete. Alles mit Pappeln besetzt, an denen sich die Rebe hinaufschlingt, und ungeachtet solcher Beschattung trägt der Boden noch die vollkommenste Frucht.

Goethe, Italienische Reise, 16. März 1787

Die Provinz Caserta birgt viele Gegensätze und etliche Überraschungen. Nordwestlich von Neapel erstreckt sich die **Campania felix** der Antike, ab dem Mittelalter auch als **Terra del lavoro** bezeichnet. Das fruchtbare Schwemmland des Volturno und die verwitterten vulkanischen Böden der nahen Campi Flegrei und des Roccamonfina waren über Jahrhunderte hinweg der Gemüsegarten Roms und später des Königreiches Neapel. Im Umkreis Neapels ist der fruchtbare Boden längst von einem Moloch trostloser, meist illegal errichteter Bauten verschlungen. Was hier zu einem scheinbar planlosen Ballungsgebiet von vier Millionen Menschen zusammenwächst, gestaltet sich möglicherweise nach den undurchschaubaren Regeln der Camorra. Immigranten aus Nordafrika und Osteuropa arbeiten für 15 Euro am Tag auf den Gemüse- und Tabakfeldern, Schwarzafrikanerinnen prostituieren sich am Straßenrand. Nur wenige dringen durch die hässliche Peripherie bis in das sehenswerte Altstadtzentrum von **Aversa** vor, der ersten Hauptstadt der Normannen. Triste Landschaftseindrücke auch an der Küste in Richtung Norden. Wenig einladende Badeorte begleiten die schier endlosen Sandstrände. Scheinbar kein Wunder, dass die meisten Touristen sich mit dem Besuch des berühmten Bourbonenschlosses in der **Provinzhauptstadt Caserta** begnügen.

Doch etwas weiter im Landesinneren, wo die SS7 der römischen **Via Appia** folgt, ändert sich das Bild. Hier ist die Campania felix über weite Strecken noch intakt. Uralte Städte wie **Sessa Aurunca** oder **Santa Maria Capua Vetere,** das Capua der Antike, laden abseits ausgetretener Touristenpfade zu Entdeckungen ein. Das mittelalterliche **Capua** ist an Kunstschätzen besonders reich. In der Nähe liegt die **Kirche Sant'Angelo in Formis** mit einzigartig schönen Freskomalereien aus dem Mittelalter. Die Kastanienwälder auf dem erloschenen **Vulkan Roccamonfina** und die Karsthochebenen der **Monti del Matese** sind ideale Wanderziele. Auch kulinarisch steckt die Provinz Caserta voller Überraschungen, sie zu lüften ist ein Genuss.

Caserta, Casertavecchia und San Leucio

Caserta ⇗III, C3

Die mehr als 70.000 Einwohner zählende **Provinzhauptstadt** Caserta entwickelte sich in Folge des ab Mitte des 18. Jh. errichteten Bourbonenschlosses. Den Namen steuerte das mittelalterliche Städtchen auf den nahen Hügeln bei, das heutige Casertavecchia.

Karl III. von Bourbon, der 1734 den Thron des Königreiches Neapel bestiegen hatte, ließ 1752 den Grundstein für die **Reggia di Caserta** legen. Das Königsschloss sollte den Kern einer neuen Regierungshauptstadt bilden, sicherer als Neapel, das sich damals den Angriffen der englischen Flotte ausgesetzt sah. *Karl III.* versuchte das Versailles seines Ur-Großvaters *Ludwig XIV.* zu übertreffen, und so entstand am Vorabend der Französischen Revolution der historisch jüngste und zugleich **größte absolutistische Herrschersitz Europas.** Als Bauplatz wurde eine zum Meer hin offene Ebene am Fuße der bewaldeten Hügel gewählt, damals königliches Jagdgebiet. In *Luigi Vanvitelli* fand *Karl III.* den geeigneten Baumeister, um seine ehrgeizigen Pläne zu verwirklichen. *Vanvitelli,* Sohn des holländischen Vedutenmalers *Van Vittel,* war der erste umfassend akademisch gebildete Architekt der Neuzeit. Das Schloss wurde für die astronomische Summe von 6.133.000 Golddukaten realisiert. Noch einmal den gleichen Betrag verschlang der Bau des Aquädukts, der die Wasserspiele im Park speiste. Galeerensklaven und türkische Kriegsgefangene wurden zur Arbeit herangezogen. Als *Karl III.* 1759 auf den spanischen Königsthron stieg, war der Bau noch nicht fertig gestellt. Sein Sohn und Nachfolger *Ferdinand IV.* benutzte die Reggia im Frühjahr und Herbst für diverse Lustbarkeiten, widmete sich aber lieber seinem Herzensprojekt im nahen San Leucio. Ihre geplante Funktion als Zentrum eines neu geordneten Staatswesens hat die Reggia nie erfüllt. 1860 übergab *Ga-*

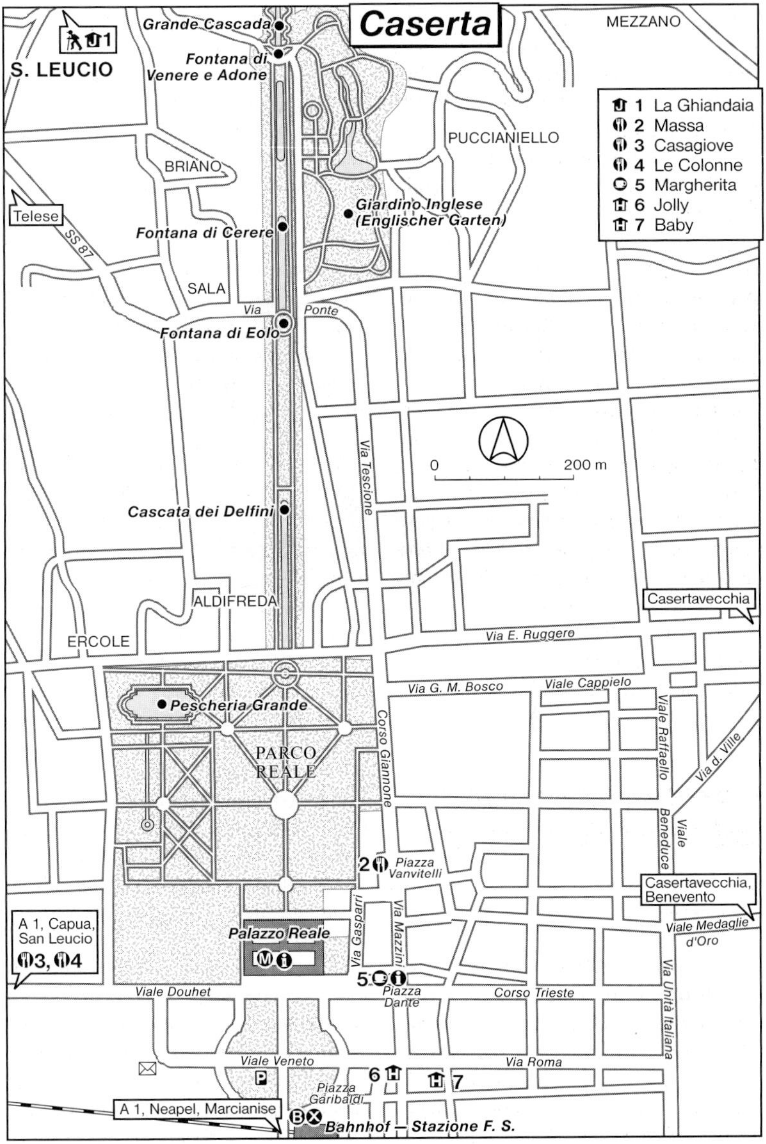
Caserta
S. LEUCIO
Grande Cascada
Fontana di Venere e Adone
MEZZANO
1 La Ghiandaia
2 Massa
3 Casagiove
4 Le Colonne
5 Margherita
6 Jolly
7 Baby
PUCCIANIELLO
BRIANO
Telese
SS 87
Giardino Inglese (Englischer Garten)
Fontana di Cerere
SALA
Via Ponte
Fontana di Eolo
Via Tescione
0 200 m
Cascata dei Delfini
ALDIFREDA
Casertavecchia
ERCOLE
Via E. Ruggero
Via G. M. Bosco
Viale Cappielo
Pescheria Grande
PARCO REALE
Corso Giannone
Viale Raffaello
Via d. Ville
Viale Beneduce
2 Piazza Vanvitelli
Casertavecchia, Benevento
Via Gasparri
Via Mazzini
Viale Medaglie d'Oro
A 1, Capua, San Leucio
3, 4
Palazzo Reale
Via Unità Italiana
5 Piazza Dante
Viale Douhet
Corso Trieste
Viale Veneto
Via Roma
6
7
Piazza Garibaldi
A 1, Neapel, Marcianise
Bahnhof – Stazione F. S.

golf_406 Foto: eptc

ribaldi das Schloss an König *Viktor Emanuel II. von Savoia,* am 27. April 1945 wurde hier die Kapitulationserklärung der deutschen Truppen in Italien unterzeichnet. Ende der 1990er Jahre diente es *George Lucas* als imposante Kulisse für einen seiner Star Wars-Filme.

Der riesenhafte Baukomplex, 247 m lang und 184 m breit, folgt einem **rechteckigen Grundriss mit vier großen Innenhöfen.** Die streng gegliederte Fassade deutet keineswegs auf den Luxus im Inneren hin. 1217 Räume verteilen sich über fünf Stockwerke. Während der Bauzeit wurden Herkulaneum, Pompeji, Paestum und der Kaiserpalast des Tiberius auf Capri ausgegraben. Ein Teil des antiken Materials fand seine Wiederverwendung in Caserta, darunter auch einige Säulen des Serapis-Tempels aus Pozzuoli.

Eine zentrale Achse durchzieht den Palast und setzt sich im anschließenden Schlosspark fort. Herzstück der Reggia ist die **Prunktreppe,** eine der reifsten Inszenierungen des Spätbarock. Das marmorverkleidete Treppenhaus diente als Festsaal und Bühne für das aufwen-

Reggia di Caserta

dige spanische Hofzeremoniell. Aus dem oktogonalen Vestibül betritt man die Hofkapelle. Die prunkvolle Innendekoration der königlichen Gemächer ist ein stilistischer Querschnitt vom Rokoko bis zum Neoklassizismus. Die seidenen Wandbezüge wurden in San Leucio gefertigt. Absolut sehenswert sind das bezaubernde Hoftheater und die berühmte Weihnachtskrippe (siehe Exkurs „Bethlehem in Neapel").

Seit einigen Jahren hat auch eine bedeutende **Sammlung internationaler Gegenwartskunst** ihre ständige Bleibe in der Reggia di Caserta gefunden. Der 1994 verstorbene Galerist *Lucio Amelio* rief nach dem Erbeben von 1980 Künstlerfreunde aus aller Welt nach Neapel, und aus deren Reaktionen auf die Katastrophe entstand die bewegende Ausstellung **Terrae Motus.** *Christian Boltanski, Keith Harring, Anselm Kiefer, Jannis Kounnelis, Richard Long, Robert Maplethorpe, A. R. Penck, Cy Twombly* und *Andy Warhol* sind nur die bekanntesten der beteiligten Künstler. *Joseph Beuys,* ein langjähriger Freund *Amelios,* schuf für das Projekt seine letzte große Installation.

Der **Schlosspark** geht ebenfalls auf einen Entwurf *Vanvitellis* zurück und ist ein Musterbeispiel für die rationell unterworfene Natur im Geiste des Absolutismus. Die zentrale Schlossachse setzt sich im Park, begleitet von verzierten Brunnen und Wasserbecken, über 3 km leicht ansteigend bis zu einer monumentalen Kaskade fort. *Vanvitellis* **Acquedotto Carolino,** der das Wasser über 42 km aus den Monti Taburni heranführt, um die Kaskade und Wasserspiele im Park zu speisen, ist ein technisches Meisterwerk seiner Zeit (bei Maddaloni überbrückt die Wasserleitung nach dem Vorbild des Pont du Gard bei Nîmes in eindrucksvoller Weise einen Taleinschnitt). An der Kaskade kann man im schattigen Steineichenwald aufsteigen. Leider gibt es keine direkte Verbindung zu dem sich anschließenden **Bosco di San Silvestro,** einem Naturschutzgebiet in der Obhut des World Wildlife Fund. Entzückend ist der vor wenigen Jahren restaurierte englische Garten, östlich des Diana und Aktaion-Brunnens. *Maria Carolina,* die Gemahlin *Ferdinand IV.,* ließ 1782 diesen ersten englischen Garten auf italienischem Boden auf Anregung des Botschafters *Lord William Hamilton* anlegen. Der **Giardino Inglese** ist nur zu festgelegten Uhrzeiten im Rahmen einer Führung zu besichtigen. Ein Shuttlebus hilft die großen Distanzen innerhalb der Parkanlage zu verkürzen. Bustickets zu 0,75 Euro an der Kasse bzw. im Bus.

- **Reggia di Caserta (Palazzo Reale) e Parco,** Via Douhet 2, Tel. 0823448084, 0823321400, www.reggiadicaserta.org. Appartamenti storici mit Ausstellung Terrae Motus Di.-So. 8.30-19 Uhr; Park Nov.-Febr. 8.30-14.30 Uhr, März und Okt. 8.30-16.30 Uhr, April-Mai und Sept. 8.30-17.30 Uhr, Juni-Juli und Aug. 8.30-18 Uhr. Eintritt 6 Euro (Palast mit Park), 2 Euro (nur Park).

Casertavecchia ↗III, C3

Das kleine Städtchen **am Hang des Monte Virgo,** im 8. Jh. von Langobarden gegründet, verlor mit dem Bau der Reggia di Caserta, an die es seinen Namen abtrat, schlagartig an Bedeutung. Die Zeit ist hier scheinbar stehen geblieben, Casertavecchia konnte sich seinen mittelalterlichen Charme unangetastet bewahren. Heute präsentiert sich der Ort perfekt restauriert und ist vor allem an Wochenenden ein beliebtes Ausflugsziel. Am Fuß des Langobardenkastells lagern dann ganze Schulklassen zum Picknick und genießen den Blick auf das Städtchen bzw. kicken Fußbälle.

Der **Duomo San Michele Arcangelo** (1113–1153) ist eines der schönsten Beispiele romanischer Architektur in Kampanien. Romanische, byzantinische und arabische Dekorationselemente vermischen sich am Glocken- und Vierungsturm. Das Innere der dreischiffigen Basilika stützen antike Säulen, die mosaikgeschmückte Kanzel stammt aus dem 13. Jh.

- **Duomo San Michele.** Tägl. 9–13 und 15–19.30 Uhr.

Eine landschaftlich wunderschöne Höhenstraße verbindet San Leucio (s.u.) mit Casertavecchia. Die halbstündige Anfahrt aus Caserta mit eigenem Fahrzeug gerät wegen unzulänglicher Ausschilderung oft mühsam.

San Leucio ⇗III, C3

Ferdinand Gregorovius besuchte Caserta 1866, also sechs Jahre nach Ablösung der Bourbonenherrschaft durch *Garibaldi.* In „Wanderjahre in Italien" notierte er seine Beobachtungen. Das Schloss empfand er als tot und leer. „Die langen Reihen der Fenster sind mit grauen Jalousien geschlossen; kein Kerzenschein flimmert aus den Prunksälen am Abend; kein Ton erschallt; keine Karosse fährt durch das hohe und prachtvolle Portal. Nur zwei Soldaten unter Gewehr wandeln dort auf und ab. Sind sie die respektvolle Ehrenwache für ein großes Monument der geschichtlichen Vergangenheit, welche die Gegenwart ausgelöscht hat? Nein! Sie hüten dies unbrauchbar gewordene Bauwerk für den neuen Besitzer, welcher wahrscheinlich niemals dort wohnen wird. Es könnte die Briganten, die auf dem Monte Taburno lagern, gelüsten, nächtlicherweile herabzusteigen und in den Gemächern des Schloßes nachzusehen, ob ihr legitimer verjagter König dort einige Kostbarkeiten für sie zurückgelassen hat."

Wenig beeindruckt von Schloss und Park wendet sich Gregorovius mit Interesse dem nahen San Leucio zu. „Ein paar Millien vom Schloss entfernt liegt der Hügel von S. Leucio; er verdankt seine Berühmtheit einer philanthropischen Anwandlung des Königs Ferdinand IV., welcher dort eine Musterkolonie zu gründen beschlossen hatte. Sein Edikt vom Jahre 1789, dem Jahr der Französischen Revolution, beginnt wörtlich so: „In der großartigen Wohnung von Caserta, welche mein erlauchter Vater begann, und die ich fortsetzte, fand ich nicht die Stille und Einsamkeit, welche ich für das Nachdenken und die Erholung des Geistes bedurfte, sondern nur eine andere Stadt mitten in der Campagna, mit denselben Ideen des Luxus und der Pracht einer Hauptstadt. Ich suchte daher einen abgelegeneren Ort, gleichsam eine Einsiedelei, und ich fand dazu den Hügel von S. Leucio wohl geeignet."

In San Leucio entwarf *Ferdinand IV.* die Utopie eines Idealstaates von eigenen Gnaden. Er ließ einen kleinen Palast und eine Mustersiedlung errichten. Die zwangsverpflichteten Bewohner seiner Kolonie, die zur Arbeit in einer **Seidenmanufaktur** angehalten waren, stattete er mit eigenen Gesetzen aus. Dazu wieder Gregorovius: „Der König hatte diese Verfassung für seine Kolonie mit eigener Hand geschrieben, und er schloss sie mit diesen Worten: „Ich gebe euch diese Gesetze, Bürger und Kolonisten von S. Leucio; beachtet sie und ihr werdet glücklich sein." Die berühmte Kolonie S. Leucio also war für das Gefühl des Königs eine Art von philanthropischem Treibhaus neben seinem Palast zum Zeitvertreibe, wo der launische Despot die seltensten aller Geschöpfe auf Erden erziehen wollte, nämlich Menschen, die wirklich glücklich sind."

Die **Real Fabbrica di San Leucio** wurde in den vergangenen Jahren mit beträchtlichen Mitteln aus den Töpfen der Europäischen Union restauriert. Teile dienen heute als Industriemuseum. An klaren Tagen macht der **Belvedere** seinem Namen alle Ehre. Ihm zu Füßen liegt die Reggia di Caserta, hinter der sich die Silhouette des Vesuvs erhebt. Über die Küstenebene hinweg sieht man den flachen vulkanischen Schild der Campi Flegrei, dahinter Ischia. In San Leucio und Umgebung sind noch einige Seidenmanufakturen in Betrieb, die im Ort ihre Geschäftsräume unterhalten.

- **Real Fabbrica di San Leucio,** Via Atrio Superiore San Leucio, Tel. 0823301817, www.belvederedisanleucio.it. Mo.–Di. und Do.–Fr. 9–13 und 15–18 Uhr, Sa. und So. 9–18 Uhr. Eintritt 4 Euro, mit Gärten 5 Euro (nur an Wochenenden).

golf_409 Foto: eptc

In der Altstadt von Casertavecchia

Information

EPT
Touristeninfo wenige hundert Meter östlich der Reggia. Gut gemachte Info-Broschüren! Mo.–Sa. 8.30–13.30 Uhr. Piazza Dante 43 - Caserta, Tel. 0823321137, Fax 0823321137, www.casertaturismo.it.

Unterkunft

Hotels und Pensionen in Caserta

Jolly (****)
Frisch renoviert, guter Standard. Ideale Lage gegenüber der Reggia. 107 Zi., EZ/F 118 Euro, DZ/F 134 Euro. Viale Vittorio Veneto 9, Tel. 0823325222, Fax 0823354522, www.jollyhotels.it.

Baby (**)
Einfache Pension in Bahnhofsnähe, deren Zimmer zur Straße hin bzw. auf einen ruhigen Innenhof gehen. 9 Zi., EZ/F 44 Euro, DZ/F 52 Euro. Via Verdi 41/43, Tel. 0823328311, Fax 0823442283.

Hotel in Casertavecchia

Caserta Antica (***)
Erfreuliche Neueröffnung (Mai 2001) eines familiären und ruhigen Hotels 500 m östlich des Städtchens im Grünen. Neutral möblierte, geräumige Zimmer mit guten Betten. Gutes Restaurant. Pool und eigener Parkplatz. Nach Casertavecchia sind es wenige Minuten zu Fuß. 26 Zi., EZ/F 50 Euro, DZ/F 65 Euro. Via Tiglio, Tel./Fax 0823371158, www.hotelcaserta-antica.it.

Ostello

La Ghiandaia
Jugendherbergsähnliche Unterkunft innerhalb der vom WWF betreuten Oasi di San Silvestro (s.u. „Wandern"). Küchenbenutzung und Bettwäsche gegen Aufpreis. 24 Schlafplätze, Ü ab 15 Euro. Via Giardini Reali 1bis (1 km von San Leucio in Richtung Castel Morrone), Tel. 0823446110, Tel./Fax 0823361300, Mobil 3477974488 *(Franco Paolella)*, laghiandaia@virgilio.it bzw. c/o WWF-Büro in Caserta, Piazza Marconi 9, Tel. 0823441367.

Essen und Trinken

Restaurants und Trattorien in Caserta

Casagiove
Von Einheimischen gerne besuchte Trattoria im Ortsteil Casagiove westlich der Reggia. Bäuerliche Küche mit deftigen Suppen, deren Zutaten sich nach der Jahreszeit richten. 20–25 Euro. So. Ruhetag. Mittags und abends. Nähe A1-Ausfahrt „Caserta Nord". Via Quartiere Vecchio 60, Casagiove, Tel. 0823468970.

Le Colonne
Jugendstiljuwel 1 km westlich der Reggia. *Loreto* und *Rosanna Marziale* warten mit bester *cucina casertana* auf. Büffelricotta und -mozzarella gehören zu den klassischen Zutaten, ein Gedicht ist der in Aglianico geschmorte Büffelbraten. Delikate hausgemachte *dolci*, gute kampanische Weine. 25–35 Euro. Di. Ruhetag. Mittags und abends. Abends nur auf Vorbestellung. Nähe A2-Ausfahrt „Caserta Nord". Via Nazionale Appia 7/13, Tel. 0823467494.

Massa
Restauriertes Traditionslokal im Zentrum von Caserta, seit über 150 Jahren ein Garant für gutes Essen. Im Sommer speist man unter einer Pergola. 25–35 Euro. Mittags und abends. Mitte Juli bis Mitte Sept. So. Ruhetag. Via Mazzini 55, Tel. 0823456527.

Restaurants und Trattorien in Casertavecchia

La Castellana
Gemütliches Altstadtlokal mit grandioser Antipasti-Auswahl. Hausgemachte Pasta und Wildschweinspezialitäten. Kräftiger Hauswein. Im Sommer sitzt man im Freien unter einer Pergola mit Blick auf den Vierungsturm des Doms. 20 Euro. Do. Ruhetag. Mittags und abends. Via Torre 4, Tel. 0823371230.

Mastrangelo
Touristisch-rustikales Lokal in den Räumen eines alten Konvents. Kräftige Fleischgerichte,

zu denen entsprechende Weine kredenzt werden. 20–25 Euro. Di. Ruhetag. Mittags und abends. Piazza Duomo 5, Tel. 0823371377.

Restaurant in San Leucio

• **Antica Locanda**
Das kleine Spezialitätenlokal im Zentrum San Leucios hält die Tradition der *cucina casertana* hoch. Probieren sollte man die *rigatoni all'antica Locanda,* zubereitet mit frischer Mozzarella, Basilikum und Tomaten. Im Winterhalbjahr stehen Stockfisch, Schweinebraten und *salsicce* auf der Speisekarte. Die Tische sind mit feinstem Seidenbrokat gedeckt, das ist man sich hier in San Leucio schuldig! So. abend und Mo. geschlossen. Mittags und abends. Piazza della Seta 8/10 A, Tel. 0823305444.

Restaurant in Piana di Monteverna

• **Carpe Diem**
Lucio Romano (Koch und Sommelier) verwöhnt seine Gäste mit Gerichten der traditionellen *cucina casertana.* Zu den Spezialitäten zählen Ravioli mit Steinpilzen und Büffelricotta, in Aglianico geschmorte Gänsebrust oder Kaninchen mit Steinpilzen. Viel Gemüse, hausgemachte *dolci.* Beachtliche Weinauswahl. 25–35 Euro. So. abends und Mo. geschlossen. Mittags und abends. Via Masseria Corte 101 (aus Capua 16 km auf der SS 264, aus Caserta 14 km auf der SS 87 Richtung Caiazzo), Tel. 0823861371.

Snacks, Cafés und Bars

• **Gran Caffè Margherita**
Elegantes Fin-de-Siècle-Ambiente an Casertas schönster Kreuzung wenige hundert Meter östlich der Reggia. Piazza Dante 2, Tel. 0823321107.

• **Enoiteca Prosit**
Enothek mit griechischer Schreibweise, deren akkurate Weinauswahl auf das Beste mit den sorgsam zubereiteten Speisen harmoniert. So. und Mo. geschlossen. Nur abends. Das Lokal liegt im Nachbarort Marcianise, wenige Kilometer südlich Caserta. Via R. Musone 10/12, Marcianise, Tel. 0823831587.

An- und Weiterreise

• **Auto:** A 1, Ausfahrt „Caserta Nord". Die landschaftlich schönste Strecke von Caserta nach Casertavecchia führt über San Leucio. Hier am Ortsanfang zunächst Richtung Castel Morrone abbiegen und dann der Ausschilderung „Casertavecchia" folgen. Caserta selbst ist ein verkehrstechnischer Alptraum!

• **Bus:** CTP (Tel. 0817001111) von und nach Neapel (Piazza Garibaldi). ACMS (Tel. 0823250248, 0832250200, www.acms-spa.it) von Caserta nach San Leucio, Casertavecchia, S. Maria Capua Vetere, Capua, Sessa Aurunca, Teàno. In Caserta halten die Busse vor dem Bahnhof, gegenüber der Reggia.

• **Bahn:** Mehrere Zugverbindungen tägl. von und nach Neapel. Fahrtzeit ca. 30 Min. Der Bahnhof liegt an der Piazza Garibaldi, südlich der Reggia gegenüber.

Unterwegs in Caserta

• **Parken:** Parkplätze und große Parkgarage südlich der Reggia.

• **Taxi:** Piazza Garibaldi, Tel. 0823322400.

Einkaufen

• **Enoteca La Botte**
Große Auswahl hochwertiger Weine und Delikatessen. La Botte wurde im Jahr 1999 als beste Enothek Italiens ausgezeichnet. Direkt an der A1, Ausfahrt „Caserta Nord". Via Nazionale Appia 168/180, Casagiove, Tel. 0823494040, www.enotecalabotte.it.

• **Tessuti Siola Alois e Casa**
Verkaufsraum für teure, nach alten Mustern gewebte Seidenstoffe. Mo.–Fr. 9–13 Uhr und 16–19.30 Uhr. Piazza Scuderia 8, San Leucio, Tel. 0823362247, www.siola-alois.com.

Post

• Viale Ellittico (südwestlich der Reggia).

Feste/Veranstaltungen

• Leuciana Festival
Im Juli Theater- und Musikfestival auf dem Real Belvedere von San Leucio. Vorwiegend italienische Interpreten wie *Pino Daniele,* aber auch internationale Stars wie *Goran Bregovic* mit seiner „Wedding and Funeral Band". Info ETP Caserta, siehe dort.

• Settembre al Borgo
Anfang September bieten die Altstädte von Casertavecchia und San Leucio eine zauberhafte Kulisse für das renommierte Theater-, Ballett- und Musikfestival. Info ETP Caserta, siehe dort.

Wandern

Oasi di San Silvestro

Der Jagdleidenschaft *Ferdinands IV.* ist der Erhalt von 76 ha schönstem Steineichenwald auf einem Hügel, der sich nördlich an den Park der Reggia anschließt, zu verdanken. Vom World Wildlife Fund als Naturschutzgebiet betreut, ist der Besuch jeweils Sa., So. im Rahmen einer geführten Wanderung (Dauer ca. 2 Std.) möglich. Vom höchsten Punkt genießt man einen herrlichen Blick über den Schlosspark auf den imposanten Gebäudekomplex der Reggia. Aus der Flanke dieses Hügels entspringt die künstlich angelegte Kaskade, welche die Becken, Brunnen und Kanäle des Parks mit Wasser speist. Im Inneren der Oasi stehen in der Foresteria „La Ghiandaia" auf Anfrage 24 Schlafplätze zur Verfügung (s.o.). Mai bis Okt. Sa. und So. 10, 11 und 16.30 Uhr; Nov. bis April Sa. und So. 10, 11 und 14.30 Uhr. Via Giardini Reali 1bis (1 km von San Leucio in Richtung Castel Morrone), Tel. 0823361300. Spenden werden angenommen.

Monte Virgo

Oberhalb von Casertavecchia erhebt sich als **wunderschöner Aussichtsberg** der 620 m hohe Monte Virgo. Aus dem östlich gelegenen Weiler Sommana, von Casertavecchia zu Fuß zu erreichen, führen Wege

golf_412 Foto: enit

und Pfade bis auf den Gipfel mit einem Feuerwachturm. Richtung Casertavecchia führt eine Kiesstraße hinab, die unterhalb des Langobardenkastells auf die von Castel Morone kommende Straße trifft.

Santa Maria Capua Vetere

↗II, B3

In der Nähe von Caserta liegen zwei Städte, die beide zu unterschiedlichen Zeiten den Namen Capua getragen haben. Santa Maria Capua Vetere, ein lebhaftes Agrarzentrum mit etwa 30.000 Einwohnern, steht an Stelle des antiken Capua.

Geschichte

Seit dem 9. Jh. v. Chr. bestand hier eine oskische Siedlung, die sich im 6. Jh. v. Chr. zu einem wichtigen Zentrum der etruskischen Kolonisation in Kampanien entwickelte. Ende des 5. Jh. v. Chr. geriet die Stadt unter samnitischen Einfluss, 338 v. Chr. wurde sie zur römischen Kolonie. Ihre strategische Bedeutung für die römische Expansion in Süditalien dokumentiert sich 312 v. Chr. durch den Bau der **Via Appia,** der ersten Heerstraße Roms. Im 2. Punischen Krieg ergriff Capua Partei für *Hannibal,* 74 v. Chr. brach hier der **Aufstand des Spartakus** los, der Rom zwei Jahre lang in Atem halten sollte. Es folgten ruhigere Zeiten, und Capua entwickelte sich zu einem blühenden Handelszentrum, dessen Bedeutung die spätantiken Wirren überdauerte, bis 841 Sarazenen den Ort zerstörten. 856 bauten Langobarden die Stadt unter ihrem alten Namen an neuer Stelle wieder auf. Die Trümmer des antiken Capua dienten als Steinbruch.

50.000 Zuschauer fanden im Amphitheater von Santa Maria Capua Vetere Platz

Besichtigung

Im Nordwesten der Stadt stehen die Ruinen des **Amphitheaters,** nach dem Kolosseum in Rom das **zweitgrößte Italiens.** Hier befand sich die berühmteste Gladiatorenschule, in der auch **Spartakus** sein Handwerk lernte. Unter Kaiser *Hadrian* wurde das alte, noch aus republikanischer Zeit stammende Amphitheater aus Holz durch einen massiven Ziegelbau ersetzt. Es bot 50.000 Zuschauern Platz. Knochenfunde von Menschen, Löwen, Elefanten, Bären und Auerochsen belegen, das hier *munera* (Gladiatorenkämpfe) und *venationes* (Tierhatzen) abgehalten wurden. Die Gänge, Kammern, Schächte und Raubtiergehege unter dem Arenaboden haben sich ähnlich gut wie in Pozzuoli erhalten. Die *cavea* (Zuschauerraum) wurde im Mittelalter weitgehend abgetragen. Teile des ursprünglich prächtigen Außenschmucks sind in Capua in der Fassade des Palazzo Municipale vermauert.

● **Anfiteatro Campano.** Piazza 1. Ottobre, Tel. 0823798864. April bis Oktober Di.–So. 9–18 Uhr, November bis März 9–16 Uhr. Sammelticket Anfiteatro, Mithreum und Museo 2,50 Euro.

Über die Via Anfiteatro erreicht man das 1922 entdeckte **Mithräum.** Das dem persischen Lichtgott *Mithras* geweihte unterirdische Heiligtum aus dem 2. Jh. n. Chr. ist fast vollständig erhalten. Fresken illustrieren zentrale Elemente dieses unter römischen Legionären populären Mysterien-Kultes. In der Schlüsselszene tötet *Mithras* den Stier, symbolisch die Überwindung des Bösen und ein Akt der Neuschöpfung. Die Mysten empfingen ein Taufsakrament, feierten abendmahlsähnliche Liebesmähler und glaubten an eine Himmelfahrt ihres Gottes. Das Geburtsfest des *Mithras* fiel auf den 25. Dezember. Damit weist die Mithras-Religion erstaunliche Parallelen zum frühen Christentum auf.

- **Mithreum,** Via Morelli. Di.–So. 9–16 Uhr nur auf Anfrage geöffnet. Auskunft am Eingang des Amphitheaters. Sammelticket Anfiteatro, Mithreum und Museo 2,50 Euro.

Das **Archäologische Museum,** untergebracht in einer ehemaligen bourbonischen Kaserne, die wiederum über den Resten des römischen Kapitols errichtet wurde, zeigt in gut erleuchteten und beschrifteten Vitrinen Funde aus Capua und Umgebung. Im Saal III. sind bronzezeitliche Grabbeigaben zu bewundern, in den Sälen VIII. und IX. hat man einige samnitische Kriegergräber wiederaufgebaut, ähnlich der bemalten Gräber von Paestum. Der Saal X. widmet sich dem Heiligtum der *Mater Matuta* und versammelt zahlreiche Ex-Voti dieses alten kampanischen Fruchtbarkeitskultes. Viele der beeindruckenden Statuen sind im Archäologischen Museum von Capua ausgestellt.

- **Museo di Capua Antica,** Via Roberto d'Angio 48, Tel. 0823844206. Di.–So. 9–19 Uhr. Sammelticket Anfiteatro, Mithreum und Museo 2,50 Euro.

Information

- **EPT Caserta,** siehe dort.

Restaurant

- **Ninfeo**

Gemütliches modernes Altstadt-Lokal. *Antonio Leonelli,* ein profunder Kenner der Gegend, versteht es als Koch und Sommelier, die Tradition der kampanischen Küche hochzuhalten. Hausgemachte Pasta, frischer Fisch und Fleisch. 25 Euro. So. Abend geschl. Mittags und abends. Traversa Cappabianca (gegenüber vom alten Rathaus und Justizpalast), Tel. 0823846700.

An- und Weiterreise

- **Auto:** A 1, Ausfahrt „Caserta Nord" bzw. „Capua". Auf der SS7 („Appia") erreicht man Sesa Aurunca, Capua und Caserta.
- **Bus:** ACMS (www.acms-spa.it, Tel. 0823250248, 0832250200) von und nach Caserta bzw. nach Sessa Aurunca und Teàno.
- **Bahn:** Gute Verbindungen von und nach Neapel und Caserta.

Unterwegs in S. Maria Capua Vetere

- **Parken:** Am besten lässt man das Auto vor dem Amphitheater stehen und bewegt sich von hier aus zu Fuß durch die Stadt.

Veranstaltung

- **Teatri di Pietra**

Von Ende Juli bis Mitte August im Amphitheater griechische Dramen, römische Komödien, aber auch zeitgenössische italienische Stücke. Info-Tel. 0823795732, www.casertamusica.com.

Capua

↗II, B3

Die mittelalterliche Stadt Capua liegt etwa 5 km nordwestlich von S. Maria Capua Vetere in einer Flussschleife des Volturno. An dieser strategischen Stelle lag Casilinum, der Flusshafen und Brückenkopf des antiken Capua. Neben der modernen Straßenbrücke spannt sich eine (rekonstruierte) römische Brücke über den Fluss. Hier stand das berühmte **Brückentor Friedrichs II.** (1234–1239). Es wurde im 16. Jh. bei der Neubefestigung der Stadt unter *Karl V.* teilweise abgebaut, die Reste fielen im Jahr 1943 Fliegerbomben zum Opfer. Lediglich die oktogonalen Sockel sind stehen geblieben. Im Museo Campano sind eine Rekonstruktion und spektakuläre Marmorköpfe zu sehen. Friedrichs Tor markierte die **nördliche Grenze des staufischen Süditaliens** und war weniger ein militärischer als vielmehr ein symbolischer Bau. Eine lateinische Inschrift wendete sich an den Reisenden: „Sicher schreite hindurch, wer fehllos zu leben gewillt ist. Aber der Untreue fürchte Bann und im Kerker den Tod. Auf des Cäsars Geheiß bin ich des Königreichs Wächter. Stürzen werd' ich in Schmach, den ich veränderlich weiß."

Als die Langobarden Capua Mitte des 9. Jh. als Hauptstadt ihres Fürstentums neu gründeten, errichteten sie den **Dom SS. Stefano e Agata.** Im 12. Jh. erneuert und im 18. Jh. umfassend barockisiert, wurde der Dom nach starken Kriegsschäden in seinen romanischen Formen rekonstruiert. Einzig der Campanile aus langobardischer Zeit ist unversehrt stehen geblieben.

Die Via Duomo führt zum **Museo Campano** im Palazzo Antignano aus dem 15. Jh. Die archäologischen Exponate sind einzigartig, ihre Präsentation verstaubt. Wenig scheint sich verändert zu haben, seitdem der deutsche Althistoriker und Literaturnobelpreisträger *Theodor Mommsen* hier in den 1880er Jahren römische Inschriften studiert hat. Im Innenhof stehen römische Grabstelen von der Via Appia. Sie erlauben Rückschlüsse auf den Beruf der Verstorbenen, ob Sklavenhändler oder Bauunternehmer. Einzigartig sind die aus Tuff geschlagenen **Matres matutae,** Votivgaben eines alten kampanischen Fruchtbarkeitskultes. Die Frauengestalten halten gewickelte Säuglinge in den Armen. Im 1. Stock stehen in den Vitrinen unzählige Votivgaben aus Terrakotta. Ein römisches Mosaik mit der Darstellung eines heiligen Chores stammt aus dem Tempel der Diana Tifatina, an dessen Stelle sich heute die Kirche Sant'Angelo in Formis erhebt. Staufer-Fans kommen hier auf ihre Kosten. Das Museum besitzt riesige Figurenköpfe von dem Brückentor *Friedrichs II.,* herausragende Beispiele der so genannten friederizianischen Renaissance. In der Tat, man könnte die Köpfe auch für Werke der römischen Antike halten.

● **Museo Campano,** Via Roma 68, Tel. 0823961402. Di.–Sa. 9–14 Uhr, So. 9–13 Uhr. Eintritt 4,13 Euro.

In Capua fühlt man sich sofort wohl. Die Stadt scheint sich selbst zu genügen, Touristen werden nicht erwartet, aber freudig empfangen, wenn sie sich hierher verirren. Hinter dem Dom werden auf dem **Markt** jeden Morgen die landwirtschaftlichen Erzeugnisse der Campania felix ausgebreitet, auf der Piazza dei Giudici scheint jeder Zeit für einen Schwatz zu haben. Während man hier steht und dem ruhigen Treiben zusieht, kann man die Marmorköpfe betrachten, die in die Fassade des **Palazzo Municipale** eingemauert sind. Die verzierten Schlusssteine stammen aus dem Amphitheater des antiken Capua. Auf Streifzügen durch die Altstadt sind zahlreiche Kirchen und Paläste aus der Langobarden- und Normannenzeit zu entdecken (Sa. und So. geöffnet).

Von Capua führt ein lohnender Abstecher in das nahe Sant'Angelo in Formis (s.u.).

Information

•Pro Loco di Capua
Ausgezeichneter Stadtplan! Tägl. 9–13 Uhr, Mo.–Sa. auch 16–18 Uhr. Piazza dei Giudici 4, Tel./Fax 0823962729, www.prolococapua.it.

•www.capuaonline.com

Unterkunft

Bed & Breakfast

•Seminario Arcivescovile Campano
Das ehemalige Priesterseminar in der Altstadt wurde für das Heilige Jahr 2000 komplett renoviert und steht Gästen aller Konfessionszugehörigkeiten offen. Eine ideale Alternative zu den Drei-Sterne-Hotels in Bahnhofsnähe. Wenn auch etwas spartanisch, bieten die ruhigen Zimmer ausreichenden Komfort und gute Betten. Kleine Schlafsäle und 16 Zi.; Ü ab 15 Euro, EZ/F 30 Euro, DZ/F 40 Euro, Via Seminario, Tel. 0823961171, www.seminariumcampanum.it.

Agriturismo

•Masseria GiòSole
Im alten Gutshaus der Familie *Pasca di Magliano* wurden einige der Wirtschaftsräume zu gemütlichen Gästezimmern ausgebaut. Kinder können im Innenhof ungefährdet spielen, abends sitzt man gemütlich im Kaminzimmer. Pool, Fahrräder. Abends schmackhafte Landküche, opulentes Frühstück. Die Zutaten stammen aus eigener biologischer Landwirtschaft, es gibt auch einen Hofladen. Der Besitzer, *Alessandro Pasca,* engagiert sich als Bürgermeister von Capua. 7 Zi., 4 App., DZ/F 84–92 Euro, Menu 19 Euro. Via Giardini 31 (ca. 1 km westl. der Stadt am nördlichen Ufer des Fiume Volturno; von der A1 Ausfahrt „Capua" 7 km in Richtung Capua und nach der ESSO-Tankstelle Richtung Brezza der Ausschilderung folgen), Tel. 0823961108, Fax 0823627828, www.masseriagiosole.com.

Restaurants und Trattorien

•Il Mangione
Kleines Lokal in Domnähe, von der Terrasse im 1. Stock kann man auf den Marktplatz hinabsehen. Einfache lokale Küche, auch mittags Holzofenpizza. 15–20 Euro. Mo. Ruhetag. Mittags und abends. Piazza Etopia, Tel 0823622755 (c/o Ristorante-Pizzeria Oasi).

•Osteria dei Nobiluomini
Das 2000 eröffnete Lokal ist in punkto Küche und Einrichtung gleichermaßen herausragend: modernes, edles Ambiente und kreativ interpretierte kampanische Küche. Hausgemachte Pasta, frische Zutaten und eine ausgezeichnete Weinauswahl zu fairen Preisen. Delikate Desserts. Im Saal berät der Sommelier *Domenico Perillo,* in der Küche zaubert *Vincenzo Ruoci.* Im Sommer Tische auf der kleinen Piazza. 25–30 Euro. So. Abend und Mo. geschl. Mittags und abends. Piazza De Renzis 6, Tel. 0823620062.

•Romano
Das alte Gewölbe der Familientrattoria an der Piazza Medaglie d'Oro hat nach der jüngsten Renovierung zwar an Charme verloren, die Küche jedoch nichts von ihrer Qualität eingebüßt. Am Abend auch Holzofenpizza. Jüngeres Publikum. 10–20 Euro. Di.

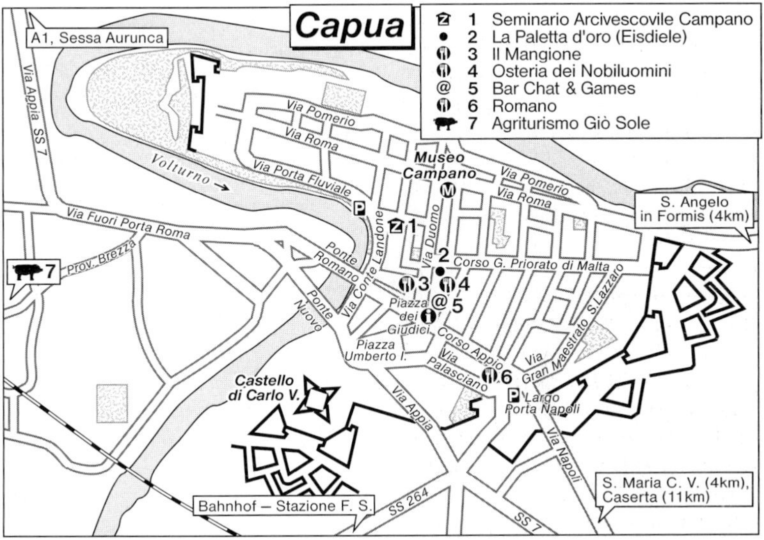

Ruhetag. Mittags und abends. Corso Appio 34–36, Tel. 0823961726.

Gelateria

- **La Paletta d'oro**

Eistempel in Domnähe. Via Gran Priorato di Malta (Ecke Via Duomo), Tel. 0823621954.

Internet-Café

- **Bar Chat & Games**

Billardtische, Spielekonsolen und PCs mit ISDN-Anschluss. Tägl. 7–13 und 15–1 Uhr nachts. Via Ettore Fieramosca 35, Tel. 082362118.

An- und Weiterreise

- **Auto:** A 1, Ausfahrt „Capua". Auf der Via Appia SS7 „Appia" erreicht man Sessa Aurunca, S. Maria Capua Vetere und Caserta.
- **Bus:** ACMS (www.acms-spa.it, Tel. 0823250248, 0832250200) von und nach Caserta bzw. nach Sessa Aurunca und Teàno. In Capua halten die Busse auf der Piazza Umberto I. südlich der Altstadt.
- **Bahn:** Gute Verbindungen von und nach Neapel und Caserta.

Unterwegs in Capua

- **Parken:** Parkplätze am nordwestlichen Ende der Altstadt am Fluss bzw. im Südosten der Altstadt an der Porta Napoli.

Banken

Im Zentrum Banken mit Bankomaten.

Einkaufen

- **Märkte**

Di.–Sa. Lebensmittelmarkt auf der Piazza

golf_418 Foto: pa

Etiopia im Rücken des Doms. Mo. großer Wochenmarkt am Largo Porta Napoli am südlichen Ende des Corso.

● **Caseificio La Perfetta**
Beste Mozzarella, zweimal täglich frisch zubereitet. Tägl. 7–20 Uhr. Via Fuori Porta Roma 65 (nördlich der Altstadt an der Via Appia), Tel. 0823962693.

Fest

● **Carnevale**
Bunte Faschingsumzüge haben in Capua eine über hundertjährige Tradition.

Basilica di Sant'Angelo in Formis

Sant'Angelo in Formis

↗ II, B3

Etwas oberhalb des kleinen Ortes erhebt sich auf den Hängen des Monte Tifata in wunderschöner Lage eine Basilika. An Stelle eines römischen Diana-Tempels hatten bereits Langobarden hier die Kirche S. Michealis ad Arcum Dianae errichtet. Der heutige Bau entstand 1072 als Stiftung des großen Abtes *Desiderius von Montecassino*. Capua war 1058, kurz vor Baubeginn, normannisch geworden, und Graf *Richard von Aversa* hatte den Grund mit der Michaelskirche der **Abtei von Montecassino** geschenkt. Die einzigartige Bedeutung von Sant'Angelo in Formis besteht darin, dass dieser von **Abt Desiderius** persönlich veranlasste Bau ein unverfälschtes **Beispiel des Montecassino-Stils** ist, der im 11. und 12. Jh. zahlreiche Kirchenbauten vor allem auch Kampaniens prägte. Montecassino, das Mutterkloster des Benediktinerordens im südlichen Latium, wurde im 2. Weltkrieg fast vollständig zerstört.

Kennzeichnend ist die bewusste Verwendung antiken Baumaterials und der byzantinische Einfluss in Malerei und Mosaikkunst. Durch eine Vorhalle betritt man die dreischiffige **Basilika** mit gut erhaltenen Fresken des 11. Jh. In der Apsis ist eine Maiestas domini dargestellt. Der thronende Christus ist von den vier Evangelistensymbolen umgeben, darunter stehen Erzengel in byzantinischen Gewändern. Auf der linken Seite hält der Stifter Abt *Desiderius* das Modell der Kirche in den Händen. Er ist mit dem Rechteck-Nimbus der Lebenden dargestellt. Im Langhaus wird in drei übereinander liegenden Registern die Vita Christi geschildert, in den Seitenschiffen sind Erzählungen des Alten Testamentes wiedergegeben. Beim Verlassen der Kirche sieht man auf der Westwand die Darstellung des Jüngsten Gerichts. Ein paar kleine Details: In der Szene des letzten Abendmahls lagern Jesus und die Jünger in antiker Manier auf Klinen; in der Kreuzigungsszene ist ein triumphierender Christus dargestellt; in der Darstellung des Jüngsten Gerichts klettern die Verstorbenen aus antiken Sarkophagen; beim Eintreten ist im ersten Zwickel links, in der Reihe der Propheten, eine Sibylle zu erkennen (siehe Exkurs „Die Sibylle von Cuma – guter Rat ist teuer").

Direkt an der Basilika werden schöne Postkarten verkauft, auf dem kleinen Platz unterhalb gibt es eine Bar.

- **Basilica di Sant'Angelo in Formis,** Via Luigi Baia, Tel. 0823960817 *(Signora Pasqualina)*, Tel. 0823960492 *(casa di parocco)*. Tägl. 9.30–12.30 und 15.30–19 Uhr, am So. 11.45 und 18.30 Uhr heilige Messen. Spenden erwünscht.

An- und Weiterreise

- **Auto:** A1, Ausfahrt „Capua" bzw. „Caserta Nord". Von Caserta landschaftlich schöne Strecke auf der SS87 über San Leucio in Richtung Caiazzo, dann links nach Sant'Angelo abbiegen.
- **Bus:** ACMS (www.acms-spa.it, Tel. 0823250248, 0832250200) von und nach Caserta.

Sessa Aurunca und Baia Domizia

II, B2/A3

Auf einer Fahrt durch die nördliche Provinz Caserta ist **Sessa Aurunca** eine der großen Überraschungen. Suessa, ehemalige Hauptstadt der Aurunker, ab 314 v. Chr. römische Veteranenkolonie und seit 90 v. Chr. municipium, erhebt sich auf den unteren Abhängen des erloschenen **Vulkans Roccamonfina.** Vor wenigen Jahren wurde das große Theater aus augustäischer Zeit vollständig freigelegt, restauriert und wird inzwischen wieder als Bühne benutzt. Auf dem Corso Lucilio, der dem Verlauf des antiken *cardus maximus* folgt, begegnet einem die Antike auf Schritt und Tritt.

Römische Meilensteine und lateinische Inschriften sind in den Fassaden alter Paläste vermauert. Zahlreiche kleine Werkstätten und freundliche, altmodische Läden säumen den Corso, Straßenszenen, die auch in Kampanien nicht mehr alltäglich sind. Der **Duomo S. Pietro,** ein romanisches Schmuckstück des 12. Jh., liegt etwas versteckt. Szenen aus dem Leben des Hl. Petrus schmücken die Arkaden der Vorhalle. Bei genauer Betrachtung entdeckt man in der Fassade Marmorbruchstücke, die vom antiken Merkur-Tempel bzw. aus dem römischen Theater stammen. Im Inneren wurde so weit möglich der barocke Stuck entfernt, die antiken Säulen wieder freigelegt. Wunderschön ist das mittelalterliche Bodenmosaik, Kanzel und der Osterleuchter sind meisterhafte Arbeiten des 13. Jh. Die Kanzel im Dom von Salerno stammt aus der gleichen Werkstatt. Sessa ist der Geburtsort von *Taddeo da Suessa* (1198–1250), einem der engsten Vertrauten Kaiser *Friedrich II.* Sein Porträtkopf ist im Museo Campano von Capua zu sehen.

Hält man sich länger in der Gegend auf, lohnt der Besuch von **Carinola,** mit seinem schönen mittelalterlichen Dom und der Casa Novelli, einem eindrucksvollen gotischen Palast. Auf dem Weg von Sessa nach Carinola fährt man durch den Weiler **Ventaroli.** Die Basilika S. Maria di Foro Claudio erinnert in manchem an die bekanntere Kirche von Sant'Angelo in Formis.

Baia Domizia ist der Lido von Sessa Aurunca. Im Winter ist der zweitklassige Ferienort völlig ausgestorben, im August herrscht hier Chaos. Die kilometerlangen Sandstrände sind im Frühsommer und Herbst trotzdem verlockend, und es gibt hier einige passable Unterkünfte, von denen aus man zu Ausflügen ins Umland oder auch in Richtung Phlegräische Felder aufbrechen kann.

Information

- **Comune di Sessa Aurunca – Assessorato alla Cultura**
  Mo.–Fr. 8–14 Uhr, Di. und Do. 15–18 Uhr. Corso Lucilio 1, Tel. 0823602200, www.sessaaurunca.com
- **Pro Loco di Sessa Aurunca**
  Corso Lucilio 1, Tel. 0823937657 (Privatnummer von *Antonio Varone*).

Unterkunft

Hotels und Pensionen in Baia Domizia

- **Hotel della Baia** (****)
  Sehr gepflegtes, komplett neu renoviertes Strandhotel in luftigem 1970er Jahre-Stil, seit über 30 Jahren mit großer Aufmerksamkeit von den drei *Sello*-Schwestern geführt. Helle, geräumige Zimmer, z.T. mit Balkon und Meerblick. Englischer Rasen, Tennisplatz und direkter Zugang zum schönen Strand. Gute Regionalküche. Nur Individualreisende! 56 Zi., DZ/F 120–140 Euro. Mitte Mai bis Ende Sept. Via dell'Erica, Tel. 0823721344, Fax 0823721566, www.hoteldellabaia.it.
- **Marina Club** (****)
  Modernes, komplett renoviertes Strandhotel direkt neben dem Hotel della Baia. Aus dem gepflegten Garten direkter Zugang zum weitläufigen Strand. Einzel- und Gruppenreisende, im Sommer Animation. 208 Zi., DZ/F 92–172 Euro. Mitte Mai bis Ende Okt. Via dell'Erica, Tel. 0823721100, Fax 0823721002.

Agriturismo

- **Villa Matilde**
  Die Fattoria Matilde, eine der besten Kellereien Kampaniens (s.u.), liegt nördlich von Baia

Domizia direkt an der Staatsstraße. In einem neueren Gebäude sind die geschmackvoll renovierten Gästeapartments untergebracht (leider nicht alle frei von Verkehrslärm). Das gemütliche und ausgezeichnete Restaurant öffnet auf Vorbestellung auch für Gäste, die nicht hier übernachten (s.u.). 5 Zi., 5 App., DZ/F 90 Euro. SS Domitiana km 4,700 – Cellole, Tel. 0823932914, Fax 0823932134, www.fattoriamatilde.com.

Campingplatz

• Baia Domizia
Große, gepflegte Anlage im Schatten alter Pinien mit direktem Zugang zum ausgedehnten Sandstrand. Zelt, Camperstellpätze und Bungalows. Disco, Beachvolleyball, im Sommer Animation. Ende April bis Ende Sept. Via Pietre Bianche (von der SS 7 quater am km 2 abbiegen und der Ausschilderung zum Meer folgen), Tel. 0823930164, 0823930126, Fax 0823930375, baiadomizia@iol.it.

Essen und Trinken

Restaurant in Sessa Aurunca

• La Vecchia Dogana
Traditionelle Küche mit Pilzspezialitäten in altem Gewölbe. 20–25 Euro. Mo. Abend geschl. Mittags und abends. Corso Lucilio 194, Tel. 0823936546.

Restaurant bei Baia Domizia

• Villa Matilde
Agriturismo, in dem man übernachten (s. o.) und auf Vorbestellung augezeichnet essen kann. Bäuerliche Küche mit viel Gemüse. Die Zutaten stammen aus eigener Produktion. Im Herbst gibt es beispielsweise kräftige Linsen- und Kastaniensuppen, im Frühjahr überwiegen Kartoffel- und Artischockengerichte. Prämierte Weine aus eigenem Anbau. 25–30 Euro. Mittags und abends. Jan geschl.

An- und Weiterreise

• Auto: A1, Ausfahrt „Capua". Sessa Aurunca liegt an der berühmten SS7 „Appia". Baia Domizia ist von der SS7 quater zu erreichen. Südlich von Mondragone führt die autobahnähnlich ausgebaute SS7 quater dem Verlauf der antiken Via Domitiana folgend nach Pozzuoli.

• Bus: ACMS (www.acms-spa.it, Tel. 0823250248, 0832250200) von und nach Caserta, Busse halten unterwegs in Santa Maria Capua Vetere und Capua.

Unterwegs in Sessa Aurunca

• Parken: Vor der Porta Cappucini parken und das hübsche Städtchen in aller Ruhe zu Fuß erkunden.

Einkaufen

• Di Cresce, Giovanni
Wenige Kilometer südlich von Sessa Aurunca liegt Cascano, ein Ort traditioneller Terrakottaproduktion. Die Familie *Di Cresce* stellt in alter Manier Gebrauchsgeschirr her. Gebrannt wird im Holzofen. Via Campo di Felce 8 (SS7 Richtung Capua, von Sessa kommend am Ortsende kurz vor der Tankstelle links), Tel. 0823702144.

• Fattoria Villa Matilde
Die Azienda von *Maria Ida* und *Salvatore Avallone,* eine der besten und vielfach prämierten Kellereien Kampaniens, liegt nördlich von Baia Domizia direkt an der Staatsstraße. In einem neueren Gebäude sind Gästeapartments untergebracht (s.o.). SS Domitiana km 4,700 – Cellole, Tel. 0823932088, Fax 0823932134, www.fattoriamatilde.com.

Banken

Am Corso Banken mit Bankomaten.

Feste/Veranstaltungen

• Ostern
Vom herzzerreißenden „Miserere" begleitet, tragen die in Kapuzen gehüllten Mitglieder der Bruderschaften reich geschmückte Mysteriengruppen durch die nächtlichen Altstadtgassen. Am eindrucksvollsten ist die

Karfreitagsprozession. Die Tradition in Sessa reicht ins 16. Jh. zurück.

- **Festa della Madonna del Popolo**

An *Pasquetta* (Montag nach Ostern) feiert Sessa seine Patronin mit einer großen Prozession. Die Straßen sind über und über mit Blumen geschmückt.

- **Festival di Musica d'Insieme**

Hochkarätig besetztes Mozart-Festival Anfang September unter der Schirmherrschaft der Stiftung Mozarteum Salzburg und der Accademia Musicale Aurunca. Das hübsche Städtchen bietet mit dem Palazzo Ducale, dem wunderschönen mittelalterlichen Dom und seinen zahlreichen Konventen einen würdigen und fröhlichen Rahmen. Infos: Via Seggetiello 16 – 81337 Sessa Aurunca, Tel. 0823937543 (Avv. *Camillo Rozera).*

- **Teatri di Pietra**

Von Ende Juli bis Mitte August im antiken Theater griechische Dramen, römische Komödien, aber auch zeitgenössische italienische Stücke. Info-Tel. 0823795732, www.casertamusica.com.

Wandern

- **Legambiente**

Die engagierte Sektion der Umweltgruppe Legambiente organisiert von Februar bis Dezember (fast) jeden Sonntag Wanderungen auf den Roccamonfina, in die Monti Matese und gelegentlich auch zu weiter entfernten Zielen. Treffpunkt ist die Piazza Mercato in Sessa. Info c/o *Carmine Venasco,* Tel. 0823937808, Handy 3284592281, legambiente-sessa@libero.it.

Die Caldera des Roccamonfina

Leichte Wanderung durch Kastanienhaine mit herrlichen Landschaftsausblicken. Im Frühjahr ein Blütenmeer, ab Frühsommer köstliche Steinpilze, im Herbst reife Kastanien. Der Roccamonfina und das Mündungsgebiet des Gariglione stehen seit 1999 als **Riserva Naturale Orientata** unter Naturschutz. Ein markiertes Wanderwegenetz ist geplant. Reine Gehzeit 3–3½ Std. Tuoro – Ponte i Grottoni 1 Std., Ponte i Grottoni – Fontanafredda 30 Min., Fontanafredda – le Forche 30 Min., le Forche – Ponte i Grottoni 30 Min., Ponte i Grottoni – Turo 40 Min. Breite, ungepflasterte Wirtschaftwege. Kürzere Abschnitte auf asphaltierten, verkehrsfreien Straßen. In Fontanafredda hervorragendes Trinkwasser.

Anfahrt: Aus Sessa Aurunca (Porta Cappucini) ca. 1,5 km in Richtung Roccamonfina fahren, noch im Ort auf Höhe des Ospedale Civile (Krankenhaus) rechts abbiegen. Die gepflasterte Straße führt mit einer scharfen Rechtskurve bergab. Nach links in Richtung Tuoro weiter, nach weiteren 4,5 km in Tuoro auf dem kleinen Kirchplatz parken.

Wanderung: Vom Kirchplatz am Ortsende von **Tuoro** (330 m) führt ein Hohlweg in wenigen Minuten zur Kirche S. Maria hoch. An der Kirche vorbei, auf dem ungepflasterten Wirtschaftsweg auf der Flanke des Vulkans aufsteigen. Seitlich des Weges stehen alte Olivenbäume und neu angelegte Pfirsichhaine. Auf dem Hauptweg bleiben und unterwegs an einer Gabelung links weiter hoch. Links liegt das Tal des Rio della Selva, vorne erhebt sich zur Rechten die kleine Anhöhe des Monte Tuoro Piccolo (655 m). Vorbei an einem Wasserschloss (umzäuntes Betongebäude) steigt der Weg links weiter an. Auf Höhe des **Ponte i Grottoni** (538 m) – die Nähe der Provinzstraße Sessa – Roccamonfina kündigt sich durch eine wilde Müllkippe an – nach rechts auf dem alten Wirtschaftsweg weiter hoch. Oliven- und Pfirsichkulturen haben inzwischen Kastanien Platz gemacht.

Der Weg überschreitet den Kraterrand und führt auf dem ebenen Boden der Caldera weiter. Aus der Caldera erhebt sich im Norden der Monte della Croce (1006 m). Der Weg setzt sich auf der schmalen Asphaltstraße nach links fort. Vorne am Hang liegt der Weiler S. Domenico. Die schmale Straße quert auf Höhe der Bar-Trattoria Old West in **Fontanafredda** (595 m) die Provinzstraße Sessa – Roccamonfina.

Die Kirche Santa Maria auf der Wanderung zur Caldera des Roccamonfina

Am Old West vorbei geht es auf der Via Pratolongo bis zu einem öffentlichen Waschplatz mit ausgezeichnetem Trinkwasser. Seitlich der Straße stehen hinter Zäunen mächtige alte Esskastanien. Kurz hinter der Tränke nach links in die anfänglich asphaltierte, leicht ansteigende Straße einbiegen. Vom Caldera-Rand bietet sich ein großartiges Panorama auf die Berge und den Golf von Gaeta. Am **Pass le Forche** (622 m) verzweigen sich die Wege. Nach rechts könnte man auf dem Caldera-Rand in ca. 45 Min. zum Orto della Regina, den Megalithmauern einer Aurunkerfestung, aufsteigen. Anschließend kehrt man wieder auf dem gleichen Weg zurück.

Der Weg nach Tuoro setzt sich mit herrlichen Ausblicken halb links fort und führt teilweise über antikes römisches Pflaster bergab. Unterwegs finden sich einladende Picknickplätzchen! Auf dem nach links schwenkenden Hauptweg weiter absteigen. Mit Blicken auf Tuoro, den Monte Massico und den Vesuv geht es unter Kastanien in Serpentinen bergab. Vorbei an einem verfallenen Steinhaus stößt der Weg auf Höhe des **Ponte i Grottoni** auf die Provinzstraße Sessa – Roccamonfina. Die Straße queren, hier schließt sich der Kreis. Nach rechts auf dem bereits bekannten Weg nach Touro absteigen.

Roccamonfina

↗ II, B2

Ausgedehnte Kastanienwälder überziehen die Hänge des Roccamonfina, eines seit der Antike erloschenen Vulkans. Im Frühjahr explodieren die **Orchideen** in einer wahren Blütenpracht. *Lord Hamilton,* der englische Botschaf-

golf_423 Foto: pa

ter am Hof von Neapel, war einer der ersten, die im 18. Jh. die wahre Natur des Berges erkannten. Im Aufbau ein **Schichtvulkan** wie der Vesuv, hatte der Monte Roccamonfina ursprünglich eine Höhe von 3000 m. Nach einer Serie heftiger Ausbrüche stürzte der Berg in sich zusammen und es bildete sich die Gipfelcaldera, aus der heute die Staukuppen des **Monte S. Croce** (1006 m) und des **Monte Lattani** (765 m) herausragen.

Dank der Fruchtbarkeit der Böden und zahlreicher Quellen war die Landschaft am Fuße des Vulkans bereits im Altertum dicht besiedelt. Bei jüngsten Untersuchungen entdeckten Forscher 385.000 bis 325.000 Jahre alte Fußspuren an den steilen Berghängen, die ältesten menschlichen Fußabdrücke, die bislang gefunden wurden. Der mittelalterliche Ort **Roccamonfina** auf 612 m Höhe ist eine beliebte Sommerfrische. Aus dem Städtchen führt eine Stichstraße zum **Santuario di Santa Maria di Lattani** hoch. Die Aussicht vom Belvedere umfasst die Massive des Matese und Camposauro-Taburno, an klaren Tagen ist im Süden der Vesuv zu sehen. In dieser beneidenswerten Lage hat der Hl. Bernardino da Siena 1430 ein Kloster errichtet. Im ersten Innenhof steht ein Brunnen, von dem es heißt, dass er Frauen, die von diesem Wasser trinken, zu kräftigen Söhnen verhilft. Entsprechend groß kann der Andrang sein, einige füllen sich gleich ganze Kanister ab. Im gotischen Kreuzgang empfängt einen üppige Pflanzenpracht, Fresken in den Gewölben schildern das Leben des Hl. Franziskus.

Eine landschaftlich schöne Strecke führt über die bewaldeten Ostabhänge des Roccamonfina ins Alto Casertano.

Restaurant

● **Old West**
Der Rohbau sieht nach nichts aus, man kann hier aber für wenig Geld ausgezeichnet essen. Hausgemachte Pasta, Steinpilze in allen Variationen und Fleisch vom Grill. Abends auch Holzofenpizza. 15 Euro. Mo. Ruhetag. Mittags und abends. Via G. Puccini 2 – Fontanafredda (an der Provinzstraße Sessa Aurunca – Roccamonfina), Tel. 0823921040.

An- und Weiterreise

● **Auto:** A1, Ausfahrt „Caianello". Auch aus Sessa Aurunca auf schöner Bergstrecke zu erreichen.

● **Bus:** ACMS (www.acms-spa.it, Tel. 0823250248, 0832250200) von und nach Caserta, Busse halten unterwegs in Teàno bzw. Sessa Aurunca und Capua.

Teàno

⇗ II, B2

Das kleine Städtchen am Südosthang des Monte Roccamonfina ist eine Entdeckung wert! In der verwinkelten mittelalterlichen Altstadt scheint die Zeit auf sympathische Weise in den 1950er Jahren stehen geblieben zu sein, das suggerieren zumindest die Inneneinrichtungen vieler kleiner Geschäfte und die immer noch zahlreich vorhandenen Handwerksläden.

Die Ursprünge des Ortes an der Kreuzung von Via Appia und Via Latina sind antik, wie auch die Reste eines römischen Theaters an der Landstraße Richtung Capua beweisen. Bedeutend waren auch die Thermen in der Kaiserzeit. Archäologische Funde sind im Loggione ausgestellt, einem gotischen Palazzo, der sich auf mächtigen Mauerresten aus vorrömischer Zeit erhebt. Noch bis in die 1980er Jahre diente das Kastell als Kino, bevor es grundlegend restauriert wurde.

- **Museo Archeologico Teanum,** Via Nicola Gigli (Piazza Umberto I), Tel. 0823657302. Tägl. außer Di. 8.30–19.30 Uhr. Eintritt frei.

Information

- **Ufficio Turismo**
Mo.–Fr. 8.30–13.30 Uhr, Mo. und Do. auch 15–17.30 Uhr. Piazza Municipio (c/o Comune di Teàno), Tel. 0823658254, www.comune.teano.ce.it.
- **www.asmez.it/teano/**

Essen und Trinken

- **Pizzeria-Alimentari Rendina**
Kleiner Lebensmittelladen und köstliche Pizza heiß aus dem Holzofen in die Hand. So. Ruhetag. Von Früh bis spät. Corso Vittorio Emanuele 32.
- **Pasticceria Chiacchio Antonio**
Köstliche *sfogliatelle* und Mandelplätzchen. Mo. Ruhetag. Corso Vittorio Emanuele 13, Tel. 0823885060.

An- und Weiterreise

- **Auto:** A1, Ausfahrt „Caianello".
- **Bus:** ACMS (www.acms-spa.it, Tel. 0823250248, 0832250200) von und nach Caserta, Busse halten unterwegs in Capua.

Feste/Veranstaltungen

- **Ostern**
Am Mittwoch in der Karwoche wird das **Passionsspiel Via Crucis vivente** in der Altstadt aufgeführt.
- **Teatri di Pietra**
Von Ende Juli bis Mitte August im antiken Theater griechische Dramen, römische Komödien, aber auch zeitgenössische italienische Stücke. Info-Tel. 0823795732, www.casertamusica.com.
- **Teano Jazz**
Seit über 10 Jahren finden sich im Juli Jazzgrößen wie *Carla Bley* oder *Lee Konitz* in Teàno ein. Gejammt wird im Loggione des Museo Archeologico. Info-Tel. 0823885775, www.teanojazz.org.

Das Alto Casertano und die Monti del Matese

⇗ II/III, B2/C2

Der Norden der Provinz Caserta ist für Feinschmecker und Naturliebhaber eine Offenbarung. Im Alto Casertano locken die in einer zauberhaften Landschaft eingebetteten Orte **Vairano Paternora** und **Pietravairano** mit malerischen Altstädten und zwei der besten Restaurants der Region.

Östlich des fruchtbaren Volturno-Tals (lat. *vola torrens,* schnell fließendes Wasser) bauen sich die **Monti del Matese** zu imposanter Größe auf, mit dem 2050 m hohen Monte Miletto als höchstem Gipfel. Das Matese-Massiv ist der Beginn des südlichen Apennins, über seine Gipfelkämme verläuft die Grenze zwischen Kampanien und Molise. Ausgedehnte Buchenwälder bedecken die Hänge, und jeden Sommer werden wie seit Urzeiten große Viehherden auf die saftigen Hochweiden getrieben. Wo die Samniten im unzugänglichen Karst den Römern ihre letzten Rückzugsgefechte lieferten, kann man heute herrlich wandern. Braunbären gibt es in den Wäldern heute keine mehr, aber über die Höhen streifen wieder Wolfsrudel und in den Felsen nisten Adler. 1999 ist der **Parco Naturale Regionale del Matese** eingerichtet worden.

Am besten lernt man den Matese auf einer Rundfahrt kennen, für die man sich einen Tag Zeit nehmen sollte. Auf einer Anhöhe am Fuße der Berge erhebt sich das seit der Jungsteinzeit durchgehend besiedelte **Piedimonte Matese.** In den freundlichen Altstadtgassen liegt der appetitliche Geruch von frischem Käse in der Luft. Die SS158 dir. windet sich in Serpentinen über Castello Matese und San Gregorio Matese bis zu dem 1102 m hoch gelegenen **Passo di Miralago.** In einer riesigen Karstsenke breitet sich der **Lago del Matese** aus, überragt von den höchsten Gipfeln des Massivs. Über diese Hochebene zogen sich breite Fernweidewege, die zu den Winterweiden auf dem Tavoliere in Apulien führten. Ein kurzer Abschnitt eines solchen *tratturo* ist als Wanderweg angelegt. Die Straße führt in dem engen, wunderschönen Tal des Lete wieder abwärts. Picknickplätze am Ufer werden im Sommer an die neapolitanischen Wochenendausflügler vermietet. **Lettino** ist ein uralter Bergort mit einer lebendig gebliebenen Handwerkstradition. Über das mittelalterliche **Gallo** geht es nach **Fontanagreca.** Hier öffnet sich erneut der Blick auf das Volturno-Tal. **Alife,** dessen Altstadt den Grundriss eines römischen castrum nachzeichnet und fast vollständig von der Stadtmauer aus dem 1. Jh. v. Chr. umgeben ist, liegt bereits in der Volturno-Ebene.

Information

- **EPT Caserta,** siehe dort.
- **www.parcodelmatese.com**

Unterkunft

Hotel in Dragoni

- **Villa de Pertis** (***)

Nicola de Pertis hat den kleinen Palazzo seiner Vorfahren 1993 in ein entzückendes Hotel verwandelt. Mit viel Gusto eingerichtete Zimmer, die Suiten haben einen Kamin. Das Haus bietet sich für Ausflüge in die Monti Matese an (auf die man von der großen Terrasse herrlich blicken kann), aber auch Benevent, Capua oder Caserta sind schnell zu erreichen. 5 Zi., 2 Suiten. DZ/F 70 Euro. Via Ponti 30, San Giorgio, Tel./Fax 0823866619, www.villadepertis.it.

Locanda in Pietravairano

- **La Stalla della Caveja**

Der rührige *Berardino Lombardo* bietet seit Anfang 2002 seinen Gästen auch die Möglichkeit der stilvollen Übernachtung an. Über dem gleichnamigen Restaurant (s.u.) liegen die geschmackvoll und komfortabel eingerichteten Zimmer. Reichhaltiges Frühstück! Pietravairano ist ein idealer Ausgangspunkt für Ausflüge ins Matese und auf den Roccamonfina. *Berardino* hilft mit wertvollen Tipps. 15 Zi., EZ/F 60 Euro, DZ/F 80–100 Euro. Via Santissima Annunziata 10 (6 km von der A1 Ausfahrt „Caianello“ und weiter auf der SS372 Richtung Telese, Ausfahrt „Pietravairano“), Tel. 0823984824, Fax 0823982977, albergoristorantecaveja@virgilio.it.

Agriturismo bei Ruviano

- **Le Olive di Nedda**

Gepflegtes Landhaus in den Hügeln über dem Volturno-Tal, von 7 ha Olivenhainen, Obst- und Gemüsegärten umgeben. Geräumige, gut ausgestattete Zimmer. Gute Küche mit frischen Zutaten aus eigener biologischer Produktion. Viele Ausflugsziele in den Provinzen Caserta und Benevent sind schnell zu erreichen. Mountainbikes für die Gäste. 7 Zi., DZ/F 80–90 Euro, HP 58–65 Euro. Via Crocelle Superiore 14 - Frazione Alvignanello (4 km östl. Ruviano), Tel. 0817643291, Fax 0812451036, Mobil 3488841276, www.olinedda.it.

Agriturismo/ Camping am Lago Matese

●La Baita

Am Nordufer des Lago del Matese schön gelegenes Steinhaus. Der Agriturismo ist Teil des landwirtschaftlichen Betriebes Falode (s.u.). 9 Zi., 5 App., DZ/F 60 Euro, HP 40 Euro. April bis Nov. An der Straße Richtung Lettino ausgeschildert. Tel. 0823919015, Fax 0823784423.

●Falode

Großer Viehzuchtbetrieb mit Käserei am Lago del Matese. Meidet man den August und die Sommerwochenenden, ist es hier sehr ruhig und erholsam. Besonders schön ist der Herbst, die Gegend ist ein Wanderparadies. Gästezimmer in mehreren über das Gelände verstreuten Gebäuden, nett eingerichtet sind die Zimmer im neuen Trakt der Vecchia Dimora (gute Betten). Zwei Schlafsäle werden vor allem von Wandergruppen benutzt (Ü 10 Euro). Es besteht auch die Möglichkeit zum Campen (2 Personen, Zelt und Auto 23 Euro). 17 Zi., DZ/F 60 Euro, HP 40 Euro. Località Acqua S. Maria (Anfahrt auf der SS158 dir. über Piedimonte Matese, vom Passo di Miralago 3 km den Ausschilderungen nach Osten folgen), Tel. 0823919233, Fax 0823784423, www.falode.com.

Essen und Trinken

Restaurants, Trattorien und Osterien in Pietravairano

●La Stalla della Caveja

Das von kulinarischen Führern zu Recht hoch gelobte Lokal ist eine Reise ins Alto Casertano wert. In den gemütlich eingerichteten Räumen einer ehemaligen Stallung kann man sich den Gaumen von einer grundehrlichen Küche mit besten Zutaten aus biologischem Anbau verwöhnen lassen. Zahlreiche Gemüsegerichte, vor allem aber Fleisch allerbester Qualität. Auf die Empfehlungen von *Nadja,* die ausgezeichnet deutsch spricht, kann man sich blind verlassen. *Berardino Lombardo,* der Padrone, lässt es sich nicht nehmen, die mächtigen Büffelsteaks (die Gäste dürfen aus einer bestens sortierten offenen Theke wählen) höchstselbst auf offener Glut zu grillen. Auch Holzofenpizza. Exzellente Weinauswahl, der Wein ist auch gläserweise zu konsumieren. Zum Nachtisch Selbstgebackenes und Obst aus dem Hausgarten. Unter dem gleichen Dach kann man auch stilvoll übernachten (s.o.). 25–30 Euro. So. abends und Mo. geschl. Mittags und abends. Via Santissima Annunziata 10 (6 km von der A1 Ausfahrt „Caianello“ und weiter auf der SS372 Richtung Telese, Ausfahrt „Pietravairano“), Tel. 0823984824.

Trattoria in Vairano Patenora

●Il Vairo del Volturno

In der auf den ersten Blick schlichten Familien-Trattoria steht mittlerweile bereits die zweite Generation am Herd. Ohne einer einfachen, schmackhaften Lokalküche und den Stammgästen untreu geworden zu sein, macht die Experimentierfreude von *Renato Martino* das Lokal zu einem der interessantesten und besten der Region. Nur ein paar Beispiele: Büffelrouladen mit geräuchertem Aal, Büffelbraten im Blätterteigmantel, gebratene Wachteln in Ahornhonig. Eine Spezialität sind die in Essig eingelegten grünen Pfirsiche. Auch bei den *dolci* überwiegen lokale Zutaten. Beachtliche Weinkarte. Faire Preise! 30–40 Euro inkl. Getränke. Di. Ruhetag, Juli geschl. Mittags und abends. Via IV. Novembre (5 km ab A 1 Ausfahrt „Caianello“ und weiter auf der SS 85 Richtung Isernia), Tel. 0823643018.

Trattoria in San Gregorio Matese

●San Donato

Deftige Bergküche des Matese. Ausgezeichnete Würste, gute Pilzgerichte, gegrilltes

Lamm. 15–20 Euro. Di. Ruhetag. Mittags und abends. Località San Donato (zwischen Castello und San Gregorio Matese an der SS158), Tel. 0823919161.

An- und Weiterreise

- **Auto:** Das Alto Casertano und die Monti del Matese sind am schnellsten über die Autobahn zu erreichen. Von der Autobahnausfahrt A1 „Caianello“ führt die als Schnellstraße ausgebaute SS372 durch das Volturno-Tal, vorbei an Dragoni und Telese Terme bis Benevent.
- **Bahn:** FBN (www.alifano.it, www.fercaudina.it) aus Neapel nach Piedimonte Matese.

Einkaufen

In fast allen Orten des Matese kann man hervorragenden Käse und ausgezeichnete Würste kaufen.

Wandern

Carlo Pastore und *Giulia D'Angerio*, zwei engagierte Mitglieder des CAI (Italienischer Alpenverein), haben im Selbstverlag den **Wanderführer „Sentieri del Matese“** herausgegeben. Das Büchlein ist in vielen Bars, Kiosken und Restaurants des Matese zu haben.

Il Tratturo del Matese

Fährt man vom Passo del Miralago zum Agriturismo Falode (s.o.), quert man unterwegs einen der alten Transhumanzwege. Am Straßenrand steht ein Schild mit der Aufschrift „Tratturo del Matese“. Hier kann man das Auto parken und zu Fuß dem ebenen, rot-weiß markierten Weg in Richtung Osten folgen. In 2,5 km Entfernung liegt die Tränke Fonte del Corvo. Auf dem gleichen Weg wieder zurück.

Monte Janara (CAI-Wanderung „13 F“)

Eine der schönsten Wanderungen im Matese führt auf den 1575 m hohen Monte Janara. Der CAI-Weg „13 F“ ist rot-weiß markiert. Der Höhenunterschied beträgt 475 m, die Wanderung dauert ca. 4 Std. hin und zurück.

Anfahrt: Vom südlichen Ufer des Lago del Matese biegt man wenige Kilometer westlich der Palazzina (alte Stromzentrale) vom See weg ab. Nach 3 km setzt sich die Straße geschottert fort, und vor einer Linkskurve zweigen rechts zwei Schotterwege ab. Hier das Auto parken.

Wanderung: Der markierte Weg führt in gerader Linie nach Westen in eine große Karstsenke, den Campo Braga. Nachdem man die offene Weidefläche, vorbei an einer Tränke, in ihrer ganzen Länge durchschritten hat, führt der Weg leicht ansteigend, die Richtung beibehaltend, durch einen Buchenwald. Weiterhin westwärts wird die nächste offene Weidefläche gequert. Dann beginnt der Weg nach rechts zu schwenken und den Hang im Buchenwald aufzusteigen. Linker Hand liegt der Campo Rotondo, eine weitere, offene Karstsenke. Unterwegs stößt von links der CAI-Weg „13 G“ dazu. Zwischen Felsen und Buchen geht es bis auf einen Pass in 1450 m Höhe. Der Gipfel des **Monte Janara** erhebt sich im Norden und ist nach einer kleinen Kletterpartie erreicht. Der Rundumblick ist überwältigend! Auf dem gleichen Weg zurück. Auf keinen Fall sollte man im unbekannten Gelände bei Nebel wandern!

Benevent und die Monti del Sannio

Benevent

↗ III, D3

Die Stadt Benevent hat niemals ihre ursprüngliche Stelle geändert wie Capua. Ihre Mauern, durch die natürlichen Verhältnisse in ihrem Umfange bedingt, beschreiben noch heute nahezu dieselben Linien wie im Altertum.

Ferdinand Gregorovius,
Wanderjahre in Italien, 1874/1875

Geschichte

Diomedes, einer der griechischen trojanischen Helden, gilt als mythischer Gründer der Stadt am Zusammenfluss von Calore und Sabato. Ab dem 8. Jh. v. Chr. ist die Besiedlung durch Samniten bezeugt. Das kriegerische Hirtenvolk fügte den Römern 321 v. Chr. in der Caudinischen Schlucht ihr „Waterloo" zu. Der samnitische Ortsname **Maloenton** bezeichnete den Ort, an dem das Vieh zusammengetrieben wurde. Die Römer nannten die Stadt aus verständlichen Gründen **Maleventum,** bis sie hier 275 v. Chr. einen Sieg über den Molosser-König *Pyrrhus* davontrugen und in Erinnerung an den glücklichen Ausgang der Schlacht ihre 268 v. Chr. errichtete Kolonie in **Beneventum** umtauften. In römischer Kaiserzeit entwickelte sich Beneventum zu einer der bedeutendsten Städte Süditaliens. Byzantiner und Goten stritten im 6. Jh. n. Chr. um ihren Besitz. Lachende Dritte waren die Langobarden, die Benevent zur Hauptstadt ihres Herzogtums machten, das im 8. Jh. weite Teile Süditaliens umfasste. Nach dem Tod des letzten Langobardenfürsten gelangte die Stadt 1053 an den Kirchenstaat, dessen Exklave sie mit kurzen Unterbrechungen bis 1860 blieb. 1266 war Benevent Schauplatz eines kriegerischen Ereignisses, welches das Ende der staufischen Herrschaft in Süditalien einleitete. König *Manfred,* Sohn von Kaiser *Friedrich II.,* verlor gegen *Karl v. Anjou* die Schlacht und sein Leben.

Glaube und Religion haben in Benevent zum Teil merkwürdige Blüten getrieben. Römer führten aus Ägypten den Isis-Kult ein. Seit den Anfängen des Christentums war Benevent ein wichtiges Bistum, Bischof *Gennaro* fand 305 in Pozzuoli den Märtyrertod. Benevent war aber auch ein Hexenversammlungsplatz, ein Nussbaum vor der Stadt der „Blocksberg" Italiens. Die ersten Langobarden verehrten eine Schlange in dem Baum, ein Tier, das bereits der *Isis* heilig war, bis Bischof *Barbato* 663 den Nussbaum fällte und die Langobar-

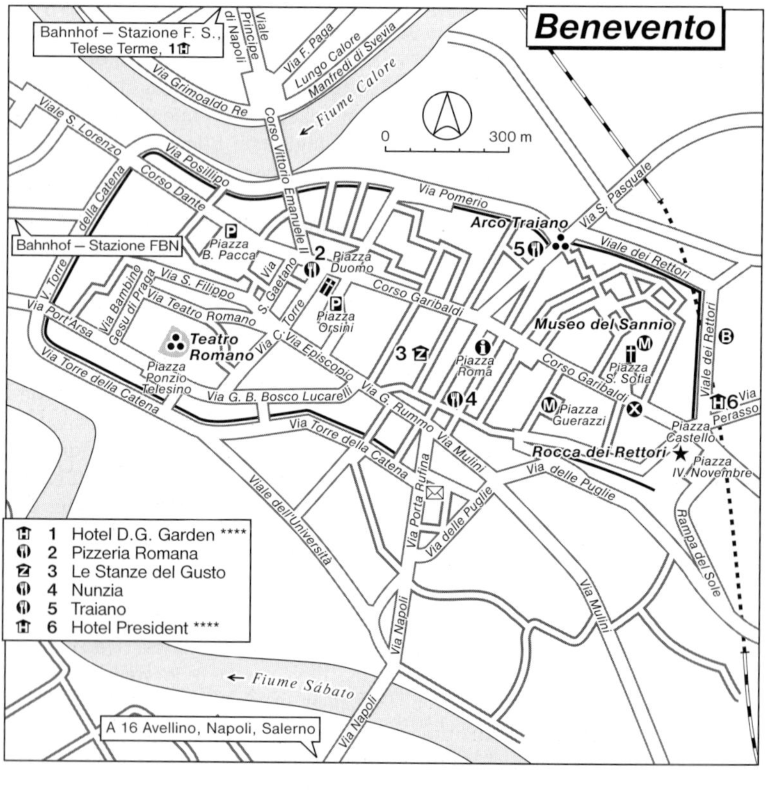

den zum Christentum bekehrte. Der Kräuterschnaps *Strega* (Hexe) hält die Erinnerung an alte Zeiten wach.

1943 wurde Benevent zu 65% von Fliegerbomben zerstört, doch sind große Anstrengungen unternommen worden, die Altstadt wieder aufzubauen. Das ist gelungen, und man fühlt sich hier schnell wohl. Erstaunlich ist, dass trotz einer Fülle herausragender Kunst- und Baudenkmäler der Tourismus bislang kaum Fuß gefasst hat. Alle Sehenswürdigkeiten lassen sich bequem zu Fuß erkunden.

Besichtigung

Das bedeutendste Denkmal Benevents ist der vorzüglich erhaltene **Trajansbogen.** Der Triumphbogen wurde 114 n. Chr. im Auftrag des Senats an jener Stelle errichtet, an der die Via Traiana als Abzweig der Via Appia nach *Brundisium* (Brindisi) führte. Der umfangreiche Reliefschmuck verherrlicht die weise Regierung des optimus princeps. Auffällig dabei, dass der Kaiser nie in militärischer Rüstung zu sehen ist. Die Seite, die stadtauswärts weist, schildert die Befriedung und Entwicklung der Provinzen. Auf der anderen Seite sind die innenpolitischen Leistungen *Trajans* dargestellt. Die Reliefs im Bogendurchgang zeigen den Kaiser beim frommen Opfer anlässlich der Eröffnung der Via Traiana und bei der *alimentatio,* der Lebensmittelversorgung von bedürftigen Bürgern.

Die im Jahr 762 vom Langobardenherzog *Arechi II.* gestiftete **Santa Sofia,** ein kreisrunder, von antiken Säulen gestützter Kuppelbau, ist eine der interessantesten frühmittelalterlichen Kirchen Süditaliens. Der dazugehörige Kreuzgang des 12. Jh. kann im Rahmen einer Museumsbesichtigung besucht werden. Schlanke Säulen mit 47 reich geschmückten Kapitellen stützen maurisch anmutende Bögen. Das **Museo del Sannio** birgt eine umfangreiche, gut präsentierte Sammlung: samnitische Keramik- und Bronzefunde, die Ausstattung des Isis-Tempels, römische Statuen und zahlreiche profane wie sakrale Gegenstände aus langobardischer Zeit.

- **Museo del Sannio,** Piazza S. Sofia, Tel. 082421818. Di.–So. 9–13 Uhr. Eintritt 3 Euro, ermäßigt 1 Euro.

Auf dem Platz vor der Kirche steht der **Campanile.** Steintafeln zeigen die Ausdehnung des Samnitenreiches vom 6.–4. Jh. v. Chr. und das Territorium des langobardischen Herzogtums im 8. Jh. Auf der gegenüberliegenden Seite des Corso erhebt sich an Stelle der alten Langobardenburg die **Rocca dei Rettori,** in der die Statthalter des Papstes residierten. Papst *Johannes XXII.* hatte die Stadtfestung 1321 nach dem Vorbild des päpstlichen Palastes in Avignon errichten lassen. Heute dient das stattliche Gemäuer der Provinzverwaltung von Benevent als Amtssitz. Ein Flügel beherbergt regelmäßig Sonderausstellungen.

- **Rocca dei Rettori,** Piazza Castello, Tel. 082421390, 0824774501. Zu Amtszeiten geöffnet, bei Ausstellungen werden z.T. Eintritte erhoben.

Auch die Gegenwartskunst hat in Benevent Einzug gehalten. Der aus Benevent stammende, international bekannte Bildhauer **Mimmo Paladino** hat den Hof des ehemaligen Klosters San Domenico bis in das kleinste künstlerische Detail gestaltet - ein magischer und erholsamer Ort zugleich.

- **Hortus Conclusus,** Piazza Guerazzi. Mo.-Sa. 9-13 Uhr und 15-19.30 Uhr, So. 9-13 Uhr. Eintritt frei.

Der mittelalterliche **Dom** wurde bei den Bombenangriffen 1943 bis auf seine Grundmauern zerstört. Der moderne Neubau aus den 1950er Jahren folgt dem Vorgängerbau lediglich in Grund- und Aufriss, eine historische Rekonstruktion wurde am Campanile und der romanischen Westfassade unterrnommen. Zahlreiche antike Fragmente sind hier vermauert, am Campanile beispielsweise das Relief eines geschmückten Opferschweins, Wappentier der Stadt. Die restaurierten Reste des berühmten und größten mittelalterlichen Bronzeportals wurden 2000 wieder aufgestellt.

Seitlich am Dom führt die Via Torre unter dem **Arco di Sacramento** durch. Der römische Triumphbogen ist vollständig seines Schmuckes beraubt. In dem mittelalterlichen Viertel steht das gut erhaltene **römische Theater.** Errichtet zur Regierungszeit *Trajans,* fasste es 10.000 Zuschauer. Heute noch finden hier Freiluftaufführungen statt.

- **Teatro Romano,** tägl. 9 Uhr bis 1 Std. vor Sonnenuntergang. Piazza C. Ponzio Telesino, Tel. 082429970. Eintritt 2 Euro.

Information

- **EPT**

Touristisches Auskunftsbüro: Stadtpläne, Unterkunftsverzeichnis und Infobroschüren der Provinz. Mo.-Fr. 9-13 Uhr und 15-18 Uhr, Sa. 9-13 Uhr. Piazza Roma 11 (Palazzo Bosco), Tel. 0824319938, www.eptbenevento.it.

- **www.comune.benevento.it**

Touristische Infos der Stadt Benevent. (ital.)

- **www.provincia.benevento.it**

Touristische Infos der Provinz Benevent (ital.).

Unterkunft

Hotels

- **D. G. Garden** (****)

Nach Totalrenovierung im Sommer 2003 neu eröffnetes, familiengeführtes Haus im Norden der Stadt. Ruhig im Grünen gelegen, freundliche, komfortable Zimmer und eigenes Restaurant. Zwei Swimmingpools. 28 Zi., EZ/F 52 Euro, DZ/F 90 Euro. Contrada S. Chirico (A16 Ausfahrt „Benevento Nord", an der Straße nach Pietrelcina), Tel. und Fax 082425331, www.dggarden.com.

- **President** (****)

Komfortables, frisch restauriertes Hotel am Altstadtrand gegenüber der Rocca dei Rettori. 77 Zi., EZ/F 67 Euro, DZ/F 97 Euro. Via G. B. Perasso 1, Tel. 0824316716, Fax 0824316764, www.hotelpresidentbenevento.it.

Maison de Charme

- **Le Stanze del Sogno**

Eine junge Kooperative führt seit Oktober 2003 die charmante Kleinstpension im Altstadtzentrum, nur wenige Gehminuten von Dom, römischem Theater und Trajansbogen. Die Zimmer sind geschmackvoll möbliert, die Betten und Bäder top (eines der Zimmer ist behindertengerecht ausgebaut). Heizung, Kochgelegenheiten. Abholservice vom Bahn-

Reliefschmuck am Trajansbogen

golf_431 Foto: pa

hof. 4 Zi., EZ 30–50 Euro, DZ 50–80 Euro. Piazzetta De Martini 3, Tel./Fax 082443991, www.lestanzedelsogno.it.

Essen und Trinken

Restaurants und Trattorien in Benevent

●Nunzia

Sympatische Altstadtosteria in Nähe der Piazza Roma. Die besten Produkte des Sannio landen in den Kochtöpfen der Signora *Nunzia* und damit auf den Tellern und in den Mägen ihrer glücklichen Gäste. Hausgemachte Nudeln und kräftige Gemüsesuppen gehören zu den schmackhaften Sattmachern. 20 Euro. So. Ruhetag. Mittags und abends. Via Annunziata 152, Tel. 082429431.

●Traiano

Die kleine, freundliche Trattoria neben dem Trajansbogen wird bereits in der zweiten Generation von der Familie *Moscovio* geführt. Die kräftige Küche des Sannio kommt unverfälscht auf den Tisch. Am Abend Holzofenpizza. 10–15 Euro. Di. abends geschl. Mittags und abends. Via Manciotti 48, Tel. 082425013.

Osteria in Ceppaloni

●La Buca dei Ladroni

Der hübsche mittelalterliche Ort Ceppaloni wird von einem imposanten Kastell überragt, das im Laufe seiner bewegten Geschichte Kaisern, Königen und Päpsten Zuflucht geboten hat. Am Fuße der Burg hat *Giuseppe Pugliese* im Frühjahr 2001 seine Osteria eröffnet. Früher war das ehemalige Stallgebäude ein Zufluchtsort von Straßenräubern. Heute wird hier niemand mehr über den Tisch gezogen. Zu fairen Preisen genießt man beste lokale Küche, auch die Weinauswahl lässt kaum Wünsche offen. 20–25 Euro. Mo. Ruhetag. Di.–Sa. nur abends, So. nur mittags. Piazzetta Cortile 18 (12 km aus Benevent ab der Tangenziale Ausfahrt „Stadio“ und weiter auf der SS88 „Fondo Valle Sabato"), Tel. 082455401.

Snacks und Bar

- **Pizzeria Romana**
Schnelle Küche neben dem Dom. Köstliche Antipasti, Pizza a taglio und Nudelaufläufe. So. Ruhetag. 8–23 Uhr. Corso Garibaldi 203, Tel. 082421347.

An- und Weiterreise

- **Auto:** Autobahn A16 Ausfahrt „Benevento". Von der Tangenziale (Ringautobahn) Ausfahrt „Benevento Centro". Avellino, Salerno, Caserta und Napoli sind auf der Autobahn schnell zu erreichen. Die als Schnellstraße ausgebaute SS372 führt über Telese Terme in das Volturno-Tal am Fuße des Matese. Die SS7 „Appia" führt nach Caserta.
- **Bus:** Terminal Autobus Extraurbani (Busbahnhof) an der Viale dei Rettori. Mo.–Sa. Überlandbusse von und nach Avellino, Napoli und Salerno. FBN (Tel. 0824320711, www.alifana.it) von Benevent mit in die meisten Orte der Provinz.
- **Bahn:** Der Bahnhof der F.S. liegt an der Piazza Vittoria Colonna jenseits des Fiume Calore 1 km nördlich der Altstadt. Gute Verbindungen nach Avellino, Caserta, Neapel und Rom. Der Bahnhof der FBN (www.alifano.it) liegt in Gehdistanz westlich der Altstadt. Gute Verbindungen nach Neapel.

Unterwegs in Benevento

- **Parken:** Gebührenpflichtige Parkplätze in der Altstadt: Piazza B. Pacca (westlich des Doms), Piazza IV. Novembre (Rocca dei Rettori). Parkscheine in Tabacchi-Läden, Bars und Kiosken.
- **Taxi:** Piazza V. Colonna (Bahnhof), Tel. 082450341. Corso Garibaldi (Zentrum), Tel. 082454393.

Banken

Banken mit Bankomaten befinden sich im Zentrum.

Post

- Via Porta Rufina (ca. 200 m südlich der Piazza Roma).

Einkaufen

- **Lebensmittelmarkt**
Mo.–Sa. an der Via Torre della Catena östlich des Teatro Romano.
- **Enoteca del Sannio**
Großes Sortiment kampanischer Weine. Am besten vertreten sind die Weine der Provinz Benevento. *Giuseppe Pugliese* hat in Ceppaloni eine Osteria eröffnet (s.o.). Mo.–Sa. 9.30–13 und 16.30–20 Uhr. Piazza Guerrazzi 6, Tel. 082447845.

Veranstaltung

- **Città Spectacolo**
Hochkarätiges Film- und Theaterfestival in der ersten Septemberhälfte. Open-Air-Aufführungen im antiken Theater. Info c/o Teatro Comunale, Corso Garibaldi, Tel./Fax 082421848, www.cittaspectacolo.com.

Telese Terme

↗ III, C2

Im Jahr 1349 erschütterte ein schweres Erdbeben die alte Stadt Telesia. Glück im Unglück, denn ausgelöst durch das Beben entsprang die 20°C **warme, schwefelhaltige Mineralquelle,** der die Stadt ihre Karriere als Kurort zu verdanken hat. Von Telese Terme lassen sich das Matese und das Taburno-Camposauro-Massiv, beides wunderschöne Wandergebiete (s.u.) schnell erreichen. Das Val Calore ist ein wichtiges Weinanbaugebiet. Im nahen **Castelvenere** können Weinkeller besichtigt werden.

Hotel

● **Grand Hotel Telese** (****)
Der imposante Belle-Époque-Bau ist von einem Park umgeben, in dem sich eine moderne Kureinrichtung befindet. Gäste können auch die Terme di Telese im Ort aufsuchen. Das Hotel liegt außerhalb des Ortes an der Straße nach Castelvenere. Reichhaltiges Frühstücksbuffet, gute Küche. 75 Zi., EZ/F 68–84 Euro, DZ/F 110–140 Euro. Via Cerreto 1, Tel. 0824940500, Fax 0824940504, www.grandhoteltelese.it.

An- und Weiterreise

● **Auto**
Telese Terme liegt an der als Schnellstraße ausgebauten SS372.

Veranstaltungen

Im Sommer finden im Kurpark regelmäßig Theater- und Musikveranstaltungen statt.

Baden

● **Terme di Telese**
Großzügig angelegter Kurpark. Freiluftbecken mit 20° C warmem, kohlesäurehaltigem Schwefelwasser. Juni bis Sept. Piazza Minieri 1, Tel. 0824976888, www.termeditelese.it.

Wandern

● Der **Gebirgszug des Matese** ist einer der landschaftlichen Höhepunkte Kampaniens und auch als Wandergebiet zu empfehlen.

Camposauro – Mont'Alto Rotondi

Der Weinort Solopaca am südlichen Ufer des Calore ist ein idealer Ausgangsort für die Erkundung des imposanten Camposauro-Massivs. Im Ort kann man für ein Picknick einkaufen

Anfahrt: Östlich von Solopaca führt die neue Serpentinenstraße bis auf die 1200 m hoch gelegene Karstsenke des Camposauro. An der T-Kreuzung links abbiegen und kurz darauf an der großen Zementtränke parken.

Wanderung: Folgt man von der Tränke dem verkarsteten Grat zu Fuß in Westrichtung bergauf, erreicht man in 30 Min. den 1305 m hohen Mont'Alto Rotondi. Der Blick vom Gipfel über das Valle del Calore auf das Matese-Massiv ist überwältigend. Steigt man auf dem Grat im freien Gelände in Westrichtung ab, kommt man an einer Reihe angelegter Picknickplätze vorbei. Nach Norden fällt das Gelände steil zum Calore-Tal ab, im Süden breiten sich herrliche Buchenwälder aus. Man kann nach Herzenslust umherstreifen.

golf_433 Foto: pa

Lilium martogon (Camposauro-Massiv)

Guardia Sanframondi, Cerreto Sannita und Pietraroja

↗ III, C2

Ein landschaftlich lohnender Tagesausflug führt von Telese Terme in den östlichen Teil des Matese. Vorbei am Weinort **Castelvenere** erreicht man das mittelalterliche Städtchen **Guardia Sanframondi** mit seiner trutzigen Burg. Alle sieben Jahre (2003, 2010) wird der Ort zum Schauplatz eines heiligen Spektakels. Am ersten Montag nach dem 15. August beginnen unter Anteilnahme der ganzen Bevölkerung die **Bußriten zu Ehren der Maria Assunta.** Eine Woche lang werden Mysterien aufgeführt, und am Sonntag ziehen die *battenti* (Flagellanten) in weißen Kutten durch die Straßen und schlagen sich mit Ketten Brust und Schultern blutig.

Cerreto Sannita liegt 277 m hoch am Rande des Parco Regionale del Matese. Nach einem schweren Erdbeben im Jahr 1688 zerstört, wurde der schön gelegene Ort als barocke Planstadt neu aufgebaut. Cerreto und der hübsche Nachbarort **San Lorenzello** sind berühmt für ihre bis ins 17. Jh. zurückreichenden Keramikmanufakturen.

Nach **Cusano Mutri,** dessen Häuser förmlich aus dem Fels zu wachsen scheinen, steigt die Straße weiter an, bis sie das 818 m hoch gelegene **Pietraroja** erreicht. Frische Bergluft ist gesund, die Chronik berichtet vom Dorfpfarrer *Clemente Petrillo,* der hier 1617 im gesegneten Alter von 124 Jahren starb. Noch älter sind die Fossilien kreidezeitlicher Kalkschichten in der Nähe des Ortes. Im Jahr 1980 wurde hier das versteinerte Skelett eines Zwergdinosauriers gefunden, das auf seine endgültige Präsentation in der geologisch-paläontologischen Ausstellung „Un dinosauro a Pietraroja" wartet.

Agriturismo bei Cerreto Sanita

• Barile Ciro
Altes, von Olivenhainen und Weinbergen umgebenes Steinhaus. Bodenständige Küche. Faire Preise! 3 Zi., DZ/F 56 Euro, HP 45 Euro. Contrada Madonna della Libera (auf der Straße Richtung Cusano Mutri, der Ausschilderung nach rechts folgen), Tel. 0824861555, Fax 0824861500.

Trattoria bei Cerreto Sannita

• Masella
Trattoria außerhalb des Ortes an den Hängen des Monte Coppe. Gute lokale Küche, viele Pilzgerichte. 15–20 Euro. Do. Ruhetag. Mittags und abends. Via Pezzalonga 32 (4 km Richtung Pontelandolfo), Tel. 0824861975.

Sant'Agata dei Goti ⇗ III, C3

Sant'Agata dei Goti, am Fuße des Taburno gelegen, ist ohne jede Übertreibung **einer der schönsten Orte Kampaniens!** Für den Besuch sollte man sich ein paar Stunden Zeit nehmen oder besser noch hier übernachten.

Sant'Agata dei Goti erhebt sich auf einem schmalen Tuffsporn zwischen zwei Zuflüssen des Isclero. Einen tollen Blick bietet die Brücke über den Martorano. Bereits die Samniten hatten die Gunst dieser strategischen Lage erkannt. Nach der Niederlage der Goten 553 in der Schlacht am Vesuv gestattete Byzanz den Überlebenden, sich hier niederzulassen, daher der Ortsname.

Nicht nur die zahlreichen mittelalterlichen Kirchen, die allesamt einen Besuch lohnen, sondern das **entzückende Stadtbild** und die freundlichen Menschen machen den Reiz von Sant'Agata dei Goti aus.

Südlich der eigentlichen Altstadt stehen zwei sehenswerte Kirchen und der auf charmante Weise etwas heruntergekommene **Palazzo Ducale** aus dem 10. Jh. Es lohnt sich, einen Blick ins Treppenhaus zu werfen. Die **Chiesa dell' Annunziata** birgt im Inneren eines der bedeutendsten spätgotischen Freskens Kampaniens, ein Jüngstes Gericht des 15. Jh. Die **Chiesa di San Menna** wurde im Jahr 1110 geweiht. Der fast vollständig erhaltene Mosaikfußboden ist einer der schönsten in Süditalien.

Die pittoreske **Via Roma** zieht sich durch den gesamten Ort. Unterwegs öffnen sich immer wieder hübsche Plätze. Die **Chiesa di S. Angelo in Munculanis** geht auf eine Gründung des 12. Jh. zurück. In der **Chiesa di San Francesco** ist ein gotisches Grabmal zu bewundern. Der **Dom** wurde im 10. Jh. unter Verwendung antiken Baumaterials errichtet. Im 12. Jh. und noch einmal im 18. Jh. wurden bauliche Veränderungen vorgenommen. Die schöne Krypta stammt aus dem 12. Jh.

Information

- **Comune di Sant'Agata de'Goti – Ufficio Turismo**
Mo.–Fr. 8–13 Uhr; Mo., Do. auch 16–19 Uhr. Piazza Municipio 1, Tel. 0823953053, Fax 0823953445, www.comune.sant-agata-de-goti.bn.it.
- **Pro Loco di Sant'Agata de'Goti**
Prof. *Claudio Lubrano* (Tel. 0823717378) hilft beim Aufschließen der Kirchen.

Agriturismi

- **Mustilli**
18.-Jh.-Palazzo im Herzen des Ortes, wenige Schritte von den Weinkellern der Familie *Mustilli* entfernt (s.u.). Stilvoll möblierte, geräumige und ruhige Zimmer. Gemütliches, ausgezeichnetes Restaurant in dem auch die vielfach prämierten Mustilli-Weine ausgeschenkt werden. Signora *Marili Mustilli* bietet auch Kochkurse an. 6 Zi., DZ/F 70 Euro, HP 55 Euro. Via dei Fiori 20. Tel. 0823717433, Fax 0823717619, www.mustilli.com.
- **Piana del Mondo**
Neueres Haus in schöner Lage von Oliven und Wein umgeben. Freundlich und absolut preiswert. *Giovanni Cesare* hat einige Jahre in Zürich gearbeitet. 6 Zi., DZ/F 44 Euro, Menu 10–20 Euro. Contrada Piana del Mondo 14 (4 km in Richtung Frasso Telesino), Tel./Fax 0823957118.

golf_434 Foto: pa

Essen und Trinken

Restaurants, Trattorien und Osterien

● Il Barbaro

Freundliche Trattoria, die hausgemachte Nudeln und am Abend Holzofenpizza serviert. Menu ca. 20 Euro. Mi. Ruhetag. Mittags und abends. Via Riello 4, Tel. 0823717714.

● Zio Pauluccio

In der urigen Osteria am Corso wird solide Kost aufgetischt und dazu ein kräftiger Hauswein ausgeschenkt. Gehaltvolle Antipasti! Im tiefen Tuffsteingewölbe aus Etruskerzeit reifen Käse, Würste und Wein heran. Eine lokale Spezialität ist der Apfellikör. Auch Verkauf von Produkten. 20 Euro. Mo. Ruhetag. Mittags und abends. Via Roma, Tel. 0823718010.

Café/Eis

● Gelateria Normanno

Sympathisches kleines Eiscafé. *Antonio Lignelli* ist ein Meister seines Faches. Di. Ruhetag. Via Roma 65, Tel. 0823953042.

An- und Weiterreise

● **Auto:** A1, Ausfahrt „Caserta Sud". SS265 „Sannitica", Abzweig Sant'Agata dei Goti.
● **Bus:** FBN (Tel. 082424961, www.alifano.it) mehrmals täglich von und nach Neapel (Piazza Garibaldi). In Sant'Agata halten die Busse auf der Piazza Trieste (südl. Altstadtrand).

Parken in Sant'Agata dei Goti

Parkplätze finden sich südlich der Altstadt.

Markt in Sant'Agata dei Goti

Einkaufen

● Azienda Agricola Mustilli

Seit sich die ursprünglich aus Ravello stammende Familie *Mustilli* im 16. Jh. in Sant'Agata dei Goti niedergelassen hat, produziert sie Wein. *Leonardo Mustilli* hat der Falanghina wieder zu dem ausgezeichneten Ruf verholfen, den sie in römischer Antike genossen hatte. Auf Vorbestellung Führung in den jahrhundertealten, 20 m tiefen Tuffsteingewölben. Tägl. 8–17 Uhr Degustation. Piazza Trento 4, Tel. 0823717433.

Fest

● Sant'Alfonso

Am 1. August beginnen die Festlichkeiten zu Ehren des Stadtpatrons.

● Sannio Film Festival

Sant'Agata wird im August zur Bühne eines Filmfestivals.

Avellino und die Irpinia

Am 23. November 1980 erschütterte ein schweres **Erdbeben** den Süden Italiens. Das Epizentrum lag in der Provinz Avellino. Ganze Städte fielen in Schutt, über 3000 Menschen verloren ihr Leben. Untersuchungen haben gezeigt, dass sich in dieser Region im Verlauf der letzten 400 Jahre Beben ähnlicher Größenordnung in der Regel alle 50 Jahre wiederholt haben. Das ist der Hauptgrund, warum die Provinz Avellino im Vergleich zu anderen Provinzen Kampaniens nur wenige historische Baudenkmäler aufweist.

Kein Grund jedoch um Avellino und die Irpinia einen Bogen zu machen. Die Restaurierungs- und Neubaumaßnahmen sind fast abgeschlossen und können sich sehen lassen. Die Reize der Natur haben sich als unzerstörbar erwiesen. **Avellino** liegt am Fuße des bewaldeten Montevergine. Im Nordosten breitet sich die liebliche Hügellandschaft der **Irpinia** aus, im Süden von den **Monti Picentini** überragt. Der kampanische Apennin erreicht hier Höhen über 1800 m. Diese Berge waren immer schon das Wasserreservoir Kampaniens. *Augustus* hatte den Aquädukt von Serino bauen lassen, der Wasser nach Nola, Pompeji, Neapolis, Puteoli, Cumae, Baiae und Misenum führte. Ein neuer Aquädukt versorgt seit 1946 Neapel und 73 weitere Kommunen mit Trinkwasser. Auch Apulien und die Basilikata beziehen ihr Trinkwassser über den **Acquedotto pugliese** aus diesem Teil Kampaniens.

Erntedankfest in Mirabella Eclano

Nicht nur landschaftlich, auch kulinarisch gehört die Irpinia zu einer der interessantesten Provinzen. Bekannt für **gute Würste und Käse,** liefert sie auch die **besten Weine der Region:** Aglianico, Taurasi, Fiano und Greco hatten schon in der Antike einen guten Ruf.

Im Landesinneren sind **Kunsthandwerk und Brauchtum** lebendig geblieben, ohne zur Folklore für Touristen zu geraten. Mit allegorischen Karrenumzügen, heidnisch anmutenden Volkstänzen und Musik wird vielerorts der **Carnevale Irpinio** gefeiert. Zum Ende des Sommers finden in ganz Kampanien **Erntedankfeste** statt, eines der schönsten in **Mirabella Eclano.** Am dritten Samstag im September wird der Maria Addolorata ein *Carro di Paglia* geweiht. Noch bis vor ein paar Jahren zog ein Ochsengespann den über 25 m hohen, kunstvoll aus Stroh geflochtenen Obelisken in einer Prozession über die Felder und durch den Ort. Nach mehrstündiger Strapaze auf der Piazza angelangt, mussten die völlig erschöpften Tiere notgeschlachtet werden. Nach Protesten von Tierschützern übernimmt heute ein Traktor den Part der Tiere. Während der Prozession halten hunderte Menschen das riesige Ex-Voto an langen Hanfseilen im Gleichgewicht.

golf_437 Foto: epta

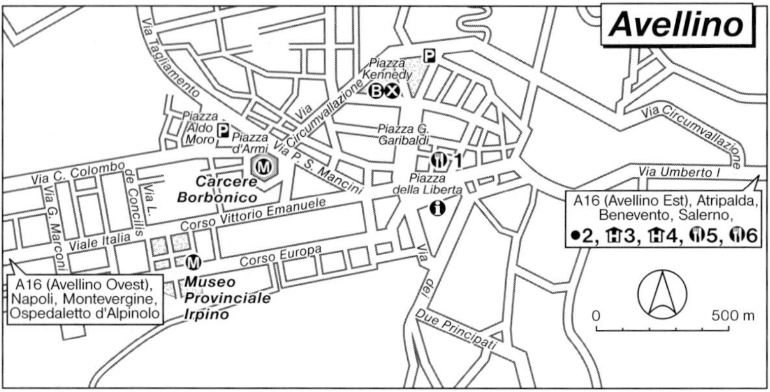

- 1 Antica Trattoria Martella
- • 2 Bahnhof – Stazione F. S.
- 3 Civita
- 4 Malaga
- 5 Malaga
- 6 Valleverde

Avellino und der Montevergine ⇗XI, C1

Die moderne, nach dem Beben wieder aufgebaute Provinzhauptstadt Avellino erstreckt sich westlich des Hügels, auf dem Langobarden im 6. Jh. ein Kastell errichtet hatten. Freundliche Fassaden und edle Geschäfte begleiten die Flaniermeile des Corso Vittorio Emanuele. Unterwegs öffnet sich ein weitläufiger Stadtpark, an dessen südlichem Ende das sehenswerte **Museo Provinciale Irpino** in einem modernen Zweckbau untergebracht ist. (Ein Umzug der Sammlung in die Räume der ex Carceri Borbonici ist beschlossen.) Archäologische Funde aus der Provinz Avellino und Gemälde des 17.–19. Jh. werden präsentiert. Interessant sind Grabbeigaben aus bronzezeitlichen Nekropolen, ein Häuptling z.B. wurde zusammen mit seinem Hund bestattet. Besondere Aufmerksamkeit verdienen die Votivgaben des Santuario di Mefite aus dem Valle d'Ansanto. Im höllengleichen Tal, wo heute noch Schwefeldämpfe aus dem Boden dringen, verehrten ab dem 6. Jh. v. Chr. samnitische Stämme die Unterweltsgöttin *Mephitis*. Terrakottafiguren, Münzen, Gold- und Bernsteinschmuck zeugen als Opfergaben von der Bedeutung des Heiligtums. Durch einen raren Glücksfall haben sich in dem schwefelhaltigen Schlamm sogar hölzerne Votivstatuen perfekt erhalten.

● **Museo Provinciale Irpino,** Corso Europa 71 - Villa Comunale, Tel. 082538582. Mo.-Sa. 8.30-13.30 Uhr, Mo.-Do. auch 16-19 Uhr. Eintritt frei.

Im Osten schließt sich der Nachbarort **Atripalda** direkt an das Stadtgebiet von Avellino an. Archäologische Funde des antiken Abellinum sind im neu eingerichteten **Antiquarium** zu sehen. In der Nähe des Museums befindet sich in der Krypta der **Kirche Sant'Ippolisto** der *Specus martyrum,* der frühchristliche Friedhof des spätantiken Abellinum.

● **Museo Archeologico,** tägl. 8-14, 16-20 Uhr. Piazza Umberto I. 1, Tel. 0825626586. Eintritt frei.

Über Avellino erhebt sich in landschaftlich einzigartiger Position das 1270 m hoch gelegene **Santuario di Montevergine.** *Guglielmo da Vercelli* errichtete unterhalb des Gipfels 1124 eine Marienkirche, vermutlich über den Resten eines Kybele-Heiligtums. *Vercelli,* der zugleich auch einen Orden geschaffen hatte, gründete weitere Klöster in Süditalien, das letzte bei Sant'Angelo dei Lombardi, in dem er 1142 starb. Normannen und Staufer förderten Montevergine mit großzügigen Stiftungen, *Vercellis* Gründung wuchs im Laufe der Jahrhunderte zu einem eindrucksvollen Baukomplex heran. Die neue Basilika stammt aus den Jahren 1952-1961. Die Kirche birgt ein wundertätiges Marienbild aus dem 13. Jh., eines der wichtigsten Pilgerziele in Kampanien.

Der mittelalterliche Ort **Ospedaletto d'Alpinolo** am Fuße des Berges trägt seinen Namen in Erinnerung an Pilger, die hier Herberge fanden. Aus Ospedaletto und **Mercogliano** führen alte, immer noch begangene Pilgerwege auf den heiligen Berg. Die Masse der Gläubigen bewegt sich allerdings in Bussen auf der neuen Straße hinauf. Vom Kirchplatz überblickt man ganz Irpinia - eine überwältigende Aussicht!

Im Rücken der neuen Basilika liegt die so genannte **Chiesa Vecchia,** Rest der im 17. Jh. umgestalteten gotischen Kirche. Seitlich der neuen Basilika verläuft die Sala delle Offerte. Aus Silberblech getriebene Votivgaben und naiv gemalte Szenen wundersamer Errettungen bedecken die Wände.

Über einen schönen Innenhof betritt man das 1968 eröffnete **Museum** der Abtei. Herausragendes Exponat ist ein **geschnitzter Holzthron.** Nach einer These handelt es sich um den Thron *Friedrich II.* aus dem Castel del Monte. Der mittlere Teil des dreisitzigen Thrones stammt tatsächlich aus dem 13. Jh., die Ausschmückungen, Löwen, Krieger, Jäger und Fabelwesen sind weltliche Machtsymbole. Der Thron gelangte Ende des 13. Jh. nach Mercogliano und diente dem Abt von Montevergine, der als Feudalherr auch Verwaltungsaufgaben erfüllte, als Amtssitz. Erst später kam der Thron in lithurgischer Funktion nach Montevergine, und die beiden Seitenteile, auf denen zwei Diakone neben dem Abt Platz nehmen konnten, wurden angefügt. Im Nachbarsaal hängt die Madonna di S. Guglielmo, ein schönes Tafelbild des 12. Jh.

● **Museo Abbaziale di Montevergine,** tägl. 9-13.30 und 15.30-18 Uhr. Tel. 082572924 (Santuario). Eintritt 1 Euro.

Information

• Ufficio Informazioni Avellino – EPT
Stadtpläne, Straßenkarte der Provinz und Unterkunftsverzeichnis. Mo.–Sa. 9–13 Uhr. Piazza della Libertà 50, Tel. 082574732.

• Unione Nazionale Pro Loco d'Italia
Veranstaltungstermine in der Provinz. Via Derna 7, 83100 Avellino, Tel. 082524013, www.inopera.it/unpli/.

Unterkunft

Hotels und Pensionen in Atripalda

• Civita (***)
Modernes und gepflegtes Hotel, das jeden seiner Sterne verdient. Elegante Zimmer mit guten Betten, reichhaltiges Frühstück. Spezialitätenrestaurant. Vorwiegend Geschäftsleute. Parkplatz im Hof bzw. Tiefgarage. 29 Zi., EZ/F 68 Euro, DZ/F 90 Euro. Via Manfredi 124 (3 km von der A16 Ausfahrt „Avellino Est"), Tel. 0825610471, Fax 0825622513, www.hotelcivita.it.

• Malaga (***)
Diego Nigro, Betreiber des renommierten Fischrestaurants gleichen Namens (s.u.) hat das gepflegte Hotel im Herbst 2001 eröffnet. Für seine Gäste organisiert er Besuche in den renommierten Weinkellereien des Avellino. Garage. 30 Zi., EZ/F 52 Euro, DZ/F 75 Euro. Via Appia 93 (auf der Superstrada von Salerno kommend, direkt an der Ausfahrt „Avellino"), Tel. 0825611501, Fax 0825627335, www.hotelmalaga.it.

Hotel in Lauro

• Certosa di San Giacomo (****)
Vor wenigen Jahren aufwendig restaurierte Kartause, deren Gründung auf das Jahr 1197 zurückgeht. Barocker Bau in weitem Landschaftspark östlich des freundlichen Städtchens Lauro. Das Hotel bietet Führungen in den Geburtsort des Polfliegers *Umberto Nobile* an. Geräumige, komfortable Zimmer. Exzellente, raffinierte Küche. 45 Zi. bzw. Suiten, EZ/F 100–120 Euro, DZ/F 130–150 Euro. Via Nazionale 1 (ca. 30 km westlich Avellino, A16 Ausfahrt „Nola"), Tel. 0818240932, Fax 0818249743, www.cerstosasangiacomo.it.

Agriturismo

• Tenuta Monte Lauro
Herrschaftliches Anwesen am Fuße eines bewaldeten Hügels. Geräumige Zimmer, gute Betten. Ausgezeichnetes Restaurant (s.u.), 11 Zi., DZ/F 80 Euro, HP 48–58 Euro. Celzi di Forino (an der SS88, 10 km südl. Avellino), Tel. 0825762500,
www.tenutamontelauro.it.

Essen und Trinken

Restaurants, Trattorien und Osterien in Avellino

• Antica Trattoria Martella
Die Trattoria im Herzen der Altstadt pflegt seit 1921 unbeirrbar traditionelle cucina irpina. Luftgetrocknete Würste und lokaler Käse zum antipasto, hausgemachte Nudeln oder *minestra maritata* als Primo. Als Hauptgang Fleisch vom Grill. Menu 20–25 Euro. So. abend, Mo. und im August geschlossen. Mittags und abends. Via Chiesa Conservatorio 10, Tel. 082531117.

• Malaga
Hervorragendes Fischlokal. Den Fisch kauft der Padrone *Diego Nigro* täglich frisch am Golf von Salerno. Inzwischen hat er ein ebenso feines Hotel im direkt benachbarten Atripalda eröffnet (s.o.). Faire Preise! 25 Euro. Di. Ruhetag. Mittags und abends. Via Francesco Tedesco 347 (in der östlichen Peripherie, in unmittelbarer Nähe des Bahnhofs), Tel. 0825626045, 0825626019.

Restaurant in Atripalda

• Valleverde
Die wohltuend schlichte Einrichtung stammt noch aus dem Eröffnungsjahr 1953. Das kleine Lokal ist immer gut besucht, am Abend empfiehlt es sich vorzubestellen. Auffällig ist die bunte Mischung des Publikums, alle angelockt von einer kompromisslos guten irpinischen Küche. Mit besonderer Sorgfalt pflegt *Sabino Alvino* die Weinkarte, ein Nebenraum ist als Enoteca eingerichtet. 15–20

golf_441 Foto: pa

Euro. So. Ruhetag. August geschlossen. Mittags und abends. Via Pianodardine 112, Tel. 0825626115, www.ziapasqualina.it.

Restaurant in Celzi di Forino

●Tenuta Monte Lauro
Der Agriturismo, in dem man auch übernachten kann (s.o.), bietet *cucina irpina*. Gemüse, Pilze, Schnecken, vor allem aber Schwein aus eigener Schlachtung sind die Protagonisten der würzigen Küche. In der *minestra maritata* treffen Bohnen, Wildgemüse und gepökeltes Schweinefleisch aufeinander. Eine kräftige Mahlzeit verspricht der in Fiano, Gemüse und Kastanien geschmorte Schweinebraten. Schön, dass der Padrone *Lello Tornatore* dazu auch ein paar anständige Tropfen keltert. 20 Euro. Tägl. mittags und abends auf Vorbestellung. Celzi di Forino (an der SS88, 10 km südl. Avellino), Tel. 0825762500.

Santuario di Montevergine

Osteria in Ospedaletto d'Alpinolo

●Osteria del Gallo e della Volpe
Die Fassade des Lokals beherrscht eine kleine Altstadtpiazza. In den gemütlichen Gewölben kann man sich nach Strich und Faden verwöhnen lassen. Hausgemachte Pasta und frisches Wildgemüse, Eßkastanien und Wildschwein. Ospedaletto d'Alpinolo liegt 8 km nördlich Avellino am Fuße des Monte Vergine. 20–25 Euro. Mo. Ruhetag. Di.–Sa. nur abends, So. nur mittags. Piazza Umberto I. 12, Tel. 0825691225.

An- und Weiterreise

●Auto: Avellino liegt an einem Autobahnkreuz. Über die A16 sind Neapel und Benevent zu erreichen, nach Salerno führt eine autobahnähnlich ausgebaute Superstrada. Die gut ausgebaute SS7 „Ofantina" führt von Avellino-Atripalda ins Herzland der Irpinia, auf Ausschilderung „A3 Reggio Calabria" achten.

●Bus: GRTI (Tel. 0825204250, www.airspa.it) nach Benevent, Neapel und in fast alle

golf_442 Foto: pa

Weinkellerei Mastroberardino

Ortschaften der Provinz Avellino. Circumvesuviana (Tel. 082537495, www.vesuviana.it) nach Neapel. SITA (Tel. 089405145, www.sita-online.it) nach Salerno. Busbahnhof an der Piazza Kennnedy.

- **Bahn:** Verbindungen von und nach Salerno und Benevent. Der Bahnhof liegt außerhalb des Zentrums im Osten der Stadt. Via Francesco Tedesco 147, Tel. 0825204248.
- **Fahrzeugverleih:** Avis, Tel. 0825682525. Hertz, Tel. 0825625655. Travel Car, Tel. 082522522.

Unterwegs in Avellino

- **Parken:** Im Zentrum gebührenpflichtige Parkplätze. Das Geld wird vor dem Wegfahren von offiziellen Parkwächtern kassiert.
- **Öffentliche Verkehrsmittel:** ATI (Tel. 082530540), Stadtbusse der Linien 01, 02 und 03 fahren von Avellino nach Mercogliano und Atripalda.
- **Funicolare di Montevergine:** Innerhalb von 7 Min. bewältigt die Seilbahn den Höhenunterschied von Mercogliano (528 m) zum Santuario di Montevergine (1262 m). Mai bis Okt. 7.45–19.30 Uhr und Nov. bis April 8.35–14 Uhr alle 30–45 Min. Einfach 1,80 Euro, Rückfahrt 2,60 Euro. Parkplatz vor der Seilbahn. Viale S. Modestino 21, Tel. 0825204248.
- **Taxi:** Piazza Kennedy, Tel. 082524344.

Banken

Banken mit Bankomaten finden sich am Corso Vittorio Emanuele.

Einkaufen

- **Libreria Petroziello**
Gut sortierte Buchhandlung. Corso Vittorio Emanuele, Avellino, Tel. 082536027.
- Die Herstellung von **Nougat** hat in Ospedaletto d'Alpinolo eine lange Tradition. Zur Pilgerzeit, von August bis Oktober, stehen viele Buden auf dem hässlichen Großparkplatz unterhalb des Ortes. Die meisten Händ-

ler verkaufen Fabrikware, zu den letzten Handwerkern ihres Faches gehören *Giovanna Pageno* und ihre Tochter *Agnese*, Tel. 0825691034.

● **Mastroberardino**
Die 1878 gegründete Kellerei grenzt an die Ausgrabungen des römischen Abellinum. DOC und DOCG-Weine, darunter der vielfach prämierte Taurasi Radici. Führungen möglich. Via Manfredi 89, Atripalda, Tel. 0825614111, www.mastroberardino.com.

Feste/Veranstaltungen

● **La Candelora**
Am 2. Februar pilgern Transvestiten, Lesben und Schwule aus Neapel zur verehrten Mamma Schiavona nach Montevergine.

● **Festival di Musica da Camera**
Von Juni bis September finden in Atripalda, Ariano Irpino und Montoro Superiore in historischen Räumen zahlreiche Konzerte statt.

● **Rassegna Internazionale di Orchestre**
Der barocke Palazzo Abbaziale di Loreto di Montevergine in Mercogliano liefert im Juli den festlichen Rahmen für ein Musikfestival.

● **'A juta a Montevergine**
Spätestens am 11. September, dem Vorabend des Festes der Madonna di Montevergine, treffen die Pilger in Ospedaletto ein. In der Nacht vor dem Aufstieg auf den heiligen Berg *('a juta)* wurde früher gefeiert, getanzt und gesungen, ein fernes Echo der bachantischen Riten des Kybele-Kultes zur Sonnwendzeit. Somit ist die *juta a Montevergine* eines der ältesten Feste Italiens. Vor einigen Jahren wurde es erfolgreich wiederbelebt.

Wandern

Santuario di Montevergine

Aus Mercogliano und Ospedaletto d'Alpinolo führen im Schatten von Buchen- und Kastanienwäldern Pilgerpfade zum Santuario di Montevergine hoch. Ausgangspunkt in Ospedaletto ist die Piazza del Tritone. In ca. 2 Std. steigt man auf dem breiten Maultierpfad, teilweise über Treppenstufen, dabei mehrfach die Straße querend, zum Santuario hoch. Der Blick ins Tal ist überwältigend. Folgt man von der Abtei der Straße ca. 1,5 km bergauf, kann man auf einem abzweigenden Pfad in 15 Min. den 1493 m hohen Gipfel des Montevergine erklimmen.

Bagnoli Irpino und die Monti Picentini

↗ XI, D1

Eine Landschaft wie gemalt: Aus dem kleinparzellig bestellten Talboden erhebt sich der schlanke Campanile einer Kirche, bewaldete Berghänge im Hintergrund. Auf dem Weg nach Bagnoli Irpino fährt man an **San Francesco a Folloni** vorbei. Der Überlieferung nach errichtete 1222 *Franz von Assisi* an dieser Stelle eine Klosterkirche, der heutige Bau stammt im Wesentlichen aus dem 18. Jh. Im Kreuzgang und in den angrenzenden Räumen sind Kunstwerke aus Kirchen, die bei dem Erdbeben 1980 zerstört wurden, ausgestellt.

● **Museo di San Francesco a Folloni,** tägl. 9–19 Uhr. Eintritt frei.

Das von Langobarden gegründete Städtchen **Bagnoli Irpino** liegt leicht erhöht über dem Talboden des Calore. Dörfliches Leben erfüllt die schöne Piazza. Hier ist man Lichtjahre von der Hektik einer Großstadt entfernt. Das Chorgestühl in der Pfarrkirche ist eine Schnitzarbeit lokaler Kunsthandwerker des 17. Jh.

Wenige Kilometer südöstlich von Bagnoli Irpino liegt der **Piano Laceno.** Der Talboden mit dem See wird von den höchsten Gipfeln der Monti Picentini überragt. Im Januar und Februar ein beliebtes Skigebiet, kann man im Sommer und Herbst zu Wanderungen durch ausgedehnte Kastanienwälder und auf den **Monte Cervialto** (1809 m) aufbrechen.

Auf halber Strecke zwischen der Provinzhauptstadt Avellino und Bagnoli Irpino erhebt sich der **Monte Termínio** (1806 m), der zweithöchste Gipfel der Monti Picentini. Der Naturpark ist durch Wanderwege und Mountainbikepisten erschlossen. Vor Ort werden Reitausflüge angeboten. In den ausgedehnten Wäldern finden Wölfe und Wildkatzen Zuflucht.

golf_444 Foto: pa

Peperoncini

Information

• Pro Loco Bagnoli Irpino
Gratis und nützlich: „Carta dei Sentieri" mit eingezeichneten Wanderwegen, die auch im Gelände markiert sind. Via Garibaldi 39 - Bagnoli Irpino, Tel. 082762684, www.bagnoli-laceno.it.

• Consorzio Turistico Laceno
Via Serroncelli (Palazzo Genziana), Laceno, Tel. 082768070, www.lagolaceno.com.

• Comunità Montana Terminio Cervialto
Via Don Minzoni 2 - Montella, Tel./Fax 0927609411, www.cmterminiocervialto.it.

Unterkunft

Hotels

Laceno, wenige Kilometer südlich von Bagnoli Irpino, hat sich auf Sommer- und Wintersport eingerichtet. Etliche Hotels von der Zwei- bis zur Vier-Sterne-Kategorie können in Anspruch genommen werden.

• Belvedere (**)
Kleines, einfaches und sauberes Stadthotel. Das gute Restaurant bietet lokale Spezialitäten. Einige Zimmer mit Blick auf die Berge. Die Familie *Vivolo* plant für 2005 die Eröffnung eines neuen Hotels im Städtchen. 15 Zi., DZ/F 50 Euro, HP 35 Euro. Via De Rogatis 37 - Bagnoli Irpino, Tel./Fax 082762050.

Agriturismo

• Sierro dell'Aurora
Biologisch bewirtschafteter Hof in den Hügeln nahe Bagnoli Irpino. Traumblick auf das Calore-Tal und die Monti Picentini. Gäste sind herzlich eingeladen, am Landleben teilzunehmen. Hier werden Honig und Oliven produziert, ferner wird Maulbeerlikör hergestellt (früher wurde in dieser Gegend Seidenraupenzucht betrieben). *Maria Rachele Branca* ist zugleich Bildhauerin. 1 App. mit 4 Bet-

ten für Selbstversorger. 65 Euro pro Tag (mind. 2 Tage). Contrada Prebende (aus Bagnoli Irpino ca. 1,5 km Richtung Nusco fahren), Tel. 0827603031, migara@tiscalinet.it.

Restaurant

● **Lo Spiedo**
Schwarze Trüffel und Steinpilze geben der kräftigen Bergküche ihre Würze. 25 Euro. Mitte Juli bis Sept. tägl. mittags und abends, sonst nur Sa. und So. abends. Via Serroncelli 25 - Laceno, Tel. 082768073, 082767074.

An- und Weiterreise

● **Auto:** Von Avellino/Atripalda führt die gut ausgebaute SS7 „Ofantina" ins Herzland der Irpinia.
● **Bus:** GRTI (Tel. 0825204250, www.air-spa.it) täglich aus Avellino.

Fest

● **Sagra delle Castagne e del Tartuffo nero**
Am letzten Wochenende im Oktober feiert man in Bagnoli kulinarisch, Kastanien und schwarze Trüffel sind die Protagonisten.

Wandern

Monte Cervialto (1809 m)

Die Pro Loco Bagnoli Irpino (s.o.) hat eine topographische Karte mit 10 Wanderwegen im Gebiet von Laceno im Maßstab 1:25.000 herausgegeben. Der rosa markierte Weg „4" entspricht dem rot-weiß markierten CAI-Weg „13" und führt auf den Monte Cervialto, mit 1809 m der höchste Gipfel der Monti Picentini. Von Laceno fährt man 1,5 km nach Süden in Richtung Acerno bis zu einer Zementbrücke. Links auf Höhe einer Tränke zweigt der markierte Weg ab. Im Aufstieg werden etliche Forststraßen gequert, der Weg führt z.T. durch gerodete Wälder. Im Gipfelbereich öffnet sich ein weites Panorama. Auf dem gleichen Weg zurück. 600 Höhenmeter, ca. 3 Std. Aufstieg, 2 Std. Abstieg.

Sant'Angelo dei Lombardi und Gesualdo

↗ XI, D1 & VI A2

Mit ihren wuchtigen Außenmauern beherrscht die **Abbazia di San Guglielmo a Goleto** das obere Ofanto-Tal. Die Abtei ist eine Gründung *Gugliemo da Vercellis,* der hier 1142 starb und bald nach seinem Tod heilig gesprochen wurde. Im Kloster lebten Mönche und Nonnen, letztere in strenger Klausur. Am Eingang der Anlage empfängt einen das Schild „Silentium". Eine Gemeinschaft der „Kleinen Brüder" des *Charles de Foucauld* lebt hier im Rhythmus des Gebetes. Der Ort strahlt eine friedliche und heitere Stimmung aus. Man ist nicht auf Touristenrummel aus, Hochzeitsfotos sind verboten, in Süditalien an einem so schönen Ort eigentlich undenkbar. Das kommt dem Besucher zugute, der diesen zauberhaften und nach dem Beben sorgfältig restaurierten Ort in aller Ruhe genießen will. Aus dem ersten Hof führt eine breite Freitreppe zur Ruine der von *Domenico Vaccaro* 1733–40 errichteten **Chiesa maggiore.** Die eingestürzte Decke hat dem großen Himmelsgewölbe Platz gemacht. Auf der rechten Hofseite liegt die **Chiesa inferiore,** ein schöner Bau aus dem 12. Jh. Zu der darüber liegenden **Chiesa superiore** führt eine schmale Treppe hoch. Die zweischiffige Kapelle, 1255 fertig gestellt und dem Hl. Lukas geweiht, stützen Mittelsäulen mit wunderschönen Kapitellen. Wer das berühmte Jagdschloss Castel del Monte von *Friedrich II.* in Apulien besucht hat, erkennt die Handschrift der Baumeister wieder. Im zweiten Hof erhebt sich ein 1152 errichteter Verteidigungsturm. Bei genauerer Betrachtung wird man römische Reliefs erkennen, die hier eingemauert wurden. Mit Kindern macht es Spaß, in den Mauern der Abtei nach weiteren antiken Bausteinen zu suchen.

- **Abbazia del Goleto,** www.goleto.it.

Auf einer Anhöhe oberhalb der Abtei liegt **Sant'Angelo dei Lombardi** mit seiner trutzigen Langobardenburg. Bei dem Beben 1980 wurde der Ort fast vollständig zerstört.

Auf dem Weg nach Gesualdo fährt man durch das Valle d'Ansanto. Der **Lago della Mefite** ist ein unheimlicher und nicht ganz ungefährlicher Ort. Aufsteigende Schwefeldämpfe und Methangase bringen das trübe Wasser zum Brodeln. An dieser Stelle verehrten die Samniten ihre Unterweltsgöttin *Mephitis.* Im Museum von Avellino sind interessante Votivgaben ausgestellt. Die **Terme di San Teodoro** nutzen schwefelhaltige Quellen, die zum gleichen hydrologischen System des Lago della Mefite gehören.

Das Städtchen **Gesualdo** hat für Musikfreunde einen guten Klang. *Carlo Gesualdo,* Fürst von Venosa (1566–1613), ging als grausamer Doppelmörder seiner Frau *Maria d'Avalos* und ihres Liebhabers sowie als Komponist genialer, ins manieristisch Maßlose übersteigerter Madrigale in die Geschichte ein. Sei-

golf_446 Foto: pa

ne musikalische Leistung würdigt jeden August ein internationales Musikfestival. Den Ort beherrscht das Kastell der *Gesualdos*. Den Konvent stiftete der Feudalherr als Buße für die Ermordung seiner Frau.

Information

● **Pro Loco „Civitatis Iesualinae"**
Via Municipio, I-83040 Gesualdo, Tel. 08254011392, Fax 0825401905.

Unterkunft

Hotel in Villamaina

● **Hotel delle Terme** (****)
Nach dem Erdbeben von 1980 vollständig renoviert, wurden die Terme di San Teodoro und das gepflegte Hotel 1996 neu eröffnet. Kuranwendungen möglich. 32 Zi., DZ/F 75–100 Euro. Mai bis Okt. Tel. 0825442313, Fax 0825442317, www.termedivillamaina.it.

Agriturismi bei Guárdia Lombardi

● **Il Casale**
Freundliches, still gelegenes Steinhaus am Hang mit weitem Blick über das Valle Úfita. Gute lokale Küche, Zutaten aus eigener Produktion. Auf Anfrage ganzjährig geöffnet (die Familie *Stanco* verbringt die Wintermonate im nahen Sturno). 2 Zi., DZ/F 36 Euro, HP 43 Euro. Contrada Lagoni (von der SS303 kommend, kurz vor dem Ort ca. 2 km nach links Richtung Valle Úfita), Tel. 0825448935, Mobil 3476693056.

● **Villa Torre Paschi**
Schön restaurierter Gutshof von *Vito De Simone* und *Anna Petruzzo* (spricht deutsch). Hier werden Wildschweine gezüchtet und verzehrt. 2 Zi., DZ/F 60 Euro, HP 40 Euro. Auf Vorbestellung ganzjährig geöffnet. Località Paschi (an der SS303 vom Abzweig Guardia dei Lombardi ca. 2 km in Richtung Bisaccia), Tel. 082741734, gdesimone@tiscalinet.it.

An- und Weiterreise

● **Auto:** Von Avellino/Atripalda auf der gut ausgebauten SS7 „Ofantina" bis zur Ausfahrt „Sant'Angelo dei Lombardi". Zur Abtei 5 km der Ausschilderung „Goleto" folgen.
● **Bus:** GRTI (Tel. 0825204250, www.air-spa.it) an Werktagen aus Avellino.

Feste/Veranstaltungen

● **Giornate Gesualdiane**
In Gesualdo, dem Geburtsort des Komponisten *Carlo Gesualdo da Venosa,* werden Mitte August Madrigalkonzerte aufgeführt.

● **Lotta dell'angelo e del diavolo**
Am vierten Augustsonntag geht *Gesualdo* beim „Kampf zwischen Engel und Teufel" in die Luft. Langsam schwebt der Engel – ein Kind in schimmernder Rüstung – an einem Seil, das vom Kastell bis auf die Piazza gespannt ist, herab. Über der Statue des San Vincenzo Ferreri hält der Engel in seinem Flug ein, die Blasmusik erstirbt und es erscheint der Teufel. Vergebens versucht er das Volk zur Sünde aufzustacheln, muss sich vor dem Engel geschlagen geben und verschwindet in einer großen Rauchwolke. Begleitet von Triumphmärschen setzt der Engel seinen Flug fort, und die Statue des Heiligen wird flugs in seine Kirche zurückgetragen.

golf_448 Foto: pa

Anhang

golf_449a Foto: pa

golf_449b Foto: pa

Die Solfatara in den Phlegräischen Feldern

Sorrent: Hotel Bellevue Syrene

Strandleben an der Baia di Recommone

Kleine Sprachhilfe

Wichtige Wörter und Ausdrücke

Auf Wiedersehen – arrivederci
Bad – il bagno
Bitte – prego/per favore
Danke – grazie
(Steigerung: grazie tanto, grazie mille)
einmal – una volta
Entschuldigung/entschuldigen Sie – scusa/ scusi
Entschuldigung, kann ich mal durch – permesso ...
Feiertag – giorno festivo
Frau – Signora
Geld – i soldi
groß/klein – grande/piccolo
Guten Abend – buona sera
Guten Morgen/guten Tag – buon giorno
Gute Nacht – buona notte
Hallo/Tschüss – Ciao
heiß/kalt – caldo/freddo
Herr – Signore
Heute – oggi
ja/nein – si/no
Kassenzettel – lo scontrino
mit/ohne – con/senza
morgen – domani
offen/geschlossen – aperto/chiuso
Quittung – una ricevuta
Rechnung – il conto
Sprechen Sie deutsch? – Lei parla tedesco?
Toilette – il gabinetto/il bagno
und – e
verboten – vietato/proibito
Wann? – quando?
Warum? – perché?
Wie bitte? – prego, come?
Wie geht's?/Danke, gut – come va?/bene, grazie
Wie lange? – per quanto tempo?
Wieviel kostet ...? – quanto costa ...?
Wo ist? – dove è?
Wochentag – giorno feriale
zahlen – pagare
zweimal – due volte
Es ist heiß – fa caldo
Es ist kalt – fa freddo
Gibt es/haben Sie – c'e ...?
Gut, geht in Ordnung – va bene
(Steigerung: va benissimo)
Ich brauche – ho bisogno
Ich hätte gern – vorrei
Ich heiße – mi chiamo
Ich spreche kein italienisch – non parlo italiano
Ich suche nach – cerco
Ich verstehe nichts – non capisco niente
Ist es möglich, dass ... – è possibile che ...?
Macht nichts – fa niente
Sprechen Sie deutsch oder englisch? – parla tedesco o inglese?
Tut mir leid – mi dispiace
Von woher kommst Du? – Di dove sei?
Warten Sie! – Aspetti!
Was bedeutet das! – che cosa significa
Was ist das? – Che cos'è?
Wie alt bist du? – quanti anni hai?
Wie geht es Ihnen/Dir – come sta/stai
Wie heißt das? – come si chiamo?
Wo ist die nächste Haltestelle? – dov'è la prossima fermata?
Wo ist die Toilette? – dov'è il bagno?

Bank/Post

Wo ist eine Bank? – dov'è una banca?
Brief – una lettera
Briefkasten – la buca delle lettere
Briefmarke – un francobollo/i francobolli (Pl.)
Briefpapier – carta di lettera
Briefumschlag – la busta
Post – posta/ufficio postale
Postkarte – cartolina postale
Telefon – il telefono/ Wo ist das Telefon? – dov'è il telefono?
Telefonkarte – una carta telefonica

Einkaufen

Apotheke – la farmacia
Bäckerei – panificio
Binden – assorbenti
Buchhandlung – libreria
Direktverkauf – vendita diretta
Drogerie – drogheria
einheimisch – nostrano/nostrale
Fischhandlung – pescheria
Geschäft – negozio
Gramm – grammo
hundert Gramm – un etto

Metzgerei/Fleisch – macelleria
Metzgerei/Wurstwaren – salumeria
Pflaster – cerotto
Reinigung – lavanderia
Reinigung, chemisch – lavasecco
Schreibwarengeschäft – cartoleria
Seife – il sapone
Shampoo – lo shampoo
Sonnenmilch – crema solare
Supermarkt – supermercato
Tampons – tamponi
Toilettenpapier – la carta igienica
Waschmittel – detergente
Zahnpasta/-bürste – la pasta dentifricia/ spazzolino da denti
zweihundert Gramm – due etti
viertel Liter – un quarto di un litro
halber Liter – mezzo litro
Liter – litro
Kilo/zwei Kilo – un chilo/due chili
Zeitungskiosk – edicola
Danke, das ist alles – Grazie, è tutto
Kann ich es anprobieren? – Posso provarlo?
Geben Sie mir bitte ein Kilo von ... – per favore mi dia un chilo di ...

Gesundheit

Arzt – un medico
Bauchschmerzen – mal di stomaco
Durchfall – diarrea
Erkältung – raffreddore
Erste Hilfe – pronto soccorso
Fieber – la febbre
Halsschmerzen – mal di collo
Hilfe! – aiuto!
Ich bin krank – sto malato
Ich brauche einen Arzt – ho bisogno di un medico
Kopfschmerzen – mal di testa
Krankenhaus – ospedale
Pflaster – cerotto
Schmerzen – dolori
Stich – puntura
verstaucht – lussato
Zahnarzt – dentista
Zahnschmerzen – mal di denti

Orientierung

Ampel – semaforo
Wie kommt man nach ...? – come si arriva a ...?
Wo finde ich eine Apotheke? – dove trovo una farmacia?
Wo ist bitte ...? – per favore, dov'è ...?
Die nächste Werkstatt? – l'officina piu vicina?
Bushaltestelle – la fermata
Bahnhof – la stazione
Flughafen – l'aeroporto
Gibt es hier in der Nähe einen Parkplatz? – scusi, c'è un parcheggio qui vicino?
immer geradeaus – sempre diritto
in Richtung nach – in direzione di
Ist es weit? – è lontano?
Es ist nah – è vicino
Kreuzung – incrocio
links – a sinistra
rechts – a destra

Rund ums Auto

Auto – macchina
Bleifrei – benzina senza piombo
Bremsen – i freni

Ein kleiner **kulinarischer Sprachführer** findet sich in diesem Buch auf den Seiten 22/23.

Empfehlenswerte Sprachführer

REISE KNOW-HOW hat eine Reihe von Italienisch-Sprachführern im Programm, die praxisnah, didaktisch sehr verständlich und auch thematisch zugeschnitten in die italienische Sprache einführen.

- **Italienisch** – Wort für Wort
Kauderwelsch Bd. 22
- **Italienisch Slang – das andere Italienisch**
Kauderwelsch Bd. 97
- **Italienisch kulinarisch** – Wort für Wort
Kauderwelsch Bd. 144
- **Italienisch für Opernfans**
Kauderwelsch Bd. 107

Diesel – diesel/Gasolio
Fahrzeugschein – libretto di circolazione
Führerschein – patente di guida
funktioniert nicht – non funziona
Kupplung – la frizione
Lichtmaschine – la dinamo
Mechaniker – il meccanico
Mischung – miscela per motocicli
Motorrad – la moto
Panne – guasto
Parkhaus – autosilo
Reifen – le gomme
Tankstelle – stazione di benzina
Super – benzina super
Unfall – un incidente
Vergaser – il carburatore
Voll tanken, bitte – pieno, per favore
Werkstatt – l'officina
Wir hatten einen Unfall – abbiamo avuto un incidente
Zündung – l'accensione

Strandleben

Dusche – doccia
Ich gehe schwimmen – faccio un bagno
Kies – ghiaia
Liegestuhl – sdraia
Meer – il mare
sauber – pulito
schmutzig – sporco
Sonnenbrille – occhiali da sole
Sonnencreme – crema solare
Sonnenschirm – ombrellone
Steine – pietre
Strand – la spiaggia
Strandbäder – stabilimenti balneari/bagni
tief – profondo

Unterkunft

Anzahlung – caparra
Bad – bagno
Berghütte, bewirtschaftet – rifugio custodito
Berghütte, unbewirtschaftet – rifugio non custodito
Betttuch – lenzuola
Bettwäsche – biancheria
Einzelzimmer – camera singola
Doppelzimmer – camera doppia
... mit Ehebett – camera matrimoniale
Dusche – doccia
Frühstück – prima collezione
Haben Sie ein Doppelzimmer? – c'è una camera doppia?
Handtücher – asciugamani
Halbpension/Vollpension – mezza pensione/pensione completa
Hochsaison – alta stagione
Nebensaison – bassa stagione
ruhiges Zimmer – una camera tranquilla
Schatten – ombra
Schlafsack – sacco a pelo
Schlüssel – la chiave
Haben Sie noch ein Zimmer frei für eine Nacht/Woche? – ha ancora una camera libera per una notte/una settimana?
Ich habe ein Zimmer reserviert – ho prenotato una camera
Ich suche ein Hotel – cerco un albergo
Kann ich mit Kreditkarte zahlen? – posso pagare con la carta di credito?
Wir haben reserviert – abbiamo prenotato
Wir nehmen es – la prendiamo
Zelt – tenda
Zimmervermietung – affittacamere
Zimmer zu vermieten – affittasi camere

Zahlen

0	zero
1	uno
2	due
3	tre
4	quattro
5	cinque
6	sei
7	sette
8	otto
9	nove
10	dieci
11	undici
12	dodici
13	tredici
14	quattordici
15	quindici
16	seidici
17	diciasette
18	diciotto
19	diciannove
20	venti
21, 22 ...	ventuno, ventidue ...
30	trenta
40	quaranta
50	cinquanta

60	sessanta
70	settanta
80	ottanta
90	novanta
100	cento
101	centuno
102	cento e due
200	duecento
1000	mille
2000	duemila
100.000	centomila
1.000.000	un milione
der Erste	il primo
der Zweite	il secondo
der Dritte	il terzo
einige	alcuni
einmal	una volta
ein Paar von ...	un paio di ...
ein Viertel von ...	un quarto di ...
halb	mezzo
zweimal	due volte

Zug/Fähre/Bus

Abfahrt von .../Abfahrt nach ... – partenza da .../partenza per ...
Ankunft – arriva
Ausgang – uscita
aussteigen – scendere
Autobus – la corriera
Bahnhof – stazione
einfache Fahrt – corsa semplice
Eingang – entrata
entwerten – convalidare
Fahrkarte – biglietto
Fähre – traghetto
Gepäckaufbewahrung – deposito bagagli
Gleis – binario
Hin und zurück – andata e ritorno
Ich möchte eine Fahrkarte von A nach B – vorrei un biglietto da A a B
Kabine – cabina
Leuchtturm – faro
Schiff – barca
Schlafsessel – poltrone
Stadtbus/Überlandbus – il bus/il pullman
Tragflächenboot – aliscafo
Tunnel – galleria
Verspätung – ritardo
Wann fährt der nächste/der letzte Zug nach ...? – quando parte il prossimo/ l'ultimo treno a ...?
Wochentags/sonn- und feiertags – feriale/ festivo
Zug – il treno

Zeit

der Abend – la sera
der Morgen – la mattina
der Nachmittag – il pomeriggio
die Nacht – la notte
gestern – ieri
Heute – oggi
jetzt – adesso
morgen – domani
sofort – subito
später – più tardi
übermorgen – dopodomani
vorgestern – l'altro ieri

Monate

Januar – gennaio
Februar – febbraio
März – marzo
April – aprile
Mai – maggio
Juni – giugno
Juli – luglio
August – agosto
September – settembre
Oktober – ottobre
November – novembre
Dezember – dicembre
ein Monat – un mese
ein Jahr – un anno

Wochentage

Montag – lunedi
Dienstag – martedi
Mittwoch – mercoledi
Donnerstag – giovedi
Freitag – venerdi
Samstag – sabato
Sonntag – domenica
ein Tag – un giorno
Woche – la settimana

Jahreszeiten

Frühling – primavera
Sommer – estate
Herbst – autunno
Winter – inverno

Literatur

Reisebeschreibungen und Reiseführer

- **Gregorovius, Ferdinand:** *Wanderjahre in Italien.* Ein Meisterstück historischer Landschaftsbeschreibung des deutschen Kulturhistorikers (1821–1891). Nachlesen! C. H. Beck Verlag, München
- **Goethe, Johann Wolfgang v.:** *Italienische Reise.* Klassischer Text, der als schier unerschöpflicher Sätzebruch für Zitate herhalten muss. Es lohnt, das Buch im Ganzen zu lesen. Soziologisch hochinteressant sind z.B. die ausführlichen Betrachtungen über die neapolitanischen Müßiggänger, notiert am 28. Mai 1787. dtv, Insel Verlag TB
- **Homer:** *Odyssee.* Der ultimative Reiseführer auch für Kampanien! Nicht etwa weil hier Top-Restaurants, Hotels und Strände gelistet wären, sondern weil von Neugier und Gastfreundschaft die Rede ist. Keine Angst vor Reimen, der beinahe 3000 Jahre alte Versroman liest sich spannend wie ein Thriller. In der Übertragung von *Wolfgang Schadewaldt* rororo (Tb), Hamburg bzw. *Roland Hampe,* Reclam (Tb), Stuttgart
- **Kammerer, Peter & Krippendorf, Ekkehart:** *Reisebuch Italien. Von Rom bis nach Sizilien – Der Süden.* Ende der 1970er Jahre unternommene „Italienische" Reise. Der sozialkritische Blick hinter Alltagskulissen und Klischees ist immer noch aktuell. Rotbuch Verlag, Hamburg 1999
- **Peterich, Eckart:** *Italien II. Rom und Latium – Neapel und Kampanien.* „Gleich hinter Rom beginnt Griechenland, aber Italien hört nicht auf", mit diesen Worten lockt *Peterich* nach Kampanien. Auch im Abstand von über 40 Jahren sind seine klugen Beobachtungen, die Geschichte, Kunst und Landschaft als Einheit betrachten, ausgesprochen lesenswert. Prestel Verlag, München
- **Schönau, Birgit:** *Der älteste Nabel der Welt. Entdeckungen in Neapel und Kampanien.* Treffende und zeitgemäße Porträts des modernen Neapel und seines Umlandes. Picus Verlag, Wien 2000
- **Seume, Johann Gottfried:** *Spaziergang nach Syrakus im Jahre 1802.* Kontrastprogramm zu Goethe & Co.: Seume reiste zu Fuß und war an der italienischen Gegenwart mit all ihren sozialen und wirtschaftlichen Problemen interessiert. dtv TB, München

Hotel- und Campingführer

- **ADAC (Hrsg.):** *Camping Caravan Führer – Südeuropa.* In der Ausgabe aus dem Jahr 2001 wurden 21 Plätze in Kampanien vorgestellt. Jährlich aktualisiert und um neue Einträge ergänzt. ADAC, München
- **Duncan, Andrew:** *Kleine Hotels mit Charme – Italien.* Die hier empfohlenen teuren (!) Häuser finden sich überwiegend an der Amalfitana und auf den Inseln. Charme scheint seinen (hohen) Preis zu haben. Wilhelm Heyne Verlag, München

Natur- und Wanderführer

- **Ardito, Stefano:** *A piedi in Campania* (2 Bd.). Handliche Taschenbücher mit recht genauer Beschreibung von 78 Wanderungen nebst kleinen Kartenskizzen. Auch in neuen Auflagen entspricht der Text der Erstauflage von 1996. Edizioni Iter, Subiaco
- **Bourseiller, Philippe:** *Vulkane. Im Reich der Feuerberge*. Opulenter Bildband, zwei Kapitel zum Vesuv. GEO im Verlag Gruner & Jahr, Hamburg 2001
- **Deumling, Joachim:** *Ischia*. 37 abwechslungsreiche Wanderbeschreibungen mit guten Kartenskizzen. Randnotizen zu Geologie und Geschichte. Goldstadtverlag, Pforzheim 1998
- **Edelmann, Jens:** *Vulkane besteigen und erkunden*. Flott geschriebener Praxis-Führer, als Einstieg in das Thema zu empfehlen. REISE KNOW-HOW Verlag, Bielefeld 2000
- **Federico II.:** *De Arte venandibus cum avibus*. Das berühmte Vogelbuch des Kaisers *Friedrich II.* in italienischer Übersetzung. Laterza, Bari 2000 (Faksimile-Ausgabe des Codex Vaticanus mit Kommentaren von *D. Walz* und *C. A. Willemsen* bei der Wissenschaftlichen Buchgesellschaft Darmstadt)
- **Frank, Felix:** *Vulkantouren in Italien*. Naturgemäß nehmen die kampanischen Vulkane einen breiten Raum in diesem Führer ein. Ausführlich zitierte historische Quellen, die geologischen Prozesse sind anschaulich dargestellt. Praktische Routentipps. Ott Verlag, Thun 1997
- **Hofrichter, Robert** (Hrsg.): Das Mittelmeer. Band I. Allgemeiner Teil – Fauna, Flora, Ökologie. Ein unverzichtbares Handbuch für ambitionierte Strandläufer und Taucher! Auf den ersten 250 Seiten erfährt man Grundsätzliches über Geologie, Plattentektonik, Klima und Festlandsvegetation des Mittelmeerraums, bevor sich das Buch marinen Lebensräumen widmet. Hochinformativ, packend zu lesen und hervorragend illustriert. Spektrum Akademischer Verlag, Heidelberg 2001
- **Hofrichter, Robert** (Hrsg.): Das Mittelmeer. Band II. Bestimmungsführer – Bakterien, Mikroflora, Mikrofauna, marine Flora, usrprüngliche Taxa der marinen Fauna. Die faszinierende Mittelmeeresbibel findet ihre Fortsetzung. Nicht nur für Meeresbiologen und Taucher mit Gewinn und Genuss zu lesen. Spektrum Akademischer Verlag, Heidelberg 2003
- **Pastore, Carlo & D'Angerio, Giulia:** *Sentieri del Matese*. Jeder der 17 Wege ist kurz beschrieben, die Route in einer farbigen topographischen Karte eingezeichnet, und die Autoren haben die Wege im Gelände rot-weiß markiert. Das Büchlein wird im Matese für ca. 8 Euro verkauft. Club Alpino Italiano Sezione di Piedimonte Matese, 1996
- **Rizzotti, Tulia:** *Capri in Blüte*. Botanische Wanderwege. In Zusammenarbeit mit dem Fremdenverkehrsamt Capri herausgegebener, gut gemachter Wanderführer. Gibt es auf der Insel zu kaufen. Mondadori, Milano 2003
- **Steffens, Rollo:** *Italiens Vulkane*. Die schönsten Wanderungen vom Vesuv bis zum Ätna. Die Vulkangebiete am Golf von Neapel zu Fuß erkunden. Bruckmann, München 2004

- **Tippet, Julian:** *Landschaften Halbinsel von Sorrent und Amalfiküste*. Handlicher Klassiker für die Amalfiküste. Präzise Wanderbeschreibungen, Hinweise zur Benutzung der öffentlichen Verkehrsmittel. Sunflower Books, London
- **Wiegand, Margit & Jürgen:** *Golf von Neapel*. Handliches Bändchen mit 50 Wanderbeschreibungen und guten Kartenskizzen. Rother, München

Wein und Gastronomie

- **Agricola Slow Food (Hrsg.):** *Osterie d'Italia – Italiens schönste Gasthäuser*. Alljährlich um neue Einträge ergänzte kulinarische Bibel. Jedem der besprochenen Lokale ist eine liebevoll formulierte Spalte gewidmet. In der Ausgabe 2004/05 erhielt Kampanien zahlreiche neue Einträge – wertvoll die Tipps Essen „per strada" in Napoli! Hallwag Verlag, München und Bern
- **Agricola Slow Food & Gambero Rosso** (Hrsg.): *Vini d'Italia*. Das Standardwerk zum italienischen Wein und seinen Produzenten wird Jahr für Jahr neu recherchiert. 2004 wurden fünf kampanische Weine mit der Höchstwertung „Drei Gläser" prämiert, viele andere wurden ebenfalls ausgezeichnet. Hallwag Verlag, München und Bern
- **Anderson, Burton:** *Italiens Weine 2004/05*. 2900 Weine und 1500 Produzenten. Kleines Büchlein mit erstaunlicher Informationsfülle. Hallwag Verlag, München und Bern 2004
- **Amandonico, Nikko:** *La Pizza. Ein Blick in die Seele von Neapel. „When the moon hits your eye like a big pizza pie, that's amore."* Mit *amore e gusto* erzählen der Autor und die Fotografin *Ewa-Maria Rundquist* die Geschichte der neapolitanischen Pizza und verraten dabei auch einiges über diese wunderbare Stadt. Rezepte für zu Hause und 18 Pizzeria-Empfehlungen in Neapel machen das Buch rund. Collection Rolf Heyne, München 2001
- **Müller, Birgit & Mann, Christoph:** *Pasta al dente*. Pasta-Geschichten und Rezepte aus ganz Italien. Eine zentrale Rolle spielen Neapel, Torre Annunziata und Gragnano. Das viele Seiten umfassende Pastario ist eine wunderbare Zusammenstellung aller erdenklichen Pastanamen. Hugendubel Verlag, München 1995
- **Otzen, Barbara & Hans:** *Wein-Reiseführer Italien*. Prägnante und informative Weinkunde. Reise Know-How Verlag, Bielefeld 2003
- **Schinharl, Cornelia:** *Süditalien. Küche & Kultur*. Mehr als ein gelungenes Kochbuch! Dass die Autorin den Süden Italiens lieben gelernt hat, merkt man jeder ihrer Zeilen an. Gerne begleitet man sie auf ihren kulinarischen Streifzügen durch den Mezzogiorno. Appetit anregende Fotos von *Michael Schinharl, Stefan Braun* und *Peter Amann*. Gräfe und Unzer, München 2002
- **Zardo, Manuela & Zwecker, Hellmuth:** *Cucina Amalfitana*. Die mit allen Wassern gewaschenen Autoren kulinarischer Ver-Führer haben sich hier eine der schönsten Gegenden der Welt für ihre Streifzüge ausgesucht und 14 Lokale ausführlich und appetitanregend beschrieben. Hugendubel Verlag, München 1998

Archäologie, Kunst und Geschichte

•**Cerchiai, Luca** u.a.: *Die Griechen in Süditalien. Auf Spurensuche zwischen Neapel und Syrakus.* Brillant geschrieben und vorzüglich illustriert! Theiss Verlag, Stuttgart 2004

•**Della Portella, Ivana** (Hrsg.): *Via Appia. Entlang der bedeutendsten Straße der Antike.* Ein historischer Blick über den Straßenrand, von Rom über Capua bis Brindisi. Konrad Theiss Verlag, Stuttgart 2003

•**Étienne, Robert:** *Pompeji, die eingeäscherte Stadt.* Mit reichem Illustrationsmaterial versehen, schildert das Buch des französischen Archäologen spannend und anschaulich die Entdeckungsgeschichte von Pompeji und lässt den Alltag der verschütteten Stadt lebendig auferstehen. Umfangreicher Anhang mit Textzitaten aus zwei Jahrtausenden. Reclam bzw. Ravensburger Verlag

•**Harris, Nicholas & Dennis, Peter:** *Feuerregen auf Pompeji.* Ein Kinderbuch ab 7 Jahren (auch für Erwachsene!). Bibliografisches Institut 2001

•**Hausmann, Friederike:** *Kleine Geschichte Italiens von 1943 bis Berlusconi.* Das kluge Büchlein vermittelt auch Einiges zum Verständnis des Nord-Süd-Konfliktes. Wagenbach (Tb), Berlin

•**Höcker, Christoph:** *Golf von Neapel und Kampanien. Dreitausend Jahre Kunst und Kultur im Herzen Süditaliens.* Zeitgemäßer, flott geschriebener Kunstreiseführer mit Mut zur Lücke. DuMont Verlag, Köln 2004

•**Krause, Clemens:** *Villa Jovis. Die Residenz des Tiberius auf Capri.* Die exzellente Monographie lässt den Kaiserpalast wiederauferstehen. Phillip von Zabern, Mainz 2003

•**Priester, Karin:** *Geschichte der Langobarden. Gesellschaft – Kultur – Alltagsleben.* Der germanische Volksstamm hat seine Spuren auch in Kampanien hinterlassen. Das spannende Buch schließt endlich eine Wissenslücke. Theiss Verlag, Stuttgart 2004

•**Raith, Werner:** *Spartacus. Wie Sklaven und Unfreie den römischen Bürgern das Fürchten beibrachten.* Der Sklavenaufstand und seine gesellschaftlichen Hintergründe werden packend beschrieben. Wagenbach (Tb), Berlin

Belletristik

•**Basile, Giambattista:** *Das Märchen der Märchen. Das Pentamerone.* Nach dem neapolitanischen Text von 1634/36 neu und erstmals vollständig übersetzt. Der „Cunto de li cunti" ist von vielen Dichtern als Quelle für Märchenstoffe benutzt worden, u.a. von den Gebrüdern *Grimm.* Pralle Sinnlichkeit! C. H. Beck Verlag, München 2000

•**Bender, Hans & Schwark, H. G.:** *Capri. Ein Lesebuch.* Anthologie der zahlreichen Dichter, die den Reizen Capris verfielen. Insel TB, Frankfurt a. M. 1988

•**De Crescenzo, Luciano:** *Also sprach Bellavista – Neapel, Liebe und Freiheit. De Crescenzo* erfrischt die Form des sokratischen Dialogs um den neapolitanischen Witz und Alltagsverstand. Selten war Erkenntnis so fröhlich. Diogenes (Tb), Zürich

•**De Crescenzo, Luciano:** *Geschichte der griechischen Philosophie – Die Vor-*

sokratiker. Einige Kapitel widmen sich den Denkern der eleatischen Schule. Bei einem Besuch der Ruinen von Velia muss das kluge und witzige Buch einfach mit! Diogenes TB, Zürich

● **D'Orta, Marcello:** *Am liebsten Neapel - Streifzüge durch meine Stadt*. Als Herausgeber von Schulaufsätzen neapolitanischer Kinder hat sich *D'Orta* einen Namen gemacht. Hier lockt er seine Leser in die innersten Winkel dieser uralten und lebendigen Metropole. Seine Streifzüge sind eine wunderbare Einladung, Neapel auf eigene Faust zu entdecken. Rotbuch Verlag, Hamburg 1999

● **D'Orta, Marcello** (Hrsg.): *In Afrika ist immer August. Marcello D'Orta* hat als Grundschullehrer in Arzano, einem tristen Vorort von Neapel, über Jahre hinweg die Aufsätze seiner Schüler gesammelt. Die von ihm herausgegebenen kurzen Texte bieten witzige und manchmal unfreiwillig komische Einblicke in das Leben im Mezzogiorno. Ein Buch, das man lachend und weinend zugleich liest. In gleicher Aufmachung sind noch erschienen: *Gott hat uns alle gratis erschaffen, Wie die Kinder zur Welt kommen*. Diogenes (Tb), Zürich

● **Kopisch, August:** *Entdeckung der Blauen Grotte auf der Insel Capri. Dieter Richter* hat den 1883 publizierten Text neu herausgebracht und um einen interessanten Essay bereichert, der die Hintergründe und Folgen der Entdeckung dieses Weltwunders des Tourimus beleuchet. Zeitgenössische Stiche und SW-Fotografien zieren das hübsche Leinenbändchen. Wagenbach Verlag, Berlin 1997

● **Malaparte, Curzio:** *Die Haut*. Das zerstörte Neapel der letzten Kriegsjahre und der Vesuvausbruch von 1944 bilden den realistisch-schrecklichen Hintergrund dieses Romans, eine sprachgewaltige Anklage gegen den Krieg, aber auch eine bittere Liebeserklärung an Neapel und die Neapolitaner. Fischer (Tb), Frankfurt a. M.

● **Morante, Elsa:** *Arturos Insel*. Schauplatz des Romans ist Procida, gesehen mit den Augen des jungen Arturo, der weitgehend sich selbst überlassen auf der wilden und schönen Insel aufwächst. Wagenbach Verlag (Tb), Berlin

● **Mosebach, Martin:** *Die schöne Gewohnheit zu leben. Eine italienische Reise*. Sinnenfrohe, humorvolle Essays auf der Suche nach der „Italienischen Essenz". Im Golf von Neapel wird Mosebach mehrfach fündig. Berlin Verlag, Berlin 1998

● **Niola, Marino:** *Totem und Ragù - Neapolitanische Spaziergänge*. Mit dem Blick des Ethnologen führt *Niola* in kurzen Essays, die Appetit auf mehr und auf Neapel selbst machen, kreuz und quer durch seine Stadt. Nicht immer die touristischen Highlights, sondern Friedhöfe, das unterirdische Neapel, Fußball und die Nudeltöpfe sind Ziele der intelligenten und ironischen Erkundungen. Schöne Sw-Fotos von *Mimmo Jodice*. Luchterhand Verlag, München 2000

● **Parella, Valeria:** *Mosca più balena*. Die Erzählungen der 1974 geborenen Neapolitanerin waren ein viel versprechender literarischer Erstling! minimum fax (Tb), Roma 2003

● **Peter, Peter:** *Golf von Neapel. Literarische Entdeckungen zwischen Neapel,*

Sorrent, Amalfi und Capri. Der Bogen spannt sich vom selbst ernannten Nachlassverwalter des Komikers *Totò* über kulinarisch-erotische Betrachtungen der sfogliatella hin zum Sirenengesang und den merkwürdigen Ansichten eines modernen Cicerone. Klug, amüsant und mit Bezug zur Gegenwart. Mit Beiträgen von *Bernd Bierbaum* und *Katja E. Jaeckel.* Sw-Fotos von *Peter Amann* und *Mimmo Jodice.* Klett-Cotta Verlag, Stuttgart 2003

● **Petronius:** *Satyricon. Ein antiker Schelmenroman.* Hier kann man aus erster Hand erfahren, wie sich die oberen Zehntausend im antiken Baia amüsierten und wo sich *Pier Paolo Pasolini* zu seinem Orgien-Film inspiriert hat. Aus dem Lateinischen übersetzt und mit einem Nachwort versehen von *Kurt Steinmann.* Manesse Verlag, Zürich 2004

● **Piccolo, Francesco:** *Vorbei geliebt – oder – Wenn ich wirklich dabei war, hab ich geschlafen.* Viel beachtetes Erstlingswerk eines jungen Autors aus Caserta. Alexander Fest Verlag, Berlin 2000

● **Ramondino, Fabrizia & Müller, Andreas F.:** *Neapel „... Da fiel kein Traum herab ... Da fiel mir Leben zu ...".* Zu einzelnen Stichwörtern komponierte Fülle literarischer Zitate aus zwei Jahrtausenden. Macht Lust zum Weiterlesen. Arche Verlag, Zürich 1988

● **Rasy, Elisabetta:** *Das Meer beginnt in Neapel.* In ihrem autobiografischen Roman, 1997 in Italien erschienen, schildert die Autorin in betörenden Farben das Neapel der 1950er Jahre. Piper Verlag, München

● **Richter, Dieter** (Hrsg.): *Neapel. Eine literarische Einladung.* Anthologie zeitgenössischer neapolitanischer oder in Neapel lebender Schriftsteller. Der Anhang „Neapel im Film" öffnet die Augen. Amüsante Illustrationen von *Franziska Neubert.* Wagenbach Verlag, Berlin 2004

● **Serio, Michele:** *Pizzeria Inferno.* Komisch, exzessiv und sehr neapolitanisch! Baldini & Castoldi (Tb), Milano, 1994

● **Shaw, Bernard:** *Androcles an the Lion.* Die 1913 geschriebene Komödie des brillanten irischen Satirikers wirft ein überraschendes Licht auf die Rolle christlicher Märtyrer in römischen Arenen. Gute Lektüre für den Besuch eines Amphitheaters! Penguin (Tb) London

Historische Romane und Krimis

● **Bulwer-Lytton, Edward:** *Die letzten Tage von Pompeji.* Die 1834 verfassten *Last Days of Pompeii* des englischen Schriftstellers und Politikers avancierten bereits kurz nach ihrem Erscheinen zum Bestseller und gehörten jahrzehntelang zur Pflichtlektüre vieler Italienreisender. Schauplatz der Liebesgeschichte von *Glaucus* und der schönen *Ione* ist das Pompeji des Jahres 79 n. Chr., kurz vor dem Vesuv-Ausbruch. Reiches Bild- und Quellenmaterial. Artemis & Winkler Verlag, Düsseldorf und Zürich 2000

● **Davis, Lindsey:** *Shadows in Bronze. A Falco Mystery.* Der zweite, aus der inzwischen auf über zehn Bände angewachsenen Krimi-Reihe um den sympathischen Privatdetektiv *Marcus Didius Falco* führt nach Pompeji. Man muss sie alle lesen! Auch in dt. Übersetzung.

- **Dibdin, Michael:** *Cosi Fan Tutti.* Es gibt nur wenige, denen es gelingt, die politische Gegenwart Italiens so auf den Punkt zu bringen, wie dem schottischen Kriminalschriftsteller *Dibdin.* Seine Serie um den Kommissar *Aurelio Zen* ist ein Muss! Dieser fulminante Band führt nach Neapel, wie es leibt, lebt und stirbt. Dt. und engl. TB.
- **de Moor, Margriet:** *Der Virtuose.* Neapel zu Beginn des 18. Jh. *Contessa Carlotta* und der betörend schöne Kastrat *Gaspare Conti* treffen in der Hauptstadt des Belcanto aufeinander. Eine vollendet beschriebene Begegnung der rätselhaften Mächte der Musik und Liebe. dtv TB, München
- **Harris, Robert:** *Pompeji.* Dem englischen Thriller- und Bestsellerautor ist mit dem akkurat recherchierten historischen Roman ein großer Wurf gelungen! Spannend und höchst informativ berichtet er von der sich anbahnenden Katastrophe und dem Vesuvausbruch. Nebenbei erfährt man jede Menge über die antike römische Wasserbaukunst. Heyne Verlag, München 2004
- **Lanzetta, Peppe:** *Roter Himmel über Napoli.* Ein Neapel, wie es ein Tourist (hoffentlich) nie kennnen lernen wird. Knallharter, temporeicher Krimi. Heyne (Tb), München
- **Lundgren, Maja:** *Der Tiger von Pompeji.* Der harte Alltag der Unterschicht im antiken Pompeji vor dem Hintergrund des drohenden Vesuvausbruchs. Btb (Tb), München 2004
- **Orsini Natale, Maria:** *Die Pastakönigin.* Farbenprächtige Familiensaga einer Nudeldynastie des 19. und 20. Jh. Piper TB, München
- **Ortese, Anna Maria:** *Die Klage des Distelfinken.* Drei junge Herren reisen Ende des 18. Jh. nach Neapel und verlieben sich der Reihe nach in die schöne Tochter eines Handschuhmachers. Märchenhaftes Verwirrspiel. Fischer (Tb), Frankfurt a. M.
- **Roberts, John Maddox:** *Mord am Vesuv. Decius Caecilius Metellus* ermittelt in Baiae, dem luxuriösen Sündenpfuhl der Römer. Goldmann (Tb), München
- **Sontag, Susan:** *Der Liebhaber des Vulkans.* Eine Mènage a trois am Fuße des Feuer speienden Vesuvs. Farbenprächtiges Sittengemälde des neapolitanischen Hofes am Ende des 18. Jh. Klug und amüsant wird die skandalöse Dreiecksbeziehung des britischen Botschafters und Vulkanliebhabers *Lord Hamilton,* seiner jungen Frau *Emma* und des Seehelden *Nelson* erzählt. Fischer (Tb), Frankfurt a. M.

CD-Tipps

- **Capri Apokalypse.** *Le Loup Garou* mit fetzigem Kontrastprogramm zu Caprifischer-Schnulzen. Polosud, 2004
- **Del Cielo d'Amor. Le Musiche di Sigismondo d'India.** Der palermitanische (oder neapolitanische?) Edelmann *Sigismondo d'India* zählt zu den aufregendsten Vokalkomponisten des 17. Jh. Ihn feiern *Gundula Anders* (Sopran), *Sigrun Richter* (Arciliuto, Chitarrone) und *Hille Perl* (Viola da Gamba, Lirone). Carpe Diem, 2001
- **Diàvule a quàtto.** Der *Gruppo operaio e Zézi* ist Legende und immer noch quicklebendig. Sozial engagierte neapolitanische Texte und mitreißender Sound. il manifesto cd 115, 2003
- **Napolitane. Villanelle – arie – moresche.** *Antonio Florio* und seine *Capella de' Turchini* widmen sich seit Jahren der Erforschung und Aufführung neapolitanischer Musik des 16. und 17. Jh. Ihr Projekt „Tesori di Napoli" ist auf 50 CDs ausgelegt! An Villanellen, neapolitanischen Dialektliedern mit teils anzüglichen Texten, delektierte sich der Adel. Opus 111, 1998
- **Il quarto libro di madrigali.** *Carlo da Gesualdo,* Prinz von Venosa (1561–1613) ging als Doppelmörder seiner Frau *Maria d'Avalos* und deren Liebhabers sowie als Komponist genialer, ins Maßlose übersteigerter Madrigale in die Geschichte ein. Ensemble La Venexiana. Glossa Music, 2000
- **La Bella Noeva.** Italienische Liebeslieder des 16. und 17. Jh., verzückend vorgetragen vom neapolitanischen Tenor *Marco Beasley* und begleitet vom Ensemble Accordone. Alpha, 2000
- **La Gatta Cenerentola.** Eines der schmissigsten Alben der Nuova Compagnia di Canto Popolare. Eine Favola in musica in drei Akten von *Roberto De Simone,* frei nach *Giambattista Basiles* (1575–1632) „Märchen der Märchen". EMI Music Italy, 1998
- **Li Turchi viaggiano.** Media Aetas steht in der Nachfolge von *Roberto De Simones* Nuova Compagnia del Canto Popolare und öffnet sich dem Jazz. Oriente Musik, 2003
- **Lost Souls.** Engagierte Dialekttexte begleiten den explosiven Napoli-Sound von *Spaccanapoli.* Die auch international gefragten World-Musiker sind aus dem Gruppo *operiao e Zézi* (neapolitanische Arbeiterbewegung der 1970er Jahre) hervorgegangen. Real World Records, 2000
- **'na voce, 'na chitarra.** Mit dieser Doppel-CD feierte *Roberto Murolo* (1912–2003), der Altmeister der neapolitanischen canzone, sein 50-jähriges Bühnenjubiläum. Carosello, 1990
- **Stabat Mater. Musica napoletana per la festa della Vergine dei Sette dolori.** *Giovanni Battista Pergolesi* schrieb sein Stabat Mater, ein Meisterwerk der „Neapolitanischen Schule", 1736 in Pozzuoli kurz vor seinem Tod. Diese Aufnahme kontrastiert *Pergolesis* berühmte, von einem Knabenchor gesungene Komposition mit ergreifenden Beispielen des neapolitanischen Prozessionsgesangs. Alpha 2000
- **Yes I know my way.** Best of *Pino Daniele,* der Blues-Stimme Neapels. East West, 1998

Anhang

Register

A

B

I

J

K

L

M

N

R

S

T

U

V

W

Z

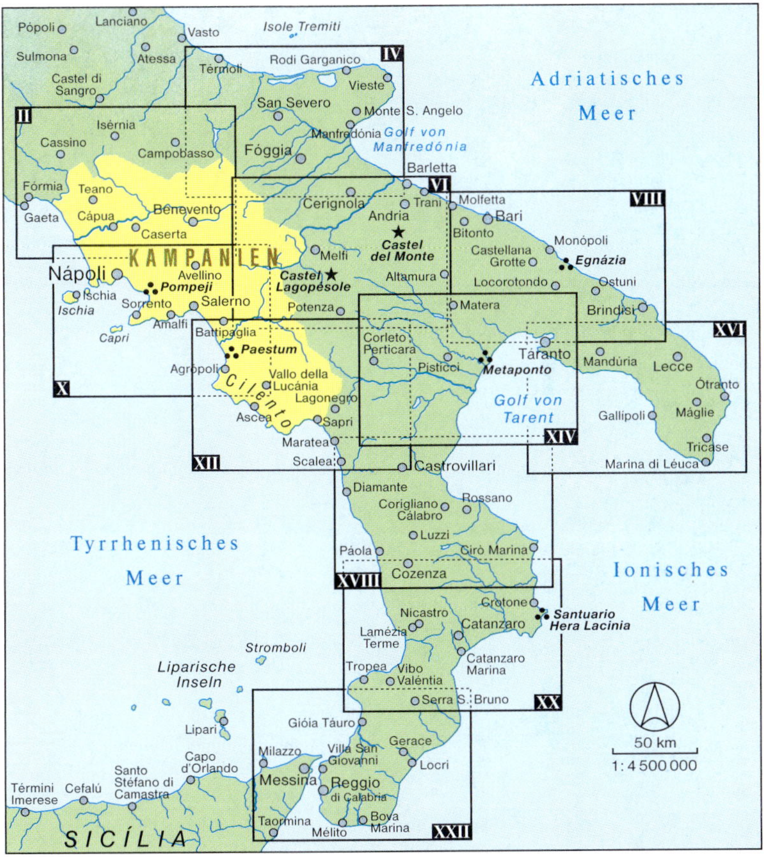

Zeichenerklärung

- Autobahn, Autostraße
- Internationale Fernstraße
- Regionale Fernstraße
- Verbindungsstraße
- Regionalgrenze
- Naturpark

1500 m
1000 m
500 m
200 m
0

MONTI ERNICI
Sora
S. Donato Val di Comino
Ísola d. Liri
Posta Fibreno
MONTI DELLA META
M. Petroso 2247
La Meta 2241
Settefrati
Picinisco
Abruzzo Nationalpark
Alfedena
Rionero Sannitico
Roccasicura
Mass. Pìede Rocca
Cerro al Volt.
Miranda
Arpino
Casalvieri
Mte. S. Giovanni Camp.
Atina
Villa Latina
La Selva
Colli al Volt.
Isérnia
Santopadre
Arce
Ceprano
Roccasecca
Terelle
Vallerotonda
Montáquila
Roma
M. Cáiro 1669
S. Giovanni Incárico
Aquino
Cassino
S. Elia Fium.
Monteroduni
Abbazia di Montecassino
Cervaro
Venafro
Pástena
Liri
Pontecorvo
S. Vittore d. Lazio
Capriati a Volturno
Gallo
Pignataro Interamma
LAZIO
S. Giorgio a Liri
Pratella
Valle Agrícola
Espéria
Le Tavérnole
Raviscanina
Ausónia
S. Andrea del Garigliano
MONTI AURUNCI
M. Petrella 1533
Vairano Paternora
Conca d. Camp.
Pietravairano
Spigno-Saturnia
Castelforte
Terme di Súio
M. S. Croce 1005
Caianello
Itri
Roccamonfina
Minturno
Garigliano
Sessa Aurunca
Teano
Pietramelana
Fórmia
Scauri
Minturnoe
M. Maggiore 1037
Calvi Risorta
Formico
Gaeta
Golfo di Gaeta
Baia Domizia
Céllole
Carinola
Sparanise
Pignataro M.
CAMP
Bagni di Mandragone
Falciano d. Massico
S. Andrea
S. Angelo in Formis
0
10 km
Mondragone
Brezza
Cápua
Cancello Arnone
Volturno
Grazzanise
S. Maria Cápua Vétere
Fóggia
Bari
Nápoli
Potenza
Táranto
Catanzaro
Messina
Reggio
Castel Volturno
Casal de Príncipe
Pineta Grande
S. Cipriano d'Aversa
Vill. Cóppola
Aversa
Tréntola-Ducenta
Napoli
Napoli
A
B
1
2
3
X

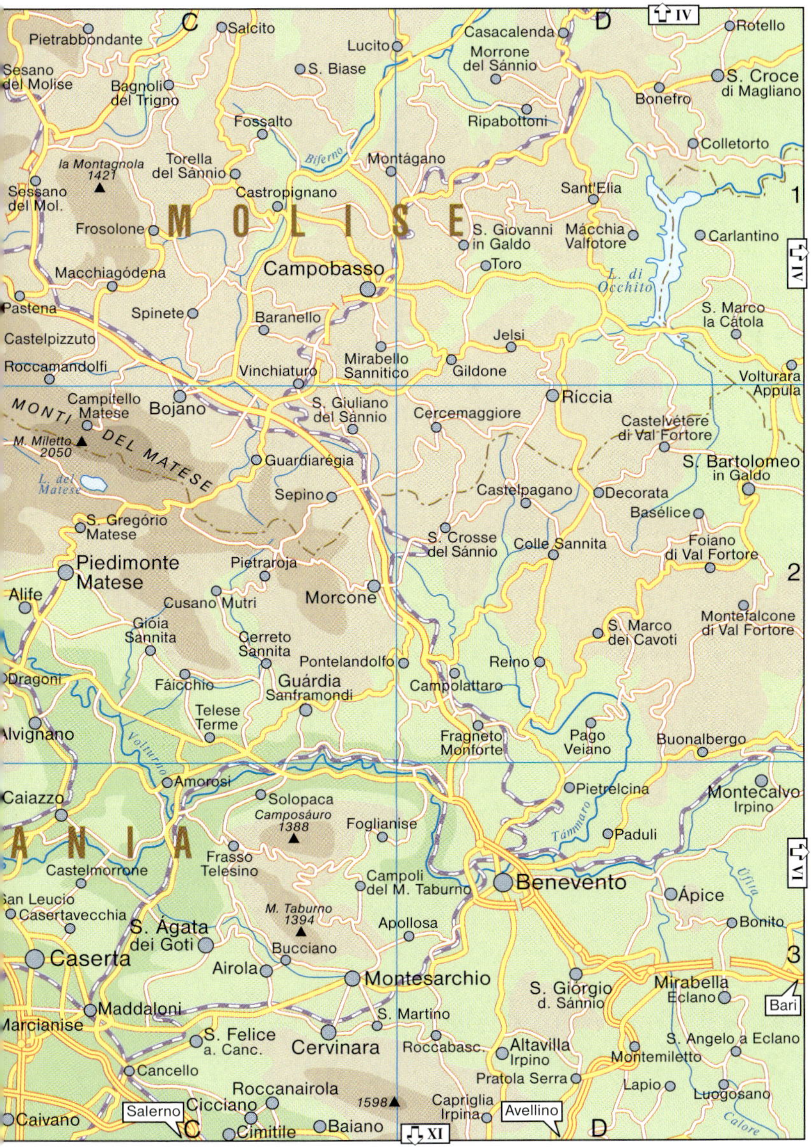

C
D
IV
Pietrabbondante
Salcito
Lucito
Casacalenda
Rotello
Sesano del Molise
S. Biase
Morrone del Sánnio
Bagnoli del Trigno
S. Croce di Magliano
Bonefro
Fossalto
Ripabottoni
Colletorto
Biferno
la Montagnola 1421
Torella del Sánnio
Montágano
Sessano del Mol.
Castropignano
Sant'Elia
1
MOLISE
Frosolone
S. Giovanni in Galdo
Mácchia Valfotore
Carlantino
Campobasso
Toro
L. di Occhito
Macchiagódena
Pastena
Spinete
Baranello
S. Marco la Cátola
Castelpizzuto
Jelsi
Mirabello Sannitico
Roccamandolfi
Vinchiaturo
Gildone
Volturara Appula
Campitello Matese
Bojano
S. Giuliano del Sánnio
Cercemaggiore
Ríccia
MONTI DEL MATESE
M. Miletto 2050
Castelvétere di Val Fortore
Guardiarégia
S. Bartolomeo in Galdo
L. del Matese
Sepino
Castelpagano
Decorata
Basélice
S. Gregório Matese
S. Crosse del Sánnio
Colle Sannita
Foiano di Val Fortore
Piedimonte Matese
Pietraroja
2
Alife
Cusano Mutri
Morcone
Gioia Sannita
Montefalcone di Val Fortore
S. Marco dei Cavoti
Cerreto Sannita
Pontelandolfo
Reino
Dragoni
Fáicchio
Guárdia Sanframondi
Campolattaro
Telese Terme
Alvignano
Volturno
Fragneto Monforte
Pago Veiano
Buonalbergo
Amorosi
Caiazzo
Solopaca
Pietrelcina
Montecalvo Irpino
Camposáuro 1388
Foglianise
Támmaro
Paduli
ANIA
Frasso Telesino
Castelmorrone
Campoli del M. Taburno
Benevento
Ápice
Ufita
VI
San Leucio
Casertavecchia
M. Taburno 1394
Apollosa
Bonito
S. Ágata dei Goti
Caserta
Bucciano
3
Airola
Montesarchio
S. Giorgio d. Sánnio
Mirabella Eclano
Bari
Maddaloni
Marcianise
S. Martino
S. Felice a. Canc.
Cervinara
Roccabasc.
Altavilla Irpino
S. Angelo a Eclano
Montemiletto
Cancello
Pratola Serra
Lapio
Luogosano
Roccanairola
1598
Capriglia Irpina
Salerno
Cicciano
Avellino
Calore
Caivano
Cimitile
Baiano
XI

A
B
Ísole Trémiti
Pescara
San Salvo
Petacciato Marina
Térmoli
Petacciato
Trigno
0
10 km
Mafalda
Montenero d. Bisáccia
1
Campomarino
Guglionesi
Marina di Chiéuti
Torre Fortore
Palata
Nuova Cliternia
Lago
Acquaviva Collecroce
S. Martino in Pénsilis
Lesina
Ripalta
Chiéuti
Castelmáuro
Ururi
Serracapriola
Póggio Imperiale
Guardiafiera
L. di Guardiafiera
Larino
Civitacampomarano
Saccione
Apricena
MOLISE
Biferno
Candelaro
Fortore
Casacalenda
Rotello
S. Páolo di Civitate
Lucito
Morrone del Sánnio
S. Croce di M.
Bonefro
Torremaggiore
Petrella Tifernina
Ripabottoni
S. Severo
2
Colletorto
Montágano
Sant'Elia
Casalnuovo Monterotaro
S. Giovanni in Galdo
Mácchia Valfotore
Carlantino
Casalvécchio di Púglia
Toro
L. di Occhito
Pietramontecorvino
Palmori
S. Marco la Cátola
Jelsi
Lucera
Gildone
Volturara Appula
Ríccia
Monti della Dáunia
Volturino
Cercemaggiore
Sálsola
Castelvétere di Val Fortore
III
Alberona
Tertiveri
S. Bartolomeo in Galdo
Borgo S. Giusto
Castelpagano
Decorata
Baselice
Biccari
3
S. Crosse del Sánnio
Colle Sannita
Foiano di Val Fortore
Roseto Valfortore
Tróia
CAMPANIA
Castellúccio Valmaggiore
Montefalcone di Val Fortore
Faeto
Giardinetto
S. Marco dei Cavoti
Pontelandolfo
Reino
Castelfranco in Miscano
Orsara d. Puglia
Campolattaro
Radogna
III
VI
Bovino

Isole Trémiti
I. Caprara
I. di San Domino
I. di San Nicola
Isole Trémiti
C
D
Rodi Gargánico
Pèschici
Manacore
Calenella
Capoiale
Ischitella
Vico del Gargano
Vieste
Lago di Varrano
S. Nicola Varano
Sannicandro Gargánico
Carpino
Foresta Umbra
Gargano Nationalpark
Promontorio del Gargano
S. Marco in Lámis
S. Giovanni Rotondo
Monte S. Angelo
Mattinata
Rignano Gargánico
Candelaro
Manfredónia
PÚGLIA
Lido di Siponto
F. Arpinova
Amendola
F. Tavernola
Fóggia
Zapponeta
Mezzanone
F. Borgo Cervaro
Saline
Margherita di Savóia
Montaltino
Carapelle
Trinitápoli
Cervaro
Ordona
Orta Nova
S. Fernando di Púglia
Ófanto
Castellúccio dei Sáuri
Herdoniae
Carapelle
Stornara
Napoli
Stornarella
Cerignola
Bari
VII
1
2
3
Fóggia
Bari
Nápoli
Potenza
Táranto
Catanzaro
Messina
Reggio

IV
III
XI
XII
A
B
1
2
3
Castellúccio Valmaggiore
Montefalcone di Val Fortore
Faeto
Giardinetto
Fóggia
Ordona
Orta Nova
Castelfranco in Miscano
Orsara d. Puglia
Cervaro
Castellúccio dei Sáuri
Herdoniae
Stornara
Carapelle
Radogna
Stornarella
Montaguto
Greci
Bovino
Pazzo d'Áscoli
Deliceto
Áscoli Satriano
P Ú G
Montecalvo Irpino
M. Crispiniano 1105
Borgo Libertà
Monteleone di Púglia
Ariano Irpino
Strádola
Accadia
Lago Capaccio
S. Ágata d. Puglia
Candela
Melito Irpino
Villanova del Battista
Scampitella
Nápoli
Flúmeri
Grottaminarda
Mass. Casela
Mirabella Eclano
Fontanarosa
Sturno
Carife
Bisáccia
L. Áquila Verde
Ufita
Gesualdo
Monteverde
Melfi
C A M P A N I A
Aquilónia
Rapolla
Calore
Villámaina
M. Vúlture 1245
Barile
Monticchio Bagni
Castelfranci
S. Angelo dei Lombardi
L. di Monticchio
Ginestra
Rionero in Vúlture
Calitri
Ófanto
Nusco
Lioni
Conza d. Camp.
L. di Conza
Atella
Cassano Irpino
S. Andrea di Conza
Teora
Montella
Rapone
Bagnoli Irpino
Castel Lagopesole
Caposele
Castelnuovo di Conza
San Fele
Filiano
Castelgrande
M. Cervialto 1809
B A S I L
MONTI
Bella
Quaglietta
Muro Lucano
Acemo
Valva
M. Marzano 1530
Avigliano
1790
Senérchia
Ruoti
PICENTINI
Bagni Contursi
S. Gregório M.
Palomonte
Balvano
Picerno
Salerno
Contursi
Buccino
Sele
Vietri di Potenza
Tito
Scorzo
Serre
Auletta
Cilento und Vallo di Diano Nationalpark
Cosenza
Fóggia
Bari
Nápoli
Potenza
Táranto
Catanzaro
Messina
Reggio

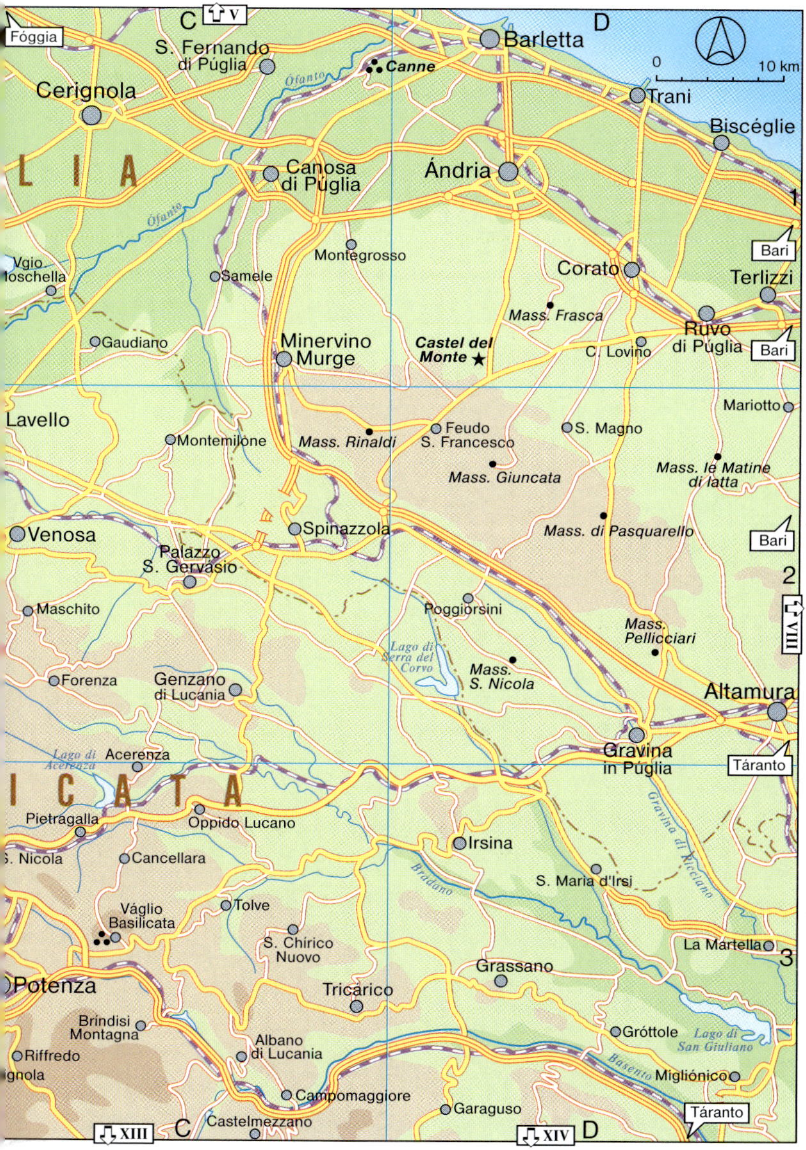

Kartenatlas

A
B
Dubrovnik, Bar, Durrës, Kérkira, Igoumenítsa, Pátrai
Barletta
Giovinazzo
Molfetta
B. S. Spírito
1
Bari
Bitonto
Sovereto
B. S. Giórgio
Modugno
Palombaio
Triggiano
Mola di Bari
Bitetto
Bitritto
Capurso
Valenzano
Noicáttaro
Grumo Appula
Adélfia
Rutigliano
Polignano a Mare
Toritto
Sannicandro d. Bari
VII
Conversano
Monópo
Casamássima
Acquaviva del Fonti
Turi
Sammichele d. Bari
Castellana Grott
2
Cassano d. Murge
Putignano
Altamura
Selva di Fasano
Noci
Gióia del Colle
Santéramo in Colle
Alberobel
Locorotondo
Mass. Múrgia
Venúsio
Mass. Viglione
Martina Franca
S. Basilio
Matera
S. Francesco
P Ú G L
Parco della Murgia Materana
Mass. Piovácqua
Castellaneta
Móttola
Laterza
Palagianello
Crispian
3
Massafra
Ginosa
Palagiano
Statte
Montemésol
La Lama
Montescaglioso
Bradano
Mass. Bracciale
XIV
BASILICATA
Táranto
Cosenza
Marina di Castellaneta
A
XV
B
XVI

C
D
0
10 km
1
2
3
Fóggia
Bari
Nápoli
Potenza
Táranto
Catanzaro
Messina
Reggio
Egnázia
Savelletri
Fasano
Torre Canne
Pezze di Greco
Laureto
Marinello
Marina di Ostuni
Torre S. Sabina
Lido Specchiolla
Riserva Naturale Marina Torre Guaceto
Cisternino
Ostuni
Carovigno
Pascarosa
S. Vito dei Normanni
Mass. Ápani
Céglie Messápico
Bríndisi
Capo Bianco
Torre Cavallo
Durrës, Vlorë
Igoumenitsa, Pátrai, Kérkira
S. Michele Salentino
Torre Mattarelle
Villa Castelli
Grottáglie
Francavilla Fontana
Latiano
Mesagne
Torre S. Gennaro
B. Futurano
Monteiasi
Ória
S. Pietro Vernótico
Torchiarolo
Lecce
Carosino
Torre S. Susanna
Cellino S. Marco
XVII

A
II
Casal de Príncipe
B
Roma
Roma
Cancello
Vill. Cóppola
Tréntola-Ducenta
Aversa
Ciccian
Caivano
Cimitile
S. Antimo
Acerra
Marina di Lago di Pátria
Afragola
Nola
Pomigliano
Saviano
Marano di Nápoli
Mugnano di Napoli
Casoria
1
Lido di Lícola
S. Anast.
N. Pianura
Ottaviano
Cuma
Cércola
Nápoli
S. Giuseppe Ves.
Pozzuoli
S. Giórgio
Vesuvio
1281
Terzigno
Torregáveta
N.-Bagnoli
A. C. Portici
Vesuv Nationalpark
Baia
Monte di Procida
Bacoli
Ercolano
Poggio marino
Miseno
Torre d. Greco
Boscoreale
Pomp.
Casamicciola Terme
Prócida
Lacco Ameno
Ísola di Prócida
Torre Annunziata
Ísola Ventoténe
Ischia
Scafati
Forio
788
Panza
Barano
Golfo di Napoli
Castellammare di Stabia
S. Angelo
Ísola d'Ischia
Gragnano
Vico Equense
Piano di S.
Meta
Positano
Sorrento
S. Agnello
2
Massa Lubrense
S. Agata s. due Golfi
Praiano
Marina del Cantone
P. Campanella
Anacapri
Capri
Ísola di Capri
Fóggia
Bari
Nápoli
Potenza
Táranto
Catanzaro
Messina
Reggio
3
0
10 km
Cágliari, Palermo
A
B
Ísole Eolie, Milazzo, Réggio di Calabria

Kartenatlas

Salerno
Battipaglia
XI
Salerno
Scorzo
Vietri di Potenza
Spineta Nuova
Serre
Auletta
Persano
Pertosa
MONTI
Pta. Panormo 1742
Petina
Altavilla Silentina
Controne
Polla
ALBURNI
Albanella
S. Ángelo a Fasanella
Gromola
Castelcivita
Corleto Montforte
Láura
Aquara
Golfo di Salerno
Capáccio
Roccadáspide
Cilento und
S. Rufo
Paestum
Castel S. Lorenzo
Roscigno
CAMPANIA
Giungano
1314
Sacco
Felitto
Agrópoli
Ogliastro Cilento
Magliano Nuovo
Valle dell'Angelo
Piaggine
Magliano Vetere
Laurino
Cicerale
Prignano Cilento
Vallo di Diano
S. Maria di Castellabate
Stio
Órria
M. Raialunga 1405
M. Cerv 1898
Vatolla
Castellabate
San Marco
Omignano
Perdifumo
Vallo d. Lucánia
P. Licosa
Salento
Nationalpark
Montecórice
1131
S. Máuro Cil.
Stella Cil.
M. Sacro 1705
Rofrano
Póllica
Ceraso
Acciaroli
Pioppi
Laurito
Marina di Casal Velino
Velia
Ascea
S. Máuro la Bruca
Futani
Torre Orsaia
Pisciotta
Policast Bussenti
Foria
M. Bulgheria 1225
Scario
Palinuro
S. Giovanni a Piro
Capo Palinuro
Camerota
Marina di Camerota
P. degli Infreschi
Fóggia
Bari
Nápoli
Potenza
Táranto
Catanzaro
Messina
Reggio
0
10 km
A
B
1
2
3

VI
C
VII
D
Tito
Riffredo
Pignola
Albano di Luc.
Trivigno
Campomaggiore
Táranto
Garaguso
Castelmezzano
Anzi
Abriola
Pietrapertosa
Camastra
Accettura
S. Máuro Forte
M. Maruggio 1722
M. di Coperino 1456
Brienza
Calvello
Laurenzana
1
Átena Lucana
BASILICATA
Stigliano
Sala Consilinia
Társico Nuovo
Tánagro
Gorgoglione
Márisco Vétere
Madonna di Viggiane 1761
Corleto Perticara
Teggiano
Paterno
Sáuro
Padula
Viggiano
Sassano
Trámútola
Aliano
Montemurro
Amento
Grumentum
Missanello
Grumento Nova
Lago di Pietra d. Pertusillo
Buonabitácolo
Montesano sulla Marcellana
Spinoso
Agri
Sanza
Moliterno
Sarconi
S. Martino d'Agri
S. Arcángelo
Roccanova
M. Raparo 1761
S. Chirico Raparo
2
MONTE SIRINO
Caselle in Pittari
Fortino
Castelsaraceno
Lago di Monte Cotugno
Morigerati
Casaletto Spartano
Calvera
Senise
M. del Papa 2005
M. Alpi 1893
Lagonegro
S. Marina
Sinni
Rivello
L. di Rotonda
Latrónico
Villammare
Francavilla in Sinni
XIV
Sapri
Episcópia
Capitello
S. Costantino Albanese
Acquafredda
Lauria
S. Severins Lucano
Trécchina
Castellúccio
Terranova di Pollino
Fiumicello
Maratea
Mezzana
Viggianello
Pollino Nationalpark
Laino-Castello
Rotonda
Marina di Maratea
Castrocucco
Tórtora
Lao
M. Pollino 2248
Castrocucco
3
Aieta
Golfo di Policastro
M. Ciagola 1462
Sra. Dolcedorme 2267
Práia a Mare
Mormanno
Í. di Dino
Papasidero
CALÁBRIA
S. Nicola Arcella
Morano Cálabro
Castrovillari
Scalea
Orsomarso
M. Palanuda 1632
Cosenza
C
XVIII
D
S. Basile
Le Vigna

Accettura, Ferrandina, Matera, Tursi

VIII
C
D
IX
Bari
Mass. Viglione
S. Basilio
S. Francesco
Martina Franca
Mass. Piovácqua
XI
Castellaneta
Móttola
Laterza
Palagianello
Crispiano
Palagiano
Massafra
1
Ginosa
PÚGLIA
Statte
Montemésola
Grottáglie
La Lama
Mass. Bracciale
Bríndisi
Cse. Perrone
Bagni Chiatona
Lido Azzurro
Táranto
Monteiasi
XVI
Carosino
Marina di Castellaneta
Í. S. Pietro
Mare Grande
G. Giórgio Iónico
Í. S. Páolo
T.-Praia a Mare
Marina di Ginosa
Capo S. Vito
T.-Talsano
Lizzano
Pulsano
Leporano
Metapontum
Marina di Pulsano
Lido di Metaponto
Lido Silvana
2
Marina di Pisticci
Lido di Scanzano
Lido di Policoro
0
10 km
3
Fóggia
Bari
Nápoli
Potenza
Táranto
Catanzaro
Messina
Reggio
C
D

VIII
IX
XV
Salerno, Cosenza
Bari
A
B
1
2
3
Statte
Montemésola
Grottáglie
Francavilla Fontana
Latiano
Mesagne
Lido Azzuro
Táranto
Monteiasi
Ória
Mare Grande
Mare Piccolo
Í. S. Pietro
Í. S. Páolo
Carosino
G. Giórgio Iónico
S. Marzano di S. Giuseppe
Torre S. Susanna
Fragagnano
Érchie
Praia a Mare
Capo S. Vito
Talsano
Leporano
Pulsano
Lizzano
Sava
Mandúria
S. Pancrázio Salentino
PÚGLI
Marina di Pulsano
Torricella
Avetrana
Lido Silvana
Marúggio
Librari
Campomarino
Campo Messapi
Torre Colimena
Vill. Boncora
Riserva Marina Porto Cesareo
Fóggia
Bari
Nápoli
Potenza
Táranto
Catanzaro
Messina
Reggio
0
10 km

Kartenatlas

XIII
XIV
XX
A
B
1
2
3
Salerno
Réggio di Calábria
BASILICATA
CALÁ
Pollino Nationalpark
Marina di Maratea
Tórtora
Castrocucco
Aieta
Práia a Mare
Í. di Dino
S. Nicola Arcella
Scalea
M. Ciagola 1462
Papasidero
Laino Castello
Viggianello
Rotonda
Mormanno
Mezzana
Terranova di Pollino
Alessándria del Carretto
M. Pollino 2248
Sra. Dolcedorme 2267
Raganello
Plátaci
S. Lorenzo Bellizzi
Cerchiara di Calábria
Cívita
Morano Cálabro
Castrovillari
S. Basile
Le Vigna
Cassano allo Iónio
Orsomarso
M. Palanuda 1632
Marcellina
S. Maria del Cedro
Verbicaro
Grisolia
Czo. Pellegrino 1987
Lungro
Dória
Síbari
Cirella
Maierà
Firmo
Coscile
la Mula 1935
Buonvicino
Altomonte
Spezz. Albanese Terme
Spezzano Albanese
Diamante
S. Sosti
Ésaro
Terranova da Síbari
Belvedere Maríttimo
Marina di Belvedere
Roggiano Gravina
Társia
Sangineto
S. Ágata di Ésaro
Lago di Társia
Vaccarizzo Albanese
Sangineto Lido
S. Demétrio Corone
Fagnano Castello
S. Marco Argentano
Capo Bonifati
Bisignano
Cetraro
Marina di Cetraro
S. Giácomo
Mucone
Acri
Intavolata
Terme Luigiane
Guárdia Piemontese
Lattarico
Luzzi
Fuscaldo
S. Benedetto Ullano
Montalto Uffugo
Rose
Arente
0
10 km
Páola
S. Pietro in Guarano
S. Fili
Rende
Camigliatello Silano
Rovito
S. Lúcido
Castrolibero
Cosenza
Cerisano
Trenta
Torremezo di Falconara
Falconara Albanese
Mendicino
Aprigliano
Fiumefreddo Brúzio
Dipignano
Dománico
Cellara
Marina di Longobardi
Lago
Rogliano

Marina Roseto
Táranto
C. Spúlico
D
Amendolara
Marina di Amendolara
Trebisacce
1
Villapiana Lido
Villapiana Scalo
Fóggia
Bari
Nápoli
Potenza
Táranto
Catanzaro
Messina
Reggio
Sybaris
Marina Schiavonea
Fabrizio
Capo Trionto
S. Ángelo
Mirto Crósia
Corigliano Cálabro
Rossano
Crósia
Calopezzati
2
S. Maria d. Patire
Cino
Paludi
Cropalati
Calovetto
Cariati Marina
Cariati
P. Flumenicá
Pietrapáola
Trionto
M. Paléparto 1481
Longobucco
Crúcoli Torretta
Bocchigliero
Crúcoli
Campana
P. Alice
Fossiata
M. Pettinascura 1708
Sila Nationalpark
Cirò
Cirò Marina
L. di Ariamacina
Germano
Savelli
Verzino
Pallagorio
Melissa
Torre Melissa
3
L. Votturino
Castelsilano
S. Nicola dell'Alto
Strongoli
Zinga
S. Giovanni in Fiore
Cerénzia
Vitravo
Belvedere di Spinello
Lago Arvo
L. Ampollino
Fasana
Rocca di Neto
Villagio Palumbo
Trepido
Povellera
C
XXI
Neto
Bicória
D
Crotone

A
B
1
2
3
XVIII
XXIII
Salerno
Réggio di Calábria
S. Lúcido
Rovito
Cosenza
Cerisano
Trenta
Torremezo di Falconara
Falconara Albanese
Mendicino
Loric
Aprigliano
Fiumefreddo Brúzio
Dipignano
Doménico
Cellara
Marina di Longobardi
Rogliano
Poveller
Lago
Grimaldi
Amantea
Pedivigliano
Colósimi
Aiello Cálabro
Savuto
Soveria Mánneli
Cámpora S. Giovanni
Martirano
Carlópoli
S. Mango d'Aquino
Decollatura
Nocera Terinese
Falerna Lido
Falerna
Terme Caronte
Platania
Nicastro
Sambiase
Lamezia Terme
Feroleto
Miglierin
Capo Súvero
Tiri
Gizzeria Lido
0
10 km
Lamato
Caraffa di C
Máida Marina
Máida
CALÁB
Acconia
Curinga
Girifalco
Bórg
Filadélfia
L. d. Angitola
Polia
Montaur
Monterosso Cálabro
1030
Pizzo
Briático
Vibo Marina
S. Vito
P. di Zambrone
Maierato
Chiaravalle Centrale
Parghelia
Tropea
Filogaso
Satria
Cessaniti
Vibo Valéntia
Zungri
S. Nicola da Crissa
San Sóste
S. Nicolo
Capo Vaticano
Spilinga
Messiano
Vazzano
Cardinale
Panáia
M. Poro 700
Mileto
S. Ángelo
Simbario
1228
Rombiolo
Soriano Calabro
Ióppolo
Serra S. Bruno
Dasá
Nicótera
Dinami
Mongiana
M. Pecoraro 1423
Guardaval

Kartenatlas

Fóggia
Bari
Nápoli
Potenza
Táranto
Catanzaro
Messina
Reggio
A
B
1
2
3
Napoli
S. Nicolo
Capo Vaticano
Panáia
Ióppolo
S. Ferdinando
Gióia Táuro
Isole Eolie
Palmi
Seminara
Capo Rasocolmo
Spartà
Capo di Milazzo
Bagnara Cálabra
Capo Peloro
Mortelle
Acquaro
Villafranca Tirrena
Scilla
S. Eufémia d'Aspromonte
Milazzo
Spadafora
Delianuova
Villa S. Giovanni
S. Roberto
Pace d. M.
Torregrotta
Saponara
S. Filippo del Mela
Messina
S. Stéfano in Aspromonte
R. Catona
Gambárie
Rometta
R. Gálico
S. Pier Niceto
R. Archi
M. Larderia
Barcellona Pozzo di Grotto
S. Lucia del Mela
Calopinace
Réggio di Calábria
MONTI
1279
PELORITANI
M. Stéfano Marina
Cardeto
R. Ravagnese
Roccaforte del Greco
Itála
R. Oliveto
SICÍLIA
Itála Marina
Bagaladi
Fossato Iónico
Fiumedinisi
Pzo. di Vernà 1286
Alì Terme
R. Bòcale
Motta S. Giov.
Condofuri
Mandanici
Antillo
Lazzaro
Roccalumera
Montebello Iónico
Capo dell'Armi
Condofuri Marina
S. Teresa di Riva
S. Elia
Mongiuffi Melia
S. Alèssio Sículo
Melito di Porto Salvo
Marina di S. Lorenzo
Letojanni
Castelmola
Gaggi
Taormina
Catánia

Kartenatlas

Die Autoren

Peter Amann, 1962 in Kronstadt geboren, lebt in München und verbringt mit ungebrochener Neugierde jedes Jahr mehrere Monate in Süditalien, seinem „zweitgeborenen Land" (frei nach *Ingeborg Bachmann*). Nach dem Studium der Geographie, Botanik, Archäologie und Kunstgeschichte in München und Rom leitet und organisiert er Studienreisen. Er hat zahlreiche Bücher zum Thema Sizilien und Süditalien verfasst, darunter die Reise-Know-How-Reisehandbücher „Kalabrien-Basilikata" und „Apulien". Über Sizilien und Süditalien berichtet er regelmäßig auch auf seiner Website www.walksicily.de.

Vincenzo d'Orta, Wahlmünchner, DOCG-Neapolitaner, Sommelier und Winzer, hat gemeinsam mit **Stepahn Reinhardt,** der in Blättern wie der *SZ, Der Feinschmecker* und *GQ* Kulinarisches aus Italien berichtet, den Artikel über die Weine Kampaniens beigesteuert. Dass *Winny,* wie ihn Freunde nennen, von der Materie etwas versteht, beweist auch sein im Cilento gekelterter, preisgekrönter „Zero" (www.cartadeivini.com).

Peter Peter, Studienreiseleiter und Verfasser zahlreicher Reisebücher, streift seit vielen Jahren literarisch und kulinarisch durch Italien. Für uns hat er das Geheimnis der „vera pizza napoletana" aufgedeckt.

Dieter Richter, ein ausgewiesener Kenner Kampaniens, wie auch ein schneller Blick in das Literaturverzeichnis verrät, besuchte Friedhöfe in Neapel und auf Capri – ein überraschend lebendiges Thema.

Hans-Jörg Thaler, Archäologe (Pompeji, Grumentum-Basilikata, Südural und Angkor Wat) und Studienreiseleiter hat an den Beiträgen zu Pompeji, der Villa Jovis auf Capri und zum Archäologischen Nationalmuseum Neapel mitgewirkt.

Danksagung

Den vielen alten und neuen Freunden, die mich begleitet haben, mir wertvolle Tipps gegeben, mich auf den rechten Weg gebracht und mir ihre Gastfreundschaft gewährt haben, möchte ich danken; stellvertretend für viele seien genannt: *Gundula Anders, Birgitta Ashoff, Matthias Baldauf, Luana Canelli, Nicoletta Carrano, Rosella Celi, Annamaria Ciarallo, Silvana Cozzuto, Aniello Cusati, Luigi Fucci, Maria-Grazia Gargiullo, Friederike Heumann, Peter Hoogstaden, Livia* und *Alfonso Iaccarino, E. Katja Jaeckel, Ottomar Kiefer, Gaetano Manfredi, Mathias Müller-Lendrodt, Alberino Mutalipassi, Berardino Lombardo, Renato Martino, Roberto Paollilo, Antonella Papagani, Silvio Pellicanò, Franco Perazzo, Annette Popp, Luigi Pio, Rainer Rauhut, Christina Reghezza, Filippo Romeo, Elio Sica, Alberico Simioli, Francesco Tammaro, Carmine Venasco* und *Giovanni Visetti. Anja Kemen* und *Vincenzo Mattera,* die Ischia wie ihre Westentasche kennen, verraten in diesem Buch einige ihrer Lieblingsadressen.

Grazie sempre!

Peter Amann